物流配送工程管理技术及其设计应用

刘昌祺　张立冬　周向阳◎编著

中国物资出版社

图书在版编目（CIP）数据

物流配送工程管理技术及其设计应用/刘昌祺，张立冬，周向阳编著．—北京：中国物资出版社，2010.11

ISBN 978-7-5047-3503-4

Ⅰ.①物…　Ⅱ.①刘…②张…③周…　Ⅲ.①物流—配送中心—企业管理　Ⅳ.①F253

中国版本图书馆 CIP 数据核字（2010）第 155300 号

策划编辑　李　玲
责任编辑　李　玲
责任印制　方朋远
责任校对　孙会香　梁　凡

中国物资出版社出版发行
网址：http://www.clph.cn
社址：北京市西城区月坛北街 25 号
电话：(010) 68589540　邮政编码：100834
全国新华书店经销
中国农业出版社印刷厂印刷

开本：787mm×1092mm　1/16　印张：25.25　字数：646 千字
2010 年 11 月第 1 版　2010 年 11 月第 1 次印刷
书号：ISBN 978-7-5047-3503-4/F·1387
印数：0001—3000 册
定价：48.00 元

前　言

众所周知，现代化的物流配送中心在世界经济大循环中起着举足轻重的作用。随着全球经济腾飞、科技进步和信息革命的深入，世界经济进入前所未有的全球化和市场化的新时代。在这世界经济大循环中，物流是世界经济的大动脉，它进一步促进了世界经济和贸易的发展。21世纪的国际物流技术的特征是信息化、经济化、智能化、系统化、标准化和社会化。为此，最科学、最经济地设计和建造成本低、效率高、实用性强、柔性最佳的物流配送中心是至关重要的。

一个现代化的物流配送系统拥有现代化的机械、计算机、控制等硬件设备和功能齐全的现代化管理软件系统，把商流、物流和信息流统一起来，使商品的采购、保管、暂存、订货、拣货、分类、流通加工及配送工作准确而快速。

在先进的物流管理系统支持下的现代化物流配送中心，对运输、保管、装卸、包装、流通加工、配送、信息处理、订货开单、集中分货、开箱拆零、拆包分装、入库登记、库存管理、统计查询、拣选、分类、盘点和编制报表等各项工作进行现代化统一管理，降低了劳动强度，提高了工作效率。

物流配送中心在物流业中的作用极大，它加速了商品流通，减少了商品损耗，降低了流通成本，提高了库存周转率，降低了超市连锁系统的采购、验货和入库的费用，减少仓库面积，节约土地面积、人力和财力，提高了经营灵活性和工作效率。可以说物流配送中心管理软件系统是它的灵魂，没有现代化的物流管理系统，就谈不上现代化的物流配送中心。

本书由陕西科技大学机电工程学院刘昌祺、北京金文天地信息咨询有限公司张立冬、北京创时能科技发展有限公司周向阳共同编写。本书诸作者根据在国内外多年从事物流工程、仿真、规划等研究与实践的经验，大量收集发达国家和地区、国内物流工程和物流软件企业的图书、文献和实用技术资料及其实例，编著此书。其目的在于推动我国物流业的健康发展，提高物流管理水平，为建设现代化物流配送中心提供科学参考。

本书理论联系实际，以实用实例为主，图文并茂，实例丰富。在规划设计实例中体现了条码技术、电子标签、RFID 技术、GPS 卫星跟踪技术等的详尽应用。书中所载大量图形、表格及公式是现代物流配送中心实践经验的应用和总结，具有重要的指导意义和实用价值。

本书由13章组成。第1章，物流配送中心。第2章，物流成本管理。第3章，物流配送中心的基本作业。第4章，物流配送中心的信息管理系统。第5章，物流配送中心管理系统。第6章，在库管理系统。第7章，订单处理。第8章，物流配送中心管理系统分析与设计。第9章，通运物流管理信息化设计。第10章，空港物流管理系统。第11章，体育器材装备中心物流系统规划设计。第12章，金文农业电子商务及物流管理系统。第13章，系统仿真技术的应用。

本书可作为大专院校、科研机构、设计院所及物流企业专业人员的重要参考书。此外，对新建或改造物流配送中心也具有重要的参考价值。

本书在编写过程中，参阅的专业文献、杂志、书籍等均列入参考文献中，如有疏漏，敬请原谅。此外，本书参阅了有关专家、教授、同人的宝贵资料，在此深表谢意。由于作者水平有限、时间仓促，书中错误在所难免，敬请读者批评指正。

刘昌祺

2010年6月

目　录

1　物流配送中心 ………………………………………………………………（1）
1.1　何谓物流配送中心 ………………………………………………………（1）
1.1.1　何谓物流 ………………………………………………………………（1）
1.1.2　物流中心的形成及其作用 ………………………………………………（4）
1.1.3　物流配送中心的内部作业流程 …………………………………………（5）
1.2　物流中心种类和功能 ……………………………………………………（6）
1.2.1　概述 ……………………………………………………………………（6）
1.2.2　物流配送中心的种类 ……………………………………………………（6）
1.2.3　物流配送中心的主要功能 ………………………………………………（8）
1.2.4　物流配送中心的物流过程 ………………………………………………（9）
1.3　物流配送中心区域布置 …………………………………………………（11）
1.3.1　各区域的布置和动线规划 ………………………………………………（11）
1.3.2　系统设备和平面布置 ……………………………………………………（13）

2　物流成本管理 ………………………………………………………………（17）
2.1　概述 ………………………………………………………………………（17）
2.2　物流成本 …………………………………………………………………（17）
2.2.1　物流成本概述 ……………………………………………………………（17）
2.2.2　物流成本潜在理论 ………………………………………………………（18）
2.2.3　传统与现代的物流成本概述 ……………………………………………（18）
2.3　物流成本计算 ……………………………………………………………（20）
2.3.1　物流成本计算的目的 ……………………………………………………（20）
2.3.2　制定统一物流成本计算标准 ……………………………………………（20）
2.3.3　物流成本分析 ……………………………………………………………（20）
2.4　物流成本管理 ……………………………………………………………（21）
2.4.1　物流成本管理概念 ………………………………………………………（21）
2.4.2　物流成本管理的作用 ……………………………………………………（22）
2.4.3　物流成本管理的特征 ……………………………………………………（22）
2.4.4　加强物流成本管理的理念 ………………………………………………（23）
2.5　物流成本控制 ……………………………………………………………（24）

2.5.1 绝对物流成本控制与相对物流成本控制 …………………………………………（24）
2.5.2 物流成本控制方法 ……………………………………………………………（25）
2.5.3 不同经济主体的物流成本控制 ………………………………………………（26）

3 物流配送中心的基本作业 ………………………………………………………（30）
3.1 物流配送中心的基本作业流程 ……………………………………………………（30）
3.2 进货作业 …………………………………………………………………………（31）
3.3 搬运作业 …………………………………………………………………………（31）
3.4 储存作业 …………………………………………………………………………（33）
3.5 盘点作业 …………………………………………………………………………（36）
3.6 订单处理 …………………………………………………………………………（38）
3.7 拣选作业 …………………………………………………………………………（38）
3.8 补货作业 …………………………………………………………………………（44）
3.9 发货作业 …………………………………………………………………………（45）
3.10 配送作业 …………………………………………………………………………（45）

4 物流配送中心的信息管理系统 …………………………………………………（49）
4.1 概述 ………………………………………………………………………………（49）
4.2 物流信息的内容和特征 ……………………………………………………………（49）
4.2.1 物流信息的内容 ……………………………………………………………（49）
4.2.2 物流信息的特征 ……………………………………………………………（50）
4.2.3 物流信息的功能 ……………………………………………………………（50）
4.3 物流信息技术 ……………………………………………………………………（52）
4.3.1 条码和自动识别技术 …………………………………………………………（52）
4.3.2 电子数据交换（EDI）技术 …………………………………………………（54）
4.3.3 计算机及计算机网络 …………………………………………………………（61）
4.3.4 通信技术 ……………………………………………………………………（61）
4.4 物流中心信息系统结构 ……………………………………………………………（62）
4.4.1 商业形态与信息管理的关系 …………………………………………………（62）
4.4.2 物流配送中心作业流程 ………………………………………………………（62）
4.4.3 销售出库管理系统 ……………………………………………………………（65）
4.4.4 采购入库管理系统 ……………………………………………………………（67）
4.4.5 财务会计系统 …………………………………………………………………（69）
4.4.6 营运、绩效管理系统 …………………………………………………………（69）
4.5 物流中心信息管理软件系统 ………………………………………………………（70）
4.5.1 商业规划控制系统 ……………………………………………………………（73）
4.5.2 配送管理系统 …………………………………………………………………（73）
4.5.3 配车计划系统 …………………………………………………………………（74）

5 物流配送中心管理系统 ……………………………………………… (75)
5.1 概述 ……………………………………………… (75)
5.2 物流中心的储位管理 ……………………………………………… (76)
5.2.1 物流中心系统和储位管理 ……………………………………………… (76)
5.2.2 储位管理的基本原则 ……………………………………………… (77)
5.2.3 储存要素分析 ……………………………………………… (81)
5.2.4 储区空间 ……………………………………………… (86)
5.3 储位编码与货物编号 ……………………………………………… (91)
5.3.1 储位编码 ……………………………………………… (91)
5.3.2 货物编号 ……………………………………………… (92)
5.3.3 储位编码与货物编号的应用 ……………………………………………… (92)
5.4 储位指派方式 ……………………………………………… (93)
5.4.1 人工指派法 ……………………………………………… (93)
5.4.2 计算机辅助指派法 ……………………………………………… (93)
5.4.3 计算机自动化指派法 ……………………………………………… (93)
5.5 储位管理中的控管技术 ……………………………………………… (94)
5.5.1 控管技术组成 ……………………………………………… (95)
5.5.2 条码自动识别技术 ……………………………………………… (99)
5.6 储位管理制度与考核 ……………………………………………… (110)
5.7 在库管理和出入库管理系统 ……………………………………………… (111)
5.7.1 管理范围及管理方法 ……………………………………………… (112)
5.7.2 管理系统的软件和硬件 ……………………………………………… (112)
5.7.3 管理系统功能 ……………………………………………… (117)

6 在库管理系统 ……………………………………………… (120)
6.1 概述 ……………………………………………… (120)
6.2 在库费用 ……………………………………………… (120)
6.2.1 购入费用 ……………………………………………… (120)
6.2.2 在库维持费 ……………………………………………… (121)
6.2.3 商品脱销损失 ……………………………………………… (121)
6.2.4 生产变更费 ……………………………………………… (121)
6.3 在库规划系统 ……………………………………………… (122)
6.4 在库管理系统 ……………………………………………… (122)
6.5 定量订货系统 ……………………………………………… (123)
6.5.1 订货量的决定 ……………………………………………… (123)
6.5.2 订货点的决定 ……………………………………………… (128)
6.5.3 安全在库的决定 ……………………………………………… (128)
6.6 定期订货系统 ……………………………………………… (129)

6.6.1 订货量的决定 …… (129)
6.6.2 安全在库量的决定 …… (130)
6.6.3 订货间隔（POQ）的决定 …… (130)
6.7 在库定性分析 …… (131)

7 订单处理 …… (133)
7.1 概述 …… (133)
7.1.1 订单处理的要求 …… (133)
7.1.2 订单处理是物流作业的开始 …… (134)
7.2 订单处理范围 …… (135)
7.2.1 订单处理的流通范围 …… (135)
7.2.2 流通组织 …… (136)
7.2.3 物流中心与销售渠道的订单流程 …… (137)
7.3 订单处理与物流作业和信息系统的关系 …… (137)
7.3.1 订单处理与物流作业 …… (137)
7.3.2 订单处理信息流 …… (139)
7.3.3 订单处理程序 …… (140)
7.4 接单作业 …… (141)
7.4.1 订货方式 …… (141)
7.4.2 电子订货系统 …… (145)
7.5 订单内容 …… (152)
7.5.1 订单交易形态和处理方法 …… (152)
7.5.2 订单内容设计 …… (153)
7.6 订单信息处理 …… (153)
7.6.1 订单信息输入 …… (153)
7.6.2 订单信息确认 …… (154)
7.6.3 订单信息处理 …… (154)
7.7 订单管理 …… (155)
7.7.1 订单状态 …… (156)
7.7.2 订单变化处理 …… (157)

8 物流配送中心管理系统分析与设计 …… (158)
8.1 现代物流概述 …… (158)
8.1.1 现代物流概念的变化 …… (158)
8.1.2 物流活动的构成要素 …… (159)
8.2 物流中心规划设计 …… (160)
8.2.1 物流中心业务概述 …… (160)
8.2.2 物流中心的业务运作模式 …… (163)

8.2.3 系统设计原则和体系结构 …… (166)
8.2.4 系统可靠性和安全性设计 …… (172)
8.2.5 系统组网技术和网络管理设计 …… (175)
8.3 业务受理系统设计 …… (177)
8.3.1 场内业务受理系统 …… (177)
8.3.2 远程业务受理子系统 …… (180)
8.3.3 业务受理管理子系统 …… (181)
8.3.4 投诉及信息反馈子系统 …… (183)
8.4 运输管理系统设计 …… (183)
8.4.1 运输管理业务概述 …… (183)
8.4.2 运输业务管理子系统设计 …… (185)
8.4.3 运输计划调度子系统设计 …… (188)
8.4.4 GIS 和在途管理子系统设计 …… (190)
8.4.5 GPS 监控系统方案设计 …… (191)
8.4.6 其他子系统设计 …… (193)
8.5 仓储管理系统设计 …… (196)
8.5.1 概述 …… (196)
8.5.2 进出库管理子系统设计 …… (197)
8.5.3 仓库/库位管理和盘点子系统设计 …… (199)
8.5.4 多仓业务管理子系统设计 …… (200)
8.5.5 库存控制管理子系统设计 …… (200)
8.5.6 条码技术 …… (201)
8.6 货代业务系统设计 …… (202)
8.6.1 概述 …… (202)
8.6.2 货代功能设计 …… (202)
8.6.3 货代系统流程描述 …… (206)
8.7 配送管理系统设计 …… (208)
8.7.1 配送管理业务 …… (208)
8.7.2 配送业务流程图 …… (209)
8.7.3 协同配送和客户管理子系统 …… (209)
8.7.4 车辆管理子系统 …… (210)
8.7.5 配货管理子系统 …… (211)
8.7.6 送货管理子系统 …… (211)
8.8 信息服务系统设计 …… (212)
8.8.1 信息中心流程图 …… (212)
8.8.2 各功能模块描述 …… (212)
8.9 物流交易系统设计 …… (214)
8.9.1 概述 …… (214)

8.9.2 供需信息发布和检索 …… (215)
8.9.3 在线交易 …… (217)
8.9.4 电子合同签署 …… (221)
8.9.5 合同跟踪报警 …… (221)
8.10 在线采购信息系统设计 …… (222)
8.10.1 在线采购业务概述 …… (222)
8.10.2 客户管理子系统 …… (223)
8.10.3 采购信息发布子系统设计 …… (224)
8.10.4 在线交易子系统设计 …… (224)
8.10.5 采购订单管理子系统设计 …… (225)
8.11 财务结算系统设计 …… (225)
8.11.1 概述 …… (225)
8.11.2 会员资金账户管理子系统设计 …… (225)
8.11.3 往来资金结算子系统设计 …… (226)
8.11.4 财务报表子系统设计 …… (226)
8.12 安全认证系统设计 …… (227)
8.12.1 安全认证系统功能概述 …… (227)
8.12.2 会员管理子系统 …… (227)
8.12.3 CA 认证子系统 …… (228)
8.12.4 权限和信用管理子系统 …… (230)
8.13 合同管理系统设计 …… (230)
8.13.1 基本知识 …… (230)
8.13.2 基本功能 …… (231)
8.13.3 签订电子合同系统 …… (232)
8.13.4 合同管理系统 …… (234)
8.13.5 权限管理系统 …… (236)
8.14 WWW 网站 …… (237)
8.14.1 网站的目的和目标 …… (237)
8.14.2 系统架构的特点 …… (237)
8.14.3 网站的形象设计 …… (237)
8.14.4 网站的栏目版块 …… (238)
8.14.5 网站的开发和维护 …… (238)
8.14.6 网络安全管理 …… (239)

9 通运物流管理信息化设计 …… (240)
9.1 概述 …… (240)
9.2 项目分析 …… (240)
9.2.1 项目概况 …… (240)

9.2.2 物流信息化趋势分析 …… (241)
9.2.3 通运物流发展战略分析 …… (241)
9.2.4 业务流程及组织结构分析 …… (242)
9.2.5 项目建设目标 …… (244)
9.3 系统总体设计 …… (246)
9.3.1 系统设计原则 …… (246)
9.3.2 系统总体描述 …… (246)
9.3.3 系统总体规划 …… (247)
9.3.4 系统功能概述 …… (248)
9.3.5 接口程序与数据移植 …… (248)
9.4 业务系统建设 …… (248)
9.4.1 业务总体流程 …… (248)
9.4.2 仓储管理系统 WMS …… (249)
9.4.3 运输管理系统 …… (273)
9.5 总体技术 …… (276)
9.5.1 总体技术概述 …… (276)
9.5.2 系统总体结构 …… (276)
9.5.3 数据定义、交换标准及其分布策略 …… (277)
9.5.4 系统安全体系 …… (278)
9.5.5 软件系统 …… (280)
9.5.6 硬件系统 …… (281)

10 空港物流管理系统 …… (283)
10.1 空港物流系统简介 …… (283)
10.2 空港物流业务模型 …… (285)
10.3 空港物流系统 …… (286)
10.4 仓储管理系统 …… (287)
10.4.1 空港物流系统主要功能 …… (287)
10.4.2 空港物流系统特点 …… (287)
10.4.3 仓储管理系统结构图 …… (287)
10.4.4 功能说明 …… (288)
10.5 运输系统 …… (297)
10.6 配送管理系统 …… (304)
10.7 货代管理系统 …… (308)
10.8 航空公司管理系统 …… (313)

11 体育器材装备中心物流系统规划设计 …… (316)
11.1 概述 …… (316)

11.2　总体方案设计 …………………………………………………… (316)
11.2.1　系统设计目标 ……………………………………………… (316)
11.2.2　系统实施原则 ……………………………………………… (318)
11.2.3　总体框架及技术规范 ……………………………………… (318)
11.2.4　应用软件详细方案 ………………………………………… (319)
11.2.5　接口程序与数据移植 ……………………………………… (330)
11.2.6　系统软件方案 ……………………………………………… (330)
11.2.7　系统硬件方案 ……………………………………………… (331)

12　金文农业电子商务及物流管理系统 ………………………… (332)
12.1　概述 ……………………………………………………………… (332)
12.2　金文农业电子商务与物流 ……………………………………… (332)
12.2.1　方案概述 …………………………………………………… (332)
12.2.2　方案的框架结构 …………………………………………… (333)
12.3　系统功能 ………………………………………………………… (334)
12.3.1　采购与供应 ………………………………………………… (334)
12.3.2　金文生产加工管理系统 …………………………………… (336)
12.3.3　第三方物流管理 …………………………………………… (337)
12.3.4　分销与零售 ………………………………………………… (339)
12.3.5　农产品追溯系统 …………………………………………… (339)

13　系统仿真技术的应用 ………………………………………… (342)
13.1　概述 ……………………………………………………………… (342)
13.2　系统仿真技术 …………………………………………………… (342)
13.2.1　系统仿真的应用 …………………………………………… (342)
13.2.2　系统、模型及仿真 ………………………………………… (343)
13.2.3　为什么要用系统仿真技术解决物流问题 ………………… (343)
13.2.4　离散事件系统仿真步骤 …………………………………… (343)
13.3　Flexsim 系统仿真软件 ………………………………………… (344)
13.3.1　Flexsim 系统仿真软件简介 ……………………………… (344)
13.3.2　Flexsim 系统仿真软件功能特征 ………………………… (346)
13.4　Flexsim 建模方法 ……………………………………………… (349)
13.4.1　几个常用的 Flexsim 术语 ………………………………… (349)
13.4.2　虚拟物流设施模型的描述 ………………………………… (351)
13.4.3　码盘模型的建立 …………………………………………… (351)
13.4.4　自动仓库模型 ……………………………………………… (357)
13.5　物流配送中心仿真 ……………………………………………… (378)
13.5.1　物流配送中心仿真内容概述 ……………………………… (378)

13.5.2 物流配送中心仿真所需的基本数据 …………………………………………… (381)
13.5.3 物流配送中心仿真实例 ……………………………………………………………… (382)

参考文献 …………………………………………………………………………………… (387)

1 物流配送中心

1.1 何谓物流配送中心

1.1.1 何谓物流

仓储是指物资实体的存放，物资处于静态。物流是指物资及其载体的物理流动的动态过程。物流这一概念出现在20世纪50年代，首先在美国开始形成，20世纪60年代初已基本完善。1963年左右引入日本及其他工业发达国家，20世纪80年代引入中国。图1－1所示为日本横滨冷冻物流配送中心系统图。一个现代化的物流配送中心常用的主要设备有常温、恒温自动化立体仓库，箱式自动化仓库，水平或垂直旋转货架自动化仓库，水平或

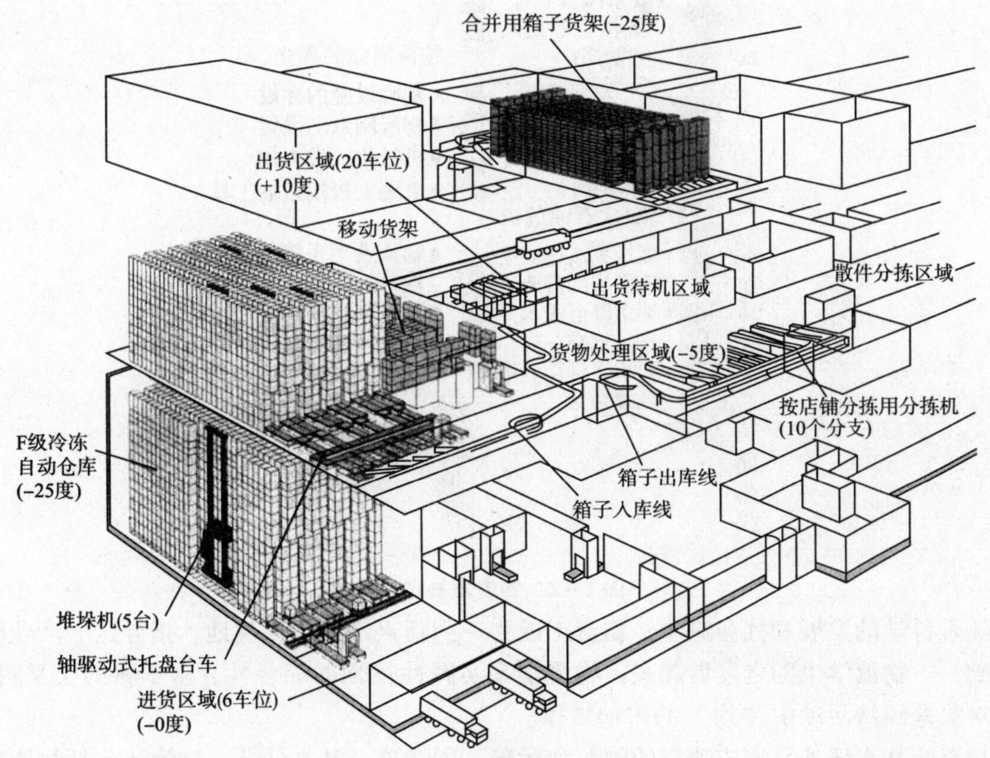

图1－1 物流配送中心外观

垂直输送机，码垛机及码垛机器人，分类自动线，拣货自动线，空中或地面 AGV，流动式货架、移动式货架，后推式货架，运输车辆。现代化物流配送中心除了拥有上述先进的自动化设备之外，还具有现代化的控制和管理系统，从而充分发挥了设备作用，降低了物流成本，提高了整体效益，增加了利润。

图 1－2 所示为世界物流发展过程。由图可知，20 世纪 50 年代是物流的初级阶段，60 年代是物流现代化阶段。随着 20 世纪 60 年代经济高速发展，物流业向现代化大步迈进，基础设施的建设、物流网点的设置、大规模运输工具的采购与日俱增，迅速提高了物流机械化、省力化的水平。20 世纪 70 年代经济危机的国际形势，自然要求物流业满足经济、生产发展、多品种、小批量的市场需要，必须降低气流成本，增加利润。这就促使了物流管理系统的构筑，加强物流管理系统和计算机信息系统的开发及其应用。可以说 20 世纪 70 年代是物流效率化阶段。从 80 年代开始，随着计算机技术、数控、传感器、条码、光电、卫星定位、ID、RFID 和货物自动跟踪等技术的迅速发展及其在物流中的应用，物流工程和管理技术达到相当高的一体化水平。

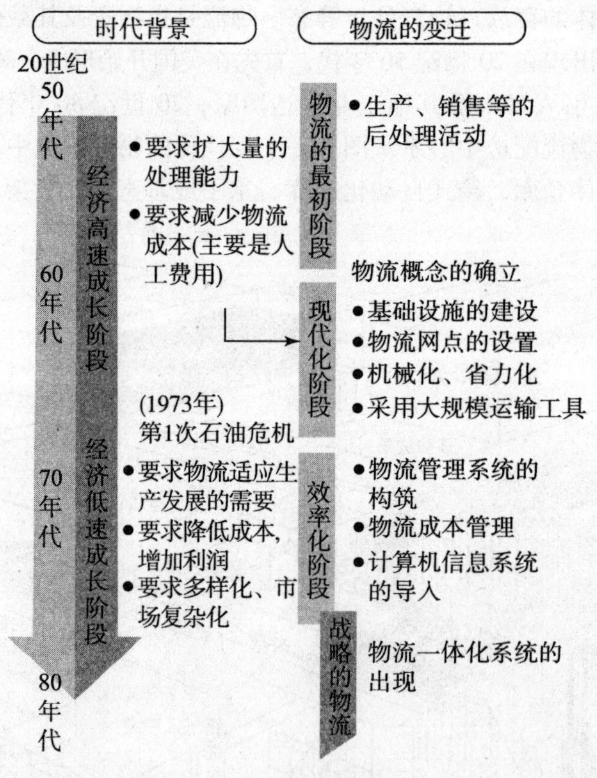

图 1－2 物流发展过程

随着科学的发展和社会进步，物流正成为一门新兴产业，相应地，指导这一产业的理论基础——物流学也随之发展起来。物流学是实践性很强的综合性、多学科的交叉科学，研究对象是经济活动中“物”的流动规律。

物流的基本任务是完成物资的储存和运输。围绕这一基本任务，物流还包括物资的计划、管理、检验、包装、配送、信息传输和载体的回收等全过程。

由此可见，物流学是技术经济学和管理科学的范畴，是自然科学和社会科学相互交叉和渗透的边缘科学。它既是技术科学，又是经济科学，是多科学的综合。既涉及生产和运输等技术，又涉及经济学、统计学、计算机与信息学和管理学。

满足消费者需要是现代物流业的目标和宗旨。把制造、配送和市场营销统一起来，形成一条龙服务，这是历史发展的必然趋势。社会经济活动主要由生产、流通和消费三大部分组成。其中，流通是联系生产和消费的必要环节。没有流通，商品价值和使用价值都无法体现出来。如何在全社会范围内合理组织物资流通，是经济工作者研究的重要课题。流通是国民经济运行的动脉。

图 1－3 所示为现代物流配送中心管理系统。现代物流配送中心的主要物流活动是信

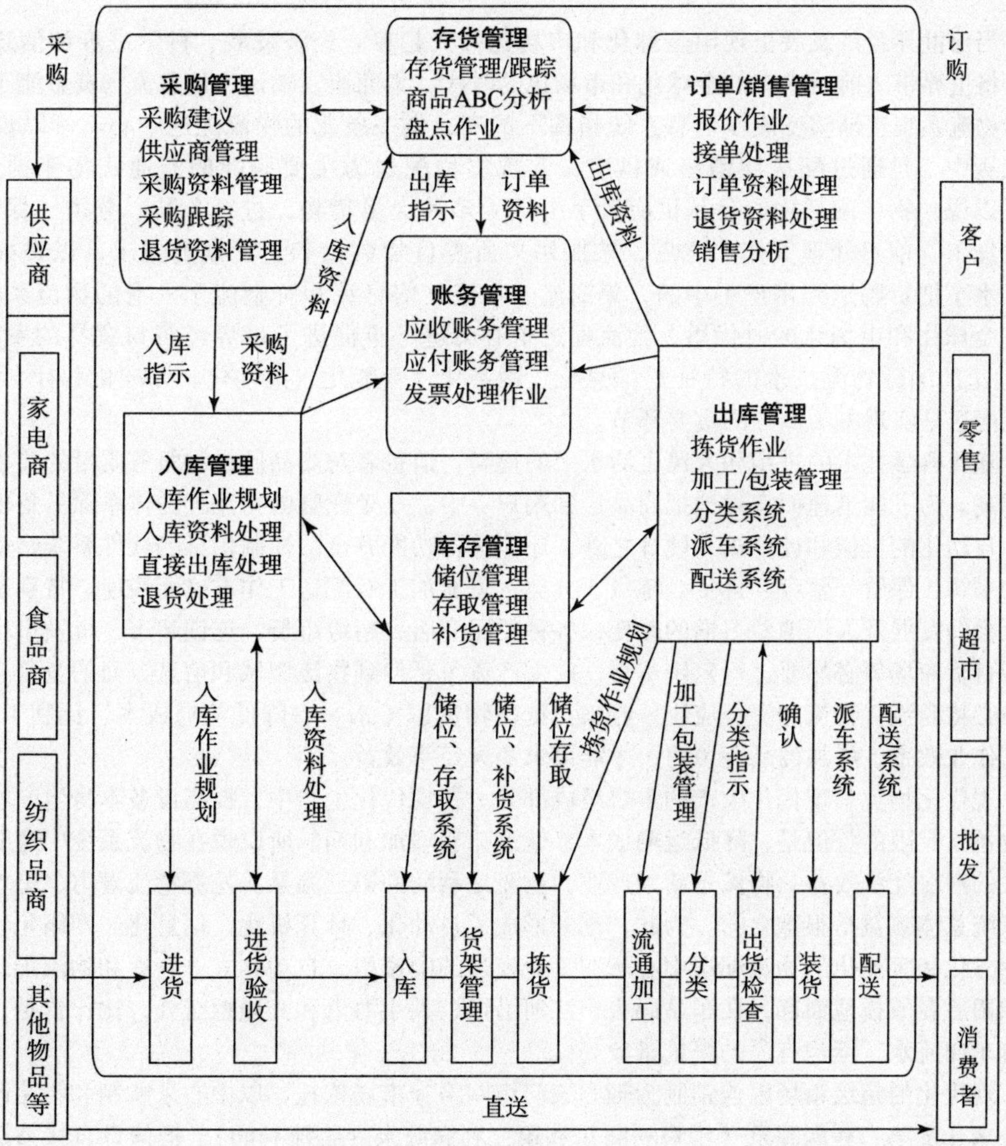

图 1－3　现代物流配送中心管理系统

息流和物流。信息流层次如下：

a. 上层——战略层管理。

b. 中层——经营管理层管理。这又分为进货、存货、销售3项信息管理。

c. 下层——物流作业层管理。这又分为入库管理、在库管理、出库管理3项管理系统。

根据物流作业配置相应的物流设备系统。物流作业是：进货、验收、入库、货架管理、拣货、流通加工、包装、分类、出货检查、装货、配送等作业流程。

1.1.2 物流中心的形成及其作用

当前世界经济发展呈现出全球化和市场化两大趋势。经济发展、科学进步和信息革命，将世界带入前所未有的全球化和市场化的时代。集商流、物流、信息流和资金流于一身的物流系统逐渐演变成在信息系统指挥下的产、供一条龙的物流配送中心。可以说物流配送中心是通过配送性销售或供应，实现实物配送为主要职能的流通式物流据点。也可以说，物流配送中心是从供应者手中接受多种大量货物，进行分装、分类、保管、流通加工、信息处理等作业之后，按照用户所需订货数量和交货期的要求，以良好的服务水平把货物送到用户手中的，集商流、物流、信息流和资金流于一身的物流系统。在这全球化和市场化的时代里，物流配送中心又进一步促进了世界经济与贸易的发展。21世纪的国际物流技术的特征是信息化、网络化、智能化、柔性化、标准化和社会化。物流配送是实现电子商务的重要环节。

随着科学技术的进步和人民生活水平的提高，消费者对商品质量和服务质量的要求越来越高。为了能迅速而完善地把商品送到用户手中，一个完整的物流配送体系除具备现代化、自动化的机械和计算机等硬件之外，还应具备功能齐全的控制信息的软件系统，使商品的采购、保管、暂存、订货、拣货、分类、流通加工及配送工作准确而快速。特别是随着社会的发展及人们消费习惯的改变，各种便民商店、超级市场、连锁超市、批发市场和大型百货商场等必然要进行营销革命，由生产竞争延伸到物流领域和信息方面的竞争。这样势必将商流、物流和资金流统一起来，提高物流服务水平、降低流通成本、让利于民、提高作业效率、增加商品竞争力，才能谋求最大经济效益。

现代化物流是现代化生产的重要组成部分。在现代化生产中，提高设备本身生产能力和效益是有限的。但是，降低运输成本，就意味着增加利润。所以说在物流系统中蕴藏着巨大的潜在经济效益。物流是新兴产业，物流是利润的第三源泉。挖掘物流潜力，追求生产系统总体效益是很重要的。为此，逐渐形成了自动化、计算机化、信息化、网络化、电子商务化和智能化的物流配送中心。在工业发达的国家里，自动化立体仓库和物流配送中心如雨后春笋拔地而起，在车站码头、江河沿岸、大小海港和交通枢纽处，比比皆是，呈现着车如流水、运输有序的繁忙景象。

现代化的超级市场以连锁制为轴心、门市网络为市场依托，以中心采购制和物流配送中心来开发第二利润源泉（销售利润）和第三利润源泉（物流利润）。把信息直接渗透到制造加工业，发展名优产品，开发第一利润源泉（生产利润）。物流配送中心是高效益的

连锁经营的供货枢纽和保证，它促进生产、满足消费、降低成本，实现了最少环节、最短距离、最低费用和最高效率，从而获得最大经济效益。

物流配送中心对运输、保管、装卸、包装、流通加工、配送、信息处理、订货开单、集中分货、开箱拆零、拆包分装、入库登记、库存管理、统计查询、拣选、分类、盘点和编制报表等各项工作进行现代化统一管理，可以减少劳动强度，提高工作效率。

物流配送中心在物流业中作用极大，加速了商品流通，减少了商品损耗，降低了流通成本，提高了库存周转率，降低了超市连锁系统的采购、验货和入库的费用，减少仓库面积、节约土地面积、人力和财力，提高了经营灵活性和工作效率。

现代化物流中心要求物流服务水平高、物流成本低、提高营业额、增加效益。为了实现这一目的，应该对物流配送中心的位置、规模、形式、供货时间、有无缺货、错误率、畅销与滞销品信息以及新品的信息和样品提供等进行调查、研究和分析，为决策者改善物流中心经营举措提供科学依据。

现代化物流中心要求实现无人化、省力化、省人化、标准化，分选错误率由0.3%降到了0.1%。同时还要求实现冷藏柜和冷冻库无人化、改善夜间作业环境或无人化、提高服务效率、搬运作业机械化或无人化、提高缺货率的正确性、保证商品供应稳定性、改善环境的粉尘作业无人化、事务处理高速化、捆包和重复作业省人化、产品出入库管理信息化、订单处理高效率以及对每日发生费用的成本管理现代化等。此外，现代化物流中心还要求改善劳动环境，作业现场干净、卫生、明亮和漂亮。这样，使劳动者心情舒畅、精神愉快地从事文明生产。

1.1.3 物流配送中心的内部作业流程

图1－4所示为物流配送中心的内部作业流程。这些作业过程都是在现代物流管理系统的监控下有序完成的。由图可知，物流配送中心内部的物流过程有入库作业和出库作业两大部分。入库作业包括进货入库、入库分拣、放入货架、保管作业。出库作业包括拣货配货、流通加工、检验、包装、捆扎、出库分拣、出库、配送运输作业。

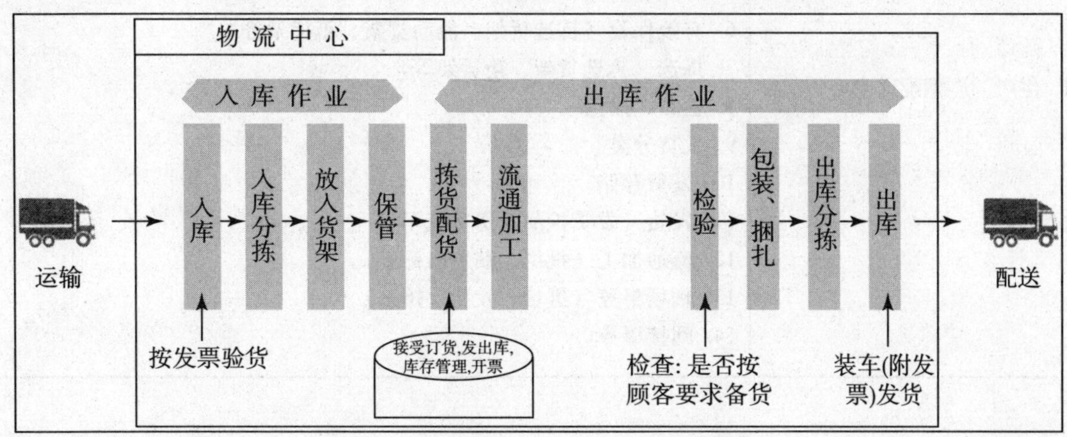

图1－4　物流配送中心的内部作业流程

1.2 物流中心种类和功能

1.2.1 概述

物流配送中心是一种多功能、集约化物流据点。作为现代物流方式和优化销售体制手段的物流配送中心，它把收货验货、储存保管、装卸搬运、拣选、分拣、流通加工、配送、结算和信息处理，甚至订货等作业，有机地结合起来，形成多功能、集约化和全方位服务的供货枢纽。通过发挥物流配送中心的各项功能，大大压缩了整个连锁企业的库存费用，降低了整个系统的物流成本，提高了连锁企业的服务水平。

1.2.2 物流配送中心的种类

众所周知，由于物流配送中心的性质和功能不同，所选用的设备型号、数量、区域大小和布置方案等也不相同。物流配送中心的种类和基本功能如表 1－1 所示。由表可知，根据物流中心要求的性质的不同，其功能种类也不同，一般有 7 种配送中心，即：生产工厂型配送中心、批发型配送中心、营业仓库型配送中心、保管型配送中心、零售店配送中心、超市等加工中心型配送中心、工厂仓库型配送中心。

表 1－1　配送中心功能

配送中心的性质	功　能
1. 生产工厂型配送中心	1. 工厂进货（购入、检品） 2. 托盘化 3. 进货存储 4. 储藏保管（自动仓库、托盘货架、移动货架等） 5. 补充货物 6. 有效保管（拣选货架、流动货架、箱货架等） 7. 拣选（拣选货架、箱货架等） 8. 检品、捆包 9. 发货分类 10. 发货存储 11. 发货（发货检品、送货装车） 12. 流通加工（批组、贴价格标签） 13. 现场事务（进货、发货、拣选） 14. 间接事务

续 表

配送中心的性质	功　　能
2. 批发型配送中心	1. 分类进货 2. 散货保管 3. 拣选 4. 流通加工 其他与生产工厂型配送中心相同
3. 营业仓库型配送中心	1. 进货 2. 托盘化 3. 按顾客分类保管 4. 流通加工（批组、标价、作业等） 5. 间接事务
4. 保管型配送中心	1. 进货（箱接收） 2. 按顾客分类保管 3. 检索 4. 检索信息（检索指示、检索完毕） 5. 再入库 6. 返回出库（发货） 7. 废弃物回收 8. 间接事务
5. 零售店配送中心	基本与批发型配送中心相同，其他为附加功能 1. 按店分编组 2. 按店分存储 3. 按店分发货
6. 超市等加工中心型配送中心	1. 原料进货 2. 按原料商品分保管 3. 按温度带分保管 4. 原料出库 5. 按商品群分半制品加工 6. 按商品群分加工 7. 成品保管 8. 按店分类 9. 尾数调整 10. 按店分台车取货 11. 按店分台车存储 12. 按店分发货

续 表

配送中心的性质	功 能
6. 超市等加工中心型配送中心	13. 空容器接收 14. 细净前容器保管 15. 容器细净 16. 细净后容器保管 17. 容器供给 18. 现场事物 19. 间接事物
7. 工厂仓库型配送中心	基本上与生产工厂型配送中心相同

1.2.3 物流配送中心的主要功能

如图 1－5 所示，物流配送中心具有集货、存储、流通加工、拣选与分选、配送、信息处理等主要基本功能。通过信息处理把这些功能有机地联系起来，使物流配送中心成为一个有机的整体。

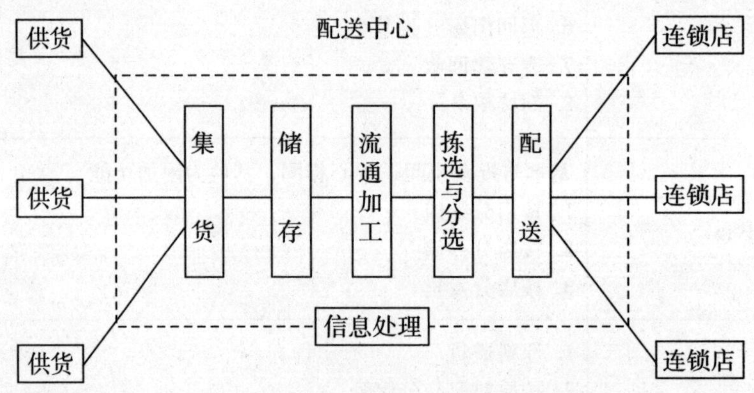

图 1－5 物流配送中心主要功能示意图

（1）集货功能。为了满足多品种、小批量的消费者的要求，物流配送中心必须大批、大量采购商品以备销售之需，这叫做集货。

（2）储存功能。为了调节商品生产与消费、进货与销售之间的时间差，物流配送中心必须利用储存功能组织货源，存储一定品种和数量的货物。虽然物流中心不以储存商品为目的，但是，为了保证市场需要，满足配送、流通加工等环节的正常运转，必须保存一定的库存量。

（3）拣选功能。根据用户订单，把所需要货品按品种、规格、生产厂家、数量挑选出来，并集中在一起，这种作业称为拣选。拣选作业在现代物流中心里具有极其重要的地位。

（4）流通加工功能。物品在从生产领域向消费领域流动的过程中，为了促进销售，保持产品质量和提高物流效率，对商品进行必要的加工。如拆包分装、开箱拆零、拆箱组配、切分、洗净、分装等作业。

（5）分拣功能。分拣作业是把用户要求的各种不同的物品分别拣选出来集中在一起，进行配送。

（6）配送功能。按照用户订单要求，在物流据点进行分货、配货作业，并将配好的物品送到用户手中。配送是分货、配货、送货作业的有机结合。

（7）信息处理功能。物流配送中心具有先进的信箱处理系统。它能有效地对整个物流过程的控制、决策和运转提高决策依据。在集货、储存、拣选、流通加工、分拣、配送、物流管理、费用、成本、结算等方面实现信息共享。物流中心是整个物流过程的信息中枢。

1.2.4 物流配送中心的物流过程

1. 物流配送中心的物流量要素

图 1－6 所示为物流配送中心的物流量概念图。

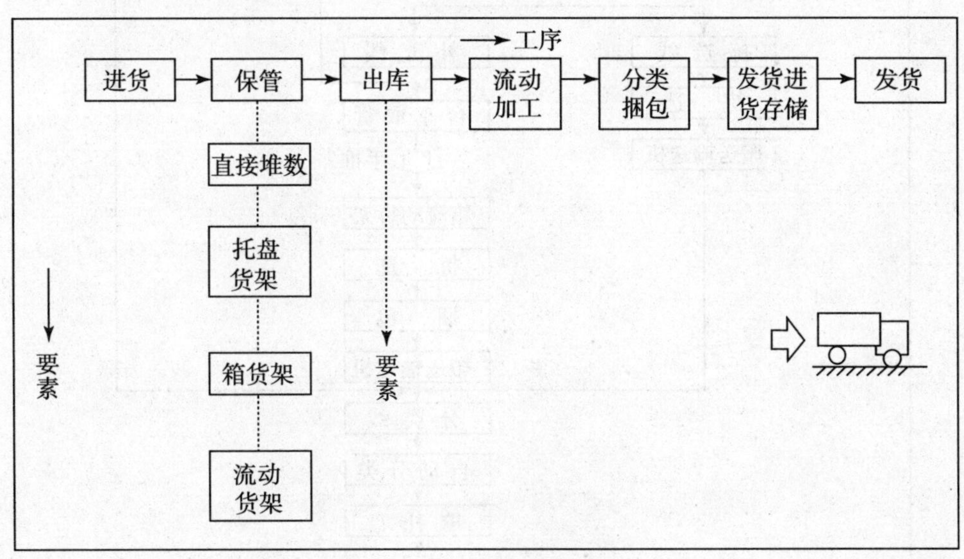

图 1－6 物流量的概念图

2. 物流配送中心作业流程

图 1－7 所示为物流配送中心作业流程。

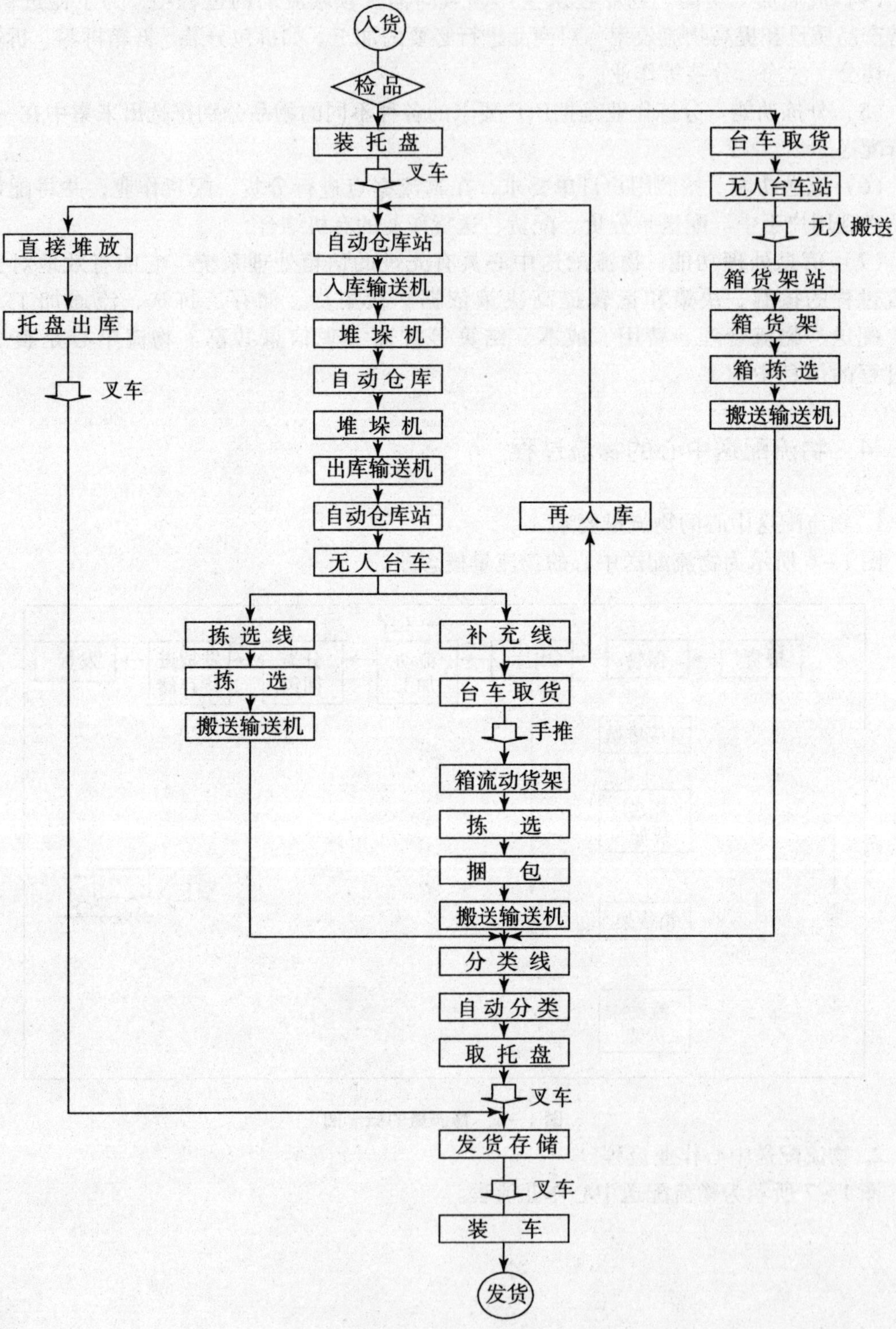

图1-7　物流配送中心作业流程

1.3 物流配送中心区域布置

为了较全面地了解物流配送中心以及对物流配送中心进行科学管理，必须对其功能区域进行平面布置。根据进货区和发货区的相对位置关系有 I 形、L 形、U 形等基本形式。首先根据具体地理位置和物流配送中心的性质、规模决定这个基本类型。之后，逐个对进货区、进货、暂存区、入库办理区、自动仓库、小物品拣选区、分类区、发货存储区等的面积进行计算，然后把计算各区域面积进行适当优化调整之后填入确定的物流中心的面积图中。

区域平面布置就是按照物流逻辑理论、各区的功能和面积比例，排列在物流配送中心的平面图上。其目的在于易于管理，提高管理水平。现在举例说明如下：有效使用总面积为 $A=2100m^2$ 的物流配送中心的 U 形区域布置如图 1－8 所示。

1.3.1 各区域的布置和动线规划

1. 安排进货和发货大厅位置

图 1－8 所示，首先在有效使用面积（$2100m^2$）中安排进货大厅和发货大厅位置。

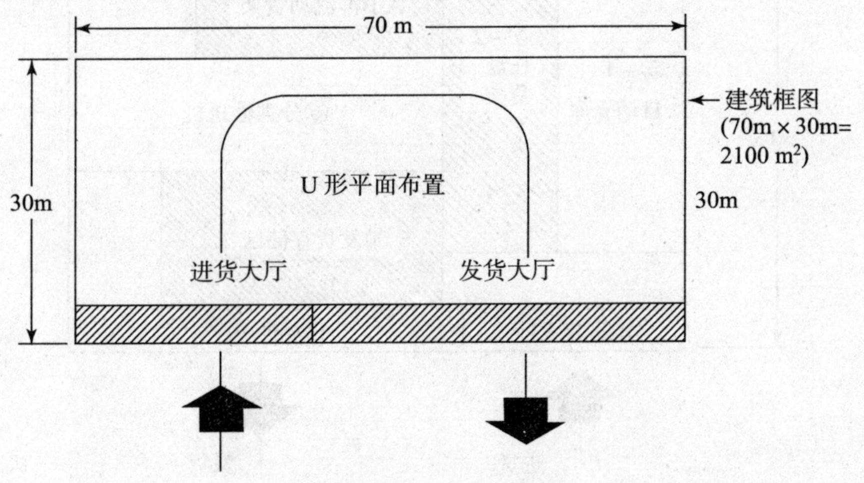

图 1－8 U 形平面布置

2. 安排大面积区域

依照 U 形物流动线，首先安排面积大而长宽比不变的区域（例：自动仓库、分类输送机等）。如图 1－9 所示。

3. 安排大的活动区域位置

依照动线，安排活动区域大、长宽比可以改变的区域（托盘货架、发货存储区、箱流动货架等）。如图 1－10 所示。

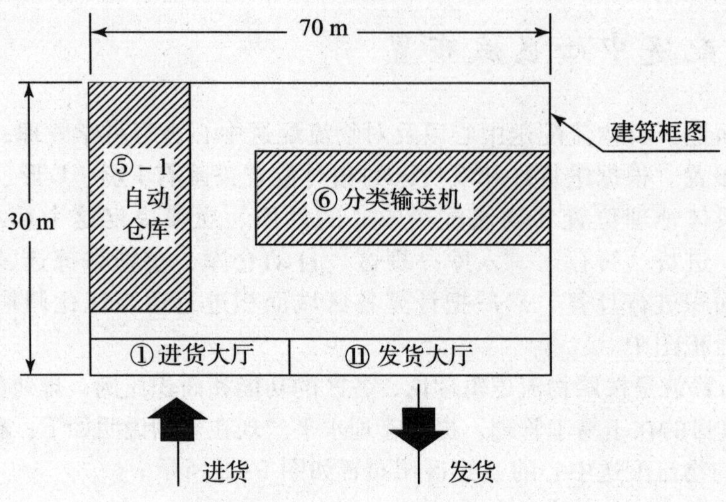

图 1－9　安排大面积不动区域

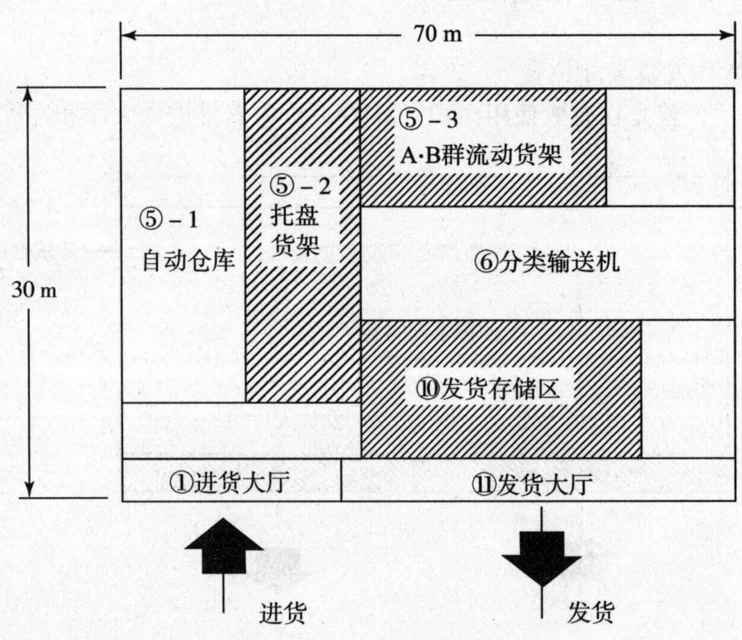

图 1－10　布置活动区

4. 安排小的活动区域位置

布置面积较小的活动区（进货暂存区、流通加工区、C 群箱货架等）。如图 1－11 所示。

5. 安排间接区域位置

最后，布置间接区，检查动线，看制品（商品）和人的流动是否相互干扰、有无浪费。间接区的大小依人数和要求内容有很大的不同。如图 1－12 所示。

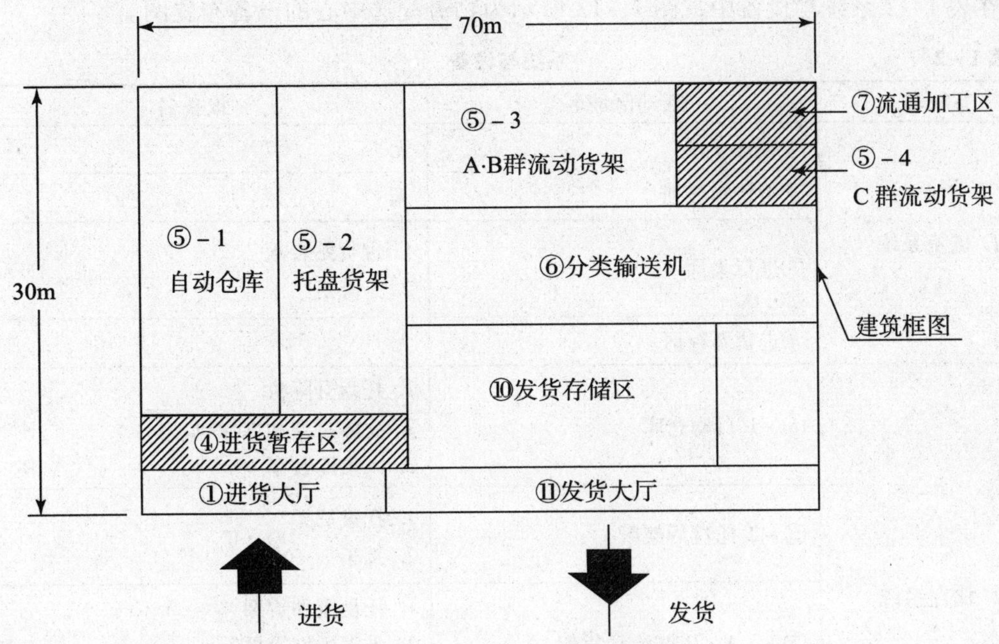

图 1－11　布置小活动区

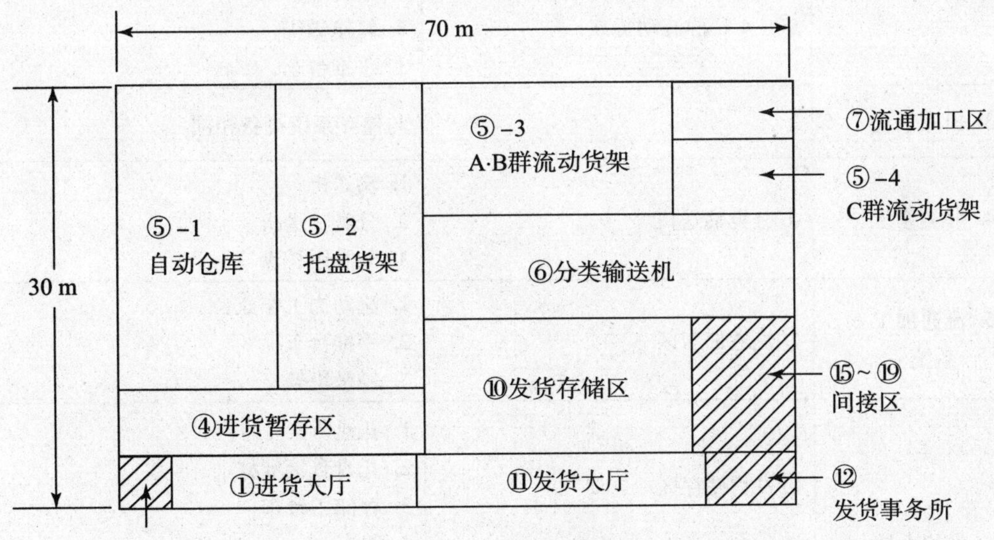

图 1－12　布置间接区

1. 3. 2　系统设备和平面布置

1. 设备布置

各区块平面布置和面积大小决定后，则进行设备的平面布置。各活动区域所需的设备整理在表 1－2 系统与设备中。图 1－13 所示为物流配送中心的设备布置图。

表 1－2　　系统与设备

系统名	活动区域名	设备名
1. 进货系统	①进货车位	无
	②进货事务所	无
	③进货大厅	1. 进货站台板 2. 升降机
	④进货暂存区	无
2. 储存系统	⑤－1 自动仓库	1. 托盘升降机 2. 立体货架和堆垛机 3. 入出库台车
	⑤－2 托盘货架区	1. 托盘货架 2. 叉车
	⑤－3 A·B 群流动货架	1. 托盘流动货架 2. 入库用堆垛机 3. 无人台车
	⑤－4 C 群流动货架	1. 箱流动货架 2. 箱输送机 3. 手推台车
3. 出库系统		与储存系统设备相同
4. 分类系统	⑥分类输送机	1. 输送机 2. 分类输送机 3. 分类用托盘
5. 流通加工系统	⑦流通加工区	1. 流动加工作业台 2. 手推台车 3. 轻量货架
6. 发货系统	⑧发货储存区	1. 托盘货架 2. 托盘直接堆放 3. 存储用台车 4. 叉车
	⑨发货大厅	1. 发货站台板 2. 升降机 3. 叉车

首先把⑤－1 自动仓库和⑥分类输送机（长宽比不变，有重要功用）布置在平面中。之后再把托盘货架、托盘流动货架、C 群流动货架、流通加工区内箱货架（长宽比可变，小面积活动）置入图中。

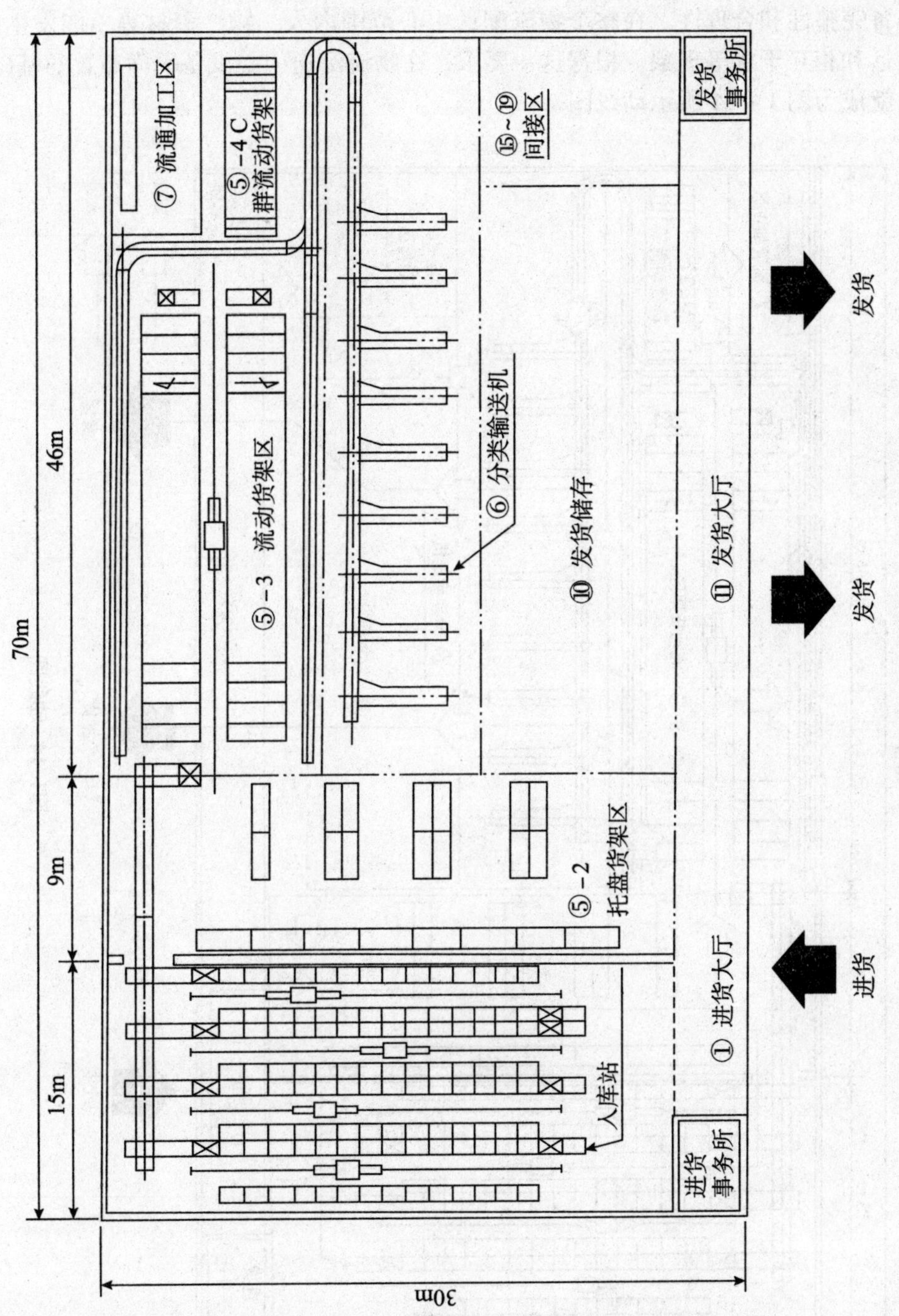

图1-13 物流配送中心的设备布置图

2. 动线

动线就是商品、资材（货品箱、托盘、料箱等）、废弃物和人员的移动路线，要求全体动线具备完整性和合理性。在整个物流配送中心范围内人、物、资材等不能发生阻断、迂回、绕远和相互干扰等现象。根据这一要求，在物流配送中心设备平面布置的基础上布置动线，就成为图 1－14 所示动线图。

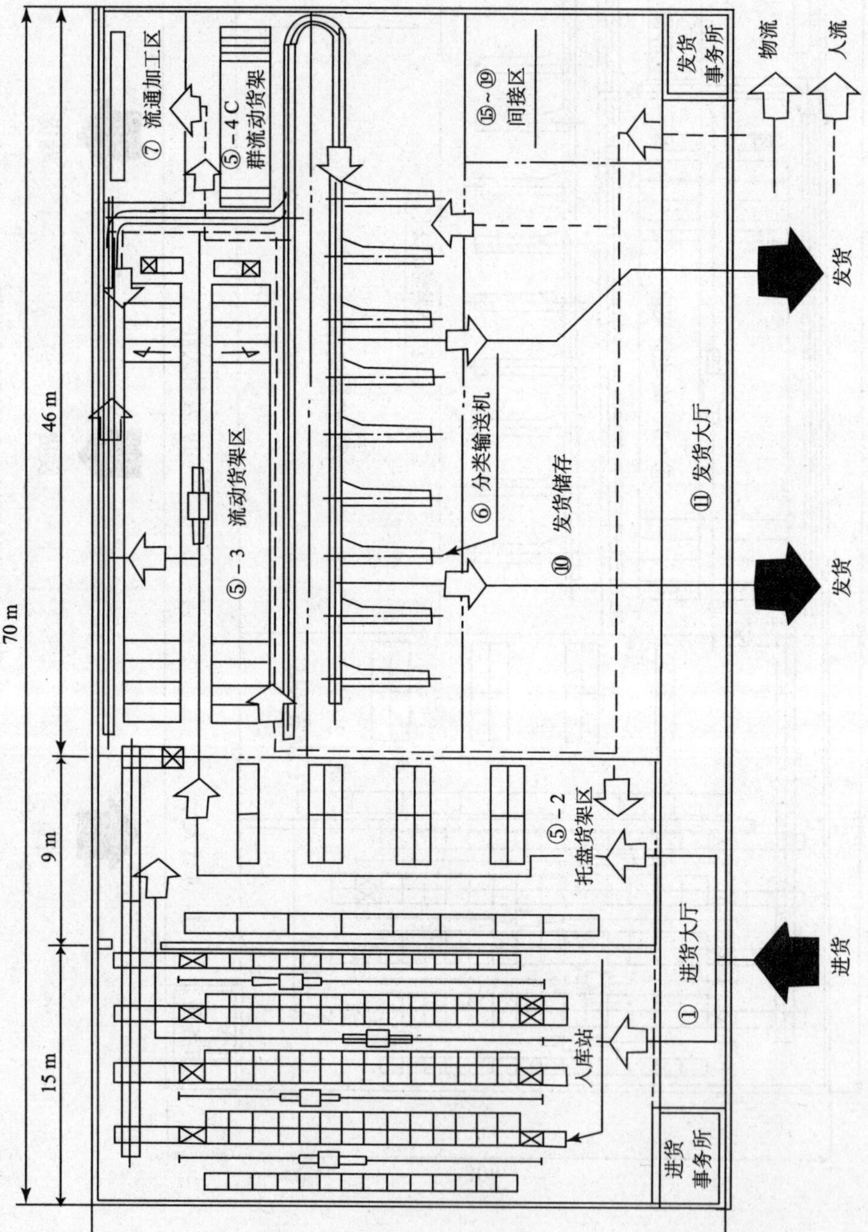

图1-14 动线图

2 物流成本管理

2.1 概 述

作为第三利润源泉的物流是生产过程的继续。它虽然不直接创造财富，但是它可以通过节约流通成本来创造价值。长期以来，人们对物流活动重视不够，不了解物流成本的真实内容，使得在物流过程中浪费极大，严重影响了经济效益。因此，应该加强物流成本管理，把现代成本管理方法融入到物流成本管理中，形成新的物流成本管理方法，不断降低物流成本，提高经济效益。

众所周知，物流成本管理目的在于提高效益，降低成本。物流成本是物流的核心问题。如何计算物流成本、物流成本与传统的仓储成本有什么区别，这些问题不仅关系到如何从宏观上认识物流现状，也关系到具体物流实践的核算和评价。

2.2 物流成本

2.2.1 物流成本概述

在物流过程中，为了提供较好的物流服务，要占用和耗费一定的人力和物力。这些人力和物力的货币表现，即为物流成本。物流成本有广义和狭义之分。

1. 狭义的物流成本

狭义的物流成本是指由于物品实体的场所改变而发生的有关运输、包装、装卸等成本。

2. 广义的物流成本

广义的物流成本是指包括生产、流通、消费全过程的物品实体与价值变换而发生的全部成本。也就是说，它包括原材料采购、供应、生产制作、半成品存放、搬运、装卸、成品包装、运送到流通领域、入库验收、分类、储存、保管、配送、运输、信息处理、最后到消费者手中的全过程所发生的成本费用。也可以说，物流成本包括物流过程中的各项活动的成本，如商品包装、运输、存储、装卸搬运、流通加工、配送、信息处理等方面的成本与费用。这些成本与费用之和构成了物流的总成本，也是物流系统的总成本。图 2 -1 所示为物流总成本构成图。

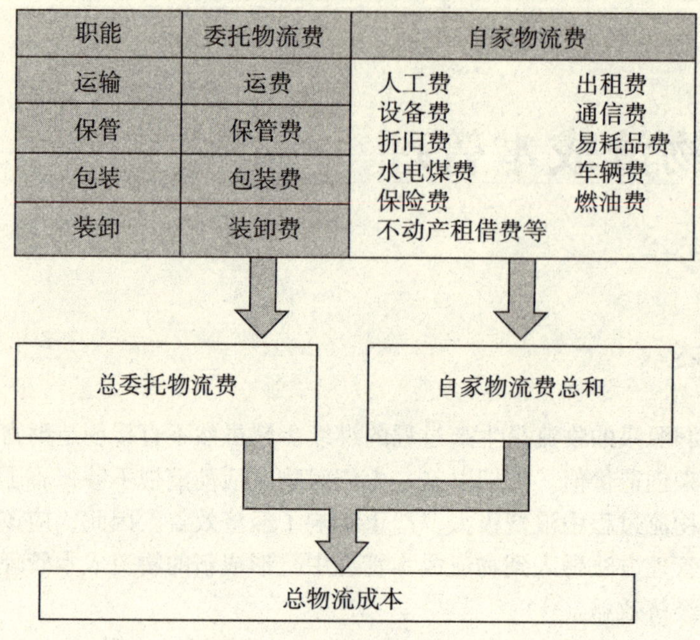

图 2－1　物流总成本构成

2.2.2　物流成本潜在理论

企业的物流活动由委托企业外部的物流企业完成的业务活动和企业自身从事的物流业务活动两部分构成。一般来说，用现金向企业外支付的委托物流费占 43% 左右。本企业的物流活动有：自有运输工具运货、自有仓库仓储作业、本企业职工进行包装和装卸作业、配备的物流管理人员和进行大量的物流信息处理业务等。本企业物流费用占 57% 左右。其中材料费占 12% 左右，制作成本占 17% 左右、销售和管理费占 28% 左右。由此可见，必须掌握企业内部物流活动的全部支出费用，才能把握物流成本。由企业的财务会计报表或盈亏计算表中所反映出来的物流成本，只不过是物流成本之一，而大多数的物流成本都潜混在其他费用科目中。

为此，必须认真计算物流成本，将混入其他费用科目的物流成本全部抽出来，使人们清晰地看到巨大的潜在物流成本，激励物流工作者挖掘降低成本的宝库和开创第三利润源泉。

2.2.3　传统与现代的物流成本概述

加强对物流活动的管理，控制和降低企业各种物流费，就可以降低物流成本在企业销售成本中所占的比例。但是，要加强物流成本管理，首先必须明确在当今企业活动中物流成本的特征以及相应的问题。从物流企业的实践中反映出来的物流成本管理主要存在如下问题：

（1）传统物流企业在财务会计制度中没有单独的项目，一般所有成本都列在费用一

栏中，不能明确、全面地计算与分析本企业的各种物流费用。

（2）传统物流费用的概念下，在企业财务决算表中，物流费用是企业对外部运输业者所支付的运输费或向仓库支付的商品保管费等。而对于企业内与物流活动相关的人员费、设备折旧费、固定资产税等各种费用，则与企业其他经营费用统一计算。从现代物流管理的角度来看，企业难以正确把握实际的企业物流成本。先进国家企业的实践经验表明，实际发生的物流成本往往要超过外部支付额的5倍以上。

（3）各企业没有统一标准来计算和控制物流成本。也就是说，各企业根据自己不同的理解和认识来把握物流成本。这样就带来了一个管理上的问题，即企业间无法就物流成本进行比较分析，也无法得出产业平均物流成本值。不同的企业外部委托物流的程度是不一致的，由于缺乏相互比较的基础，无法真正衡量各企业相对的物流成效。

（4）物流成本复杂，物流部门也无法掌握很多物流成本。例如，保管费中过量进货、过量生产、销售残留品的在库维持以及紧急输送等产生的费用等，这样增加了物流成本的管理难度。

（5）从销售关联的角度来看，物流成本中过量服务所产生的成本与标准服务所产生的成本是混同在一起的。例如，很多企业将销售促进费都算在物流成本中。

（6）物流成本的各项目之间某些项目成本削减，可能引起其他项目成本增加。因此，物流成本间各项目是相互关联的。

（7）物流成本削减具有乘数效果。例如，如果销售额为100亿元，物流成本为10亿元，物流成本占销售额的10%，如果物流成本削减1亿元，不仅直接产生了1亿元的利益，而且间接增加了10亿元的销售额，这就是物流成本削减的乘数效应。

（8）计算物流成本是以全体物流活动为对象。它是企业唯一的、基本的、共同的管理数据。

综合以上物流成本特点，可知，要实施现代化的物流管理，首要的是全面、准确地把握包括企业内外发生的所有物流成本，即要削减物流成本，必须以企业整体成本为对象。此外，在削减物流成本时，应保证不能降低物流服务质量。特别是最近流通业中多频度、定时进货的要求越来越广泛，这就要求物流企业或部门必须适应流通发展的新形势。例如，为了符合客户的要求，及时、迅速地配送发货，企业需要进行物流中心等设施的投资。显然，如果仅为了削减物流成本而节省这种投资，则会影响企业对客户的物流服务质量。

据先进企业的管理经验，对物流成本进行管理的总的思路是，不仅仅要把握企业对外的物流费用，更要掌握企业内部发生的物流费用。也就是说，从现代物流管理的观念来控制物流成本。具体地讲，对物流成本的计算，除了通常所理解的仓储、运输等传统物流费用外，还应当包括流通过程中的基础设施投资、商品在库维持等一系列费用。诸如，配送中心的建设、EDI等信息系统的构筑、商品在库存保管方面等相关的费用，都是现代物流管理中重要的物流成本。除此之外，对投资费用也不能只从利息这个角度来理解，应当分析该投资将来可能的收益或回报率。为此，物流成本的管理不仅要考虑物流本身效率，而且还要综合考虑提高客户服务、削减商品在库以及与其他企业比较能取得竞争优势等各种因素，这样才可能取得较高的投资回报率，能真正降低整体物流成本。

2.3 物流成本计算

2.3.1 物流成本计算的目的

物流成本计算主要是为了满足以下几个方面工作的要求。

(1) 为了正确地了解成本变化情况，并与其他公司、行业进行比较。

(2) 制订物流计划、调控和评估成本及利润。

(3) 指出销售或生产部门的不合理的物流活动。

(4) 向经营管理者提供物流管理的成本资料。

(5) 对物流预算和控制提供所需的成本资料。

2.3.2 制定统一物流成本计算标准

物流成本是客观存在的。如果没有统一的计算标准，企业各自为政、各行其事，其计算结果缺乏科学性，不能为企业提供决策依据。

如果在计算范围和计算方法上差异较大，所得数据缺乏可比性。并且，由于物流概念不同，企业财务账目中提取物流成本或物流成本汇总方法也不明确，可能只计算了部分物流成本。这样没有如实反映出企业的全部物流成本，而且给物流成本计算和成本管理带来了很大的困难。随着物流成本管理必要性的提高，要求统一物流计算标准。

2.3.3 物流成本分析

在计算物流成本时，必须对其进行科学的分类。

1. 按物流范围划分的物流费用计算标准

按物流范围，可将物流费用分为：供应物流费、企业内部物流费、销售物流费、回收物流费和废弃物物流费五种类型。

(1) 供应物流费。从商品采购直到批发、零售业者进货为止的物流过程中所需的费用。

(2) 企业内部物流费。从采购商品到手或由本企业提货时开始，直到向销售对象发货为止的物流过程所需要的费用，包括运输、包装、保管等费用。

(3) 销售物流费。从确定物流对象时开始，直到商品送交到客户手中为止的物流过程中所需要的费用，包括包装、商品出库、配送等方面的费用。

(4) 回收物流费。包装材料、容器等由销售对象回收到本企业的物流过程所消耗的费用。

(5) 废弃物物流费。在商品、包装材料、运输容器、货材的废弃过程中产生的物流费用。

2. 按支付形式划分的物流费用计算标准

按支付形式，将物流成本分为本企业支付的物流费和其他企业支付的物流费。本企业支付的物流费又可分为企业本身的物流费和委托物流费，其中企业本身的物流费又分为材料费、人工费、公益费、维护费、一般经费、特别经费。

(1) 材料费。因材料的消耗而发生的费用，包括物资材料费、燃料费、消耗性工具费以及其他物料消耗等费用。

(2) 人工费。因人力劳务的消耗而发生的费用，包括工资、奖金、福利费、医药费，劳动保护费以及其他一切用于职工的费用。

(3) 公益费。给公益事业所提供的公益服务支付的费用，包括水费、电费、冬季取暖费、绿化费及其他费用。

(4) 维护费。土地、建筑物、机械设备、车辆、搬运工具、工具器备件等固定资产的使用、运转和维护修理所产生的费用。

(5) 一般经费。差旅费、交通费、会议费、书报资料费、文具费、邮电费、城市建设税、能源建设税及其他税款，还包括物资及商品损耗费、物流事故处理及其他杂费等一般支出。

(6) 特别经费。采用不同于财务会计的计算方法所计算出来的物流费用，包括按实际使用年限计算的折旧费和企业内利息等。

(7) 委托物流费。将物流业务委托给物流业者时向企业外支付的费用，包括向企业外支付的包装费、运费、保管费、出入库手续费、装卸费等。

(8) 其他企业支付的物流费。在物流成本中，还应包括向其他企业支付的物流费，比如商品购进采用送货制时包含在购买价格中的运费。在这种情况下，虽然实际上本企业内并未发生物流活动，但却发生了物流费用，这笔费用也应该作为物流成本而计算在内。

3. 按物流功能划分计算物流费用

按物流功能划分，大体可分为物品流通费、信息流通费和物流管理费三大类。

(1) 物品流通费。为完成商品、物资的物理性流通而发生的费用，包括运输费、保管费、包装费、装卸费、流通加工费、配送费。

(2) 信息流通费。处理、传输有关的物流信息而产生的费用，包括与储存管理、订货处理、客户服务有关的费用。

(3) 物流管理费。进行物流的计算、调整、控制所需要的费用，包括作业现场的管理费和企业的物流管理部门的管理费。

2.4 物流成本管理

2.4.1 物流成本管理概念

物流成本管理不是管理物流成本，而是通过成本去管理物流。两者的区别在于，前者只重视物流成本的计算，把计算成本本身当做目的，这样虽然掌握了成本，却不知如何利用成本，而后者则是把成本作为一种管理手段，可以说物流成本管理就是以成本为手段来进行物流管理。

2.4.2 物流成本管理的作用

物流成本虽然是一种必要的不创造任何新的使用价值的耗费，但是，通过物流管理降低物流成本相当于增加了效益。加强对物流成本的管理对降低物流成本、提高物流活动的经济效益具有十分重要的意义。

（1）通过对物流成本的设计，可以了解物流成本的大小和它在生产成本中占的地位，从而提高企业内部对物流重要性的认识。并且从物流成本的分布情况，可发现物流活动中存在的问题。

（2）根据物流成本计算结果，制订物流计划、调整物流活动并评估物流活动效果，以便通过统一管理和系统优化降低物流费用。

（3）根据物流成本计算结果，可以明确物流活动中不合理环节的责任者。

总之，如能准确地计算物流成本，就可以运用成本数据提高物流管理效率，具体作用是：

（1）改进企业的物流管理。企业的物流管理水平高低直接影响到物流耗费的大小。只有通过提高物流服务和管理水平、才能提高企业效益。

（2）降低产品价格。众所周知，产品的销售价格包括了物流成本。也就是说，物流成本直接影响到产品价格。如果通过物流成本管理降低了产品成本，那么就相当于让利于民，提高了产品的竞争力。

（3）为社会节约大量的财富。良好的物流成本管理可以减少财产损失和商品损耗，减少社会财富的浪费。

2.4.3 物流成本管理的特征

通过上面对物流成本和物流成本管理含义的分析，物流成本管理特征如下。

（1）物流在企业财务会计制度中没有单独的项目，一般所有成本都列在费用一栏中，难以全面计算和分析企业的各种物流费用。

（2）在通常的企业财会决算表中，物流费核算的是企业对外部运输业者所支付的运输费或向仓库支付的保管费等传统的物流费用，对于企业内与物流中心相关的人员费、设备折旧费、固定资产税等各种费用，则与企业其他经营费用统一计算。因而，从现代物流管理的角度来看，企业难以正确把握实际的企业物流成本。

（3）对物流成本的计算和控制，各企业通常是分散进行的。也就是说，各企业根据自己不同的理解和认识来把握物流成本。这样就带来了一个管理问题，即企业间无法就物流成本进行比较分析。

（4）在一般的物流成本中，物流部门无法掌握很多成本。

综合以上物流成本管理的特点可以看出，对于企业来讲，要实施现代化的物流管理，

首要的是全面、正确地把握企业内外发生的所有物流成本。

2.4.4 加强物流成本管理的理念

1. 降低流通全过程的物流成本

对于企业来讲，控制物流成本不仅是本企业的事，不仅要追求本企业物流效率化，还应考虑从产品制成到最终用户整个供应链过程的物流成本效率化。例如，原来有些厂商是直接面对批发商经营的，很多物流中心与批发商物流中心相吻合，从事大批量的商品输送，然而，随着零售业中便民店、连锁店的迅猛发展，客观上要求厂商必须适应这种新型的业态形式，展开直接面向零售店铺的物流活动。在这种情况下，原来的投资就有可能沉淀；与此同时，又要求企业建立新型的符合现代流通发展要求的物流中心或自动化设施。这些投资尽管从本企业来看增加了物流成本，但从整个流通过程来看，却大大提高了物流绩效。

2. 通过供应链管理降低物流成本

随着当今企业间价格竞争的激化，新型供应链物流管理体制不断得到发展和普及。这种新型的物流管理体制使得用户除了对价格提出较高的要求外，更要求企业能有效地缩短商品周转时间，真正做到迅速、准确、高效地商品管理。要实现上述目标，仅本企业的物流体制具有效率化是不够的，它需要企业协调与其他企业（如部件供应商等）以及客户、运输业者之间的关系，实现整个供应链活动的效率化。也正因为如此，追求成本效率化不仅仅是企业中物流部门或生产部门的事，同时也是经营部门以及采购部门的事，亦即将降低物流成本的目标贯彻到企业所有职能部门之中。

3. 通过提高对客户的物流服务来降低物流成本

提高对客户的物流服务是企业确保经济利益的最重要手段，从某种意义上讲，提高客户服务质量能有效降低物流成本。但是，超过必要量的物流服务并不能降低物流成本，反而降低物流效益。例如，随着多频度、少量化经营的扩大，对配送的要求越来越高。而在这种状况下，如果企业不充分考虑用户的产业特性和运送商品的特性，一味地开展商品的翌日配送或发货的小单位化，无疑将大大增加发货方的物流成本。所以，在正常情况下，既保证对客户的物流服务水平，又不出现过剩的物流服务。在考虑用户产业特性和商品特性的基础上，与客户方充分协调、探讨有关配送、降低成本等问题。

4. 构筑现代信息系统降低物流成本

如前所述，企业内部的物流效率化仍然难以使企业在不断激化的竞争中取得成本上的竞争优势。为此，企业必须与其他交易企业之间利用高效率手段，即利用现代信息系统，准确、迅速地处理各种物流作业。另外，建立物流经营战略系统，在网络上进行传输订购的时间、数量、价格以及质量要求等信息，从而使生产、流通全过程的企业或部门分享由此带来的利益，充分应对可能发生的各种需求与变化，进而调整整个供应链的不同企业间的经营行为和计划，这无疑从整体上控制了物流成本增加。也就是说，现代信息系统的构筑是为了彻底实现物流成本的降低，而不是向其他企业或部门转嫁成本。

5. 提高配送效率，降低物流成本

用户订货要求时期短、批量小、品种多、进货正确。在此形势下，既要降低物流配送成本费，又要满足用户要求，企业必须采用效率化的配送方法。一般来讲，企业要实现效率化的配送，必须重视配车计划管理、提高装载率以及车辆运行管理。

（1）配车计划管理。配车计划是指按用户的订货要求，把生产或购入商品按客户指定的时间、地点配送到位。对于生产商而言，如果不能按客户指定的时间生产，则不能按时配送商品。所以，生产商配车计划的制订必须与生产计划联系起来。同样，批发商也必须将配送计划与商品进货计划联系起来。当然，要做到配车计划与生产计划或进货计划相匹配，就必须构筑有效的配送计划信息系统。这种系统不仅是处理配送业务，而且是在订货信息的基础上，从生产到发货全过程的业务系统。特别是制造商为缩短对用户的商品配送，同时降低成本，必须通过这种信息系统制作配送计划。商品生产出来后，装车配送。当车辆有限时，在提高单车装载量的同时，事先设计好行车路线以及不同路线的行车数量等，以求在配送活动有序开展的同时，追求综合成本的最小化。

（2）提高装载率。先进企业提高装载率的方法是，将本企业取得的商品名称、体积、重量等数据输入信息系统中，根据用户的订货要求计算出最佳装载率。对于需求比较集中的地区，易于实现高装载率运输。对于需求相对较小的地区，可以通过共同配送来提高装载率。

（3）车辆运行管理。利用货车追踪系统提高车辆运行效率，即在车辆上安装一个全球定位系统（GPS），通过这种终端与物流中心通信，可以实时监控途中货物、有效地利用空车信息、合理配车。

6. 利用第三方物流降低物流成本

在控制物流成本方面，可以利用第三方物流。即利用企业外部专业物流公司，完成本企业的物流管理全部或部分产品的分销工作。这样委托专业的物流公司不仅增加利益、降低物流成本，而且使本企业提高了服务水平和物流效率。

2.5 物流成本控制

2.5.1 绝对物流成本控制与相对物流成本控制

物流成本控制方法，包括绝对物流成本控制法和相对物流成本控制法。

1. 绝对物流成本控制

绝对物流成本控制是把成本支出控制在一个绝对金额以内的成本控制方法。绝对物流成本控制从节约各种费用支出，杜绝浪费，进行物流成本控制，要求把营运生产过程发生的一切费用支出划入成本控制范围。标准成本和预算成本是绝对物流成本控制的主要方法。

通过绝对物流成本控制降低物流成本的对策如下：

（1）缩短物流通路，扩大由工厂直接发送，削减仓库据点。

（2）减少运输次数，提高装载效率，设定最低订货量限额，实施计划运输，推进共

同运输。

（3）加强库存管理，适当配置库存量。

（4）物流作业机械化、集装箱化、托盘化。

（5）确立物流信息系统合理化。

2. 相对物流成本控制

相对物流成本控制是通过成本与产值、利润、质量和服务等对比分析，寻求在一定制约因素下取得最优经济效益的一种控制技术。

通过相对物流成本控制降低物流成本的对策是：

（1）必须将物流成本明确化，并设置恰当的计算基准，但更重要的是明确计算物流成本的目的，找出适合目的的最佳计算方式。

（2）物流成本要在销售和生产之后进行计算，有些成本是物流部门无法管理的。也就是说，物流成本之中包含着物流部门能够管理和无法管理的两种成本。

（3）物流预算是在生产计划和销售计划的基础上做出的，生产、销售出了问题，一般会直接使物流的预算和实际出现差异。当预算出现差异时，应该指明是物流的责任，还是生产或销售的责任。

绝对物流成本控制与相对物流成本控制比较如表 2－1 所示。

表 2－1　绝对物流成本控制与相对物流成本控制比较

比较项目	绝对物流成本控制	相对物流成本控制
控制对象	成本支出	成本与其他因素的关系
控制目的	降低成本	提高经济效益
控制方法	成本与成本指标之间的比较	成本与非成本指标之间的比较
控制时间	主要在成本发生时或发生后	主要在成本发生前
控制性质	实施性成本控制	决策性成本控制

最后，应该指出的是，过去企业只是把目光局限在如何掌握物流成本上。掌握物流成本确实非常重要，但今后应当把重点转移到如何运用物流成本上来。应当利用物流成本资源促进销售，争取客户。为确保收益，必要时可以考虑加大物流成本，争取销售目标的实现。应该说现在已经进入物流活动可以产生收益的时代了。

2.5.2　物流成本控制方法

实践证明，首先是能计算和把握企业现有物流成本的情况，才能控制物流成本。

1. 物流成本现状

（1）能正确把握物流成本大小并从时间序列上看清物流成本的发展趋势，以便和其他企业进行横向比较。

（2）通过对物流成本的现状分析，评价企业物流绩效，规划物流活动，并从供应链管理的角度对物流活动的全过程进行控制。

（3）能给企业高层管理者提供企业内全程管理的依据，并充分认识物流管理在企业活动中的作用。

（4）有利于将一些不合理的物流活动从生产或销售部分离出来。

（5）能正确评价企业物流部门或物流分公司对企业的贡献度。

（6）有利于企业在不断改善物流系统的同时控制相应的费用。

2. 物流成本的控制方法

目前，国际上企业对物流成本的控制方法有：即按支付形态的物流成本控制、按工作功能的物流成本控制以及按适用范围的物流成本控制。

（1）接支付形态的物流成本控制。按支付形态的物流成本控制，是将物流成本按支付运费、支付保管费、商品材料费、本企业配送费、人员费、物流管理费、物流利息等支付形态来进行归类。通过这样的管理方法，企业可以清晰地掌握物流成本在企业整体中处于什么位置，物流成本中哪些费用偏高等问题。这样，企业既能充分认识到物流成本合理化的重要性，又能明确控制物流成本的重点在于管理哪些费用。

（2）按工作功能的物流成本控制。按工作功能的物流成本控制，是将物流费用按包装、保管、装卸、信息、物流管理等工作功能进行分类。通过这种方式把握各功能所承担的物流费用，进而着眼于物流不同功能的改善和合理化。特别是算出标准物流功能成本后，通过作业管理，能够正确设定合理化目标。其具体方法为，在计算出不同形态物流成本的基础上，再按功能算出物流成本。当然，功能划分的基准据企业实际情况而不同。因此，按功能标准控制物流成本时，必须使划分标准与本企业的实际情况相吻合。

按不同功能控制物流成本的特点是，在算出单位功能物流成本后，企业管理层在计算出各功能物流成本的构成比、金额等之后，将其与往年数据进行对比，从而明确物流成本的增减原因，找出改善物流成本的对策。

（3）按适用范围的物流成本控制。按适用范围的物流成本控制，是指分析物流成本适用于什么对象，以此作为控制物流成本的依据。例如，可将适用对象按商品、地域、客户、负责人等进行划分。先进企业的做法，是按公司营业点不同来把握物流成本。这有利于对各分公司或营业点进行物流费用与销售额、总利润的构成分析，从而正确掌握各分支机构的物流管理现状，及时加以改善。按客户类别控制物流成本有利于全面分析不同客户的需求，及时改善物流服务水准，调整物流经营战略。按商品类别管理物流成本，能使企业掌握不同商品群物流成本的状况，合理调配、管理商品。

2.5.3 不同经济主体的物流成本控制

1. 零售业进货成本的下降

近几年来，零售业发生了巨大的变革，这种变革表现为传统的零售业态逐渐萎缩，一些新型的零售业不断取代传统零售业成为零售业的主导和先驱。比如，日本传统零售业的龙头百货店日益失去强大竞争力，而以低价位、大众化、装修简朴或郊外开店为标志的折扣店或量贩店得到了突飞猛进的发展。这种零售业态之所以能发展如此迅速，是因为它们的商品定价要比百货店或专业店便宜，而且商品选择范围广泛。如今就连大型超市也都纷

纷通过会员制的形式，对衣料品和日用品提供低价位的销售服务。

这种低价位的销售之所以成为可能，是因为零售企业从制造商大规模、统一进货，而且不实行退货制，因而进货单价非常低廉。对于这类零售企业来讲，最为重要的是购入的商品能全部销售完。因此，零售企业必须建立各店铺销售人员负责制，保证商品全部售完的有效机制。这种机制的具体实施是通过信息系统实行单品管理，从而做到及时、准确地把握商品在库残留量的信息。特别是对于衣料等季节性产品，尽管无论哪个店铺都无法避免商品残留在库。但是，通过掌握店铺间的商品在库信息，并有效地进行商品转移销售，即将在某些店铺销售残留的商品转移到别的店铺销售，或者逐步降低销售价格，将这种损失或成本降到最低点，进而实现最佳的订货量和最低廉的销售价格。

2. 生产原材料成本削减与生产物流的效率化

（1）原材料及零部件购买成本的削减。对于生产商而言，一般产品原价中原材料费的比率很高，尤其是在组装产业中，这个比率更是居高不下，即使外购比率较高的组装厂家，虽然原材料费用较少，但零部件所占的成分却很大。因此，通过削减原材料和零部件降低成本等广义费用，进而大幅削减物流成本，是提高生产商物流绩效的主要方法之一。当然，应当看到降低原材料、零部件的购买成本，并不是指生产商仅仅通过对进货价格的控制来寻求费用的削减。因为，作为用户的厂商如果只是在价格上单纯要求降低进货成本，而不采取切实有效的方法，那么极易产生购入原材料或零部件质量下降的问题，大大影响生产商制造产品的质量，并对企业的经营管理产生极大影响。所以，削减生产商原材料及零部件调达成本，关键是寻求行之有效的方法，以便在降低物流成本的同时保证原材料和零部件的质量。

（2）削减原材料和零部件的物流成本的方法。在方法上，主要有如下几种方式削减原材料和零部件的物流成本。

①对于同类零部件应尽量做到设计标准化。

②在开发新产品的过程中，设计、物资、生产、经营、会计部门应共同合作，根据市场需求开发低成本的新产品。

③在产品生产需要大量外购原材料或零部件的情况下，应经常对外购成本的内容进行分析，从而建立起合理的价格购入机制。

④在进行原材料和零部件的购买过程中，积极推进共同进货机制。

除了上述原材料和零部件的购买成本外，还有一个固定资产购买成本也应引起重视，即要从现代物流管理的角度控制生产过程中资产购买所产生的费用。其原因在于，资产成本的削减对于降低制造原价具有积极的意义。据国外学者测算，在材料费占制造原价60%的产品中，资产成本削减5%，制造原价能降低3%。整体制造成本降低3%，销售利益就能增加3%，可见其效果是非常明显的。

（3）生产物流成本合理化。在制造产品的原价中，除了原材料以外，与生产相关的劳务费以及其他经费等都是成本控制的重要内容。一般来讲，容易产生生产物流成本的产品，具有从购进原材料开始经生产过程到最终发货需要较长时间的特点。这其中具有代表性的产业是钢铁业，在钢铁业从原材料投入经过不同工序之间的转移到最终发货，常常需要较长的时间。而且由于成品体重，产品转移过程中的物流成本（如时间、劳动力等）

要远远高于其他的制造业。在这类产业中，最关键的是将成品高效地向用户发货。一般来讲，钢铁业的运输多是通过铁路或船舶进行的，要实现高效率的运输，就必须使配船、配车皮计划能与生产计划紧密地结合在一起，从而大大缩短产品在途时间。除此之外，工厂内的生产也要紧密有序地进行，防止因为工序之间不流畅或不协调产生较高的物流费用。

3. 运输企业提高产品配送效率化

生产厂商在工厂内生产出产品以后，在产品到达最终用户之前，需要经过许多的流通环节，减少在流通过程中所发生的费用是十分必要的。如今，企业在激烈的竞争中纷纷采取各种对策使产品的流通费用最小化。下面具体介绍其中几种重要的运输企业控制物流成本的办法。

（1）各运输企业协同降低成本。在所有配送费用中，尽管有发生在物流中心内的装卸、产品配送调度等各种费用，但所占比率最高的是运送费。通常运送费占所有配送费的50%以上。因此，在降低配送费用的过程中，最为重要的是严格控制对运输企业支付的运费。最近，运输业中运输过频以及高速公路费用上涨等，都是造成成本上升的直接原因。在此状况下，各运输企业应该通过提高货物积载率来降低成本。但是，在削减运输费用方面，仅仅依靠本企业的努力仍然是有限的，各运输企业需要相互协调，进行各种尝试。

（2）向货主企业建议通过共同配送来削减运费。企业和货主共同配送也是削减物流成本的有效方式之一。当然，这种配送方式既有同产业的共同配送，也有不同产业间的配送。运输企业在向货主提议时，必须注意，若货主与企业间对相互物流缺乏了解，难以了解共同配送所产生的利益。因此运输企业必须与货主、企业进行充分沟通，并详细分析，揭示共同配送所产生的利益。

（3）接受货主企业的全权委托。通常货主与运输企业的关系只是一种单纯的运输委托或代理关系。但是，近几年来不少企业在从事运输业务的过程中，逐渐取得经营诀窍，从而提高了运输经营的管理能力，逐步从单纯的运输业务转化为向用户企业提供高效的运输方式，进而接受从原材料或零部件的配送物流到产品的在库管理、销售物流等的全面物流委托业务。这种运输企业必须具备全面的物流管理能力，为此需要在流通中心或信息系统建设方面进行大量投资，与货主企业的信息系统相连接，形成一种信息网络。借助这个网络，在货主企业生产计划或经营计划的基础上，合理地从事商品的配送服务。

4. 货主企业提高并改善运送方式

货主企业应该采取招标的方式，通过引入多家运输企业进行竞标以实现最低的运送成本，这种方式一般被认为是最具效率的削减运输成本的方法。客观地讲，采用竞标方式削减运输成本尽管能取得一定的效果，但却不是根本的降低物流成本的方法。这是因为运输企业必须考虑自身经济利益，而物流活动的发展必将要求运输业者进行有关信息系统的投资，货主企业如果一味地要求低廉的运输费用，势必使运送服务质量下降，最终影响用户企业的利益。正因为如此，货主企业不仅要求运输企业降低运输费用，而且需要不断改善现有的物流体制，以实现物流成本的下降。

从当今大多数企业的物流实践来看，货主企业削减物流成本的方式有两大类，即彻底改变现有的物流系统和改善现有物流系统中非效率的部分。

（1）物流活动的外部委托。彻底改变现有物流系统的方式之一是将物流活动全部向

外委托。从货主企业角度来看，最常见的是将物流业务的一部分，特别是物流中心的投资转移到外部，即利用外部专业物流中心来开展本企业的物流。与此同时，也有的企业将所有的物流活动全面转交给专业仓库业者或运输业者进行。当然，在从事物流委托业务时，应当注意原材料、零部件的配送物流与向用户进行商品配送服务的物流活动是有一定差异的。相对而言，前者外部委托的比率较高，这是因为如果将客户配送服务全面委托给专业运输者，一方面使得经营诀窍为物流所掌握；另一方面企业既不易掌握客户物流服务的水准，也不易及时将有关信息反馈到生产、经营部门。例如，如今国外发达国家大多数批发店都建有自己的物流中心，中心内的作业基本上委托给专业物流商进行，而商品的配送计划的制订仍需企业参与。

（2）通过建立物流分公司寻求削减物流成本。除了将物流全部向外委托来削减物流成本外，建立企业物流分公司也是货主企业控制物流费用的一种方法。这种方法的特点是物流业务仍然处于货方企业的总体控制下。与此同时，通过分公司的独立经营来实现物流成本的下降。日本《流通研究》杂志对日本物流分公司所作的调查表明，如今大多数企业的物流分公司主要以削减母公司的物流成本为第一目标。在此基础上，分公司的业务逐渐向接受委托和战略经营发展。正因为如此，很多货主企业逐步从外部委托物流向物流分公司经营转移，这样做的原因除了能增加分公司的经营容量外，最主要的是能借此提高物流公司的物流经营能力和诀窍，进而维持母公司的物流服务质量保证公司整体经营战略的统一性。

3　物流配送中心的基本作业

3.1　物流配送中心的基本作业流程

图3－1所示为自动化物流配送中心的基本作业流程。从供应货车到仓库的码头，确认货品“进货”作业的开始，便依序将货品“储存”入库。为了良好的管理在库品，则定期或不定期地进行“盘点”检查。当收到用户订单后，进行“订单处理”，之后据处理后的订单信息，进行“拣选”作业。拣选时一旦发现拣选区所余货量过低时，则由储存区进行“补货”作业。如果储存区的货量低于规定数量时，便向供应商采购订货。从仓库拣选出的货品经过整理之后即可准备“发货”，等到一切发货准备就绪，司机便可将货品装在配送车上，便向各用户进行“配送”交货作业。另外，在所有物流作业进行中一定有“搬运”的作业，所以“搬运”也是重要的作业。

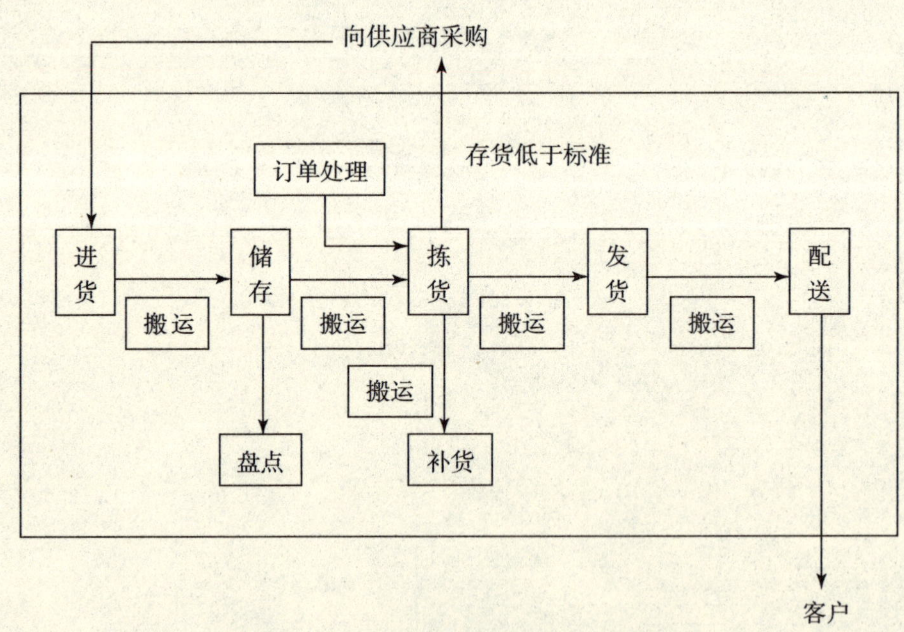

图3－1　自动化物流配送中心的基本作业流程

综合上述作业过程，可归纳为以下9项作业，即：①进货作业；②搬运作业；③储存作业；④盘点作业；⑤订单处理作业；⑥拣选作业；⑦补货作业；⑧发货作业；⑨配送作业。

3.2 进货作业

进货作业是从货车上把货物卸下、开箱，检查数量、质量，之后录入有关信息等工作。图 3－2 所示为进货作业流程。

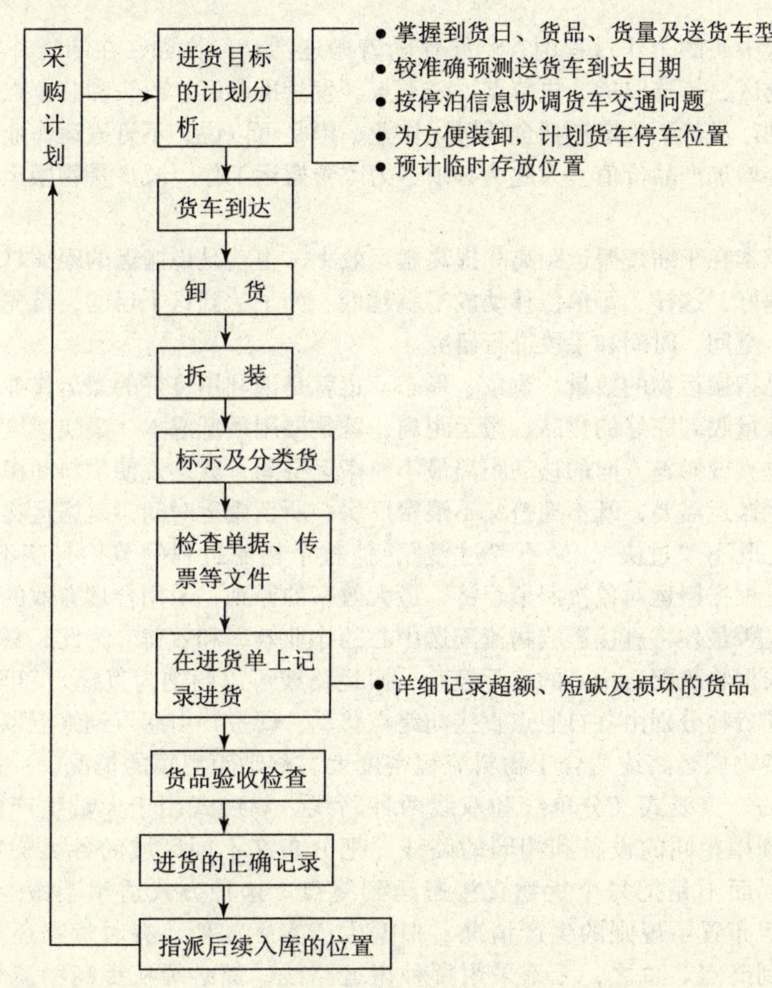

图 3－2 进货作业流程

3.3 搬运作业

搬运作业是物流作业的重要组成部分之一。物流搬运是把不同形态的散装、包装或整体原料、半成品或成品，在平面或垂直方向提升、放下或移动。可能是运送，也可能是重新摆放物料，从而使货品能顺利地到达储位或指定位置。

搬运作业的目的在于提高生产力，降低搬运成本，提高以降低存货成本为目的的库存周转率，改善搬运工作环境，确保人与物的安全，提高产品的完好率，以及促进销售成效。

众所周知，良好有序的搬运系统可消除瓶颈现象，使物流畅通，确保生产水平，使人力和设备有效利用。有效搬运可以加速货物移动，缩短运输距离，减少总作业时间，降低储存和相关成本。良好搬运系统不但可以改善工作环境，而且能保证货物安全和完好，降低保险费用。

在物流配送中心的工作过程中，始终伴随着搬运活动。比如，在卸货、数量质量检查、储区、拣选区、拣选取货、包装点、分类点、发货准备区、码头和装车点等之间，都离不开搬运活动。虽然不一定包括全部搬运作业，但是可以说，不管搬运作业多少都会增加成本，而不会增加产品价值。为此，必须尽力改善搬运工作，减少货物搬运次数，降低成本。

降低搬运成本在于缩短搬运距离和提高搬运效率，也就是说搬运的距离越短越好，搬运的数量越多越好，这样，每单位移动成本就越低。为了达到这个目的，首先应该对搬运的对象、距离、空间、时间和手段进行研究。

搬运对象是指搬运物的数量、重量、形态。也就是说利用良好的搬运作业，使各个工作点都能保质保量收到完好的货品。搬运距离，就是要用最低成本、最快速度和最有效的方法在水平、垂直或倾斜方向的移动距离最小。搬运空间，就是说使物料和搬运设备占一定的空间，满足搬运需要，既不拥挤又不浪费厂房。所谓搬运时间，是搬运物到达各个环节的工作点时，既不“过快”，又不“过慢”，使整个物流过程的节拍有序不乱地进行。搬运手段，就是根据搬运对象按照最经济、最大效率的原则，采用合理有效的搬运手段。

搬运路线是否最佳将直接影响物流配送中心的作业效率和效益。为此，必须对搬运路线进行研究。根据物流配送中心的实际经验，搬运路线可以归纳为直线式和间接式两类。直线式就是不同货物分别由各自原点直接向终点移动，即货物由起点到终点以最短的距离来搬运，这个货物搬运路线适合于物料流程密度大、移动距离短的情况。一般来说，此法是较为经济的。直线式又分单线和双线两种路线。双线式用于大量生产的情况。间接式路线就是利用相同的设备和相同的路线，把分布在不同区域的各类货物相对集中起来共同搬运，而不是把每个货物直接搬运到终点。这种方式适用于搬运密度不高、距离较长、厂房布置不规则的生产情况。根据生产实际需要，有时货物还要经过中间转运一次再运到终点。总之，无论采用哪种搬运路线，都必须从提高物流效率和效益的实际情况出发。

对于短距离、高密度流量时，采用叉车或抓举机等复杂的搬运设备。而短距离、低密度流量时，则采用手推车之类的简单搬运设备。对于长距离、高密度流量时，则采用无人搬运车、自动输送机等无人操作的复杂运输设备。而对长距离、低密度流量时，则采用如动力托板车之类的简单运输设备。

关于搬运单位有散装、个装和包装三种形式。散装是最简单、廉价的搬运方法，每次运输量大，其缺点在于货物易破损，应特别注意。个装是体积很大的货物，需要大型搬运设备来运输。有的体积不太大的个装，可以先累积在托盘、笼车、盒子或篮子中形成运输单元后再搬运。单元载重的优点在于保护货物，降低每单位的运输和装卸成本。

如何对搬运作业进行必要的计算是相当重要的。

(1) 货物搬运设备数量计算公式如下：

$$机器数=\frac{每天货物需要搬运的总时间\ (h)}{工作小时/(台\cdot 日)\times 利用系数} \tag{3-1}$$

式中的利用系数是指一台机器每天使用时间的百分比。例如，机器因故暂停。

(2) 搬运系统能力计算：

总运输能力计算：

$$运输能力=物流速度\times 运输长度 \tag{3-2}$$

$$总运输能力=\sum 运输能力 \tag{3-3}$$

物流速度：每单位时间搬运的货物量。

运输长度：搬运距离。

通道的布置和大小对仓库效率的影响很大。影响通道位置和宽度的因素有：通道形式、搬运设备的型号、尺寸和回转半径、回品尺寸、防火墙的位置、服务区和设备的位置、地板负载能力以及电梯位置等。

通道种类有货物放入或取出储区的工作通道、员工进出的人行通道、存货或检查用的服务通道、储藏室通道、电梯通道、公共设施或防火设备用的通道。

3.4 储存作业

储存作业的主要任务在于妥善保存货物，并对在库品进行检核，善用空间，对存货进行科学管理。

1. 一般储存方法

(1) 定位储存。即每一项货物都有固定的储位。例如：有的货物要求控制温度储存条件；易燃易爆物必须存于一定高度并满足安全标准及防火条件的储位；化学原料和药品，以及重要保护物品等必须分开储存。

这种定位储存方法易于管理，搬运时间较少。但是需要较多的储存空间。

(2) 随机储存。随机储存是每一个货物的储位不是固定的，而是随机产生的。这种方法的优点在于共同储位，最大限度地提高了储区空间的利用率。但是，给货物的出入库管理及盘点工作带来困难，特别是周转率高的货物可能被置于离出入口较远的储位，增加了出入库的搬运距离。

一个良好的储位系统中，采用随机储存能有效利用货架空间，减少储位。通过模拟实验，随机储存比定位储存节约35%的移动储存时间及增加了30%的储存空间。这种方法适用于空间有限以及货物品种少而体积小的情况。

(3) 分类储存。分类储存通常是按产品相关性、流动性、尺寸和重量以及产品特性来分类储存。

(4) 分类随机储存。这种方法是每一类货物有固定的存放储区，但在各类的储区中，每个储位的指定是随机的。其优点在于吸收分类储存的部分优点，又可节省储位数量，提高储区利用率。

（5）共同储存。此法是当确切知道各货物进出仓库的时间时，那么不同货物可共用相同的储位。当然，这在管理上会带来一定困难，但是减少储位空间、缩短搬运时间也有一定经济性。

在指定储位时也必须遵循一定的原则。这些原则是：

①靠近出口原则。即刚到的货物指定在离出口最近的空储位上。

②周转率原则。按货物在仓库中周转率来安排储位。周转率越高，离出口越近。

③货物相关性原则。即相关性大的货物在订购时同时订购，并置于相邻储位。

④货物同一性原则。即把同一种货物存放在同一保管位置。

⑤货物类似原则。即把类似品储存于相邻的储位。

⑥货物相容性原则。相容性低的货品绝不能储于一起，以免损害品质，如烟、香皂和茶不可放在一起。

⑦先入先出原则。即先入库货物应先出库。这一原则特适用于寿命周期短的商品，如感光纸、胶卷、食品、药品等。

⑧堆高原则。为提高物流配送中心的空间利用率，能用托盘堆高的货物尽量用托盘储存。

⑨面对通道原则。即货物面对通道，便于识别条码、标记和名称。

⑩产品尺寸原则。为有效地利用空间，在布置仓库时必须知道物品单位大小和相同物品的整批形状。

⑪重量特性原则。即按货物重量大小来指定储位高低。重者置于地面或货架下层，轻者置于货架上层。

⑫产品特性原则。即易燃易爆物储存于有防火设备的空间，易窃物储于加锁之处，易腐物储于冷冻之处，易污物加套储存等。

2. 储存保管的指标

（1）储区面积率：

$$储区面积率=\frac{储区面积}{物流中心建筑面积} \tag{3-4}$$

这可以比较空间利用率是否合理。

（2）保管的面积率：

为了判断储位通道规划是否合理，采用保管面积率公式来评定。即：

$$保管的面积率=\frac{可保管面积}{储区面积} \tag{3-5}$$

（3）储位容积使用率：

$$储位容积使用率=\frac{存货总体积}{储位总体积} \tag{3-6}$$

$$单位面积保管量=\frac{平均库存量}{可保管面积} \tag{3-7}$$

利用此公式可判断储位规划及货架是否合理，有效利用储位空间。

（4）平均每品项所占储位数：

$$平均每品项所占储位数=\frac{货架储位数}{总品项数} \tag{3-8}$$

利用此公式可以计算每储位保管品项的多少，从而判断储位管理是否得当。

（5）库存周转率：

$$库存周转率=\frac{发货量}{平均库存量}=\frac{营业额}{平均库存金额} \tag{3-9}$$

利用此公式目的在于利用库存周转率来检查公司营运成绩，并可衡量现货存量是否得当。

（6）库存掌握程度：

$$库存掌握程度=\frac{实际库存量}{标准库存量} \tag{3-10}$$

这是货品库存率，可供存货管理参考。

（7）呆废料率：

$$呆废料率=\frac{呆废料件数}{平均库存量}=\frac{呆废料额}{平均库存金额} \tag{3-11}$$

此公式用来评判物料耗损影响资金积压的情况。

3. 存货管理

（1）存货管理的意义和目的。实际经验证明，存货具有调节生产和销售的作用。存货管理不当造成有形或无形的极大损失。合理的存货管理是把货物库存量控制在适当标准之内，既不造成物资积压浪费仓库空间，又能满足客户要求。为此，存货管理意义是用最经济的方法确保存货满足销售需要，降低成本，增加效益。

存货管理的目的是：

①减少超额存货投资，保持合理库存量。

②降低库成本。

③防止延迟和缺货，使进货和销售全面平衡。

④减少呆料发生，把由于存货时间长造成的货物变形、变质和陈腐所产生的损失减少到最小。

（2）存货管理的关键问题：

①订货时间：什么时候必须补货这是重要问题。当某一货物库存量降低到某一极限时，必须及时订货，按期补货。订货过早造成增加存货，提高在库成本和空间成本。反之，不及时补货，则造成缺货而流失用户，影响信誉。

②订货数量：订货数量是极为重要的。一旦订货数量过多，则货物的在库成本增加。反之，则货品脱销，不但订货次数，提高订货成本，而且降低了营业额，影响经营收益。

③库存标准：货物库存量必须保持在最高存量和最低存量之间。设定最高存量是为防止存货过多，浪费资金，各种货物必须限定在最高极限之内。这个最高极限值是内部管理的一个警戒指标。所谓最低库存量是指通过配送中心的实际经营经验，总结出一个库存量的最低极限值。最低库存量又分为理想最低库存量和实际最低库存量两种。理想最低库存量就是在采购期间尚未进货时的货物需求量，这是一个估计值，也是企业的临界库存量。

一旦货物库存量低于此界限时，将导致缺货和停工的危险。实际最低库存量是为防止货物脱销而定的一个比理想最低库存量略大的安全库存量。

总之，对一个不易准确预测和控制库存的物流中心，最好指定一个各货物的库存上限和库存下限，即最高库存量和实际最低库存量，并通过计算机自动控制。一旦库存量低于设定的库存下限时发出信号，立即采购。反之，若库存量大于库存上限时，也发出信号，提醒管理员必须加强销售或采取促销手段。与此同时，停止订货。

（3）存货的决策。为了作出最佳的存货决策，必须首先对货物的需求状况、订购性质和限制因素充分的了解。就需求状况而言，在市场导向的经营方式下，有三种需求状况：①对未来的需求是已知的固定需求状况。②风险情况，大概知道未来需求的估计情况。③不确定情况。对未来需求完全不知道。

众所周知，流通业是否景气，完全受到经济大环境的影响。在需求量尚不确定情况下，切勿过多购进货物，造成产品的滞销呆放，影响资金流动。

关于各段时间的库存量公式如下：

$$Q(t)=Q(0)-D(t/T)^{1/n} \tag{3-12}$$

式中：T——需求决定时间；

t——T 时间内的任一时间段；

$Q(t)$——时间 t 时的库存量；

$Q(0)$——初期（$t=0$）的库存量；

D——T 期间内的需求量；

n——需求形态指数。当 $n=\infty$ 时，需求为瞬时型，所有需求在初期发生；当 $t=1$ 时，需求为固型；当 $1<n<\infty$ 时，需求的大部分发生在初期；当 $n=0$ 时，需求在末期。

由此公式可对各时间段库存量作预先测算，这对整个存货管理有较大的好处。

3.5 盘点作业

在物流配送中心的工作过程中，货物不断地进库和出库。在长期积累下，理论库存数与实际库存数是不相符的。有些货品因长期存放，品质下降，不能满足用户需求。为了有效地掌握货品数量和质量，必须定期对各储存场所进行清点作业，这就是所谓的盘点作业。

1. 盘点的目的

（1）确定现存量；

（2）确认企业损益；

（3）核实物品管理成效。

2. 盘点作业的程序

盘点作业程序如图 3-3 所示。

按货物性质分 A、B、C 等级。A 类重要货品，每天或每周盘点一次；B 类货品每 2～3 周盘点一次；C 类一般货品每月盘点一次。

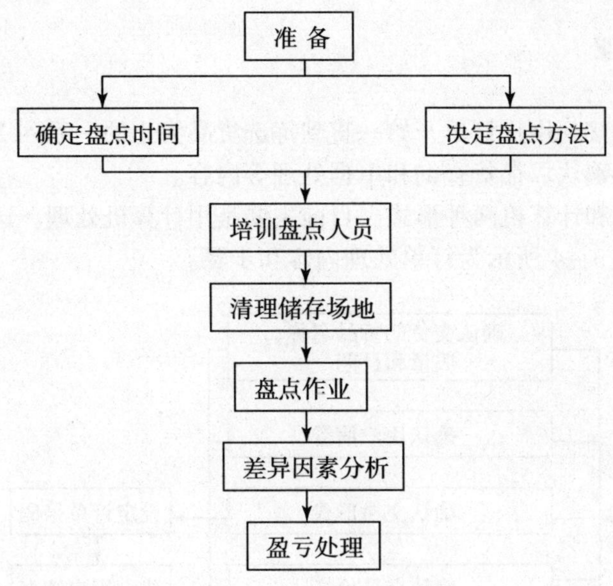

图 3－3　盘点作业程序

3. 盘点结果

通过盘点落实货品出入库及保管情况。具体应落实的问题是：各品种的实际存量与账面存量相差多少？这些差造成的损失有多大？评判方式如下：

（1）盘点误差：

$$\text{盘点数量误差} = \text{实际库存数} - \text{账面库存数} \tag{3-13}$$

（2）盘点误差率：

$$\text{盘点数量误差率} = \frac{\text{盘点数量误差}}{\text{实际库存数}} \tag{3-14}$$

（3）盘点品项误差率：

$$\text{盘点品项误差率} = \frac{\text{盘点误差品项数}}{\text{盘点实际品项数}} \tag{3-15}$$

（4）平均每件盘差品金额：

$$\text{平均每件盘差品金额} = \frac{\text{盘点误差金额}}{\text{盘差误差量}} \tag{3-16}$$

（5）盘点次数比率

$$\text{盘点次数比率} = \frac{\text{盘点误差次数}}{\text{盘点执行次数}} \tag{3-17}$$

（6）平均每品项盘差次数率：

$$\text{平均每品项盘差次数率} = \frac{\text{盘差次数}}{\text{盘差品项数}} \tag{3-18}$$

3.6 订单处理

订单处理就是从接到用户订单开始一直到拣选货品为止的一系列工作，其中还包括有关用户和订单的资料确认、存货查询和单据处理等内容。

订单处理有人工和计算机两种形式。目前主要是用计算机处理。这不但速度快，效率高，而且成本低。图3－4所示为订单处理内容和步骤。

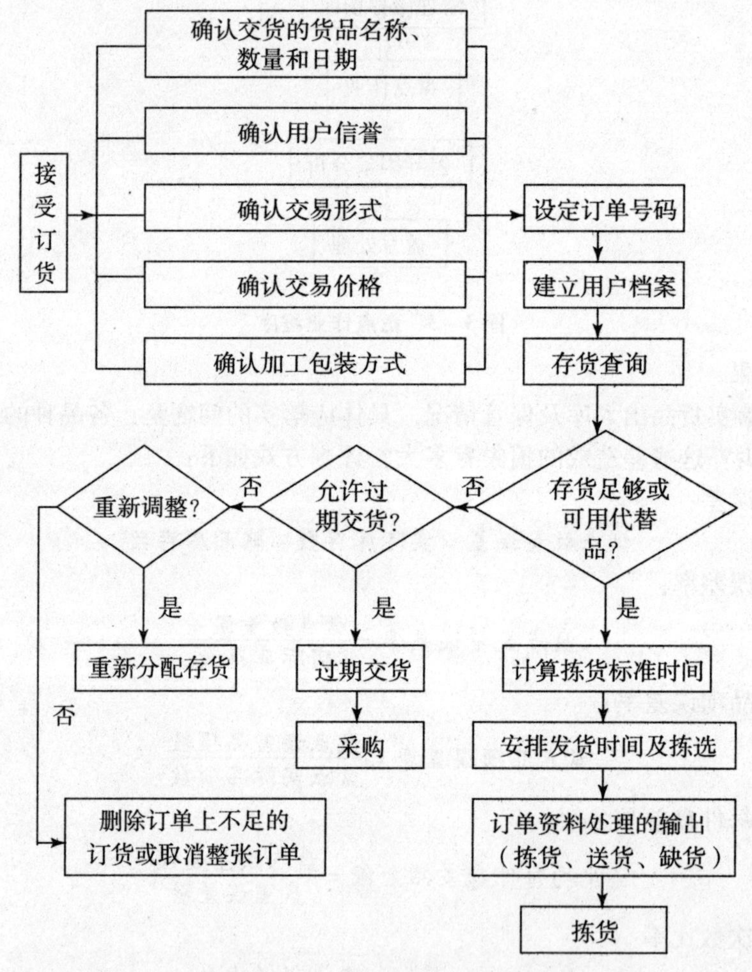

图3－4　订单处理内容和步骤

3.7 拣选作业

1. 拣选作业程序

众所周知，每张用户订单中最少有一种以上的商品，如何把这些不同种类、数量的商品由物流配送中心集中在一起，这就是所谓的拣选作业。一般拣选作业程序如图3－5所示。

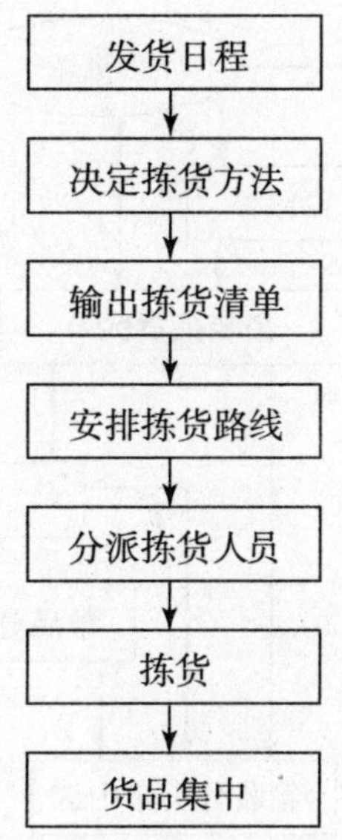

图 3－5 拣选作业程序

2. 拣选作业目的和功能

在物流配送中心内部所涵盖的作业范围中，拣货作业是其中极为重要的一环，其重要性相当于人体的心脏部分。拣货作业的目的在于正确而迅速地把用户所需商品集中起来。

实践证明，物流成本约占商品最终售价的 30%，其中包括配送、搬运和储存等成本。一般来说，拣货成本约是其他堆叠、装卸和运输等成本总和的 9 倍，占物流搬运成本的绝大部分。为此，若要降低物流搬运成本，首先应以拣选作业着手改进，这样才能达到事半功倍的效果。

3. 拣货单位

拣货单位分成托盘、箱和单品三种形式。拣货单位是根据订单分析结果而决定的，如果订货的最小单位是箱，则拣货单位最少是以箱为单位。对于大体积、形状特殊的无法按托盘和箱来归类的特殊品，则用特殊的拣货方法。图 3－6 所示为物流配送中心的拣货单位流程图。

4. 拣货信息

拣货信息是拣货工作的命令。拣货系统的方式有传票、计算机条码以及自动化传输的无纸化系统。现在介绍如下：

（1）传票。这是直接利用订单或公司的交货单来作为拣货指示根据。

（2）拣货单。把原始的用户订单输入计算机进行拣货信息处理后打印出拣货单的方式。这种方式的优点是避免传票在拣货过程中受污损和产品储位编号显示在拣货单上。

（3）贴标签。这种方法取代了拣货单，标签上印有物品的名称、位置、数量和价格。因货物和标签同步前进，利用扫描器读取货品的条码，错误率极小。

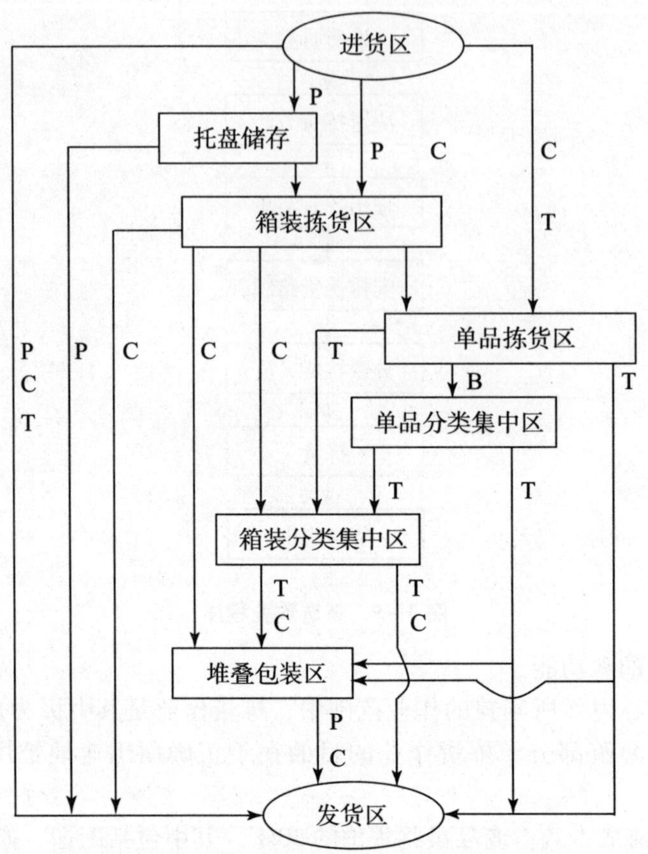

P：托盘　T：容器（塑料箱）　C：箱　B：单品

图 3－6　物流配送中心的拣货单位流程图

（4）显示方式。这种方式最初在货架上安装灯号来显示拣货位置，之后发展为在货架上安装液晶显示器，还可显示应该拣取的货物数量。这种方法的错误率很小。

（5）条码。条码是利用黑白相间条纹的粗细而组成不同的平行线符号，取代商品货箱的号码数字。把它贴在商品或货箱表面上，经过扫描器阅读，计算机解码，把“线条符号”转变成“数字号码”便于计算机运算。

条码是商品从制造、批发到销售过程中自动化管理的符号。通过条码阅读器自动读取的方式，不但能准确快速掌握商品信息，而且提高库存管理精度。是一种实现商品管理现代化和效率化的有效方法。例如：通过条码扫描器读取表示货架位置号码的条码后，什么货物放在何处保管的信息立即得到。

（6）无线电识别器。把无线电识别器安装在移动设备上，同时又能把收接和发射电波的 ID 卡或标签等的信息反映器安装在货品或储位上。当无线电识别器接近货品时，立即读取货品或储位上的反映器上的信息。通过识别电路传给计算机。图 3－7 所示为无线电识别器略图。

例如，ID 卡安装在托盘上，而把无线电识别器安装在堆垛机上。当堆垛机接近托盘

时，托盘上的信息被无线电识别器读取并传递给计算机。

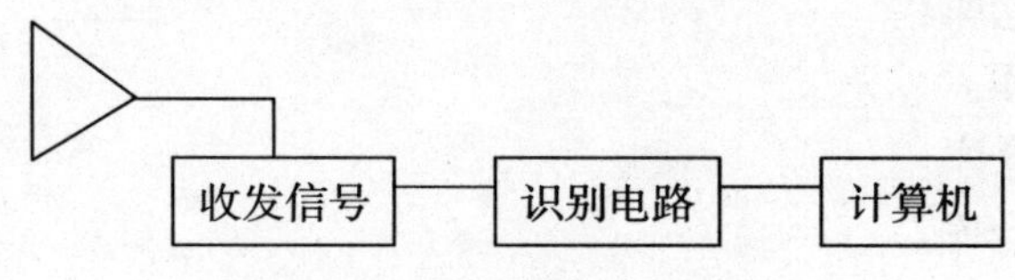

图 3－7　无线电识别器略图

（7）无线通信。这是在堆垛机上安装有无线电通信设备，通过它把应从哪个货架货位的哪个托盘的拣货信息传递给拣货人员。

（8）计算机随行指示。在堆垛机或台车上安装辅助拣货的计算机终端，在拣货之前把拣货信息输入计算机。拣货人员根据计算机显示引导，能迅速而正确的拣取货品。

（9）自动拣货系统。当电子信息输入自动拣货系统后，自动完成拣货工作，这是世界上最先进的自动拣货系统，是拣货设备发展的方向。

5. 拣货设备

在拣货过程中所使用的设备很多，如：储存设备、搬运设备、分类设备、信息设备等。

（1）人至物的拣货设备。这是指物品固定，拣货人到物品位置处把物品拣选出来的工作方式。大概分以下几类：

①储存设备：

a. 托盘货架。

b. 轻型货架。

c. 储柜。

d. 流动货架。

e. 高层货架。

f. 数位显示货架。

②搬运设备：

a. 无动力台车。

b. 动力台车。

c. 动力牵引车堆垛机。

d. 拣选车。

e. 搭乘式存取机。

f. 无动力输送机。

g. 动力输送机。

h. 计算机辅助台车。

（2）物至人的拣货设备。这与人至物的拣选方法相反，拣货人员位置固定，等待设备把货品运到拣货者面前进行拣货，这种拣货设备的自动化水平较高，而且其本身附有动力，所以能移动货品储位或把货品取出。这种拣货设备包括如下储存设备和搬运设备：

①储存设备：

a. 单元负载自动仓库。

b. 轻负载自动仓库。

c. 水平旋转自动仓库。

d. 垂直旋转自动仓库。

e. 梭车式自动仓库。

②搬运设备：

a. 堆垛机。

b. 动力输送带。

c. 无人搬运车。

（3）自动拣货系统。除上述两种拣货设备之外，还有一种就是自动拣货系统。其拣货无人介入，自动进行。其中又包括箱装自动拣货系统和单品自动拣货系统两种。

6. 拣货效率分析

拣货作业是物流配送中心最复杂的一项作业。欲提高其效率效益，必须对人员、设备、策略、时间、成本和品质进行分析。

（1）拣货人员。拣货人员的专业化水平直接影响拣货效率和准确性。一般在物流中心的拣货小组大致分为两部分人员：一部分为拣货计划负责人；另一部分为作业人员。

当作业流程计划确定之后，对拣货人员配置及作业时间的管理是很重要的。对人员效率指标评估如下：

a. 每人时平均拣取能力：

因为物流中心作业性质不同，拣取能力的评估方式也不同。

$$\text{每人时拣取品项数}=\frac{\text{拣货单笔数（一行为一笔）}}{\text{拣取人数}\times\text{每日拣货时数}\times\text{工作天数}} \tag{3-19}$$

$$\text{每人时拣取次数}=\frac{\text{拣货单位累计总件数}}{\text{拣取人数}\times\text{每日拣货时数}\times\text{工作天数}} \tag{3-20}$$

b. 拣取能力：

$$\text{拣货能力}=\frac{\text{订单数量}}{\text{一日目标拣取订单数}\times\text{工作天数}} \tag{3-21}$$

c. 拣货责任品项数：

$$\text{拣货责任品项数}=\frac{\text{总品项数}}{\text{分区拣取区域数}} \tag{3-22}$$

此指标数值大，表示每位拣货员负责品项多，必然影响拣货效率。为提高效率，必须减少品项数。

d. 拣取品项移动距离：

$$\text{拣取品项移动距离}=\frac{\text{拣货行走距离}}{\text{订单总笔数}} \tag{3-23}$$

这个指标用来研究拣货规划是否符合动作效率，并可检查拣货区布置是否合理。指标太高，表示人员在拣货中耗费太多时间和体力，影响整体效率。

（2）拣货设备。拣货设备的优劣直接影响了拣货效率及效益。可用如下指标来研究

拣选设备问题。

$$拣货员装备率=\frac{拣货设备成本}{拣货人员数} \quad (3-24)$$

$$拣货设备投入与产出=\frac{发货品金额数}{拣货设备成本} \quad (3-25)$$

$$每人时拣货金额数=\frac{发出品金额数}{拣货人数\times每日拣货时间\times工作天数} \quad (3-26)$$

利用这三种指标可评估投资合理化程度和效率大小。装备率代表设备投资程度。投入与产出表示在已投设备拣货效率大小。

（3）拣货策略。制订拣货方案对拣货效率影响很大。拣货策略良否评定如下：

$$每批量包含订单数=\frac{订单数量}{拣货分批次数} \quad (3-27)$$

$$每批量包含品项数=\frac{订单总笔数}{拣货分批次数} \quad (3-28)$$

$$每批量处理次数=\frac{发货箱数}{拣货分批次数} \quad (3-29)$$

$$每批量拣取体积数=\frac{发货品体积数}{拣货分批次数} \quad (3-30)$$

$$批量拣货时间=\frac{拣货人数\times每日拣货时间\times工作天数}{拣货分批次数} \quad (3-31)$$

（4）拣货时间。拣货时间长短反映拣货能力大小。评估如下：

$$单位时间处理订单数=\frac{订单数量}{每日拣货时数\times工作天数} \quad (3-32)$$

$$单位时间拣取品项数=\frac{订单数量\times每件订单平均品项数}{每日拣货时数\times工作天数} \quad (3-33)$$

$$单位时间处理次数=\frac{拣货单位累积总件数}{每日拣货时数\times工作天数} \quad (3-34)$$

$$单位时间拣取体积数=\frac{发货品体积数}{每日拣货时数\times工作天数} \quad (3-35)$$

（5）拣货成本。拣货是物流配送中心的一项极为重要的工作，耗费成本也大，必须特别重视降低成本问题。成本组成有：

①人工成本：直接或间接拣选工时成本。

②拣选设备折旧成本：储存、搬运和计算机信息处理等设备折旧费。

③信息处理成本：耗材等费用。

要研究哪项成本的具体情况，采用如下公式评判：

$$每订单投入拣货成本=\frac{拣货投入成本}{订单数量} \quad (3-36)$$

$$每订单笔数投入拣货成本=\frac{拣货投入成本}{订单总笔数} \quad (3-37)$$

$$每拣货单位投入拣货成本=\frac{拣货投入成本}{拣货单位累计总件数} \quad (3-38)$$

$$单位体积投入拣货成本 = \frac{拣货投入成本}{发货品体积数} \quad (3-39)$$

一旦发现拣货成本太高时，应采取措施降低成本。

（6）拣货质量。拣货质量差为后续工作造成较坏影响，必须加以重视。

$$拣误率 = \frac{拣取错误笔数}{订单总笔数} \quad (3-40)$$

3.8 补货作业

补货作业是从保管区把货品运到另一个拣货区的工作。补货单位一般是托盘，其主要作业流程如图 3－8 所示。

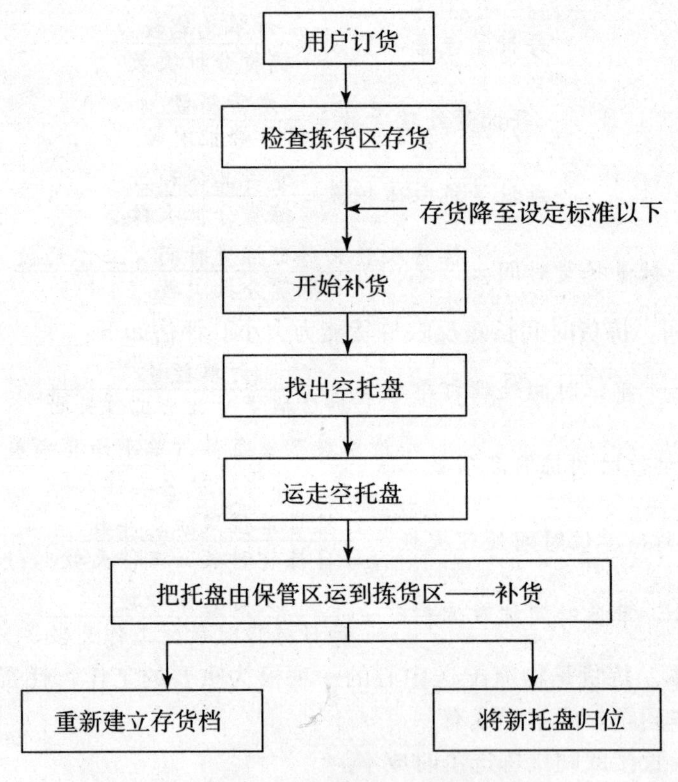

图 3－8　补货作业流程

1. 补货方式

补货作业目的是确保商品能保质保量按时送到指定的拣货区。

（1）整箱补货。由货架保管区补货到流动货架的动管区。这种补货方式的保管区为货架储存，动管拣货区为两面开放的流动货架拣货区。拣货员拣货之后把货物放入输送机并运到发货区。当动管拣货区存货低于设定标准时，作业员进行补货。

（2）托盘补货。这种补货方式是以托盘为单位进行补货，把托盘由地板堆放保管区运到地板堆放动管区。拣货时把托盘上的货箱置于中央输送机送到发货区。当存货量低于

设定标准时，立即补货。用堆垛机把托盘由保管区运到动管拣货区，也可把托盘运到动管货架区进行补货。

2. 补货时机

根据动管拣货区存货量多少来进行补货。补货时机有如下三种形式。

（1）批次补货。每天由计算机计算出所需货品的总拣取量，再查看动管拣货区存货量后，在拣货之前一次性补足，从而满足全天拣货量。

（2）定时补货。把每天分为几个时点，当动管拣货区存货量小于设定标准时，立即补货。

（3）随机补货。巡视员发现动管拣货区存货量小于设定标准时，立即补货。

3.9 发货作业

把拣取分类完成的货品经过发货检查，装入容器，做好标示。根据车辆趟次把商品运到发货准备区，待装车配送。这一过程叫做发货作业，其作业流程如图 3－9 所示。

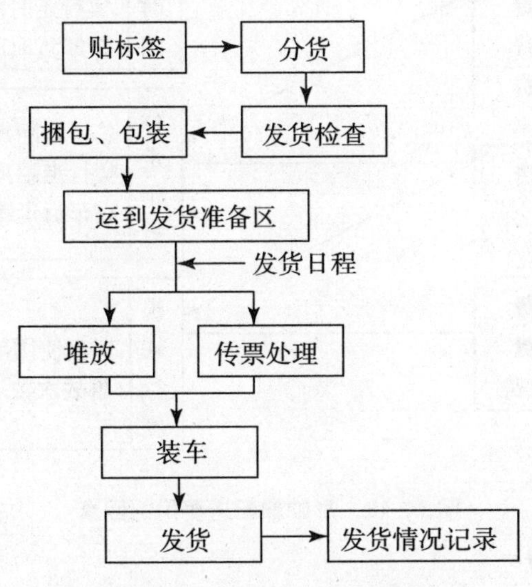

图 3－9　发货作业流程

3.10 配送作业

配送作业就是利用配送车辆把用户订购的物品从制造厂、生产基地、批发商、经销商或物流配送中心，送到用户手中的工作。

1. 配送管理的重要性

配送管理比较困难，因为受到很多要素的影响。这些要素有：从订货到发货很费工夫、制订配送计划困难、难以选择配送路线、配送效率低下、难以按时交货、很难制定配送业务的评价基准、驾驶员工作时间不定、易疲劳驾驶、在配送过程中物品容易丢失和损坏等。总之，物流费用包括包装费、搬运费、运送费、保管费和其他。其中输配送费用最高，约占物流费用的35%～60%。为此，降低输配送费用对提高物流配送中心的效益具有重要意义。图3－10所示为影响输配送费用的因素。由图可知，输配送费用包括人工费、奖金、福利、车检费、保险费、事故费、车辆税收、燃料费、修理费、轮胎费、折旧费等。这些费用和配送频率、时间、用户远近、车辆的损耗状况有关系。为此，通过严格管理各项影响要素，降低物流成本、提高车辆出勤率和装载率、降低空车率等具有重要意义。

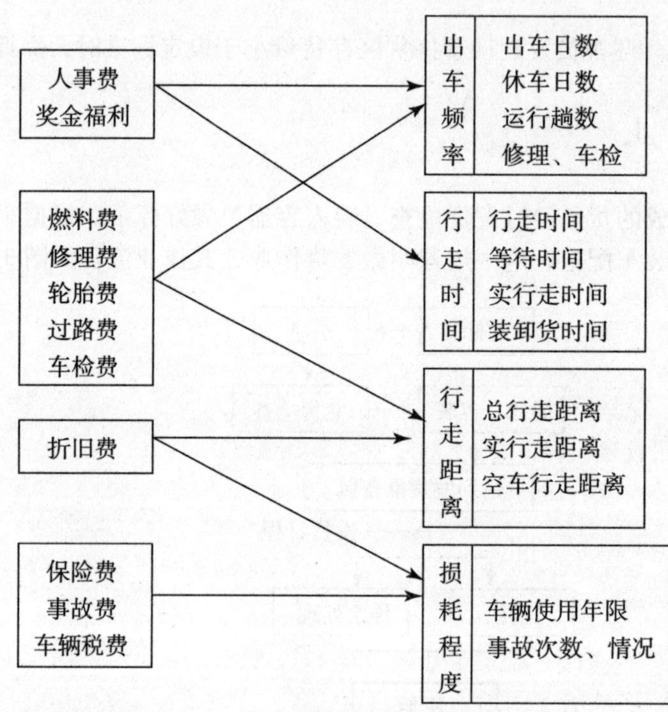

图3－10　影响输配送费用的因素

2. 车辆配送服务要点

车辆配送服务是物流配送中心直接面对用户的服务。其服务质量优劣将严重影响物流配送中心的声誉和效益。为此，必须注意服务的时效性、可靠性、服务态度、便利性、经济性。

3. 输配送规划

图3－11所示为配送规划决策图。这是根据实际情况和经验，通过计算机优化而成的配送规划决策图，具有重要的指导意义。图3－12所示为出货支援系统作业流程。由图可知，在拣货、出库、配送的全过程中，充分利用网络服务、卫星定位技术、实时跟踪技术，可以提高配送服务质量。

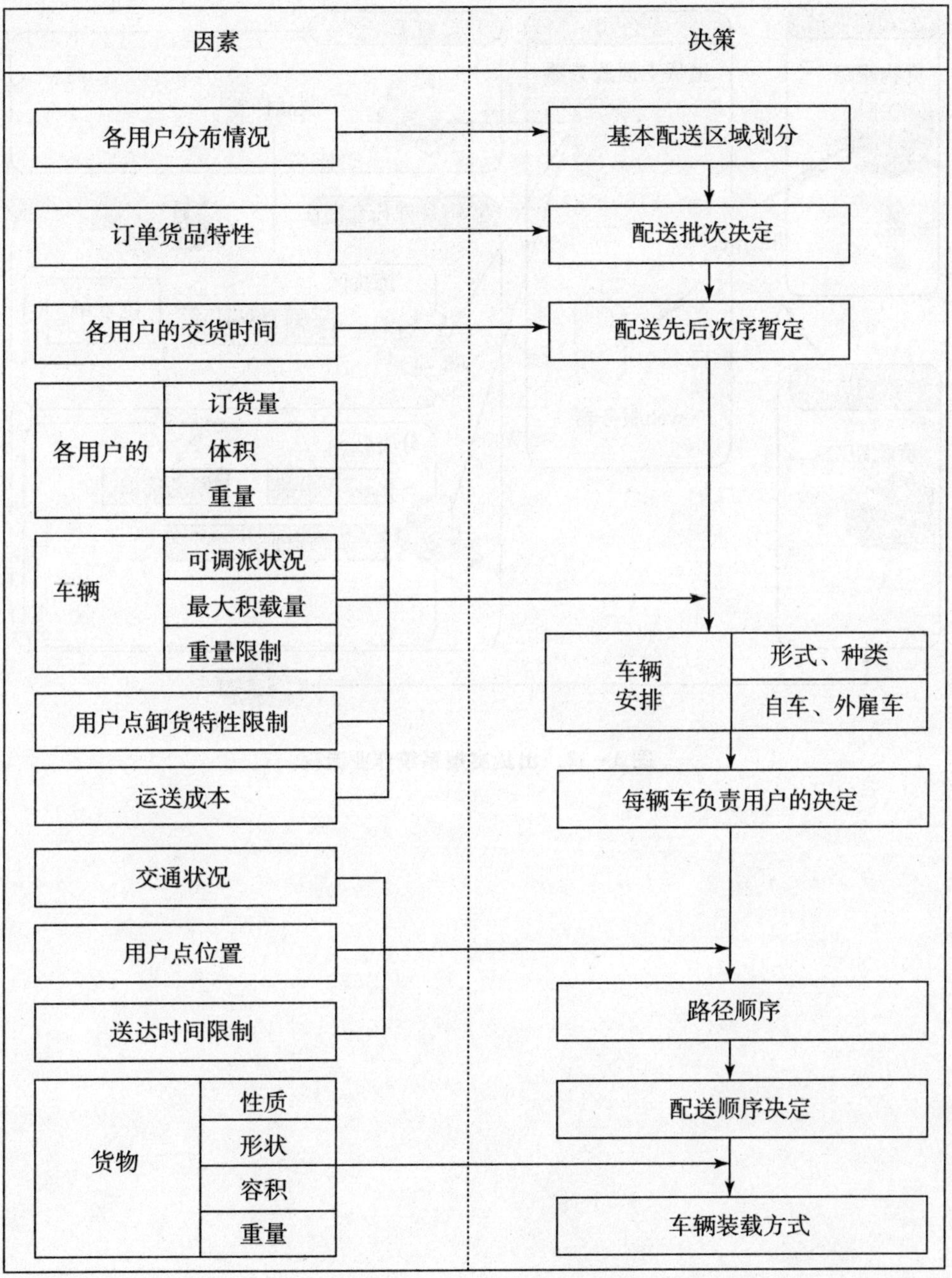

因素

各用户分布情况

订单货品特性

各用户的交货时间

各用户的：订货量、体积、重量

车辆：可调派状况、最大积载量、重量限制

用户点卸货特性限制

运送成本

交通状况

用户点位置

送达时间限制

货物：性质、形状、容积、重量

决策

基本配送区域划分

配送批次决定

配送先后次序暂定

车辆安排：形式、种类；自车、外雇车

每辆车负责用户的决定

路径顺序

配送顺序决定

车辆装载方式

图 3－11 配送规划决策图

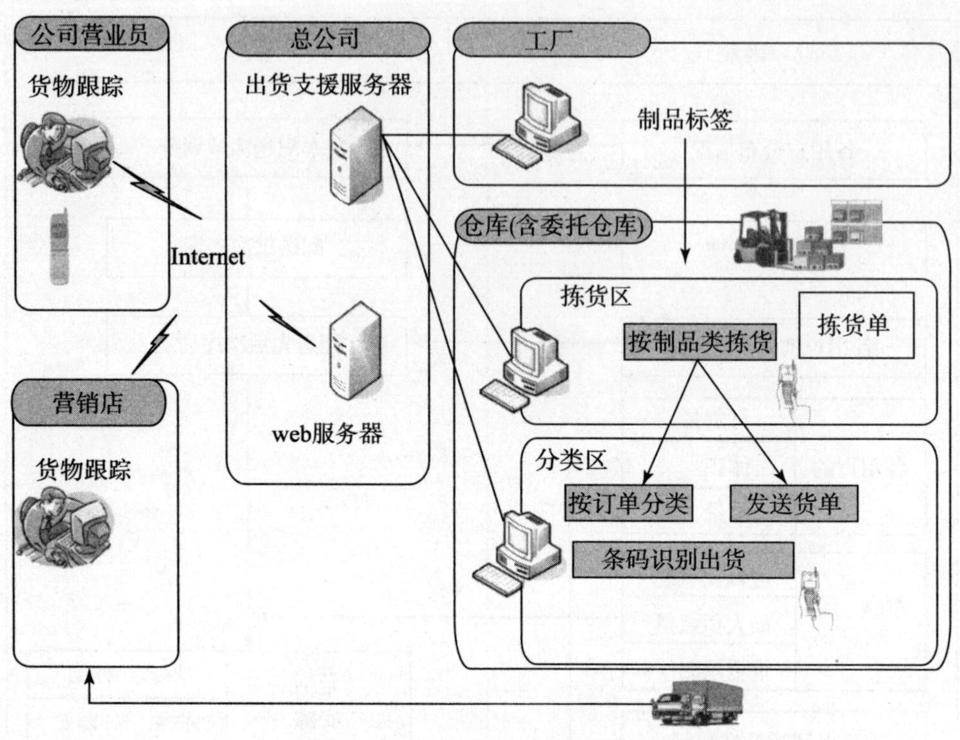

图 3－12　出货支援系统作业流程

4 物流配送中心的信息管理系统

4.1 概 论

集物流、信息流和资金流于一身的现代化物流配送中心的特征是自动化、计算机化、信息化、网络化、智能化、柔性化、电子商化、标准化和社会化。一个现代化的物流配送系统必须具备相应的信息管理软件系统。

随着计算机技术的迅速发展，网络的普及、信息技术的不断应用，电子商务的应用方兴未艾、日益增加。企业与企业之间的网上交易以及企业与消费者之间的网上交易正以惊人的速度迅速发展。作为电子商务发展四大关键因素之一的物流，是信息流和资金流的基础与载体。全球电子商务的普及将使得国际物流和跨区域物流更加频繁，但是我国的物流基础设施落后，物流作业的机械化、信息化、网络化水平较低，各类配送中心与供应商以及客户之间没有形成有效供应链，这些因素将成为物流信息技术发展的瓶颈。

因此，本章主要讨论物流信息的功能和特征、物流信息技术、电子自动订货系统（EOS）、销售时点信息系统（POS）、物流运输企业的信息管理系统、社会物流基础设施关联信息系统、物流配送中心信息管理系统等方面的内容。

4.2 物流信息的内容和特征

4.2.1 物流信息的内容

物流信息系统就是通过物流信息，谋求物流各项职能的圆满化和效率化。物流信息包含的内容和对应的功能可从狭义和广义两方面来考察。从狭义范围来看，物流信息是指与物流活动（如运输、保管、包装、装卸、流通加工等）有关的信息。在物流活动的管理与决策中，如运输工具选择、运输路线确定、运送批量确定、在途货物追踪、仓库有效利用、最佳库存量确定、库存时间确定、订单处理、与客户的有效沟通等，都需要详细和准确的物流信息。在物流过程中，物流信息是运输管理、库存管理、订单管理、仓库作业管理等必不可少的支撑和各环节间交流的核心手段。

从广义范围来看，物流信息不仅指与物流活动的信息，而且包含与其他流通活动有关的信息，如商品交易信息和市场信息等。商品交易信息是指与买卖双方的交易过程有关的信息，如销售和购买信息、订货和接受订货信息、发出货款和收到货款信息等。市场信息是指与市场活动相关的信息，如消费者的需求信息、竞争者或竞争件商品的信息、销售促进活动信息、交通通信等基础设施信息。在现代经营管理活动中，物流信息与商品交易信息、市场信息相互交叉、融合，有着密切的联系。广义的物流信息不仅能起到连接整合从生产厂家、批发商、零售商最后到消费者的整个供应链的作用，而且在应用现代信息技术（如 EDI，EOS、POS、互联网、电子商务等）的基础上能实现整个供应链活动的效率化，具体说就是利用物流信息对供应链各个企业的计划、协调、顾客服务和控制活动进行更有效的管理。总之，物流信息不仅对物流活动具有支持保证的功能，而且具有连接整个供应链和使其供应链活动效率化的功能。

正是由于物流信息具有这些功能，使得物流信息在现代企业经营战略中占有越来越重要的地位。建立物流信息系统，提供迅速、准确、及时、全面的物流信息是现代企业获得竞争优势的必要条件。

4.2.2 物流信息的特征

物流配送中心信息内容复杂、庞大，涉及面广，应用范围大。对内容进行总结和归纳，我们可以得到如下的物流中心信息的特征。

1. 传递的信息量大

物流信息随着物流活动以及商品交易活动展开而大量发生。多品种少批量生产和多额度小数量配送，使库存、运输等物流活动的信息大量增加。零售商广泛应用 POS 系统读取销售时点的商品品种、价格、数量等即时销售信息，并对这些销售信息加工整理，通过 EDI 向相关企业传送。同时为了使库存补充作业合理化，许多企业采用 EOS 系统。随着企业间合作倾向的增强和信息技术的发展，物流信息的信息量在今后将会越来越大。

2. 更新速度快

物流信息的更新速度快。多品种少批量生产、多频度小数量配送、利用 POS 系统的即时销售，使得各种作业活动频繁发生，从而要求物流信息不断更新，而且更新的速度越来越快。

3. 渠道多样化

物流信息不仅包括企业内部的物流信息（如生产信息、库存信息等），而且还包括企业间的物流信息和与物流活动有关的基础设施的信息。企业竞争优势的获得需要供应链各参与企业之间相互协调合作，协调合作的手段之一是信息即时交换和共享。许多企业把物流信息标准化和格式化，利用 EDI 在相关企业间进行传送，实现信息共享。另外，物流活动往往利用道路、港湾、机场等基础设施。因此为了高效率地完成物流活动，必须掌握与基础设施有关的信息，如在国际物流过程中必须掌握报关所需信息、港湾作业信息等。

4.2.3 物流信息的功能

物流系统的不同阶段和不同层次之间通过信息流紧密地联系在一起，因而在物流系统中，总存在着对物流信息进行收集、储存、传输、加工和输出的物流信息系统。因此，对

物流信息系统的基本功能可以归纳为五个方面。

1. 信息收集

物流信息系统的首要任务是把分散在物流系统内外的信息收集并记录下来，整理成物流信息系统要求的格式和形式。信息的收集和录入是整个物流信息系统的基础。信息的收集要求完善、准确、及时，具有校验功能和对位置破坏因素的抵抗功能；录入过程要求简便、准确性高、具有高度的严密性。根据信息的来源不同，可以把物流信息的收集工作分为原始信息收集和二次信息收集两种。原始信息收集是指在信息或数据发生的当时当地，从信息或数据所描述的实体上直接把信息或数据取出，并储存在某种介质上的信息或数据。二次信息收集就是对经过处理或分析后的物流信息的收集。这两种收集在许多问题上是有原则区别的。

原始信息收集的关键问题就是要保证信息的真实性、完整性和及时性。二次信息收集的关键问题在于两个方面，即有目的地选取或抽取所需信息和正确地解释所得到的信息。

2. 信息存储

在完成信息采集后，物流信息系统必须具有存储这些信息的功能。简单地说，物流信息系统的存储功能就是保证已得到的物流信息不能丢失、走样、外泄，要整理得当、随时可用。

无论哪一种物流信息系统，在涉及信息的存储问题时，都要考虑信息存储量、信息格式、存储方式、存储时间、安全保密等问题。信息存储有物理保存及逻辑组织两个方面的考虑。物理保存是指安排适当的地点、寻找适当的介质来存放信息。逻辑组织则是指按照信息的逻辑内在联系及使用的方式把大批信息组织成合理的结构，从而提高查找的速度，为使用物流信息的人员提供方便。

在各类信息系统中，存储的要求是不同的。物流业务信息系统中，需要存储的信息格式往往比较简单、存储时间比较短，但是数量很大。物流管理信息系统与决策支持系统中的信息格式比较复杂，要求存储比较灵活，存储的时间也较长，因此其信息存储问题的难度较大。

3. 信息传输

经过采集和存储后，还需要把物流信息从一个子系统传送到另一个子系统，或者从一个部门传送到另一个部门。信息的传递并不只是一个简单的传递问题。物流信息系统的管理者与计划者必须充分考虑所需要传递的信息种类、数量、频率、可靠性要求等因素。

现在物流信息的传输基本上是两种方式，即计算机网络传输和人工传输。计算机网络传输是以计算机为中心，通过通信线路与近程终端或远程终端相连，形成的联机系统；或者通过通信线路将中、小、微型计算机联网，形成分布式系统来进行传输的。衡量其信息传输的指标是传输速度和误码率。人工传输就是指以各种数据、报表、计划等形式进行传递。此外，还有一种介于计算机与人工传输之间的过渡形式——盘片传输。当各子系统之间的计算机网络尚未联成而又需要信息传送时，可采用软盘传送，取代书面报表传送。实践证明，这种方法是行之有效的，是人工传输过渡到网络传输的应变手段。它广泛应用于计算机管理中，能节省人力、物力、提高效率。

4. 信息加工

系统需要对已经收集到的物流信息进行某些处理，使物流信息更加符合物流信息系统的要求，这就是信息的加工。

计算机的信息加工范围很大，从简单的查询、排序、合并、计算一直到复杂的物流仿真、预测、优化计算等。这种功能的强弱，显然是反映物流信息系统的重要方面。现代的物流信息系统在这方面的功能越来越强，特别是面向高层管理的物流信息系统，使用了许多数学及运筹学的工具，具有相当强的应用能力。为了使计算机有较强的处理能力，现在许多大的处理系统备有三个库，即数据库、方法库和模型库。方法库中备有许多标准的算法；而模型库中存放了不同模型；数据库中备有要用的二次数据，这样在实际中应用起来就十分方便。

信息加工的种类很多，从加工本身来看，可以分为数值运算和非数值处理两大类。数值运算包括简单的算术与代数运算，数理统计中的各种统计量的计算及各种检验，运筹学中的各种最优化算法以及模拟预测方法等。非数值数据处理包括排序、归并、分类以及文字处理等各项工作。

5. 信息输出

物流信息系统的服务对象是物流管理者。因此，它必须具备向物流管理者提供信息的手段或机制，否则它就不能实现其自身的价值。经过解释的物流信息，根据不同的需要，以不同形式的格式进行输出，有的直接提供给人使用，有的则提供给计算机进一步处理。物流信息系统的输出结果是否易读易懂，应该是评价物流传输系统的主要标准之一。信息输出的手段是物流信息系统与物流管理者的接口或界面，它的情况应由双方的情况来定，即需要向使用者提供的信息情况以及使用者自身的情况。

从提供的信息来看，决策支持系统的复杂程度及灵活性要求是最高的。因此，对话式的用户接口是比较适宜的，而固定的例行服务方式往往难以满足要求。物流业务信息系统和物流管理信息系统一般倾向于提供固定的例行信息服务。对于这两种信息系统，由于使用者主要是中下层的管理人员，因此，信息输出方式的简明易用是十分重要的。

4.3 物流信息技术

4.3.1 条码和自动识别技术

1. 条码自动识别技术

关于条码自动识别技术，此处从略，其详细介绍，请参看本书5.5.2部分内容。

2. 条码在物流作业中的应用

（1）订货作业。在仓库作业中订货是重要环节。无论是总部向供应商订货，还是连锁店向总部或配送中心订货，都可以根据订货簿或货架牌选择订货方式进行订货。不管采用哪种订货方式，都可以用条码扫描设备输入订货簿或货架上的条码。这种条码包含了商品品名、品牌、产地、规格等信息。然后通过主机，利用网络通知供货商或配送中心订哪种货、订多少。这种订货方式比传统的手工订货效率高出数倍。

（2）收货作业。当配送中心收到来自供应商的商品时，将用自动或手工的方法在商品包装箱上粘贴条码，作为该种商品与库内货架相对应的记录。同时，扫描商品外包装上的条码，并将信息传到后台管理系统中，并使包装箱条码与商品条码一一对应起来。

（3）入库作业。货物入库管理时也要应用条码。在商品入库之前，通过条码阅读器将商品的种类、数量等信息输入计算机。计算机系统根据预先确定的入库原则、商品库存数量，确定该种商品的存放位置，然后根据商品的数量发出条码标签，这种条码标签包含着该种商品的存放位置信息。之后在货箱上粘贴标签，并将其放到输送机上。输送机识别箱上的条码后，将货箱放在指定的库位区。

（4）上架作业。如果是普通平库的货架，利用人工取货入架。在取货之前，扫描包装箱上的条码时，计算机自动提示所放商品的货位。当把商品运到指定货位后，再扫描货位条码以确认所找到的货位是否正确。这样，在商品从入库到就位的存放整个过程中，条码起到了相当重要的作用。商品以托盘为单位入库时，把到货清单输入计算机就会得到按照托盘数发出的条码标签。将条码贴于托盘面向叉车的一侧，叉车前面装有激光扫描器。叉车将托盘提起，并将其置于计算机所指引的位置上。在各个托盘货位上装有传感器和发射显示装置、红外线发光装置和表明货区的发光图形牌。叉车驾驶员将托盘放置好后，通过叉车上装有的终端装置将作业完成的信息传送到计算机。这样，商品的货址就存入计算机中了。

（5）配货作业。条码技术在配货作业中也得到广泛应用。在物流作业中，分拣、配货作业要占物流作业全部劳动力的60%以上。如果手工作业，不但效率极低，而且错误率很高。在分拣、配货中应用条码技术，则拣货迅速、效率高，出错率在1‰以下。当接到客户订单后，根据订单制作出印有条码的拣货标签，这种条码信息商品记载客户的全部信息。分拣人员根据拣货单进行拣货，并在商品上贴上拣货标签（在商品上已有包含商品基本信息的条码标签）。将拣出的商品运到自动分类机，放置于感应输送机上。激光扫描器自动识别商品上的两个条码信息，检验货物有无差错。如果正确，商品即分流到与客户相应的分类滑槽中。然后将不同客户的商品装入不同的货箱中，并在其上贴上印有条码的进货地址卡。这种条码包含有商品到达区域的信息。接着，将货箱送至自动分类机，在自动分类机的感应分类机上，激光扫描器对货箱上贴有的条码进行扫描，然后将货箱输送到不同的发货区。当发现拣货有错时，商品流入特定的滑槽内。

在物流管理中用条码技术大大提高了物流作业自动化水平、劳动生产率、劳动质量、降低了物流成本。

（6）补货作业。所谓补货作业，就是当库存货物或货架上的货物达到警戒线时必须及时补足货物。查找商品的库存，确定是否需要进货或者货品是否占用太多库存同样需要利用条码技术。另外，商品条码与货架是对应的，则可以通过检阅货架条码信息实现补货作业。

条码技术在配送中心的数据采集、经营管理中也发挥了重要作用。通过计算机对条码的管理，对商品营运、库存数据的采集，及时了解库存量，合理控制库存，将商品的库存量降到最低点。此外，可以做到及时补货，减少由于缺货带来的销售损失。

条码同样可用来做配送中心的配货分析。通过统计客户要货情况，可按不同的时间段合理分配商品库存数量、货品摆放空间，保持合理库存量，更好地管理商品。

应用条码技术，大大提高了信息传递速度和数据的准确性，做到实时货物跟踪。整个配送中心的运营状况、商品的库存量也会通过计算机及时反映到管理层和决策层。这样就可以进行有效地库存控制，缩短商品的流转周期，将库存量控制在最低水平。另外，由于采用条码扫描代替原有的填写表单、账簿工作，避免了人为的错误，提高了数据的准确性，减少了因账物不符、错账、错货等造成的商品积压、缺货、超过保质期等情况，减少了配送中心由于管理不善而造成的损失。

根据发达国家的经验，应用条码和信息技术在一般情况下可以使经营成本降低1.5%，提高营业额8% ~10%。由此可见，条码和信息技术在我国物流中的应用方兴未艾，前景光明。

4.3.2 电子数据交换（EDI）技术

1. 概述

随着电子商务的发展，在物流领域中信息化、自动化、网络化、智能化、柔性化也迅速发展起来了。其中网络化的基础是信息化。在这里说的网络化有两层意思，一是物流配送系统的计算机通信网络，如通过计算机网络、物流配送中心与供应商或制造商的联络；二是通过计算机网络通信与下游顾客之间的联络。如物流配送中心向供应商提出订单的过程，则可用计算机通信网络方式，借助于增值网（VAN）上的电子订货系统（EOS）和电子数据交换技术（EDI）来自动实现。

电子数据交换技术作为一种新的商务手段广泛使用在商业金融等领域中，迅速取代传统的商务交易方式。

2. EDI 的定义

EDI 是一种计算机应用技术。商业伙伴根据事先达成的协议，对经济信息按照一定的标准进行格式化处理，并把这些格式化的数据通过计算机通信网络，在贸易伙伴的计算机系统之间进行交换和自动处理。

EDI 应用技术使现代信息技术和经济管理紧密结合起来。它极大地改变了传统的商贸手段和管理手段，不仅使商务操作方式根本改观，而且影响了企业的行为和效率，在市场结构、国民经济的运行方式等方面都引起了根本性的变化，因而被认为是一次影响深远的结构性商业革命。

EDI 是计算机通信技术之一，其应用范围远远超过贸易部门，如制造业、运输业、零售业以及卫生保健和政府部门，甚至用于经济部门以外的其他部门。只要用计算机进行管理的部门，就需要在不同的单位间进行文件资料的交换和处理。当然，在大多数情况下，人们谈到 EDI 时，还是指各经济部门之间的计算机数据交换，可见计算机通信技术在各项经济业务中的应用是广泛的。

3. EDI 的分类

根据 EDI 的功能，可以分成以下四类。

第一类：贸易数据交换系统

最简单的订货信息系统，也是最知名 EDI 系统，即贸易数据交换系统（Trade Data In-

terchange，简称 TDI），它用电子数据交换来传输订单、发货单和各类通知等。

第二类：电子金融汇兑系统

电子金融汇兑系统（Electronic Funds Transfer，简称 EFT），在银行和其他组织之间进行电子费用汇兑。这在金融界日益普及，应用较广。把它和订货系统联系起来，形成一个自动化水平更高的系统。

第三类：交互式应答的 EDI

所谓交互式应答系统（Interactive Query Response，简称 IQR），是用在旅行社和航空公司的机票预订系统。这种 EDI 在应用时要询问达到某一目的地的航班，要求显示航班的时间、票价或其他问题，然后根据旅客的要求确定所要的航班，打印机票等。

第四类：自动传输的 EDI

带有图形资料自动传输的 EDI，最常用的是自动传输计算机辅助设计的图形。比如，设计公司完成一个厂房的平面设计图，将它传输给厂房的主人，请主人提出修改意见。一旦该设计被批准，系统将自动输出订单，购买建筑和装修材料、家具和其他物品。收到这些建筑和装修材料、家具和其他物品后，自动开出发货票等。

4. EDI 的结构

EDI 可以分成三个部分：EDI 的标准、EDI 的软件和 EDI 的硬件。

（1）EDI 的标准。EDI 标准是指它的数据标准。在公司或单位之间进行文件传输时，通过计算机按标准数据自动处理来实现的。计算机在处理订单时，输入的订单上的有关信息是自然文字形式，而计算机能识别的是数码形式，并且这些数码应该按照事先规定的格式和顺序排列货物品种、规格、数量、价格、交货日期等。商务上的任何数据和文件内容，都要按照一定的格式和顺序，计算机才能识别和处理。这些大家共同制定并遵守的格式和顺序，就是 EDI 的标准。

EDI 标准主要包括以下内容：语法规则、数据结构定义、编辑规则与转换、公共文件规范、通信协议和计算机语言。

EDI 的标准有四种：企业专用标准、行业标准、国家标准和国际标准。

①企业专用标准。当某一公司采用计算机进行管理时，就需要使输入计算机的数据或文件具有一定的格式。这种标准专门适用于某个公司的情况，并将该公司的数据都纳入到这个标准中去。

②行业标准。随着 EDI 应用的发展，各个企业都认识到，如果能把各个不同的企业专用标准统一成一个标准，就会给大家都带来好处。在此共同认识下，克服在建立统一标准问题上的分歧，从而形成该行业企业共同采用的行业标准。

③国家标准。行业标准的出现和企业专有标准相比，是一个巨大的进步，但仍有较大的局限性。当一个公司的业务不限于本行业，还需要和其他行业交流、贸易时，行业标准就有局限性了。于是，如不同的企业专用标准最终会统一成行业标准那样，不同的行业标准又会统一成适用于各个行业的国家标准。它具有足够的灵活性，以满足各个行业的需要。

④国际标准。随着世界经济向全球化的发展，为了满足国际贸易、物流、信息流、资金流的需要，必须开发一种全球通用的 EDI 标准。这样，EDI 用户用不着支持多种标准，便能实现国际间的电子数据交换。

目前，世界上通用EDI标准有两个：一个是由美国国家标准局（ANSI）主持制定的X. 12数据通信标准，它主要在北美使用；另一个标准是EDIFACT（EDI for Administration，Commerce and Transportation），最早在西欧使用。近年来，联合国鉴于EDI有助于推动国际贸易程序与文件的简化，推荐EDIFACT作为事实上的EDI国际标准。现在，ANSI X. 12和EDIFACT两标准已经被合并成为一套世界通用的EDI标准，EDI客户的应用系统能够有效地移植过来。

（2）EDI的软件。所谓EDI软件，在大多数情况下是指翻译软件，其主要功能是把某个公司的各种商务文件和单证，从该公司专有的文件格式转换成某种标准的格式。比如说转换成X. 12格式或EDIFACT格式，同时，这个翻译软件也能够把某种标准格式的文件转换成某公司的专用格式。之所以需要翻译软件，是因为计算机应用系统只能够处理符合某种格式的数据或文件。各个公司由于自己业务特点和工作需要，它们在设计自己的计算机应用系统的时候，不可能采用完全相同的格式。因此，要实现不同公司之间的EDI通信，翻译软件是不可缺少的。

EDI翻译软件除了转换文件格式以外，还必须指导数据的传输，并保证传输的正确和完整。它知道贸易伙伴用的是什么标准，并能处理有关的问题等。例如：一个公司可能使用不同的增值网向许多贸易伙伴发送电子单证，如发票、订购单等。另外，这些电子单证有可能使用不同的标准，或虽使用同一标准却用了不同的版本。要确保每个贸易伙伴在适当的网络上自动地接受到这个公司所发送的那个标准文本，并不容易。另外，如果传输或翻译上出现问题，系统应该能够辨明发生了什么问题，并采取适当的行动去纠正。

EDI翻译软件的结构如图4－1所示。

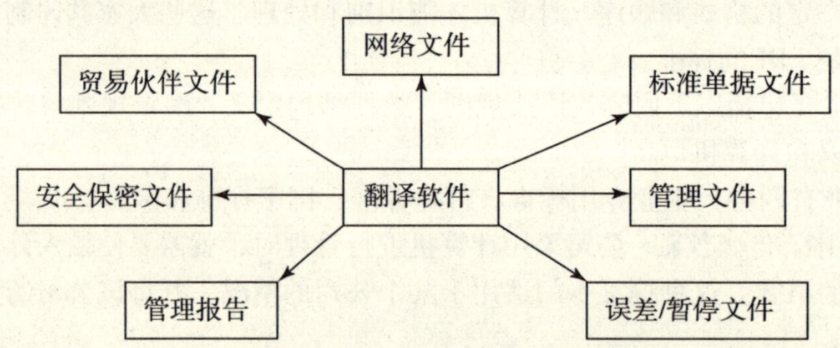

图4－1　EDI翻译软件的结构

一般地说，一个翻译软件应包括五个主要文件：贸易伙伴文件、标准单据文件、网络文件、安全保密文件、差错管理文件。它们和主处理程序相互作用来完成翻译、发送和接受电子单证的工作。

①贸易伙伴文件。贸易伙伴文件中保存着使用者的所有贸易伙伴的信息。包括这些贸易伙伴的名字、地址、标识及所使用的增值网。在紧急情况下和谁联系、被发送和接收的单据等。随着公司业务的不断发展，其贸易伙伴会不断增加，此文件也不断更新。

②标准单据文件。把用标准格式制作的单据存储起来以备将来之用。例如：把符合X. 12标准的采购订单文件存储在标准单据文件里，保存内容有：单证及其结构形式、必

备数据段和可选数据段的定义及结构形态。当和贸易伙伴发生联系时，用户利用标准单据文件里存储的单证模式构造，作出一个符合标准的单证。

③网络文件。网络文件里有贸易伙伴使用的网络信息，诸如网络识别、电话号码、传输协议以及传输速度等。根据贸易伙伴的标识符和网络文件可知向何处传送 EDI 报文。

④安全保密文件。安全保密文件的作用在于限制对这个系统的访问，并规定每个用户的权限范围。

⑤差错管理文件。差错管理文件包括被退回的文件信息，如退回原因、此文件在发送过程中的踪迹、检查等信息。此外，还有日志文件。其作用是恢复和再造在传输过程中被破坏或被删除的数据、报文。

EDI 的另一种形式的软件，那就是"搭桥"（Bridging）软件。搭桥软件的作用是像桥一样将一个组织内的应用程序连接起来。当这个组织收到 EDI 报文后，有关数据就被相关系统所用，而不必在组织内部各部门之间进行键盘输入。比如，当一个企业收到订单后，其数据自动被用于更新销售文件的内容。同样，这些数据不需要重新键入，就能用于更新会计部门的文件内容，自动生成发票单证。有了搭桥软件，企业在发出去的订购单和收到的发票之间不用人工介入核对，由计算机自动核对以消除可能的错误支付。

（3）EDI 的硬件。有四种基本类型的计算机平台可以用来实行 EDI 功能，它们是：

①只使用一台主机或中型机。此法将全部 EDI 软件置入主机，使其执行全部 EDI 功能。其优点是：第一，它能对大量交易进行迅速处理。第二，因为所有的数据处理活动都在主机中完成，并不存在处理过程中对数据装载和卸载问题，也不需要重新键入数据，这就提高了数据处理速度，消除了因数据重新键入而带来的误差。第三，使用主机容易在公司内部的计算机系统之间搭桥连接，可在各个部门的应用系统之间传输、使用有关数据，提高了计算机管理水平。此法缺点是成本高，程序的编制、测试和调试的工作耗时多。

②只使用一台 PC 机。把 EDI 软件置入 PC 机中，使其执行全部的 EDI 功能。这台 PC 机和公司的其他机器一般并没有密切的联系，EDI 活动只是在这台微机里单独地进行。此法的优点是成本低、系统安装调试容易。其缺点是：重复输入数据，容易出错；处理速度低，处理数据的容量、能力较小；不具备搭桥功能，办公室工作量较大。

③使用 PC 机作为主机的前端处理器。把 PC 机作为主机的前端处理器来实行 EDI 功能。在此情况下，PC 机与主机相连，存储在主机中的数据可以传输到 PC 机中。同样，存储在 PC 机中的数据也可以传输到主机中。在这种安排下，如果要向外发送一份 EDI 报文，先从主机里取出所需数据，将其数据传向 PC 机，在 PC 机上将这些数据翻译成符合 EDI 标准的格式，并生产电子单证。这种方式可以同时具有某些只使用一台主机和只使用一台 PC 机时所具有的优点。比如，把 PC 机作为主机的前端处理器，费用要比只使用一台主机来实行 EDI 少得多，但它与只使用一台 PC 机时相比，却有更大的容量和处理速度。此外，这种方式的 EDI 平台容易买到现成的软件，容易安装，并且由于这种方式的处理过程不用手工输入数据，减少误差。其缺点是费用比只使用一台 PC 机时大，而处理速度较低。

④专用的 EDI 操作系统。这种系统通常采用一台中型机和专门的 EDI 软件。此软件使 EDI 活动和公司的计算机系统一体化，它用来统一管理组织内部 EDI 网络的所有活动

和功能。例如：某连锁商店系统，有一个总的配货中心，各个商店通过条码的光笔扫描，对各种货物的存货和销售进行计算机管理。当商店里某货物的存货水平降到警戒水平时，计算机就自动产生一份配货通知单送往配货中心，而配货中心的计算机系统又会自动安排这种货物的发送，并和商店进行电子化结算。

5. EDI 的通信方式

（1）点对点方式。此种方式适用于贸易方和贸易量较少的情况。特点是地理位置灵活，不会延误处理信息。

（2）一点对多点方式。此结构方式适用于较大企业的分支机构与总部联系。数据传输以总部为中心，集中处理各分支机构的数据。此法便于了解各分支机构的全面情况，使企业即时调整计划。

（3）多点对多点方式。此方式适用于平行机构之间的通信，常常与第二种方式相结合。这使双向传递信息增加了信息反馈量，为企业提供了大量信息，有利于企业迅速决策。

（4）邮局增值网络。随着国内外贸易迅速发展，交易更加频繁，贸易伙伴与日俱增。当多家企业直接利用电脑通信时，会出现由于计算机厂家不同、通信协议相异以及工作时间不一致等问题，造成相当大的不协调性的困难。为了克服这些问题，许多应用 EDI 的公司逐渐采用了第三方网络与贸易伙伴通信。借助于第三方的设备进行不间断的信息传输，这种方式就成为增值网络（VAN）方式。

增值网络在这种 EDI 方式中，就好比通信双方的一个邮局，由此网络提供双方单独的 EDI 邮箱。它为收发双方维护各自的邮箱，并提供信息的存储转发、记忆保管、顺利通信、协议和格式转换以及安全管制等服务，通过网络中为用户提供极大的信息缓冲余地。因此，用户通过增值网络传送 EDI 文件时，可以大幅度降低企业双方相互传送资料的复杂程度和困难，保证信息的有效存储，从而大大提高了 EDI 的效率。

由第三方提供网络中心平台、平台提供较大的数据缓冲、以信箱的方式保证贸易双方的信息可靠传递是邮局增值网络的三大特点。

（5）报文处理系统。报文处理系统（Message Handle System，简称 MHS）是国际上根据 X.400 系列协议传送报文的主要工具之一，也是 EDI 的主要工具。

MHS 由电子邮箱、报文传输系统（Message Transport System，简称 MTS）和用户代理（User Agent，简称 UA）等几部分组成。电子邮箱的主要任务是负责接收和发送报文的存储和管理功能。MTS 的主要任务是负责报文的传输。例如，根据用户要求将报文传送给一个或多个接收者，或准确地接收报文放入邮箱中，UA 的主要任务则是负责用户和系统之间的有关事宜，如注册、租赁邮箱、收发报文等。

对于用户来说，只要他向 MHS 中的任何一个用户代理申请加入 MHS 系统，就可通过 MHS 向其他任何一个 MHS 用户交换报文。

对于 EDI 应用系统而言，其报文数据交换是建立在 MHS 的基础上的，一个本地的 EDI 应用系统服务中心就兼有用户代理的功能（称之为 EDI－UA）。商务报文完全可以通过 MHS 与全球任何一个单位（必须也是 EDI－UA 的用户）进行交换。

（6）INTERNET 中的 E-mail。Internet 上的电子邮件（E-mail）也是报文数据交换的

另一个常用工具。MHS 是基于广域网系统的专用报文处理系统。使用此系统时对用户所在地域的网络环境和用户的网络知识有一定的要求，这给中小企业带来一些困难。自 20 世纪 90 年代 Internet 出现以后，利用 E-mail 功能实现了报文数据的交换。

众所周知，Internet 对用户最大好处在于不和具体的广域网络直接挂钩。用户只需在任何一个 Internet 网站上注册，就可以在家上网收发各种函件。Internet 网站不但取代了 MHS 的全部功能，而且更方便、快捷、灵活，因此，用这种方式来传递报文将更受欢迎。

6. EDI 的业务流程

一般来说，EDI 多用于有大量表单式数据处理的部门和单位，而且要求有一定的规范性。从应用领域看，通常可以分为如下类型：

（1）贸易数据交换系统（Trade Data Interchange），EDI 用来传送订单、供应单等。

（2）金融汇兑系统（Electronic Fund Transfer），EDI 用来费用汇兑。

（3）公用事业系统（Public Sectors），EDI 主要用于商检、海关以及税务等部门。

（4）交互式应答系统（Interactive Query Response）。如机票预订、饭店预订等。

下面以采购业务为例说明采用 EDI 进行商务处理时，买卖双方是如何处理业务的。图 4－2 给出了商品贸易 EDI 系统的工作流程。

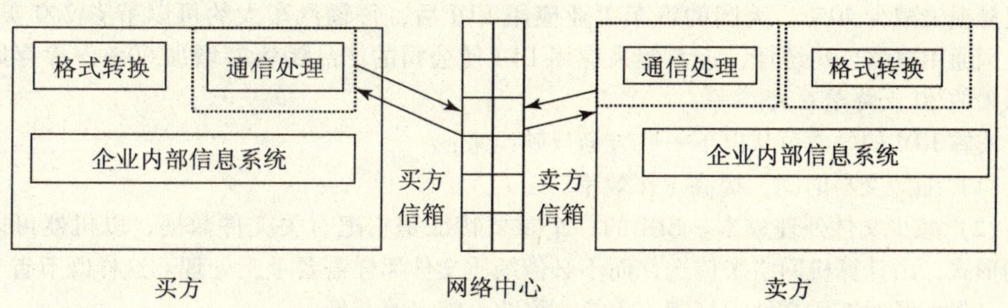

图 4－2　商品贸易 EDI 系统的工作流程

由此图可知，EDI 进行商品交易信息处理的流程如下：

①当买方的库存管理系统提出购买某种物资的数据时，EDI 的翻译软件据此编制一份 EDI 订单。

②通信软件通过网络把订单送至网络中心指定的卖方邮箱内。同时，利用公司内部计算机应用程序之间的搭桥软件，将这些数据传送给应付账部门和收货部门，进行有关的登记。

③利用经通信网络到网络中心的邮箱内取回订单，EDI 的翻译软件把这份订单翻译成卖方数据格式。

④如果确认可对买方售此物资时，则将供应货单传给买方，能否满足买方要求的信息将立即传回卖方。

收到订单的卖方的搭桥软件把有关的数据传送给仓库或工厂、开票部门，并更新计算机发票文件的内容。

⑤买方收到供货单后，在订单基础上产生一份商品情况询问表，传给卖方，双方就商品质量、价格等问题达成协议。

⑥卖方的仓库或工厂填制装运单，编制车船期通知，并传送给买方。同时，通过搭桥软件，将车船期通知传送给开票部门，生成电子发票，传送给买方。卖方在开立发票时，有关数据就进入应收账部门，对应收账的有关数据进行更新。

⑦买方接到车船期通知后，有关数据自动进入收货部门文件，产生收货通知。收货部门的收货通知经过搭桥软件传送给应付账部门。

⑧买方收到电子发票以后，生成一份支付核准书，传送给应付账部门。

⑨买方应付账部门开具付款单据通知自己的开户银行付款，同时通知卖方付款信息。

⑩卖方收到汇款通知后，有关数据经过翻译进入应收账户，买方则因支付而记入贷方项目。

由此可见，当买方提出购买的要求后，EDI 就可以自动进行转换操作，生成不同用途的数码文件送至各相关伙伴，直至交易成功。

7. 实施 EDI 的效益

显然，企业之所以大量降低运营成本、提高运营水平、增加营业额、效益递增，主要得利于 EDI 在商务上的广泛应用。实践证明，EDI 的应用已经带来了显著的经济效益和社会效益。例如，交易文件的传递速度提高了 81%，文件处理成本降低 38%，因差错造成的贸易损失减少 40%。美国的汽车工业应用 EDI 后，每辆汽车大约可以节省 200 美元。据美国通用电器公司统计，近 5 年来应用 EDI 使公司的产品销售额增加 60%，库存周期由原来的 30 天降至 6 天。

实施 EDI 的效益可从以下一些方面反映出来：

（1）缩短交易时间，提高工作效率。

（2）减少文件处理成本。EDI 的一个重要特征是它把有关文件数据，以机器可以处理的形式，由计算机网络来传送，而不必像纸质文件那样需要手工处理。这样既节省了纸张，又省去了对纸质文件的打印、审核、修改、邮寄等花费。

（3）减少员工成本。计算机自动接受和处理信息，使得公司在同样业务的情况下，可以用更少的员工去处理，或者把一部分专业人员从行政管理工作中解脱出来，以从事具有更高效率的工作。

（4）减少库存。企业维持正常生产必须保证适当的库存量。用传统采购方法，订单处理周期长，错误率高，安全库存量加大。使用 EDI 之后，文件处理快、可靠性高、降低安全库存量、减少资金积压量降低了企业的运营成本，提高企业效益。

（5）避免重复操作，减少人为差错，提高工作质量。

一旦商业文件出现一个错误可能要付出极大代价，订单遗失也会给企业带来莫大损失。使用 EDI 后，减少了重复键入次数，大大减少了出错率。EDI 软件一般具有编辑查错功能，能及时发现信息源上的数据输入错误。加上 EDI 在收到信息后立即向信息发送者反馈收信通知，这可及时发现漏发信息或中途遗失信息的情况。虽然 EDI 不能消除所有的错误，但它确实可以更早发现错误、用更少的代价去改变错误。

（6）时间价值效益。利用 EDI 处理应收款，可以加快资金回笼。

（7）其他效益。使用 EDI 可以改善公司内部的经营管理，加强与供货商的联系，保持与客户的良好关系等，这些都会为公司创造效益。

8. EDI 的现状

（1）概述。目前发达国家已普遍采用 EDI。美国早在 20 世纪 60 年代初期，就在公路、铁路、海运和空运中应用了 EDI，而且每年以 100% 的速度增长。西欧各国在海关、贸易、制造业、汽车、化工、电子、运输、保险、零售业中已广泛应用了 EDI。在新加坡，95% 的贸易应用了 EDI。

（2）应用 EDI 技术需要解决的问题：

①网络通信传输标准。解决异型机、异型网络环境下的信息交换。

②交易业务格式标准化。交易双方必须使用相同的交易文件格式。

③语言文字标准化。交易双方应使用相互理解的语言文字进行交换。

④企业内部计算机信息系统的应用。

⑤EDI 中心的建立与管理规范。

⑥安全保密性。

⑦人才培训。

9. EDI 的前景

（1）增加贸易伙伴会。

（2）增多应用 EDI 的行业。

（3）应用 EDI 的国家会增多。

（4）EDI 与其他信息传送系统的一体化。

EDI 很容易与其他通信技术、管理技术、信息传递系统、管理系统融合为一体，带来巨大的经济效益。而且从技术角度看，EDI 也不是一种单一功能的技术，它具有和其他技术的相容性和适用性。这表明 EDI 应用将会快速增长。

4.3.3　计算机及计算机网络

随着计算机的高速发展，在当今的物流环境中，计算机的普及率已经达到相当高的程度。目前，微型计算机已广泛应用于物流管理中。

（1）低成本、功能强、便携式的微型计算机把信息精确、及时地传给决策者，使其根据最新信息做出科学的判断和决策。例如，安装在运输车辆上的计算机能够及时报告车辆位置、最佳路线、最好的加油站等信息。

（2）分散的微型计算机具有良好的响应性和灵活性，有利于提高物流服务水平。

（3）具有图示能力的交互式微型计算机有利于诸如设施选址、存货分析、计划线路和时间表等决策软件的应用。物流信息化推动了物流网络化，Internet 等全球网络资源的可用性及网络技术为物流的网络化提供了良好的外部环境，物流网络化一定要实现。

4.3.4　通信技术

更快和更广泛的通信传输在相当大程度上提高了物流服务水平。历史上，物流活动在通信传输上有明显的不利条件，它们无论是在运输还是在物料搬运车辆中，都处于运动或非常分散的状态，因此，信息和方向常常随实际活动而在时间和地点上迁移。无线电频率（RF）、卫星通信和图像处理等技术的应用，克服了这些因产品移动和物流分散化导致的问题。

无线电频率技术用于相对较小的范围之内，诸如配送中心，以便双通道信息交换。主要的应用是物料搬运人员，诸如叉车驾驶员和订单选择员进行实时通信。无线电频率技术可以使叉车驾驶员获得实时指示，而不是几小时以前打印的硬盘复制指示。实时通信提供了更灵活和更具敏感性的作业，并常以较少资源获得服务质量的提高。无线电频率技术在物流上的应用，包括仓库的双通道通信选择指示、仓库循环点数核实、标签订印等。

4.4 物流中心信息系统结构

4.4.1 商业形态与信息管理的关系

信息管理系统必须与商业形态相适应，才能提高效率降低成本。

在欧美国家，人口密度低，商业网点相对集中，网点之间距离较远。人们基本习惯每过一段时间集中购物一次。这样，要求购物中心物品齐全，如蔬菜水果、日用百货、体育用品、服装鞋帽、饮料酒类、医药保健等物品一应俱全。甚至还有五金工具、建筑材料、水暖器材、园艺鲜花、图书纸张、肉类蛋禽、熟食粮油等。因为购物中心准备的货品种类繁多，供货量大，必须大批购货以降低成本，控制货品分布状况和货品存量。与之相适应的信息管理系统，除一般的商用软件外（如存货管理、应收应付账款管理、订单处理系统、采购管理和销售分析系统）还用多仓储、多配送中心管理系统和配送设备资源管理系统来满足分布面积距离远的连锁店管理要求。

欧美国家成功地使用的管理系统有退货处理系统、排程操作系统、派车装车操作系统、人员调配管理系统、行车路径选用系统、多仓储多物流中心管理系统、配送设备资源管理规划系统、货品销售周转率分析系统、外车管理系统。

此外，日本人口密度大，绝大部分人口在城市生活，城市交通拥挤。一般商家为了降低运送人力，节约运输成本，货品配送由专门货运公司来完成。这样能够减少运送风险，提高配送效率。为适应这种形势，日本常用的信息管理系统的内容有配送管理、信息传输、自动装车系统、堆垛机的无线信息传输、控制系统、发货排程、外车管理和随车人员的调配管理系统等。

4.4.2 物流配送中心作业流程

图 4 -3 所示为物流配送中心作业流程。为满足这一物流作业流程的需要，必须具备相应的物流信息管理系统。图 4 -4 所示为物流配送中心商品流通和信息管理的作业流程。

物流配送中心最主要的是订单处理、采购作业、发货作业、配送作业、会计管理、运营管理和业绩管理等作业。这些作业内容必须同信息管理有机联系起来，形成现代化的物流作业。

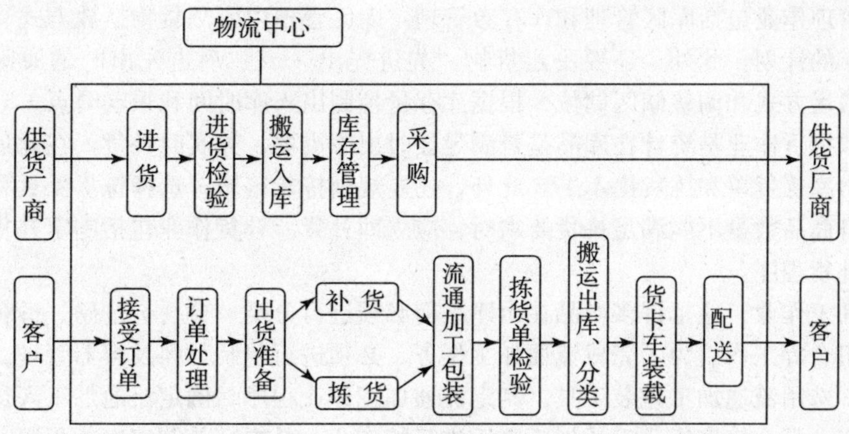

图 4－3　物流配送中心作业流程

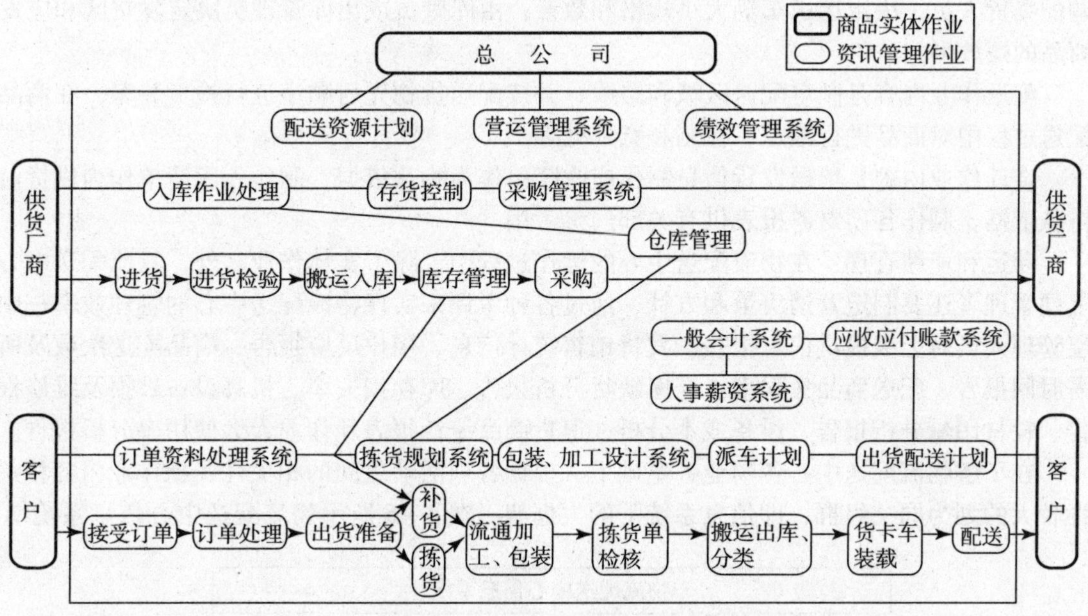

图 4－4　物流配送中心商品流通和信息管理的作业流程

订单处理过程：用户询价、业务部报价、接收订单、查询发货日期的存货情况、装卸货能力、流通加工能力、包装能力、配送能力等。此外在订单信息处理的同时，业务人员必须查核用户信任度，统计订货时段的订货量，并及时调货，分配发货程序及数量。若用户对订货不满意时，还要进行退货信息处理。

采购作业是在接受订单之后，物流中心立即组织货源。采购作业内容：统计商品名称和数量、查询供货商交易条件、决定订货批量。

进货入库作业是在开出采购单之后，入库进货管理员按预定入库日期做好入库作业排程，入库站台安排。在商品入库时还要查实入库资料、入库品检，查实货品与订单的内容是否一致。

库存管理作业包括库区管理和库存数管理。库区管理内容是货物摆放方式、区域大小和区域分布的计划。此外，还要决定货物“先进先出”或“后进先出”的原则，确定搬运工具、搬运方式和调整储区储位，根据库存量控制出入库时间和采购时点。

补货和拣货作业是统计在库品是否满足按时出库需要，并实时补货。在此过程中，应立即输出出库拣货单和拣货提示书。此外，还要规划拣货区域，选择拣货工具和拣货员的安排。一旦商品数量不能满足拣货要求时，应立即补货。补货作业包括制定补货数量、补货时点和补货程序。

流通加工作业，这是许多商品在出库之前必须进行分类、分装、过磅、拆箱分包、贴签和商品组合等工作。为了完成流通加工任务，必须进行包装材料及容器管理，制定组合包装规则，选用流通加工包装工具，制定流通加工作业程序，确定流通加工人员。

发货作业是在拣完货及流通加工之后进行的作业，其内容是制定发货程序和发货批次报表，在商品上贴地址商标和打印发货检查表。由排程员决定集货方式，选用架货工具，调配集货人员，决定运送车辆大小规格和数量；由库管员或出库管理员决定发货区和应发商品的摆放形式。

配送作业内容是制定配送区域和路线，并按配送货物先后顺序进行检货装车，在商品配送过程中对商品进行跟踪、控制和意外处理。

会计作业内容是根据发货信息制作应收账单作为收款依据，制作入库清单作为供货商付款依据，制作各项财务报表供有关部门参考用。

营运和业绩管理：在物流配送中心的运作过程中，除了实体作业之外，物流配送中心上层管理者还要制定营销决策和方针，通过各种考评来实现物流配送中心的管理效率；中层管理人员对上级提供信息报表、发货销售统计信息、用户反应报告、商品配送次数及所需时间报告、配送商品失误率、仓库缺货分析报告、库存损失率、机具设备破损及维修报告、耗材用量分析报告、设备成本分析、退货商品统计报表和作业人力使用率分析报告。

在了解物流配送中心各项业务基础上，根据各项活动之间的相关性，把作业内容相关性较大的划为同一组群，即信息系统下的大框架。图 4－5 所示物流配送中心信息系统结

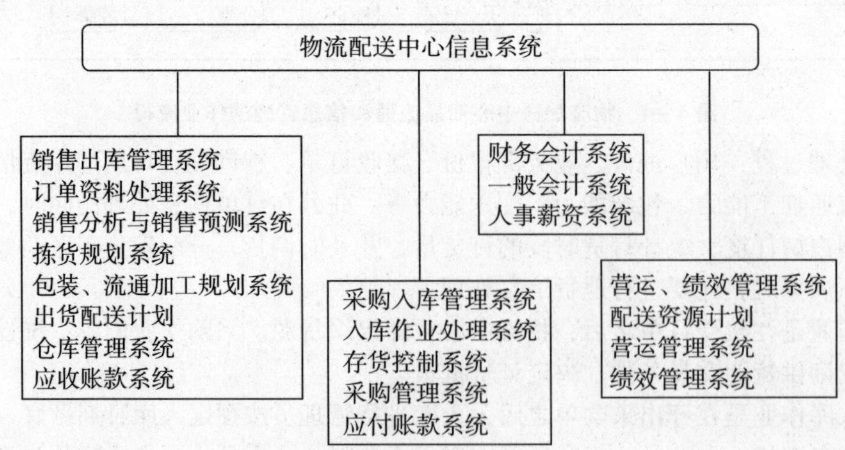

图 4－5　物流配送中心信息系统结构

构由销售出库管理系统，采购入库管理系统，财务会计系统和营运、绩效管理系统四大部分组成。

图 4－6 所示为物流配送中心信息系统相关图。由图可知各大系统之间的相关性和与外界的关系。

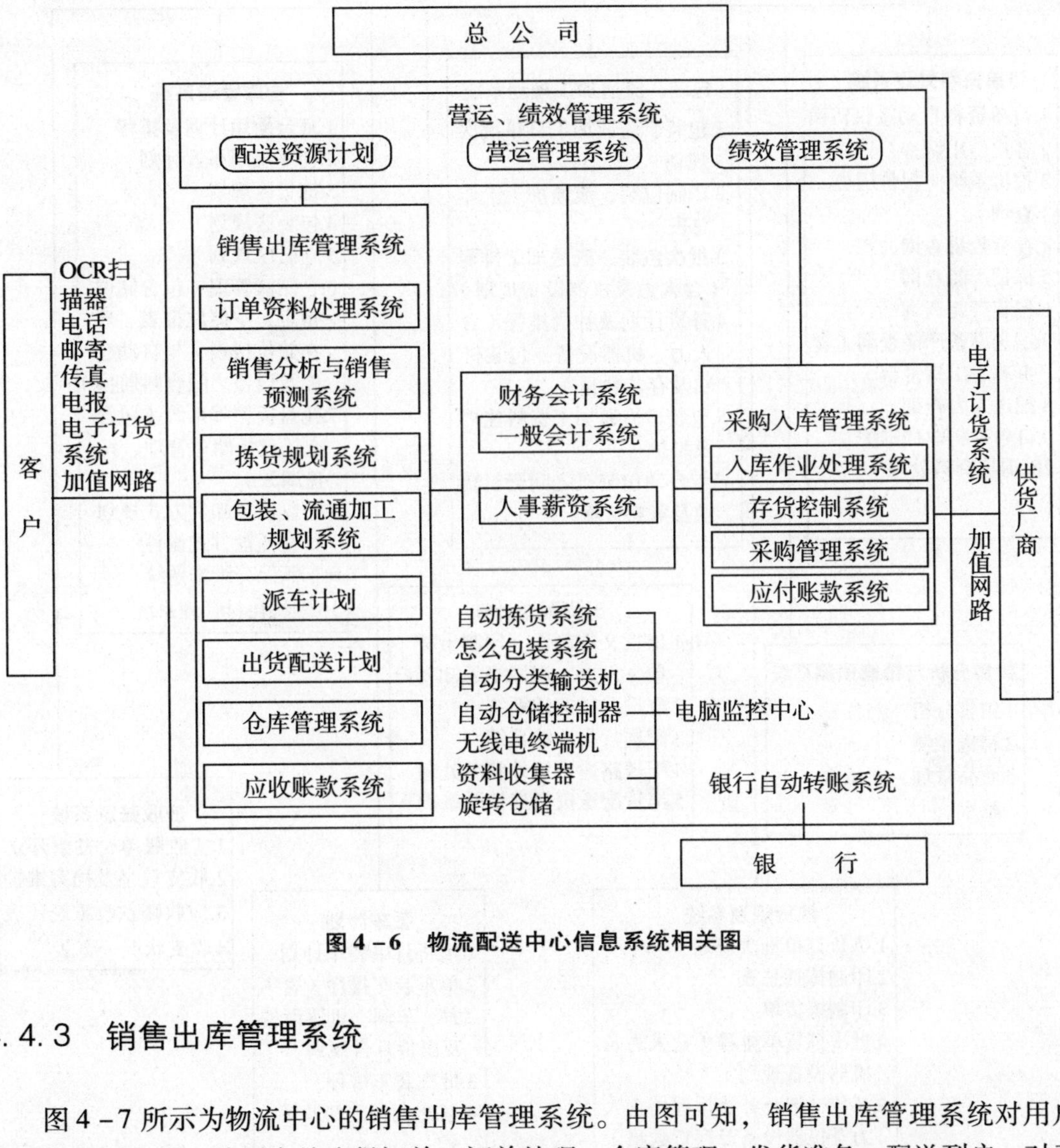

总 公 司

营运、绩效管理系统
配送资源计划
营运管理系统
绩效管理系统

客户
OCR扫描器
电话
邮寄
传真
电报
电子订货系统
加值网路

销售出库管理系统
订单资料处理系统
销售分析与销售预测系统
拣货规划系统
包装、流通加工规划系统
派车计划
出货配送计划
仓库管理系统
应收账款系统

财务会计系统
一般会计系统
人事薪资系统

采购入库管理系统
入库作业处理系统
存货控制系统
采购管理系统
应付账款系统

电子订货系统
加值网路
供货厂商

自动拣货系统
怎么包装系统
自动分类输送机
自动仓储控制器
无线电终端机
资料收集器
旋转仓储
电脑监控中心

银行自动转账系统
银 行

图 4－6　物流配送中心信息系统相关图

4.4.3　销售出库管理系统

图 4－7 所示为物流中心的销售出库管理系统。由图可知，销售出库管理系统对用户的工作范围包括：从用户处取得订单、订单处理、仓库管理、发货准备、配送到户。对于内部各大系统的工作范围包括：统计订单并把它传送给采购入库管理系统作为入库信息，把应收账款信息传入会计管理系统作为入库信息；把各项信息传给营运、绩效管理系统作为效率评估之用。销售出库管理系统包括：订单资料处理，销售分析与销售预测，拣货规划，包装、流通加工，派车计划，仓库管理、出货配送计划和应收账款等许多子系统。图 4－8 所示为销售出库管理系统中的各子系统之间流程。

销售出库管理系统

订单资料处理系统

1.订单资料自动接收转换
2.客户信用调查
3.报价系统（报价历史查询）
4.存货数量查询
5.拣货产能查询
6.包装产能查询
7.运送设备产能查询（含卡车、出货月台）
8.配送人力查询
9.订单资料建档维护
10.退货资料处理

包装、流通加工规划系统

1.包装、流通加工订单批次规划
2.印制包装、流通加工工作总表
3.批次包装、流通加工排程（含人力及机器设备规划）
4.补货计划及补货排程（含人力、机器设备、包装材料及存货数量）
5.包装、流通加工资料建档及维护
6.与自动包装机之间资料转换及资料传输

仓库管理系统

1.月台使用计划及排程
2.仓库规划布置计划
3.拣货区规划
4.包装区规划
5.仓储区规划
6.仓储区管理（包含储位指定、空储位报表、现在储位报表、与自动仓库及设备之间资料转换）
7.托盘板管理系统（包含空托盘板储存管理、托盘调派）
8.托盘板装卸货方式规划及叠托盘方式设计
9.车辆保养维修系统
10.燃料耗材管理系统

销售分析与销售预测系统

1.销售分析
2.销售预测
3.商品管理、商品贡献率

出货配送计划

1.出货文件制作，印制出货单、发票、以网络通知客户
2.配送路径选用系统
3.配送货品追踪系统
4.配送路途中意外状况处理
5.出货配送资料建档及维护

应收账款系统

1.应收账单、发票开立
2.收支登录及档案维护
3.应收账款收款统计表
4.收支状况一览表

拣货规划系统

1.拣货订单批次规划
2.印制拣货总表
3.印制拣货单
4.批次拣货单排程（含人力及机器设备规划）
5.补货计划及补货排程（含人力及机器设备及存货数量）
6.拣货资料建档及维护
7.与自动拣货机之间资料转换及资料传输

派车计划

1.出货订单装车计划
2.单车装车排序（含人力、车辆、机器设备及出货月台规划）
3.批次装车排程
4.装车资料建档及维护

图4－7 销售出库管理系统

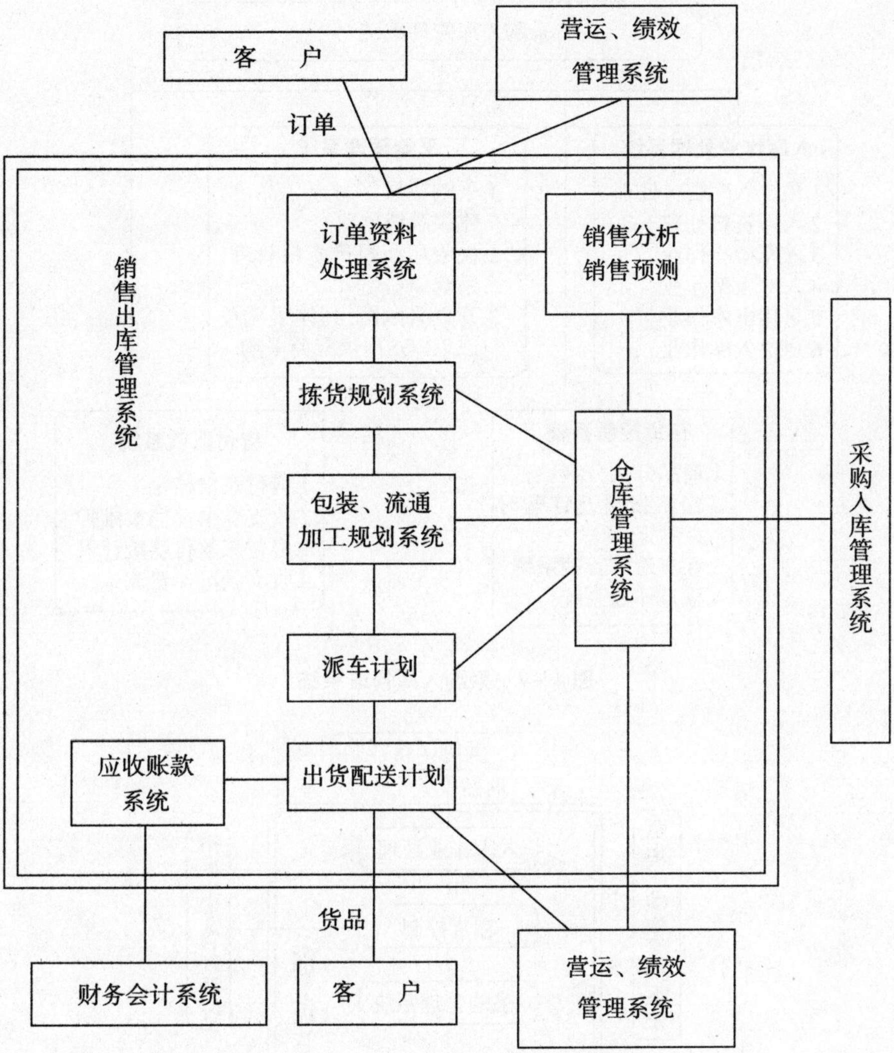

图 4－8　销售出库管理系统信息流程

4.4.4　采购入库管理系统

图 4－9 所示为采购入库管理系统，其包括入库作业处理系统、存货控制系统、采购管理系统和应付账款系统。采购入库管理系统信息流程如图 4－10 所示。

入库作业处理系统：这个操作系统内容是处理预定入库信息和实际入库信息。处理预定入库信息主要是入库站台和人力安排、机具分配。信息来自两方面：一个是采购单上的预定入库日期、入库商品项目和入库数量；另一个是来自供货商的进货日期、商品和入库数量。

实际入库作业发生在厂商交货的时候。输入信息有采购单号、厂商名称、商品名称、商品数量。一般可以通过采购单号来查询商品名称、内容和数量是否符合采购内容。据

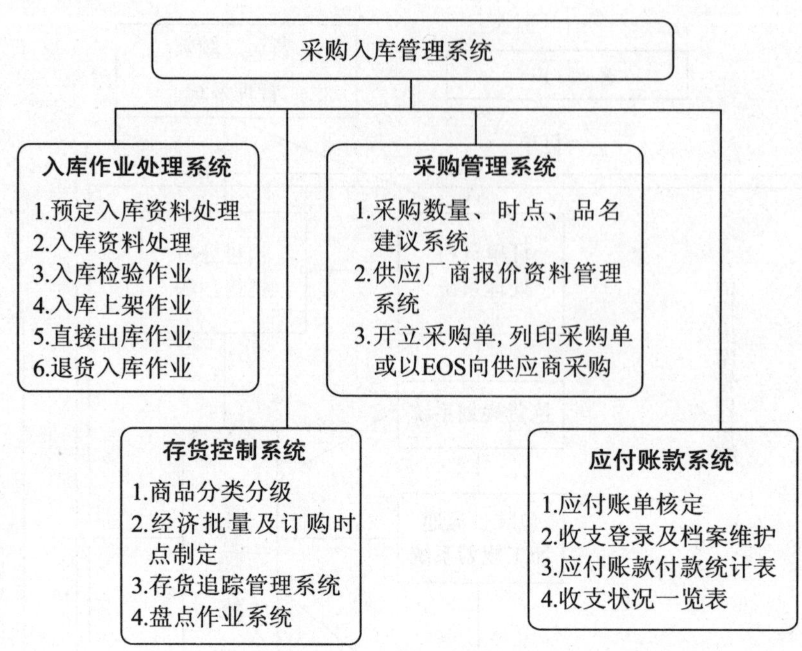

图 4－9　采购入库管理系统

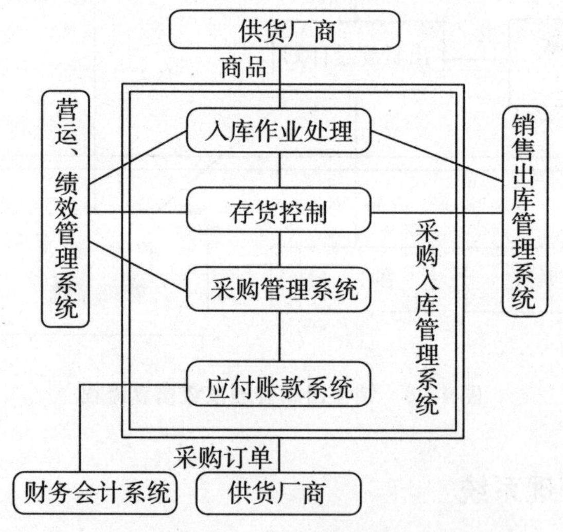

图 4－10　采购入库管理系统信息流程

此，还可以确定入库站台、卸货地方、商品摆放方式。入库内容包括来自厂商的商品入库、退货入库。退货入库品要经过检查，确定为正品后方可入库。这种入库信息一方面要在订单、发货配送和应收账款等信息中减去相应品名和数量；另一方面应在入库信息和库存信息中增加相应品名及数量，商品入库后立即出库或上架入库。若是上架入库时，则入库系统具备有储位指定功能或储位管理功能。储位指定功能就是一旦输入入库信息立即启动储位指定系统，并计算出入库商品所需储位大小，指定最佳储位。最佳储位体现

在搬运距离最短，储位分类最佳。储位管理系统作用是商品储位的登录、商品追踪、提供现行储位和空储位报表。

存货控制系统：存货控制系统的作业内容有商品分类分级，确定订购批量和订购时点，存货追踪管理及库存盘点。商品的分类分级即是按类别对库存商品数量进行统计，并根据库存量大小进行排序、分类。这样，为仓库区域规划布置、商品采购、人力分配和工具设备的选用等提供参考依据。存货控制系统还可实现经济订购批量及采购时点的预测。

采购管理系统：这个系统由采购预报系统、供应厂商管理系统、采购单据打印系统和采购跟踪系统组成。当存货控制系统建立采购批量及采购时点档案后，仓管人员可实时利用采购预报系统来检查所需采购商品。

应付账款系统：当采购商品入库后，可把采购信息转入应付账款信息中，财会人员可据票付款。

4.4.5 财务会计系统

财务会计系统包括一般会计系统和人事薪资系统两个主要内容。图4-11所示为财务会计系统。此系统由一般会计系统和人事薪资系统组成。一般会计系统包括会计总账、分类账、财务报表系统、现金管理、支票管理和银行联机转账系统。人事工资系统包括人事数据管理、薪资报表、印制薪资单、与银行联机之间薪资转账系统和人力评估及人力使用建议。

一般会计系统必须是由用户和供货厂商直接发生应付账款和付款业务。此外，一般会计系统还直接与采购入库管理系统和销售出库管理系统发生信息交换业务。

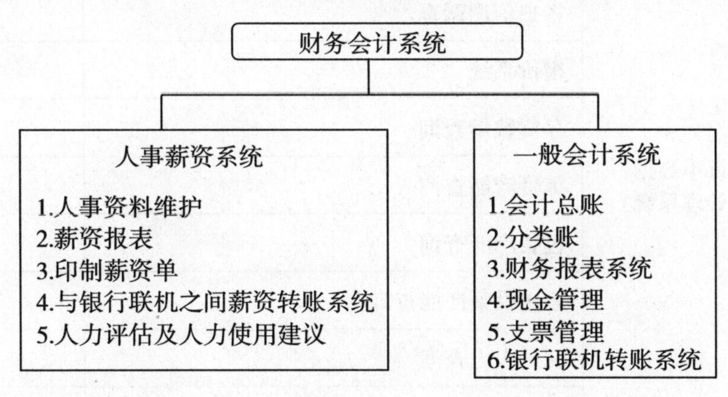

图4-11 财务会计系统

4.4.6 营运、绩效管理系统

营运、绩效管理系统与销售出库管理系统、采购入库管理系统、财务会计系统和流通业务等都要发生信息传输业务。营运、绩效管理系统的工作内容有：配送信息计划、营运管理系统和业绩管理系统。

1. 配送信息计划

配送信息计划内容有：仓库设置地点及数量规划系统、多仓存货控制、多仓机械设备规划控制、多仓人力资源计划、多仓产品线规划、多仓产品分配计划和多仓产品配送计划等。

2. 业绩管理系统

业绩管理系统内容有：业务人员管理系统、用户管理系统、订单处理业绩报表、存货周转率评估、缺货金额损失管理、拣货业绩管理报表、入库作业管理报表、装车业绩管理报表、车辆使用率评估、站台使用率评估、人力资源使用率报表、设备利用率评估、仓库使用率评估以及商品保管率等。

3. 营运管理系统

这个管理系统的内容有：车辆和设备租用、采购计划、销售策略计划、运费制定系统、配送成本分析系统和外车管理系统等。

4.5 物流中心信息管理软件系统

表4－1所示为物流配送中心信息管理系统的内容。根据物流配送中心的规模及自动化程度来选择相适应的信息管理系统。

表4－1 物流配送中心信息管理系统内容

主系统	子系统	子功能	加权	评分
销售出库管理系统	订单数据处理系统	订单数据自动接收与转换		
		客户信用调查		
		报价系统		
		存货数量查询		
		拣货产能查询		
		包装产能查询		
		运送设备产能查询		
		配送人力查询		
		订单数据建文件维护		
	销售分析与销售预测	销售分析		
		销售预测		
		商品管理		

续 表

<table>
<tr><th>主系统</th><th>子系统</th><th>子功能</th><th>加权</th><th>评分</th></tr>
<tr><td rowspan="25">销售出库管理系统</td><td rowspan="5">拣货规划系统</td><td>拣货订单批次规划</td><td></td><td></td></tr>
<tr><td>印制拣货总表</td><td></td><td></td></tr>
<tr><td>批次拣货单排程</td><td></td><td></td></tr>
<tr><td>补货计划及补货排程</td><td></td><td></td></tr>
<tr><td>拣货数据建文件及维护</td><td></td><td></td></tr>
<tr><td rowspan="6">包装、流通加工规划系统</td><td>包装、流通加工订单批次规划</td><td></td><td></td></tr>
<tr><td>印制包装、流通加工工作总表</td><td></td><td></td></tr>
<tr><td>批次包装、流通加工排程</td><td></td><td></td></tr>
<tr><td>补货计划及补货排程</td><td></td><td></td></tr>
<tr><td>包装、流通加工数据建文件及维护</td><td></td><td></td></tr>
<tr><td>与自动包装机之间数据转换及数据传输</td><td></td><td></td></tr>
<tr><td rowspan="4">派车计划</td><td>出货订单装车计划</td><td></td><td></td></tr>
<tr><td>单车装车排序，含人力、车辆、机器设备及出货月台规划</td><td></td><td></td></tr>
<tr><td>批次装车排程</td><td></td><td></td></tr>
<tr><td>装车数据建文件及维护</td><td></td><td></td></tr>
<tr><td rowspan="5">出货配送系统</td><td>出货文件印制</td><td></td><td></td></tr>
<tr><td>配送路径选用系统</td><td></td><td></td></tr>
<tr><td>配送货品追踪系统</td><td></td><td></td></tr>
<tr><td>配送途中意外状况处理</td><td></td><td></td></tr>
<tr><td>出货配送数据建文件及维护</td><td></td><td></td></tr>
<tr><td rowspan="5">仓库管理系统</td><td>月台使用计划及排程</td><td></td><td></td></tr>
<tr><td>仓库规划布置计划</td><td></td><td></td></tr>
<tr><td>拣货区规划</td><td></td><td></td></tr>
<tr><td>包装区规划</td><td></td><td></td></tr>
<tr><td>仓储区规划</td><td></td><td></td></tr>
</table>

续 表

主系统	子系统	子功能	加权	评分
销售出库管理系统	仓库管理系统	仓储区管理（含储位指定、空储位报表、现有储位报表、与自动仓库、设备间之数据转换）		
		托盘板管理系统（含空托盘板储存管理及托盘板调派）		
		托盘板装卸货方式规划及叠放方式设计		
		车辆保养维修系统		
		燃料耗材管理系统		
	应收账款系统	应收账单、发票开立		
		收支登录及档案维护		
		应收账款收款统计表		
		收支状况一览表		
采购入库管理系统	入库作业处理系统	预定入库资料处理		
		入库资料处理		
		入库检验作业		
		入库上架作业		
		直接出库作业		
		退货入库作业		
	存货控制系统	产品分类		
		经济批量及订购时点确定		
		存货管理、存货追踪		
		盘点作业系统		
	采购管理系统	采购数量、时点、品名建议系统		
		供应厂商报价资料管理系统		
		开立采购单、列印采购单或以 EOS 供应商采购		
	应付账款系统	应付账单核定		
		收支登录及档案维护		
		应付账款付款统计表		
		收支状况一览表		

续 表

主系统	子系统	子功能	加权	评分
财务会计系统	一般会计系统	会计总账		
		分类账		
		财务报表系统		
		现金管理		
		支票管理		
		银行联机转账系统		
	人事薪资管理系统	人事资料维护		
		薪资报表		
		印制薪资单		
		与银行联机之间薪资转账系统		
		人力评估及人力使用建议		
营运、绩效管理系统	配送资源计划	仓库设置地点及数量规划系统		
		多仓存货控制		
		多仓机器设备规划控制		
		多仓人力资源计划		
		多仓产品线规划		
		多仓产品分配计划		
		多仓产品配送调派计划		
	营运管理系统	车辆设备租用、采购计划		
		销售策略计划		
		运费制定系统		
		配送成本分析系统		
		外车管理系统		

4.5.1 商业规划控制系统

这个系统内容有订单处理、库存处理、采购处理、需求计划、销售预测、应付账款、应收购账款、合计和单据处理。这个系统的特点在于功能齐全，安全保密性好。

4.5.2 配送管理系统

这个系统的主要功能有收货处理系统、入库上架操作系统、订单处理系统、拣货操作系统、补货操作系统、包装操作系统、配送操作系统、存货管理系统和生产力评估系统。

这个系统的功能有销售订单处理系统、采购订单处理系统、存货管理系统、仓库管理系统、无线信息传输处理系统。

4.5.3 配车计划系统

这个系统内容有制订集配送时间、集配送商品排序、决定车辆大小及数量、记录交通停滞状况、司机调派、司机业绩、订单管理和订货额度校核、特殊物品配送、运费计算、车辆使用率分析和营业信息分析等。

5 物流配送中心管理系统

5.1 概 述

1. 储位管理的意义

何谓储位管理？现代仓储管理和传统的仓储管理区别较大。现代仓储管理重视仓储的时效性，这是一种动态管理，特别重视商品在拣货出库过程中的数量和位置的变化。储位管理就是利用储位使商品时刻处于“被保管状态”，并能显示出商品所处的位置。一旦商品位置发生变化时，能记录商品的数量、位置和流向。

现代物流中心的作业是一连串的“存”和“取”的动作组合。储存是指货物在物流中心的存放与保管。储存要便于拣货、发货及配送。随着生产向着小批量、多品种和时效性方向发展，使得储存作业中货物流动频率和货物品种及数量等迅速增加。那么，如何使“存”和“取”的动作快速而有效，做到“好存好取”，就是要求对货物储存进行有效管理。从前的仓库只起保管作业，这是静止性管理。现代化物流中心的仓库除了保管之外，拣货、发货和配送也是重要工作之一，这就要求及时掌握和控制拣货、发货及配送的货物数量，这就是现代化仓储的“动管”功能。在储位管理中，要能够明确指出物品的位置、数量和品种，能及时掌握货物的去向、数量。总之对货物进行全方位管理，使货物时刻处于“被保管状态”。所谓储位管理，就是实时监控储位中的物品状态。

2. 储位管理的目的

物流中心因形态不同对储存作业的要求也有差异。概括起来讲，储存作业的主要目的在于调节生产和满足市场变化的需要。从物流中心实际运作情况来看，储存作业目的如下：

（1）调节生产制造与满足市场需求功能。在制造商的工厂附近的物流中心既有配送货物的功能，又有一般仓库调节生产过剩或不足的功能，以保证生产的顺利进行。

（2）取得采购优惠的功能。为了采购时能获得优惠，往往订购经济批量的商品，配送给零售商或批发商。

（3）补充拣货作业区的商品存量功能。在物流中心作业一连串“存”和“取”的动作组合中，进货存放在进货暂存区。从暂存区取出再存放在保管区，从保管区取出补货品再存放在拣货区，从拣货区拣货再存放在发货存区，从发货存区取出再放在配送车上。这些作业都会使用到保管储放区域。

因此，储位管理的目的除了保证上述储存作业的三项基本功能外，就是保证其他作业的顺利进行。也就是说辅助拣货等其他作业顺利完成“存”和“取“的动作，掌握库存，提供其他作业顺利进行的判断依据。

5.2　物流中心的储位管理

5.2.1　物流中心系统和储位管理

图5－1所示为物流中心管理系统。由图可知，它主要由信息流和物流两个部分组成。信息流分为上、中、下三个等级，上级信息是策略信息，中级为经营管理信息，下级为物流作业信息。经营管理信息分为进货管理信息、存货管理信息和销售管理信息三种。物流作业管理信息分为入库管理信息、在库管理信息和出库管理信息三种。在物流方面包括物

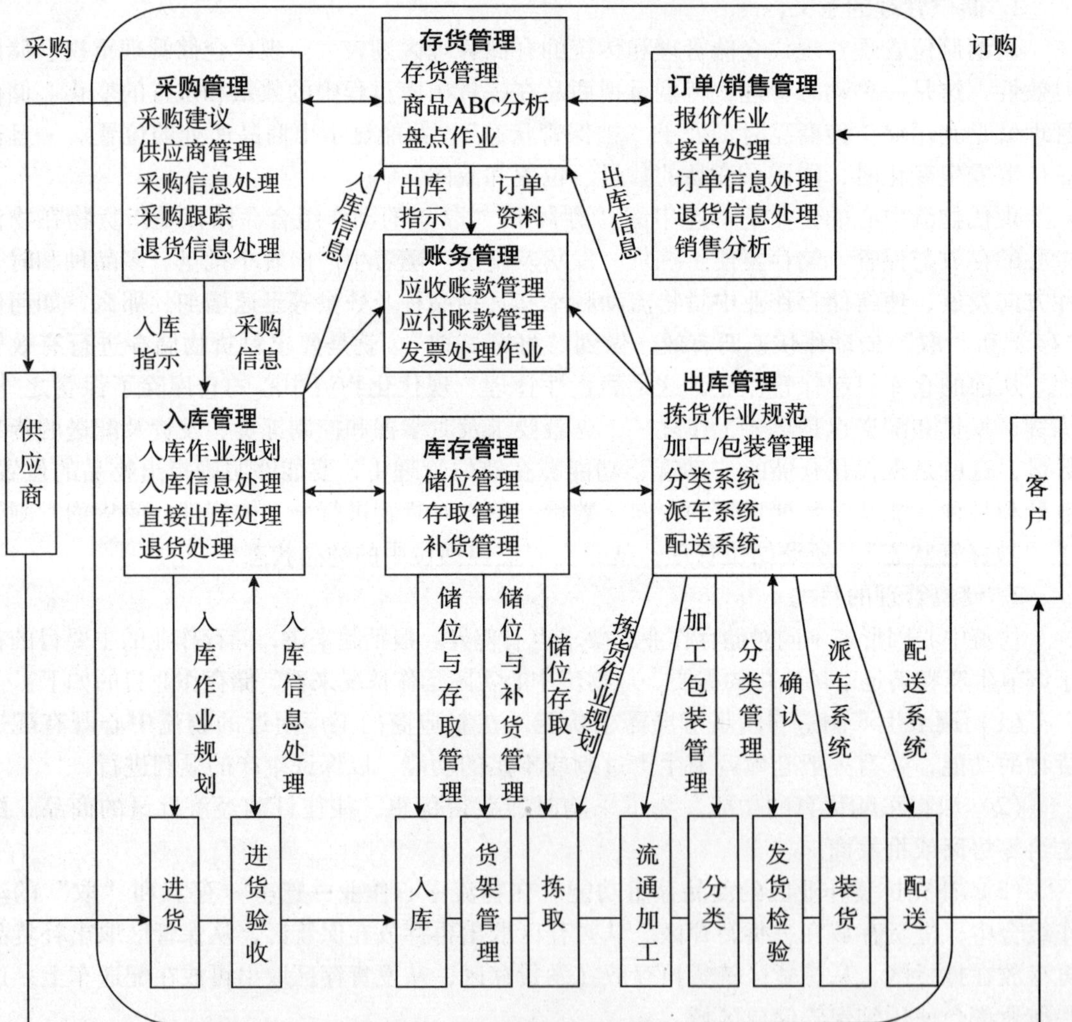

采购

订购

采购管理
采购建议
供应商管理
采购信息处理
采购跟踪
退货信息处理

存货管理
存货管理
商品ABC分析
盘点作业

订单/销售管理
报价作业
接单处理
订单信息处理
退货信息处理
销售分析

入库信息

出库指示

订单资料

出库信息

账务管理
应收账款管理
应付账款管理
发票处理作业

入库指示

采购信息

供应商

入库管理
入库作业规划
入库信息处理
直接出库处理
退货处理

库存管理
储位管理
存取管理
补货管理

出库管理
拣货作业规范
加工/包装管理
分类系统
派车系统
配送系统

客户

入库作业规划

入库信息处理

储位与存取管理

储位与补货管理

储位存取

拣货作业规划

加工包装管理

分类管理

确认

派车系统

配送系统

进货

进货验收

入库

货架管理

拣取

流通加工

分类

发货检验

装货

配送

直送

图5－1　物流中心管理系统

流作业和物流设备系统。所谓物流作业，主要是指进货、验收、入库、货架管理、拣货、流通加工、包装、分类、发货检查、装货和配送等作业流程。物流设备是根据物流作业流程的各环节配置相应的设备。

物流中心的主要作业是物品的入库作业、在库管理和出库作业。货物入库、出库作业时间一般较短，而物品在库时间较长，即在库管理时间较长。因为，货物在库管理是物流中心最重要的作业。在库管理包括储位管理、存取管理和补货作业等。货物进入物流中心之后，应如何处理、如何放置、放置在何处等，都应该做出合理有效地规划和管理。这就是所谓的储位管理。

5.2.2 储位管理的基本原则

1. 储位标志明确化

在物流中心，拟储放的每一种货物必须有明确的存放位置。因此，货物储存区必须经过详细规划区分，储位要编码编号。储位不能是一些边界含糊不清的位置，如过道、楼梯和角落等。不少物流服务提供商为了提高“场地利用率”，竟然把过道当成储区来使用，这是错误的。虽然短时间会得到一些方便，但会影响货物进出，违背了储位管理之基本原则。

2. 存放货物有效合理化

把货物有效合理地存于指定货位是根据储位管理原则科学安排的，例如，冷冻品存于冷库、易燃易爆品存于防火防爆库、频繁流通货物存于靠近进出口处等。运用计算机管理系统的仓库，实现了货位与货品的统一管理。无论是在系统外的业务流程还是系统内部的操作，将货位与货品有效统一起来，给仓储管理带来质的飞跃。尤其是对于医药行业，批号和货位有效统一，大大提高了仓储管理的信息化水平。

3. 储位上货物存放状况明确化

当货物放入储位之后，要对货物的数量、品种、存放位置、拣货取出、淘汰更新和损伤等变化情况进行详细登记建账，做到货账完全吻合。

4. 储区的划分

在物流中心的全部作业都是在保管区内进行的。因此，保管区均属储位管理的管理范围。按照物流中心作业性质，保管区可分为预备储区、保管储区、动管储区和移动储区四个储区。物流中心作业和储区关系是：进货作业在预备储区、入库作业在保管储区、拣货作业在动管区、发货作业在预备储区、配送作业在移动储区。

（1）预备储区。进货和发货作业所使用的暂存区称为预备储区。虽然商品在此区域停留时间不长，但是也不能疏于管理，给下一个作业程序带来麻烦。在预备储区，管理的内容包括对货物的标识、分类以及把货物整齐排放在储位上等作业。由于要突出“暂存”的作业特点，因此，储位要明确，货物流通要通畅，以缩短寻货、送货的时间。预备储区的管理一般采用目视和颜色管理相结合的方式。例如，在进货暂存区，货物进入暂存区前应先分类，根据划分的暂存区域，配合标识记录板，把货物配置到指定的暂存区储位。而对发货作业，每一车或每一区域路线的待配送货物必须排放整齐并加以区分隔离，安置在事先划分好的储位上，再配合记录板上的标识，并按照发货单所示，依序进行点收货上车。

（2）保管储区。入库作业所使用的中长期存货区域称为保管区，是物流中心面积最大而且最主要的储区，因而是物流中心管理的重点。在一定的储放容量的条件下，对储区内货物的摆放方式、摆放位置、存量的变更等进行合理、有效地管理，可充分发挥物流中心的作用。管理储区的规划布置应考虑以下几点：

①地面承载能力。在建设物流中心时，应根据储存总量，处理好地基，保证其承载能力。

②货物状况。根据储存货物的品种、规格、数量、重量、尺寸、形状等确定储存方式等。

③出入口以及通道。应根据货物、运输工具等的状况，确定出入口大小、位置、数量以及通道的宽窄、走向等。通道与储区应以不同颜色示出。

④其他。如消防设施、非储区（如办公室、洗漱室等）、照明等。

保管区作业要点：

a. 保管区只存放验妥的货物，因此，待验与验妥的货物在储存前应区分清楚。

b. 盘点作业应在各储区中分别进行，保管储区货物量大、品种多，应考虑到便利性。

c. 储位以及货架位置应视实际情况适时并能方便地调整。

d. 应依据入库单，迅速接受预备储区的货物。在需要时，依据补货单补货至动管区。

e. 保管区内要注重颜色管理、目视管理和看板管理，保证货物实现分类储存、分区储存、标识清楚、谨防混淆。

f. 根据货物特性，采取相应的储位方式，例如，散装货宜摆设在货架上或储物柜中，易滚、滑动货物应放置在有挡板的储位架上。

g. 为保证货物的时效性，收发货物应遵循先进先出的原则。周转率高的货物应靠近通道放置。

h. 做好安全防范措施，如防火、防水灾等。制定严格的储区管理制度，保证储区的良好运作。

（3）动管储区。拣货作业所使用的区域称为动管储区，特点是在短期内拣取大多数货物。因其商品在储位上流动频率较高，所以称为动管储区。此区域功能在于满足提高拣货效率的要求。为了缩短拣货时间、拣货距离和降低拣错率，必须方便、快捷找到商品所在位置，因此储位指示非常重要。为了拣货顺利、降低拣错率，必须利用一些拣货设备。动管储区常常采用货物标识、位置指示以及拣货设备（例如计算机辅助拣货系统 CAPS、自动拣货系统）相结合的管理方法，以达到缩短拣货时间、距离以及降低拣错率的目的。

对于现代化的仓库业，要求多品种、小批量、高频率的出货的方式。一般仓库的基本作业方式已经不能满足现实需要，动管区这种管理方式正好满足上述要求。动管储区的主要任务是对储区货物的整理、整顿和科学处理拣货单据。通过对仓库的整理、整顿，缩短了寻货的时间和路程，提高了拣货效率。实践证明，实际拣货所花时间很短，关键是寻货和行走耗时较多。

在传统的仓储系统中，没有明确的动管储区的概念，而在现代物流中心里，之所以将动管储区从保管储区中划分出来，这是因为：保管储区一般以托盘为单位，没有零散箱数，拣货极其不便。设立动管储区后，每一货物都有一储位。只放在一个货架上，从而更有效地对货物进行管理、盘点，准确掌握货物动向，方便拣货，避免拣货时重复无用的行走距离以及拣错，大大提高了拣货效率。

在物流中心的拣货作业中，真正用于拣取的时间很短，而花费在寻物和行走的时间比较长。为此，应将货架、货物进行编号，货物品名应明显标识，做好详细的货物动向记录，同时配以灯光管制、颜色区分，不但可以提高拣货效率，而且可以降低拣错率。

①拣货单及拣货方法。拣货单是拣货的依据。设计拣货单时，应通盘考虑货架编号、货号、数量、品名等内容。

拣货单中的项目最好能以储位号码、货名、货号、数量等顺序进行编排。就数量而言，应先将其换算成订单上的最小单位，以利于拣取。例如，若订单最小单位为盒，则拣货单位应以盒为主。编号应避免相似，以防在看拣货单时将上、下行（或前、后列）看错。

拣货方法应以仓储的货物种类、数量、发货频率、拣货时间长短等来确定，一般区分为主要货物拣货（发货量及频率较高者）和其他货物拣货，并指定相应的主要货物拣货单和其他货物拣货单。

②拣货密度和拣货频率。拣货密度是指拣出货物品项与库存全部货物品项之比率。拣货频率是指某种货物的一天或一个月的发货次数。拣货密度和拣货频率是选定动管系统、拣货设备的主要参考依据。例如，若拣货密度低，就宜选用固定货架；拣货密度高，宜采用流动货架或旋转货架。

（4）移动储区。在配送作业时，配送车上货物放置的区域称为移动储区。货物在配送车上的放置位置一般应依据“先达后装”的原则，使货物到达目的地时能顺利卸货，不至于因顺序混淆而造成“不需要卸车的货物挡住车口，需要卸车的货物堵死在车内”。这不但造成人力与时间浪费，贻误货物配送时机，甚至造成货物在配送作业中的丢失、损伤等。应尽可能避免货物在车上的搬上搬下，做到省时、省事、省力。因此，在移动储位管理中，应做到：

①制订出合理的包括企业中长期经营计划、员工招用及培训计划、车辆状况计划、配送路径、用户状况等要素的配送计划。根据配送计划，在严密考虑送货时间与送货数量等因素后，确定出送货优先顺序。

②合理安排车辆排程系统，明确车辆行驶路线以及到达时间等。

③货物装载单位（如托盘）应使用标准尺寸，以提高装载率。

④车内应预留一定空间，以利于配送货物在车上的搬动以及人员站位。

⑤在货物装载单位上应附有用户名称、卸货顺序卡等标记。

货物自进货验收后，即开始一连串的由前一个作业区取出再放在下一个作业区的搬运移动。我们可以把每一个正在搬运的货物看做一个移动单元，对每一个移动单元建立一个识别标签，其内容包括货物品类、数量、供应商、储位号码等。这样，从移动单元的识别标签上，就可知其为何物、多少数量、从哪来、何时来、谁送来、谁拣出、谁配送等。在上述四个储区中，货物保管的时间长短不一，保管的侧重点不同，但要完全掌握物流中心货物动向，就必须对这四个储区进行全方位管理，做到真正有效的储位管理。

5. 储位管理对象

储位管理对象有保管物品和非保管物品等其他材料两种类型。

（1）保管物品。保管物品是储位管理的主要工作。在物流中心保管区域中保管的货物，往往用许多种保管形态进行保管，例如托盘、箱、散装和其他包装方式等。这样才能满足货物储存、搬运和拣货作业的要求。

（2）其他材料。其他材料包括包装材料、辅助材料和副材料。包装材料是指一些标签和包装纸等包装时需要的材料。随着各种促销活动的增加，使得物流中心的贴标工作、重新包装作业、组合包装作业等流通加工作业量也增大。为此，所需包装材料也随之增加。这就必须对包装材料加以科学管理，否则不是造成积压，就是造成缺货，会严重影响物流作业的进行。辅助材料就是指托盘、容器等搬运工具。随着物流业的发展，物流中心需要的托盘和各种容器的数量大为增加，必须进行妥善管理，否则造成物品流通混乱。副材料就是经过补货作业和拣货作业拆箱所剩下的空纸箱。这些纸箱有回收利用的价值，但是由于形状大小不一样，容易造成混乱，影响工作，必须加以管理。其管理方法是划分一定特定储位进行副材料的管理。

6. 储位管理的因素

组成储位管理的因素有基本因素（储位空间、货物、人员）和相关因素（储存、搬运、输送设备）与资金。

（1）储位空间。根据功能，仓库可以分为仓储型仓库和流通型仓库。对侧重保管功能的物流中心来说，在储位空间的分配上，主要是仓库保管空间的储位分配。对于侧重分类配送的物流中心来说，主要考虑便于拣货、发货、补货的拣货动管和补货的储位配置。在储位分配、确定储位空间时，首先考虑空间大小、柱子排列、梁下高度、室内有效高度、过道、设备作业半径等基本因素，再结合其他因素，才能合理安排储存商品。

（2）货物。储位上的货物是管理重点，则要考虑影响商品本身的因素，这些因素主要有：

①供应商。商品供应渠道，是自产还是外购。

②商品特性。商品体集大小、重量、单位、包装、周转率、季节性的分布、温湿度的要求、腐蚀或溶化、气味等。

③数量影响。如生产量、进货量、库存量等。

④进货时效。采购前置时间、特殊的采购作业要求。

⑤种类、规格大小等。考虑如何放置时，应考虑储存单位（单个、箱、托盘）、储位策略（定位存储、随机存储、分类存储，还是分类随机存储、其他的分级、分区存储）、储位分配原则、商品特性、补货的方便性、在库时间、订购频率等。商品摆放好后，进行有效地在库管理，随时掌握库存状况，了解其种类、数量、位置、入出库状况等所有信息。

（3）人员。人员包括仓管员、搬运员、拣货补货员等。仓管员负责管理和盘点作业，

拣货员负责拣货作业，补货员负责补货作业，搬运员负责入/出库和翻堆作业（为了商品先进先出、通风、避免混合气味等）。要求做到省时、省力、高效率。

（4）储放、搬运设备与资金。搬运设备与资金是极为重要的。在选择搬运设备时，要考虑如下要素：商品特性、商品单位、容器、托盘、作业流程、储位空间的分配、设备成本与人员作业的方便性、储位统一编码、编码规则易懂性、易操作性、资金预算等。

（5）相关因素。除了储位空间、物品和人员之外，重要的相关因素有储存、搬运和输送设备。

储位管理的流程。图5－2所示为储位管理流程。

确定储存条件	→储放空间规划	→设备选择	→储区储位编码	→确定指派模式	→储放检控	→储区、储位、储架	→制度、考核
储存目标 储存策略 指派原则 存放形式	空间分类 空间评估 设计规划	设备分类 设备数量 设备管理	储区编码 货物编码 储位编码 编码方式选择	人工指派 计算机辅助 自动指派			检查方法 检查制度 奖惩制度

图5－2　储位管理流程

5.2.3　储存要素分析

1. 储存作业的因素与决策

（1）储存保管管理的目的：

①最大限度利用空间。

②有效利用人员和设备。

③按照货物特性合理储存。

④对所有货物能做到及时存取。

⑤经济而安全地移动货物。

⑥确保物品的货量。

⑦良好的管理环境和工作条件。

（2）选择储位位置原则：

①按货品特性储存。

②大批量用大储区，小批量用小储区。

③体小量轻的物品储放在高货位，笨重体大物品储存在坚固货架底层和接近发货区。

④相同或类似物品尽可能靠近存放。滞销或轻小物品和易处理物品存放在离发货区较远的储区。

⑤周转率低的物品尽可能远离进货和发货区。

⑥服务设施尽可能布置在低层楼区。

⑦储存策略与储位指定原则。

良好的储存策略可以减少入库移动的距离、缩短作业时间、充分利用储存空间。储位指定原则包括定位储存、随机储存、分类储存、分类及随机储存、共同储存。

2. 储位标识系统和储存保管的评估

（1）储位标识系统。储位标识系统的设计过去采用“记忆系统”来帮助管理人员简单地记住货物大概位置，这种方法效率低。之后发展为采用货名、序号、记号或其他指示号码来记录货物位置，但这种方法仍不理想。现在广泛使用暗示性储位标号系统，使每一个货物都有一个“地址”，这样可以迅速查到所需货物。根据这个系统可以迅速准确地指出任何物品的存放位置，图 5－3 所示为典型储位系统。

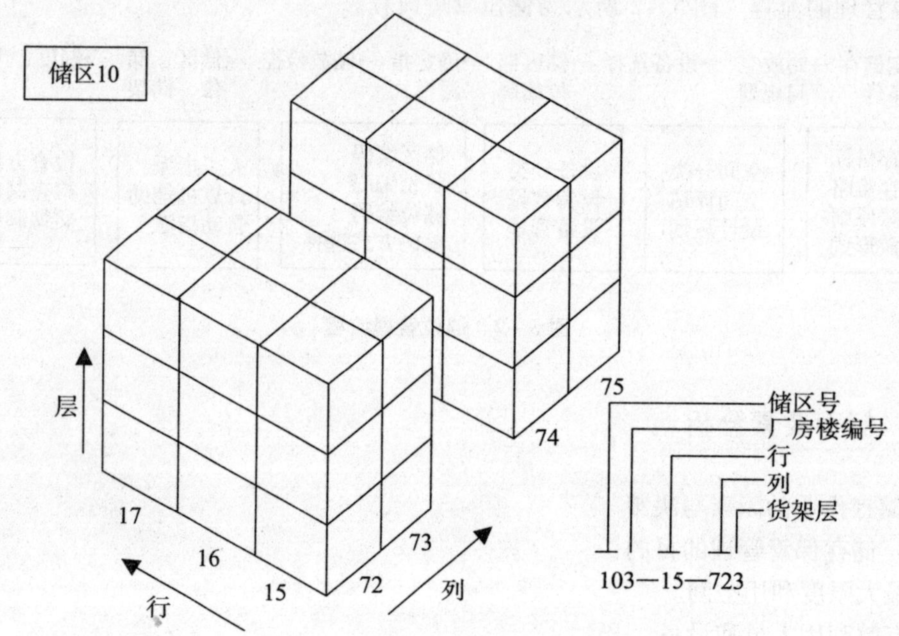

图 5－3　典型储位系统

利用标签号码可知货物存放在什么储区、楼层编号以及货架的行、列和层数。设标签号码为：103－15－723，其意义如下：

10——指储区编号。

3 ——指厂房楼层编号。

15——指储区中的货架行号。

72——指储区中的货架列号。一般由 51 开始编号。1～50 作为预留编号用。

3 ——指货架的层数，一般是由下向上编号。

行的编号在 50 以内，而列编号范围一般以 50 分段。例如，51～100 为大批量储区，101～150 为中批量储区，151 以上为小批量储区。编号范围以“50”为段是较保险的方法，可预留一些编号，待今后大中小批量储区扩充时插入修正之用，不需大量改变编号。若物流中心规模不大，列编号也可以按“30”分段，例如，51～80 为大批量储区，81～110 为中批量储区，111 以上为小批量储区。

编号时预留部分空号，在通道之间也要预留空列号，以便将来调整之用。图 5－4 为大批量储区布置，图 5－5 为中批量储区布置，图 5－6 为小批量储区布置。

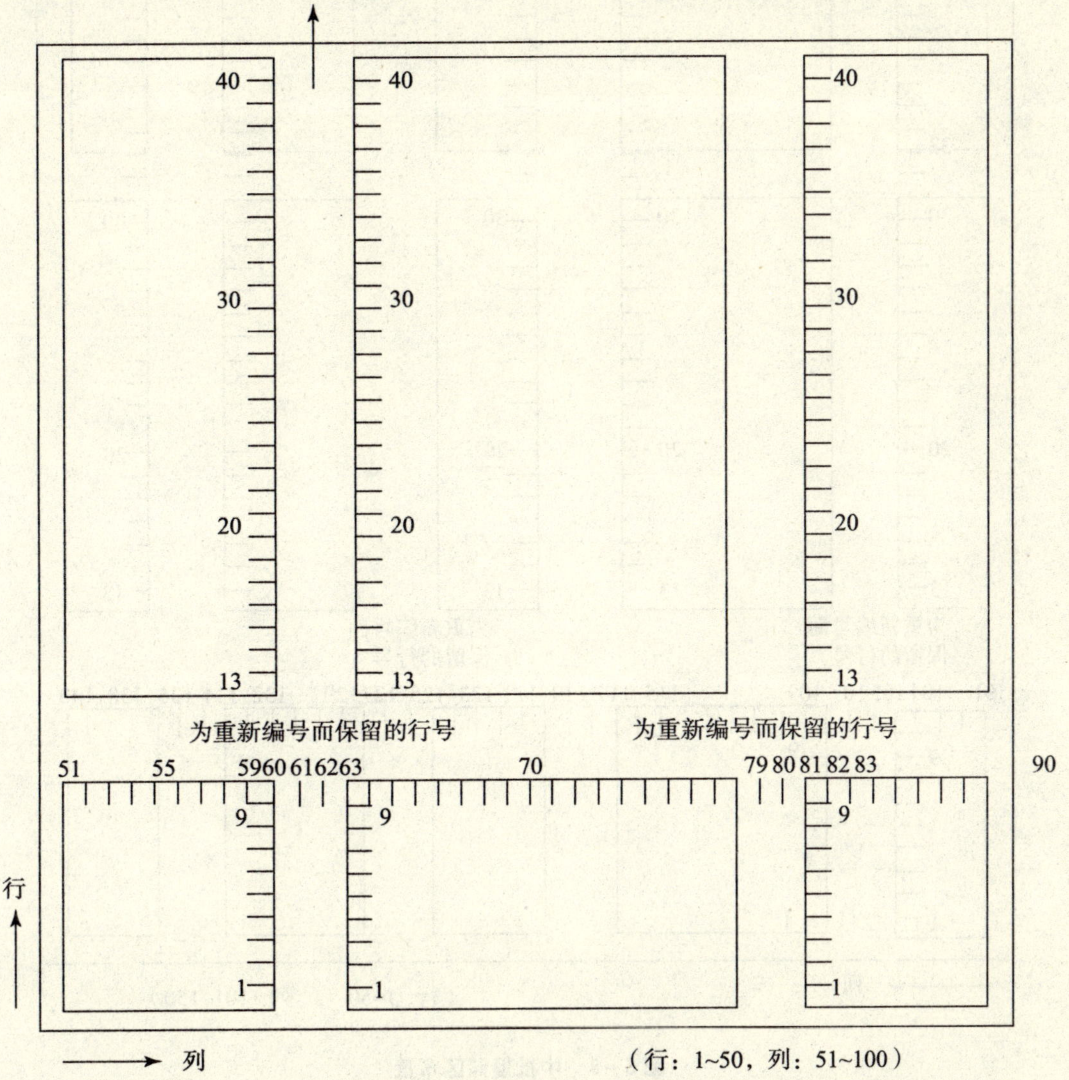

40 40 40
30 30 30
20 20 20
13 13 13
为重新编号而保留的行号　为重新编号而保留的行号
51 55 5960 616263 70 79 80 81 82 83 90
9 9 9
行
1 1 1
列　（行：1~50，列：51~100）

图 5－4　大批量储区布置

（2）储位保管的评估。储存保管系统是否达到最佳储存效果，必须进行科学评估。评估范围包括设施空间利用度、存货效益、成本花费和呆废料情况。

3. 货物储放形式

（1）大批储存。一般指 3 个托盘以上的存量，大批储存以托盘为单位，多采用地面积存或自动仓库储存形式。

（2）中批储存。一般指 1～3 个托盘的存量，其发货拣货单位是箱或托盘，储存形式多为托盘货架或地面堆积的方式。

（3）小批储存。一般指小于一个托盘的存量，通常是以箱为发货拣货单位，其存放

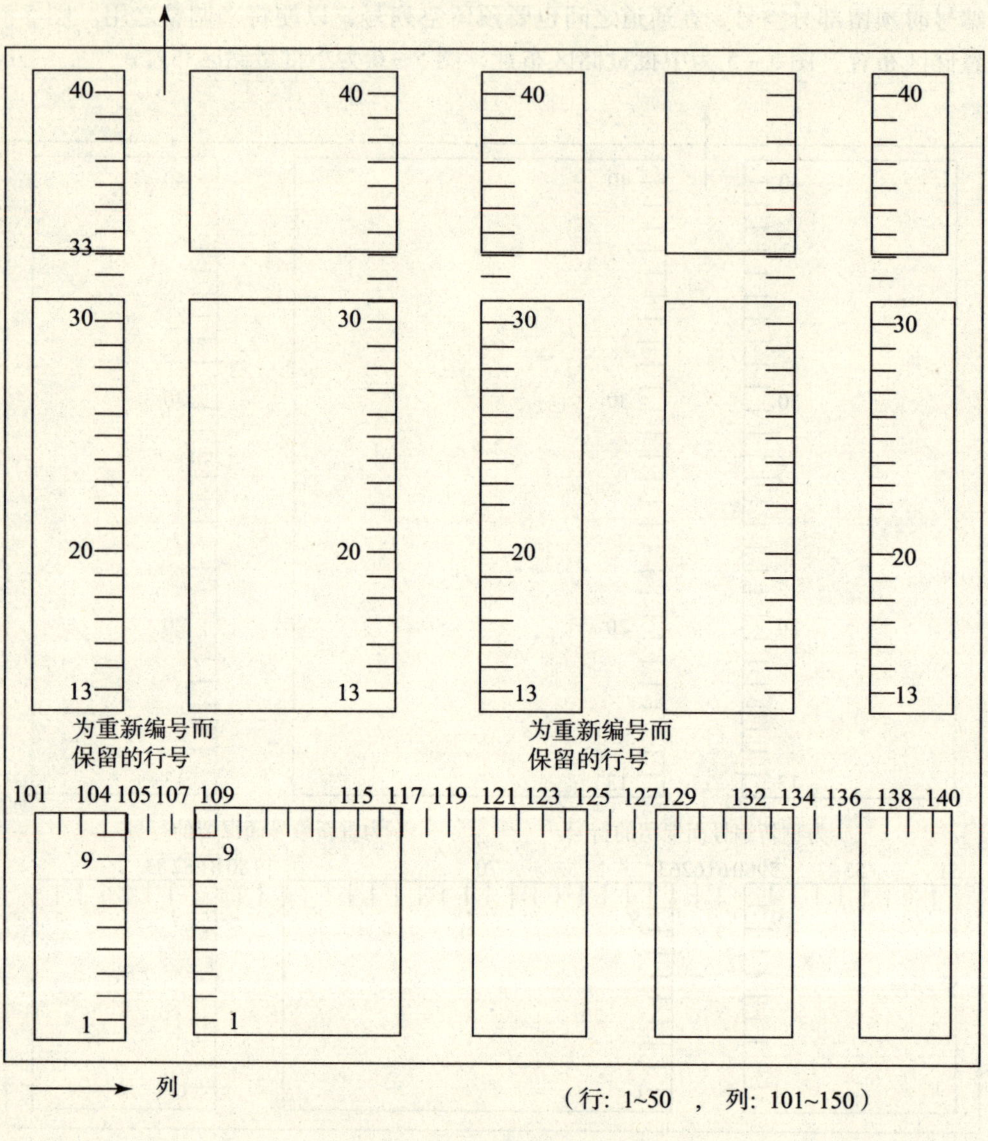

40 40 40 40
33
30 30 30 30
20 20 20 20
13 13 13 13
为重新编号而保留的行号 为重新编号而保留的行号
101 104 105 107 109 115 117 119 121 123 125 127 129 132 134 136 138 140
9 9
1 1
列
（行：1~50 ，列：101~150）

图 5－5 中批量储区布置

形式多为托盘货架、棚架和储物柜等。

（4）零星储存。零星物品存于零星区或拣货区的储物柜或棚架中。零星拣货区一般包括检查和打包的空间，为了安全，与大量储区分开。零星储区宜设在低层和居中位置，从而降低等待拣取时间，减少发货、理货的工作量。

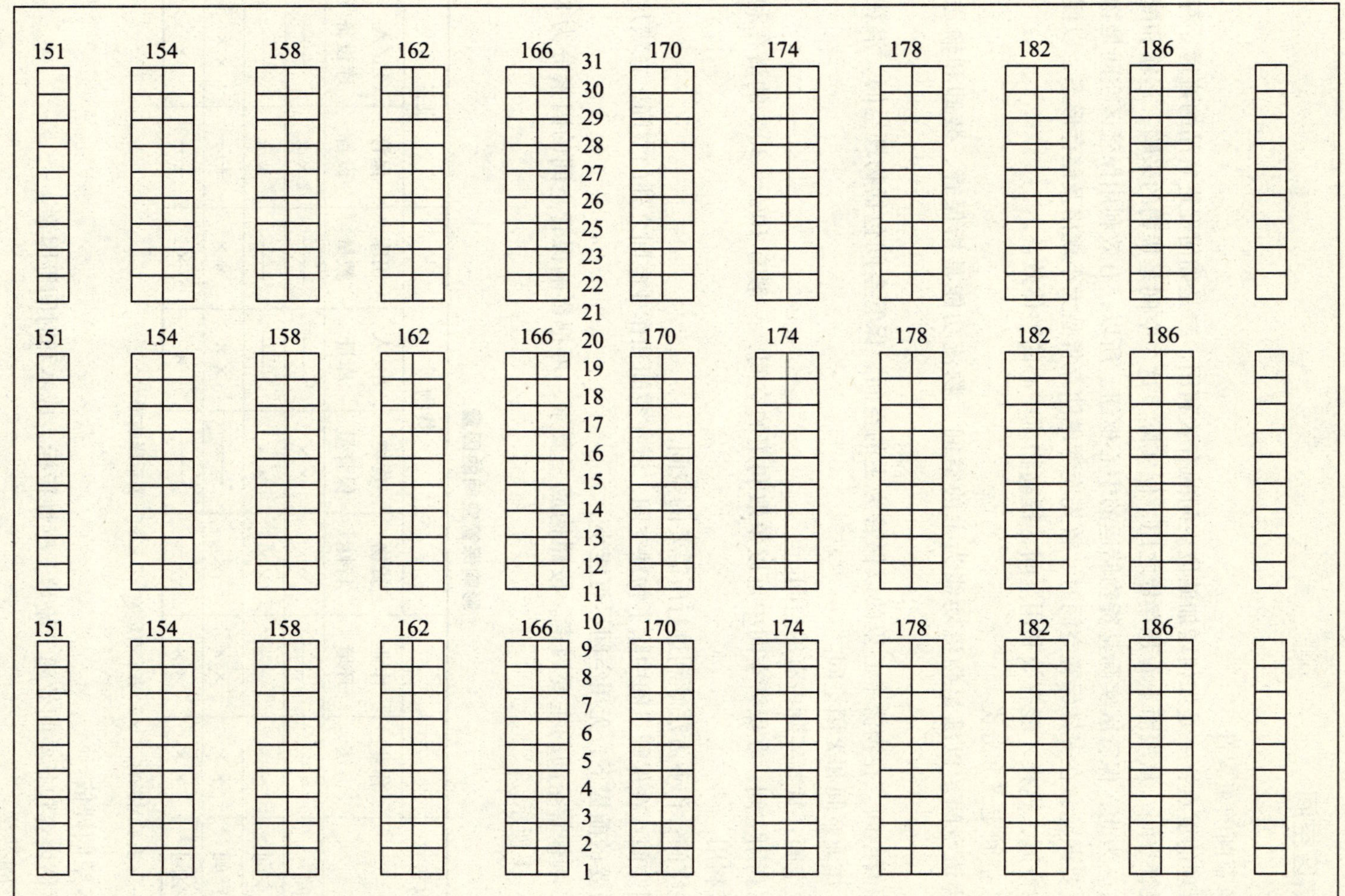

（行：1~50，列：101~150）

图5-6 小批量储区布置

5.2.4 储区空间

1. 储区空间的重要性

储位管理的重点：一是如何增加储位空间的有效利用，二是如何促进货品的流通。存货空间是保管空间。从表面上看是存货之用，但实际上这个空间是货物的采购、运输和配送的中间站。为此，保管区实际是货物储运的中心枢纽。所以，有效利用保管区空间是物流中心的重要课题。在安排保管空间时，首先应考虑储存货品大小规格及储存形态，以便决定恰当的空间，这样才能有效利用空间，提高物流中心的整体效益。

2. 储区空间定义和分类

（1）物流空间。以满足物流功能为主的空间。物流功能是指保管、装卸和输送等功能。

（2）保管空间。在物流中心里的以保管为主的空间。保管空间包括物理空间、潜在利用空间、作业空间和无用空间。

①物理空间：货物实际占有的空间。

②潜在利用空间：在保管空间中可以争取利用的空间，一般有 10% ~30% 的潜在利用空间可以利用。

③作业空间：作业方法顺利进行所需要的空间。

④无用空间：在保管空间中除了物理空间、潜在空间和作业空间之外的空间。在满足保管作业需要的前提下，无用空间尽可能小。

（3）影响保管空间的主要因素。按照构成三要素，可把影响保管空间的因素分为 8 种，如表 5 -1 所示。

表 5 -1　　影响保管空间的因素

因素 / 空间	人		货物				设备	
	作业方法	作业环境	货物特性	货物保管量	出/入库量	出库数量	保管设备	出/入库设备
物理空间	——	——	××	××	——	——	××	——
潜在利用空间	——	——	××	××	——	——	××	——
正式作业空间	××	××	×	——	××	××	——	××
作业剩余空间	××	××	——	——	×	×	——	×

注：“——”表示无影响；“×”表示有影响；“××”表示影响很大。

3. 储区空间评估

储区评估内容包括空间效率、流量、感性指标、成本和时间等因素。

（1）空间效率：

$$空间效率 = \frac{实际保管容积}{保管空间容积} \times 100\% \qquad (5-1)$$

（2）流量。以每月入库量、出库量和库存量三项因素来计算，其值在 0 ~1，越接近

1，其流通性越好。

$$流量 = \frac{入库量 + 出库量}{入库量 + 出库量 + 存货量} \tag{5-2}$$

（3）感性指标。就是对作业空间的直观感觉，通过对作业人员进行答卷式调查。例如对宽窄度、大小程度、舒适度、整齐度、杂乱度、明暗度等进行调查。

（4）成本。以 $1m^3$ 的货物保管费为基础进行估计，其中包括固定保管费和设备费用。

$$成本 = \frac{保管金额}{保管货物量} \tag{5-3}$$

（5）时间。这个作业时间包括拣货时间和移动货物时间。

$$时间 = 拣货时间 + 货物移动时间 \tag{5-4}$$

4. 保管空间的设计

影响保管空间使用率的因素包括三个方面：①影响货架摆放、搬运车辆移动和输送分类设备的安装柱子距离；②影响货架高度和货物堆放高度的屋梁下高度；③影响保管使用面积及搬运方便性的通道布置。

（1）柱子距离计算。在设计柱子距离时，除了考虑楼层数、楼层高度、地面承重、地震抗力等条件之外，还应该考虑保管空间的保管效率和作业效率。影响物流中心仓库保管空间柱子距离的因素有：

①根据库内停靠卡车台数和种类计算柱距。因为车辆不同，其载货体积和长度不一样，要求空间及柱距也不一样（如图 5－7 所示）。室内货车场两柱内侧距离 W_i 计算见公式(5－5)。货车停靠月台柱中心距 W_c 计算见公式（5－6）。

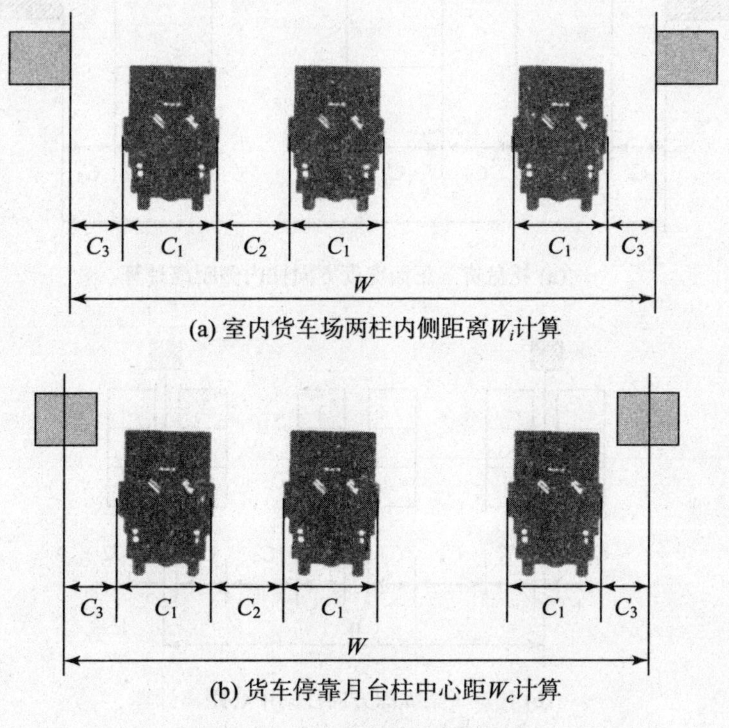

(a) 室内货车场两柱内侧距离W_i计算

(b) 货车停靠月台柱中心距W_c计算

图 5－7　货车停靠场合柱距计算

$$W_i = C_1 \times N + C_2 \times (N-1) + 2 \times C_3 \tag{5-5}$$

式中：W_i—— 柱距；

C_1—— 货车宽度；

C_2—— 货车间隔（一般为 1m）；

C_3—— 货车与柱子距离（一般为 0.75m）；

N —— 车的台数。

$$W_c = C_1 \times N + C_2 \times (N-1) + 2 \times C_3 \tag{5-6}$$

式中：W_c—— 柱距；

C_1—— 货车宽度；

C_2—— 货车间隔（一般为 1m）；

C_3—— 货车与柱子距离（一般为 0.75m）；

N ——车的台数。

②根据保管区存放设备的种类和规格尺寸计算柱距。图 5－8 所示为托盘货架柱距计算。托盘货架正面宽度方向柱内侧距离计算见公式（5－7）。托盘纵深方向柱间中心距离计算见公式（5－8）。

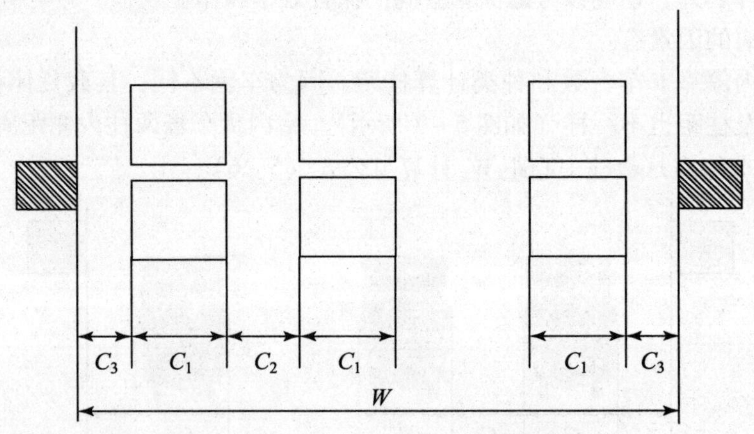

(a) 托盘货架正面宽度方向柱内侧距离计算

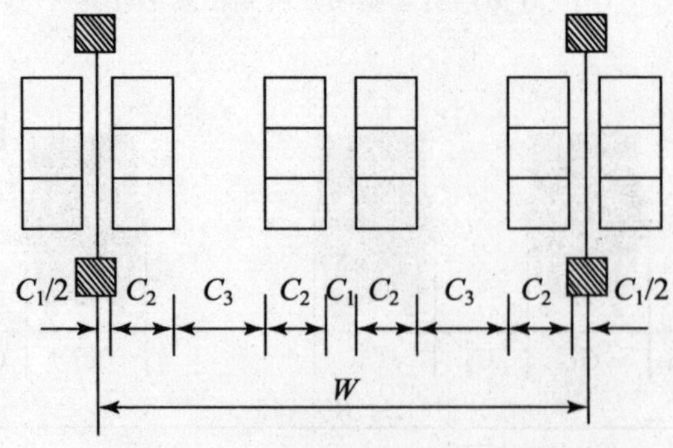

(b) 托盘货架纵深方向柱间中心距离计算

图 5－8　托盘货架柱距计算

$$W_i = C_1 \times N + C_2 \times (N - 1) + 2 \times C_3 \tag{5-7}$$

式中：W_i—— 柱内侧距离；

C_1—— 托盘宽度 ；

C_2—— 托盘间隔（一般为 50mm）；

C_3—— 托盘与柱子距离（一般为 50mm）；

N ——托盘台数。

$$W_c = (C_1 + 2 \times C_2 + C_3) \times N \tag{5-8}$$

式中：W_c—— 柱间中心距离；

C_1—— 托盘（货架）背面距离（一般为 50mm）；

C_2—— 托盘长度（深度）；

C_3—— 通道宽度；

N ——双排货架（节距）数。

③托盘式自动化立体仓库柱距计算。根据通道宽度和储存设备间隔来计算柱距。在设计保管区时必须考虑柱子位置是否影响堆垛机出入口位置及输送机安装位置。在设计柱距时应保证通道宽度和储存设备的间隔要求。如图 5－9 所示为托盘式自动化立体仓库的柱距设计。

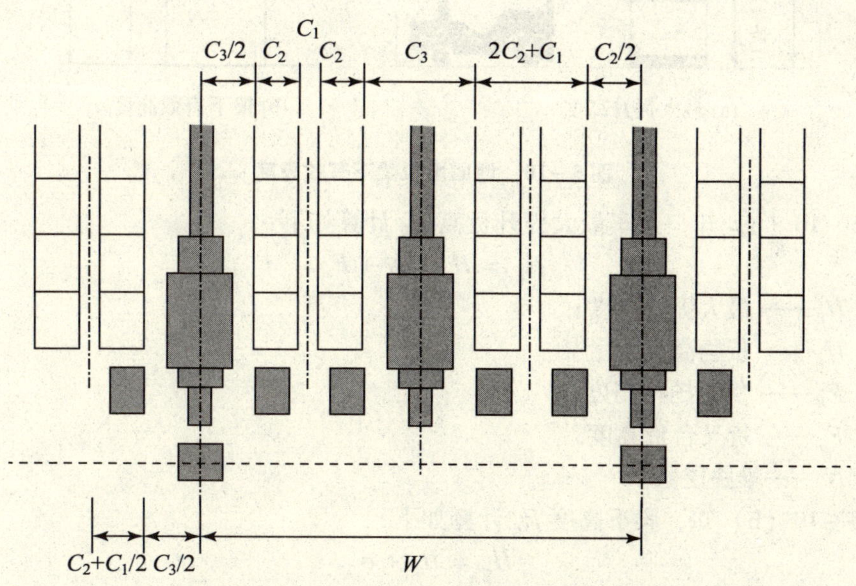

图 5－9 托盘式自动化立体仓库的柱距计算

$$W = (C_1 + 2 \times C_2 + C_3) \times N \tag{5-9}$$

式中：W—— 柱距；

C_1—— 托盘（货架）背面间隔；

C_2—— 托盘（货架）深度；

C_3—— 堆垛机通道宽度；

N ——双排货架节距数。

计算例：

设货架深度 $C_2 = 1.2\text{m}$，堆垛机通道宽度 $C_3 = 1.3\text{m}$，货架背面间隙 $C_1 = 0.1\text{m}$，货架节距数 $N = 2$，则

$$\begin{aligned} W &= (C_1 + 2 \times C_2 + C_3) \times N \\ &= (0.1\text{m} + 2 \times 1.2\text{m} + 1.3\text{m}) \times 2 \\ &= 7.6\text{m} \end{aligned}$$

即柱距 $W = 7.6\text{m}$。

（2）梁下高度计算。在设计保管空间时，必须优化设计梁下高度。这个高度受到货物堆积高度、堆垛机扬程和货架高度的影响。影响梁下高度因素有：

①货态、设备型号和堆积高度。根据保管设备和货物堆积方式来决定梁下高度。图5－10所示为地面堆积梁下有效高度计算。

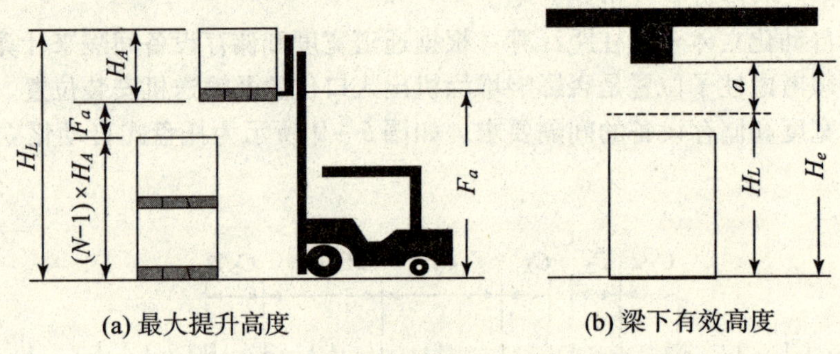

图5－10 地面堆积梁下有效高度

由图5－10（a）知，叉车最大提升货高 H_L 计算如下：

$$H_L = H_A \times N + F_a \tag{5-10}$$

式中：H_L—— 最大提升高度；

H_A—— 货物高度；

F_H—— 货叉扬程高度；

F_a—— 货叉台货高度；

N ——堆叠层数。

由图5－10（b）知，梁下高度 H_e 计算如下：

$$H_e = H_L + a \tag{5-11}$$

式中：H_e—— 梁下有效高度；

H_L—— 最大提升货高；

a ——梁下间隙尺寸。

②叉车型号规格。叉车型号规格不一样，最大提升货物高度也不一样。为此，叉车型号规格直接影响到堆货高度和梁下有效高度。

③ 货架高度。各种货架都有其基本设计高度，按设计高度装货，才是最经济的。梁下高度是在货架高度的基础上设计的。为了消防、空调、采光等必须留出配线、风管、消防设备、采光灯具等位置。在设计梁下高度时必须留有相应富裕尺寸。即梁下有效高度等

于最大提升货高加梁下富裕尺寸。一般梁下富裕尺寸取0.3m~0.6m。

5.3 储位编码与货物编号

为了使存取工作顺利进行，必须对储位进行编码。储位编码好比货物的地址，货物编号好比姓名一样。有了地址和姓名，才能准确无误存取货物。也就是说每一种物品都有一个对应的地址和姓名，当存取货物时才能迅速而准确地进行存取作业。

5.3.1 储位编码

1. 储位编码的作用

经过储位编码后，给管理带来许多方便。即：

①确定储位资料正确性。

②给计算机提供储位记录位置，以便识别。

③为发货、拣货、补货人员提供存取货物位置，提高工作效率。

④提高调仓和移仓的工作效率。

⑤便于计算机分析处理。

⑥盘点货物方便。

⑦便于储存空间、控制货量、降低成本。

2. 储位编码方法

储位编码方法一般有区段式、品项群式、地址式和坐标式四种方式。

(1) 区段式。这是把保管区分成几个区段，再对每个区段编码。这种方式是以区段为单位，每个号码代表的储区较大，这适用于单位化货品和大量货品而保管期短的货品。区域大小根据物流量大小而定。图5-11为储区的区段式编码。

<table>
<tr><td>A1</td><td>A2</td><td>A3</td></tr>
<tr><td colspan="3">通道</td></tr>
<tr><td>B1</td><td>B2</td><td>B3</td></tr>
</table>

图5-11 储区的区段式编码

(2) 品项群式。把一些相关性货品经过集合后，区分成几个品项群，再对每个品项群进行编码。这种方式适用于容易按商品群保管的场合和品牌差距大的货品，如服饰群、五金群、食品群。

(3) 地址式。利用保管区中的现成参考单位，如建筑物第几栋、区段、排、行、层、格等。按相关顺序编码。如同地址的区、胡同、号一样。这是物流中心使用较普及的编码方法。如图5-12所示，表示货物在第12区，第5排，第6号货位。

(4) 坐标式。储位编码利用x、y、z空间坐标。这种编码方式直接对每个储位定位，

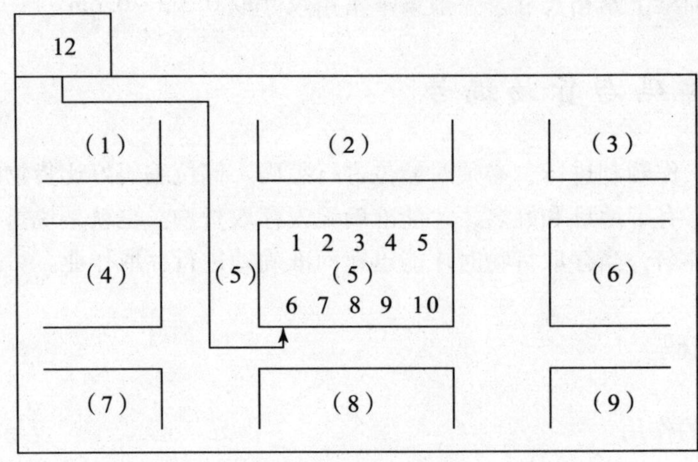

图 5-12 地址式编码

在管理上复杂，适于流通率很小、存放时间较长的物品。

因为储存货品特性不同，采用储位编码方式也不一样。根据货品储存量、流动率、保管空间布置和保管设备来选择储位编码方式。

5.3.2 货物编号

物流中心在进货时，商品本身大部分已有商品号码和条码。为了物流管理和存货管制，配合物流作业信息系统，给商品编一个货物代码和物流条码，从而方便储位管理系统运作和及时掌握货物动向。

5.3.3 储位编码与货物编号的应用

为使储位管理更加合理，应对储位进行分类标示。即在每个储位上用大字标明货物名称、货号、储位、条码，以便知道货物存放地点。保管空间照明要好。对于名称和货号接近容易混淆的物品，可在每个储位的上方和下方标牌上醒目地记录储位编号、品名、货号。有时还用颜色区分，达到醒目的目的。

（1）尽量不要在相同储位编码中存放几种不同的商品。若在一个储位编码中存放多种货品，而这些货品仅用一些简单名称、货号来区分排列，初期可根据名称、货号标示顺序来依序拣货，可是经过物品更新换代，货物顺序变化，就很难找到应拣取货品。如果必须在相同储位编码中存放几种物品时，可采用储位切割的方法，即用隔板把储位空间分成小区，每小区按花色种类标明货号。

（2）预备储区（进出货暂存区）的储位编码。这种区域编码可采用区段式。

（3）动管储区的编码标示。物流中心的动管储区为方便拣货，主要采用流动货架。这种货架是前面取货，后面补货。为此，动管储区编码和品名、货号的标示必须考虑补货方便。除了在取货的货架前面有明显的储位、品名、货号等标示外，在流动货架后面也应

有标示，甚至有条码，以供补货时条码阅读器阅读之用。

5.4 储位指派方式

所谓储位指派，就是在保管空间、储存设备、储位编码等一切前期工作准备就绪之后，用什么方法把货物指派到最佳储位上。指派的方法有人工指派法、计算机辅助指派法和计算机自动化指派法三种。

5.4.1 人工指派法

人工指派法的优点是计算机等设备投入费用少。但其缺点是指派效率低、出错率高、需要大量人力。

人工指派的管理要点是：

(1) 要求指派者必须熟记储位指派原则，并能灵活应用这些原则。

(2) 仓储人员必须按指派者决定（书面形式）把货物存放在指定储位上，并将货物的上架情况记录在储位表单上。

(3) 仓管人员每完成一个储位指派内容后，必须把这个储位内容记录在表单中。此外，因补货或拣货从储位中移出货物后，也应登记消除，从而保证货账一致。

5.4.2 计算机辅助指派法

计算机指派储位的方法是利用图形监控系统，收集储位信息，并显示储位的使用情况，把这作为人工指派储位依据进行储位指派作业。图 5－13 为托盘货架的计算机辅助储位指派方式。这种指派方法需要调仓作业。

5.4.3 计算机自动化指派法

计算机自动化指派法是指利用图形监控储位管理系统和各种现代化信息技术（条码自动阅读机、无线通信设备、网络技术、计算机系统等），收集储位有关信息，通过计算机分析后直接完成储位指派工作，整个作业过程不需要人工调仓作业。这是现代化的储位指派方式。如图 5－14 所示为计算机自动指派法。

总之，计算机辅助指派法和计算机自动指派法因为不受人为因素影响，出错率低，效率高。当然，设备投资和维护费用也高。

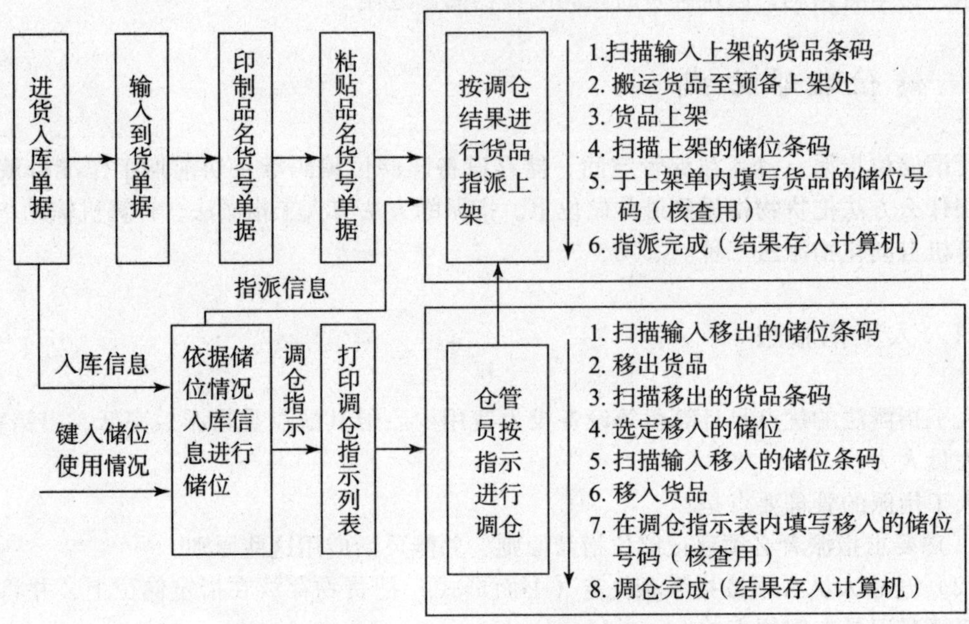

图 5－13　计算机辅助指派法

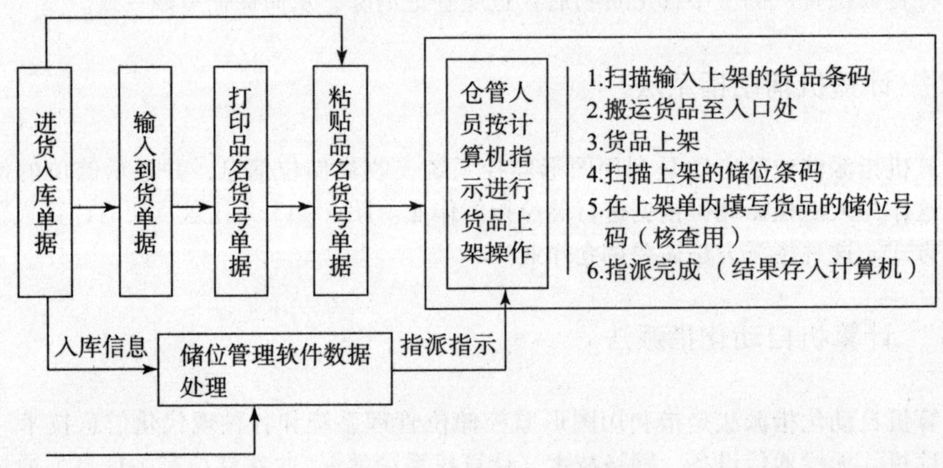

图 5－14　计算机自动指派法

5.5　储位管理中的控管技术

如何使储位、货物、设备和人力等储位管理要素协调配合、运转自如、发挥最大效益？这就需要采用现代化通信、自动控制、传感器和计算机等技术。

5.5.1 控管技术组成

1. 控管技术组成

物流中心储位管理的控管技术主要有计算机网络技术、信息管理系统、控管系统、自动识别系统、自动控制系统和无线电传输技术六大技术组成。如图 5－15 所示为控管系统组成。由此图可知，这六大技术系统分别又由许多相关的技术组成。如图 5－16 所示为物流中心计算机和控管系统。

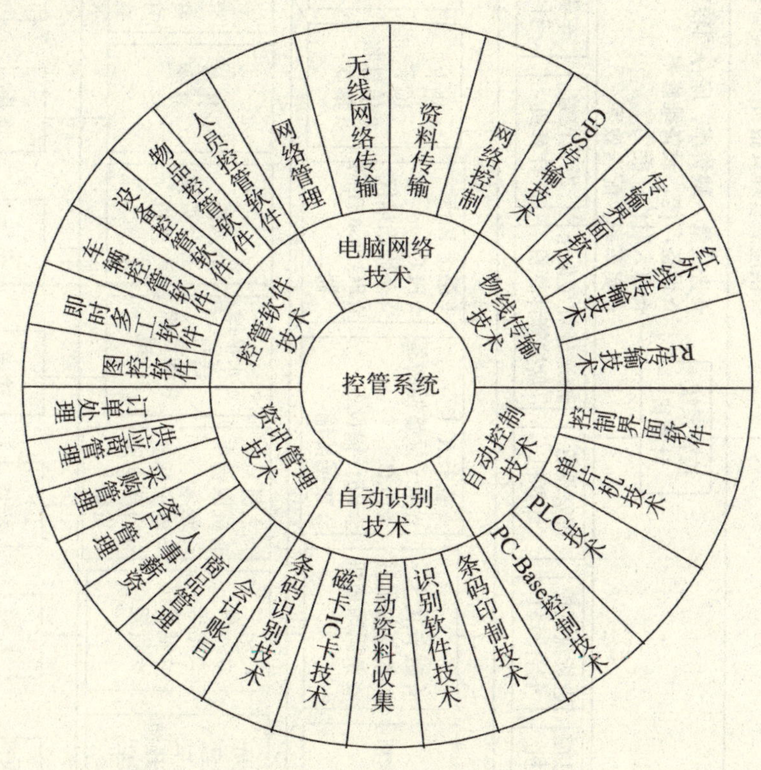

图 5－15 控管系统组成

2. 控管技术在储位管理中的应用

控管技术应用在进货、补货、拣货和发货的储位管理中，能收集各时点的资料和信息、指示储位整理（如调仓等）、监控储位、管理表单、输出信息、掌握保管区和动管区货物情况，有利于盘点作业。图 5－17 所示为控管技术在储位管理中的应用。由图可知，在计算机的监控下，在进货、保管、补货、拣货、发货等物流过程中，充分利用了条码技术、电子标签等先进技术。

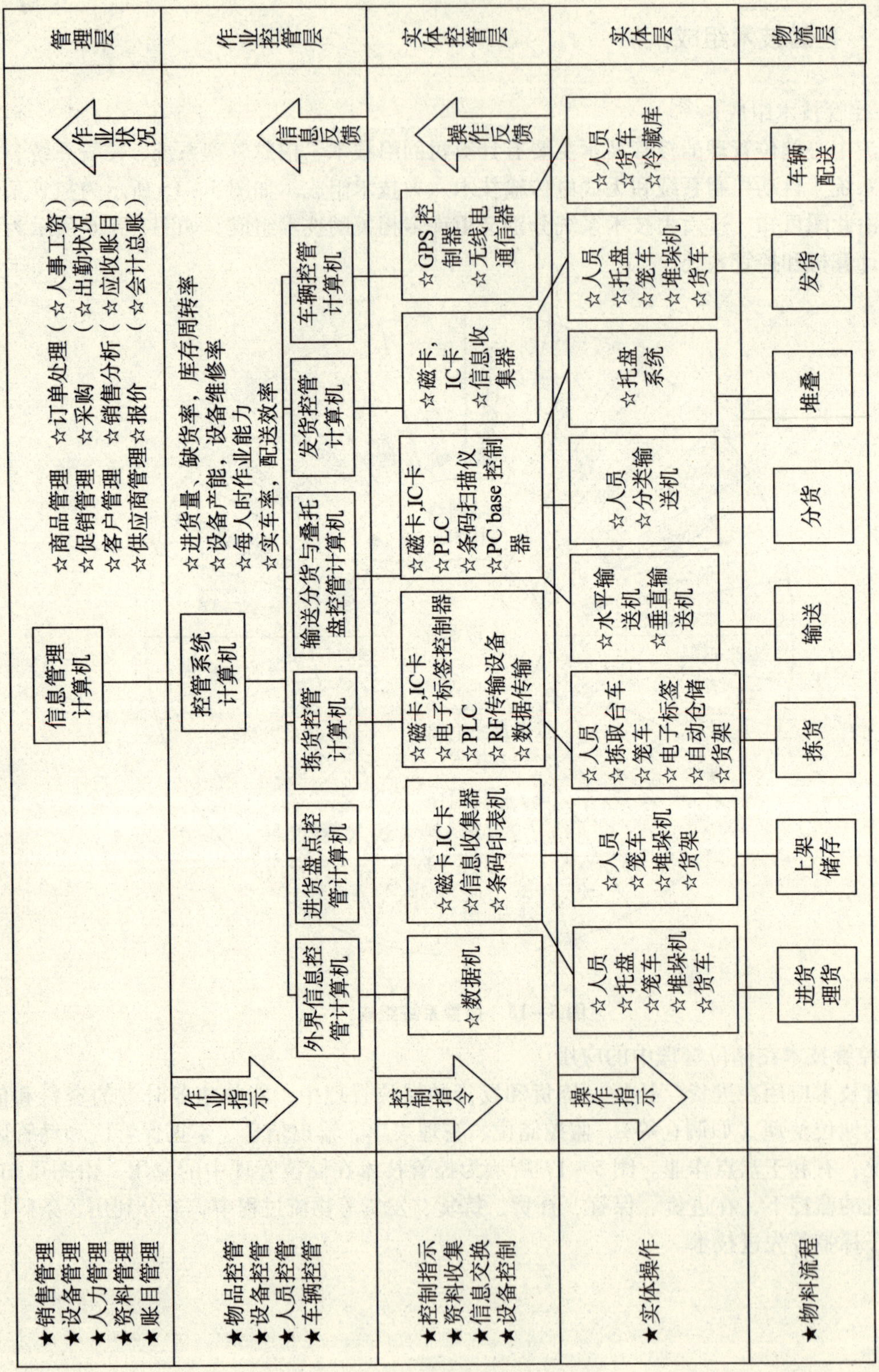

管理层

★销售管理 ★设备管理 ★人力管理 ★资料管理 ★账目管理

信息管理计算机

☆商品管理 ☆订单处理（☆人事工资）
☆促销管理 ☆采购 （☆出勤状况）
☆客户管理 ☆销售分析（☆应收账目）
☆供应商管理☆报价 （☆会计总账）

作业状况

作业指示

作业控管层

★物品控管 ★设备控管 ★人员控管 ★车辆控管

控管系统计算机

☆进货量、缺货率，库存周转率
☆设备产能，设备维修率
☆每人时作业能力
☆实车率，配送效率

外界信息控管计算机 | 进货盘点控管计算机 | 拣货控管计算机 | 输送分货与叠托盘控管计算机 | 发货控管计算机 | 车辆控管计算机

信息反馈

控制指令

实体控管层

★控制指示 ★资料收集 ★信息交换 ★设备控制

☆数据机

☆磁卡,IC卡 ☆信息收集器 ☆条码印表机

☆磁卡,IC卡 ☆电子标签控制器 ☆PLC ☆RF传输设备 ☆数据传输

☆磁卡,IC卡 ☆PLC ☆条码扫描仪 ☆PC base 控制器

☆磁卡，IC卡 ☆信息收集器

☆GPS控制器 ☆无线电通信器

操作反馈

操作指示

实体层

★实体操作

☆人员 ☆托盘 ☆笼车 ☆堆垛机 ☆货车

☆人员 ☆笼车 ☆堆垛机 ☆货架

☆人员 ☆拣取台车 ☆笼车 ☆电子标签 ☆自动仓储 ☆货架

☆水平输送机 ☆垂直输送机

☆人员 ☆分类输送机

☆托盘系统

☆人员 ☆托盘 ☆笼车 ☆堆垛机 ☆货车

☆人员 ☆货车 ☆冷藏库

物流层

★物料流程

进货理货 | 上架储存 | 拣货 | 输送 | 分货 | 堆叠 | 发货 | 车辆配送

图5-16 物流中心计算机和控管系统

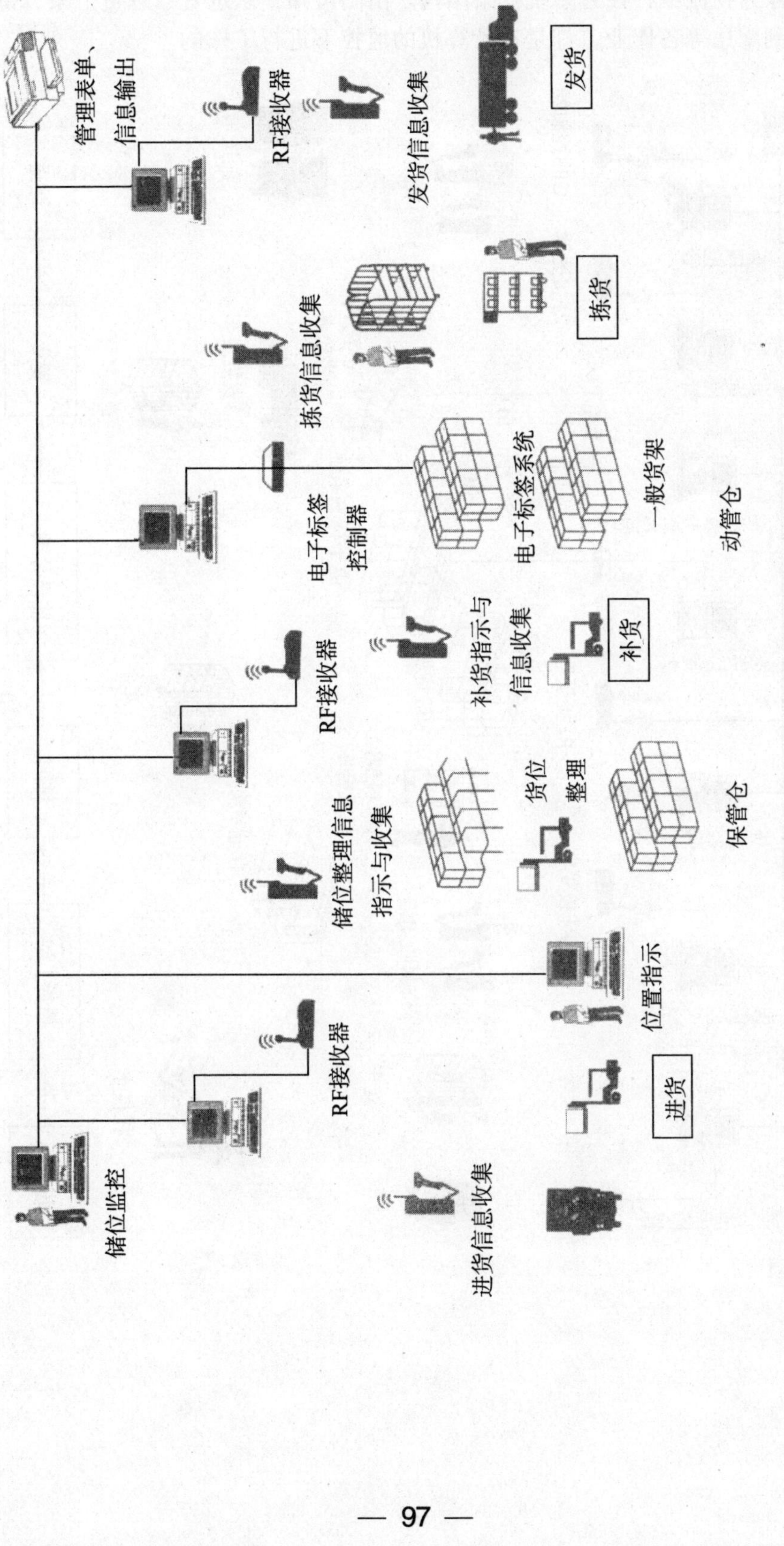

储位监控

RF接收器

进货信息收集

进货

位置指示

储位整理信息
指示与收集

货位
整理

保管仓

RF接收器

补货指示与
信息收集

补货

电子标签
控制器

电子标签系统

一般货架

动管仓

拣货信息收集

拣货

RF接收器

发货信息收集

发货

管理表单、
信息输出

图5-17 控管技术在储位管理中的应用

图 5－18 为物流中心控管系统框架结构。由图可知，从进货、理货上架、拣货、输送分货、发货到配送等各作业，都是在计算机的监控下进行工作的。

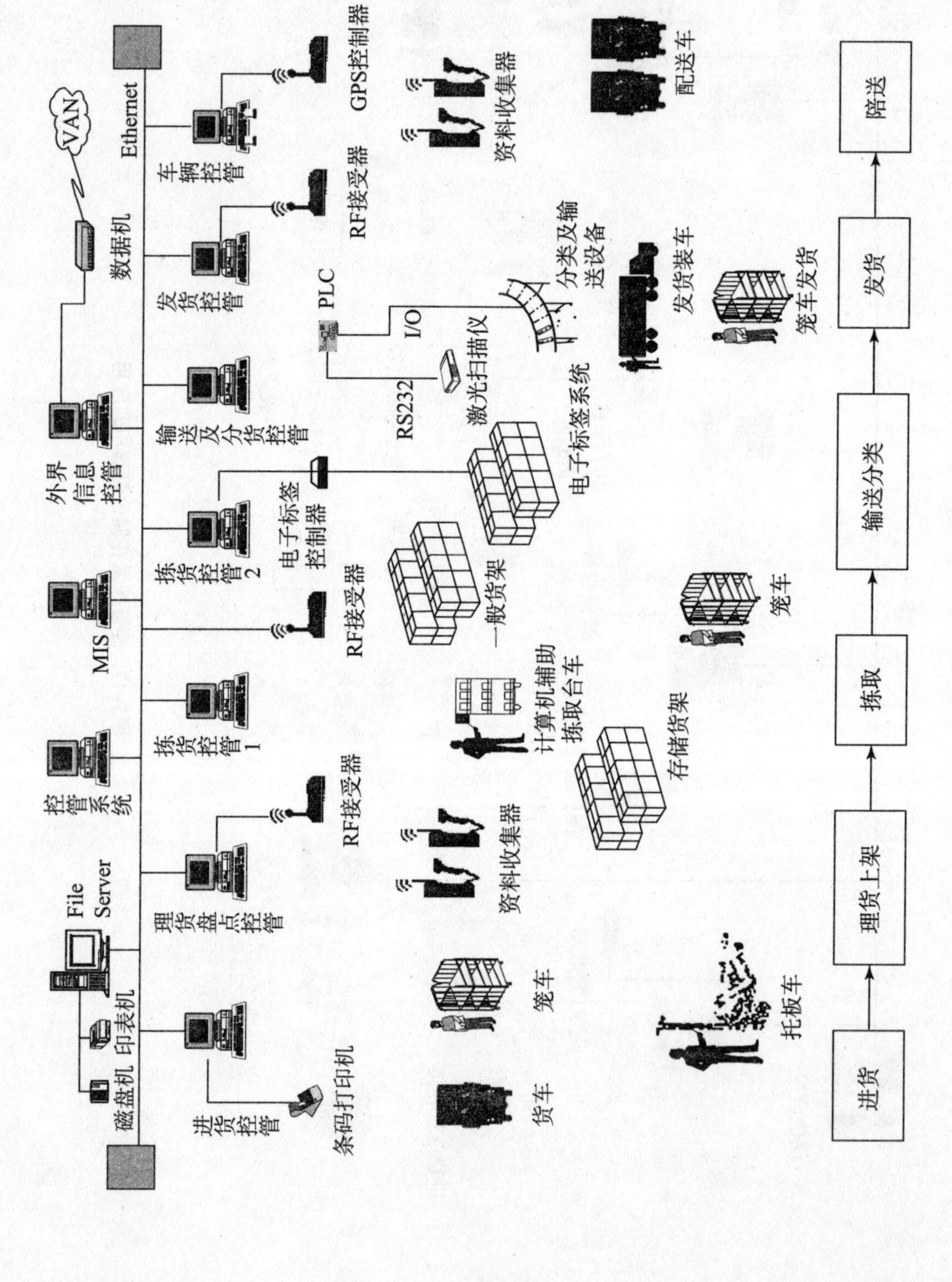

图5-18 物流中心控管系统框架结构

5.5.2 条码自动识别技术

1. 概述

条码技术是在计算机的应用实践和信息技术基础上产生和发展起来的集编码、识别、数据采集、自动录入和快速处理等功能于一体的一种实用信息自动识别技术。条码以其独特的技术性能广泛应用于各行各业，迅速改变着人们的工作方式和生产作业管理，极大地提高了生产效率，尤其是它在现代物流业中的运用更为广泛。条码技术是物流信息系统的关键节点以及物流信息由手工处理到数字化、自动化的桥梁，是迄今为止最经济、实用的一种自动识别技术，可见条码技术在物流信息系统中占有重要的地位，发挥着重要的作用。通过自动扫描条码可以获得物流信息，这是实现快速、准确、可靠地采集数据的有效手段。条码技术的应用解决了数据录入和数据采集的“瓶颈”问题，为供应链管理提供了有力的技术支持。

在流通和物流活动中应用条码技术，能迅速、准确地识别商品，自动读取有关商品的信息。条码是用一组数字来表示商品的信息。按使用方式，可分为直接印刷在商品包装上的条码和印刷在商品标签上的条码。按使用目的，可分为商品条码和物流条码。商品条码是以直接向消费者销售的商品为对象、以单个商品为单位使用的条码，它由 13 位数字组成，最前面的两个数字表示国家或地区的代码。

中国的代码是 69。接着的 5 个数字表示生产厂家的代码，其后的 5 个数字表示商品品种的代码，最后的 1 个数字用来防止机器发生误读。

例如，在商品条码 6902952880041 中，69 代表中国。02952 代表贵州茅台酒厂，88004 代表 53%（V/V），500ral 的白酒。物流条码是物流过程中的以商品为对象、以集合包装商品为单位使用的条码。标准物流条码由 14 位数字组成，除了第 1 位数字之外，其余 13 位数字代表的意思与商品条码相同。物流条码第 1 位数字表示物流识别代码，在物流识别代码中，1 代表集合包装容器装 6 瓶酒、2 代表装 24 瓶酒，物流条码 26902952880041 代表该包装容器装有中国贵州茅台酒厂的白酒 24 瓶。商品条码和物流条码的区别如表 5－2 所示。

表 5－2　商品条码和物流条码的区别

	应用对象	数字构成	包装形状	应用范围
商品条码	向消费者销售的商品	13 位数字	单个商品包装	POS 系统、补充订货管理
物流条码	物流过程中的商品	14 位数字（标准物流条码）	集合包装（如纸箱、集装箱等）	出入库管理、运输保管、拣货管理

条码是有关生产厂家、批发商、零售商、运输业者等经济主体进行订货和接受订货、销售、运输、保管、出入库检验等活动的信息源。由于在活动发生时能即时自动读取信息，因此便于及时捕捉到消费者的需要，提高商品销售效果，也有利于促进物

流系统提高效率。另外，条码与其他识别商品的方法如OCR（Optical Character Recognition，光学文字识别）、OMR（Optical Mark Reader，光学记号读取）比较，具有印刷成本低和读取精度高的优点。

2. 自动识别技术

物流中心的储位货品几乎都有条码。用条码自动识别获取资料信息是最方便而经济的。商品上的条码通过条码阅读设备读取后，可以迅速、正确、简单地把商品信息自动输入计算机，实现自动登录、控制、传递的目的。对储位管理有许多优点：①精度高、使用方便、适应性好、登录快、节省人力。②提高物流作业效率，降低成本。③提高作业质量，减少错误率。④精确控制储位指派和货物拣取。⑤有效盘点货物，准确掌握库存量和控制存货。⑥即时收集资料信息、即时显示信息，通过计算机快速处理，可实现即时分析和控制的目的。

自动识别技术除了条码这一组件之外，还有另一个关键组件——扫描处理。扫描技术是条码系统的“眼睛”。扫描仪从视觉上收集条码数据，并将其转换成可用信息。常用扫描仪有两种类型：手提式和固定式。手提扫描仪既可以是激光枪（非接触式），也可以是激光棒（接触式）。固定扫描仪既可以是自动扫描仪（非接触式），也可以是卡式阅读器（接触式）。接触技术需要用阅读装置实际接触条码，以减少扫描差错，但降低了灵活性。激光枪目前最流行，速度超过激光棒。

扫描仪技术在物流方面有两大应用：第一种是零售商店的销售点（Point Of Sale，简称POS），除在现金收款机上给客户打印收据外，更重要的是给商店提供精确的存货控制；第二种是针对物料搬运和跟踪，通过使用扫描仪，物料搬运人员能够跟踪产品的搬运、装卸、入库和储存地点。在物流应用中更广泛地使用扫描仪，将会提高生产率，减少差错。

（1）条码及码制。条码是由一组按特定规则排列的条和空白及相应数字字符组成的符号。条码是一种图形化的信息代码，不同的码制，条码符号的构成规则也不相同。条码主要有一维条码和二维条码两种。目前较常用的一维条码码制有EAN商品条码、UPC商品条码、25条码、交插25条码、库巴德玛、39条码、UCC/EAN-128条码等。

条码的种类较多，在物流系统中常用的是39码和交叉宽窄不同的2~5码。条码符号是由一组规则排列的黑白相间的条纹组成的图形符号，根据排列规则的规定，这组图形符号用来表示数字、字符和符号等信息。阅读时，当一束光通过条码符号时，因为条码的码条与间隔反射率不一样，反射回来的光强度也随之而异。利用光敏元件接收它并输出与之对应的高低电脉冲，这种脉冲经过译码转变为可输入到计算机的信息。图5-19为39码实例。39码的一字元由5条黑色线条和4条白色线条共9条线所组成，里边有3条粗的线条。粗线条的线宽是细线条的2~3倍。39码起源于美国，是一个字母数字式码制。由图5-19可知，完整的一组条码由以下几部分组成：

①起始符：一般位于一组完整条码首部，是一组特定的条码。当阅读时，首先扫描起始符，表示开始读入这组条码。起始符的作用在于避免连续阅读时，几组条码互相混淆或阅读不当而丢失前面的条码。

②终止符：作用是标志一组条码结束。

③数据符：这是条码核心，是所要传递的主要信息。

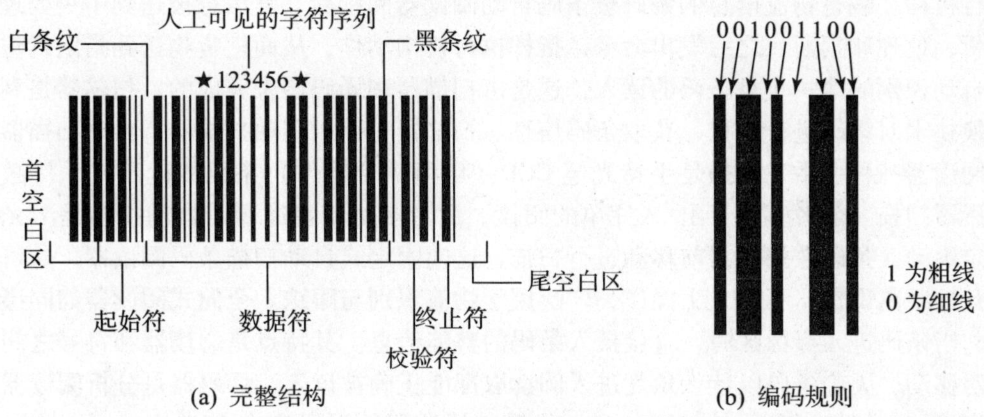

图5－19　39码示例

④校验符：校验符在数据符之后，它通过对数据字符的算术运算，对所译出的条码进行校验，确认阅读信息的正确性。

⑤首尾空白区：其作用是保证条码扫描器的光束到达第1条纹之前，有一个较稳定速度。因首尾空白区相同，可以双向阅读。

图5－20所示为39码编码表，因为是字母数字式码制，适用于需要字母和数字作为物品标志的场合。因为字符集全、编码严谨、条码位数和数据范围较大，所以广泛用于物流管理系统、汽车制造业、机械加工业、工业自动化等领域中。39码是离散型的、自校验的和长度可变的码制。其字符包括0～9的数字、A～Z的26个字母和几个特殊符号（－，Space，.，＊，＄，／，＋，%）。条码以（＊）号作为起始终止符。总共有44个字符。

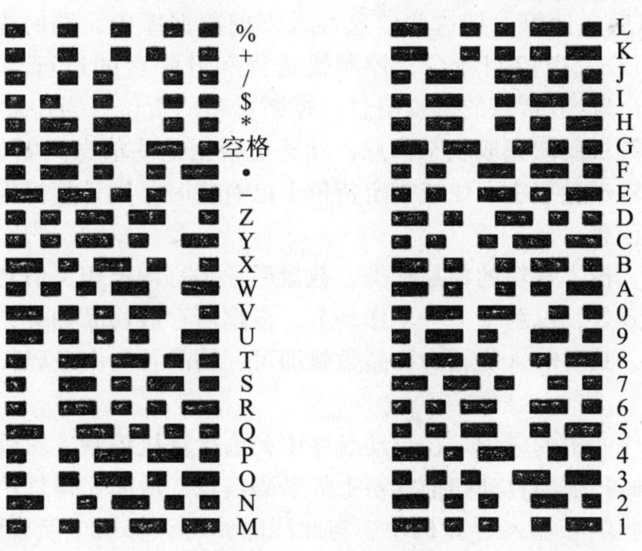

图5－20　39码编码表

（2）条码识别系统。条码自动识别系统的主要元素有：载有信息的条码、条码自动阅读器（扫描器和译码器）、把读入信息传输到处理器的通信系统、处理器、执行处理命令的执行机构。载有物流信息的条码被条码自动阅读器阅读后，其信息被送到中央处理机进行分析、处理和判断，之后发出命令，指挥执行机构动作，从而把货物送到指定货位。

自动识别的第一步是条码的读入，这是由扫描器和译码器来完成的。扫描器是利用光电转换技术对条码进行扫描，获取条码信息。扫描器有手工移动扫描器、自动扫描器和全向式阅读器三种。手工扫描是手持光笔 CCD（电荷耦合器件）条码阅读器或手持激光条码阅读器扫描。前者多用于出/入库单的阅读，后者多用于盘库等。自动扫描是激光扫描器固定不动，条码在扫描器前移动进行扫描，这叫固定式自动扫描条码阅读器。这可对条码进行近距离识别，不用人工操作，广泛用于物流识别与跟踪。全向式阅读器如同摄像头一样，当条码进入摄像区时，直接摄入条码的整体信息。其特点是阅读器和符号之间不需要相对移动，无论条码以什么角度进入阅读取都能正确被读入。译码器是分析阅读器读入信号用的，它能解译条码的编码信息。优质的译码器的误码率在 $10^{-8} \sim 10^{-9}$，首读率在90%以上。首读率是对一组条码一次性识别的识别成功率。扫描器和译码器可以分开，也可以组合，统称为条码阅读器。条码阅读器的技术指标是扫描距离、扫描速度、分辨率、景深、阅读视场和首读率等。

（3）条码在盘库作业中的应用。众所周知，无论什么仓库都需要定期进行盘库作业，一是保证库存物品账目的正确性，确保库存物品数量和品种的正确性；二是通过精确盘库，明确盈亏情况，做到心中有数。利用条码技术实现自动化立体仓库的自动盘库作业，可提高盘库准确率和降低成本。

①条码在自动化仓库中应用。当货箱放在入库台上后，货箱的入库、储存和出库等操作均在计算机控制下进行。通过数据库来管理货箱内的物品名称、种类、数量和货位。入库操作员在入库计算机上输入货箱内货物种类、数量和货位（或用计算机自动分配货位）等信息后，计算机把这些信息存入管理数据库中，同时通过通信接口向入/出库控制系统的 PLC 发送控制命令，控制输送机和升降台的运行。与此同时，通过红外通信向堆垛机发出取/放货箱的位置信息，控制货箱的货位。当传输子系统和堆垛机完成任务之后，向计算机反馈完成状态信息，计算机根据这些信息判断货箱出/入库作业是否正常。若货箱在输送过程中卡住或指定货位上已有货时，则计算机根据反馈的出错代码信息进行处理提示信息。

在入库操作时，输入货箱的物品种类、数量后，则打印出相关信息条码，把此条码贴在货箱上的规定位置处，以利于下一工作环节。根据所存放物品种类，指定专用货箱。因此，在入库操作时，只要输入货箱内物品数量即可，物品种类由条码扫描器自动扫描货箱上条码输入。

②条码在盘库作业中的应用。在自动盘库中，由计算机控制堆垛机的提升和移动，安装在堆垛机上的条码扫描器自动扫描货箱上的条码信息，从而获得货箱中存放物品种类和数量的信息，并将此信息输入计算机中。与此同时，与计算机中所存物品的有关数据比较，达到盘库的目的。图 5－21 所示为安装了条码扫描器的堆垛机 PC 自动控制系统。

条码扫描器的接口方式通常有微机键盘仿真和 RS－232C 串行通信两种。一般普遍用串行通信与 PLC 连接。因为条码扫描器是在堆垛机运行状态下工作，所以要求选用首读率高、扫描速度快、幅度宽的固定式激光扫描器。

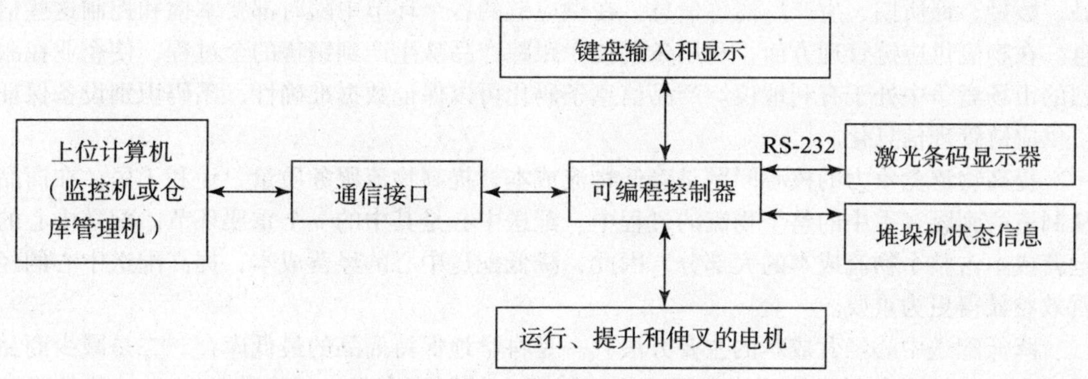

图 5－21　堆垛机 PC 控制系统

货箱上条码所载信息有：物品的代码、数量和类型以及货箱号等。因为信息量大，所以采用国际通用的 39 条码。这可实现分段编码，货箱号固定一段，在货箱入库时立即打印出物品代号、数量和种类条码，并粘贴在货箱规定位置处。因为是巷道式自动立体仓库，货箱在巷道两侧要左右移动，所以在货箱两侧均应贴上条码，以便阅读。

图 5－22 所示为对一排货架的盘库程序框图。条码扫描器是固定在堆垛机上。当接收到来自上位管理机的盘库控制命令和位置信息时，堆垛机首先移动到指定货位，并向条码扫描器发出扫描命令，然后把货箱上的条码信息和堆垛机状态信息反馈到上位管理机中，把实际货物的品种和数量与账务的货物品种及数量等进行比较，达到盘库目的。

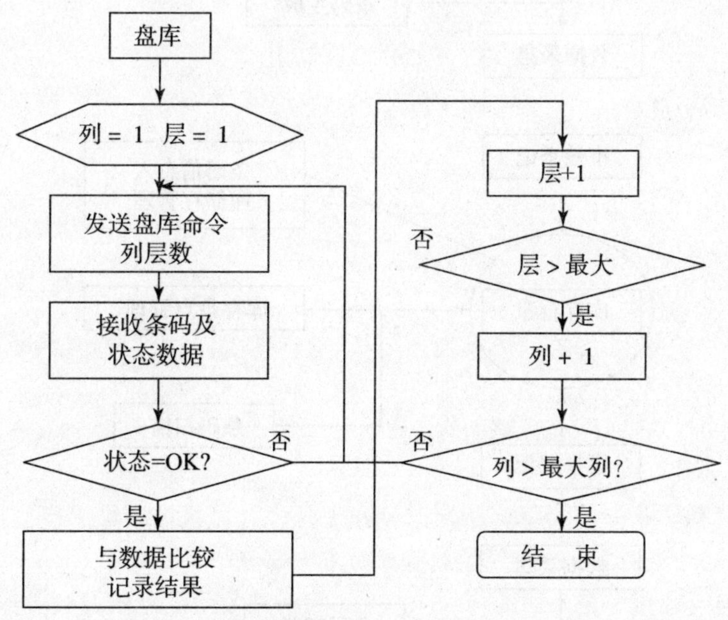

图 5－22　盘库程序框图

③条码在物流作业中的应用。运输和货物的信息是物流管理所需的两类重要信息。运输信息包括交易信息，如采购订单编号、装箱单及运输途径等。货物信息包括装箱、物

品、数量、保质期、生产厂商等信息。在供应链的各个环节中随时都要掌握和控制这些信息。在物流供应链管理方面，利用条码技术跟踪产品从生产到销售的全过程，使企业在激烈的市场竞争中处于有利地位。产品信息条码化可以保证数据准确性，条码识别设备保证了供应链管理信息化。

提高物流竞争力的核心问题是降低物流成本，提高物流服务质量，让利于民。在商品从制造商到顾客手中的整个物流的过程中，配送中心是其中的一个重要环节。配送中心的运营成本占整个物流成本的大部分，因此，降低配送中心的经营成本，提高配送中心的经营效益显得更为重要。

降低配送中心经营成本的主要方法，一是科学地保持商品的最低库存，二是减少商品的损失。这就要求利用条码技术跟踪物流过程和控制库存量，提高物流作业过程的准确性，降低出错率，发达国家的物流出错率在3‰以下。通过条码技术对物流中心作业流程中的每一步进行跟踪和调控，保证了物流过程的准确性、及时性。

从前，以表单、账簿为主进行运作和管理的配送中心不能及时地反映出商品的进出及库存情况。加之整个作业过程是手工管理，出错率高、账货不符、商品货位不清、发错货物等现象时有发生，这不但给企业带来经济损失较大，而且账物不符，混乱不清。

随着信息技术的迅速发展，现代商业需依靠EDI（电子数据交换）技术，依靠信息流来控制物流。在现代化配送中心的管理中，广泛应用条码技术。图5－23为仓库业务流程

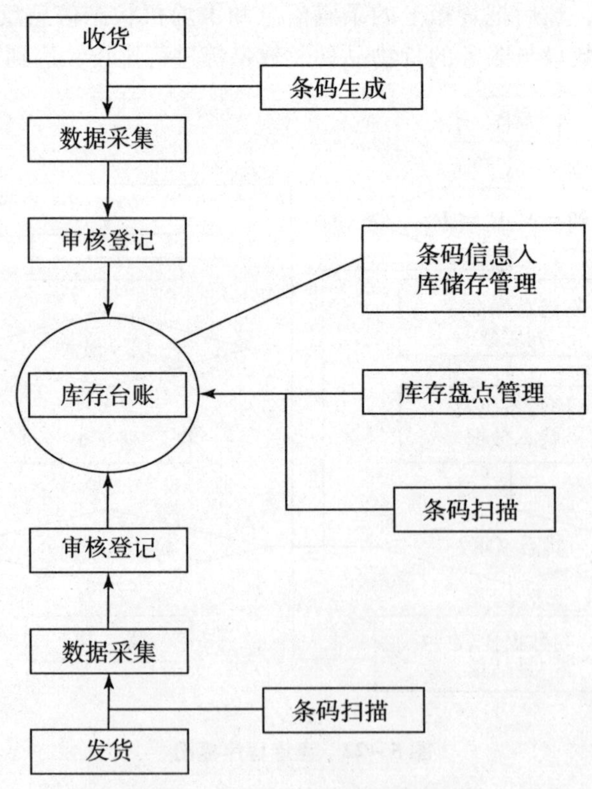

图5－23　仓库业务流程中条码的使用

中条码的使用。常用的条码，除了商品的条码外，还有货位条码、装卸台条码、运输车条码等。在配送中心的业务处理中，如收货、摆货、仓储、配货、补货等作业过程都要使用条码，在配送中心整个作业流程的所有环节中几乎都要应用条码。

（4）监控技术在储位管理中的应用。监控技术在入库、补货、调仓、拣货和出库管理中作用极大，能大大提高效率和效益。

①进货作业流程。图5－24所示为进货作业流程图。其作业过程是把安装了无线电通信传输（RFDC）终端机的叉车开到进货暂存区，利用车上与终端机相配的条码扫描器读取货物条码，通过RF通信控制器把扫描的物品信息传输给监控计算机，经过监控计算机确认并进行关于储位编排的计算后，下达储位号码指示，再经过RF通信控制器把储位号传送给叉车上的RF终端机。堆高人员根据终端机指示，把物品运送到指定储位上后，再扫描货架条码，并由RF通信控制器把信息传给控制计算机进行确认。与此同时，把这些入库资料建立在储位管理档案中。

②补货/调仓作业。当拣货缺货信息传输到监控计算机中后，监控计算机发出补货指示，通过RF通信控制器传送到补货员的叉车上的RF无线电通信传输终端机上，补货员根据这个指示把叉车开到保管区取货的同时，对补货品的条码和储位条码进行扫描，之后把补货品送到拣货区，并放在补货的拣货储位上。此时，再对拣货储位条码进行扫描，并把此信息传到监控计算机中进行确认，从而修改库存资料。图5－25为补货作业流程。

③拣货作业。通过RF无线电通信传输终端机接收到拣货信息后，欲拣货品的储位号码、拣货品种类、数量等信息都显示在RF终端机上。拣货员根据这个信息把叉车开到指示储位处，首先扫描拣货品的储位号码，确定拣货品储位之后进行拣货。若有缺货则输入缺货品的信息，通知监控计算机准备补货。当拣取完每项货物之后，立即对储位进行扫描，通过RF终端机把信息传输给监控计算机，以便修改库存资料。图5－26所示为拣货作业流程。

④发货作业。在发货暂存区的货物上贴上发货条码后，通过复查人员对暂存区的每项货物的发货条码进行扫描，在RF通信控制器把扫描的信息输送给监控计算机进行对比。如有差异RF终端机发出错误信息，并由复查人员再次复查核实。如果对比无误，RF终端机显示正确信息，并修改发货资料的库存资料。图5－27详细信息所示为发货作业流程。

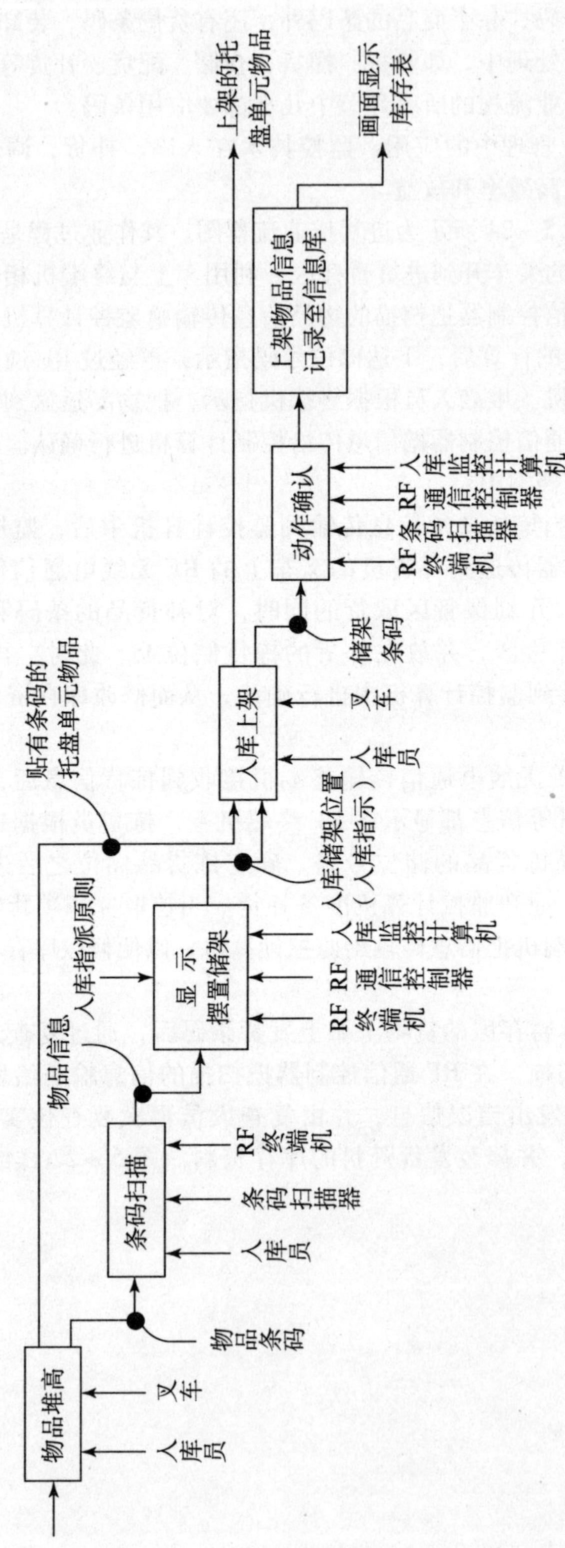

图5-24 进货作业流程

人员资格审核
RF终端机
补货监控计算机
资格符合
补货指派原则
补货信息显示
RF终端机
补货监控计算机
补货储位号
把车开到补货储位
叉车
补货员
储位条码
储位确认货品取出
条码扫描器
RF终端机
RF通信控制器
补货监控计算机
拣货储位号
托盘货品
把车开到拣货储位
叉车
补货员
托盘货品
储位条码
储位确认货品置入
扫描器
RF终端机
RF通信控制器
补货监控计算机
库存资料修改
画面显示库存

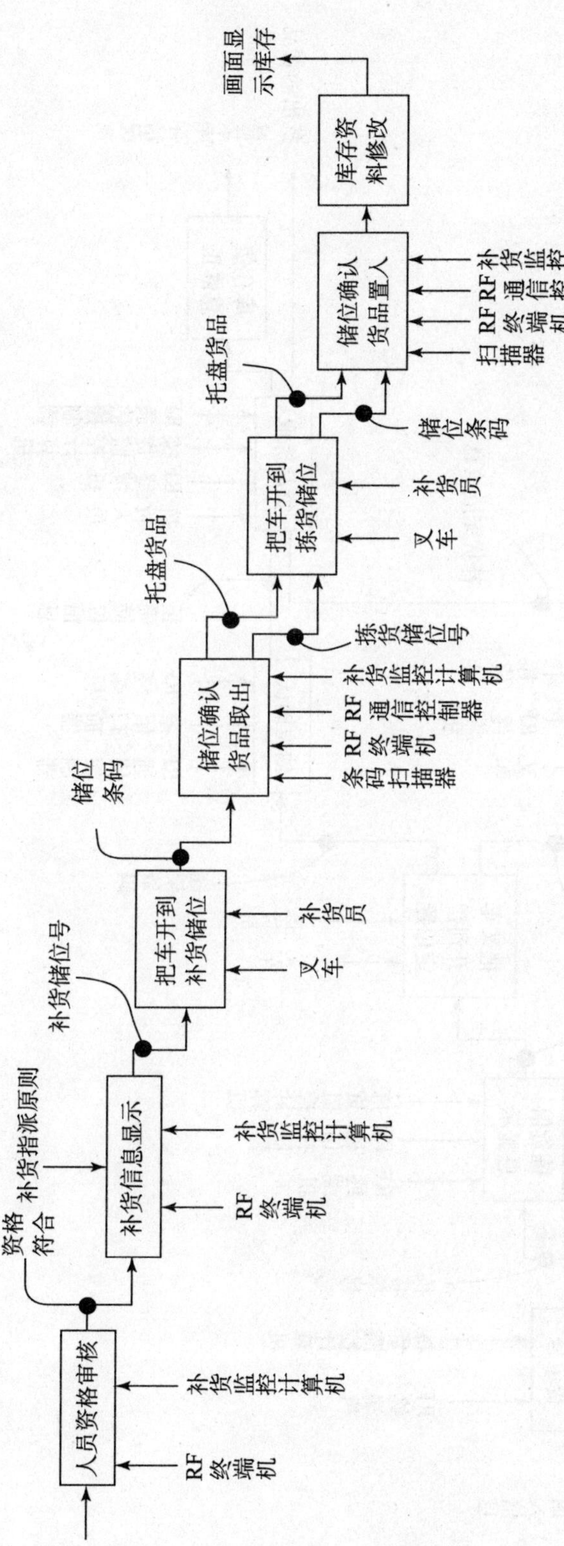

图5-25 补货作业流程

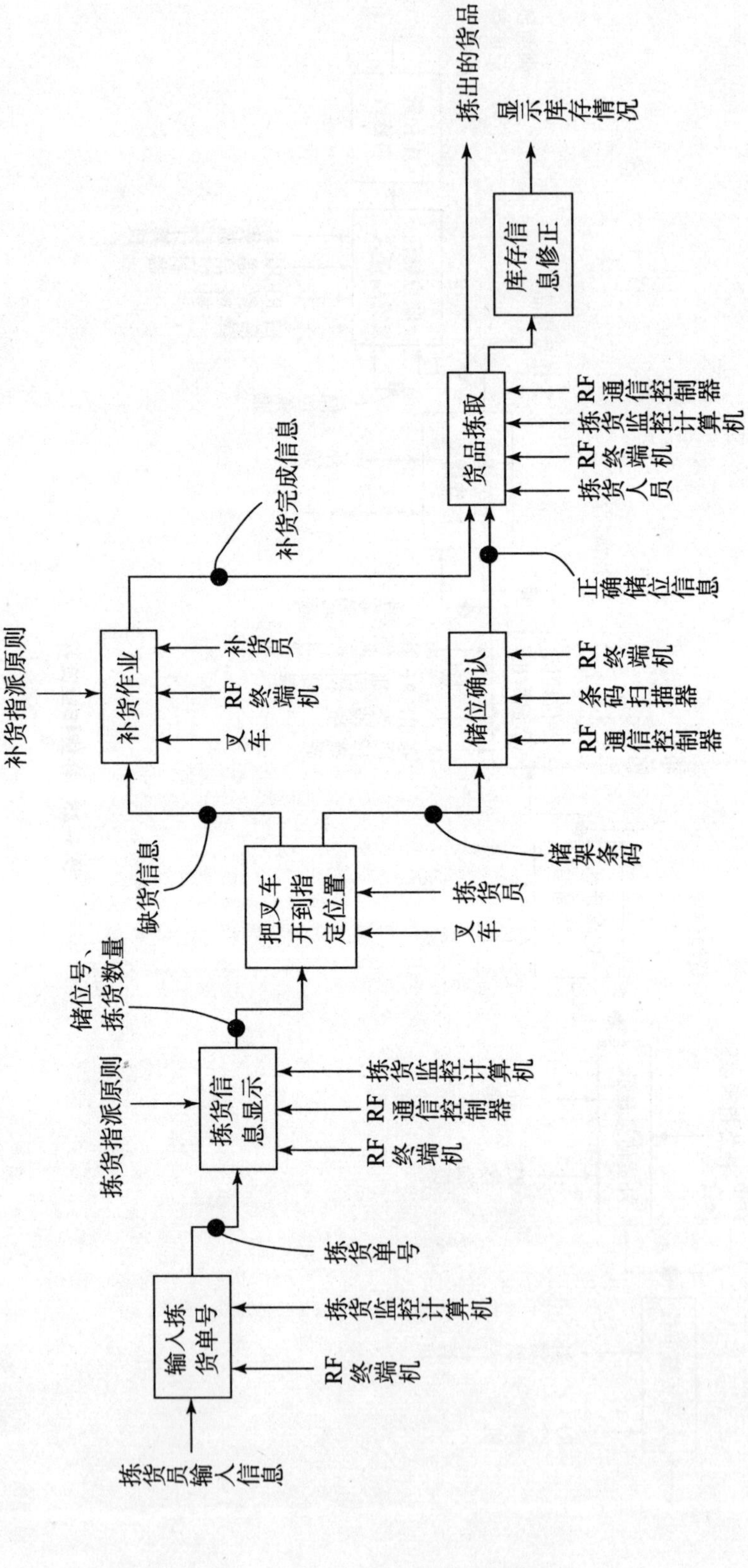

拣货员输入信息
输入拣货单号
RF终端机
拣货监控计算机
拣货单号
拣货指派原则
拣货信息显示
RF终端机
RF通信控制器
拣货监控计算机
储位号、拣货数量
把叉车开到指定位置
叉车
拣货员
缺货信息
补货指派原则
补货作业
叉车
RF终端机
补货员
补货完成信息
储架条码
储位确认
RF通信控制器
RF条码扫描器
RF终端机
正确储位信息
货品拣取
拣货人员
RF终端机
拣货监控计算机
RF通信控制器
拣出的货品
库存信息修正
显示库存情况

图5-26 拣货作业流程

发货员复查
键人发货单号
RF通信控制器
RF终端机
发货监控计算机
发货条码
货品信息的扫描与传输
RF终端机
发货监控计算机
发货复查员
RF通信控制器
扫描完的信息
计算机核对差异显示
RF终端机
RF通信控制器
发货监控计算机
差异信息
再次复查
正确信息
复查完成信息
作业确认
复查员
RF终端机
RF通信控制器
发货监控计算机
修改发货资料库资料
显示发货记录表

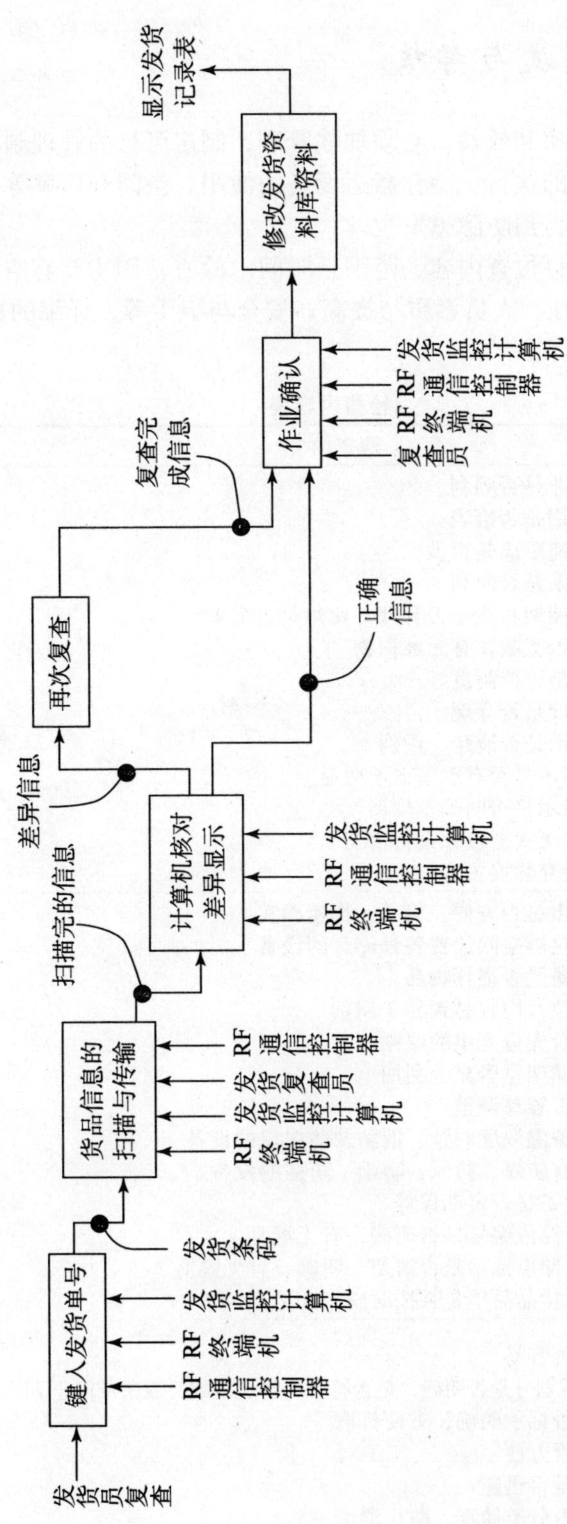

图5–27 发货作业流程

5.6 储位管理制度与考核

要提高物流中心的效率和效益，必须加强管理，制定可行的管理制度和考核方法，定期和不定期检查储位管理的执行、储存搬运设备的使用、空间利用率等。一来起到监督作用，二来可提前发现问题，预防隐患发生。

定期检查时，必须制订检查内容、范围、时间。检查范围主要有空间与场所、设备运行与保养、作业内容与特性、人员素质与提高、安全与卫生等。详细的检查内容如表5-3所示。

表5-3 检查内容表

范围	检查内容	结果	说明
1. 空间与场所	1. 储运作业是否顺利 2. 空间利用是否恰当 3. 事务传递距离是否太长 4. 工作联系是否便利 5. 储区或储架布置是否合理，死角是否太多 6. 通道是否宽敞，有无堆积物 7. 温湿度是否控制良好 8. 仓库设计是否合理 9. 储区标示是否清楚、正确 10. 储区标示是否有脱落或不明显 11. 动线指示是否明确 12. 风扇、灭火器位置是否恰当 13. 有无废弃物堆置区		
2. 仓储设备	1. 货品进出是否方便、简单、快速确实 2. 是否有足够空间放置各种储存的设备 3. 储存设备是否损坏物品 4. 存货储位及内容是否易于识别 5. 是否符合先进先出的原则 6. 储区或储架是否充分利用 7. 储位是否容易调整 8. 是否具备温湿度调整、消防及防虫鼠的设备 9. 是否具有防爆、防风、防雨、防盗的设备 10. 各项设备是否定期保养 11. 货架、储位编号是否明确，有无混乱 12. 货架、储位标示是否清楚、明确，有无脱落 13. 储位与货品品项是否按时整理和适当调整		
3. 作业内容与特性	1. 盘点是否容易 2. 储位区域划分是否明确，是否符合货物品项数、数量及作业情况 3. 储位是否标示明确，方便拣取 4. 搬运是否方便 5. 受发货是否迅速 6. 货品是否分类储存，防止混淆 7. 是否有效充分利用储存空间		

续 表

范围	检查内容	结果	说明
3. 作业内容与特性	8. 是否制定货品的储存管制程序 9. 产品是否明确储存期限 10. 货品是否方便存取 11. 填写表单及计算机输入是否方便 12. 各作业动作完成后，有无记录或输入计算机确认动作已完成 13. 各作业交接是否落实 14. 异动资料有无记录或输入计算机 15. 作业异常有无记录，主管是否签字 16. 储位与品项的分类、分区是否恰当，作业是否依照分类、分区原则进行		
4. 人员素质	1. 作业人员是否熟悉作业方法 2. 作业人员是否能克服作业困难 3. 人员是否遵守安全卫生规则 4. 作业人员是否填写相关表单与输入计算机 5. 作业人员是否按安全标准书来训练的 6. 是否依据作业人员的经验不同，进行不同的指导 7. 是否依据指导要领及作业指示进行作业 8. 作业发生问题时，是否及时回报与记录		
5. 安全与卫生	1. 使用的工具是否安全 2. 货品陈列是否安全，排列方式及顺序是否符合标准 3. 动力车辆是否按期保养，是否安全，充电器区是否定时检查 4. 货品搬运时是否安全 5. 工作进行中是否有安全防护设备，货架头尾防撞杆有无损坏变形 6. 地板是否平整，有无坑洞会造成危险 7. 照明是否不足，操作员视力是否不良 8. 产品堆积是否太高容易倾倒 9. 现场是否有突出的钉子尖状物 10. 是否有危险物渗透 11. 通风换气及温湿度是否适合 12. 工具有无固定位置，是否随意堆放		
6. 其他	1. 工厂门户管制及仓库人员进出管制是否落实 2. 对于地震、水灾、台风等天灾是否有紧急处理对策 3. 仓库禁烟管制是否落实 4. 消防设施、灭火器是否定期检修 5. 作业区是否有空调、冷暖气设备 6. 是否受临近工厂的煤烟或污染侵害		

5.7 在库管理和出入库管理系统

众所周知，物流中心最主要的三大作业就是入库作业、在库保管作业和出库作业。为使物流中心有条不紊的地运转起来，必须进行计算机自动管理。当然，出入库管理和在库管理就更加重要了。

现在就托盘式自动仓库内的商品、原材料和包装材料等品目的在库管理以及相应的托盘的出入库管理加以阐述。

5.7.1 管理范围及管理方法

1. 管理范围

图5－28为管理范围。由图可知，管理范围是以对托盘式自动仓库入库设定开始，到托盘出库确认（包括打印出出库指示一览表）为止。

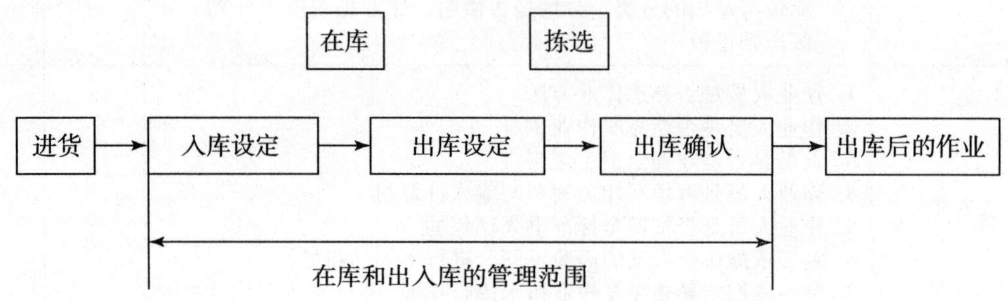

图5－28 在库和出入库的管理范围

2. 管理方法

（1）在库管理。把品目和托盘号联系起来，用货位单位进行在库管理以及用托盘号进行存入货位的管理。即使托盘在自动仓库之外时，若在数据上仍是在库形式存在的话，仍用托盘号对应品目进行管理。

（2）混载管理。混载就是在一个托盘上装载多种品目的意思。一般管理系统可对每个托盘最多混载8种品目进行管理。

（3）货位管理。即把托盘和货格有机联系起来，并用计算机进行管理。一般是在入库时，空货格用于高效率存放货物，而退货品存放在平置库中。

（4）区域管理。管理系统把自动化立体仓库分成许多个区域，即是按出库频率高低分为A区、B区、C区，平置库为Z区。品目与区域的联系在品目编号登记时进行。

（5）分配管理。分配是指托盘与品目的关系。当托盘上的品目在库为零时，品目与托盘的联系就自然消失了，即自由分配方式。

（6）先入先出管理。对品目进行先入先出的管理方式。但是若按批号和期限设定出库时，则按批号和期限优先出库。同一品目编号存放在自动仓库和平置库区时，优先选择平置库。

（7）缺货管理。当出库缺货时，在计算机画面上显示出缺货信息，并立即向供货商发出订货信息。

5.7.2 管理系统的软件和硬件

图5－29所示为在库和出入库的管理系统软件结构，图5－30所示为实现软件功能的硬件结构图。表5－4是5个巷道、4500个货位的物流中心的在库及出入库管理的设计条件。

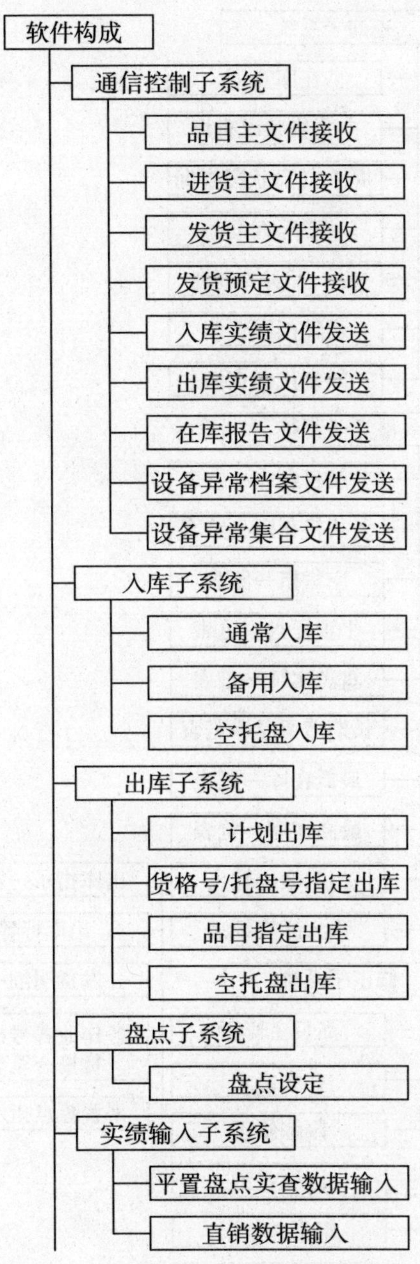

图 5－29 在库和出入库的管理系统

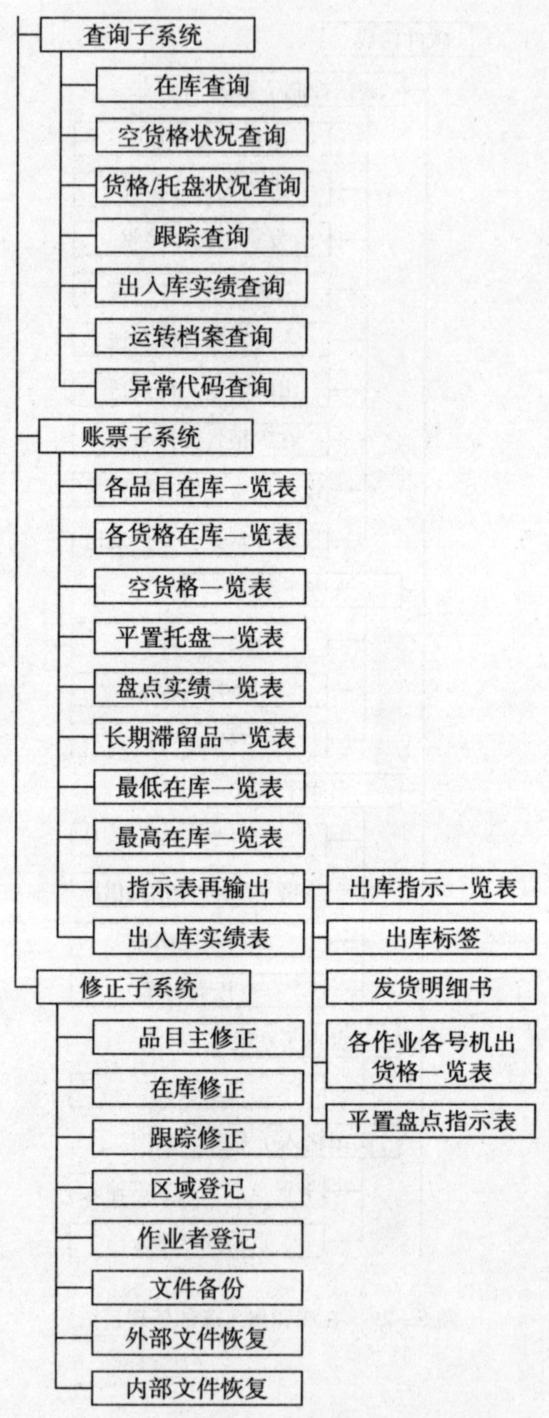

图 5-29 在库和出入库的管理系统（续）

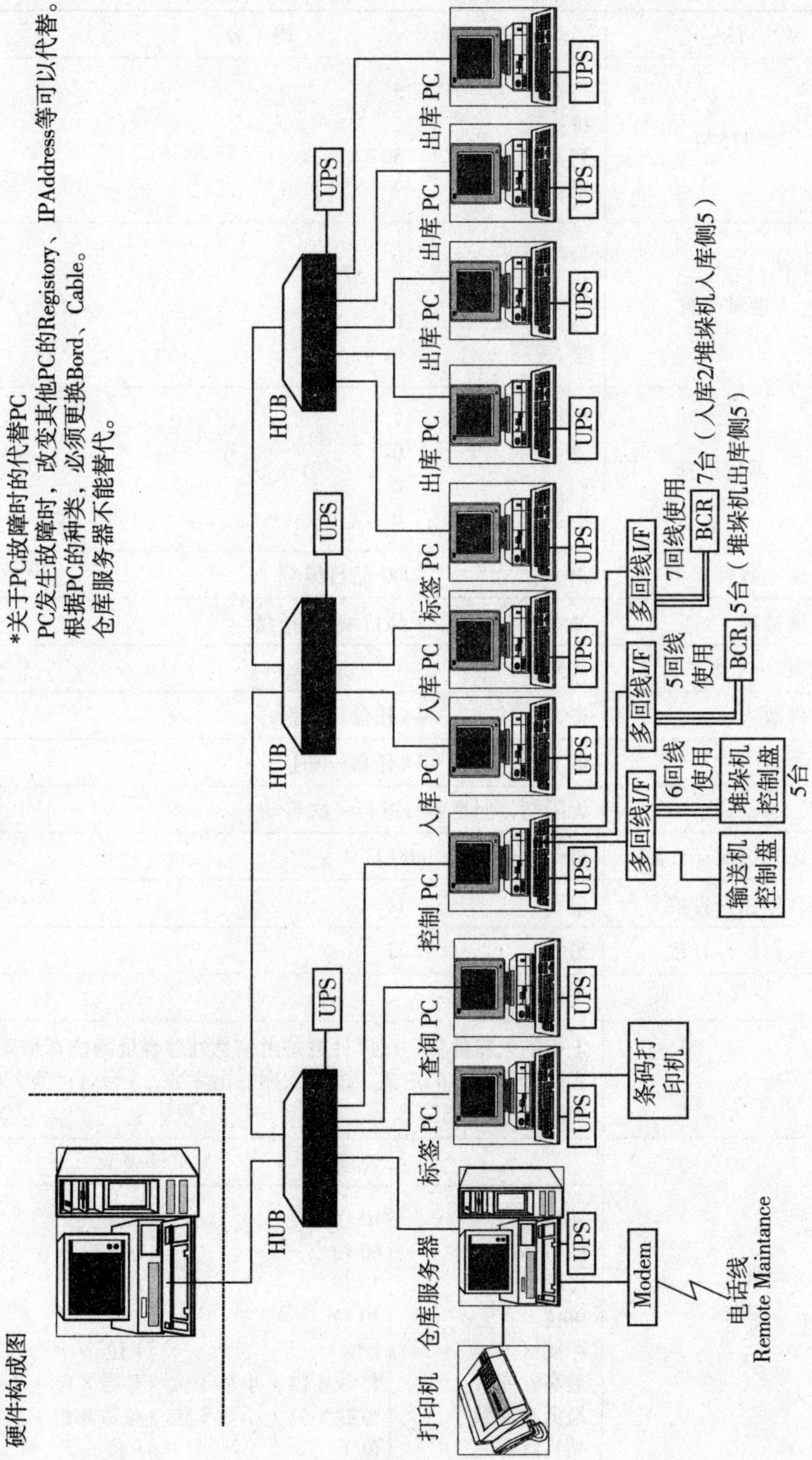

硬件构成图

*关于PC故障时的代替PC
PC发生故障时，改变其他PC的Registory、IPAddress等可以代替。
根据PC的种类，必须更换Bord、Cable。
仓库服务器不能替代。

HUB
UPS
HUB
UPS
HUB
UPS
打印机
仓库服务器
标签 PC
查询 PC
控制 PC
入库 PC
入库 PC
标签 PC
出库 PC
出库 PC
出库 PC
出库 PC
UPS
Modem
电话线
Remote Maintance
条码打印机
多回线I/F
6回线使用
输送机控制盘
堆垛机控制盘
5台
多回线I/F
5回线使用
BCR 5台（堆垛机出库侧5）
多回线I/F
7回线使用
BCR 7台（入库2/堆垛机入库侧5）

图5–30 实现软件功能的硬件结构

表 5－4　　　　在库及出入库的管理的设计条件（取材西安制药厂）

<table>
<tr><th>序号</th><th colspan="2">项　目</th><th colspan="3">内　容</th></tr>
<tr><td rowspan="3">1</td><td rowspan="3">货位</td><td>T1500</td><td colspan="3">号机：　5
排：　2
列：　50
层：　9</td></tr>
<tr><td>通常平置</td><td colspan="3">号机：　6
排：　0
列：　0
层：　0</td></tr>
<tr><td>退货平置</td><td colspan="3">号机：　7
排：　0
列：　0
层：　0</td></tr>
<tr><td>2</td><td colspan="2">管理品目编号数</td><td colspan="3">最大：　5000 品目编号</td></tr>
<tr><td>3</td><td colspan="2">混载品目编号数</td><td colspan="3">最大：　8 品目编号/托盘</td></tr>
<tr><td>4</td><td colspan="2">同品托盘数</td><td colspan="3">无限制</td></tr>
<tr><td>5</td><td colspan="2">通常入库件数</td><td colspan="3">最大：　44 托盘/小时</td></tr>
<tr><td>6</td><td colspan="2">通常出库件数</td><td colspan="3">最大：　44 托盘/小时</td></tr>
<tr><td>7</td><td colspan="2">运转时间</td><td colspan="3">无限制，但是每日进行一次启动</td></tr>
<tr><td>8</td><td colspan="2">出入库实绩数据保存日数</td><td colspan="3">最大：　100 日</td></tr>
<tr><td>9</td><td colspan="2">运转档案数据保存日数</td><td colspan="3">最大：　7 日</td></tr>
<tr><td>10</td><td colspan="2">通信记录数据保存日数</td><td colspan="3">最大：　7 日</td></tr>
<tr><td>11</td><td colspan="2">批数</td><td colspan="3">无限制</td></tr>
<tr><td></td><td colspan="2"></td><td colspan="3">上面的入库件数、出库件数是由信息处理容量的仿真结果，不是实际操作能力的定义。最大入库、出库数，5 台合计为 220 托盘/小时</td></tr>
<tr><td rowspan="2">12</td><td colspan="2" rowspan="2">Data 项目</td><td></td><td>管理</td><td>表示</td></tr>
<tr><td>品目编号
品目名称
规格
单位
存储区
最高在库数
最低在库数
品目区分
检验区分</td><td>10 位
60 位
30 位
20 位
1 位
整数 8 位 + 小数 3 位
整数 8 位 + 小数 3 位
位 1
位 1</td><td>10 位
24 位
25 位
4 位
1 位
整数 8 位 + 小数 3 位
整数 8 位 + 小数 3 位
1 位
1 位</td></tr>
</table>

续 表

<table>
<tr><th rowspan="2">序号</th><th rowspan="2">项 目</th><th colspan="3">内 容</th></tr>
<tr><th></th><th>管理</th><th>表示</th></tr>
<tr><td rowspan="2">12</td><td rowspan="2">Data 项目</td><td>批号
期限
规格号
托盘编号
出货编号
出货地代码
出货地名称
入货地代码
入货地名称
入库预定编号</td><td>12 位
8 位
6 位
6 位
8 位
10 位
80 位
10 位
80 位
8 位</td><td>12 位
8 位
6 位
6 位
8 位
10 位
60 位
10 位
60 位
8 位</td></tr>
<tr><td colspan="3">品目区分）1：商品 2：原材料 3：包装材料 4：其他
检验区分）0：未检验 1：合格 2：不合格 3：退货品
品目编号）品目编号表示品目名称 + 规格
出货编号）对于计划结果只给唯一的编号，只在过页时才会重复。
半角：1 个字节的文字（ASCII）
全角：2 个字节的文字（中文）</td></tr>
<tr><td>13</td><td>出库数据保持天数</td><td colspan="3">最大：15 日</td></tr>
<tr><td>14</td><td>同时作业</td><td colspan="3">入库和出库可以同时作业
入库、出库、盘库不能同时作业</td></tr>
<tr><td>15</td><td>空托盘管理</td><td colspan="3">空托盘管理把品目号作为 ZZZZ 进行</td></tr>
</table>

5.7.3 管理系统功能

（1）通信控制系统：本子系统通过共享文件与上位计算机进行数据传递，可以接收品目主文件、进货主文件、发货主文件、发货预定文件、入库实绩文件、发货实绩文件、设备异常档案文件和设备异常集合文件。

（2）入库子系统：此系统包括通常入库、备用入库和空托盘入库等内容。对于同一托盘上的品目，在未取尽之前不要向托盘上放入新货物。入库设定时输入托盘号和该托盘装载的品目编号和批号。所谓备用入库，即当入库输送机发生机械故障时，可以利用自动仓库的移动台车进行入库。

所谓空托盘入库，即把空托盘存入自动仓库中。存在什么货位，通过计算机自动作业计算来决定。

（3）出库子系统：出库子系统包括计划出库、货位号/托盘号指定出库、品目指定出库和空托盘出库等内容。

所谓计划出库，即根据上位计算机指示命令进行出库作业。选择出库作业的出库地址，打印出库指示表。

货位号/托盘号指定出库，即是根据指定的货位号或托盘号进行出库作业，一旦输入出库数量后便可进行出库操作，若没有输入出库数量，就把该托盘从自动仓库移置到平置区。

品目指定出库，是按指定品目编号进行出库作业。空托盘出库就是把存放在自动仓库中的空托盘进行出库作业。

（4）盘点子系统：这是按指定的品目编号或货位号进行盘点作业。

（5）实绩输入子系统：输入实查数据，对平置库在库品目进行盘点。

（6）查询子系统：输入数据，进行查询。

（7）在库查询：输入品目编号，在画面上可显示出该品目的在库信息。

（8）空货位状况查询：输入空货位查询信息，可在画面上显示各堆垛机空货位数及其一览表。

（9）货位号和托盘号状况查询：输入货位号和托盘号后，可在画面上显示出该货位及托盘的在库信息。

（10）跟踪查询：可查询并在画面上显示出每个托盘的出入库状态。

（11）出入库实绩查询：可查询并显示出出入库的准确数据。

（12）运转档案查询：查询并显示出全系统的启动、停止和设备的异常等状态。

（13）异常代码查询：可查询并显示出异常代码及其异常内容和处理方法。

（14）账票子系统：

①各品目在库一览表：按指定的货位号的范围，可在账票上打印出每个托盘的在库信息。

②货位在库一览表：按指定的货位号的范围，在账票上打印出每个托盘的在库信息。

③空货位一览表：在账票上打印出自动仓库内的全部空货位信息。

④平置托盘一览表：可在账票上打印出平置货架的在库信息。

⑤出库指示一览表：在账票上打印出每个托盘的出库计划信息。

⑥出库标签：由条码打印机打印出来出库品的标签。

⑦发货明细表：在账票上打印出每个托盘的出库计划信息。

⑧货物拣选表：在账票上打印出各作业和各号堆垛机的出库指示表，供拣选作业用。

⑨平置盘点指示表：在账票上打印出平置库盘点作业的作业指示表。

⑩ 盘点实绩表：在账票上打印出盘点实查后的成绩信息。

⑪ 长期滞留品一览表：在账票上打印出个托盘在指定日期以前入库的品目表。

⑫最低在库一览表：在账票上打印出低于最低在库数的品目编号一览表。

⑬ 最高在库一览表：在账票上打印出高于最高在库数的品目编号一览表。

⑭出入库实绩表：在账票上打印出出入库的实绩表。

（15）修正子系统，修正子系统功能如下：

①品目修正：进行品目编号的追加、变更和删除。

②在库修正：进行每个托盘的在库追加、变更和删除。

③跟踪修正：可以变更出入库中的托盘状态。

④区域登记：用来登记自动仓库中的区域。

⑤作业者登记：用来登记作业者姓名等。

⑥文件备份：用来把硬盘内的在库数据拷贝到磁盘上。

⑦外部文件恢复：用来把磁盘上的备份的在库数据复原到硬盘上。

⑧内部文件恢复：用来修复由于某种故障损伤的数据。

6　在库管理系统

6.1　概　述

从前，在库管理非常简单，当时“在库”这一词是富豪商人的象征。但是到了20世纪20年代，“在库”变成了企业的枷锁。在库量过大，占用资金过多，使企业陷入困境，甚至导致企业破产。历史经验证明，在库意味着潜在危险、物价贬值、资金冻结和制品陈旧化。

一般说来，企业有生产型企业和流通型企业。生产型企业利用生产手段，把采购进来的原材料加工成产品销售给用户。流通型企业利用采购手段，把供应商的产品采购进来，再销售给用户。无论是生产型企业还是流通型企业，实际都是购入、保管、销售三个系统问题，其根本目的在于为用户提供优质产品和良好服务。对生产型企业的保管内容主要是原材料、零部件、半成品和成品等。此外，还有工具、工装和备品等。在库品种根据生产形态不同，其内容也不相同。在接受订货式生产形式中，当在库品未出库发货时，也有用户取消订货的情况。总之，预测生产型制品在库是最主要的，这样必然存在原材料、半成品和零部件的在库问题。

根据在库功能不同，又把在库分为运输在库、批量在库、缓冲在库、分离在库和季节在库等许多类型。输送在库即输送过程中的物品，也属在库物品。批量在库即以批量为单位进行生产和销售过程中的物品，也视为在库物品。缓冲在库即对难预测商品留有一定数量，也是在库问题。分离在库即筹办、制造、出厂、销售过程中的物品，也是在库问题。季节在库就是对于随季节变化大的商品，备品较多，这也是在库之一。

在库管理是企业物流管理的重要内容，也是现代物流管理成败的关键。通常来讲，库存管理应解决这样几个问题：什么时候订货，订多少货。

6.2　在库费用

在库管理的费用主要有购入费用、在库维持费、商品脱销损失、生产变更费。

6.2.1　购入费用

购入费用是采购商品过程中花费的全部费用，即在订货过程中花费的全部费用，如差旅费、各种手续费、通信费、招待费以及支付给订货人员的有关费用，订货费与订货次数

成正比。

6.2.2 在库维持费

在库维持费是保管物品时发生的费用，其内容如下：

（1）资本费用。即投入在库商品的资金。这种资金是不能立即转变为现金以作他用的。

（2）保管费。保管费用是仓库在保管物品时所发生的费用。其中包括：仓库的房租、水电费；物品出入库时的装卸、搬运、验收、堆码检验费用；保管用具的用料费用；保管人员有关费用；因保管物资积压资金的利息。显然，保管费用的高低与被保管物资的数量多少、保管时间长短有关系。

（3）物品损伤费。这是仓库在保管物品过程中，因货损货差、损伤物品所发生的费用。

（4）保险和税收的费用。这是保管在仓库中的物品需要保险和税收所发生的费用。

（5）在库管理系统维持费。这是维持在库管理系统所发生的一切费用，如维修费等。

（6）信息收集费。计算机处理工作时发生的费用等。

（7）在库管理者和仓库工作人员的工资。

（8）缺货/补货费。

①缺货费用。顾客所需物品库中无货，造成缺货损失就是缺货费用。缺货一来容易使企业失去商机和信誉，二来使经营受损，缺货量越多损失越大。

②补货费用。补货就是没有现货满足客户要求时，又不能让客户空手而归，劝其在此订货，立即组织货源补给客户。

许多经营者常采用这种先订货后补货的方法。此法对于经营者有利，因为占用库存和资金较少，经营成本低，效益较高。但是，要实现补货并非容易，首先需要获得客户的高度信任。为了得到客户的高度信任，需要投入费用，如平时对客户的感情投资、优惠售后服务、免费送货、优惠价格等，均是补货费用。

③进货费。这是发生在进货过程中的费用，从供应点把购物运到途中发生的费用，如包装、装卸、运输、中转等费用。进货量大，其费用也大。

6.2.3 商品脱销损失

众所周知，一旦商品脱销必然失去商机，造成经济损失。为了保证商品的正常供应，必须时刻监控物品数量，及时订货，确保物品按计划入库。

6.2.4 生产变更费

随着生产变更而发生的费用叫做生产变更费，如加班费、培训费等。

6.3 在库规划系统

在库规划系统分为在库管理系统和器材计划系统。在库规划系统的信息是非常复杂的，图6－1所示为在库规划系统信息流程。

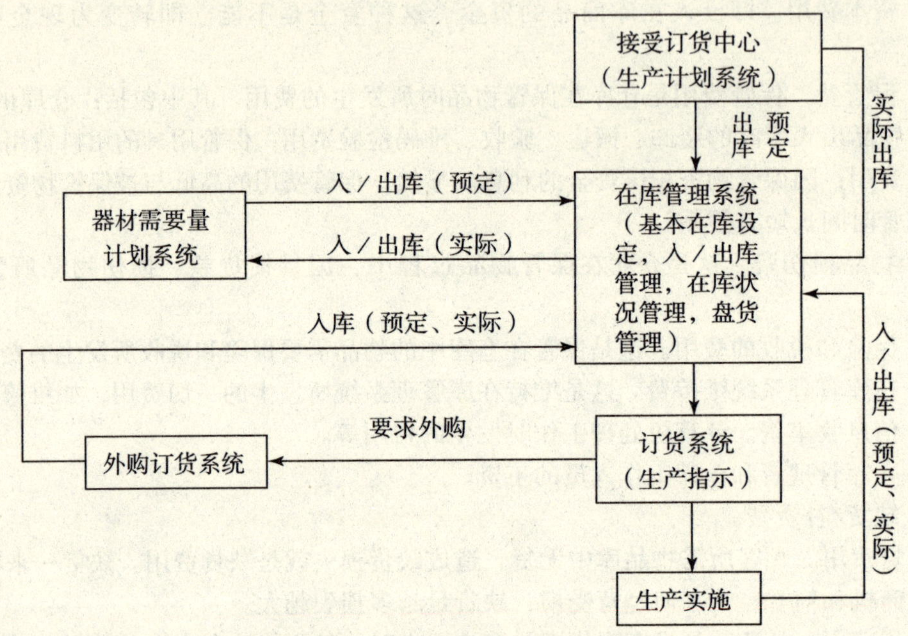

图6－1　在库计划系统信息流程

6.4 在库管理系统

无论什么样的在库管理系统必须解决订货量和订货时间等两个问题。也就是说必须具备三个基本系统，即定量订货系统、定期订货系统和（s，S）系统。这三个基本在库系统如图6－2所示。定量订货系统的每次订货量相同，但是订货间隔时间是变化的，如图6－2（a）所示。当在库量在A点时开始订货，也就是说A点为再订货点（ROP）。对于定期订货系统来说，订货时间是固定不变的，但订货量是变化的。如图6－2（b）所示。定期订货系统通过定期预测物品需求量来决定订货量。所谓（s，S）在库管理系统，是由上述两个系统结合而成的。在（s，S）在库管理系统中，订货量和订货间隔是变化的。图中s直线和S直线分别表示最小在库量和最大在库量。s直线和S直线的差值为订货量。

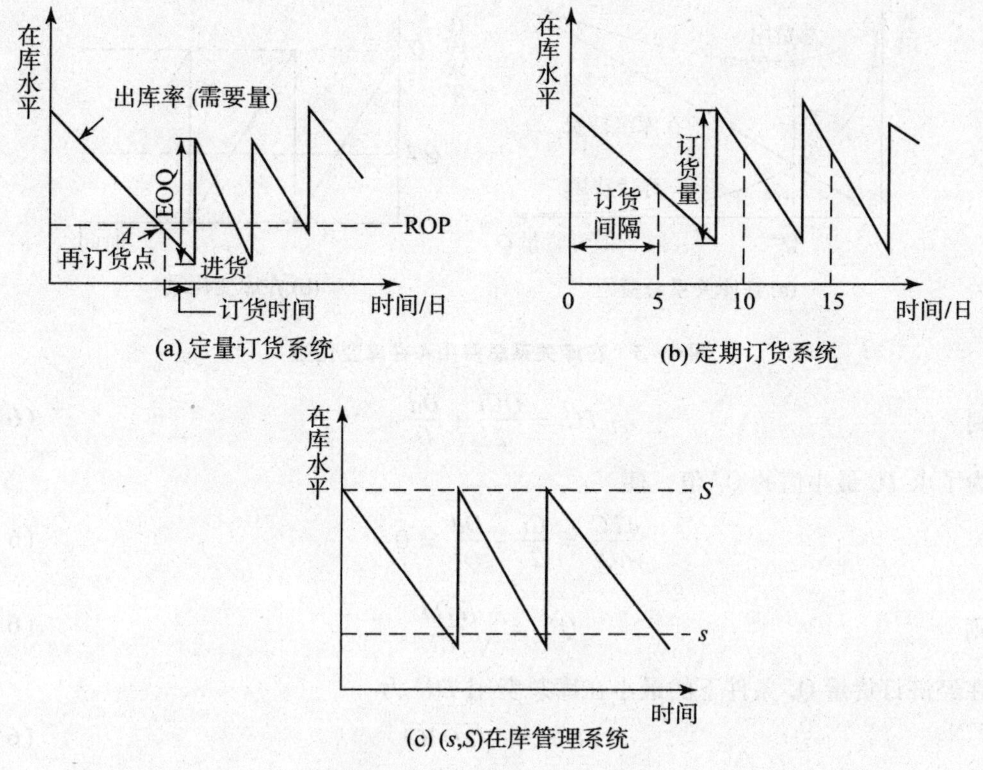

图6－2　三个基本在库管理系统

6.5　定量订货系统

6.5.1　订货量的决定

在这个定量订货系统中，订货量也叫做EOQ（Economic Order Quantity，经济订货量）。

1. 基本模型

图6－3所示为在库关系总费用和在库变化线。图6－3（a）所示的在库关系总费用，由在库维持费和订货费组成。

在库维持费曲线和订货费曲线的交点 Q^* 为经济订货量EOQ。EOQ的计算方法如下：

设：TC——在库关系总费用；

Q——订货量，如图6－3（b）所示，为保证需要量，必须保证 $Q/2$ 的库存量；

D——年需要量；

i——年间在库维持费率（占物品单位价值的百分数）；

C——物品单位价值；

d——每次订货费；

Q^*——ECQ（经济订货量）；

TC^*——Q^* 点时的最佳在库关系总费用。

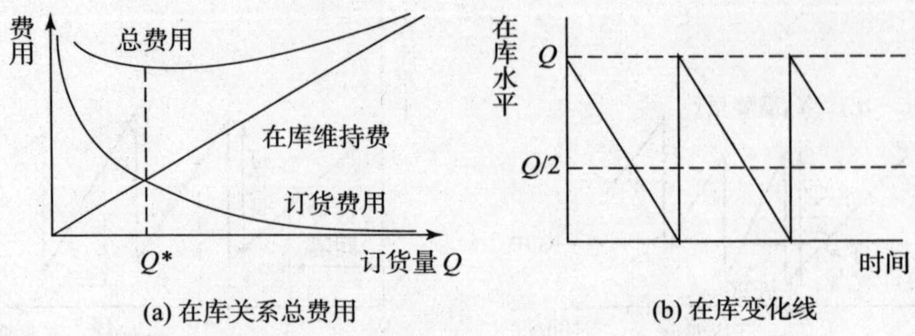

(a) 在库关系总费用　　(b) 在库变化线

图6－3　在库关系总费用和在库变化线

则
$$TC = \frac{QCi}{2} + \frac{Dd}{Q} \tag{6-1}$$

为了求 TC 最小值的 Q^* 值，使
$$\frac{dTC}{dQ} = \frac{Ci}{2} - \frac{Dd}{Q^2} = 0 \tag{6-2}$$

则
$$Q^* = \sqrt{\frac{2Dd}{Ci}} \tag{6-3}$$

在经济订货量 Q^* 条件下的最小在库总费用 TC^* 为
$$TC^* = \sqrt{2DdCi} \tag{6-4}$$

例如，设 $D=2500$ 单位，$d=40$，$C=200$，$i=10\%$，则
$$Q^* = \sqrt{\frac{2 \times 2500 \times 40}{200 \times 0.1}} = 100 \text{ 单位}$$

2. 分批入库时的 EOQ

图6－2所示的入库作业是瞬时完成的。但是，实际上当入库量较大时是分批入库的。表6－1所示为分批入库记录。

表6－1　　分批入库记录

期间（月）	1	2	3	4	5	6	7	8	9	10	11	12
入库	12	12	12									
出库	3	3	3	3	3	3	3	3	3	3	3	3
在库量	9	18	27	24	21	18	15	12	9	6	3	0

这个状况如图6－4所示。

分批入库时的 EOQ 值计算如下：

设：D——年间出库率（年间使用率）；

P——年间生产率（年间入库率）；

i——年间在库维持费率；

C——单位原价；

d——每次订货费用（订货手续费）。

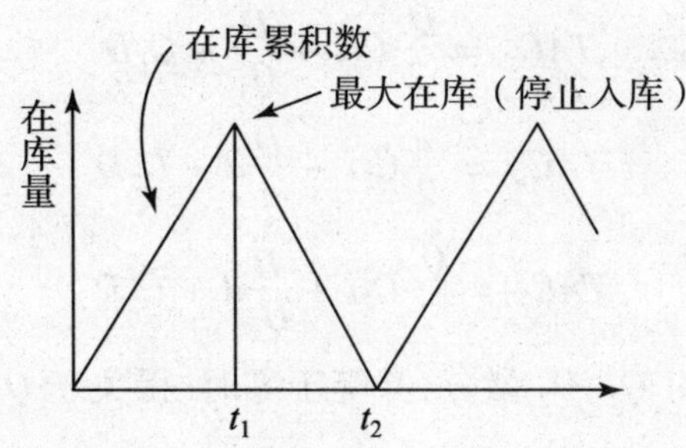

图 6－4　分批入库时的 EOQ

$(P-D)$ 为在库增加率，当 $P>D$ 时，表示有在库物品。设 t_1 是在库累积时间，则

$$Q=t_1P \tag{6-5}$$

此外，订货费＝订货次数×每次订货费，即

$$\text{订货费}=(\frac{D}{t_1P})d=(\frac{D}{Q})d \tag{6-6}$$

$$\text{平均在库量}=\frac{t_1(P-D)}{2}=\frac{Q}{P}(\frac{P-D}{2}) \tag{6-7}$$

根据 $\frac{Q(P-D)}{2P}Ci$ 得在库维持费 TC

$$TC=\left(\frac{D}{Q}\right)d+\frac{Q(P-D)}{2P}Ci \tag{6-8}$$

设
$$\frac{\mathrm{d}TC}{\mathrm{d}Q}=\frac{-Dd}{Q^2}+\frac{(P-D)Ci}{2P}=0 \tag{6-9}$$

得
$$Q^*=\sqrt{\frac{2Dd}{Ci(1-\frac{D}{P})}} \tag{6-10}$$

3. 有数量折扣的 EOQ

数量折扣是供应商提供给购买厂家的一种优惠条件。单位商品的购买费用随着购买数量的增加而有一定程度的下降，它是订货量的函数。

当订货量超过某数量（a）时，比较便宜时计算如下：

设：订货量 Q_1：$1\leqslant Q_1<a$ 时，单位原价为 C_1 元；

订货量 Q_2：$Q_2\geqslant a$ 时，单位原价为 C_2 元；

当然，由于订货量的增加，单价会有所下降。因为 $Q_2>Q_1$，所以 $C_2<C_1$。

TAC_1：Q_1 时的年总费用（包括年间购物垫资）；

TAC_2：Q_2 时的年总费用（包括年间购物垫资）；

TAC_a：a 时的年总费用（包括年间购物垫资）。

设：D——年需要量；

d——每次订货费；

i——年间在库维持费率（占物品单位价值的百分数）。

则
$$TAC_1 = \frac{Q_1}{2}C_1 i + \frac{D}{Q_1} + C_1 D \tag{6-11}$$
$$TAC_a = \frac{a}{2}C_2 i + \frac{D}{a}d + C_2 D \tag{6-12}$$
$$TAC_2 = \frac{Q_2}{2}C_2 i + \frac{D}{Q_2}d + C_2 D \tag{6-13}$$

使 TAC_1 和 TAC_2 分别对 Q_1，Q_2 微分，并等于零时，得关于 Q_1、Q_2 的解 Q_1^*、Q_2^*。
$$Q_1^* = \sqrt{\frac{2Dd}{C_1 i}} \tag{6-14}$$
$$Q_2^* = \sqrt{\frac{2Dd}{C_2 i}} \tag{6-15}$$

图 6－5 所示为有数量折扣的订货顺序。

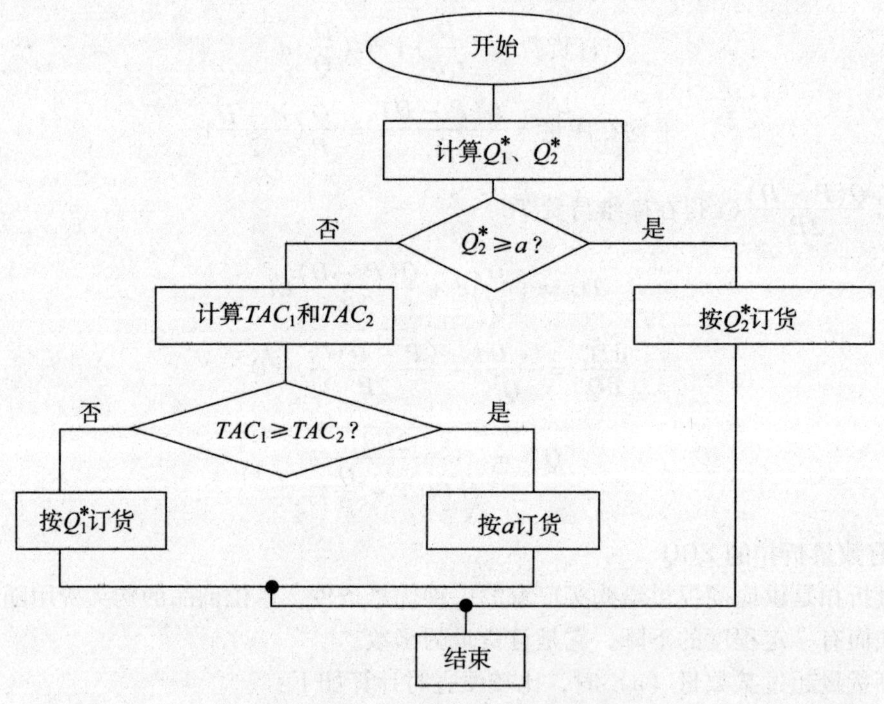

图 6－5　有数量折扣的订货顺序

4. 订单余额（缺货量）的 EOQ

当订货量超过在库量时，超过的部分叫做订单余额。此时，首先把进货量用来补充订单余额。所剩余部分叫做在库量。在这种条件下的 EOQ 计算如下：

设：L——计划时间；

t_1——在库时间；

t_2——非在库时间；

D——在 L 时间内的需要量；

C_1——单位时间内的单位在库维持费；

C_2——单位时间内的单位缺货损失；

d——订货费（手续费）；

t——订货间隔；

S——订货余额；

TC——在库关系费。

由图 6－6 可知：

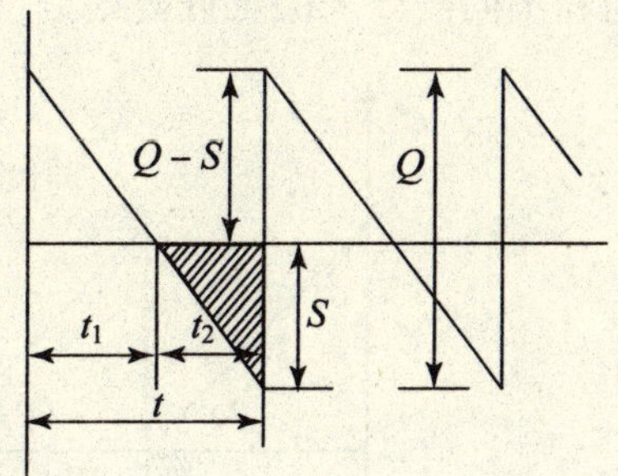

图 6－6　订单余额

$$\begin{cases} t_1 = t \times \dfrac{Q-S}{Q} \\ t_2 = t \times \dfrac{S}{Q} \end{cases} \tag{6-16}$$

因为，订货费为 $\frac{D}{Q}d$，保管费为 $C_1 \frac{Q-S}{2}t_1 \times \frac{D}{Q}$，缺货损失费为 $C_2 \times \frac{S}{2} \times t_2 \times \frac{D}{Q}$，所以，在库关系费 TC 为：

$$TC = \left(d + C_1 \frac{Q-S}{2}t_1 + C_2 \frac{S}{2}t_2\right)\frac{D}{Q} \tag{6-17}$$

因为 $\frac{t}{L} = \frac{Q}{D}$，所以 $t = \frac{LQ}{D}$。

把 t 代入（6－16）式得到 t_1 和 t_2，再把 t_1、t_2 代入（6－17）式，整理得

$$TC = \frac{Dd}{Q} + \frac{C_1L(Q-S)^2}{2Q} + \frac{C_2S^2L}{2Q} \tag{6-18}$$

设 $\frac{\partial\ (TC)}{\partial\ Q} = 0$，$\frac{\partial\ (TC)}{\partial\ S} = 0$，求 Q 的最小值，即为订单余额的经济订货量 Q^*。

$$Q^* = \sqrt{\frac{2Dd}{C_1L} \cdot \frac{C_1 + C_2}{C_2}} \tag{6-19}$$

6.5.2 订货点的决定

决定再订货点的三大要素：品目的需求分布、订货时间和关于缺货的在库政策。关于需求分布，用以前数据的频率分布或理论分布。当订货期较长时，由于提前订货，造成了在库品过多现象。图6－7（a）所示，一旦推迟了订货时间，就减少了安全在库量，即将发生缺货现象。图6－7（b）所示，如果需求物品时间比预见的订货期要早一些时，这样不利于安全在库。为此，根据订货时间和不同需要来决定订货点。

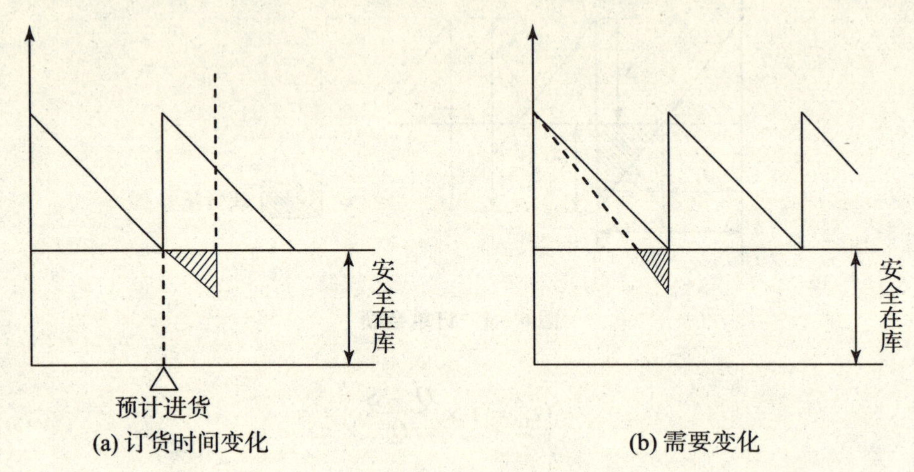

图6－7　在库变动

设：ROP——订货点；

L——最大订货时间（月）；

$\overline{D}$——一个月的平均需要量；

α——安全系数（取1.2～1.65）；

σ_D——每月需要量的偏差。

$$ROP = L \times \overline{D} + \alpha \sqrt{L} \cdot \sigma_D \qquad (6-20)$$

例如：$L=5$（月），$\overline{D}=150$（个），$\alpha=1.65$，$\sigma_D=15$（个）

则 $ROP = 5 \times 150 + 1.65\sqrt{5} \times 15 \approx 805$（个）。

6.5.3 安全在库的决定

$$安全在库 = 安全系数\alpha \times 需求量的偏差\sigma_D$$

1. 安全系数α的决定

（1）通过商品缺货概率（在正态分布情况下）决定α值。根据经验，若商品缺货概率为1%、2.5%和5%时，则α值分别为2.33、1.96和1.65。

（2）每个周期的平均商品缺货个数。

设：$P(D)$——需求量分布；

D——需求量的概率变量；

I——在库量；

n——数据；

$E(D>I)$ ——平均商品缺货个数。

则

$$E(D > I) = \sum_{n>I}(D - I)P(D) \tag{6-21}$$

（3）每个周期的平均商品缺货金额。

设：C_1——缺货商品单价，

则平均商品缺货金额 $=C_1E(D>I)$。即

$$C_1\sum_{n>I}(D - I)P(D) \tag{6-22}$$

2. σ_D 的决定

（1）通过无偏差的平方根求 σ_D 。

$$\sigma_D = \sqrt{\frac{\sum(D - \overline{D})^2}{n - 1}} \tag{6-23}$$

（2）根据标准偏差求 σ_D 值。

$$\sigma_D = \sqrt{\frac{\sum(D - \overline{D})^2}{n}} \tag{6-24}$$

6.6 定期订货系统

6.6.1 订货量的决定

订货量 =［（订货时间 + 订货间隔）的计划需求量］ -［已购量］ -
［在库量］ + 安全在库量

式中，订货间隔等于订货时间。也就是说，如果订货时间为0，则 t 时间最后的订货量的进货时间为 $t+1$ 时刻。

设：Q_t——t 末的订货量；

I_t——t 末的在库量；

C_t——t 时间中的实际需要量；

D_t——t 时间中的预测需要量；

I_s——安全在库量；

l——订货时间。

（1）当订货时间为0时，

$$Q_t = D_{t+1} - I_t + I_s \text{（已购量为0）} \tag{6-25}$$

$$I_t = I_{t-1} + Q_{t-1} - C_t \tag{6-26}$$

（2）当订货时间为 l 时（订货时间在1以上时发生的已购量）（参考图6-8）

$$Q_t = \sum_{i=1}^{l} D_{t+1} - \sum_{i=1}^{l} Q_{t-1} - I_t + I_s \tag{6-27}$$

$$I_t = I_{t-1} + Q_{t-l-1} - C_t \tag{6-28}$$

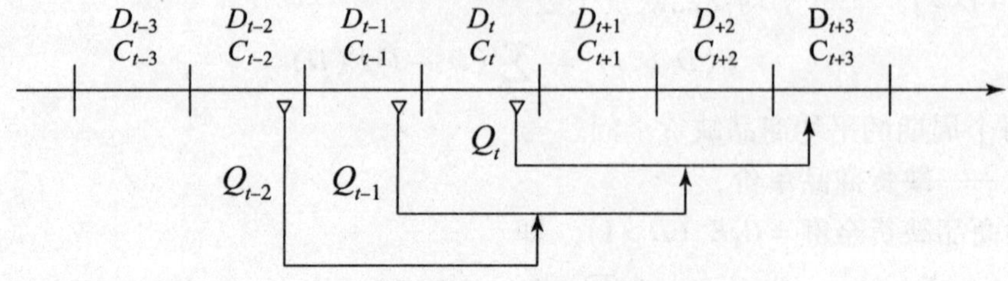

图 6-8　$l=2$ 的例

6.6.2　安全在库量的决定

设：T——订货间隔；

$\sigma_{(L+T)}$——（订货时间＋订货间隔）的需要偏差。

根据图 6-9 所示定期订货系统。得

$$\sigma_{(L+T)} = \underbrace{\sigma_D^2 + \cdots\cdots \sigma_D^2}_{(L+T)\text{个}} = (L+T)\sigma_D^2 \tag{6-29}$$

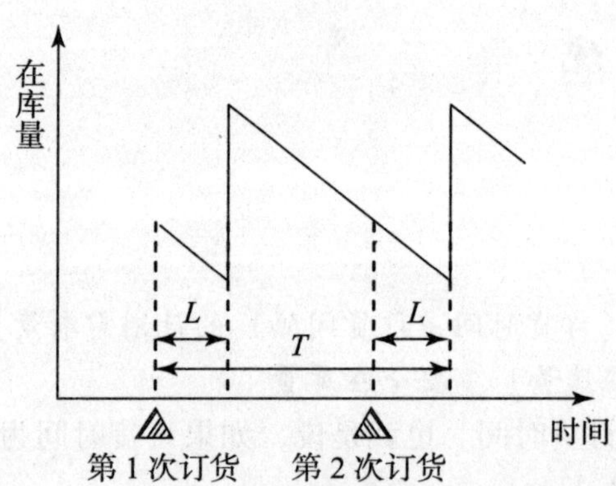

图 6-9　定期订货系统

$$\sigma_{(L+T)} = \sqrt{L+T}\sigma_D \tag{6-30}$$

$$\text{安全在库量} = \alpha\sqrt{L+T}\sigma_D \tag{6-31}$$

安全在库量大于定量订货系统的订货量。

6.6.3　订货间隔（POQ）的决定

订货间隔取决于品目和金额大小，金额大的商品其订货间隔短一些为好。一般情况下，采用定量订货系统的 EOQ，订货间隔 T 计算如下：

$$T = \frac{EOQ}{D} = \frac{\sqrt{\frac{2Dd}{Ci}}}{\overline{D}} \tag{6-32}$$

式中：$\overline{D}$——平均需求量。

6.7 在库定性分析

使用 EOQ 的目的在于优化在库数量，当然必须考虑在库品的金额大小。如果在库品的金额较大，通过 ABC 定性分析，进行重点管理。如表 6－2 所示为 ABC 定性分析表。

在库品目和金额的关系如图 6－10 所示进行分组，对金额大而品目少的物品进行重点管理。

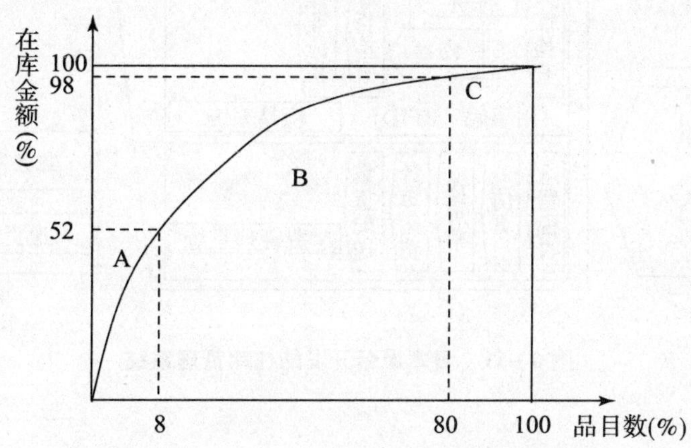

图 6－10　ABC 分析

表 6－2　ABC 定性分析

组	品目数（%）	在库金额（%）	管理方法
A	8	52	严格管理
B	72	46	较严管理
C	20	2	一般管理

图 6－11 所示为日本最新开发的在库管理系统。这个大系统中包括了许多子系统，每个子系统完成一个功能，整个系统是一个有机的整体。一旦接受订单信息流、物流、资金流就开始有序地工作起来。

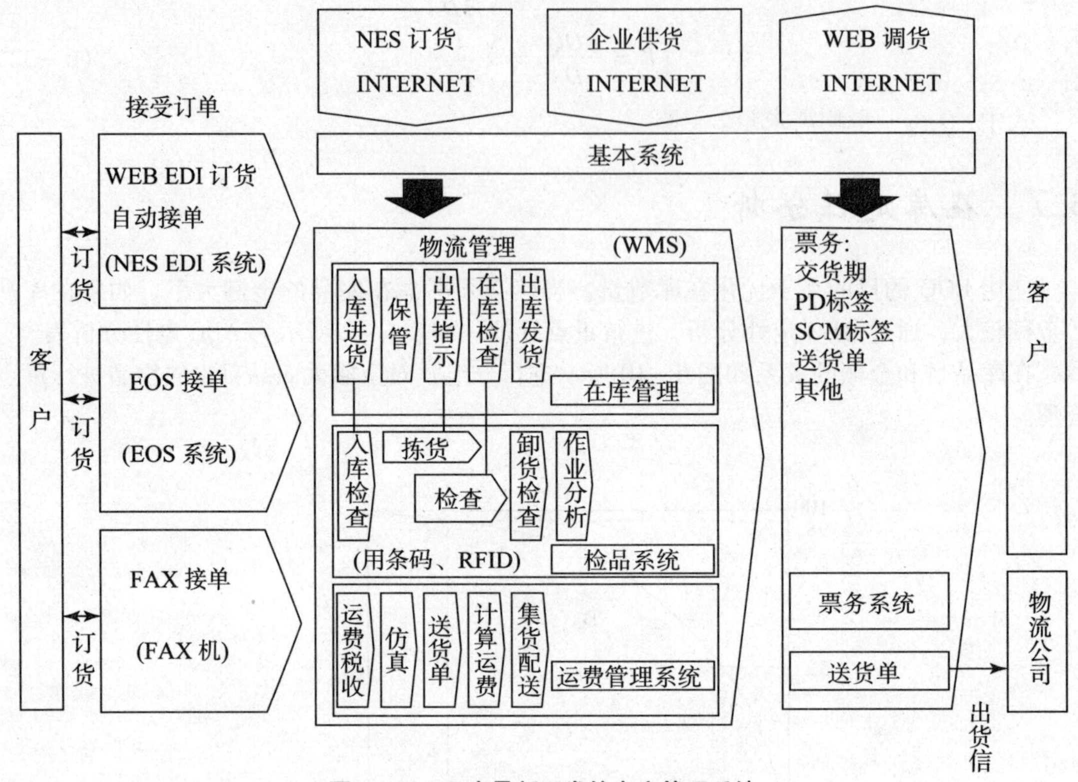

图 6－11 日本最新开发的在库管理系统

7 订单处理

7.1 概 述

订单处理即从接到客户订货开始到准备拣货为止的作业阶段，对客户订单进行品项数量、交货日期、客户信用度、订单金额、加工包装、订单号码、客户档案、存货查询、配送货方法和订单资料输出等一系列的技术工作。

随着计算机等科学技术和全球流通环境的迅速发展，接受订单方式也发生了深刻变化，有传统订货和电子订货两种订货方式。

传统订货方式有厂商铺货、厂商巡货隔日送货、电话送货、传真送货、邮寄订货、客户自行取货和业务员巡户接单等。所谓厂商铺货，就是供应商直接给客户送货，这种方法适用于周转率快或新上市的商品。

电子订货方式是用计算机信息处理来取代传统人工书写、输入和传送的订货方式。它将订货信息转变为通信联络能传送的订货方式。电子订货方式有如下三种方式。

1. 订货簿或货架标签配合手持终端机及扫描仪

即订货人员持订货簿或终端机巡货架，若发现缺货商品，就用扫描仪扫描订货簿或货架上的商品条码标签，再输入订货数量，并将订货信息传给供应商和总公司。

2. POE

客户若有 POE 收银机可在商品库存档内设定安全存量。每当销售一笔商品时，计算机将自动扣除该商品库存。一旦库存小于库存量时，则自动生成订单，经确认后由通信联络传给供应商和总公司。

3. 订货供应系统

客户的计算机信息系统中有订单信息系统，可将订货信息通过与供应商约定的通信格式，在规定的时间将订货信息传给供应商和总公司。

7.1.1 订单处理的要求

1. 高度可靠性

要求商品的库存服务率和顾客订货满意率高、订货周期计算准确。在此过程中要求保质保量且配送准时，订货、预测、计划等准确。

2. 降低成本

为了降低成本，要求如下：提前完成订货计划、提高装载率和利用率、减少积压物资和资金、缩短订货周期和总循环周期。具体说，要求每条运输线、每个订单、每个班次和每项作业都要仔细核算成本，要计算每次订货的路线、数量和起/终点的吨公里费用。

要精确计算：

（1）物流成本（订货管理费用、配送成本和运费等）占销售额的百分比；

（2）运费与销售额的百分比；

（3）配送成本占销售额的百分比；

（4）库存短缺损失及报废品占销售额的百分比；

（5）退货占销售额的百分比；

（6）总供应链管理成本占销售额的百分比；

（7）劳动生产率；

（8）总运输成本。

3. 资产利用率

在投资建物流中心时首先要考虑的是投入产出比的问题。具体问题如下：

（1）库存周转率；

（2）平均库存天数；

（3）投资回报率；

（4）资产回报率；

（5）在全部供应过程中的库存天数；

（6）安全库存、周期库存；

（7）资金流的周期；

（8）净资产交易量；

（9）净资产回报率。

7.1.2 订单处理是物流作业的开始

俗话说，“生意上门有钱赚”，其意是只有接到订单才有事情可做。物流中心能否生存，关键在于有没有足够的订单。把客户的订单资料经过处理后，开始拣货、理货、分类、配送等一系列的物流作业。如图 7－1 所示为从接单到出货的作业流程。

一般来说，仓储作业中的订单处理急需解决的问题是：

1. 简化接单作业

传统接单方法是客户用电话或传真机订货，最常见的是派采购员寻货、补货。电话、传真方法经常造成订货资料不明，必须再确认。此法要花费大量的差费，而且太慢。特别是客户需求多品种少批量，在交通不便的条件下采购员效率极低，难以完成任务，可见简化接单作业的重要性。

2. 如何处理繁多的订货资料

随着商贸业的迅速发展，人们生活水平的提高，多品种、小批量、高频率的订货方法日益增加，这就要求用先进方法处理繁多的订货资料。

3. 如何掌握订单进度

一旦接单后，能否如期如数出货？如何处理库存缺货和客户订单资料变化问题？如何准确、及时告知客户查询订单情况？如何监控订单进度、纳期控制？订单处理是供需双方的事情，为了提高订单处理效率，必须提高双方的作业方式和手段。为此，必须在上下游企业之间为了共同的利益，精诚合作，寻求最佳订单处理方法，提高订单处理效率。

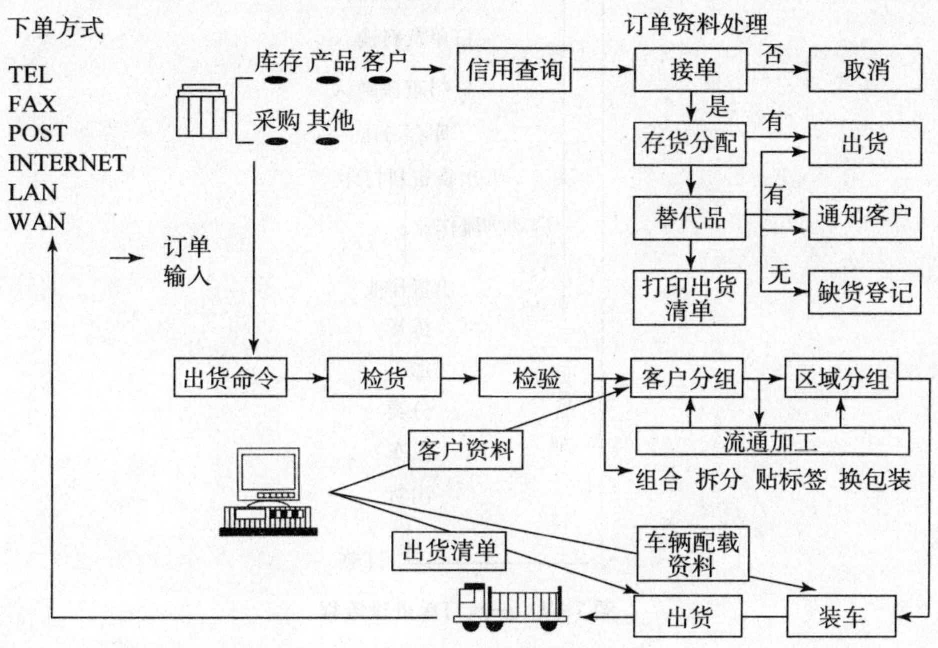

图 7－1　从接单到出货的作业流程

7.2　订单处理范围

7.2.1　订单处理的流通范围

商业所涵盖的行业范围极广，包括了各种商品。行业的流通途径贯通在制造、批发和零售三大范围中。物流中心在流通中担任了制造商业与零售业之间的桥梁作用，即批发作用。为此，物流中心的订单处理是很重要的。图 7－2 所示为物流中心订单处理流程。

订单处理开始也是信息流的开始。仓储管理系统与上下游各种作业紧密相连的，订单处理开始也是仓储管理软件系统数据流的开始，即信息流的开始。在物流中心信息系统中，订单经过处理后产生出货指示资料，此资料进入派车管理系统，进行配送路线优化和车辆指派。每日派车资料传入运费管理和车辆/行车管理系统。另外，出货资料随即进入出货管理系统以便拣货和配车，之后便是账务结算等工作。

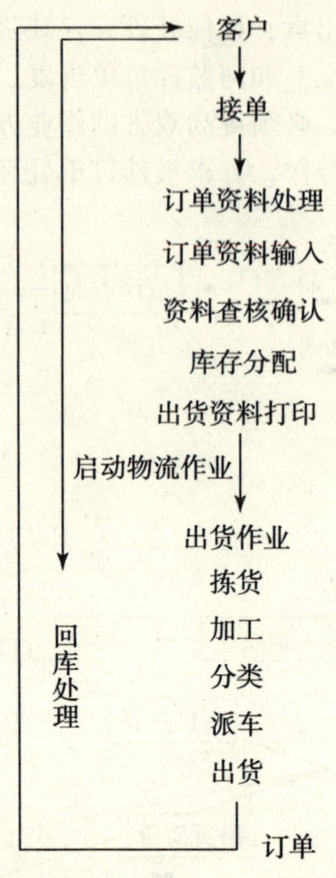

图 7－2　一般订单处理流程

7.2.2　流通组织

1. 零售业

物流中心的主要销售对象是零售业。近年来，随着经济的迅速发展，国民经济收入提高，各种零售业日益普及，十分活跃。这些零售业包括有形商铺和无店销售。图 7－3 所示为零售业态。有形店铺的零售业态的发展是随着国民经济的发展而逐渐兴起的。随着人们生活水平的提高，零售业的形式也从新中国成立初期的百货商店发展为 20 世纪 80 年代的超市和现在的专卖店、购物中心等。本章主要讨论有店铺的零售业。

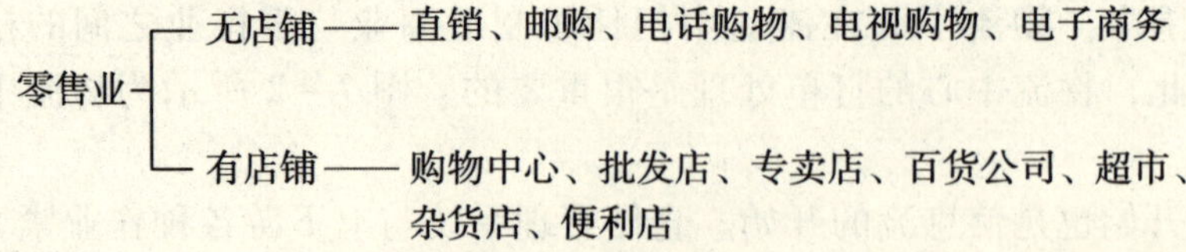

图 7－3　零售业态

2. 物流中心

随着社会进步，物流业的迅速发展，物流中心如雨后春笋般，拔地而起，在车站码头、江河沿岸、大小海港和交通枢纽处，比比皆是，呈现着车如流水、运输有序的繁忙景象。物流中心的种类有：企业型、批发型、营业型、保管型、超市专用型等。建立各种物

流中心的根本目的在于提高服务水平和营业额，降低物流成本和增加效益。以前大型制造企业、零售商和批发商自行建造的物流中心用于配送作业，其目的在于降低物流成本，提高物流配送效率，使自身的物流网络系统化，这种配送系统完全是大型企业自我强化的策略。现在为达到经济的配送规模，降低进货成本，逐渐演变为共同配送的模式，为各种不同的行业提供配送服务。当物流中心迈向共同配送服务之后，配送用户形态、规模和数量将大为增加，相应的订单处理作业不但多元化，而且处理规模和数量也随之增加了。

7.2.3 物流中心与销售渠道的订单流程

物流中心的订单处理是商业活动的重要环节，也是物流中心与零售商的联系纽带。从零售商下订单，物流中心按订单和订单信息输入计算机处理到发货商品的拣货、配送、签收、付款、取款等，这一连串的资料处理不是物流中心单方面的内部系统作业，而是双方之间的统一活动。图 7-4 所示为物流中心与零售商的订单处理流程。从用户下单到物流中心发货、取款，整个流程中的信息均为自动交换。

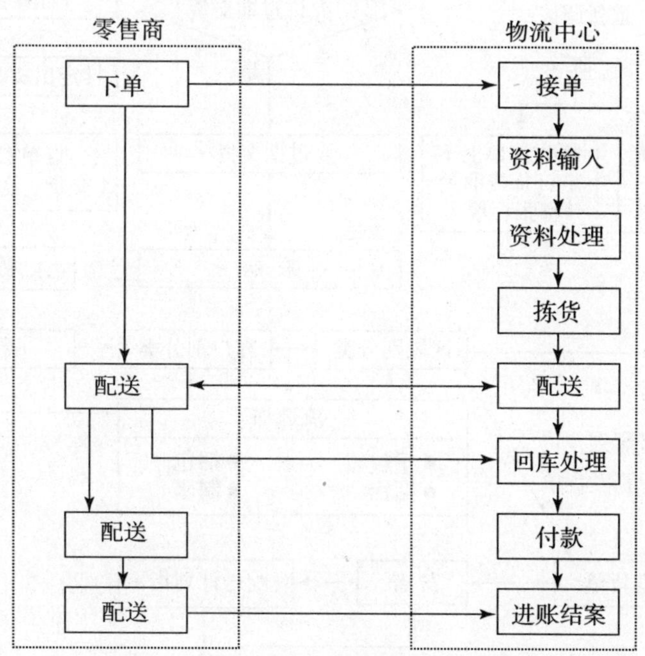

图 7-4 物流中心与零售商的订单处理

7.3 订单处理与物流作业和信息系统的关系

7.3.1 订单处理与物流作业

在物流中心的每天工作中，首先是订单处理，也就是说首先从用户处接受订单信息，然后将其信息进行计算处理并打印出来，从而开始拣货、分类和配送等一连串的物流作业。图 7－5 所示为从接单到发货的作业流程。

需求品种数量日期确定
需求品种数量日期确定
客户信用确认
订单型态确定
订单价格确认
加工包装确认
设定订单号码
建立客户主档
存货查询及依订单分配存货
存货够否？有替代品否？
是
否
允许过期交货？
否
是
重新调拨？
是
否
重新分配存货
删除订单上不足订货或取消整张订单
过期交货
采 购
计算拣货标准时间
排定出货时间、拣货程序
订单资料处理输出（交货、送货、缺货单据）
拣 货
检 品
客户别分类
区域别分类
流通加工
●重包装
●贴标
●捆包
●制函
区域别发货单
客户别发货单
发货单
发 票
配送计划指示
装 车
发 货

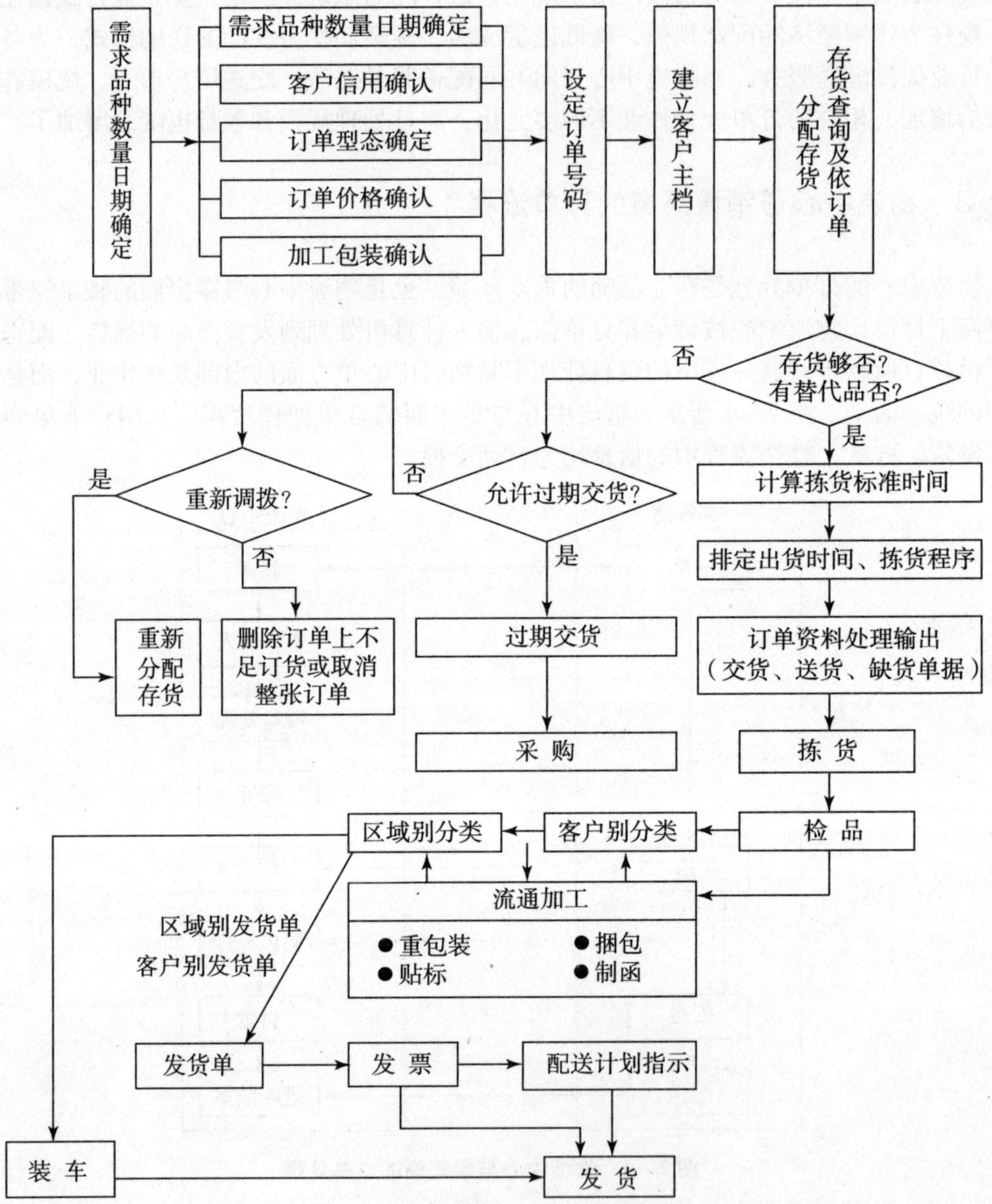

图 7－5 从接单到发货的作业流程

物流中心的物流作业可分为进货物流和发货物流两大类，如图 7－6 所示。当接受用户订单后，经过订单处理，开始拣货、理货、分类、装车、发货等发货物流作业。此外，物流中心为继续运营，充分满足用户需求，必须向供应商采购物品，这就要进行进货、检验、入库、储存保管等进货物流作业。物流中心每天的物流作业都是直接或间接地由订单

处理作业开始。由此可见，订单处理正确与否，将严重影响正确性、效率和成本。一旦订单处理错误，后续的拣货、配送、退货和补送作业等商品的往返处理增加了不必要的物流成本。

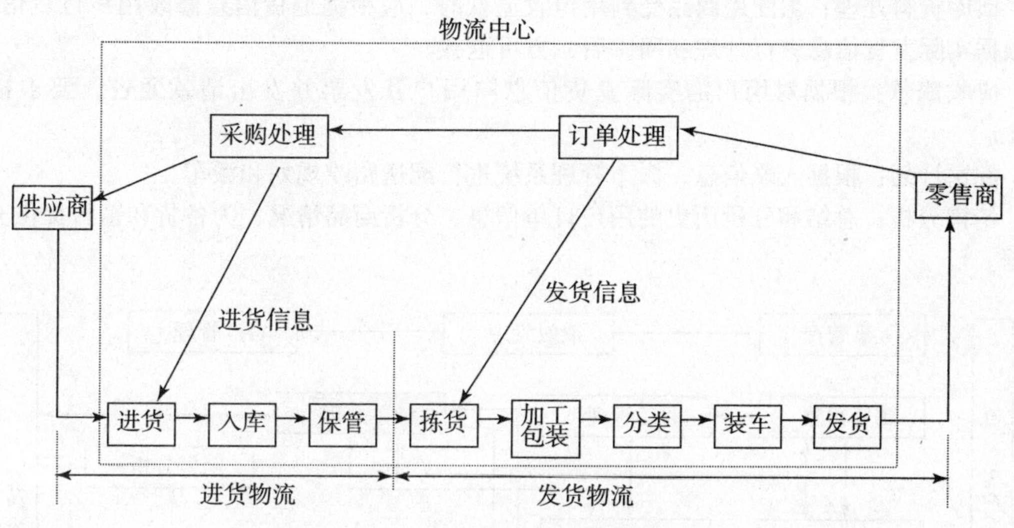

图 7 - 6　物流中心的物流作业

为了正确而高效进行物流作业，必须提高订单处理效率。因此如何有效、正确地接单、输入订货信息，对大量而繁杂的订货信息进行高效分类和汇总，使后续物流作业有效正确进行，便成为订单处理的重要课题。

7.3.2　订单处理信息流

信息是伴随着物流作业而产生的，订单处理开始即物流作业也开始了。图 7 - 7 所示为物流中心信息系统结构图。由图可知，当订单经过处理后则产生发货信息，于是管理系统则进行配送路线安排和车辆指派。若根据配送路线进行拣货时，可按照配送路线制作拣货单。运费和行车管理系统根据每天的派车信息进行运费计算和行车安排。与此同时，当发货信息输入发货管理系统后，对实际发货和出车信息进行确认。当配送回库后的发货信息通过回库处理系统对实际发货进行确认后，则进入用户应收账款管理系统进行账务结算。由此可知，订单处理在物流过程中的重要作用。

订单处理与相关作业系统的关系如下：

库存：订单处理的重点在于如何将库存的用户所需商品最有效地进行分配，即把大量订单信息有效分类和汇总，使物流作业有序进行。

拣货：根据订单处理信息进行拣货。为此，在处理订单时应充分考虑到拣货作业模式和方法，使拣货作业更正确、效率最佳。为了提高自动拣货设备的效率，订单处理的输出方法和形式一定要符合自动拣货设备的要求。

采购：根据订单和库存情况进行采购，特别是对于库存分配后的缺货商品应及时采购。

商品促销：在流通业务中经常进行商品促销活动。为此，订单处理系统必须配合促销活动，并在订单信息中反映出如价格折扣、赠品品项、数量和包装等促销信息。

回库资料处理：当配送商品受到用拒收退款时，应根据退货信息修改用户订货信息，并根据实际发货信息进行处理和回库后，方可退款。

应收账款：根据对用户的实际发货信息向用户开发票并发出请款通告，要求按时入账。

配送计划：根据入账信息，派车管理系统进行配送路线规划和派车。

销售分析：总结和分析历史的用户订单信息，分析商品情况，为备货和销售提供充分根据。

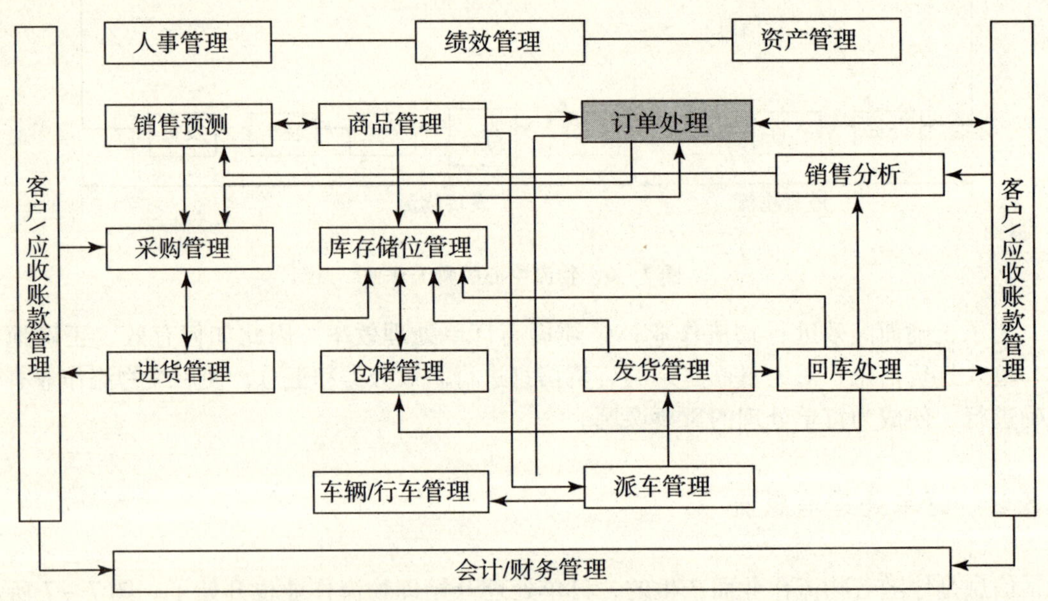

图 7－7　物流中心信息系统结构

7.3.3　订单处理程序

物流中心的订单处理范围主要是处理零售店的订货业务，作业一开始就是接单。对订单的订货信息进行处理和输出后，则开始了物流中心的发货物流作业。在一连串的物流作业中，订单处理系统对订单进行在线处理。即使开始了配送发货，订单处理作业并未结束，必须对用户拒收、配送错误和配送路线变化等异常因素进行处理后，进一步确定实际配送信息之后，才算结束订单处理。

图 7－8 所示为订单处理程序。订单处理作业流程包括接单、订单信息处理和订单状况管理等内容。

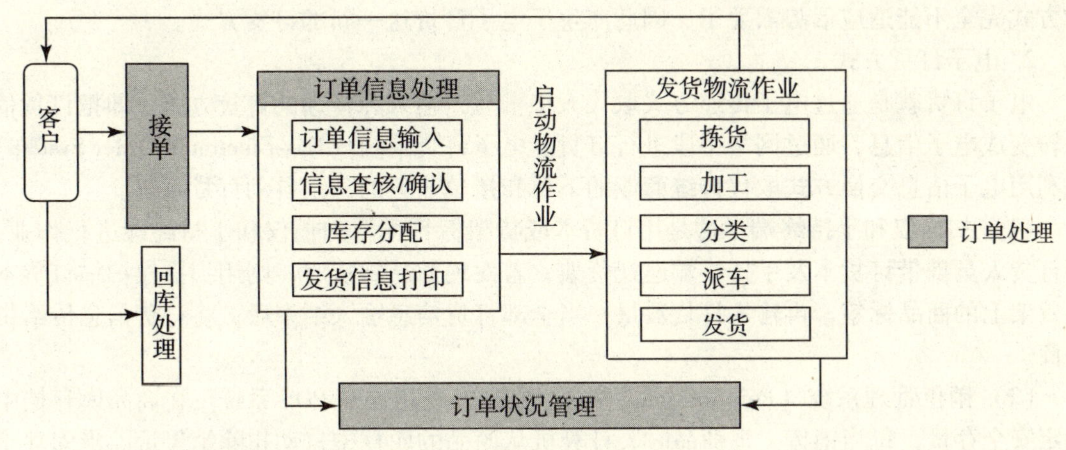

图 7－8　订单处理作业程序

7.4　接单作业

物流作业的第一步就是接单工作。接单内容包括传统订货方式和电子订货等。

7.4.1　订货方式

1. 传统订货方式

（1）厂商送货。这种方法是供应商直接对用户送货，这种方式对于周转率较快的商品或新上市商品较为有效，对于周转率较低商品不太适用，特别是对于多品种、小批量商品不能使用这种方法。

（2）厂商巡货，隔日送货。这种方法较为流行。厂商的巡货员为商店整理货架、贴标、提供经营管理意见和市场信息等。此方法缺点在于把巡货员费用计入商品价格中，增加了商品成本。

（3）电话订单。这种订货方式是订货人员将商品名称和数量通过电话向厂商订货。这种订货方式的缺点在于商品种类和数量越多，供应厂商也越多，不但话费多而且错误率高。

（4）传真订货。这种方式是把所需货品信息整理为书面材料，通过传真机传给厂商。此法优点在于信息传递快速和准确，提高了订货效率。

（5）邮寄订单。这种订货方式是把订货单或订货磁卡、磁带等订货信息载体邮寄给厂商。随着商业发展，此法已不能适应社会形势发展要求。

（6）零售商自提货物。这种方式是零售商到供货处去看货、补货和提货。这种自提货物虽然可省物流中心配送作业，但影响物流作业的连贯性。

前述的几种订货方式在订货和取货时，都需要记录和建档工作。欲完成这些工作，需要人工反复输入信息和重复抄写资料。这样不仅耽误时间，使作业烦琐，而且错误率高。特别在多品种、少批量、高频率的订货条件下，要求快速配送，准确无误。显然，传统订货方式完全不能适应形势需要了，因此产生了电子订货这一新的订货方式。

2. 电子订货方式

电子订货就是通过电子传递方式取代人工书写，输入和传递的订货方式。即把订货信息转变成电子信息，通过网络手段进行订货。电子订货系统（Eos-Electronic Order System）是利用电子信息交换方式取代传统商业的下单和接单业务的，是自动订货系统。

（1）扫描仪和手持终端。这是用订货本或货架标签配合扫描仪和手持终端进行作业，即订货人员携带订货本及手持终端巡视货架，若发现商品缺货时，则用扫描仪扫描订货本或货架上的商品标签，再输入订货数量。当全部订货信息输入结束后，将订货信息传给供应商。

（2）销售管理系统（Point of Sale，简称 POS）。利用这个 POS 系统可在商品库存档中设定安全存量，每当销售一笔商品时，计算机从商品的库存中自动扣除销售量。当库存小于安全存量时，即自动产生订货信息，并通过电信网络传给供应商进行订货。

（3）订货应用系统。这个订货应用系统产生的订货信息，通过订单处理系统处理之后，迅速传递出去。

3. 电子订货效益

（1）销售方面。对于零售业来说，电子订货优点如下：下单快速、正确和简便。商品库存适量化，只订购所需数量，可分多次下单。完全适应于多品种、小批量、高频率订货方式。这种订货方式缩短了交货时间，降低了商品库存量，减少因交货出错造成的缺货概率和减少了进货验货作业。

（2）供货方面。对供应商而言，电子订货方式的优点如下：简化接单作业，缩短接单时间，减少了人工处理错误，使接单作业更加快捷、正确和简便，减少了退货处理作业，满足用户多品种、少批量、高频率订货要求，缩短交货的前置时间。

4. 电子订货方式的发展

（1）计算机信息处理：

①离线处理（Off-Line）。以前，在计算机不发达时，处理信息多是离线处理，也就是计算机处理中心和信息中心分置两处。这样就需要用人工、邮政或交通工具等来传递信息。当信息处理结束后，也用相同方法来传递信息，这种离线处理信息缺点是需要大量时间。

②在线处理（On-Line）。所谓在线处理就是将产生的信息直接输入计算机信息处理中心进行处理，处理后的信息又直接输出到需要信息的地方。在产生信息处和需要信息地方设置终端，利用信息处理优点是快速准确。

③分散处理。随着计算机功能增加，容量增大，计算速度快捷，原本只限于单纯输入、输出的终端机可采用能进行某些信息处理的智能型终端机。即在产生信息的地方首先进行一些简单的信息处理之后，再把处理后的信息传到计算机中心进行再处理，其优点在于快速准确、效率高。

④计算机网络。众所周知，一般在线处理是用一台主计算机与相关业务的终端机连接起来，进行企业内的业务处理。但是，随着社会进步，虚拟企业出现，企业之间的分工合作日益频繁，企业之间信息共享十分重要，因此计算机网络逐渐发展起来了。

⑤VAN（Value Added Network，加值网络）。在信息社会中，企业之间的跨行业化、国际化和网络化日益兴起，使得信息范围日趋扩大，要求能处理不同企业、不同计算机和不同计算机网络之间的信息。为此，一个能连接各企业的计算机的网络逐渐兴起。这个网络处理、传递和交换信息速度快，附加值特高，所以叫做加值网络。

（2）电子订货种类：

①企业内部电子订货。企业的重要业务之一是订货工作。电子订货发展初期只限于企业内部订货作业在线化，这就是各分公司的终端与总公司计算机在线随时可传递订货信息。也就是说公司把分公司的订货信息整理汇总编制表单，利用人工、邮政、电话、传真机等方式传递给供应商。供应商再将其输入计算机。图7－9所示为企业内部电子订货。

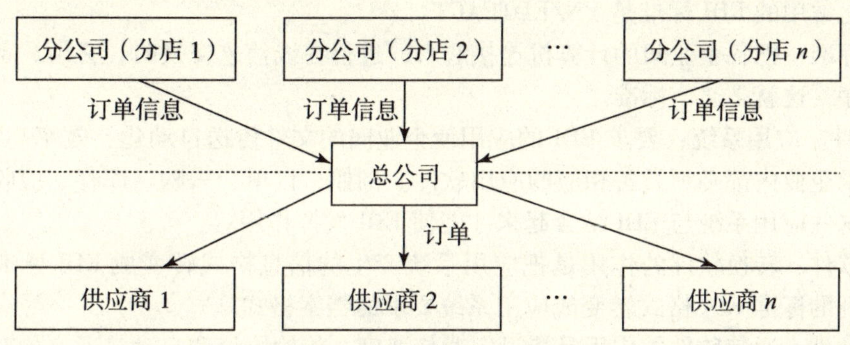

图7－9　企业内部电子订货

总公司通过通信线路把订货信息传送给供货商。为了使信息能直接传递给供应商的订单处理系统，要求资料格式、代码、计算机的种类都要统一起来，否则不能直接传递信息。

②企业间的电子订货。随着虚拟企业的发展，企业间的分工与合作更加重要了。因此，为了实现企业间信息传递、资源共享，必须实现网络化。

为了使企业间订货作业网络化，实现不同作业流程，不同表单格式和不同种类计算机之间能够互通信息，必须应用电子信息交换技术和VAN网络中心。

EDI（Electronic Data Interchange，电子信息交换）是把企业间交流的资料文件，用标准化格式，利用电子信息型态，相互在计算机之间传递。这是一种计算机、网络技术、软件等集成的信息技术。

计算机和应用系统之间的无线化及自动化作业，就是企业间的交易文件，如订单、送货单、退货单和对账单等，在本企业的计算机应用系统中生成后，经过共同的标准格式传递给对方计算机应用系统中加以处理。这种在计算机之间的传输信息，是具有计算机可以直接处理的格式，应用EDI处理企业间的商业文件，能实现无线化和自动化作业。

EDI优点：利用EDI可以缩短传送文件时间和作业流程，减少错误，使文件输入工作更省力、快速和精确，此外，能大幅度降低企业成本。

EDI是企业间的信息交换系统。为实现信息交换必须具备如下条件：

a. 标准。在企业间共享不同的商业文件，必须有共同的商业协定和标准。

商业代码：商业代码从前是企业内部为管理商品而设定的分类代码，与其他企业没有关系。但是，随着企业间的分工合作，信息共享和商品流通效率化的要求日益强烈，商品代码必须考虑整个物流活动。也就是说商品代码是物流过程中的信息传达者，它使商品流通更加顺畅和快捷，因此，一定要有一个共同的商品代码。此外，为使代码易于阅读，需使代码条码化，即国际条码。

企业代码：为使各企业共享信息，各企业应具有一个统一的企业代码，便于快速交换信息。

EDI 标准（信息格式）：每个企业都有自己的传票、单据和文件格式，这在企业的信息系统中有不同的信息库和档案库。为使各企业不同格式的信息能让彼此的计算机识别和阅读，就必须有一个共同认可的信息格式作为介体，这就是 EDI 标准。

国际上常用的 EDI 标准是 VN/EDTFACT。

通信标准：把各企业间的计算机连接起来，进行在线信息交换时，必须具备一个共同的通信程序，这就是通信标准。

b. 软件。应用系统：要求 EDI 的应用使企业间的文件传送自动化、效率高、错误少。为此，要求企业内部必须具备相应的应用软件。例如，订单、采购、库存、应收和应付等系统，把这些应用系统与 EDI 结合起来才能使 EDI 发挥作用。

转换软件：转换软件的作用是把应用系统产生的信息格式转变成 EDI 标准格式，或者把接收到的标准 EDI 格式转变成应用系统要求的档案格式。

通信软件：通信软件的作用是能设定通信速度、传输协议和自动接通交易对象，并能把 EDI 格式信息传送给对方。

③通信网络。当应用 EDI 与厂商传送信息时，若交易对象不多，可用点对点传送方式，即交易对象间的计算机用电信线路直接连接起来。这种方法对于交易对象较多时很不经济。因为交易对象不同，其计算机型号、作业系统和通信协议等均不相同。把这些问题统一转换成规定格式，则提高了成本，很不经济。VAN 中心具有专业网络，能处理 EDI 信息的传送问题，效率高，成本低。也就是说把欲传送出去的 EDI 数据首先传给 VAN 中心，再由 VAN 中心传给各交易对象；反之，交易对象的信息也由 VAN 来接收。为此，用户只要与 VAN 中有通信协议，则可通过终端机和众多交易对象收发信息。

VAN 中心所提供的服务有信息的存储、传送和加值服务。这些服务使企业间的 EDI 效益更加完美。例如：

转换服务：代码转换、通信规则转换、资料格式转换、软件转换、传送速度转换。

信息积存交换服务：信息积存交换是 E-mail 的服务功能，即首先把传送者的信息积存在 VAN 的计算机中，再将其传送给接收者。这种信息的收集和传送，使用者可按需自动传送或取用。

信息复制：可把相同信息传送给许多相关用户。

图 7－10 所示为 EDI 信息传送作业流程。由图可知，企业 A 的应用系统产生的文件，经过 EDI 转换软件变成标准的 EDI 格式，经过通信软件传送给 VAN 中心。

交易对象企业 B 经过通信软件接收来自 VAN 中心的标准 EDI 信息，再经过 EDI 转换软件将其转变为企业内部的应用系统能识别的信息格式。

图 7－11 所示为订单信息的传送流程。这是应用 EDI 进行订货作业，其做法是各零售

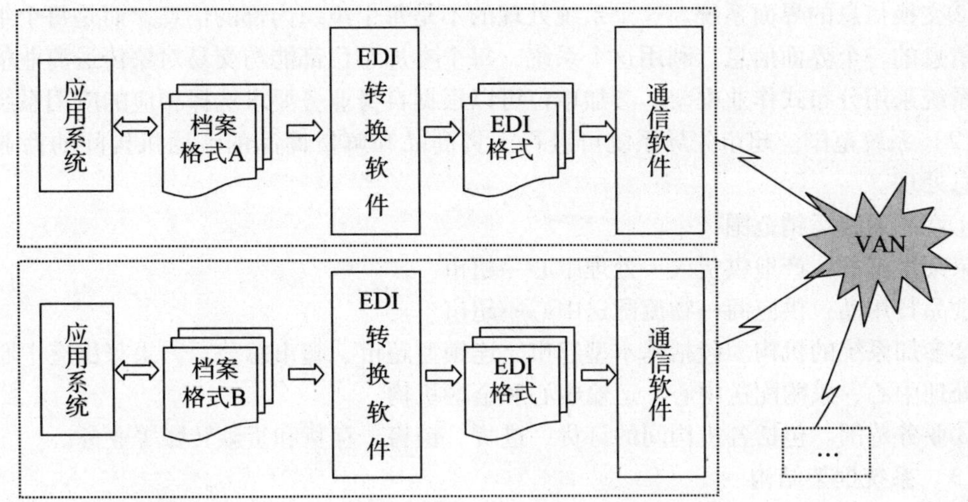

图7－10　EDI作业流程

店通过VAN中心，把订货信息传给总公司，总公司把这些订货资料汇总整理并转换为标准EDI格式后传给VAN中心，由VAN中心分配给各供应商。零售店也可直接把订货信息转换为标准信息格式后由VAN中心传送供应商。供应商可在规定时间内收到VAN中心的订货信息，也可通过VAN中心的E-mail得到订货信息。供应商得到标准格式订货信息后，将其转变为内部系统认可的格式后进行信息处理，为供货提供文件依据。

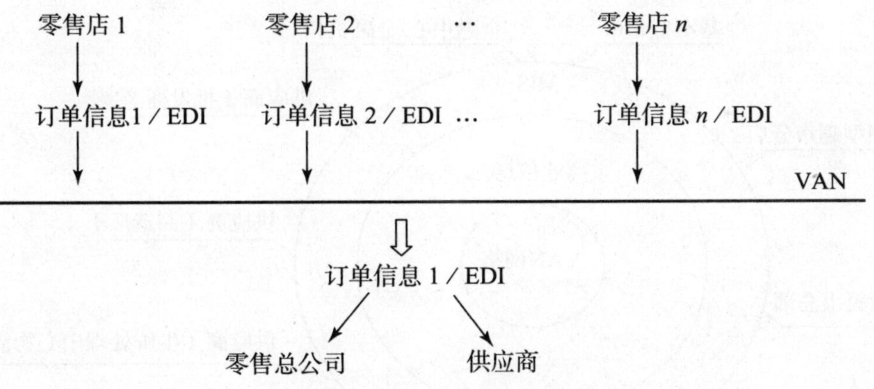

图7－11　订单信息传送流程

7.4.2　电子订货系统

1. 超市加值网络系统

（1）系统特征

①应用EDI和VAN传送商业信息。超市先导系统是一个使用EDI和加值网络中心VAN来解决商业中各厂商间复杂交易的系统。先导系统预先建立一个各交易对象用的EDI，通过加值网络中心来传送交易信息。

②交换信息的界面系统。这个系统处理的不是每个组织内部的信息，而是每个组织间交换信息的一个界面信息。利用这个系统，每个参加单位都能与交易对象传送商业信息。

系统采用分布式作业框架，参加单位可以根据自身业务要求选择相应的应用系统。

（2）系统范围。超市先导系统可进行干货商品和鲜货商品的流通机构间的商业文件和信息处理。

①商品通路运销范围

果菜生鲜品：产地供货人→处理中心→超市

食品日用品：供应商→物流配送中心→超市

②参加系统的机构。包括基本型超市、连锁型超市、超市总公司、果菜供应中心、生鲜品处理中心、采购配送中心、运输中心和金融机构。

③业务范围。包括各机构间的订货、进货、销售、存货和货款转账等业务。

（3）系统框架结构

①交易伙伴间的对外商业信息。参加先导系统的各单位，本身可能有各自的管理信息系统，先导系统的工作是处理参加单位与其伙伴间的商业信息交换业务。若参加单位本身具有产生商业文件的应用系统，则先导系统将这些应用系统生成的商业文件转换为标准格式，再通过 VAN 中心传给交易对方。若参加单位没有上述应用系统，则可由先导系统生成商业文件再传给交易对方。图 7－12 所示为先导系统与外界系统的关系机构图。虚线框内为先导系统，交易信息包括订单、订单回执、发票、送货单、派车单和转账单等。图中 MIS 为管理信息系统。

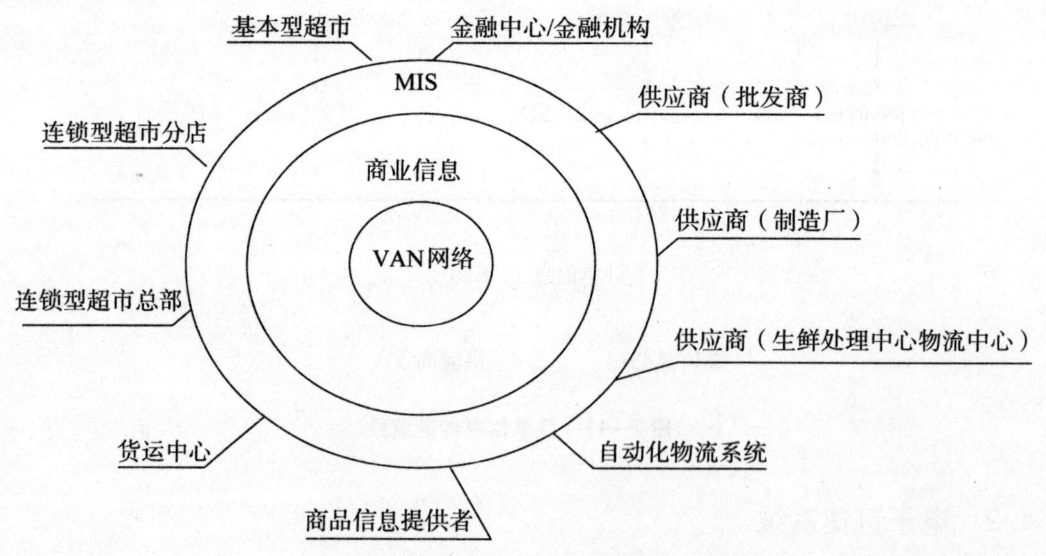

图 7－12　超市加值网络先导系统与外界关系

②应用系统结构。先导系统的业务处理范围是各通路机构间的订货、进货、销售、存货和货款转账等。先导系统的信息功能有商品信息管理、电子订货、销售点管理、电子转账、交易卡服务和商业信息交换管理等。实现各功能的应用系统如图 7－13 所示，其中电子订货系统包括 7 个应用系统：

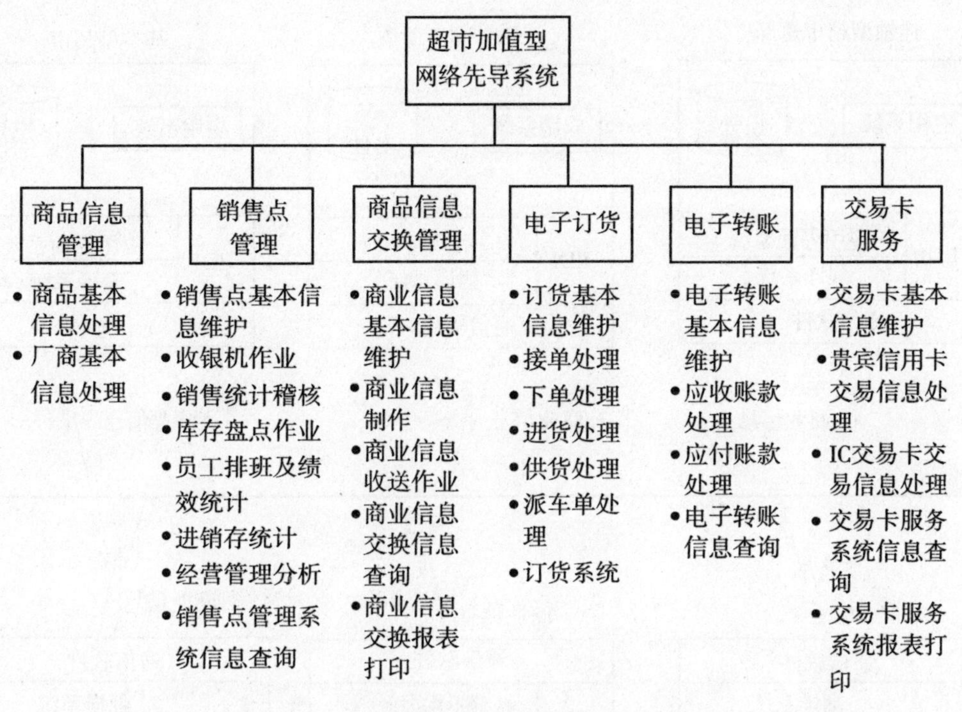

图 7－13　超市加值网先导系统的应用系统结构

a. 订货信息维护：订货信息维护内容有商品进价信息维护、商品售价信息维护、订货来往单位（超市、供应商、运输公司等）信息维护、运输工具信息维护、运输人员信息维护和查询新增及删除的商品信息维护。

b. 接单处理：接单处理内容有用户订单信息的转档处理、整理用户订货信息。

c. 下单处理：下单处理内容有进货信息维护、超市总部对分店进货信息的转档、整理和查询、进货价格变化对处理以及进货信息的维护。

d. 进货处理：其内容有进货系统维护等。

e. 供货处理：供货处理内容有供货信息维护、供货配送派车信息维护和退货信息维护。

f. 派车单处理：其内容有订货明细表、进/退货明细表、供货明细表和派车明细表。

g. 订货系统：其内容包括订货过程的全部信息。

③分布式作业框架。先导系统的通路组织包括基本型超市、连锁型超市、超市总部、供应商和运输中心等。为了考察这些机构的业务功能，必须把不同的应用系统配置在相关机构中，这叫做分布式作业。虽然各应用系统不同，但都具有传送商业信息的工具，如 EDI 转换件体和通信软件。

先导系统的应用系统分散处理结构如图 7－14 所示。

在电子订货系统中，应用系统的功能和基本型超市、连锁型超市总部、连锁型超市、供应商等组织之间的对应关系如表 7－1 所示。由表可知，超市不需要接受用户订货，所以不需要接单处理、供货处理和派车单处理等应用系统。因为供应商是中间商，必须具有接单处理、下单处理和供货处理等应用系统。

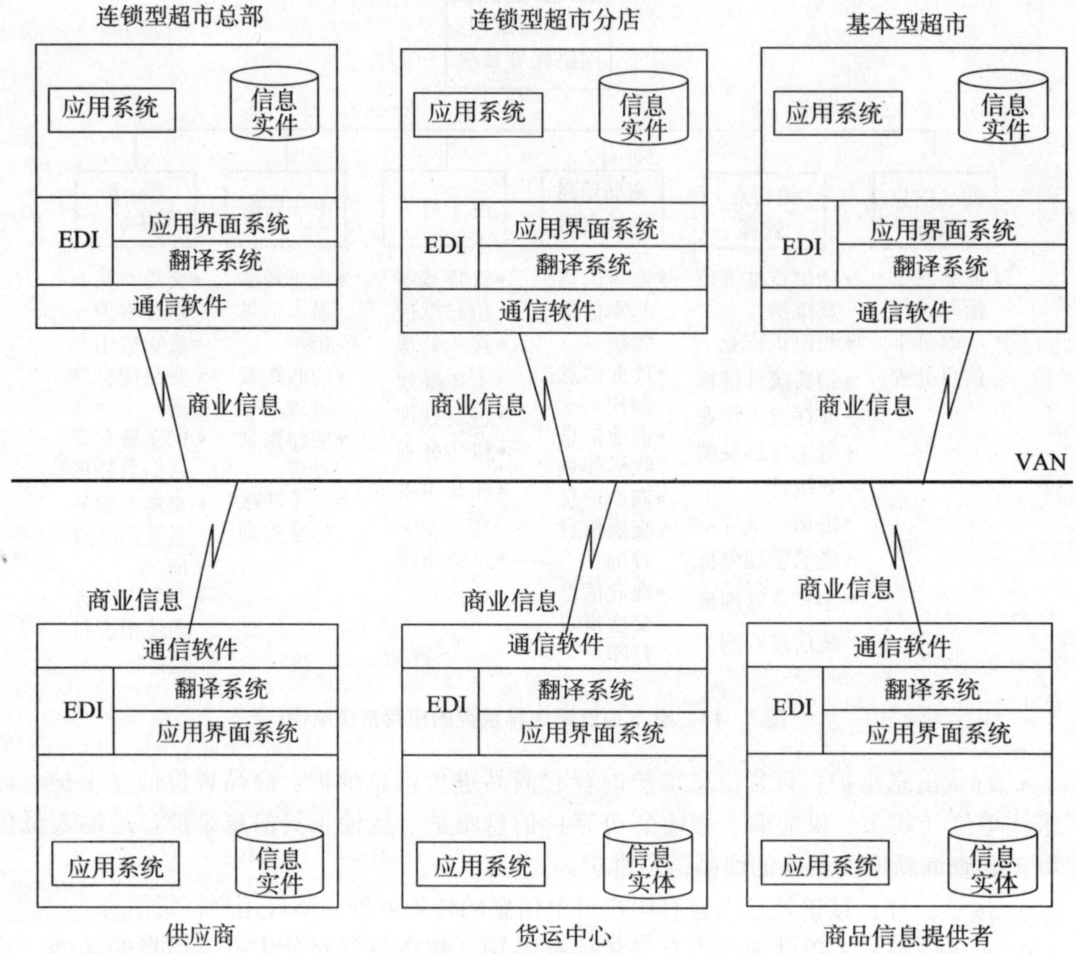

连锁型超市总部：应用系统、信息实件；EDI（应用界面系统、翻译系统）；通信软件

连锁型超市分店：应用系统、信息实件；EDI（应用界面系统、翻译系统）；通信软件

基本型超市：应用系统、信息实件；EDI（应用界面系统、翻译系统）；通信软件

商业信息　　商业信息　　商业信息

VAN

商业信息　　商业信息　　商业信息

供应商：通信软件；EDI（翻译系统、应用界面系统）；应用系统、信息实件

货运中心：通信软件；EDI（翻译系统、应用界面系统）；应用系统、信息实体

商品信息提供者：通信软件；EDI（翻译系统、应用界面系统）；应用系统、信息实体

图 7－14　超市加值型网络先导系统分散式作业框架结构

表 7－1　　超市和供应商的电子订货应用系统

组织 应用系统	基本型超市	连锁型超市总部	连锁型超市	供应商
订货基本信息维护	●	●		●
接单处理				●
下单处理	●	●	●	●
进货处理	●	●	●	●
供货处理				●
派车单处理				
订货系统报表打印	●	●	●	●

(4) 超市先导系统的电子订货方法。超市先导系统中的电子订货功能可以处理超市的下单、进货、退货等信息。在供应商方面能处理的业务有接单、供货和退货等业务。电子订货功能并不介入企业内部的管理信息系统，如应收、应付和库存等信息。

在先导系统支持下的三种订货方法：

①利用手持终端机，读取货架上的商品条码或订货册上的商品条码后输入订货数量。

②在系统中设立订购点、订购量，当库存量低于设定安全数时则自动下单。

超市下单方式：输入超市订货信息后，订货信息由 VAN 中心传给总公司，总公司汇总之后经过先导系统处理后再传给供应商。先导系统的传送方式有：

a. 对于已导入 EDI 的供应商，通过 VAN 中心传送 EDI 订货信息。

b. 对于有传真机的供应商，可用传真机传送订货信息。

c. 可用 E-mail 传送订货信息。

供应商的接单处理是从 VAN 中心接到超市的 EDI 订货信息，由先导系统转换成内部系统格式后，整理成用户订货明细表。

2. 日本电通所超市加值网络先导系统应用

(1) 系统特征。这是日本使用多年的电子订货系统。它是东京都市圈内日用杂货、医药、食品和文具等批发商共同开发的标准电子订货系统。

这是通用型电子订货系统，具有标准化作业方式和信息格式，使用时都可向所有交易对象下订单和接单。多样化的订货类型，给各种零售商和批发商带来许多方便。

VAN 加值服务：超市先导系统的 VAN 中心不但能处理交易对象间计算机网络连接和信息传达等通信问题，而且还能把订货信息处理后传送给供应商。

(2) 系统范围。整个系统以 VAN 中心零售店和批发供应商为核心进行运作。业务范围是电子订货作业和支持性作业。电子订货作业是零售店订货作业和批发供应商的接受订货作业。

支持性作业的工作范围包括维护和查询零售店相关档案、传送零售店标签制作信息、维护和查询批发商有关档案、提供商品信息和流通环境信息。

(3) 系统结构。如前所述，供应商与零售店间的下单和接单信息都是通过 VAN 中心来处理和传送的。

按照标准的格式和作业方法，零售商可以通过 VAN 中心向许多供应商下单。当然，供应商也能接收许多零售商的订货。图 7－15 所示为超市加值型网络先导系统结构。

图 7－16 所示为零售店与 VAN 中心连接结构。由图可知，独立式零售店通常用手持直接与 VAN 中心连接。连锁式零售店的各终端机或计算机通过电信线路把下单信息传给总公司，总公司汇总整理各分店的下单信息后，再传给 VAN 中心。此外，各分店也可以用终端机直接与 VAN 中心连接，下单信息处理由 VAN 中心来完成。

公司主计算机与 VAN 中心直接连接，使供应商的接单和有关处理均在公司主计算机上完成。供应商必须根据自己计算机系统，开发符合标准信息交换格式的软件系统。

使用标准终端计算机与 VAN 中心连接时，多数处理工作仍在主机上进行。接单作业与 VAN 中心间的其他信息交换（如 VAN 中心信息库查询、更新和响应信息的接收）在标准终端计算机上进行。接单信息的进一步处理和供应商信息库的保存维护则在供应商的

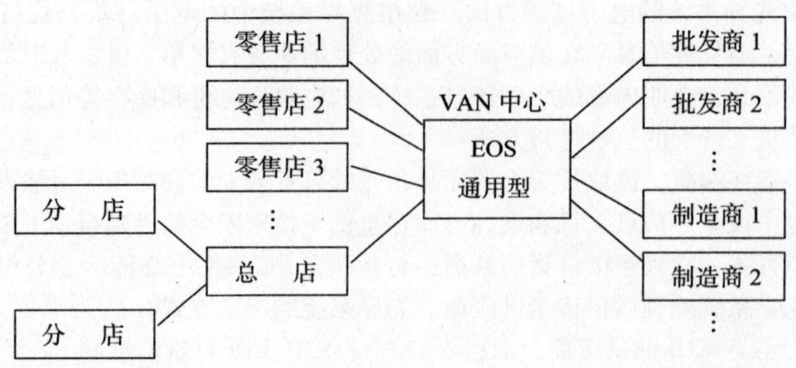

图 7－15　超市加值网络先导系统结构零售店与 VAN 中心的连接结构

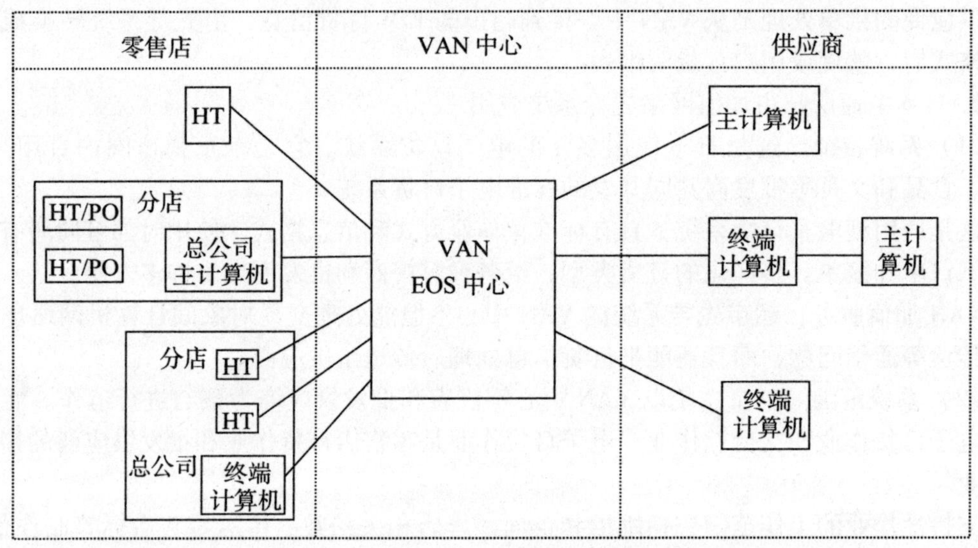

图 7－16　零售店和供应商与 VAN 的连接结构

主机上进行。标准终端计算机与主机间信息交流可用磁盘、光盘和移动硬盘来实现。

（4）信息交换标准。为了交换信息，先导系统采用共同识别的作业模式标准和国家规定的商品代码，参与企业申请的企业代码是交易伙伴间的交流工具。

为满足零售店和供应商不同作业方式及要求，系统必须具有零售店的下单格式和供应商的接单格式。

①零售店下单格式：

下单格式 1 内容：下单日期、商品码和订货数量。

下单格式 2 内容：下单日期、商品码、供应商代码、订货数量。

下单格式 3 内容：下单日期、供应商代码、商品码、订货数量。

②供应商接单格式：

零售商下单时只输入供应商代码、商品码、订货数量等订货信息。这些信息经过 VAN 中心处理后则可进行交换。供应商接单格式如下：

接单格式1内容：信息来源是零售店直接输入。信息内容包括商品码、商品名称、订货数量。

接单格式2内容：信息来源是零售店直接输入（当零售店直接输入基本信息后经过VAN中心处理）。传票上的内容是商品码、商品名称、订购数量、零售单价和零售总金额等。

（5）零售店下单作业。这种下单的简单过程是营业员巡视货架后，按照通信标准的信息格式，并把传送程序的HT和条码扫描器连接起来，对欲订商品条码或订货册上商品条码进行扫描，并输入欲订货的数量。当全部订货信息输入完毕后，通过HT把订货信息传给VAN中心。

订货信息传给VAN中心，由VAN中心附加商品名称变为下单副本后再传给零售店。

接单作业流程如图7－17所示。

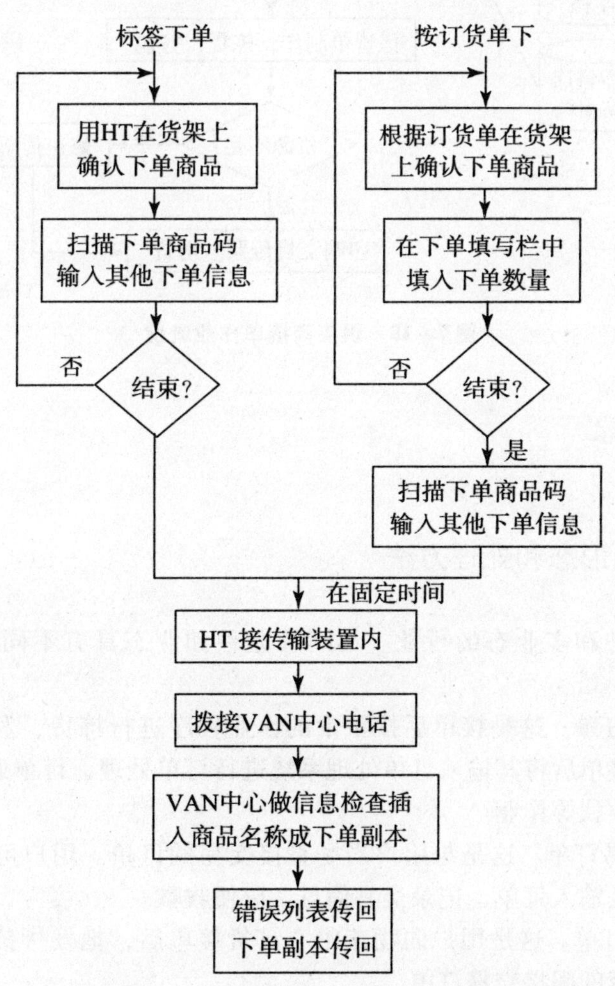

图7－17 零售店下单作业流程

（6）供应商接单。如前所述，通过VAN中心把零售店下单信息传给供应商。若为接单格式1时，则利用相关信息档案作出发货传票。若为接单格式2时，则可直接把接单格式2转变成发货传票。根据这些传票可制作成拣货单，从而开始拣货作业。若发现缺货时，立即修改发货传票。接单作业流程如图7－18所示。

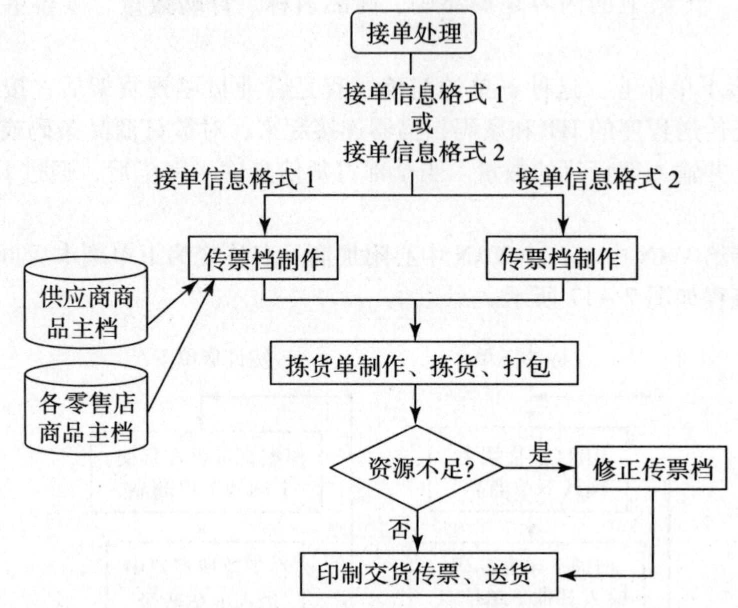

图7－18　供应商接单作业流程

7.5　订单内容

7.5.1　订单交易形态和处理方法

流通业是多业种和多业态的行业。不同的业种和业态具有不同的销售渠道和交易方式。

（1）一般交易订单。这是接单后按正常的作业程序进行拣货、发货、配送和收款的订单。处理方法是接单后将其输入订单处理系统进行订单处理，订单处理完后方可进行接货、发货、配送和收款等作业。

（2）直销式交易订单。这是与用户当场直接交易的订单。用户可直接到指定的供货处取货，处理方法是输入订单、记录交易信息，以便收款。

（3）间接交易订单。这是用户向物流中心订货接单后，把发货信息传给供应商，供应商直接向用户送货的间接交易订单。

（4）契约式交易订单。这是供应商与用户签订配送合同的交易订单。如在某期间内定时配送某数量的商品，将配送信息输入系统进行处理，以便发货配送，按契约内容设定批次送货时间和生产日期。

(5) 寄存式交易。这种方式是用户由于促销和降价等市场因素而先行订购了一定数量商品，日后根据需要再要求送货，即所购之物暂存库中的交易方式。

(6) 兑换券交易。这是用户持兑换券兑换商品的交易方式。把用户兑换的商品配送给用户时，系统应查核情况后发货和配送。

7.5.2 订单内容设计

订单内容设计是根据实际需要设计符合作业要求的订单内容。不同交易型态其订单内容不同，为使订单内容简单实用，减少重复内容，把订单档分为订单表头档和订单明细档。表头档记录订单整体性信息，例如订单号、订单日期、用户代号、用户名称、用户采购单号、送货日期和送货地址等。订单明细档记录订货品项的详细信息，例如商品代号、商品名称、商品规格、订购单位、金额、数量和单价等。此外，还包括客户的送货路程路线、配送金额，表7-2所示为订单内容。

表7-2 订单内容

订单表头档	订单明细档
订单单号	订单单号
订货日期	商品代号
用户代号	商品名称
用户名称	商品规格
用户采购单号	商品单价
送货日期	订购数量
送货地址	订购单位
配送批次	金额
付款方式	折扣
业务员号	交易类别
配送要求	
订单状态	
其他	

7.6 订单信息处理

7.6.1 订单信息输入

当接受了订单之后，首先要把订单信息输入订货系统中建立档案。其输入方法如下：

1. 人工输入法

利用人工方法，把订单、用户电话、传真等订货信息输入计算机中，随着订单多样化，人工输入成本增加，效率和正确性降低了。订单输入正确性直接影响到整个物流作业效率和效益。为了提高人工输入工作的正确性和效率，可以采取如下措施：

（1）增加系统的提示功能和自动查核功能。

（2）利用订货簿，对商品进行分类并做成订货簿。把商品代号做成条码，可以直接用光笔扫描，从而减少人工输入错误，提高效率。

（3）订货作业平均化。物流系统的特点之一是存在多变的订货特性和峰值订货时间。在实际工作中力求使订货作业平均化，降低峰值订货时间。截至订货时间可以降低峰值订货时间。为避免大量订单在某一时刻到来，对各类用户设定订货截止时间，有意分散峰值订货量。另外，设定多种账款结算日，也可分散峰值订货时间。

2. 在线输入法

这种输入方法是利用计算机和通信技术，把电子订货信息通过电信网络直接输入计算机系统中。电子订货方式即用在线输入方法，在此必须强调，传送的信息格式必须是双方认同的格式，否则仍需经过格式转换才能进入订单处理系统。在线输入方式有供需双方的计算机直接连线的传输方法和加值网络中心的 E-mail 传输方法。

7.6.2 订单信息确认

1. 订单项目的基本检查

在订单信息输入前，应检查订单上的各项内容是否完整、符合要求，确认清楚之后再进行输入作业。对于电子订货系统接收的订货信息也要进行检查确认，检查品名、数量和送货日期等内容是否正确。

2. 确认交易条件

（1）信用证的确认。首先应检查用户信用证额度是否满足应收账款要求。

（2）订单确认。确认订单类型（如一般订单、现销式订单、间接式订单等），以便进行相应处理，即对不同类型订单系统提供不同类型的处理功能。

（3）库存确认。当输入商品代号和商品名称时，系统将自动检查是否缺货。如果缺货，应及时补货或提供代用品。

（4）价格确认。不同订货量其售价不同。当输入用户和订货量等有关信息时，系统自动确认其价格是否相符。

（5）加工包装确认。确认用户订购的商品是否有特殊要求，如整装、分装和贴标等。经过上述确认的订单才是最后发货的订单，以后的订单处理均以此为依据。

7.6.3 订单信息处理

1. 拣货单

拣货单是拣货的重要根据。拣货单的形式设计是根据物流中心拣货作业方式和拣货系统来设计的，不同的拣货方法对应不同的拣货信息。拣货方式因物流中心特性而异，一般有如下几种类型：

（1）单一订单拣货。这是每次拣货只针对一张订单进行作业，这种拣货方法又叫摘果法。这种方法是拣货车巡回于储存场所，按用户单位的订单拣出每一种商品，巡回结束也完成了一次配货作业，将配齐的商品置于待发区。

①一人拣货。这种方法是每一张订单由一个人负责到拣货完毕。

②分区接力拣货。这种拣货方式是把储存区或拣货区分成几个区域。按接力方式由各区拣货人员共同完成一张拣货单的拣货任务。

③分区汇总拣货。这种拣货方式是把储存区或拣货区分成几个区域。把一张订单分为各区的拣货单，再把各区拣出商品汇集起来。

一般的分区方式有按储存或拣货的单位分区和按工作分区两种形式。

按储存或拣货单位分区：即把商品储区和拣货区按照储存单位或拣货单位分成几个区域，例如托盘拣货区、料箱拣货区和单品拣货区等。这种分区方式的优点在于储存管理方便，提高拣货效率。

按工作分区：即把储存区或拣货区分成几个区，由一个或一组人员负责拣区内的商品。这种拣货方式的优点在于拣货人员熟悉商品位置，可以缩短拣货时间，提高拣货效率。

这种方法的优点是订单处理前置时间短，作业人员责任明确，派工容易，拣货后不再进行分拣作业，适于大批量少品种订单的处理。此外，这种方法的缺点是对于多品种小批量的商品，则拣货路段长，时间长，效率低。

（2）批量拣货。这种拣货方式又叫拨种法。即把多张订单整合为一批，再把各订货单中相同商品数量汇总起来进行总的拣货。其分批拣货方式如下：

拣货单位：把同一种拣货单位的物品汇总起来集中拣货。

按配送区域或路线：这种方法是把同一配送区域或路线的订单汇总起来统一拣货和配送。

按流通加工要求拣货：这种方法是把需要加工处理的商品或相同流通加工的商品订单汇总起来统一拣货。

按车辆要求拣货：这种方法是当配送商品需要特殊配送车辆（如低温车、冷冻车、冷藏车）时，这些商品可采用统一拣货和配送。

这种方法的优点是适用于订单数量大的多品种、小批量商品，减少巡货距离，提高拣货效益。

2. 送货单

在配送货物时，应附上送货清单，这样便于用户清点验收签字，送货清单信息必须与实际发货信息一致。

3. 缺货信息

在库存分配中，对于缺货商品或缺货订单订货系统应提供查询或报表打印功能，便于及时处理，对于缺货品应及时采购。

7.7 订单管理

通过接单作业使订单进入物流中心进行输入、查实、确认和库存分配等处理，最后生成发货指示书。根据发货指示书可以进行拣货、发货、配送、用户验收签字、结账。

订单在物流过程中的执行情况如何，必须适时跟踪。图 7－19 所示为订单进度跟踪过程。

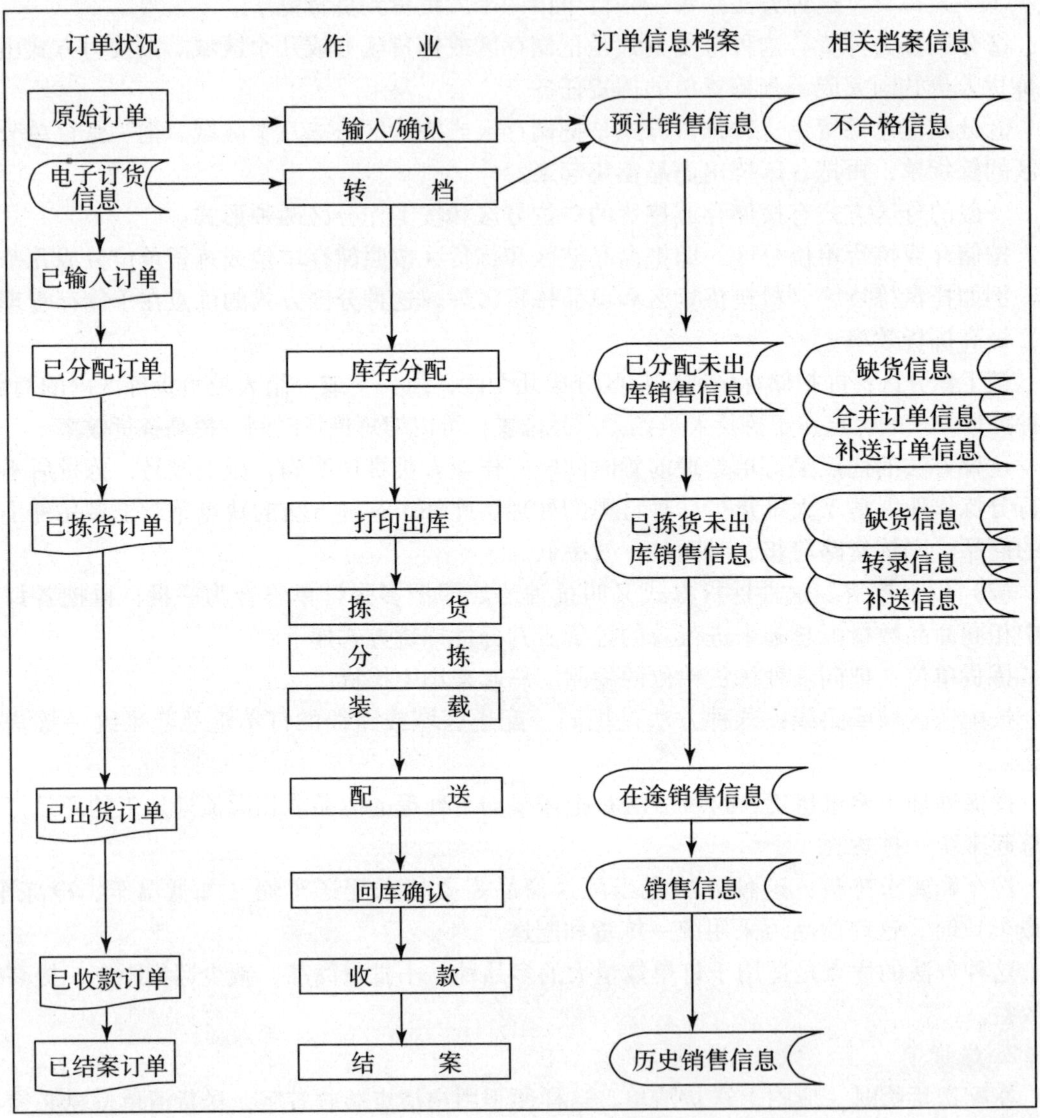

订单状况 | 作业 | 订单信息档案 | 相关档案信息

原始订单
输入/确认
预计销售信息
不合格信息
电子订货信息
转档
已输入订单
已分配订单
库存分配
已分配未出库销售信息
缺货信息
合并订单信息
补送订单信息
已拣货订单
打印出库
已拣货未出库销售信息
缺货信息
转录信息
补送信息
拣货
分拣
装载
已出货订单
配送
在途销售信息
回库确认
销售信息
已收款订单
收款
已结案订单
结案
历史销售信息

图 7－19　订单执行跟踪过程

7.7.1　订单状态

随着物流过程的进展，订单状态也随之变化。变化状态如下：

（1）已输入订单。把用户订单输入系统中，其内容有商品项目、数量、单价和交易配送条件等。此订单也是发货依据。

(2) 已分配订单。经过输入确认的订单可进行库存分配作业，并进一步确认订单是否如数拣货，一旦发生缺货时应及时处理。

(3) 已拣货订单。经过库存分配产生的发货指示书就是实际拣货依据。

(4) 已发货订单。把已拣货订单经过分类、装车、发货后变成为已发货订单。

(5) 已收款订单。已发货订单经过用户确认验收后，便是实际发货的资料，这种资料便是收款依据。根据这种资料制作发票，便向用户申请款项，得到款项的发货订单就是收款订单。

(6) 已结案订单。已收款订单经过内部确认后便成为已结案订单。这种已结案订单表示和用户的交易活动已经结束了，已结案订单就成为历史交易档案。

7.7.2 订单变化处理

(1) 取消订单。由于各种原因，常有用户取消订单的情况。一旦用户取消订单，会造成许多损失。一方面要和用户协商，另一方面应从订单系统内部跟踪了解这个订单执行到什么程度，详细掌握订单状态，才能取消订单交易。

若此订单处于已分配而未出库状态，则应从已分配未出库销售信息中找到此笔订单，将其删除。与此同时，恢复相关品项的库存信息。若此订单处于已拣货状态，则应从已拣货未出库销售信息中找到此笔订单，将其删除，并恢复相关品项的库存信息。之后，把已拣出物品回库上架。

(2) 新增订单。在物流过程中，经常发生用户增加订单的情况。在这种情况下，首先查询用户订单进行状态。若接受增订，应及时追加此笔增订信息。若用户订单牌已分配状态时，应修改已分配未出库销售信息档案中的订单内容。

(3) 拣货时发现缺货。在拣货过程中发现库中缺货时，应从已拣货未出库销售信息中找到此笔缺货订单，加以修改，并重新打印清单。

(4) 配送时发现缺货。在物流配送过程中，装车点货时发现缺货。在此情况下应从拣货未出库销售信息中找到此笔缺货订单，加以修改，并重新打印清单。

(5) 拒收。当用户对物品和数量等有异议而拒收时，应从在途销售信息中找到此用户订单，并加以修改。

8 物流配送中心管理系统分析与设计

8.1 现代物流概述

8.1.1 现代物流概念的变化

1. 物流概念

物流是原材料、中间产品、终极产品以及相关信息从生产地到消费地的流动、存储和被控制的全过程。物流提高了原材料和产品的流动与存储的效率、降低了成本。

由此可见，存储作业始终伴随着原材料、中间产品、终极产品等的流动过程。此外，在物资的流动和存储过程中，时刻体现出物流的规划和控制理念。

物流作业过程除包括原材料、中间产品、终极产品以及相关信息的流动、存储、规划、实施和控制的过程之外，还有运输信息的收集、处理、通信、存储及相应的系统设计。

物流是对物资的生产时间、地点、库存量、库存地点、存储方式、运输时间、运输地点、运输方式，进行科学合理的规划、实施和控制的过程。这样，把产品的待运时间、运输成本、资金占用三者进行最佳组合。上述物流过程还伴随着相关信息传输，否则，由于信息延误和错误，将导致物流错误。

也可以这样理解物流概念：用准确的时间、价格和交付条件，在准确的地点向货主交付准确的货物。物流理论的根本出发点在于准确的时间和地点。制造出商品只完成了形式效用，就是把原材料加工成产品，但在此阶段没有产品消费，只有把这些终极产品在适当的时间内运到顾客指定的地方，其产品才有意义。消费者需要在最恰当的时间和地点得到保质保量的货物。物流管理的最佳效果是让顾客在规定的时间和地点得到所需货物。

2. 现代物流概念的发展过程

现代物流的定义是在物流实践过程中逐步形成的。众所周知，兵马未动，粮草先行。在第二次世界大战中，美国陆军就用“Logistics Management”（现代物流管理）来指导军需供给，成效甚佳。战后，物流的理论和方法广泛用于企业，便发展成为商业物流或销售物流（Business Logistics），即最合理地组织商品的供应、保管、运输、配送，实践证明成效甚大。

随着社会进步，科学发展，物流概念也发生了较大变化，有广义物流与狭义物流之分。最初的物流概念主要是商品物质移动，即商品由供应方向用户定向流动。显然，这种

物流是一种商业物流或销售物流。它作为狭义物流具有明显的“中介性”，是连接生产与消费的手段，直接受商品交易的影响和制约，具有一定的时间性。这种销售物流只有在商品交换时才会出现。但是进入20世纪80年代以后，随着经济的高速发展，物流所面临的经济环境有了很大变化。

现代物流加速了商品流通全球化的进程。在制品生产和销售过程中，物流发挥了巨大的作用。在这种背景下，原来的狭义物流概念侧重于商品的供应过程，而忽视了与生产有关的原材料和零部件的调节作用。其实，对原材料以及零部件的调节作用，直接关系到提高生产效率、降低成本和创新等问题。另外，传统物流是物质单向流通过程，即商品从生产者手中转移到消费者手中，而没有考虑到商品消费之后包装材料等废弃物品的回收以及退货的物流活动。再说，传统物流只是生产销售活动的附属行为，主要侧重于物质商品的传递，忽视了物流对生产和销售在战略上的能动作用。

8.1.2 物流活动的构成要素

物流活动的构成要素除了实现物质和商品的输送、保管这两个关键要素外，还包括流通加工、包装、装卸、信息等要素。

1. 运输

运输的作用在于使物品在场所和空间上发生移动。运输系统是有机整体，其硬件要素有车站、码头的运输节点、运输途径、交通机构等；其软件要素有交通控制和营运管理等，通过这个有机整体发挥综合效应。在运输体系中的运输，主要指长距离的两地点间的商品移动和服务，而短距离的少量物品的运输一般称为配送。

2. 保管

保管的作用是储藏商品，它具有时间和价格调整的功能。保管通过调整供给与需求之间的关系促使经济活动顺利进行。从前，商品的长期保管主要作用是维持商品价值，现在对物品的短期保管重点是流通配送。保管的主要设施是仓库，根据商品出入库信息进行在库管理。

3. 流通加工

流通加工包括拆包、切割、细分、组装、包装等生产活动。除此之外，还包括单位化、价格和标签贴付、备货、商品检验等辅助作业。为了提高商品附加值、促进商品差别化，其重要手段之一是流通加工，前景较好。表8-1所示为物流功能的分类与内容。

表8-1　物流功能的分类与内容

物流功能	分　类	内　容
运输	运输	长距离运输
	配送	短距离运输
保管	储藏	长时间保管、储藏
	保管	短时间保管、流通型保管

续 表

物流功能	分　类	内　容
流通加工	加工作业	商品检验、分拣、放置、备货、分配
	生产加工	组装、细分、切割、规格化
	促销加工	价格贴付、单位化、商品组合
包装	工业包装	输送、保管包装、外部包装、内部包装、品质保证为主体
	商业包装	销售包装、单个包装、市场营销为主体
装卸	入货	从物流设施到交通机关的活动
	卸货	从交通机关到物流设施的活动
信息	物流信息	数量管理：运行、货物追踪，入库、在库、出库管理 品质管理：温度、湿度管理 作业管理：自动分拣、数码备货
	商流信息	订/发货：POS、EOS、VAN、EDI 金　　融：银行联网

4. 包装

包装目的在于保证商品在输送或保管过程中的价值和形态不变。包装有工业包装和商业包装两种。工业包装目的是保持商品质量；商业包装目的是使商品能顺利到达消费者手中、提高商品价值和传递信息等。

5. 装卸

装卸是改变交通机构和物流设施而进行的作业。它发生在输送、保管和包装前后的商品存放活动。其内容有商品放入、取出、分拣、备货等。装卸合理化的主要手段是采用托盘和集装箱。

6. 信息

随着计算机和信息通信技术的发展，物流信息也迅速发展起来。目前，订货、在库管理、出货、商品进入、输送、备货等要素的业务流已实现了一体化。信息包括与商品数量、质量、作业管理相关的物流信息，以及与订货、发货、货款支付相关的商流信息。如今，大型零售店、24 小时店（便利店）为了削减流通成本、扩大销售，多数已经采用 POS 和 EDI 系统。由于信息普及，使物流活动能有效、顺利地进行，降低了物流成本。

8.2 物流中心规划设计

8.2.1 物流中心业务概述

1. 概述

物流中心的类型较多，现在就大型综合性物流中心的规划设计为例加以说明。此物流中心的定位是信息主导型的综合性物流代理公司，即以物流交易为核心，以物流代理为利润源泉，以虚拟经营为手段，通过信息发布和引导创造市场机遇。这个阶段是第三方物流

和第四方物流的中间衔接阶段。在形成一定规模之后，通过4PL来整合第三方物流和传统物流公司资源，通过特别经营的方式迅速扩大市场。

为了实现这一目标，应该知道当前物流中心面临的竞争是：

(1) 周围的货运配送市场在物流信息上的竞争；

(2) 已有的货运代理公司（包括航空代理、海运代理、公路代理等）在运输代理上的竞争；

(3) 市区和郊区的闲置仓库、露天堆场在仓储代理上的竞争；

(4) 已有的报关公司在综合性服务上的竞争；

(5) 已有的综合性物流公司、大型运输公司、登陆的中外合资物流公司，在综合物流代理上的竞争。

2. 竞争手段

(1) 实体与虚拟共存。在过去和现在的经营环境中，多数物流公司均具有一定的实体形态，运送的产品是有形的，如邮局与邮件的递送。而在未来的经营环境中，物流公司本身可能成为虚拟化公司，如虚拟办公室、拍卖场。物流公司所输送的产品也可能是无形的信息或信息化的产品。信息以数字形式进行流动，如电子邮件系统取代了大量实体邮局所从事的工作，这样势必会改变物流活动的性质。虚拟公司的好处不仅在于便捷、迅速、信息容量大、准确度高，更重要的是形成一种崭新的流通方式，因此可以改变物流领域的竞争面貌。

(2) 整合与分化共存。未来商机不可能与某业务部门完全吻合，也不可能单纯依靠公司某种单一的技能获得商机。竞争是激烈的，必须整合公司的有效资源才能获得竞争优势。另外，通过分化工作，放弃公司非优势业务，把资源集中到自己的核心业务上来，利用外购方法获得非核心业务。第三方物流公司正是这种整合与分化的结果，它专门从事代理配送工作，把原来由制造公司完成的产销工作担负起来。

(3) 合作和竞争共存。在公司竞争中，竞争对手多是公司的业内竞争者、潜在加入者、供应商、客户和替代品的生产者。在未来的竞争中，这五种力量及其关系将更加复杂，各种竞争者之间的关系既是竞争对手又是合作伙伴。第三方物流公司面临的合作与竞争共存的局面更加复杂，它处于供应链的中间环节，既要与同行业者合作，在合作的过程中又要与同行业或相关行业竞争。竞争要求合作，而合作的结果使竞争更加激烈。

(4) 即时性与预测性共存。行业不同对速度的要求也不尽相同。对物流公司而言，快速是竞争优势，即时性就是公司的主要服务标准之一。公司根据即时信息，为适应不断变动的环境而做持续性、即时性的调整和改变。为此，要求公司预测能力强，既要预测未来顾客的需求，又要预测行业发展方向。第三方物流公司更是“速度”的高度体现。电子商务要求高速度处理信息，第三方物流公司不断提高这种适应力才能获得竞争优势。

(5) 本地化与区域化共存。运输有形产品的物流公司，在组织资源时，地区范围将影响到运输成本。因而在保证质量的前提下力求就地、就近组织资源。从事信息传输的物流公司，组织资源的能力和范围不受地区的局限，具有跨地区的特点。第三方物流公司必须处理好实物流通机构本地化和信息流跨地区化的问题，这样才能把握广阔的市场机遇。

在中国的类似第三方物流公司，必须把握不断出现的商机，抢占新的竞争空间。物流中心战略竞争的五个内容：开展虚拟经营，提高经营灵活性；拓展核心专长，保证竞争能力；做联盟中心，增强企业竞争力和主动性；培养预见能力，保证公司持续发展；建立全球战略，使公司持续竞争力。

①开展虚拟经营。虚拟经营即以“虚”务“实”。目前，中国的物流公司普遍存在资金不足问题。因此，全面实现电子化、信息化、网络化的路程较长。为了最大限度地发挥自身优势，弥补自身不足，物流公司之间以及物流公司与其他公司之间可以进行虚拟经营。虚拟经营就是借鸡下蛋，借外部力量，整合外部资源，为我所用，拓展自己的发展空间，利用外部的能力和优势来弥补自身的不足和劣势。虚拟经营的公司，在组织上突破了有形界限，仅保留最关键的功能，而将其他的功能虚拟化，最终在竞争中最有效地发挥有限资源的作用。其精髓是将有限的资源集中在附加值高的功能上，而将附加价值低的功能虚拟化。

开展虚拟经营有五种方式：

a. 外包加工的“虚拟生产”。即公司自己不投资建设生产场地和生产线，而把生产环节外包给其他的生产厂家；

b. 共生。即公司本身并不擅长某一方面的工作，但基于成本或保密的考虑，又不愿将业务外包。于是，几个公司可以共同组成一个作业中心来负责这项工作，如银行业的咨询管理，往往由几家银行成立专门处理电脑资讯业务的单位，可以达到保守商业机密和节省成本的双重目的。

c. 战略联盟。拥有不同关键资源的几家公司，为了彼此的利益结成联盟，以创造竞争优势。这也是目前国内第三方物流公司发展的大趋势。

d. 虚拟销售网络。即公司总部对下属销售结构放权，使其成为拥有独立法人资格的销售公司。总部与下面的销售点自主经营、独立核算，总部每月向销售点提供商品，销售点按照总部的规定统一着装，统一门面，客户退货或剩余商品可以原封不动地退回总部。

e. 行政部门虚拟化。目前，我国的物流公司管理水平普遍较低，许多公司在引进国外先进技术和管理经验的同时，也可把一些具有管理职能的部门分包出去，由国内外有经验的专业公司进行管理。

②拓展核心专长。所谓核心专长，是一组技术和技能的集合体，而不是单个分散的技能或技术。对于综合性第三方物流公司来说，要确立整合还是分化，选择合并还是分离战略，就必须区分核心专长与非核心专长。

要求为用户提供具有独特性和延展性的核心技术。根据物流中心的投资背景、规模、人员结构等，主要的核心专长是：利用有一定投资规模的高科技手段，通过呼叫中心、互联网信息检索和发布、GPS/GIS 定位、虚拟经营信息平台等技术，为客户提供可信度高的全方位服务。

③争做联盟中心。拥有竞争未来商机的雄厚势力的公司很少，因此，未来的竞争需要各家公司的强强联盟。如果一个物流公司没有自己的核心专长，而企图依靠战略联盟来获得核心竞争力，其可能性极小。将来在公司之间、盟友之间既有合作又有竞争。公司联盟管理的好坏严重影响到公司经营业绩、利润。公司联盟不是以“强”助“弱”，而是强强联合方式。因此，战略联盟发展的主流是强强联盟。

④培养预见能力。公司现有的核心技术以及竞争力，不能保证是未来的竞争优势。因此，公司必须培养一批具有高瞻远瞩的高管人才，他们能够模拟未来的竞争对手，预测产业发展方

向。依靠这种预见能力，公司能够确立转型方向，控制产业的发展趋势，从而掌握自己的命运。

8.2.2 物流中心的业务运作模式

1. 第三方物流的三种形态

由于第三方物流形态多样，何谓完全的第三方物流仍存在分歧。如前所述，3PL 的定义是狭义的第三方物流。实际上，按照货主公司“对外委托”的程度不同，第三方物流从广义上来说由低到高包括以下三种形态：

（1）货主公司自己从事物流系统设计、在库管理、物流信息管理等工作，而将货物运输、保管等具体的物流作业委托给外部的物流公司；

（2）由物流公司将开发设计的物流系统提供给货主公司，并且货主公司承担物流作业；

（3）由专业公司站在货主公司的角度，代替其从事物流系统的设计，并对系统运营承担责任，即上面提到的狭义的第三方物流。

目前，根据国内外的实践经验，在发达国家里货主公司普遍采用前两种对外委托形态，第三种对外委托形态逐渐受到重视，并发展迅速。

2. 第三方物流的国内外现状

在我国许多公司是将物流作业委托给专业物流公司。但是，对外委托范围相当狭窄，只有局部业务对外承包，甚至有些委托业务没有长期稳定的关系。以汽车为货运手段的中短距离运输、保管、配送等物流活动，仍以货主公司为主。这反映出物流管理水平落后，没有高素质的综合物流服务能力。对外委托是实现物流社会化、合理化的有效途径。

在美国，第三方物流公司是站在货主的立场上，为货主公司设计合理化物流系统，以实现运营目标。一般地，第三方物流公司没有物流作业能力，也就是说没有物流设施和运输工具，不直接从事运输、保管等作业，只是负责物流系统设计，并对物流系统运营承担责任。具体作业可采取对外委托的方式由专业的运输、仓储公司等去完成。即使第三方物流公司具有物流设施，也对本公司设施的使用比例控制在 20 %左右，以保证向货主公司提供最适宜的物流服务。第三方物流公司的经营效益直接同货主公司的物流效率、物流服务水平和物流效益紧密联系在一起。

3. 物流中心的运作模式

图 8－1 所示为物流中心的运作模式示意图。在此，只有会员单位才能参加所有物流交易。会员分为法人单位会员和个人会员，具体分为以下六种：

（1）法人单位货主会员；

（2）法人单位物流服务提供商会员；

（3）法人单位综合会员；

（4）个人货主会员；

（5）个人物流服务提供商会员；

（6）个人综合会员。

其中，综合会员同时具有货主会员和物流服务提供商会会员双重身份。对于会员资格在资信、规模等方面有严格要求。一般来说，会员依据义务必须缴纳会费。会员之外的单位或个人，如需通过物流中心进行物流交易，必须委托会员进行，同时按照交易金额的比例，向会员单位支付手续费，并由物流中心提供相应的发票和单据。

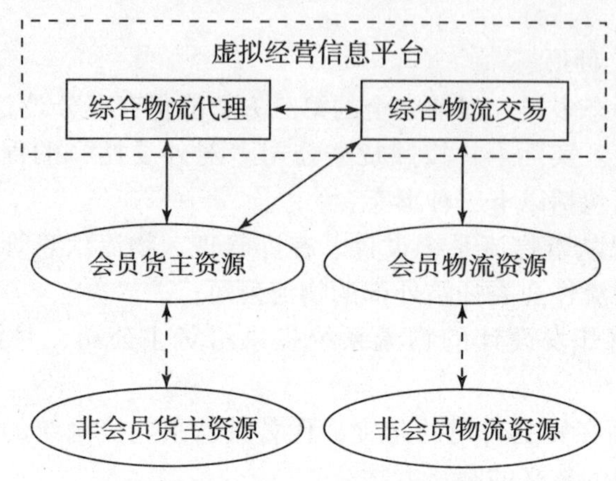

图 8－1　物流中心运作模式

在这种业务运作模式中，其关键是虚拟经营信息平台。这里的虚拟经营有两个含义：第一，委托物流服务提供商会员以运输、装卸、搬运等物流服务为主，自有设施为辅；第二，不管物流设施等资源是自有还是会员单位拥有，都要进行计算机网络管理，由物流中心统一调度、管理自有的或会员的物流资源。

图 8－2 所示为虚拟经营信息平台处理业务流程。

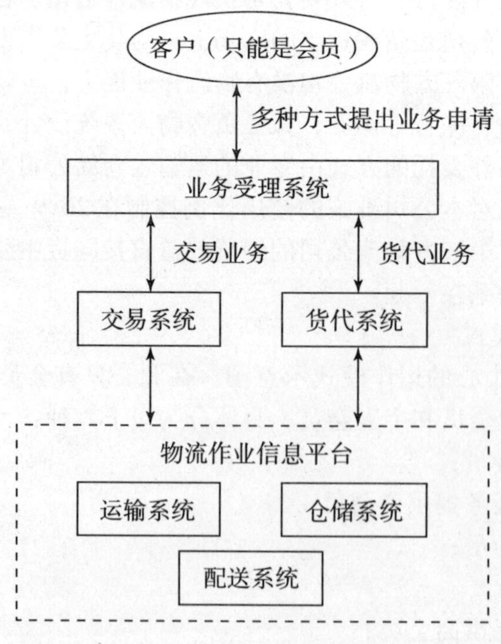

图 8－2　虚拟经营信息平台处理业务流程

4. 辅助支持平台的体系结构

图 8－3 所示为辅助支持平台示意图。各组成部分的说明如下。

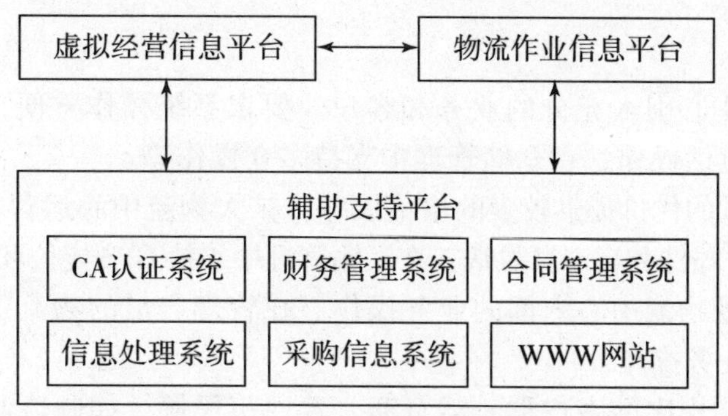

图 8－3 辅助支持平台示意图

（1）WWW 网站：物流交易平台不但是最重要的辅助支持系统，也是物流中心对外宣传和树立企业形象的窗口。

（2）CA 认证系统：能识别会员身份，具有会员管理、CA 证书颁发及认证、电话交易、密码认证等功能，是整个物流信息平台的关键支持系统。

（3）合同管理系统：它是整个物流信息平台的关键支持系统。所有交易和货代业务成交后必须签订电子合同、运输合同、委托合同等。这些都是资金结算的依据，是合同履行的前提和保证。

（4）财务管理系统：是进行交易和货代资金清算、会员收费等财务活动的基本保证，是整个物流信息平台的财务处理和关键支持系统。

（5）信息处理系统：主要用于信息收集和发布，促进物流交易，也是综合物流代理业务的信息管理平台。

（6）采购信息系统：主要用于会员和非会员进行产品采购信息的发布，促进并活跃商品交易，从而扩大物流中心的物流交易规模。

根据这些业务的基本运作模式，将物流信息系统分为虚拟经营信息平台、物流作业信息平台、辅助支持平台三个部分。

5. 物流中心的主要收入来源

（1）会员入会费和年服务费。

（2）交易手续费。

（3）综合物流代理的利润（包括配送服务的利润）。

（4）增值信息服务费，包括 GPS 定位、供需信息订阅等。

在实际操作中，有许多具体的业务流程、交易及货运单据需要进行设计。不管各个系统采用什么方式或交易手段，都不能脱离基本业务模式，例如业务受理系统支持电话、短消息、电子邮件等，CA 认证中的会员管理允许会员电话查询和申请等，这些都是使业务模式能够正常运行的基本手段。

8.2.3 系统设计原则和体系结构

1. 系统的功能

(1) 能为物流中心引入充分的业务和客户。要求系统操作方便，例如，在业务受理和客户服务中支持电话操作，在仓储管理中支持多仓操作等。

(2) 能够以较低的代价提供较多的增值服务，扩大物流中心运营收入来源。例如，在信息服务中支持电子邮件和短消息发送，在运输管理中支持 GPS 定位和货物位置查询等。

(3) 系统能实现物流中心内部的业务操作。在管理会员的物流资源的同时，也能管理自有物流资源的业务操作。

(4) 能支持不同层次的客户群、运营商、普通市民等。如制造业和流通业的各种业态以及电子商务。

(5) 系统的接口功能丰富。由于本系统面对的客户群和业务形态很多，必须与相关系统进行数据交换。如海关通关系统、理货系统、制造业 ERP 系统、流通业配送系统、电子商务网站订货系统、银行支付系统、通用财务软件系统等。

(6) 支持业务的逐步发展。在设计物流中心的竞争战略和业务模式时，已经考虑到今后支持特许经营以及 4PL 的发展趋势。

(7) 实用性。在功能设计上以实用性为主，降低开发复杂功能的技术风险，保证在功能上既满足需要，又不浪费资源。

2. 系统设计的技术指标

(1) 先进性。要求系统技术在 5 年内仍具有先进性。其技术包括：操作系统、数据库、GIS/GPS、中间件开发、可靠性、条码、网络安全等。

(2) 开放性。所谓开放性就是本系统能在 Internet 等上与外部业务系统互通。

(3) 可扩展性。可扩展性即容易增加新的业务子系统。

(4) 跨平台性。跨平台性是先进性的具体表现形式。跨平台性是指软件能在不同的操作系统上运行。实现跨平台的主要技术是 Java 技术。

(5) 高可用性。高可用性有两个方面内容：系统不停机（Non - Stop）和数据不丢失。一般采用容错方式解决高可用性问题。

(6) 安全性。安全性包括系统用户之间数据访问、功能操作的权限控制、防止泄密商业信息，根据应用程序设计来实现这种权限管理。此外，还有操作系统和数据库安全等。

(7) 浏览器/服务器模式（Browser/Server）。目前，B/S 结构或其他的分布式体系结构正在逐步取代传统的客户端/服务器结构（C/S）。这具有界面风格统一、开放、应用程序维护简单等优点。在系统设计上，对于所有的应用程序开发都以 B/S 体系结构为基础。

(8) 支持组件服务器。要求系统支持公用 API 和 B/S 结构，为此，系统必须采用分布式多层结构开发，即在数据库服务器和客户端之间采用多种应用服务器，如 WEB 服务等。

3. 系统体系结构说明和运行环境

在设计子系统之前，需要提出整个物流中心网络信息系统的体系结构。这种体系结构主要是指软件技术，而不是具体的物理网络结构和实际业务模式。

图 8－4 所示为系统软件的体系结构。在实际物理网络中，可能有多台软件意义上的服务器运行在 1 台服务器上。

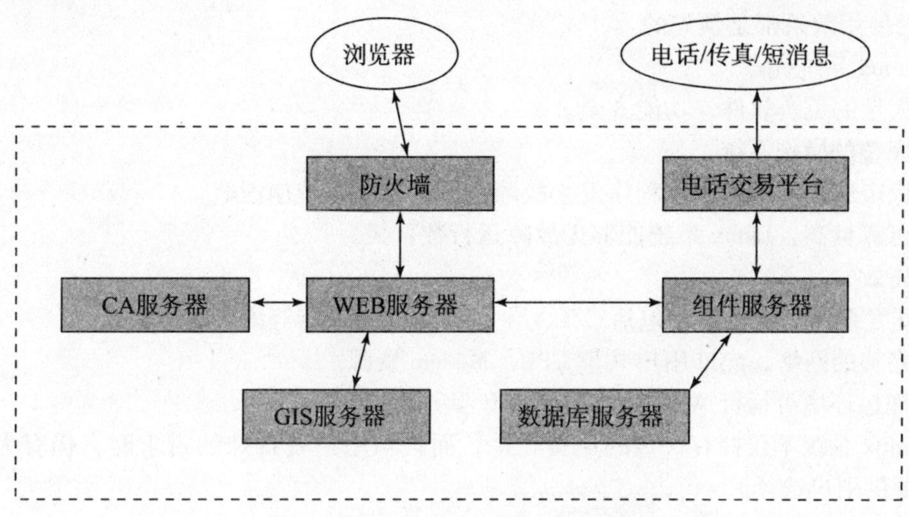

图 8－4 系统软件的体系结构

4. 系统平台软件选型

（1）概述。系统运行需要平台软件（应用软件）支撑。平台软件的性能、技术直接影响到系统软件的性能和技术。因此选择性能/价格比良好、技术先进、维护方便的平台软件是系统设计中的重要工作。

系统的平台软件包括以下内容：

①各种服务器上运行的计算机操作系统；

②组件服务器平台软件；

③信息系统运行的核心——数据库平台软件；

④电子邮件服务器软件；

⑤WEB 服务器软件；

⑥GIS 服务器软件。

一般业主要求的平台软件是操作系统、WEB 服务器、电子邮件服务器等。但是数据库软件是任何信息系统必不可少的，因此在系统设计时给出选型说明，作为业主参考。

（2）操作系统选型

①操作系统的选择原则

a. 稳定性和安全性。目前可供选择的操作系统有 Windows NT 和 Unix 操作系统。在安全性方面，Unix 优于 Windows NT 系列，所以选择 Unix 操作系统。

b. 性价比。本设计系统的服务器操作系统采用 Unix 族中的 Turbo Linux 企业版。这包括数据库服务器、应用服务器、WEB 服务器、电子邮件服务器、CA 服务器、DNS 服务器等。

Linux 操作系统安全性较好。Linux 系统不仅性价比优良，而且经常更新技术，不断提高系统性能，保持最先进的技术水平。

Linux 是类似 Unix 的操作系统，具有 Unix 的传统优点，适合于各种用途，同时它又兼有开放源代码的优点。

Unix 系统完善、成熟，优于其他的操作系统。无论是系统的可靠性、安全性，还是服务器的使用效果都是领先的。

②Linux 系统优点

a. 大量的免费软件，功能齐全。

b. 完整的操作系统。

c. 稳定性好，即使应用程序发生故障也不会导致系统崩溃。

d. 可靠性高，Linux 系统能够无故障运行数百天。

e. 高效。

f. 开发系统免费使用，包括 C/C + +、Fortran 编译器等语言。

g. 完善的网络，允许用户共享 CPU、Modem 资源。

h. 理想环境可运行 Web 服务器或 FTP 服务器。

i. Linux 系统不仅拥有大量的免费软件，而且当用户有特殊的需求时，仍有大量的商业软件可供用户选择。

j. 操作系统的升级简单容易。

k. 系统的标准版本可支持多处理器。

l. 真正的多任务操作系统，可以同时运行多个应用程序。

m. 丰富的办公软件。

n. 丰富的排版软件，专业级的 Tex 系统。

o. 能跨平台应用。Linux 系统可以在多种硬件平台上运行。

③Linux 系统的先进性

a. 网络化。Internet 在各个领域中应用极广，可在网络平台开展许多业务。许多商家把业务与 Internet 融合起来，增加了企业的销售量，网络已成为计算机的基本硬件配置了。

Linux 系统支持所有的常用网络协议，此系统核心是具有支持 Internet 等网络功能。

b. 多任务多用户。Linux 的设计是在 Unix 的思想上实现的多任务多用户的系统。

c. 开放。Linux 的全部源代码公开，包括核心、基本系统等。

d. 完全自由。Linux 的自由度大。一方面 Linux 用户可以自由修改系统来满足自己的特殊需求；另一方面使用 Linux 系统不付费用。用户可以通过 Linux 的有关站点下载 Linux 系统。

e. 可靠性高。Linux 是目前最可靠的操作系统之一。

f. 向下兼容性好。Linux 能支持旧硬件设备。Linux 可以充分支持现有旧设备，为用户节约投资。

g. 发展历史悠久。众所周知，Unix 系统经过几十年的发展，是一个多用户的操作系统，用户之间的信息保密性极好。网络安全是 Linux 系统核心升级的首要任务。

h. 源代码开放。Linux 系统是源代码完全开放的系统。开放源代码有助于系统的健全发展，大量的开发人员都可以检查、发现并修改现存源代码中存在的错误。

i. 修正速度快。Linux 广泛用于 Internet/Intranet 中，提供 WWW、FTP、电子邮件、新闻组等各项服务。另外，Linux 广泛用做 DNS 服务器，NIS 服务、NFS 服务等。Linux 系统修正速度快，用户可以自己针对问题进行修补。

j. 系统的健壮性和稳定性。由于 Linux 系统的核心基于 Unix 系统的多任务保护机制，即使应用程序发生错误，也不会导致系统的崩溃或造成重要数据外泄。

（3）数据库管理系统选型。数据库平台是整个系统的“心脏”，所有业务操作都涉及数据库读写。数据库性能在系统总体性能中的作用极大，因此，选择数据库平台时要充分考虑实际业务系统的需求。本系统要求如下：

①建立直接管理和维护的数据中心。

②进行日常业务数据的查询管理和对历史记录的综合查询。

③系统支持不同的操作系统，具有很好的开放性。

④管理界面友好，易于维护。

⑤数据库系统本身的安全性。

⑥数据库厂商的售后服务水平与技术支持能力。

⑦在国内物流行业中有成功案例。

据上述分析，选择国际四大数据库公司之一的 Sybase 公司的 ASE 12.5（Adaptive Server Enterprise）系统。

⑧ASE 12.5 系统的其特点。

a. 技术实用、先进、成熟。

b. Sybase 公司的数据库的系统性能优异。Sybase 公司的企业级数据库服务器，在各种不同的硬件平台上均能极大地发挥硬件能力，是性能最好的数据库。其特点是：支持多处理器硬件环境；内置并行处理技术；有效的内存资源管理；有效的处理器资源管理；有效的磁盘数据管理。

c. 安全性好的计算机系统。

d. 灵活开放的计算机系统。Sybase 公司所提供的数据库支持各种工业标准，使系统各种组成部件具备最强的互操作能力。

e. 可扩展的计算机系统。Sybase 公司的系统扩展性较好。当系统用户数增加或硬件配置提高时，通过合理配置软件系统来提高系统的吞吐量和系统性能。

f. Sybase 数据库整体技术优势：

- 在国内的物流业中拥有大量的客户和成功案例。
- 数据库符合工业标准，具备灵活性和开放性两大特点，可以满足系统建设发展。
- 数据库产品系列完整，功能强大，可以提供给用户一个完整的系统解决方案，满足各种类型的应用系统建设的需要。
- 数据库产品性能和价格比较好。
- 数据库产品的图形化管理工具，功能齐全操作简单，可用统一管理工具同时管理中间层服务器和后台数据库，可以大大降低大型项目的运行维护费用。
- Sybase 公司的数据库产品是唯一荣获 ISO 9000 质量认证的数据库产品，产品的设计、开发、销售和支持与服务的过程是严格规范的。

（4）组件开发平台选型。采用组件技术便于系统支持跨平台性、B/S 体系结构、提供公用 API 技术。在设计中选用 Sybase 公司的 EA Server 3.6 软件，该产品是目前开发 Internet 应用的主流平台，在市场上享有盛誉。

(5) WEB 服务器平台软件选型。WEB 服务器是系统运行的平台软件之一，它决定了整个软件系统的主要界面。本系统中采用 Apache For Linux 的 WEB 服务器平台软件。

①Apache WEB 服务器主要优点：

a. 数量稳步增长。目前 Apache 占据了整个 WEB 服务器市场的 60%。

b. 开发模式。Apache 是免费下载和开放源代码。

c. Apache 在结构上采用模块化设计，允许用户根据实际需要选择不同的功能模块。

d. 支持标准。Apache 产品支持企业标准。

e. 系统配置。Apache 主要是在 Unix、Linux、Windows 等操作系统下使用。

②安全性能。Apache 和 IIS 可以提供各种基本的安全功能，其中包括：

a. 根据域名限制访问；

b. 根据用户名限制访问；

c. 根据用户组限制访问；

d. 根据目录或文件限制访问；

e. 根据 IP 地址限制访问；

f. 根据明文口令进行基本的用户身份验证。

③内容管理。如有效期限管理、多平台支持、内置图片处理功能、引用文档页脚、定制错误提示信息等。

(6) 电子邮件服务器平台软件选型

①选择 JWEND 电子邮件系统。电子邮件服务器软件选用 JWEND 电子邮件系统。此系统的服务体系伸缩性和可靠性好，增加用户数量也能满足用户要求。此外，系统可用性好，特别是在处理中文时，管理界面更符合中国人的需求。它在满足现有客户服务水准要求的同时，吸引更多用户加盟。在邮件不断增加过程中，它确保企业内和电子商务站点的邮件收发能够获得良好的服务和系统性能。

WEND 电子邮件系统的设计目标是满足企业级用户和电子商务运营商对大容量、高可靠性、高可用性的要求。通过独特的分布式体系结构，JWEND 电子邮件系统可支持到上百万的用户。同时该产品的运行工作也提供了无缝扩展系统组件的能力，可以适应用户数量、消息流量、用户总数和访问方式种类的增加。所有这些能力都是在邮件不丢失、服务不中断的前提下实现的。

JWEND 电子邮件系统是一个合理、高效、安全、易用的 Internet 邮件系统。系统结构采用分布式结构，整个系统功能既可由一台服务器完成，也可由多台服务器分担完成。这种分布式的结构保证了系统平行扩展的能力，系统能够满足数年内用户增长的需要。

②JWEND 电子邮件系统的功能特点。

a. 灵活的分布式系统结构。它可以将软件的不同模块，分别运行在不同的机器上来共同实现整个电子邮件系统的功能。每一种模块还可以再拆分在不同的服务器上运行，实现负载动态均衡。这种结构支持的用户量灵活性较大。系统可分阶段扩展，提供邮件服务初期，根据初期目标，由一两台主机来实现。随着用户量的增加，只需增加主机，在不停止服务的情况下，实现系统的无缝扩展，服务器可增至几十台甚至上百台。这样既可以减少初期设备投入，又能避免资源浪费。

b. 强大的兼容性和可扩展能力。邮件系统可通过系统扩展，支持电子邮箱数目可达数百万个以上。

c. 高速的运作机制。

d. 系统平台无关性。在多种 Unix 平台上可运行邮件系统。

e. 支持 Internet 的多种协议。

f. WWW 的用户邮件处理界面。

g. 强大的 WWW 界面的用户管理统计系统。

h. 多语种支持。

i. 网络管理功能。在分布式系统中，管理员可实时获得各服务器的运行情况。

j. 强大的垃圾邮件处理功能。系统可限制邮件大小与按规则过滤垃圾邮件。

JWEND 电子邮件系统的处理流程如图 8－5 所示。

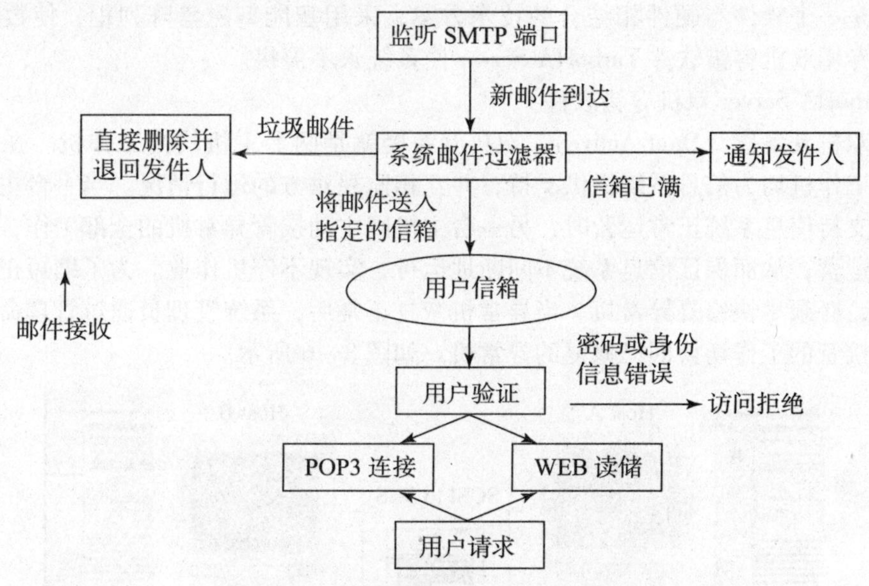

图 8－5　JWEND 电子邮件系统处理流程

③JWEND 电子邮件系统的安全性和负载平衡性。

a. JWEND 电子邮件系统的安全性。JWEND 电子邮件系统的安全性极好。考虑到传统的 UNIX 信箱可能遭到非法入侵，将操作系统的用户与邮件系统的用户完全分开，排除入侵者通过信箱系统攻击本系统的可能性。

在用户需要的情况下，JWEND 电子邮件系统甚至能对保存在系统中的邮件进行高强度的加密存储和传输，以保证高安全性邮件系统的应用需求。

JWEND 电子邮件系统紧密地与操作系统相结合，在某一台服务器上，只要操作系统不出现崩溃，系统则可正常运行。

同时，JWEND 电子邮件系统严格地划分用户区间和用户权限。任何用户出现异常情况，均不影响其他用户的正常工作，这样就把系统存在的不稳定性风险降到最低程度。

b. 负载平衡性。JWEND 电子邮件系统使用服务器集群的概念。任何一台服务器出现故障时，它就被自动排除在工作服务器组以外，其功能由其他正常的服务器来承担。此种结构保证了任何一台或数台服务器出现故障时系统功能不会受到任何影响，保证系统具有良好的负载平衡性。

8.2.4 系统可靠性和安全性设计

1. 双机容错方案设计

本系统采用Turbo Linux操作系统，可靠性优异。与专用Unix系统、Windows NT比较，性价比最高，同时友好支持IBM、DELL、HP等著名厂商的磁盘阵列。

下面介绍Turbo Linux双机容错的基本架构。

在实际业务中，要求系统永不停机（Non - Stop）和永不丢失数据。物流中心的信息系统涉及物流交易、资金清算等业务数据，要求十分苛刻。Turbo Linux提供的双机容错解决方案是一个软件与硬件相结合的技术方案，采用智能型磁盘阵列柜，使数据永不丢失，提供专用双机容错软件TurboHA Server使系统永不停机。

2. TurboHA Server双机容错软件

（1）双机互备援（Dual Active）。双机互备援就是两台主机均为工作机。在正常情况下，两台工作机均为信息系统提供支持，并互相监视对方的运行情况。当一台主机出现异常，不能支持信息系统正常运营时，另一台主机则主动接管异常机的全部工作，支持信息系统继续运营，从而保证信息系统不间断地运行，实现不停机作业。为了缩短正常机负载持续时间，必须尽快修复异常机。当异常机恢复正常后，系统管理员通过管理命令，可将正常机所接管的工作切换回已修复的异常机。如图8－6所示。

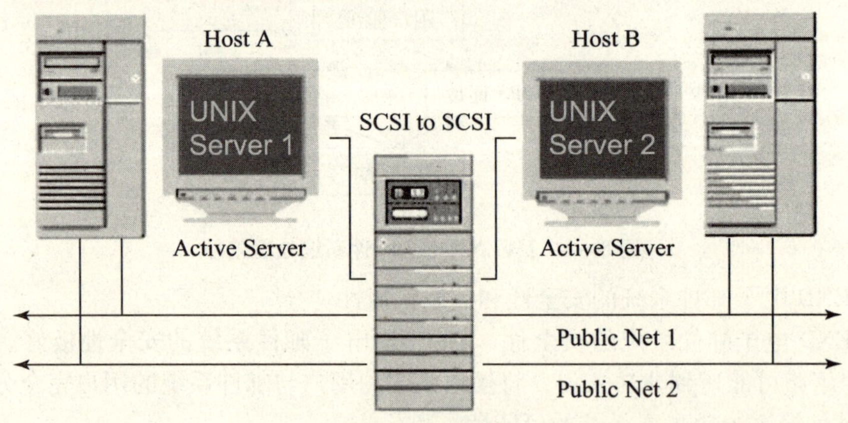

图8－6 双机互备援

（2）双机热备份（Hot Standby）。双机热备份就是一台主机为工作机，另一台主机为备份机。在系统正常情况下，工作机为信息系统提供支持，备份机监视工作机的运行情况（工作机也同时监视备份机是否正常。有时备份机出现异常，工作机则通知系统管理员解决故障，确保双机切换的可靠性）。当工作机出现异常，不能支持信息系统运营时，备份机主动接管工作机的工作，继续支持信息系统的运营，从而保证信息系统连续运行。当工作机经过

维修恢复正常后，自动将备份机的工作切换回工作机。也可以激活监视程序，监视备份机的运行情况，此时原来的备份机就成了工作机，而原来的工作机成了备份机。如图 8 -7 所示。

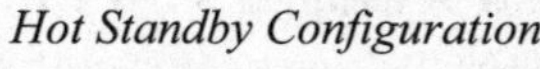

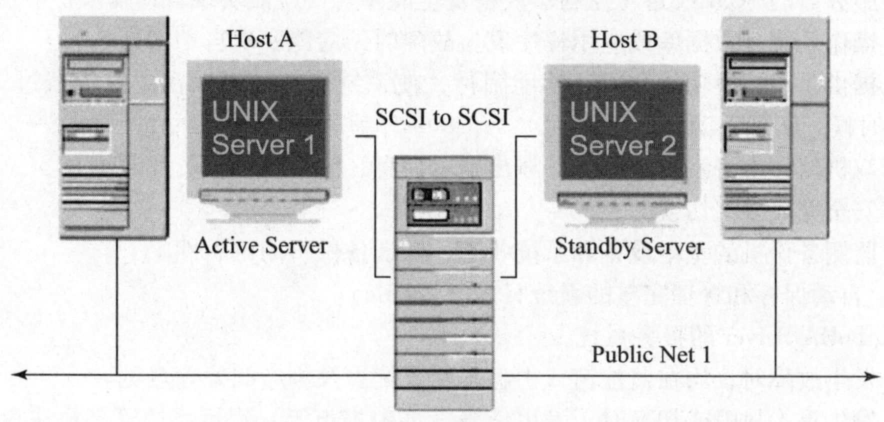

图 8 -7　双机热备份

（3）TurboHA Server 双机容错系统软件特点。TurboHA Server 软件是专为 Turbo Linux 双机容错系统开发的专业化的独立软件。它集成在 Turbo Linux 双机容错系统硬件平台上，能充分发挥硬件设备的性能优势，软件与硬件相辅相成。

TurboHA Server 软件针对数据服务系统等应用的专业特点，提供完整安全的双机工作模式，使系统运行更加安全、可靠和便于管理。

（4）TurboHA Server 双机容错软件的支持环境

①服务器

a. PC 级服务器：（Intel Processor）；

b. HP、IBM、DEC、Fujitsu、NEC 等服务器；

c. 工作站服务器：HP 9000、IBM RS6000、DEC 等。

②操作系统

Turbo Linux Server 6.0 以上。

③数据库（DBMS）

Informix、Oracle、Sybase、DB2、940 通信协议、TCP/IP。

（5）TurboHA Server 工作原理。通过装在两个服务器中的双机热备份系统软件 TurboHA Server，使系统具有在线容错的能力。即当处于工作状态的服务器无法正常工作时，通过双机系统容错软件，使处于监护状态的另一台服务器迅速接管异常服务器上的业务程序及数据资料，使得网络用户的业务交易正常运行，保证交易数据的完整一致性及交易业务的高可靠性。

TurboHA Server 是一组高可靠性的软件系统，它可使连入网络中的两台服务器达到无差错的容错级。

3. TurboHA Server 基本功能

TurboHA Server 包括以下基本功能：

（1）服务器停电时，能实现自动切换。

（2）服务器的硬盘、CPU、RAM发生故障，影响系统运行时，实现自动切换。

（3）网络连接发生故障时（如服务器的网卡、网络故障），实现自动切换。

（4）服务器的SCSI线路、控制器设备发生故障时，应能实现自动切换。

（5）操作系统、数据库或应用程序发生故障时，应能实现自动切换。

（6）提供手动切换功能和可选功能附件，使系统管理员可以在主机负载过大时或其他适当的时候，实现手动切换。

（7）双机软件本身发生故障时，显出提示信息，使系统管理员及时修复。

（8）安全完成多次切换。

（9）监测备份机的基本设备和系统状态，保证备份机的可靠性。

（10）自动保存和管理完整的系统日志（Logfile）。

4. TurboHA Server的报警系统

（1）发生故障时，均在监控窗口中显示错误信息及相应的处理意见。

（2）发生重大故障或切换时，发出信号（如警报声等）提示系统管理员注意。

（3）结合可选的功能附件，能按要求显示系统资源的利用情况。

5. 服务器集群的负载均衡

（1）概述。物流中心信息系统选择TurboCluster Server用于解决服务器集群的负载均衡问题。此系统可以为TCP/IP的协议服务提供可靠的负载均衡能力。它将多台普通的服务器（在集群内被称为节点）集群在一起，使整个系统具有强大的关键特性。其优点是具有负载均衡性、可扩展性和易于管理。

（2）集群的概念和负载均衡。物流中心的信息系统要求故障率低和性能优良。对于单台服务器是无法满足这两个特性要求的，采用集群技术则使信息子系统故障率低和性能优良。

①故障率低。一台服务器的故障率低于1%，但是按每年约有1%的非预计停机时间计算，365（天/年）×24（小时/天）×1%＝87.6（小时/年）。即每年可能有87.6小时的停机时间，这对于连续工作的物流企业来说是极大的损失。若采用集群技术，基本可实现无故障运行。

②高性能。假设计算机处理请求能力为几千个/秒，而IA服务器处理请求能力为几万个/秒，那么对于要求处理请求能力为几十万个/秒的企业来说，如不采用集群技术，唯一的选择就是购买高档的中、小型计算机。这样，虽然系统性能提高了十多倍，但投资成本和维护费用将会增加几十倍。若采用集群技术，完全可解决上述可用性和高性能的问题。

③集群。就是由一些互相连接在一起的计算机构成的一个并行或分布式系统，从外部来看，它们仅仅是一个系统，对外提供统一的服务。

④负载均衡。负载均衡是提高系统性能的一种前沿技术。如前所述，一台IA服务器的处理请求能力是几万个/秒，显然无法在一秒钟内处理几十万个请求，如果采用10台这样的服务器组成一个系统，将所有的请求平分给所有的服务器，那么这个系统就拥有了每秒处理几十万个请求的能力。这就是负载均衡的基本思想。

利用流量分流原理，把所有用户的请求传输到集群的管理节点。管理节点根据所有服务节点的处理能力和现状，把这个请求分流给某个服务节点。当某个服务节点的硬/软件

有故障时，管理节点能够自动检测到并停止向这个服务节点分发流量。这样，既通过将流量分担而增加了整个系统的性能和处理能力，又提高了系统的可用性。

（3）Turbo Cluster Server 工作原理。Turbo Cluster Server 将一系列独立的服务器节点虚拟成为一个统一的服务网络，这个统一的网络在外界看来是一个单独的虚拟 IP 地址和节点名字。

当一个客户申请来到网络时，它先到达主 Turbo Cluster Server 高级流量管理器（ATM）节点。一旦高级流量管理器接到申请，首先判断集群内的服务器中哪一个最适合为该申请提供服务，然后将客户申请转发到该服务器做适当的处理。当服务器处理完请求并准备应答时，它直接与客户进行通信。因应答的流量要远远大于请求的流量，这样就使 ATM 节点本身不再成为一个集群性能的瓶颈。

在这种体系结构中，因为负载被分散到集群内的多台机器中，所以整个集群的服务能力可以通过添加额外的服务器来增加。集群内也可以存在一个或多个备用高级流量管理器，以便在高级流量管理器本身发生故障时，整个集群仍然能够正常工作。

主高级流量管理器首先发送一个 ICMP 信息包到节点来判断系统是否有响应。如果系统有响应，它接着判断节点中的服务是否有响应。对于已经编写了代理程序的服务，高级流量管理器将打开一个与服务端口的连接进行传输。如果传输成功，服务处于正常运行。对于没有代理程序的服务，高级流量管理器将设法打开一个与该服务端口的连接。如果连接成功，则服务正常运行。

6. 系统安全性设计

（1）业务软件安全性的设计要求：

①不同用户之间的业务数据隔离。即 A 用户只能查询自己的交易和业务数据，而不能查询其他用户的数据。

②业务软件的安全性取决于系统的详细设计。对系统安全性至关重要的还是平台软件，包括防黑客攻击、密钥加密、系统用户认证等。

③在操作系统选型中，选择安全性能满足 B2 安全级别的 Linux 操作系统。

（2）Sybase ASE 的安全特性。当业务系统需要读写数据库信息或通过 Internet 访问时，安全性是极为重要的。

ASE 的主要安全特征如下：

①身份及其验证控制：确保只有合法用户才能注册到系统。

②角色的划分：允许给特定用户赋予特权角色，这样只有特定用户才能执行特定任务。

③审计：审查特定用户或特定角色的行为。

为了系统安全，软硬件、操作系统与数据库系统必须密切配合。数据库管理系统的执行区域应得到操作系统的保护，以免被干涉或篡改（如修改其代码或数据结构、数据存储被破坏）。

8.2.5　系统组网技术和网络管理设计

1. 网络需求

（1）本方案采用交换式 1000BASE 和 100BASE－TX、10/100M 自适应混合网络技术。主干网络采用 1000BASE 网络，第二级网络采用 100BASE－TX 网络，第三级网络采用 10/

100M 自适应网络，并且全部 10M/100M 自适应交换到桌面。

（2）网络结构采用多级星型结构，便于网络的维护与保养。

（3）网络的所有主干，全部支持 VLAN 功能，便于网络的管理和设备兼容性，所有网络设备都采用 CISCO 公司网络设备和网络管理软件。

为了使用 Internet 的信息资源，该网络中提供了 Internet 出口。同时配备 2 台访问路由器，便于其他分支机构的拨号访问。

（4）服务器、DNS 服务器、WEB 服务器、数据库服务器、CA 认证服务器、代理服务器和数据库服务器，采用的网络操作系统为 WINDOWS - NT4.0 和 Solaris 操作系统。同时为了保障网络的安全，在网络和 Internet 出口之间配备了防火墙软件。

（5）此网络分为内网和外网两部分，中间通过网桥分割，确保内网的安全性。

（6）用户对网管软件的要求。能自动发现网络的拓扑结构和网络设备；能自动监测、记录、报告、诊断和控制网络故障或错误；能运用可视化管理界面进行网络设备的配置和管理。具备对网络系统的管理配置能力，具有结点管理功能，可以发现网络上的 TCP/IP，并将这些信息以直观图形格表示出来。

2. 方案说明

（1）网络概述。物流中心的数据是保密的。考虑数据安全性，把网络分为内网与外网两部分，这样起到了物理防火墙的作用。外网为公司内部与 Internet 的公共数据交换区，为公司提供 MAIL、DNS、FTP、PROXY 服务。这些服务需要与 Internet 直接连接，所以放在外网。内网放置应用服务器、内部 WEB 服务器、数据库服务器、CA 服务器。这些服务器为公司内部的管理和运作专用，无须 Internet 的直接连接，所以放在内网比较安全。由于存在物理防火墙（网桥），即使外网的服务器受到来自 Internet 的攻击或破坏，公司内部的服务器也不会受到破坏，公司仍可正常工作。整个网络采用以 TCP/IP 为底层协议，在此基础上运行各种应用层协议，如 HTTP、FTP、SMTP 等，同时也便于连接异构网络。

（2）路由设备。因为公司的 Mail/DNS/FTP 服务器要与 Internet 进行信息交换，同时公司内部员工也要与 Internet 进行联系，所以用一台 CISCO2621 路由器与 Internet 连接。此路由器具有两个 Ethernet 接口和 WAN 接口。同时考虑与 Internet 的连接以安全、稳定为主，所以在一个 WAN 接口上添加 CISCO 的 WIC - 1T 模块，实现与电信局的 DDN 连接（建议使用 1M 专线）。DDN 在中国电信界广泛应用，技术十分成熟，其故障率也是所有专线接入方式中最低的。综合考虑，在此方案中建议使用 1M 的 DDN 专线接入 Internet。同时考虑到网络 24 小时的不中断性，在另一个 WAN 接口上添加一个 WIC - 1B - S/T 模块，作为 128K 的 ISDN 备份线路。在 DDN 线路出现意外故障时，切换到 ISDN 上，保证与 Internet 的连接 24 小时畅通。

（3）网络交换设备。由于物流公司对网络带宽要求较高，则采用交换式 1000BASE 和 100BASE - TX、10/100M 自适应混合网络技术进行组网。内网网络系统分成三级，第一级网络采用 1000M 快速以太网进行组网。

（4）防火墙。防火墙采用易于安装和稳定的 Cisco Secure PIX 525 系统作为外网到 Internet 的防火墙。此系统成本低，维护方面经济、实惠、有效，安全性好，功能齐全。

（5）UPS 设备。为了保护服务器、路由器等网络重要设备，采用 APC UPS 系统保护电源，并提供临时断电时网络不间断运行所需要的后备电源。后备电源采用松下电池组，

延时为2小时，UPS为三进三出，产地为丹麦。

（6）服务器。服务器是网络的核心部分。它的稳定性、安全性、响应速度直接影响到网络的使用。一个大型的综合性物流中心，吞吐数据量庞大，每天都需要从公司的内网向服务器传输数以万计的数据记录，用于进行每天的日常分析，这对服务器要求很高。

数据库服务器（同时兼作CA认证服务器）采用IBM的Netfinity 8500R。

（7）网管软件。网管软件是网络系统正常、持续、安全运行的有力保障。一个良好的网管软件能给网管人员提供全方位的网络运行数据，对网管人员的正确决策起到辅助作用。根据网络规模和节点数，建议使用HP公司的Network NODE Manager 6.2网管软件。

此网管软件在网络管理上具有以下优点：

服务供应商的信息模型对网络元素进行逻辑化组织服务。供应商将客户重要信息与网络信息统一管理，提供网络资源的五种新视图，使网管员能根据客户的业务需求管理网络。这些新视图有相关的图标和菜单选项，能提供网络资源及其相关的多种层次化视图。

此网管软件是为大型网络开发的一套网管软件。它通过TCP/IP自动发现网络的拓扑结构和相应的网络设备，并按照物理连接显示，同时能自动检测、记录、报告、诊断和控制网络故障或错误。它提供一套可视化的界面，让管理人员轻松、方便地对网络的设备进行配置和管理，同时还具有节点管理功能，并将这些信息以直观图格式表示出来，最大管理节点数为250个，同时具备对相同类型网络设备进行管理配置功能。此套管理系统能够全方位地对网络进行细致、全面地监控，十分符合此系统的应用。网络拓扑结构如图8-8所示。

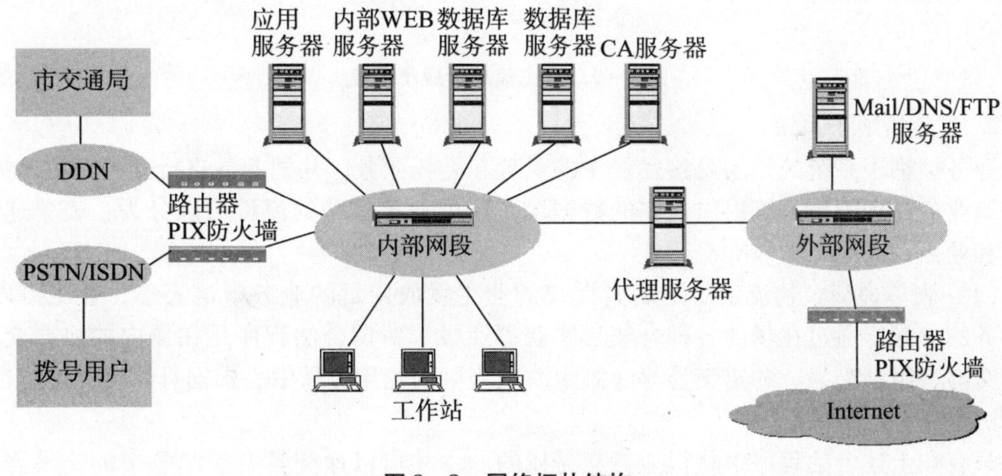

图8-8 网络拓扑结构

8.3 业务受理系统设计

8.3.1 场内业务受理系统

1. 业主（业务授权用户或业务委托用户）信息管理子系统

所有与物流中心有关的业主的数据信息（身份登录）必须登录在业主信息管理子系

统中，以便查询和操作。

该子系统包括业主身份信息的登录、查询、修改。图 8 - 9 所示为业主信息管理子系统。

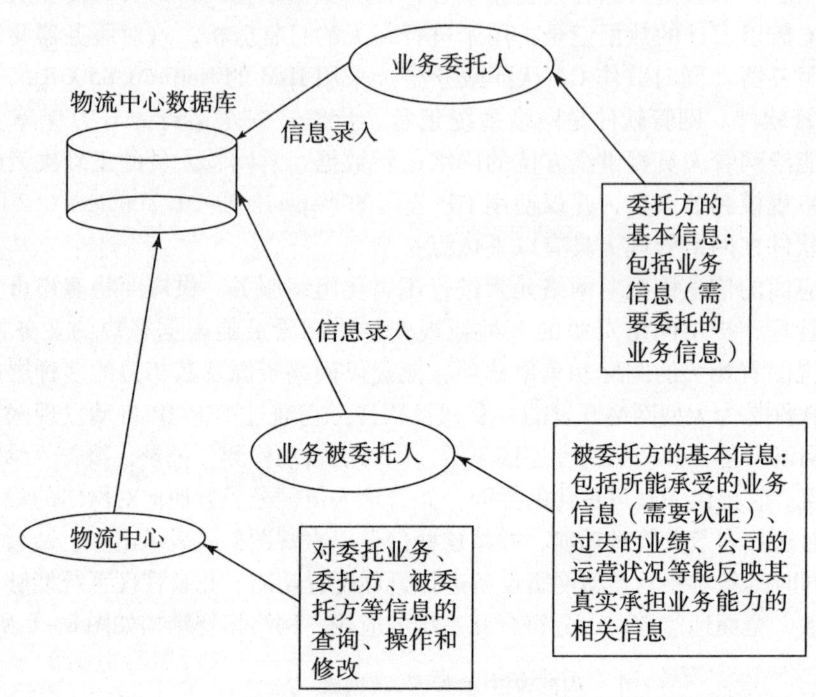

图 8 - 9　业主信息管理子系统

2. 业务接纳子系统

业务接纳子系统的作用是接受业主的受理和委托业务，并把业务进行分类，写入数据库，给业务受理管理系统提供必要的数据源。场内业务接纳的流程可以分为：表单递交、评审和业务确认。

（1）表单递交。物流中心定期向授权的业主发放定量的业务申请表单，业主可以参加业务的分配，通过在场内各种合法程序获得业务。所谓合法程序是在场内的协商交易、竞价交易、组合交易、约定交易等。制定游戏规则的物流交易中心根据具体情况确定这一类合法程序。

只有在上述合法程序中获得业务交易权的业主才可以递交具有实际意义的交易表单，进行进一步的评审。

（2）评审。当通过合法程序获得业务的业主，将表单递交给物流中心之后，物流中心对该表单进行进一步审核，确定其是否真的具有承担该项业务的资格。评审的内容是：业主在物流中心数据库中的交易承载能力；业主在过去交易中的信誉度以及完成质量。

（3）业务确认。当业务申请人所递交的表单被评审通过后，则可确认该申请人获得该项业务的委托权。此时可由委托方、被委托方和物流中心三方签订合同，以确保委托权的合法性。委托协议书签订之后立即生效，委托双方必须按照协议内容相互监督，履行双方的义务。图 8 - 10 所示为业务接纳子系统。

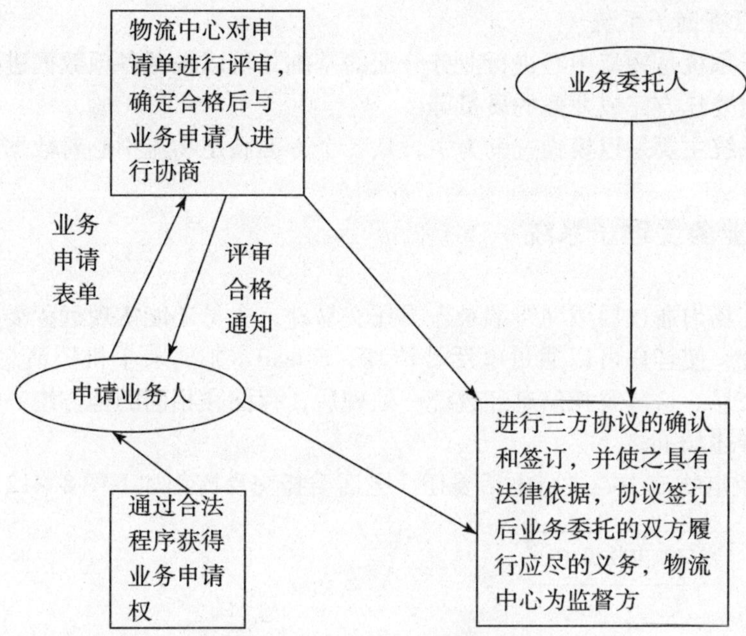

图 8－10　业务接纳子系统

3. 业务分配子系统

业务分配子系统的任务是：物流中心依据实际业务需要直接进行业务委托，在数据库中检索具有一定资格的业主进行主观委托（物流中心直接选取委托方）。之后由委托方、物流中心和被委托方协商确定（人为操作）。如果任何一方产生异议，物流中心可以在数据库中挑选符合条件的被委托方。图 8－11 所示为业务分配子系统。

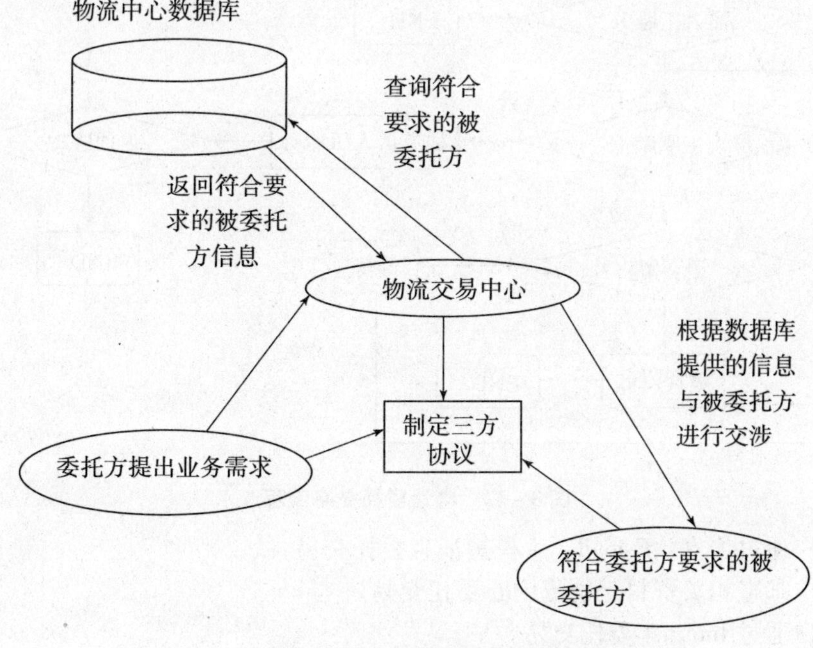

图 8－11　业务分配子系统

4. 业务信息查询子系统

业务查询子系统是物流中心进行业务分配的基础，可以根据各项数据进行检索，包括业务的数量、被委托方完成业务的质量等。

该查询子系统主要是以模糊查询为主，从各个方面满足物流中心对数据查询的需求。

8.3.2 远程业务受理子系统

除了会员在场内通过局域网终端录入委托交易外，会员还能实现远程委托交易。远程业务受理子系统，使客户可以通过电话、传真、E-mail、邮寄、手机短消息和 Internet 等进行远程委托交易。这些委托信息经过统一处理后，存储在相同的地方统一管理。各种途径的委托交易详述如下。

（1）客户致电物流中心进行电话委托。电话委托交易流程如下图 8－12 所示。

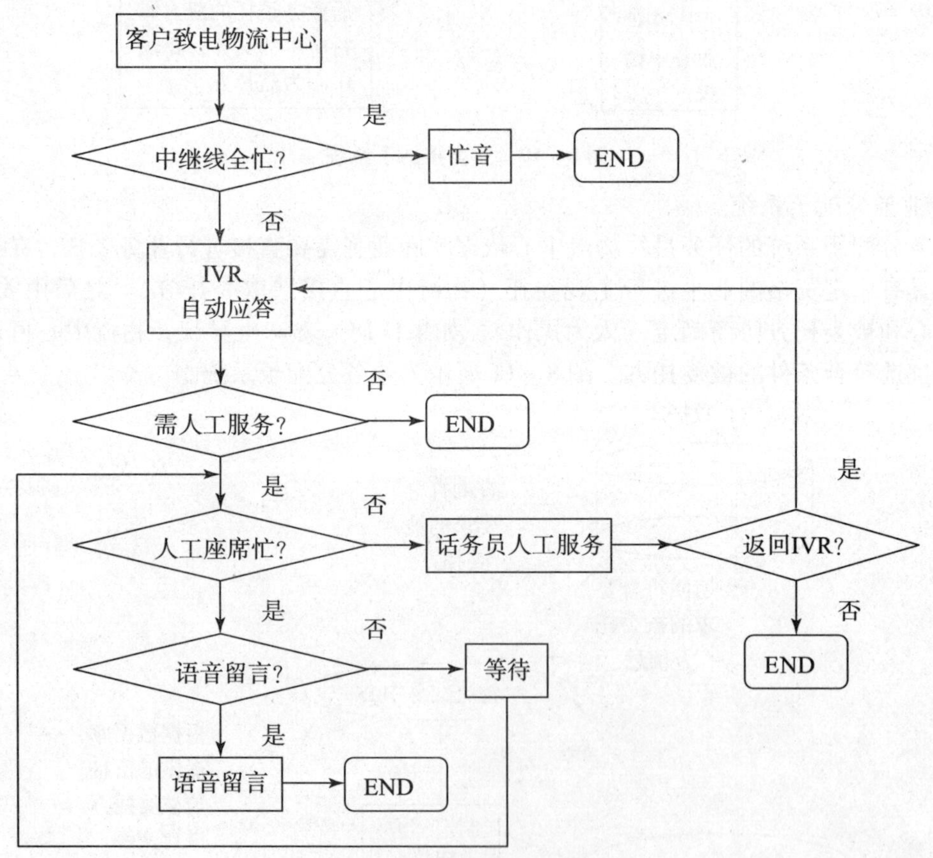

图 8－12　电话委托交易流程

（2）客户通过传真、E-mail、手机短消息委托交易。

（3）客户邮寄相关资料至物流中心委托交易。

（4）客户通过 Internet 委托交易。

8.3.3 业务受理管理子系统

此系统主要涉及电子商务。物流中心在受理场内业务或者远程交易业务后，应及时将这些信息发布到互联网上，方便其他户主查询与竞标。

物流中心受理业务后，管理员登录公司网站，刷新网上信息。户主也可登录公司网站，对其他户主的个人信息以及委托信息进行查询，如业务适合则可在线竞标。为此需要建立业务商用档案，包括交易历史记录及交易日志，每一笔交易必须写入交易日志中，以便日后查阅。交易完成后，可对交易的双方进行问卷调查，评估户主信誉，最后可划分等级。

1. 管理员网上信息登录系统

随着互联网的迅速发展，物流中心也广泛应用网络这一渠道。

互联网上的信息强调更新，物流中心的交易必须及时在网上发布，以方便会员能在网上获得更多的交易选择的机会。图 8－13 所示为管理员网上信息登录流程。

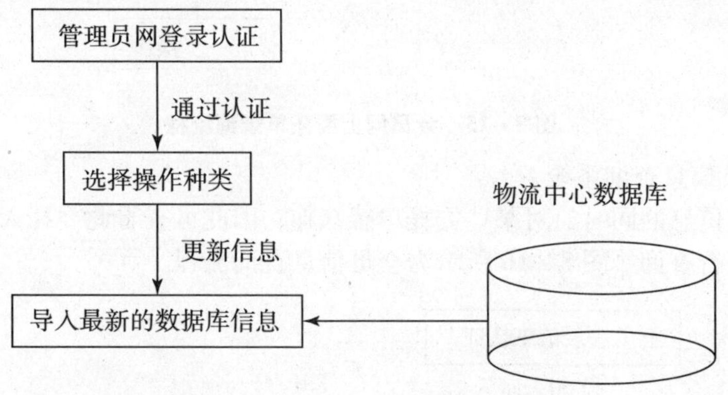

图 8－13 管理员网上信息登录流程

2. 会员网上委托单粘贴系统

会员一般在互联网上浏览信息，户主也可将委托单粘贴在布告栏中，等待其他户主与其合作，达成合作协议。图 8－14 所示为会员委托单粘贴流程。

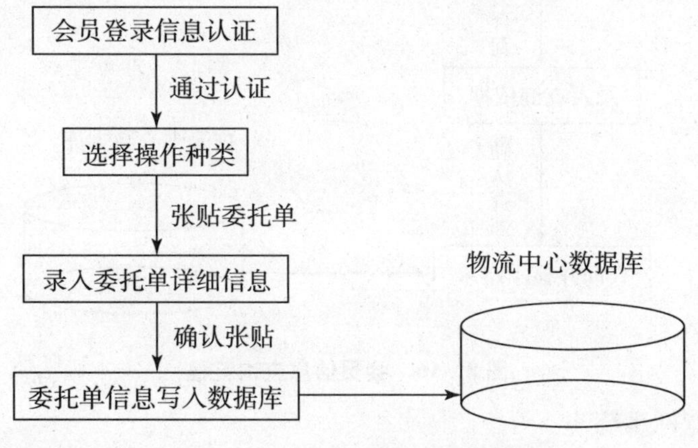

图 8－14 会员委托单粘贴流程

3. 会员网上委托单查询系统

图 8－15 所示为会员网上委托单查询流程。

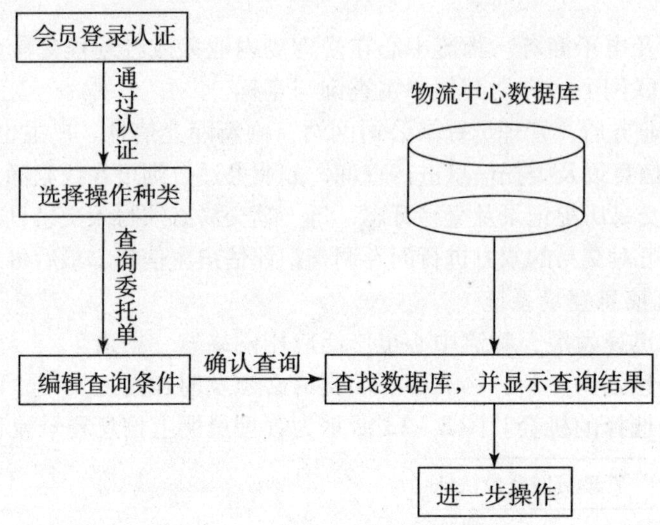

图 8－15　会员网上委托单查询流程

4. 网上会员信息查询系统

会员在浏览信息的同时，对某些委托单感兴趣，因此可查看此委托人的信息。此时就需调用此系统进行查询。图 8－16 所示为会员信息查询流程。

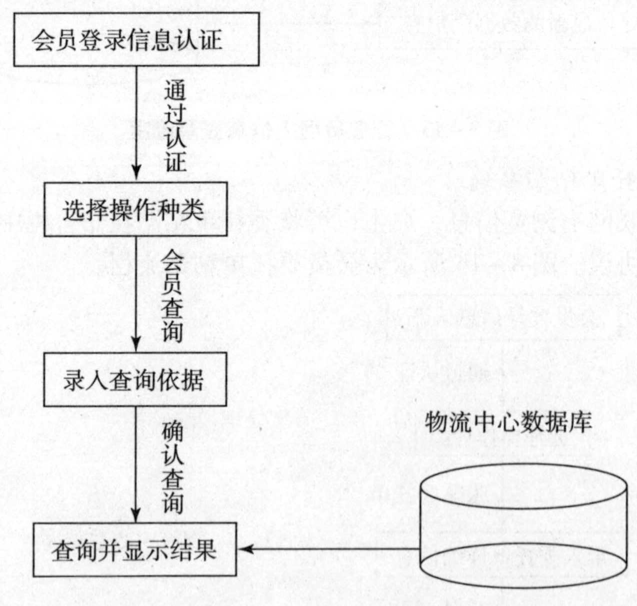

图 8－16　会员信息查询流程

5. 网上交易竞标系统

会员在浏览各个委托单的同时，可以查询委托单、委托人的信息以及信誉度。如果发

现有意向的项目，可以提交申请，从而参与竞标。

6. 网上调查问卷系统

会员在物流中心交易后，可以对此项交易发表满意度意见（很满意、比较满意、没感觉、不满意）。

8.3.4 投诉及信息反馈子系统

投诉及信息反馈子系统包括投诉处理模块和反馈信息处理模块。其主要功能：跟踪委托交易情况和客户的反馈信息、受理客户投诉、及时处理有关问题。

1. 投诉处理模块

用户可以通过电话、传真、E-mail、Internet 等途径进行投诉，在 IVR 流程中专门提供投诉受理功能。

2. 反馈信息处理模块

业务受理管理系统将数据库中已受理的客户委托交易信息公布之后，一旦成交，系统自动在该条委托交易记录上添加已成交标记，并且开始即时监测运输系统转入的该货物相关数据。一旦发现途中货物异常，立刻将此异常信息按照货主选定的最优联系方式通知货主。图 8－17 所示为反馈信息处理模块结构。

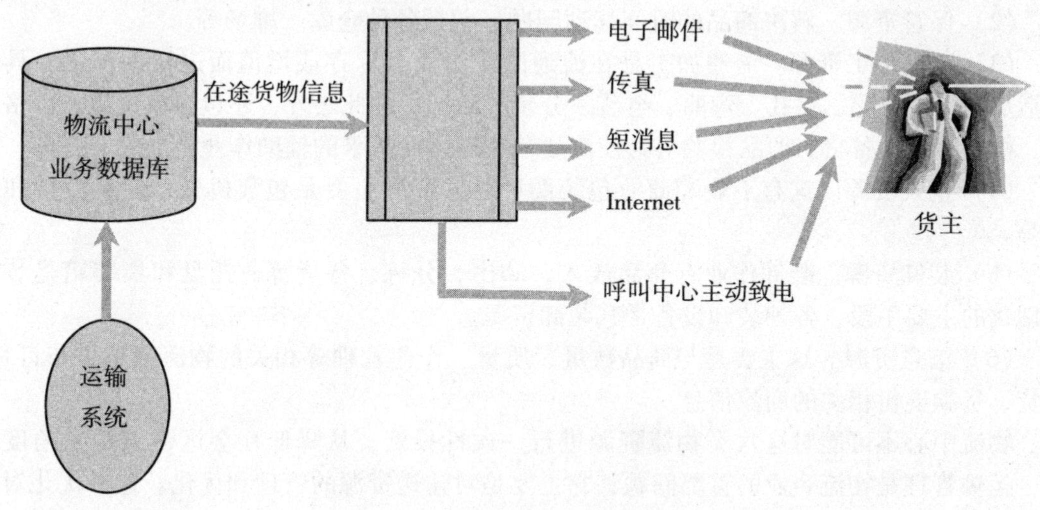

图 8－17 反馈信息处理模块结构

8.4 运输管理系统设计

8.4.1 运输管理业务概述

1. 汽车运输的重要性

现代运输是物流系统效率化的重要环节，其追求理念是缩短运输时间和降低运输成本。随着“多频率小批量”运输市场的快速发展，汽车运输在运输结构中具有举足轻重的地位。汽车运输产业将会急剧成长。它的发展提高了货物运输效率。高效的汽车运输是现代物流的重要手段之一。它对供应链管理以及产、供、销一条龙服务起到媒介和推动作用。但是，随着汽车运输业的快速发展，必将产生新的负面影响。

2. 汽车运输的负面影响

随着货物运输机械化的发展，专业运输队伍和企业车辆迅速增加，必将导致市内交通集中、道路堵塞、增加社会成本，造成城市废气污染严重。

此外，汽车尾气是导致地球温室化效应的原因之一，而地球温室化不仅仅使世界范围内的陆地面积减少、水域增加，而且由于气候变化，对农作物危害极大，同时也使自然生态系统受到严重破坏。

3. 虚拟经营

物流中心在4PL中意义重大。如何降低社会物流成本，减少汽车空驶率是极其重要的。

虚拟经营是物流中心的重要经营战略。它从根本上来说是如何处理自有物流设施资源（自用型）和非自有物流设施资源（营业型）的关系。而从物流活动的构成要素来看，物流设施资源可以分为六类。

（1）输送资源。解决商品的空间位置移动，包括各种车辆、船舶、管道、飞机等。

（2）保管资源。解决商品的时间移动问题，包括各种仓库、堆场等。

（3）流通加工资源。流通加工是在流通阶段为商品保存或增值而进行的加工。具体包括切割、细分化、钻孔、弯曲、组装、分装等活动。除此之外，还包括单位化、价格贴付、标签贴付、备货、商品检验等为使流通顺利进行而从事的辅助作业。

（4）包装资源。这有工业和商业包装两种，其资源主要是包装机械、包装设计和资源等。

（5）装卸资源。装卸作业有商品放入、卸出、分拣、备货等。托盘和集装箱是装卸合理化的主要手段，各种装卸设备是其装卸资源。

（6）信息资源。这主要是与商品数量、质量、作业管理等相关的物流信息，与订货、发货、货款支付相关的商流信息。

物流中心不可能对这六类物流资源进行一次性投资。从降低社会运输成本的角度来看，运输管理是物流企业的首要问题，它主要是对输送资源的管理和优化。这种优化对社会物流成本的节省效果取决于物流中心所能管理的输送资源总量。从目前的实际情况出发，物流中心的输送资源主要是陆上运输中的汽车运输。因此本系统的运输管理系统的根本任务就是优化汽车运输资源配置，降低运输成本，缩短运输时间。

物流中心管理的运输资源不仅仅是自有车队，从虚拟经营的角度来说，所有会员单位的运输车队都是本系统管理、调度的对象。

从业务上来说，通过业务受理系统和综合货代系统，解决了运输管理的业务来源。因此，运输管理系统的业务流程如图8－18所示。运输管理是货代系统或交易系统的一个执行系统，它与仓储系统、配送系统一样都属于物流作业信息平台。

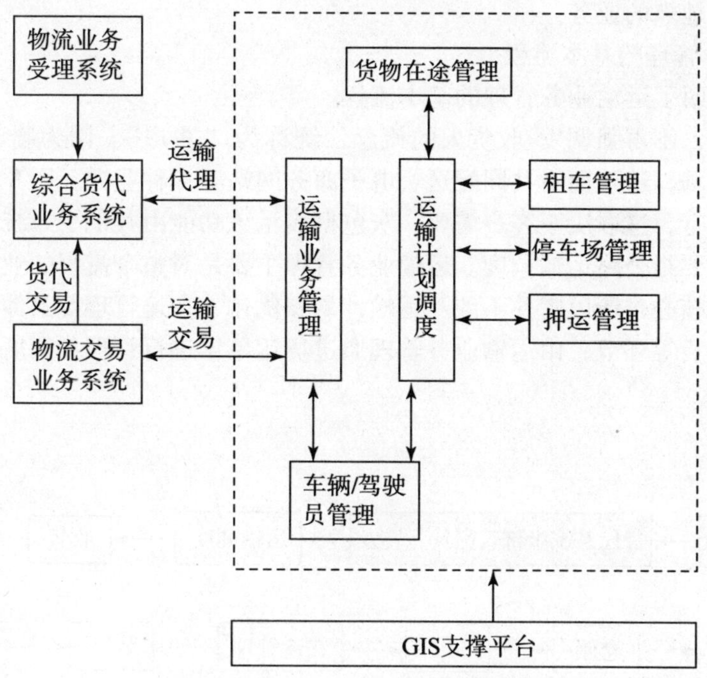

图 8－18 运输管理系统的业务流程

运输管理的内容包括国内外运输。这两者中根据运输方式又可以分为国内单一运输、国内多式联运、国际单一运输、国际多式联运。从物流中心的实际情况来看，目前主要以国内单一运输中的公路运输为主。物流中心为争做“联盟中心”，在激烈的物流市场上处于领先地位，在虚拟经营基础上不仅加强公路货运管理，还要考虑如何与铁路、航空、航运部门进行数据交换。

从整个物流市场来看，公路货运是主要运输手段，因此要求运输管理系统的功能要满足以下要求：

（1）支持“多频度小批量”以及共同配送业务。这要求在运输计划调度中充分加强货物配载合理性，同时要与生产商、批发商、零售商在计算机网络上建立数据交换机制。

（2）支持货主跟踪在途货物。

（3）对于营业型货运，需要建立租车管理系统和财务结算机制，作为虚拟经营的具体措施。

（4）广泛应用先进的 GIS 技术，对在途货物、停车场采用电子地图的方式进行直观的显示和管理。

8.4.2 运输业务管理子系统设计

运输业务管理子系统主要是接收交易系统和货代系统的指令，生成相应的承运单据，经整理后通过计算机网络传递给运输计划调度系统。

由于公路运输可以实行“门对门”运输，因此运输业务管理系统需要支持登门受理和送货到指定的地点的业务。

1. 运输业务管理的基本流程

图 8－19 说明了运输业务管理的基本流程。

在此流程中，不再强调发/收货人的概念，统称为“客户”。因为物流中心不仅要面对传统的运输市场，还要面对共同配送、电子商务网站等多种业务。图 8－19 中虚线表示流程并非必须进行，这取决于客户需要。灰色框表示该功能由其他子系统实现。

运输调度主要指公路运输调度。运输业务管理主要是对整个流程的业务控制，这种控制以运输单据为核心，所以它并不涉及运输计划和优化、在途管理等具体功能模块。对于收货、装货、卸货等环节，由运输业务管理通过货运单据进行管理和调度。

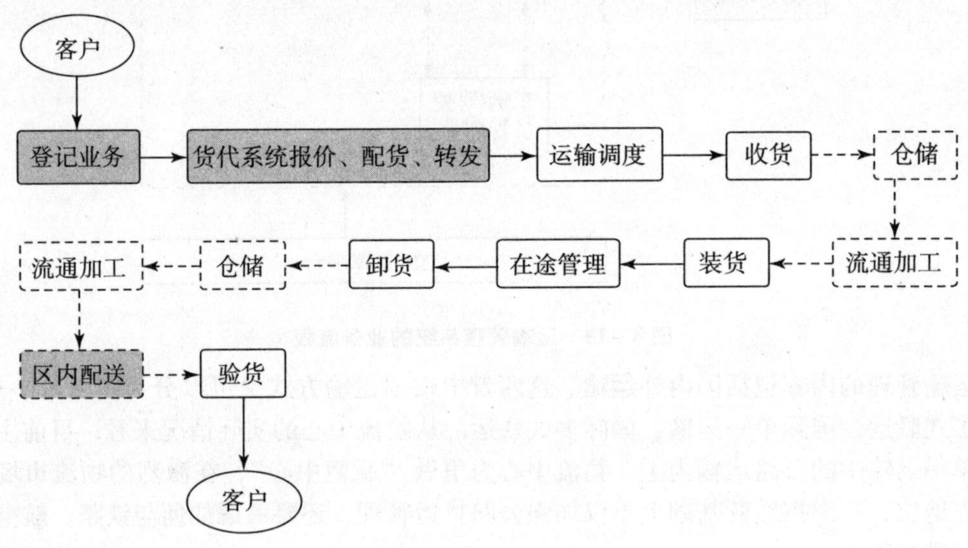

图 8－19　运输业务管理的基本流程

2. 国内公路货运业务管理分析

（1）整车货物运输。一次货物在 3 吨以上为整车运输。有的货物重量虽在 3 吨以下，但不能与其他货物拼装运输，需单独提供车辆运输，可视为整车运输。如鲜货、石油、煤炭等。

（2）零担货物运输。指同一货物托运人托运的货物不足 3 吨。公路零担货物运输按其性质和运输要求还可分为普通零担货物和特种零担货物。普通零担货物指《公路价规》中列明的并适于零担汽车运输的一、二、三等普通货物。特种零担货物则分长、大、笨重零担货物，危险和贵重零担货物以及特种鲜活零担货物等。

（3）公路集装箱运输。公路集装箱货物运输的责任自承运人接收货物，并签发货物单或其他货运单证时起，至将货物交给收货人时止。

在物流中心的运输业务管理中，公路货运包括自有运输和对外委托运输（即租车运输），因此在单据流程、货运流程、财务结算上必须考虑到相关差别。

3. 运输委托单

运输委托单一式七联，分别是：

（1）存根联，由物流中心留底备查。

（2）装运通知联，由货代部门交给运输业务管理部门通知收货和装车。

（3）派车通知联，送运输计划调度部门作派车依据。

（4）仓库联（可选），如果需要仓库先行保存，则交仓库作入库指令。

（5）加工联（可选），如果需要进行流通加工，则交服务中心作加工指令。

（6）费用结算通知联，送财务部门通知结费。

（7）回执联，交货物托运人收存。

4. 运输委托单的内容。

（1）托运人、收货人的姓名、地址和详细通信方式，起运地、到达地应详细说明所属行政区。

（2）货物名称、包装、件数、体积、毛重、净重、规格等。

（3）运输和装卸要求。

（4）符合运输的证明文件列表。

（5）加工要求。

（6）仓储要求。

（7）收货方式，如上门收货、货主送达等。

（8）配送要求。

（9）送货方式，如收货人自提、送货上门等。

图 8－20 所示为运输委托单的流转过程。灰色框是运输管理系统之外的子系统，其中运输业务管理是其中的核心控制模块。

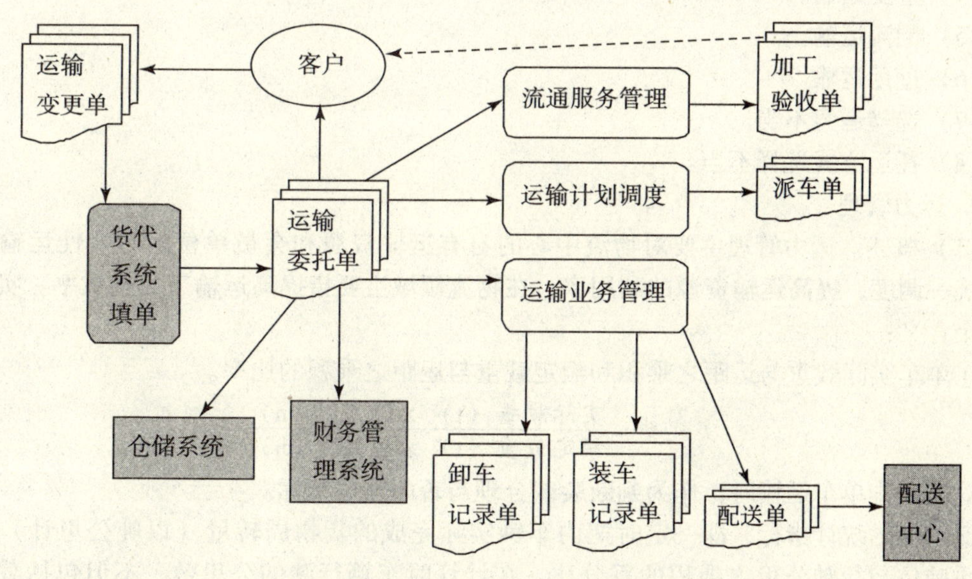

图 8－20　运输委托单的流转过程

5. 运输业务管理子系统功能

此系统的功能如下：运输委托单的自动生成、打印和网上传送。

（1）根据运输委托单和运输计划调度的配车信息生成装车记录单，并在网上传送给收货人。

（2）对于共同配送业务，能够自动生成配送单并传递到配送中心。

（3）可以随时加载专用 EDI 软件，所有单据通过 EDI 报文与其他运输方式经营业者交换。

（4）自动生成卸车记录单，并可以在异地实现卸车记录单的网上录入。

（5）能够将运输里程、预计路桥费等数据传入财务管理系统，作为结算费用的依据。

8.4.3 运输计划调度子系统设计

运输计划调度子系统主要包括运力管理、运输方式与线路优化、货物配载及装卸车计划管理三方面的内容。

运输计划调度子系统的关键任务是运输合理化，通过各种优化手段，配置和调度优化资源，从而避免不合理运输。

所谓不合理运输即没有发挥应有的运输水平，浪费运力、增加运输时间、运费超支等问题。

1. 不合理运输形式

（1）去/回程空驶。

（2）对流运输。

（3）迂回运输。

（4）重复运输。

（5）倒流运输。

（6）过远运输。

（7）选择运力不当。

（8）托运方式选择不当。

2. 运力管理

（1）概述。运力管理主要对物流中心的自有运输资源和会员单位的营业性运输资源进行统一调度，提高运输资源的利用率。在物流领域主要指提高运输工具实载率。实载率有两个含义：

①单车实际载重与运距之乘积和额定载重与运距之乘积的比率。

$$实载率=\frac{实际载重（t）\times运距（km）}{额定载重（t）\times运距（km）}$$

这在安排单车运输时，作为判断装载合理与否的重要指标。

②车辆的统计指标，即一定时期内车辆实际完成的货物周转量（以吨公里计）占车辆载重吨位与行驶公里之乘积的百分比。在计算时车辆行驶的公里数，不但包括载货行驶，也包括空驶。

（2）运筹学的应用。在本模块设计中，充分应用运筹学专业知识，其功能如下：

①线性规划模型。用运筹学建立运输的数学模型。根据已有的交通网和货源所在地、

目的地位置，制订最经济的调运方案，使总运输成本最低。

②运输计划编制。根据实际运力和预测的运输需求，计算机自动编制日、月、季和年的运输计划。计划编制方法采用“滚动计划法”，即越近的时间段计划越详细，越远的时间段计划比较粗略。随着时间推移，计算机根据货代系统的实际需求，不断修正计划。

③目标规划决策支持。由于降低运输成本和提高运输效率、缩短运输时间有时是相互矛盾的。因此对于这样的多目标优化问题，系统提供目标规划方法，为运力调度最优化提供决策支持。

（3）货物配载与装卸车计划

①货物配载。运输合理化之一关键在于科学配载货物，利用运输工具的载重量和容积，合理安排装载货物及载运方法，使运输方式合理化。配载运输也是提高运输工具实载率的一种有效形式。

配载运输要注重商品的混合配载，在以重质货物运输为主的情况下，同时搭载一些轻泡货物。如海运矿石、黄沙等重质货物，在仓面捎运木材、毛竹等。铁路运在矿石、钢材等重物上面搭运轻泡农副产品等。在基本不增加运力投入和不减少重质货物运输情况下，解决了轻泡货的搭运，因而效果显著。

②货物配载优化设计。以下是通过计算机利用运筹学数学模型来优化货物配载的。

a. 货物配载线性规划方法。货物体积、重量、车辆容积、载重量是线性规划模型中的基本变量。计算机提供的货物配载方案可以由调度人员进行手工调整和修改。

b. 装卸车计划编制。根据运输委托单的装运通知，按实际业务、车辆计划、到货日期等数据编制装卸车计划。

c. 装卸车计划执行控制。为了保证装卸工作按计划进行，需全过程检查和控制装卸计划的执行情况。当实际装卸车工作完成后，业务人员需要输入数据，分析与计划的差异。

（4）运输方式与线路优化

①运输方式优化的整数规划模型。在实际运输中，根据运输距离、货物体积、重量、运输工具容积、利润等多种因素，选择最优运输方式。例如，在集装箱运输中，已知：

a. 集装箱的体积、重量、每箱可获利润。

b. 汽车运输的体积和限重量。

c. 铁路运输的体积和限重量、航空运输的体积和限重量。通过计算比较，求出可获得最大利润的最佳的运输方式。

对于线路优化，则比运输方式优化复杂得多，需要采用专门的软件。解决线路优化的理论基础是图论。

本系统采用美国 MapInfo 公司的路径优化软件 MapInfo Routing J Server 来进行线路优化。所有运输线路的优化可以通过电子地图来实现。即通过鼠标或键盘操作选中发货地点和收货地点，则可计算出这两点之间的直线距离，也可以找出最优路径，并用特别的颜色（如红色）在电子地图中显示出来。

②MapInfo Routing J Server 的线路优化功能。Routing J server 的功能很简单，已知两点，能找到最短距离或者最短时间。它还允许用户提供一个起始和终止点的数组进行批量处理。

③MapInfo Routing J Server 对电子地图数据的需求。

有两种类型的数据，一种包括了主要的道路网络，这些数据用于长距离的路径搜索；另一种是次要道路网络，用于本地路径搜索。

（5）在物流中心信息系统中提供的电子地图数据。为了满足线路优化需要，根据不同的用途提供两种类型的全国数据；一种是 Routing J Server 实现路径优化所必需的全国道路拓扑数据；另一种是为路径规划提供参照的 1:100 万的全国地图数据。这足以满足干线公路（包括高速公路、国道、省道、县乡道）运输的路径优化要求。这些数据来自国家基础地理信息中心出售的电子地图，可用于市内配送的路径优化。

①全国道路拓扑数据。全国道路拓扑数据包括全国高速公路、国道、省道及县乡道四个级别的道路信息。其原图比例尺为 1:100 万，这是直接被 Routing J Server 读取的数据文件。为方便用户，可根据实际情况调整拓扑数据的参数，同时提供 MapInfo 的 TAB 格式的道路数据。用户可调整 tab 表文件中字段的值，通过文件生成工具将调整后的 tab 表文件生成新的可被 Routing J Server 读取的数据文件。

②全国 1:100 万地图数据。全国 1:100 万地图数据包括省行政中心、地级市、县级市、高速公路、国道、省道、县乡道、环城公路、铁路线、常年单线河、省界线、运河、湖泊、长年双线河、省面层共 15 个图层，同时提供工作空间对各图层进行管理，控制图层在不同窗口下的显示。

8.4.4 GIS 和在途管理子系统设计

1. 概述

在途管理系统主要包括车辆跟踪、货物跟踪、事故处理三个方面。这是提高服务水平、减少货损货差的主要手段之一。

GIS 系统是在途管理的技术平台，同时也用于停车场管理和配送系统、仓储系统。在物流中心的整个系统中，GIS 是非常重要的关键技术，广泛应用于运输管理、配送系统、仓储管理。美国 MapInfo 公司的 MapInfo GIS 系统最好，应用广泛。

2. MapInfo 系列产品

美国 MapInfo 公司的世界标准桌面地图信息系统是最先进的。MapInfo Professional 6 是功能强大、直观的桌面地图信息系统。

MapInfo 不仅实现了电子地图的显示、管理、建立和修改功能，更重要的是实现了在电子地图上的地图对象与关系数据库中的记录自动连接。通过 MapInfo 可实现地图与数据库的双向查询，并能使地图上的对象（如建筑物、道路等）与数据库中的相关数据连接，以数据库中的数据变化来动态改变地图对象的可视属性，自动生成生动易用的专题地图（线路流量负载图、露天堆场货物分布图、货位与车位利用率统计图等），以供管理、分析和决策。

对数据库的查询结果，可以直接反映在地图上，也可直接在地图上选择对象，以查询相应数据库信息，可为数据库查询结果自动地建立一张结果地图或为地图上的选择结果自动建立数据表。这就为系统的管理、使用提供了极大的方便，尤其适合管理人员进行宏观查询，综合分析。

8.4.5 GPS 监控系统方案设计

GPS 监控系统实时显示车辆在运行过程中的位置、状态，实现驾驶员和监控人员之间的双向通信。监控人员可对车辆进行远程调度，系统可以限制车速、路线、范围。一旦出现超限即向监控人员和驾驶员报警。系统向用户提供车辆实时监控情况，保障行车安全。

1. 系统概述

系统利用公用数据移动通信网（GSM）作为监控中心与移动单元（如车辆）之间的信息媒介。利用互联网（Internet）作为监控中心与分控中心之间的通信平台，利用全球卫星定位系统（GPS）的定位技术、电子技术、计算机技术、网络技术，结合电子地图地理信息系统（GIS），实现对移动单元（如车辆）的位置、状态的监控，实现监控、管理、报警求助、信息查询等功能。并针对不同类型的移动单元加强和优化相应的监控功能，从而保证监控系统可满足各种不同类型的移动单元的监控要求。

GPS（Global Positioning System）即全球定位系统，是美国国防部 1972 年开始实施的一项高科技计划。从 1989 第一颗 GPS 工作卫星入轨到 1993 年为止，24 颗 GPS 导航卫星都已到位。海湾战争结束后，这项技术得以迅速发展，由军用转民用，现已在民用领域得到广泛应用。GPS 系统由 24 颗卫星组成，均匀分布在 6 个相对于赤道夹角为 55 度近圆形轨道上，轨道夹角为 60 度，轨道高度为 20200 公里，卫星每 12 小时绕地球一周。这种布局可以保证在全球任意地点、任何时刻均能同时收到 4 颗以上卫星信号。

2. 系统组成及功能

（1）系统组成（网络版）

①全球卫星定位系统（GPS）。

②公用数字移动通信网（GSM）。

③监控中心。

④互联网（监控中心与分控中心之间的通信）。

⑤分控中心。

⑥移动终端设备。

⑦通信平台。

⑧监控中心与移动单元之间的通信平台（GSM）。

（2）GSM 公用数字移动网及短信息服务

①这是全球广泛应用的数字蜂窝系统，不仅提供普通语音业务，而且提供数据传输业务。

②GSM 保密性好、系统容量大、干扰少、漫游性能好、移动业务数据可靠性高。

③我国 GSM 网已覆盖了全国绝大部分城镇，城市中已做到了无缝覆盖，基本可实现跨省全国联网。

④有相当部分 GSM 营运商建立了短消息服务中心，为用户提供短消息业务。

⑤短信息服务使用 GSM 网络的信令信道，具有很高的优先权，可通率高，误码率低，且信道占用时间极短，使得通信费低廉。

⑥GSM 的短信息功能可双向传送数据，传递短信息的同时还可以进行通话，达到了数话兼容的功能。

(3) 监控中心与分控中心之间的通信平台。监控中心与分控中心之间可根据用户的实际情况采用多种通信方式：互联网、DDN 专线、ISDN、PSTN 等，实现与中心服务器的通信。

3. 监控中心

系统建立监控中心，配备服务器，处理所有的短信息通信，管理数据库。分控中心根据不同授权访问系统服务器，获得移动单元信息，并通过服务器向移动单元发布命令。监控中心组成包括通信模块、数据库模块、网络模块。

(1) 通信模块。与短信中心采用点对点方案，接收车载设备发送的信息，得到有效的移动单元状态，存储记录，并转发信息给相应的分控中心。

(2) 数据库模块。监控中心服务器设置系统数据库，记录保存系统基本参数、用户数据、系统运行状况等。用户通过管理软件设置、管理数据。

(3) 网络模块。使用 TCP/IP 协议，实现分控中心远程登录监控中心，访问监控中心数据。

(4) 监控中心功能。监控中心为系统的核心，通过各模块的紧密配合、协调处理，完成对移动单元信息的收集、存储、处理，支持远程分控中心访问监控中心，接收信息发送命令。

4. 分控中心

可建立远程分控中心，通过网络登录监控中心服务器，按不同权限向移动单元发布命令，接收信息。

(1) 分控中心组成。分控中心由工作站、网络设备组成。工作站为高性能 PC，安装 Windows 2000 和车辆监控调度系统软件（客户端），分控中心通过网络登录监控中心服务器。

(2) 分控中心功能

①分控中心运行监控系统软件（客户端）来监控、调度、管理车辆。

②地理信息电子地图的显示、管理。

③电子地图放大、缩小、平移。

④发送信息。

⑤接收显示信息。

⑥接收终端设备的报警信息、并发出语音提示。

⑦指定车辆的行驶路线。

⑧指定车辆的行驶区域。

⑨历史资料检索与历史记录回放。

⑩资料统计。

5. 车载终端设备

车载终端由 GPS OEM 接收板/GPS 天线、GSM 通信机/天线、终端处理机、LCD 显示、输入/输出设备、通话/监听设备组成。

车载终端通过 GPS OEM 板对接收到的 GPS 卫星信号进行处理，得到车辆当前地理坐

标、速度等信息，并交给终端处理机处理。通过 GSM 通信机和监控中心联系，发送当前车辆信息，接收中心的调度信息。具有语音通话功能，在必要时亦可通过监听设备对车辆内部进行监听。终端处理机为车载终端的控制中心，可以接收中心发送的信息，并在 LCD 上显示，操作员亦可以将预定义的信息发回中心（如事故报警、车辆故障等），处理机控制协调设备中的 GPS OEM 接收板、GSM 通信机、终端处理机、LCD 显示、输入/输出设备、通话/监听设备，完成系统功能。

6. GPS 系统工作流程图

图 8－21 所示为 GPS 系统工作流程。

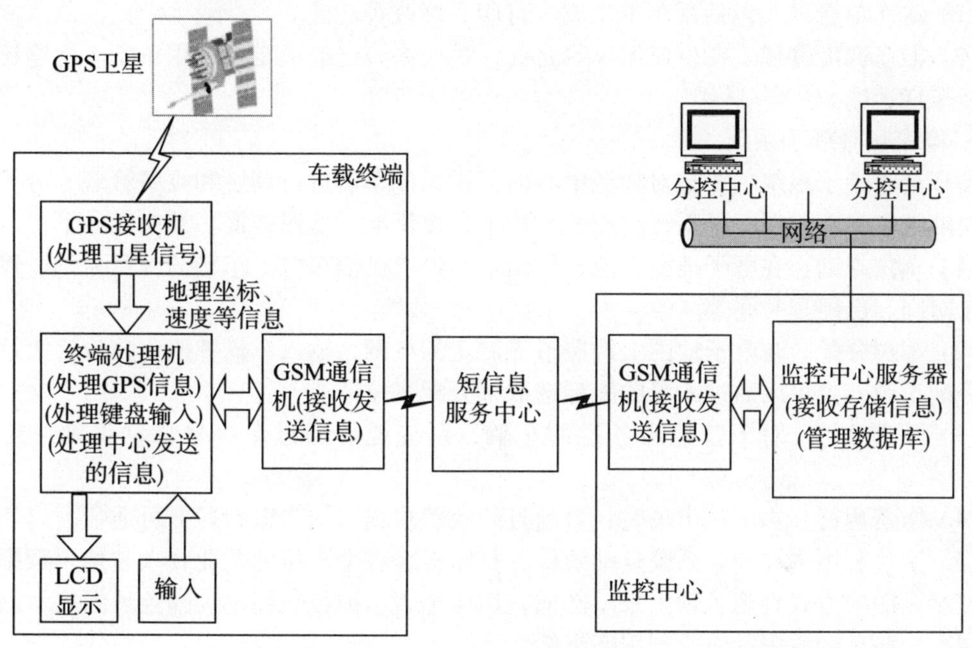

图 8－21　GPS 系统工作流程

8.4.6　其他子系统设计

1. 车辆、驾驶员管理子系统

（1）车辆基本信息维护。记录车辆的车牌号、车型、购买日期、购买价格、标准载重量、实际行驶里程、容积、特种车说明、年检说明、车主姓名、车主地址、运输费率等。对车辆基本信息的维护包括车辆信息新增、删除、修改、查询。

（2）车辆修理记录。主要反映车况变化及修理情况，登记每台车辆的维修日期、维修故障、维修地点、维修费用、更换配件等。

（3）车辆业绩统计。主要统计车辆的营业收入和营业利润，包括月度统计和年度统计。

（4）出车情况分析。对车辆的详细出车情况进行登记，包括出车日期、行车路线、出车驾驶员、出车期间等。并通过直方图、饼图、折线图分析出车情况。这种分析包括纵向分析、横向分析和综合分析。

（5）驾驶员档案管理。对于所有自备车和营业型车辆的驾驶员，建立基本信息档案，并可以跟踪驾驶员是否出车、车辆位置等情况。

2. 租车管理子系统

租车管理子系统是虚拟经营信息平台在物流作业平台的具体落实，是营业型物流的运输委托业务。

租车管理的关键部分是费用管理。由于财务结算是在财务系统中进行，因此需要生成租车业务记录后传递给财务系统。

（1）派车单管理。包括派车单生成、打印、修改等功能。

（2）派车调度管理。在生成派车单之前，货代系统已经决定是采用自备车运输还是采用营业车辆运输。

3. 停车场管理子系统

停车场管理子系统主要是对物流中心内部露天停车场进行调度和收费管理。为了提高停车调度效率和直观性，子系统应用 GIS 技术，提供电子地图查询。其功能如下：

（1）车位查询。在电子地图上能显示出空车位、已泊车位上车辆的牌照号码、停车计时开始时间、已停车时间等。

（2）车位分配。在电子地图上按照事先制定的规则，输入车辆牌照、吨位后由计算机自动分配车位，也可以通过人工的鼠标选取来分配车位。

（3）顾客分析。对于曾经服务过的车辆，系统能够通过车牌号自动识别，并给予提示。

（4）缴费放行。当车辆出场时，自动打印收费单据，用户缴费后方可通行。

（5）泊位利用率统计。系统自动统计、打印报表各个车位的营业收入和使用频率。并可通过专题图的方式直观表现出来。例如，用蓝色表示泊位利用率，颜色越深表示泊位利用率越高，颜色越浅表示泊位利用率越低。

（6）出入控制功能支持。自动控制停车场大门的开关，与缴费放行相配合，可以防止未缴费车辆离开。

（7）IC 卡收费功能支持。当人工收费方式已不能满足日益增长的停车业务量时，系统支持增加 IC 卡收费功能。并为此专门预留数据接口，能够从 IC 卡读卡机上读取数据，也能够向 IC 卡中写入数据。

4. 押运管理子系统

在公路整车运输中，可以安排有关人员或者指派专人随车押运，以保证货物安全无损。

押运管理子系统提供以下功能：

（1）押运人员档案管理。记录押运人员的人事信息。如身份证号码、姓名、地址、联系方式等，同时也保存押运人员的相片。

（2）押运调度管理。对于分配的押运任务，可以由计算机自动或人工操作分配人员押运。

（3）押运人员工作统计。可以对押运人员工作量按月份、季度和年份进行统计。

5. 运输业务统计子系统

（1）自定义报表功能。用户可以自定义报表的表头、行数、列数、单元格的数据来源、字体大小、字体颜色。

（2）支持 Excel 文件转换。对于复杂报表，系统可直接调用 Excel 完成制表工作。同时系统生成的报表可以另存为 Excel 文件，从而为系统之间的数据交换提供了充分保证。

①业务统计。在业务统计方面，系统提供以下功能：

a. 运输委托单统计。

b. 停车收费统计。

c. 运输委托单顾客分析。按照顾客统计某一个时段内的运输业务量，并可指定起始日期分析增长率。

d. 运输委托单商品别分析。按商品类别统计某一个时段内的运输业务量，指定起始日期分析增长率。

e. 运输委托单车辆别分析：按车辆吨位、车型统计某一个时段内的运输业务量。

f. 运输委托单业务类型分析。按自备车和对外委托统计业务量。

g. 按运输距离的运输委托单统计。按发货地与收货地的运输距离统计业务量。

②生产统计。在生产统计方面，系统可以提供以下功能：

a. 单车实载率统计。即分别统计每台自备车和营业车辆的实际载重与运距之乘积和标定载重与行驶里程之乘积的比率，该指标用于统计单台车的利用效率。

b. 车辆实载率统计。指物流中心对所有车辆实际完成的货物周转量（以吨公里计）占所有车辆载重吨位与行驶公里之乘积的百分比。在计算时车船行驶的公里数，不但包括载货行驶，也包括空驶。该指标反映物流中心所有会员单位运输车辆的利用效率。

c. 按车型统计车辆实载率。如按普通车、小型车、特种用途车、轻型汽车。

d. 出车天数统计：按照单台车辆、所有车辆、各种车型的车辆分别统计出车天数，提供每月出车天数、每季度出车天数、每年度出车天数。

e. 出车率统计：按照单台车辆、所有车辆、各种车型的车辆分别统计，其公式为实际载货行驶里程/车辆行驶里程。

f. 货损货差统计：按车辆、承运人、时间等统计货损货差。

g. 装卸车计划完成率：按时间段统计装卸车计划的完成百分比。

h. 运输计划完成率：按时间段统计运输计划（吨公里）的完成百分比。

③财务统计。财务统计功能如下：

a. 耗油量统计，即平均每吨公里的实际耗油量。

b. 装卸费统计。

c. 运输费统计。

d. 代收代付费用统计。

e. 运杂费包干统计。

f. 港杂费包干统计。

g. 佣金统计。

h. 索赔费用统计。

i. 关税手续费统计。

j. 超期堆存费用统计。

k. 银行手续费用统计。

l. 代办费统计。

m. 速遣费用统计。

8.5 仓储管理系统设计

8.5.1 概述

仓储（保管）在物流系统中起着缓冲、调节、平衡的作用，是物流的中心环节之一，同时也是配送的前提与保障。在仓储管理系统的设计过程中，首先考虑进出仓的时效问题。这将直接影响到仓库对货物的整合、吞吐能力，而整合、吞吐能力关系到仓库的经济效益。但是在以往的手工作业的仓储管理系统中，货物定位和手工查对的效率极低。随着计算机技术的发展，通过引进仓库定位系统和条码技术，很好地解决了上述问题。仓储管理业务流程如图 8－22 所示。

在仓库定位系统中，采用 MapInfo 公司的 GIS 产品管理货位，包括在电子地图上进行货位查询、货位分配、货位利用率专题分析等。其功能可以参见停车场功能设计，在此不再赘述。

条码系统由计算机、打印设备、扫描设备等组成。扫描设备对条码标签上已定义的数字化图形、图象进行识别，从而可以快速读取货物的信息。消除了原来的进出仓手工查对造成的瓶颈。仓储管理的主要业务有：

（1）仓库、库位管理。设置仓库、库位的属性信息，便于货物的进出与保管。库位设置的合理性将决定仓库的空间利用率和货物定位速度。

（2）货物进出库管理。对每笔进出库操作进行确认、登记，把货物按单据要求摆放在合适的库位上（进库）；或从正确的库位取出货物（出库）。货物信息采用先进的条码技术，大大提高了货物进出仓的速度。

（3）盘点管理。每月对库存货物进行清点、登记。但为了预防盗窃、非法挪用等行为，也可以进行突击式不定期盘点。

（4）货损登记管理。检查货物的完好程度，对缺损的货物登记备案。

（5）多仓业务管理。多仓业务包括两种主要形式：一笔业务中的货物存入本地不同的物理仓库中；一笔业务中的货物在异地的仓库间移动。对于第一种情况，业务操作与单仓（一个仓库）的进出仓操作基本相同，只是一笔货物的定位的范围由单仓变成了多仓。对于第二种情况，业务操作与移仓类似，只是一笔货物的进/出仓之间增加了运输环节。

（6）库存控制管理。实时查询当前库存货物及某时间段内货物的进出情况。

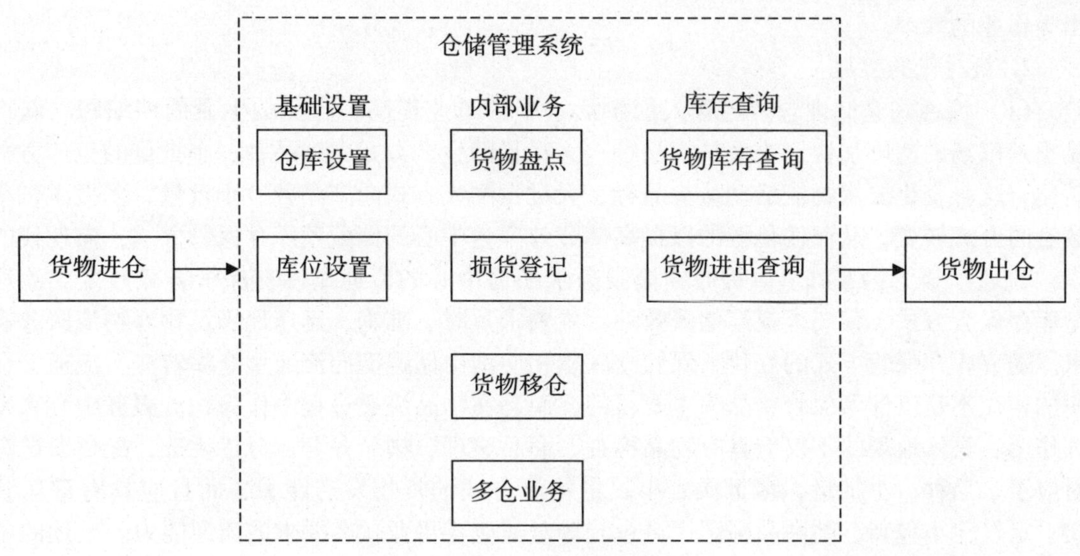

图 8－22　仓储管理业务流程

8.5.2　进出库管理子系统设计

1. 传统的进库物品保管原则

（1）面向通道原则。为方便物品的库内移动、存放和取出，应将其面向通道保管。

（2）分层堆放原则。为了提高仓库的利用效率，保证作业的安全性，防止物品受损，利用货架等进行分层堆放保管。

（3）先进先出原则。先进先出原则是指先入库品先出库，它是为了防止库存物品因保管时期过长而发生变质、损耗、老化等现象。特别是对于感光材料、食品等产品保质期较短的商品来说，这一原则非常重要。

（4）周转频率对应原则。依据物品进/出货的频率来确定物品的存放位置。比如进货、发货次数频繁的物品应放置在靠近仓库进出口的位置。

（5）同一性原则。相同类型的物品需存放在相同的位置，这样便于提高物流的效率。

（6）相似性原则。相类似的物品需存放在相邻的位置，这样同样便于提高物流的效率。

（7）重量对应原则。根据物品的重量确定物品存放的位置和保管方法。具体地说，从方便搬运和安全作业角度出发，比较重的物品应放置在地上或货架的底层，比较轻的物品应放置在货架的上层。

（8）形状对应原则。根据物品的形状确定物品存放的位置和保管方法。包装标准化的物品应放置在货架上保管，非标准化的物品对应按形状进行保管，并通过特殊的保管机械或设备尽量使非标准化物品（特殊形状的物品）成为标准化物品（包装上的标准化），以便提高保管效率。

（9）明确表示原则。它是指对物品的品种、数量和保管单位（如货架编号、层次等）清楚明晰地表示。这样可以使作业人员容易找到物品存放的位置，从而提高物品存放、拣出等作业的效率。

2. 新时代的挑战

(1) 流通式仓储理念。随着人们生活水平的迅速提高，产品的生命周期缩短，新产品投入市场的速度加快，企业从少品种、大批量的生产方式向多品种、小批量的生产方式转化。这种变化要求物流活动从少品种、大批量物流方式向多品种、小批量、多批次、小数量的方式转变，从而使传统的以提高储藏效率为中心的储藏型库存保管方式，向现代的以“流通”概念为基础、以提高物流服务水平为中心的流通型库存保管方式转变。流通型库存保管方式不仅要求提高储藏效率，更要求及时、准确、迅速地满足顾客物流服务需求。随着库存保管方式的变化，保管仓库也相应地由储藏型向流通型仓库转变。流通型仓库的存在不是以储藏保管物品为主要目的，而是在物品流通过程中作为物流服务中心来发挥作用。具体地说，不仅应具有物品检查、商品整理、物品齐全、分拣挑选、配货发送等对应于多品种、小批量、多批次、小数量物流方式的货物发送能力，而且应具有重新装袋、定量化小包装、贴商品标记、再包装等对适应零售业顾客要求的流通能力。上述的各种变化给库存保管带来了新的挑战：

①多品种、小批量、多批次、小数量物流方式的发展使得库存保管物品的种类、品种数目大量增加，也使得原来以大容量包装为单位的送货方式向以小容量包装为单位的送货方式转变。同时入库检验、分类整理、分拣挑选、配货出库等作业变得更加复杂和频繁，从而加大了保管的难度，需要花费大量的人力和更多的时间。

②及时生产等先进生产方式的发展和普及，使得从订货到发货的周期大大缩短。企业自接到订货后的很短时间内（如 24 小时内）必须发货的情况已成为一种普遍的现象。对应于这种及时、迅速交货的要求，需要进一步提高物流作业的效率和速度。

③根据零售顾客的要求，在物流服务中心进行重新装袋、定量化小包装、贴商品标记、再包装等流通加工作业成为必不可少的部分。

④作为对策的信息技术。面对以上这些新的挑战，推进库存保管作业的机械化和自动化，建立库存保管信息系统变得十分必要。

(2) 系统功能：

①进库管理

a. 进库单登记。进库单登记是仓储管理的入口，完成对进库货物的验收、确认工作，并登记货物的进仓信息。包括：进仓单号、租赁合同（含货主信息）、条码信息（含货物名称、单位、数量、规格、体积、重量、存放要求、保质期等）、仓库及库位信息。

b. 进库单审核。对进仓单信息的准确性进行审核，审核后的进仓单方可实际进仓。

c. 进库单查询。按单号查询进仓单。

d. 进库货物查询。按货主、货物信息查询已进仓的货物。

②出库管理

a. 出仓单登记。对出仓货物进行清点、确认，登记货物的出仓信息。包括：出仓单号、租赁合同（含货主信息）、条码信息（含货物名称、单位、数量、规格、体积、重量等）、仓库及库位信息。

b. 出库单审核。对出仓单信息的准确性进行审核。

c. 出库单查询。按单号查询出仓单。

d. 出库货物查询。按货主、货物信息查询已入仓的货物。

③移库管理

a. 移库单登记。对移仓货物进行清点、确认，登记货物的移仓信息。包括：移仓单号、租赁合同（含货主信息）、条码信息（货物名称、单位、数量、规格、体积、重量等）、移出仓库及库位、移进仓库及库位等。

b. 移库单审核。对移仓单信息的准确性进行审核。

c. 移库单查询。按单号查询移仓单。

d. 移仓货物查询。按货主、货物信息查询移仓的货物。

④出入库规则设置。允许仓库管理人员定期设置货物出入库规则，支持先进先出、后进先出、移动平均等多种方法。

8.5.3 仓库/库位管理和盘点子系统设计

1. 仓库的功能和分类

仓库是储藏保管物品的场所。一般使用建筑物作为仓库，但也有使用车辆、船舶、集装箱等设备的，甚至也可直接利用地面或水面作为仓库。仓库的主要功能除了物品储藏保管之外，还兼有供需调节、运输发送、流通加工、信用机构等其他功能。对仓库可以从多个角度来进行分类。

（1）按所属权。营业仓库、自用仓库、国有仓库、其他（如保税仓库）。

（2）按货物的性质。普通（常温）仓库、冷藏仓库、恒温仓库、露天仓库、仓储仓库、危险品仓库、水上仓库、简易仓库。

（3）按利用形态。储藏仓库、流通仓库、专用仓库、专属仓库、保税仓库、其他（原料仓库、成品仓库等）。

（4）按位置。港口仓库、车站仓库、机场仓库、市区仓库、郊区仓库等。

（5）按建筑物形态。平房仓库、多层仓库、地下仓库等。

（6）按建筑物所用材料。钢筋混凝土仓库、钢架混凝土仓库、木架沙浆质仓库等。

（7）按库内形态。地面仓库、货架仓库、自动化立体仓库、斜坡道型仓库等。

2. 箱柜委托租赁业务

仓库业者利用自己所有的仓库（营业仓库）向其他企业提供物流保管服务。这是近期在国外迅速发展起来的一种仓库业务形式，它以一般市民和企业为服务对象。

（1）特点：

①注重保管物品的保密性。

②注重保管物品的安全性。

③注重快速的服务反应。

（2）仓库分类和属性：

①按所属权分类

a. 自营仓库。

b. 租赁仓库。

②按保管货物性质分类

a. 冷藏仓库。

b. 危险品仓库。

c. 露天仓库等。

③按保管货物目的分类：

a. 配送中心（流通中心）型仓库—具有发货、配送和流通加工的功能。

b. 存储中心型仓库—以储存为主的仓库。

c. 物流中心型仓库—具有储存、发货、配送、流通加工功能的仓库。

④仓库设置。即设置仓库的基本属性信息。如：编码、类别、类型、容量、物理位置、电话、负责人等。

⑤库位设置。对仓库进行分层设置。如：库房、货架、架层、货位。在 GIS 子系统的支持下，通过合理设置库位可大幅度缩短货物定位时间，以提高仓储工作效率。

⑥其他：

a. 盘点管理。

b. 空盘点单打印。按库位列出所有库存货物的账面数量，供实际盘点时对照参考。

c. 实盘登记。登记货物的实际库存数量。

d. 货损管理。

e. 货损登记。登记货物的缺、损情况。

f. 货损审核。对货物的缺、损情况的真实性进行审核。

8.5.4 多仓业务管理子系统设计

1. 转储发货单

对转储货物进行清点、确认，登记货物的转储信息。包括：转储单号、合同（含货主信息）、条码信息（货物名称、单位、数量、规格、体积、重量等）、发出仓库及库位、目的地仓库等。

2. 转储收货单

由目的地仓库对转储货物进行验收、确认、进仓，登记货物的进仓信息。包括：转储单号、合同（含货主信息）、条码信息（含货物名称、单位、数量、规格、体积、重量、存放要求、保质期等）、发出仓库及库位、目的地仓库及库位等。

8.5.5 库存控制管理子系统设计

1. 概述

库存是指处于存储状态的物品。库存与保管概念的差别在于前者是从物流管理的角度出发强调合理化和经济性；后者是从物流作业的角度出发强调效率化。库存具有整合需求与供给，维持各项活动顺畅进行的功能。

2. 库存分类

（1）经常库存。企业在正常的经营环境下为满足日常需要而建立的库存。

（2）安全库存。为了防止不确定因素（如大量突发性订货、交货期突然延期等）而准备的缓冲库存。

（3）生产加工和运输过程的库存。生产加工过程的库存指处于加工状态以及为了生产的需要暂时处于储存状态的零部件、半成品或成品。运输过程的库存指处于运输状态或为了运到目的而暂时处于储存状态的物品。

（4）季节性库存。指为了满足特定季节中出现的特定需要（如夏天对空调机的需求）而建立的库存，或指对季节性出产的原材料（如大米、棉花、水果等农产品）在出产季节大量收购所建立的库存。

（5）促销库存。指为了对应企业的促销活动产生的预期销售增加而建立的库存。

（6）投机库存。为了避免货物价格上涨等造成损失的库存。

（7）积压库存。指因物品品质变坏没有市场销路的商品库存。

3. 库存管理在供应链中的作用

（1）信息交流。在组成供应链的各企业之间加强了信息交流，相互协调进行库存管理。

（2）库存管理。在供应链范围进行库存管理不仅可以降低库存水平，而且减少资金占用和科学维持库存成本，提高了顾客满意度。

4. 库存管理技术——ABC 分析

在物流领域中，用 ABC 分析方法对商品品种与销售额或商品品种与数量的相关性加以分析，来决定企业生产的重要品种、服务率、断档率、库存规则和库存量等。

后来，这种分析用在经济活动中，如一个企业 20% 的品种其销售额占企业总销售额的 80%；20% 的客户的购买金额占企业销售额的 80%。如企业生产的产品的 10% 的品种，其销售额占总销售额的 65% 时为 A 类品种；其 25% 的品种，它的销售额占总销售额的 20% 时为 B 类品种；其 65% 的品种，它的销售额占总销售额的 15% 时为 C 类品种。在管理方针上合理的做法是把 A 类定为基础商品，把 B 类定为中间商品，把 C 类定为少批量商品。

A 类商品是社会需求量大的商品，应放在离消费地点近、配送服务好的配送中心；C 类商品是品种多、管理费高、获利少的商品，应尽量放在工厂仓库，或存储中心集中保管；B 类商品的性质介于 A 类与 C 类之间，应放在中间性质的存储点，如地区物流中心存放。配送中心的库存量，只要满足每天的配送量就可以了。存储中心的库存则应根据预定销售时间和实际销售时间来决定适当的库存量以尽可能地减少库存。

8.5.6 条码技术

关于条码技术的评细介绍，请参阅本书 5.5.2，此处不再讲述。

8.6 货代业务系统设计

8.6.1 概述

1. 系统简述

一般情况下，货代系统的功能有：业务操作、货物跟踪、财务管理、在线交易、客户管理和组织管理等几个部分。

通过货代系统，货代企业可实现的信息化管理内容有：承接货主企业委托、订车配载、合同和应收账管理、运输、追踪整个业务过程。充分利用系统功能，对每一笔业务的数据进行输入、修改、查询和打印输出。在新的委托进入系统后，货代企业将完整的企业信息输入系统，进行信息化的管理。在关系企业中或在交易服务中心中寻找合适的车辆，从而拥有更为广阔的车辆来源。系统的账务功能还能够帮助货代企业管理其每一票托运货物的应收应付账，做到账务清晰，管理有序。

此外，系统还能够提供人力资源管理、公司客户信息管理、公司业务资料管理等功能。并且该货代系统具有在线交易功能。

2. 系统目标

开发符合行业特色的货代系统，为公路货代公司提供统一规范的信息化管理。接受委托、寻找车辆、运送货物、跟踪货物、财务管理、资料维护等。使业务的操作、管理、查询、修改简单快捷，业务流程、账务等一目了然。

在业务上充分利用信息化、网络化的特点，提高业务运转速度，提升企业形象和价值，增强企业的市场竞争力。

8.6.2 货代功能设计

1. 业务操作

(1) 概述。业务操作是货运系统中的核心子系统，它包含系统中绝大部分的业务信息、货物信息、运输信息、财务信息。它的功能与性能将直接影响到业务的工作效率、准确率，是货运系统输入、查询、输出的关键。业务操作通过一套操作，完成四重功能体系，包括业务的基本信息、货品资料的基本信息、运输体系的基本信息、财务项目的基本信息。

(2) 系统目标：

①对业务资料的输入尽量详细，包含业务的所有信息，包括基本业务、货物情况、运输体系、财务的应收应付。在输入某些内容时可提供快速选择，使用户以最便捷的方法准确输入。

②对每一票业务资料的浏览做好提前读入，使用户可以快速浏览业务的所有内容。

③在财务方面可以根据用户提供的基本公式换算出总金额、毛利等。

(3) 功能描述：

①基本信息。对于每一票业务系统会自动产生一个不重复的业务流水号，便于系统统一管理。业务基本信息包括业务员名称、提单号、客户名称、付款方式、付款期限、接单日期、装载方式、数量、发货地、目的地、发货时间、运输条款、运费条款、货名、装箱车队、进仓编号、仓库名称、仓库联系人及电话、代理名称、发货人、收货人、通知人等各项相关数据，可用普通的输入框输入。

②货物装箱。对于货物信息，如货品名称规格、件数、包装名称、毛重、箱数、箱型、箱类、包装名称等信息，可以在代码维护中统一输入，在信息输入的时候提供下拉列表进行选择。

③运输体系。对于运输体系信息，如装箱单位、装箱地址、联系人、电话、传真、装箱时间、车队名称、联系人、电话、传真等，在货物输入的时候只要选择装箱单位（或车队），系统自动搜索代码库，自动显示单位地址、联系人、电话、传真，从而提高输入的效率。

④单证管理。对于报关信息，包括报关行、接报关日期、送报关日期、报关完成日、一系列单证、退客户日期、客户签收人。

⑤费用管理。对于费用信息，如各类费用名称、数量、单价、换算系数、总金额、收付单位等，与费用名称一起在代码维护中统一输入。输入名称时可提供下拉列表进行选择，系统自动根据数量单价和换算系数算出总金额。

⑥货物跟踪。建立货物跟踪服务系统，可实时掌握车辆和货物的在途运输情况、名称、编号、条款、跟踪车辆的精确位置与当前状态，这就保障了整个物流过程的快速运转。

2. 财务管理

（1）概述。本系统在财务方面提供查询、对账、销账、催账等功能，使管理者对财务账款一目了然。本系统的财务管理功能是：输入数据进行应收/付查询、应收/付对账、应收/付销账、统计 15 天以内应收账款、应收账款余额、催账提醒、归档、发票销毁等。以简单而规范的界面、全面周到的数据内容，使财务管理的账务、流程清晰明了。

（2）子系统目标。

①应收应付查询简单明了。

②根据到账金额自动计算应收账款。

③对应收应付进行分类统计。

④对业务员销售情况进行统计考核。

（3）功能描述

①应收/付查询。

②应收/付对账。可以列出所有用户的应收应/付情况，根据所指定的用户生成并打印相应的对账单。

③应收/付销账。可列出结清应收/付账款的业务单，进行销账。

④催账提醒。追收欠款成功率越大。

⑤归档。对于重要信息，应防止其被误修改或误删除。用户输入业务编号，系统便可以根据该项业务的销账情况进行归档（本系统留有反归档功能）。归档后，该业务中所有的信息就不可以修改了。

⑥应收账款余额。对于到账的账款金额，本系统自动计算出应收账款余额。

3. 业务员考核

（1）概述。业务员的销售情况是关系到货代公司营运成功与否的关键。对业务员、销售主管实行业绩考核，结合个人销售费用、资金回笼率、坏账损失承担比例和奖惩措施，杜绝人为因素的干扰，做到奖罚分明，协助企业建立一支高效率、高素质的销售队伍。

（2）系统目标：

①根据财务状况对业务员进行统计。

②根据销售状况对业务员进行统计。

（3）功能描述。对于业务员的销售情况，本系统提供统计功能，使管理者对业务员工作情况有了数字化的认识，并及时采取相应的措施。

4. 在线交易

（1）概述。网络发展使信息传播方式和速度发生了质的飞跃。网站是公司市场营销的手段，应成为公司形象、业务推广、客户联络和直接交易的有力工具。对于货代企业，建立其企业网站，向客户介绍自己的服务，显然是非常有效的宣传手段。而提供在线交易功能，更为电子商务时代跨出了领先的一步。

（2）WEB 特点。WEB 具有较高的灵活性及易用性：主要的开发与维护集中在 WEB 服务器端，客户端只需安装浏览器（IE），操作简单，可发布静态与动态信息。

（3）系统结构及数据库。随着用户业务增长及 Internet/Intranet 的普及，充分利用三层或四层体系结构。三层结构就是把用户端的业务逻辑独立出来，并与数据库服务器中存储过程合并一起，构成应用层，进一步提高计算能力和灵活性。为采用具有交互功能的浏览器，再增加 WEB 服务器层，即四层体系结构。采用 JDBC 来连接企业数据库，安全可靠。

（4）系统扩展性。系统平台和开发工具具有良好的开放性和兼容性，能与各种数据库进行连接。软件升级改造过程均不影响用户使用。

（5）系统结构。系统结构如图 8－23 所示。

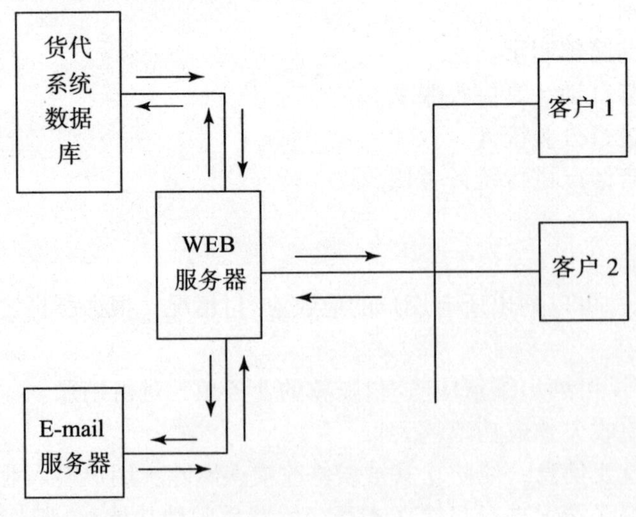

图 8－23　系统结构

5. 数据查询

（1）概述。数据库管理要求查询作业迅速、便捷。为此，有必要建立一套完善的报表子系统，便利用户查询统计。通过子系统，用户可以查询、统计各项业务内容。

（2）子系统目标：

①系统能提供精确查询、模糊查询、范围查询。

②一旦查出所需业务，系统显示出相关内容。

（3）功能描述。对于业务的主要内容，如客户、经营单位、发货地、目的地、发货时间等，系统提供多种查询方法，如精确查询、模糊查询、范围查询等，使用户能快速、简便地查到相关内容，并可以浏览详细资料。

6. 报表管理

（1）概述。通过报表可以体现出货运企业的经济效益。实践证明，有必要建立一套完善的报表子系统，使用户能统计各项业务内容并生成报表。

（2）子系统目标：

①报表的格式统一、简洁。

②报表数据的统计准确、无误，统计方法灵活选择。

③报表打印的方法多样化，可通过传真、电子邮件等方式传送。

（3）功能描述：

①提单（海运、空运）；

②预配清单；

③配仓清单；

④装箱清单；

⑤报关单；

⑥到货通知；

⑦送货通知；

⑧进仓通知；

⑨退佣回执；

⑩业务利润表；

⑪业务费用表；

⑫发票。

7. 客户管理

（1）概述。货运业务管理系统，可为业务员、业务主管、管理决策者提供客户分类、服务、地区、市场等信息。

（2）系统目标。

①输入客户的所有信息。包括行业分类、地区分类、业务分类、市场分类。

②查询客户资料。

③对客户资料的修改要做到方便、快捷、准确。

（3）功能描述。本系统可以按用户要求，添加、修改、删除客户，并输入客户的详细资料。

8. 运价查询

(1) 运价输入过程简便。

(2) 运价查询快速、准确。

(3) 功能描述。根据输入的货主简码、路线、货物重量、商品类别等信息，在数据库中自动查出相应的运价。同时提示制单人员临界重量的货物运价，以供选择。

9. 组织管理

(1) 仓储管理。现代化仓库管理最重要的是仓储管理信息化。随着信息技术不断发展，尤其是信息网络化的应用，仓储信息处理越来越复杂，信息数据量也更为庞大，信息源分布广而复杂。如果仍采用手工收集数据，不但增加了信息采集和输入人员数量，而且降低信息正确率和信息系统的执行效率。仓储管理主要功能如下：

①入库管理。实现货物入库作业辅助和信息的管理，包括：入库单的录入、查询、修改、删除、审核，同时支持存储堆位的辅助生成功能。

②出库管理。实现货物出库作业辅助和信息的管理，包括：出库单的录入、查询、修改、删除、审核。

③库存调整。实现货物数量的调整管理，包括：调整单的录入、查询、修改、删除、审核。

④转仓管理。对库存货物转移存储位置的管理：转仓单的录入、查询、修改、删除、审核。

⑤盘点管理。对库存货物盘点管理：生成盘点计划、录入盘点信息、生成差异表、自动调账等。

⑥库存查询。查询货物的库存状况与实时动态显示。

⑦配送管理。货物配送管理包括：配送单生成、查询、修改、维护、删除和审核。

⑧提货管理。货物的提货管理包括：提货单生成、查询、修改、维护、删除和审核。

⑨仓库设置。实现仓库和堆位的设置管理，包括仓库数据初始化设置和维护、仓库堆位数据初始化设置和维护。包括：仓库的增加、修改、删除、查询。

(2) 车队管理。这主要提供车队的基本信息、联系人、电话、传真及车辆状态的增加、修改、删除和查询功能，给货运公司提供详细的车队情况，为有效地选择和使用车辆提供了有效的管理手段。

8.6.3 货代系统流程描述

货代系统流程如图 8 - 24 所示。

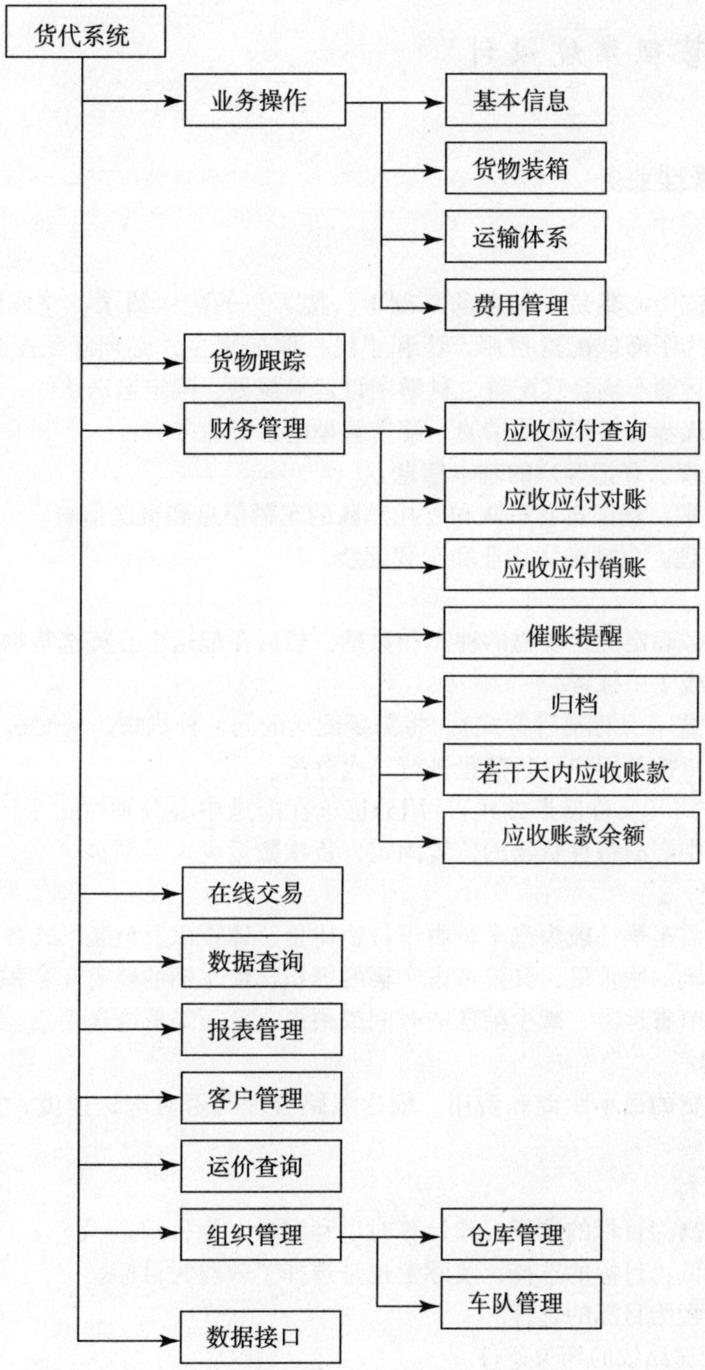

- 货代系统
  - 业务操作
    - 基本信息
    - 货物装箱
    - 运输体系
    - 费用管理
  - 货物跟踪
  - 财务管理
    - 应收应付查询
    - 应收应付对账
    - 应收应付销账
    - 催账提醒
    - 归档
    - 若干天内应收账款
    - 应收账款余额
  - 在线交易
  - 数据查询
  - 报表管理
  - 客户管理
  - 运价查询
  - 组织管理
    - 仓库管理
    - 车队管理
  - 数据接口

图 8－24　货代系统流程

8.7 配送管理系统设计

8.7.1 配送管理业务

1. 概述

配送是在物流中心集货、储存的基础上，按客户的配送请求，完成配货、分发、配装、送货业务。为了降低配送费用，让利于民，取信货主，必须降低配送成本，提高效率。这就要求对运输车辆合理配置，科学制订运输规划，确定运送路线，将运送的货物事先进行配货，并逐步完善配装的措施。配送管理的主要业务有：

（1）客户管理。登记客户的基本信息。

（2）车辆管理。登记自营车队和委托车队的车辆信息和班次信息。

（3）配货管理。包括配货作业和车载配装。

2. 配货作业

按客户订单，确定配送货物的种类和数量，然后在配送中心拣选货物。分拣作业可用自动化分拣设备或手工拣货。

（1）分货方式（又称播种方式）。将需要配送的同一种货物，从配送中心集中搬运到发货场地，然后再按各用户订货数量进行二次分配。

（2）拣选方式（又称摘果方式）。用分拣车在配送中心分别按每个用户订货量拣货。此法特点是配送中心的每种货物的位置固定，货物数量少、类型多。

3. 车载装配

配装作业所需车辆一般为汽车。由于货物比重、体积以及包装形式各异，在配装货物时，既要考虑车辆的载重量，又要考虑车辆的容积，使车辆的载重和容积都得到有效地利用。这样就可以节省运力，减少配送的时间或距离，从而降低配送费用。

4. 送货管理

首先计算送货的最小距离和费用。配送线路合理与否对配送速度、成本、效益影响很大。

（1）确定目标。

①以效益最高为目标的选择，指计算时以利润最大为目标。

②以成本最低为目标的选择，实际上也是选择了效益为目标。

③以路程最短为目标的选择。

（2）确定配送路线的约束条件

一般配送中心的约束条件有以下几项：

①满足所有收货人对货物品种、规格、数量的要求。

②满足收货人对货物收到时间范围的要求。

③在允许通行的时间段内进行配送。

④在各配送路线的货物量不得超过车辆容积和载重量的限制。

⑤在配送中心现有的运力允许的范围内。

8.7.2 配送业务流程图

图8－25所示为配送业务流程。

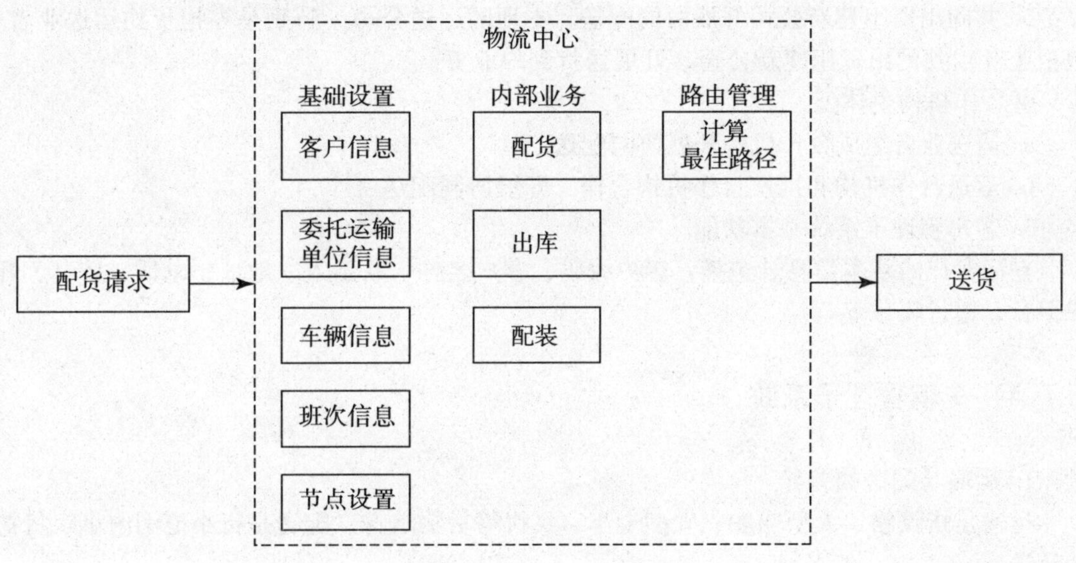

图8－25 配送业务流程

8.7.3 协同配送和客户管理子系统

1. 概述

物流中心的所有服务均以满足客户需要为宗旨。所以必须及时、准确地掌握客户信息。客户的基本信息可以作为客户市场分析决策的依据。通过客户的连带关系，如相关的供应商信息、货代信息、顾客信息等，进一步拓展新的客户市场。

2. 两种主要配送形式

(1) 货主主体型。由配送需要的厂家、批发商、零售商组建的新公司或合作机构作为主体进行合作，解决个别配送的效率低下问题。这种配送又可分为发货货主主体型和进货货主主体型。

①发货货主主体型。

a. 与客户的协同配送。用于采购零部件或采购原材料的车，均可用于产品的运输。

b. 不同行业货主的协同配送。不跑空车，让物流子公司与其他行业合作，装载回程货物，或与其他公司合作进行往返运输。

c. 集团系统内部的协同配送。企业集团、零售商集团等内部的协同配送。

②进货货主主体型。

零售商以中心批发商（一级批发商）为窗口，从中间批发商（二级批发商）处统一进货再配送给物流中心或零售商店。

（2）物流专业者主体型。由提供配送的物流业者为主体进行合作，克服低效率配送等问题。这一类协同配送又可分为主体型和合作机构主体型。

①公司主体型。

a. 运送业者的协同配送。向特定交货点运送货物，交货业务合作化。

b. 共同出资组建新公司开展协同配送。本地的运送公司（特别是零担货物运送业者、包租业者）共同出资组建新公司，开展送货到户业务。

②合作机构主体型。

a. 运送业者组成合作机构开展协同配送。

b. 运送合作机构和批发合作机构合作，开展协同配送。

3. 客户管理子系统基本功能

登记客户的基本信息。包括：客户编码、客户名称、联系人、地址、电话、传真、开户银行、银行账号等。

8.7.4 车辆管理子系统

1. 运输与配送的差异

运输是指铁路、大型船舶、大型卡车、飞机等货物运送。配送是指小范围内小宗货物的运送。

（1）运输。利用大型运输工具长途批量运输时，运输线路是一定的，可按计划运行。长途运送的货物量大，作为物流管理，既能够做到有计划性，又能事先计算运费。另外，长途批量运输，一般都是站点到站点、港口到港口这种固定物流网点间的运输，运输线路固定。因此，其管理较为容易。但长途运输难度并不在于运输管理，而在于运输工具的选择和货物是否集中，或者是道路、港湾、铁路、车站、机场等需要社会资本投资的设施是否完备。

（2）配送。配送是在小范围内（如一个城市内）为分散在不同地方的多家客户少量、多频率地运送商品，管理方法完全不同于长途运输。

2. 车主管理

配送车辆开出配送点后，配送任务由司机完成。此时，管理者无法对司机直接进行管理，只能依靠司机自己解决沿途诸多问题。所以对司机的管理必须坚持对配送任务有利的原则，既不可放弃管理，使业者蒙受经济损失，也不能机械管理。

（1）委托形式。

①提高司机自由度的方法。事先决定目的地、配送数量和配送时间。在此前提下，具体如何配送，完全委托给司机，由司机自己决定。

②限制司机的自主性，计划优先方法。即事先考虑配送目的地、配送数量，并定好配送顺序和配送线路，以此来制约司机。

（2）管理。

①委托运输单位登记。登记委托运输单位的基本信息。包括：单位编码、单位名称、联系人、地址、电话、传真、开户银行、银行账号等。

②车辆登记。登记自营车队和委托车队的车辆信息。包括：车辆牌照、车型、吨位、容积、车驾人员姓名、手机号、寻呼号等。

③班次管理。设置自营车队的班次信息。包括：车驾人员编码、车驾人员姓名、班次等。

8.7.5 配货管理子系统

1. 订单登记

登记客户订单。包括：订单号、客户编码、配送日期、到货日期、到货地点、条码信息（含货物名称、单位、数量、规格、体积、重量等）等。

2. 订单审核

对订单信息的准确性进行审核。

3. 出库单生成

按配货信息自动生成出库单，供仓储系统处理。包括：出库单号、租赁合同（含货主信息）、条码信息（含货物名称、单位、数量、规格、体积、重量等）。

4. 车辆配装单登记

按当前车辆的状态和配货能力自动生成车辆配装单。包括：车辆配装单号、车辆编码、车驾人员姓名、客户编码、配送日期、到货日期、到货地点、收货人、客户联系电话、客户联系人、收货人联系电话、收货联系人、条码信息（含货物名称、单位、数量、规格、体积、重量等）。

8.7.6 送货管理子系统

1. 配送管理的难度

配送管理的难度，不在于使用什么样的运输工具，而在于如何安排配送这个控制环节。具体来说，配送管理的难度如下：

(1) 配送作业是在城市进行。在不同时间段的交通状况、路况、有无交通事故等条件均不相同，所以，对时间的管理十分困难。

(2) 很多配送业务均为多家客户分别送去少量商品。这种配送方法存在问题是：按什么样的顺序送货、怎样分配时间、装卸方便与否等。

(3) 每天都会发生送货地点和货物数量不同的问题。因此，有必要事先拟订作业计划。

(4) 配送与长途批量运输相比，最大差别是车辆停靠的时间比行驶的时间要多，配送时间不确定。

2. 配送方式

(1) 按需配送。根据需要，派车配送，即接到配送订单后，按顺序装货，依次发车。

(2) 定线路配送。按照固定线路进行货物配送。

(3) 定范围配送。定范围配送，就是把配送地区分成几块，在其范围内自由配送。

（4）节点设置。设置市区内的主要交通节点。

（5）最佳路径生成。对配送路线进行优化，生成最佳运输路线图。

（6）到货确认。登记由客户确认的送货回单。

8.8 信息服务系统设计

8.8.1 信息中心流程图

信息中心主要分为 Information Server、信息收集模块、信息分类模块、客户信息代理模块和大屏幕显示五个主要功能模块。

（1）Information Server 是整个系统的核心，为应用提供多平台、传统的、基于 WEB 方式的解决方案。

（2）信息收集模块可以根据用户设定范围，对不同的数据源进行索引。

（3）信息分类模块可以根据信息收集模块，收集国内或全球站点信息 。

（4）客户信息代理模块作为系统的扩展辅助工具，让用户从烦琐的查询过程中解放出来，并且能够获得源源不断的最新的检索结果。

（5）大屏幕显示信息模块，可以实时、准确、清晰地显示各类信息。

图 8－26 所示为整个信息中心流程。

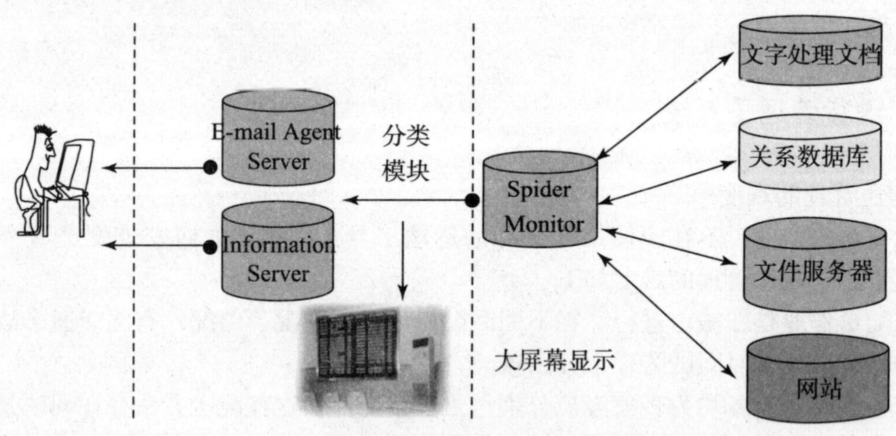

图 8－26　信息中心流程

8.8.2 各功能模块描述

1. Information Server

此系统可以对不同的数据源，如 Internet 网页、Microsoft Office 文档、Lotus Notes 文档、数据库等进行检索，把精确的检索结果快捷提供给用户。

查询效果如图 8－27 所示。

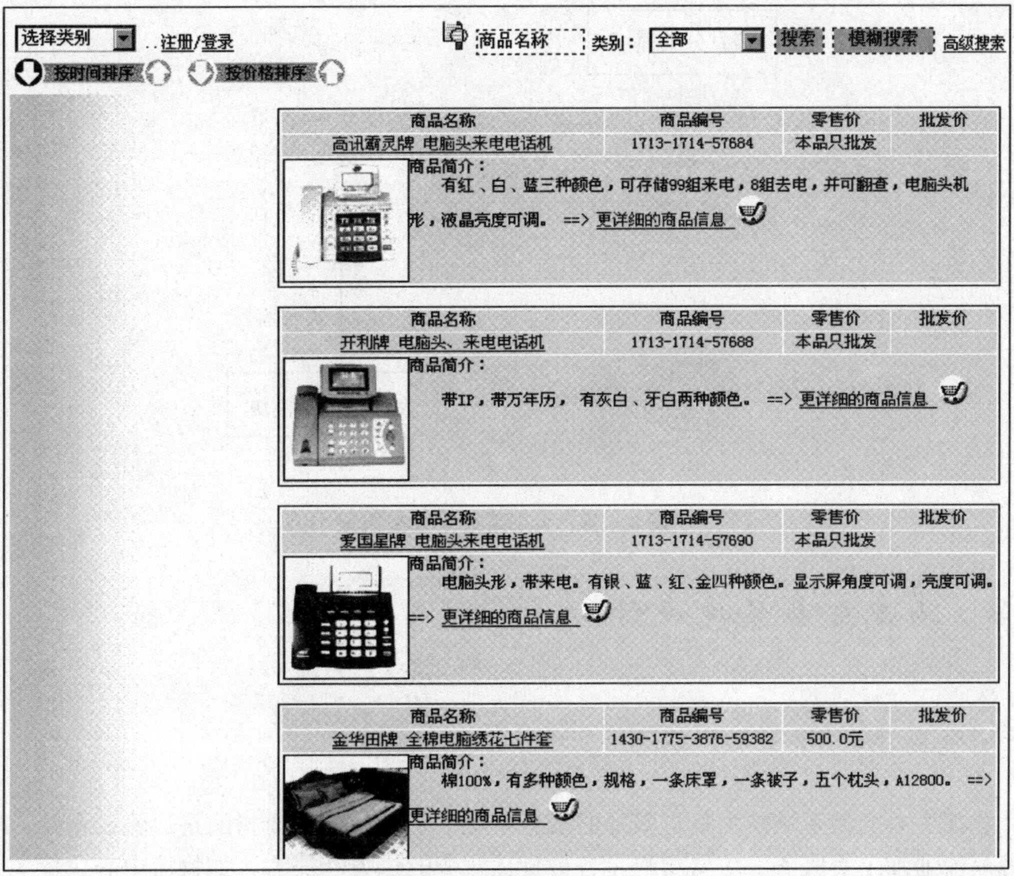

图 8－27　查询效果

2. 信息收集模块

Internet 上的网页数量超过 20 多亿。Internet 用户查找信息所花费时间日益增多，必须依靠智能化系统自动搜索信息。信息收集模块可对存于任何地方、各种格式的文件建立索引库，通过全文检索的强大功能，让用户迅速得到所需信息。

（1）Spider Monitor Spider 负责信息的收集，可以对不同的数据源，如 Internet 网页、Microsoft Office 文档、Lotus Notes 文档、E-mail 等进行索引。

（2）DB Gateway。这主要负责对内部数据库中的信息收集，可以通过 ODBC 接口，对任何提供 ODBC 规范的数据库中的数据建立检索索引库。

（3）信息分类模块。此模块提高了搜索分类的准确性，方便用户，通过它可以自动生成类似 Yahoo 的分类效果。它主要包括几个重要的工具：

大屏幕显示分类流程如图 8－28 所示。

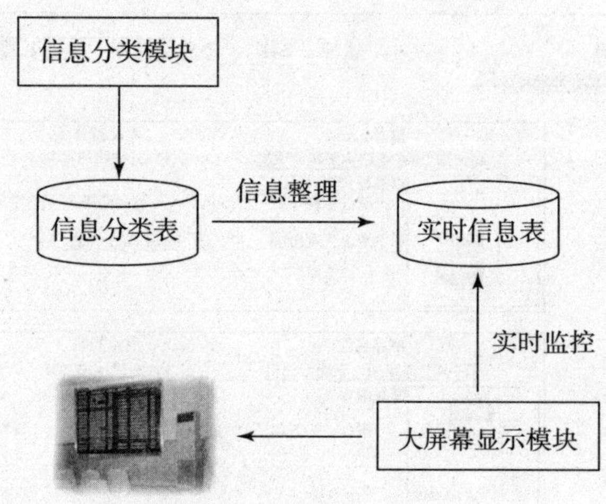

图 8－28　大屏幕显示分类流程

8.9　物流交易系统设计

8.9.1　概述

物流中心交易系统是为货运服务的服务系统。货运服务主要指的是运输、仓储、配送和商品流通加工等服务。主要用户是各种货运服务的供方和需方，如物流中心、货主、仓库方以及商品加工、包装、分割等服务提供商。通过 WEB 方式，供需双方可以自由地在网上发布各自的信息或者查询所需的信息，对有意向的信息做进一步的了解。双方按照交易规则进行一系列的接触之后，在网上签署电子合同完成交易。

按照功能，物流中心交易系统可以划分为供求信息发布、供求信息检索、在线交易、电子合同模板建立、电子合同签署、合同跟踪报警等模块。整个交易系统结构如图 8－29 所示。

在 Internet 时代，应该利用费用低廉的互联网进行数据通信。同时，也要求客户端 PC 机尽可能简化，不需要或很少需要安装应用软件。本系统的核心模块采用 100% 的 B/S 模式，客户通过 PC 机浏览器（IE 4.0 以上等）使用本系统，直观、方便、接口良好。其体系结构如图 8－30 所示。

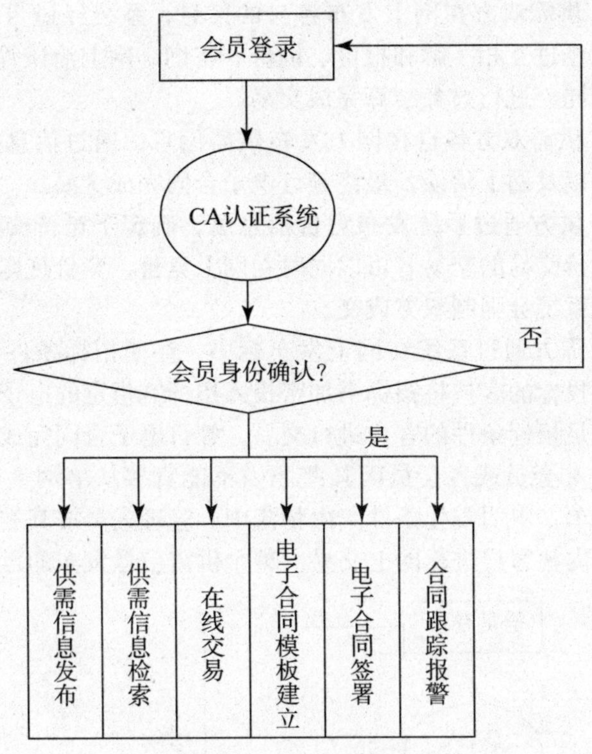

图 8－29　交易系统结构

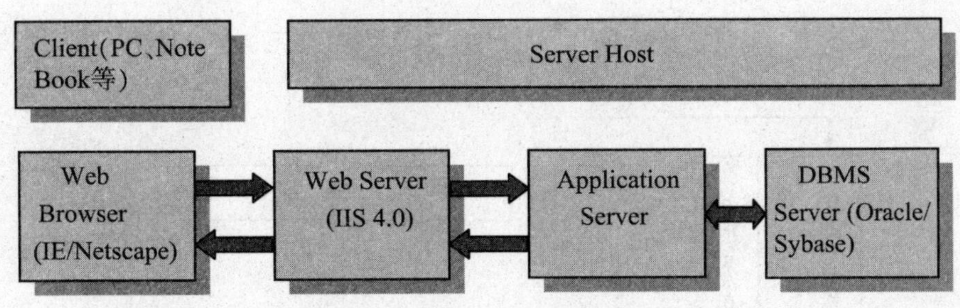

图 8－30　B/S 结构示意图

8.9.2　供需信息发布和检索

1. 供需信息发布

交易的第一步，首先要让对方了解自己的供需信息。网上交易第一步就要在网上发布自己的供求信息。物流中心交易系统主要包括下列 6 种交易方式：

(1) 摘牌交易。这是常见的交易方式，卖方在网上发布信息，买方响应后完成交易，双方办理交易手续，签订电子合同。摘牌交易规则为时间优先，即先摘先得，摘牌后系统强制双方成交。

（2）撮合交易。供需双方在网上发布各自的信息，系统经过自动撮合配对，系统发消息通知双方。双方经过互相了解和报价、询价、咨询、网上洽谈等一系列活动后形成交易事宜，签订电子合同，进行财务结算完成交易。

（3）合同交易。供需双方各自在网上发布供需信息，通过信息检索达成初步合作意向，经过进一步了解以及网上洽谈，最终签订电子合同完成交易。

（4）竞价交易。供方通过系统发布竞价信息后，确定了竞价交易的时间和底价。在规定期限内响应该竞价交易的交易者可以同时在网上竞价，竞价规则为价格优先和时间优先。一旦竞价成功，系统会强制双方成交。

（5）网上招标。需方通过系统在网上发布标书，注明招标条件，供方通过信息查询了解标书内容，有意投标的客户将招标书加密投入招标方指定的电子信箱。开标时，招标方仔细审核，选取满足招标条件的客户进行交易，签订电子合同完成交易。

（6）委托交易。非会员或者会员因某些原因不能直接从事网上交易时，可以通过系统生成委托交易申请单，申明委托条件。由物流中心管理人员按其委托条件进行信息检索和匹配，在授权范围内替客户进行网上交易。整个供需信息发布的过程如图 8－31 所示。

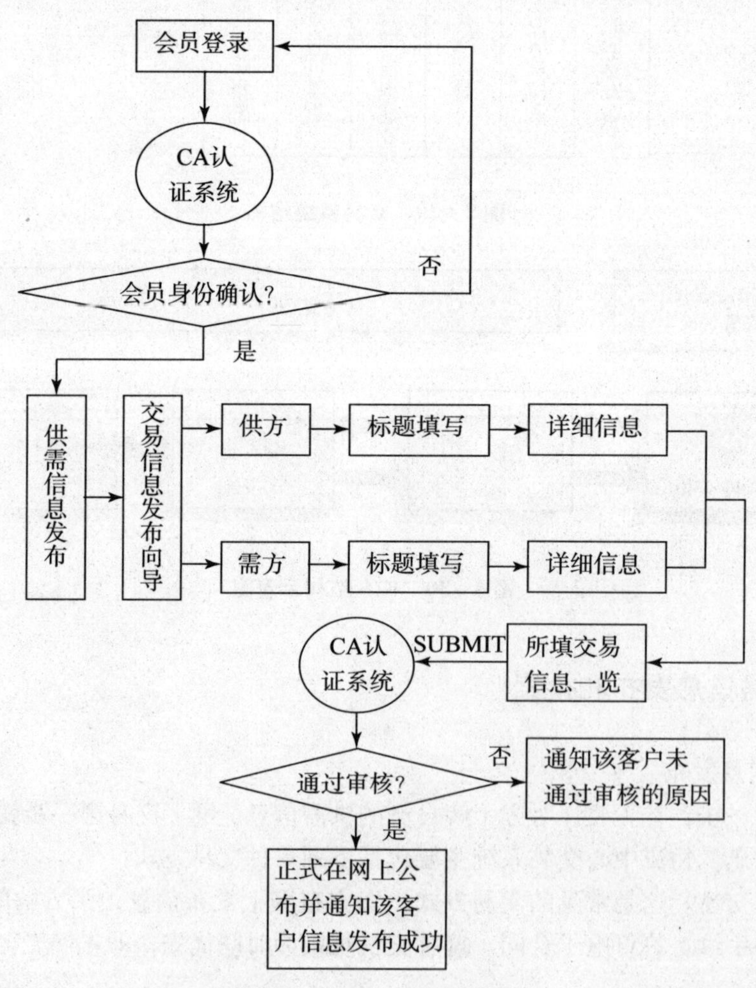

图 8－31　供需信息发布流程

2. 供需信息检索

（1）概述。供需信息检索模块主要功能是提供会员在网上信息模糊查询和全文检索。客户在大量信息中很难找到所需信息，为此，Omron公司为物流中心提供整套信息搜索技术和文字智能化处理技术，结合交易系统提供文字和地图检索方式。

（2）Information Server的特点。Information Server以高速准确的中文分词算法为基础，以词为单位，可进行快速、精确、智能地全文检索。

地图检索系统利用MapInfo的MapXtreme For NT版本，实现了电子地图的显示、管理、建立和修改功能。更重要的是：能把电子地图上的地图对象与数据库中的相关记录自动连接起来。通过MapInfo可实现地图与数据库的双向查询，并能使地图上的对象（如仓库、加油站等）与数据库中的相关数据连接。在应用案例中的查询效果请参阅图8－27。

8.9.3 在线交易

随着计算机网络和通信技术在物流中的广泛应用，大大地提高了物流交易中心的业务和资金运作速度，可以实时地进行业务交易和银行资金流动。

一般说来，物流中心业务以及银行的货币交换采用电子商务交割方式，这是高效而便捷的网上或电话式的电子交易方式。物流交易中的交易种类细分为：挂牌交易、撮合交易、合同交易、竞价交易、网上招标、委托交易。

1. 挂牌交易的具体过程

挂牌交易的具体过程如图8－32所示。

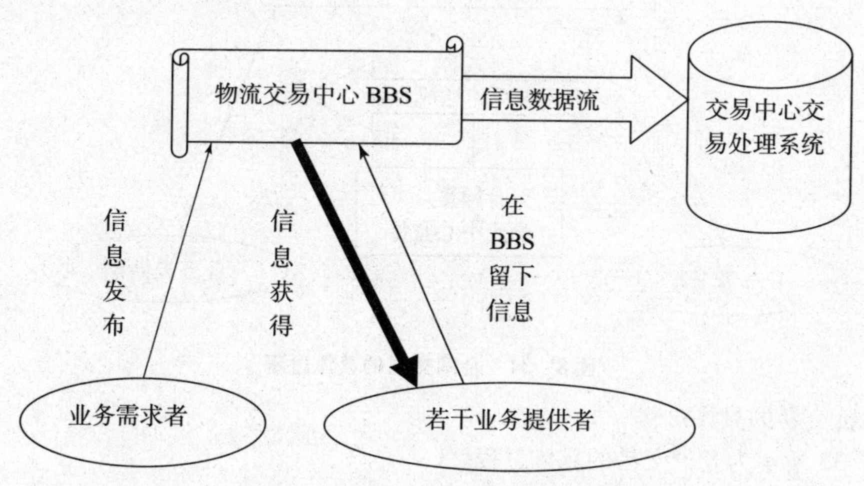

图8－32　挂牌交易的具体过程

2. 撮合交易的具体过程

撮合交易的具体过程如图8－33所示。

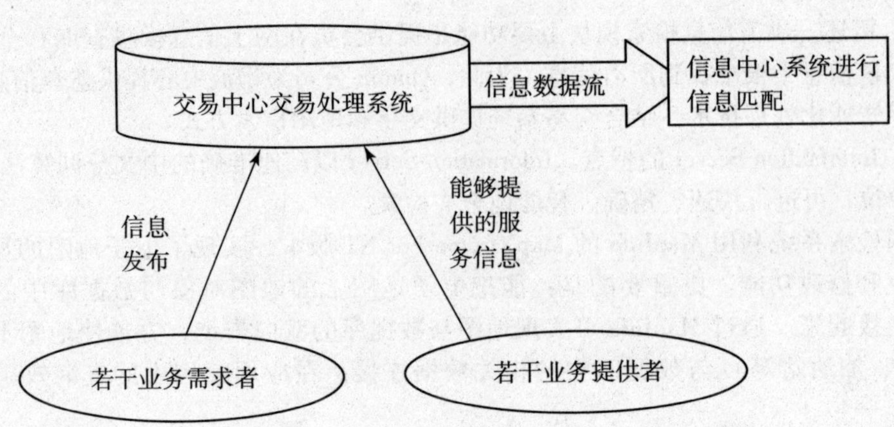

图 8－33　撮合交易的具体过程

3. 合同交易的具体过程

图 8－34 所示为合同交易的具体过程。

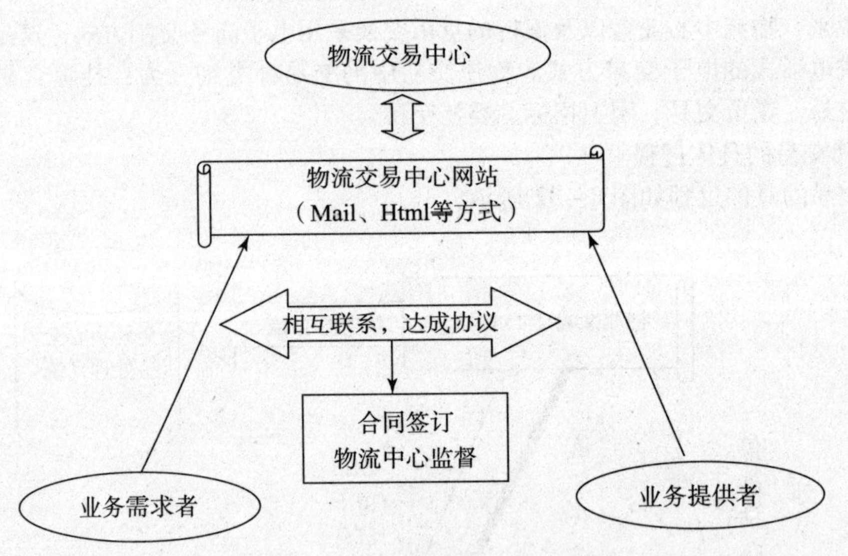

图 8－34　合同交易的具体过程

4. 竞价交易的具体过程

图 8－35 所示为竞价交易的具体过程。

5. 网上招标的具体过程

网上业务交易过程和结构如图 8－36 所示。

6. 委托交易的具体过程

物流交易中心的委托交易过程类似股票交易中委托交易过程。图 8－37 所示为交易资金流结构。

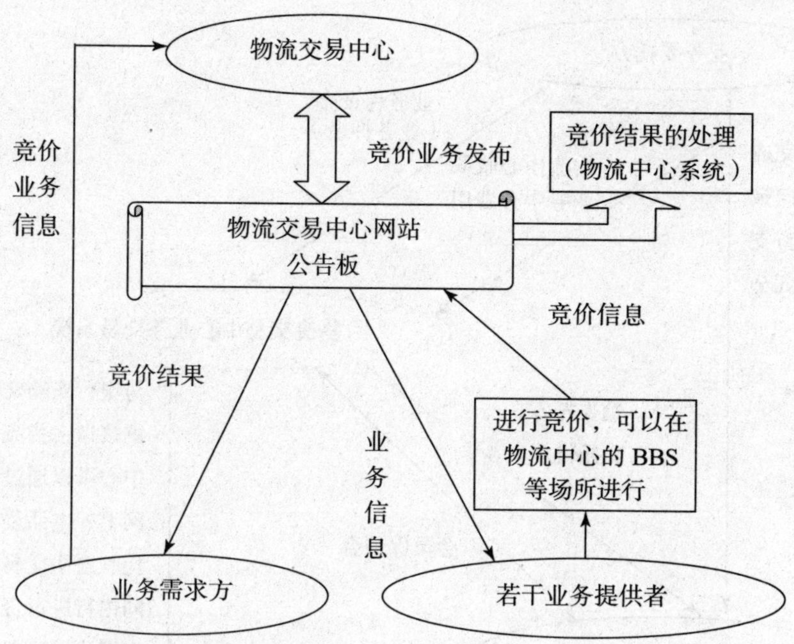

图8－35　竞价交易的具体过程

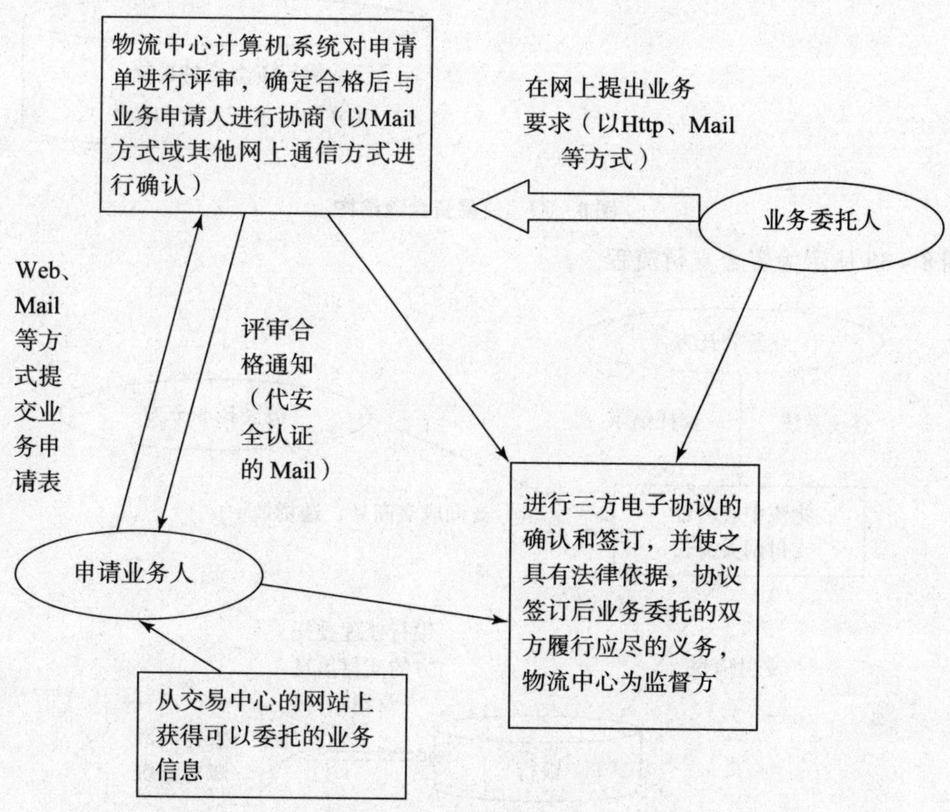

图8－36　网上业务交易结构

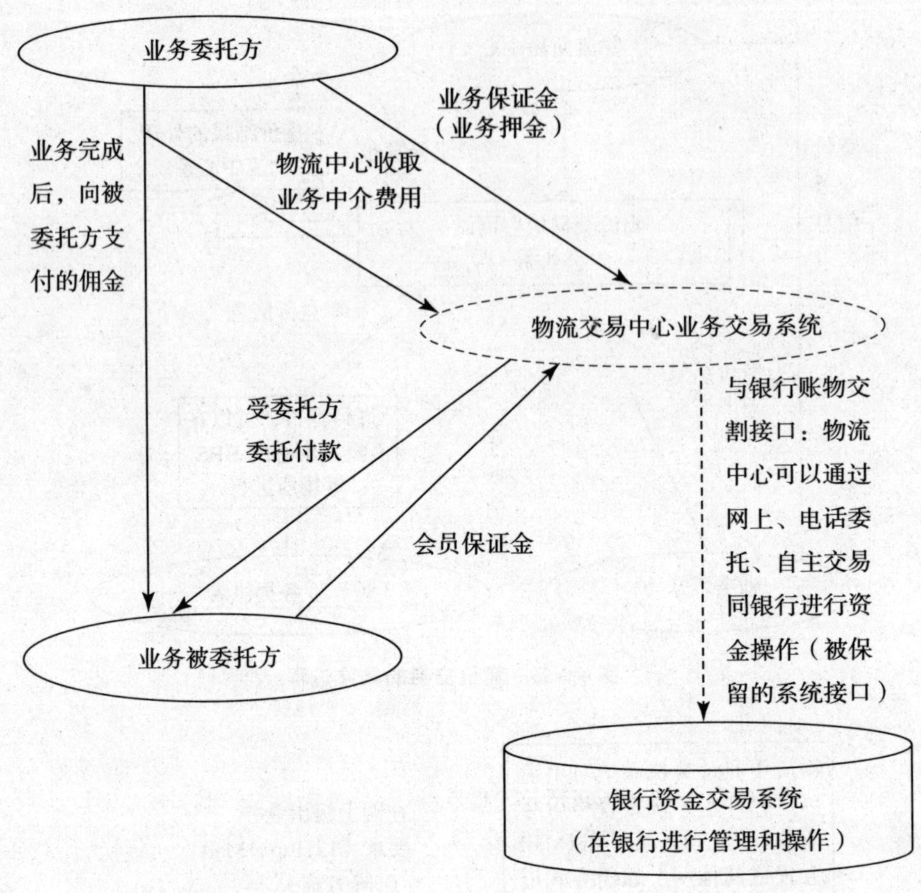

图 8－37　交易资金流结构

图 8－38 所示为资金支付流程。

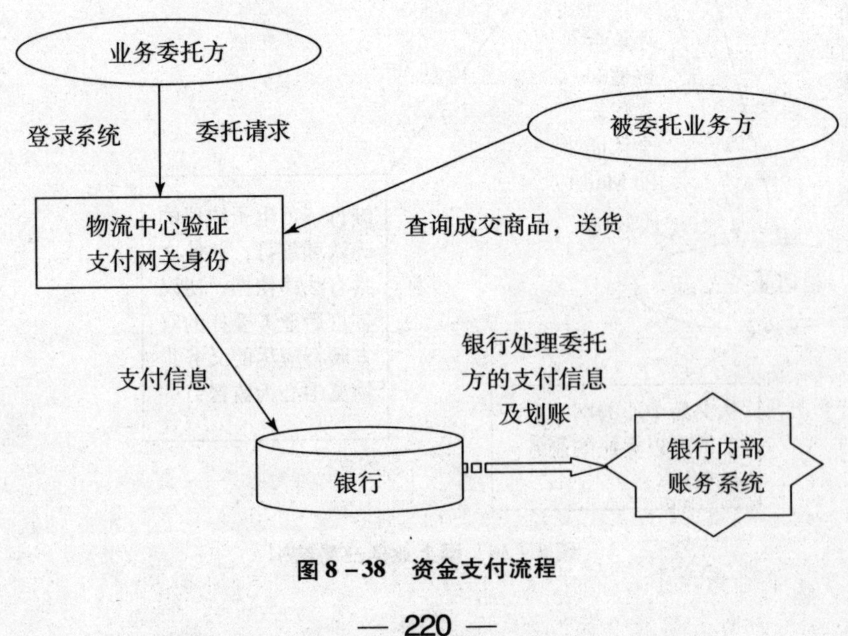

图 8－38　资金支付流程

8.9.4 电子合同签署

电子合同签订的具体流程如图 8－39 所示。

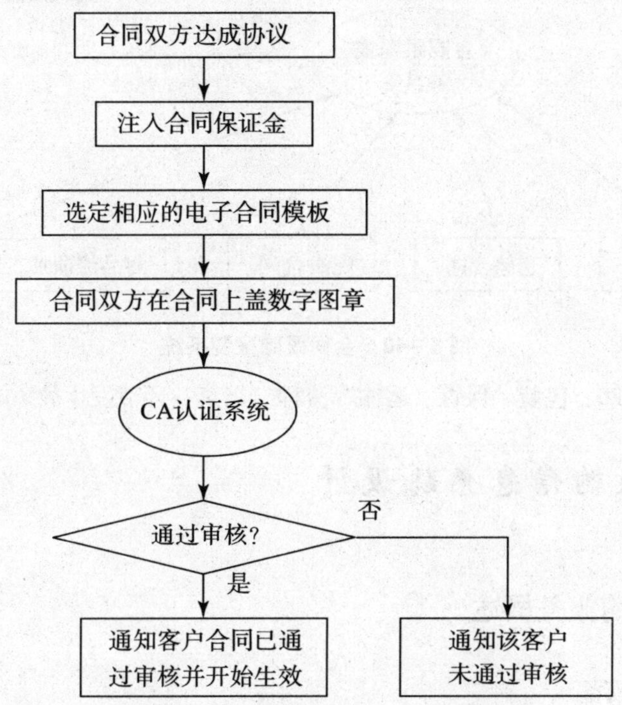

图 8－39 电子合同签订的具体流程

8.9.5 合同跟踪报警

1. 概述

合同跟踪报警系统对订单、物流信息和合同进度进行实时监督和跟踪，图 8－40 所示为合同跟踪报警系统。

2. 货运

跟踪系统实时跟踪货物运输情况。主要包括车辆跟踪、货物跟踪和事故处理等。系统采用 GIS 定位技术，实现车辆、货物的实时和自动定位。跟踪执行合同中的货物在线情况，确保货物的安全运输。

3. 仓储

查询系统可对货物在仓情况、货损货差、财务结算、报表等进行查询。系统实时监视仓库的进/发货情况，如火灾、盗窃等，及时向受害方和向公安部门发出报警。

4. 商品流通加工服务

系统实时监视流通加工过程，如有意外、物品损坏或质量不佳，则立即通知合同双方。

5. 配送

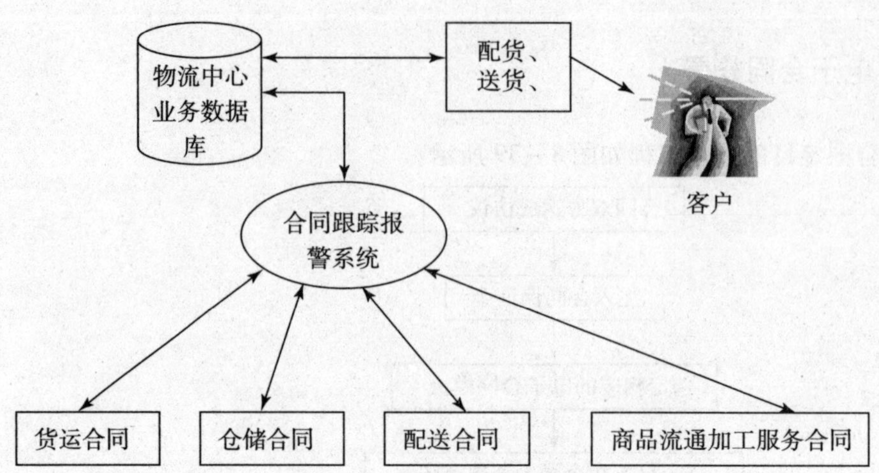

图 8 – 40　合同跟踪报警系统

系统实时监控装卸、包装、保管、运输等流程，当某一环节发生故障时，立即通知客户。

8.10　在线采购信息系统设计

8.10.1　在线采购业务概述

1. 主要的经济效益

（1）物流运输业务。在线买卖双方达成交易后，必须解决运输问题。物流中心利用运输体系为其代理运输业务。这样增加了物流中心的运输、仓储、配送等物流业务量。

（2）在线交易佣金。一旦在交易中心交易成功，交易中心将按成交金额收取一定比例的交易佣金。佣金比例一般为 0.5% ~1.5%。

（3）会员年费及竞标费。交易中心会员每年缴纳一定金额的服务费。一般金额范围在 5000 ~ 10000 元/年。

（4）广告费。按客户的要求提供广告服务，收取广告费。

2. 在线采购业务

（1）客户注册。登记客户信息，分发客户账号、密码供其登录使用。

（2）在线询价。买方向交易中心提交询价单。

（3）在线报价。卖方向交易中心提交报价单。

（4）网上竞标。买卖双方在线进行询盘、报盘、覆盘等活动，一旦交易，则生成订单。

（5）订单管理。对订单/合同进行审核，交给买卖双方确认后，则成为正式的订单/合同存档并再次提交给买卖双方。

（6）行情分析。为买卖双方提供在线查询的功能，供其采购或供货时参考。

（7）佣金管理。交易中心按交易额收取一定比率的佣金。

（8）在线广告。交易中心为客户提供的广告服务，收取一定广告费。在线采购业务

流程如图8－41所示。

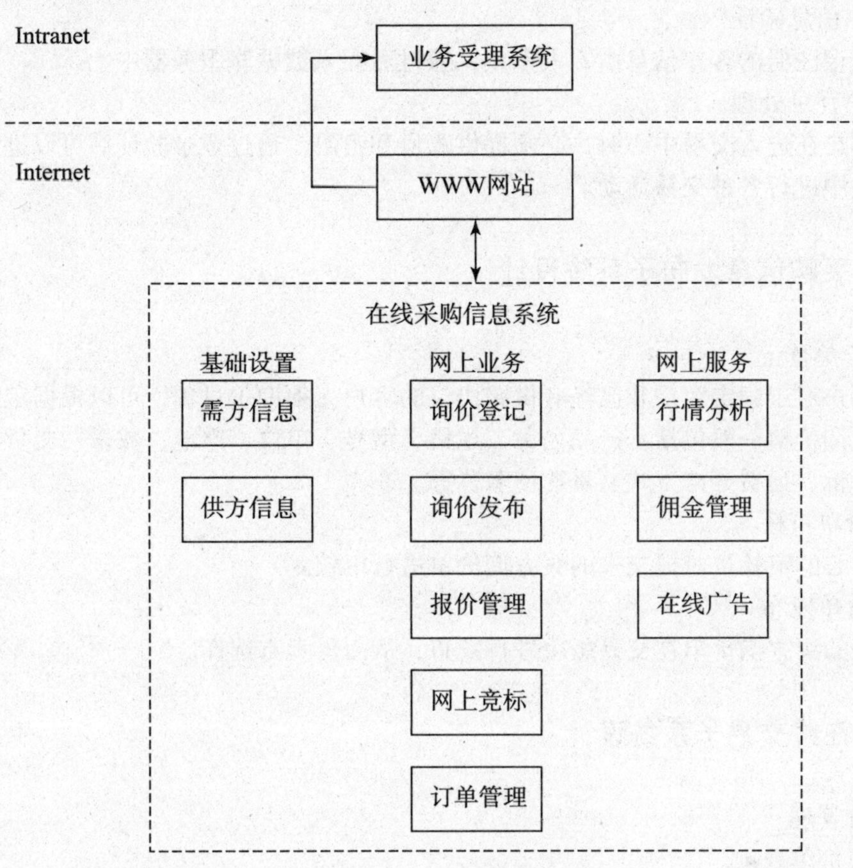

图8－41　在线采购业务流程

8.10.2　客户管理子系统

1. 客户信息注册

(1) 协议条款。协议条款一般包括以下内容：

①协议说明。对协议的内容进行概述。

②交易中心的说明。简述交易中心的自身信息和服务内容。

③客户的权利和义务。简述注册客户可以享受的服务、权利和必须履行的义务。

④交易中心的权利和义务。简述交易中心享有的权利和必须履行的义务。

⑤交易规则。简述交易的进行次序和方法。

⑥仲裁方法。简述由于违规操作或其他原因造成的纠纷时，提供的处理办法。

⑦注册。

(2) 客户用多种方式注册自身信息。

①在线方式。直接在交易中心注册页面上进行注册。

②信息以电子邮件方式发给交易中心的电子邮箱中。

③传统信函方式。把注册信息以信函方式寄往交易中心所在地。

2. 客户信息验证

对已登记注册的客户信息由专人审核，通过后存入数据库服务器中。

3. 客户登录处理

注册客户在进入交易中心时，必须提供账号和密码。通过登录验证后可以进入到相应的交易版块中进行各种交易活动。

8.10.3 采购信息发布子系统设计

1. 询价单登记

买方客户对于固定客户和已经有供销协议的客户无须询价过程，可以根据定价报盘直接下订单。询价单一般包括：产品名称、规格、型号、单位、产地、数量、交货期限、交货地点、单价、运费分摊方式、采购商名称等。

2. 询价单审核

交易中心的审核员对提交来的买方询价单进行审核。

3. 询价单发布

审核后的买方询价单在交易版块进行发布，从而供卖方选择。

8.10.4 在线交易子系统设计

1. 报价管理

（1）报价单登记。

（2）报价单审核。

（3）报价单发布。

2. 网上竞标管理

（1）卖方报盘处理。

①定价盘。卖方只向一位买方提出定价盘。买方接纳定价盘则成交，并按交易盘条款约束双方。如果拒绝定价盘即终止洽商，买方还可“定价覆盘”提出反建议，如卖方接纳定价覆盘，即达成交易。

②议价盘。卖方可设立议价盘。买方拒绝议价盘即终止洽商。买方亦可以就议价盘提出定价覆盘。如卖方接纳定价覆盘，即达成交易。

（2）覆盘处理。买方对卖方的报盘作出响应，若不接受，可用新的价格覆盖卖方报盘，亦称覆盘，是买方对卖方的报盘。

（3）交易确认。实际上报盘、覆盘一系列活动是网上的一种讨价还价，只要双方对某一报盘达成协议，即可成交。

3. 行情分析查询

（1）买方采购查询。买方采购查询主要指对产品的查询和对供货商（卖方）的查询。

（2）卖方供货查询。卖方供货查询是对买方需求的查询和对同行（竞争者）信息的

查询。

4. 在线广告

随着交易中心的会员和访问量的不断增加，在线广告将成为交易中心的一个新的赢利点。作为买方询价、卖方报价的辅助手段，广告可以提供有关产品和企业的更为详细的信息。

5. 交易佣金管理

按照交易中心协议条款规定，卖方必须支付一定的交易佣金，交易中心提供指定的银行和账号支付佣金。

8.10.5 采购订单管理子系统设计

（1）订单审核。对自动生成的订单由专人进行审核。

（2）双方确认。将审核过的订单发给买卖双方，由双方检查确认。

（3）订单提交。把买卖双方确认过的正式订单存档，并再提交给买卖双方。双方即可按此订单/合同履行其各自的职责，包括付款、收款、发货、收货等一系列业务活动。

（4）订单完成。

8.11 财务结算系统设计

8.11.1 概述

财务结算系统是物流中心信息系统的核心系统之一。它负责所有业务系统的资金清算、账户管理、成本核算、财务报表统计、资金安全报警等。

8.11.2 会员资金账户管理子系统设计

由于会员分为法人单位会员和个人会员，因此在财务系统中设置两种账户：单位账户、个人账户。

1. 单位账户

单位账户有会费账户、交易保证金账户、履约保证金账户、结算保证金账户、交易资金账户、应收账户、应付账户、违约金账户、罚金账户、代收代付账户。

2. 个人账户

个人账户有会费账户、交易保证金账户、履约保证金账户、结算保证金账户、交易资金账户、应收账户、应付账户、违约金账户、罚金账户、代收代付账户。

以上账户分类反映了各类资金的静态状况，各个账户的余额与变动情况允许会员通过Internet、电话、传真等方式进行查询。

8.11.3 往来资金结算子系统设计

本子系统是财务管理的核心，与物流业务密切相关。由于虚拟经营信息平台涉及多方经营主体，包括货主、货代、仓储公司、装卸公司、运输公司等，因此资金结算关系比较复杂。其基本流程如图 8－42 所示。

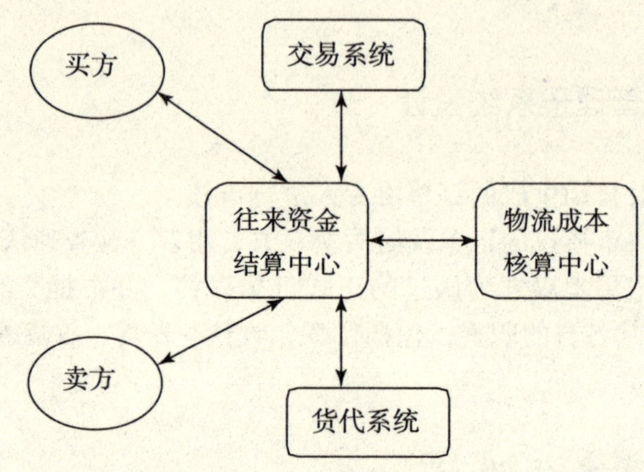

图 8－42 资金结算关系流程

8.11.4 财务报表子系统设计

1. 自定义报表功能

（1）用户可以对报表的表头、行数、列数、单元格的数据来源、字体大小、字体颜色进行自定义。

（2）对于非常复杂的报表，系统可以直接调用 Excel 系统完成制表，同时系统生成的报表也可以另存为 Excel 文件，从而为系统之间的数据交换提供了充分保证。

（3）对于各个业务系统，财务报表子系统能够进行成本核算和利润核算。

（4）运输管理系统以运输委托单作为成本核算通知，每月提供运输成本报表利润表。

（5）仓储管理系统以相关出入库单据作为成本核算依据，每月提供仓储成本报表和利润表。

（6）配送系统以配送单为基本依据，每月提供配送成本报表和利润表。

（7）流通加工以加工单为基本依据，每月提供流通加工成本报表和利润表。

2. 物流成本管理功能

（1）物流成本预测和计划。

（2）物流成本明细计算。

（3）物流成本控制。

（4）物流成本分析。

（5）物流成本信息反馈。

（6）物流成本决策。

（7）对于交易中心，系统每天提供交易资金流量日记。

3. 资金报警子系统设计

资金报警子系统与CA认证子系统一起，为交易安全提供了双重保护。

（1）自动打印账户资金补齐通知，并传真给会员。

（2）自动发送短消息通知会员补齐资金。

（3）自动给会员打电话（手机或固定电话），应用语音合成技术播放催缴语音文件。

（4）自动给会员发送电子邮件。

8.12　安全认证系统设计

8.12.1　安全认证系统功能概述

安全认证系统是整个系统的安全保证。操作系统、数据库系统、防火墙都只是保护系统安全，而不能保护业务数据安全，尤其是交易安全。在本系统中所有的关键服务器（数据库服务器、应用服务器、WEB服务器）都采用满足B2安全级别的Unix类操作系统，必须保证系统的整体性安全。

整个安全认证系统分为三个部分：会员管理子系统、CA认证子系统、权限和信用管理子系统。

8.12.2　会员管理子系统

1. 业务运作模式

（1）法人单位货主会员。

（2）法人单位物流服务提供商会员。

（3）法人单位综合会员。

（4）个人货主会员。

（5）个人物流服务提供商会员。

（6）个人综合会员。

2. 会员管理基本原则

（1）在交易中心发生的任何交易都必须在会员之间进行，非会员没有直接交易资格，必须委托会员进行交易。

（2）只有货主会员才能将货运、配送、仓储、流通加工业务委托给物流中心。

（3）只有物流服务商的会员的资源才能被物流中心租用，这些资源包括车辆、仓库、装卸设备、流通加工设备、包装设备。

（4）综合会员同时享有货主会员和物流服务提供商会员的权利和义务。

（5）会员按年度缴纳会费。

（6）会员在交易中心进行交易之前必须事先缴纳交易保证金。

（7）货主会员进行委托之前必须实现缴纳履约保证金。

（8）物流服务提供商在向物流中心提供服务之前，必须缴纳履约保证金。

（9）无论是交易还是物流业务委托，只要签订交易合同或代理合同，合同双方必须缴纳结算保证金。

（10）物流中心充当交易中心是交易双方履约保证人，任一方发生违约时，物流中心给予另一方违约赔偿金，如果双方都违约，由物流中心根据实际情况对双方同时征收罚金。

（11）每个会员都拥有一个终身不变的会员编号，即使放弃会员资格之后重新获得，仍然保持原来的会员编号。

3. 会员管理子系统功能

（1）会员开户管理包括开户申请、开户申请审查、开户收费、开户确认。

（2）会员销户管理包括会员销户申请、销户申请审查、销户费用清算、销户确认、档案维护、档案录入、档案修改、档案删除、档案综合查询。

8. 12. 3 CA 认证子系统

CA 认证子系统是安全认证子系统的核心，通过会员管理子系统，所有会员资料进入数据库。这个数据库在网上交易和电话交易时，对于会员身份的验证、会员交易的不可否认性等具有至关重要的作用。

下面介绍 CA 数字证书认证系统：

1. 概述

随着计算机、网络、信息技术的发展，Internet 已进入各个领域。无论是机关、单位还是家庭、个人，都可通过 Internet 获取资源、共享信息。

在 Internet 网上购物实现了一种低成本、高效率的经营模式。但是，这种广泛互联和开放的网络并不能保证数据传输的安全性。如今，网上的安全问题越来越突出，因此，尽管网上购物、网上金融业务方兴未艾，但是诈骗、偷盗、计算机病毒和非法闯入均对网络系统构成了威胁。

为了解决安全问题，通过数字证书认证机构对单钥、公钥密码体制，数字签名、数字信封等密码功能，建立一套严密的身份认证体系。利用此系统只有发/接双方才能知道彼此信息，这就保证了信息的安全性、完整性、可靠性。

2. ECA3. 0 证书认证系统功能描述

CA 体系分为两层机构：根 CA 机构和最终用户 CA 机构。根 CA 机构向最终用户 CA 机构发放证书，最终用户证书向用户发放证书，用户通过在线或离线的方式申请证书，最终用户 CA 机构则以离线方式向根 CA 申请证书。

（1）用户端功能。系统用户端功能是帮助用户完成用户信息注册、证书申请、证书更新、证书废除等方面的操作。

（2）管理员端功能。系统管理员端功能是帮助系统管理员维护 CA 站点证书、管理用户证书的签发、废除、更新、保存用户证书记录和黑名单记录。

（3）产品功能列表。

①产生根密钥，生成根证书。

②接收、处理证书申请报文（浏览器或服务器产生）。

③确定是否接受或拒绝证书申请。

④向申请者颁发或拒绝颁发证书。

⑤提供证书搜索、查询、下载和安装等服务。

⑥接受证书废除请求。

⑦生成黑名单。

⑧在目录服务器上发布证书和黑名单。

⑨CA 管理。

3. ECA3.0 企业证书认证系统的主要特性

（1）安全性好。

（2）可伸缩性。

（3）标准及互操作性。

（4）速度快。

（5）易操作性。

4. ECA3.0 中的证书种类

（1）个人证书。

（2）服务器证书。

（3）代码签名证书。

5. ECA3.0 的产品性能

（1）兼容性。

（2）安全性。

（3）安全地创建根密钥，并保存、备份和恢复。

（4）安全地创建 CA 密钥，并保存、备份和恢复。

（5）支持硬件加密方式。

（6）易操作性。

6. ECA3.0 数字证书系统的技术先进性

（1）分布式设计。主要体现在对 CA 的管理和 RA 的设计。用户可以分布在各地进行证书申请，RA 可以分布在各地进行申请批准，RA 中心也可以分布在各地并可以进行统一管理，CA 可以建立多个 CA 中心分布在各地并进行统一管理等。

（2）模块化设计。针对 CA 在项目实施时的特点，在模块内部进行了定制部分和非定制部分的划分。

7. ECA3.0 数字证书系统的产品结构

图 8－43 所示为数字证书系统产品结构。

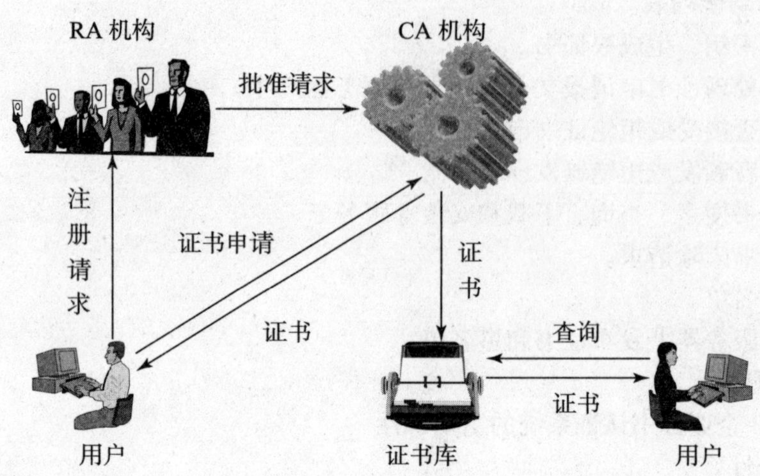

图 8-43　数字证书系统产品结构

8.12.4　权限和信用管理子系统

本子系统用于会员单位操作权限管理和信用等级控制。

对于会员操作权限进行分组管理。所有的功能权限，包括在 WWW 网站上的每个功能、电话交易中和物流业务系统中的每个功能，都赋予唯一的功能编号。

（1）根据合同履约率不同，可以按周期（如每个季度）自动评定各个会员的信用等级。

（2）财务结算上会员需要缴纳交易保证金、履约保证金、结算保证金。这三者的缴纳金额取决于单笔交易金额和单笔合同金额。

（3）对于交易中心所发生的每笔交易与合同管理中的每笔合同，其有效性由信用等级控制模块来确认。

（4）交易中双方均可以查询对方的信用等级。

8.13　合同管理系统设计

8.13.1　基本知识

1. 电子合同的特点

电子合同是通过网络系统订立的以数据电文的方式来生成储存或传递商业贸易信息的一种现代贸易方式。

在电子商务中，合同的意义和作用没有发生改变，但其形式却发生了极大的变化：

（1）订立合同的双方或多方大多是互不见面的，所有的买/卖方都在虚拟市场上运作

的，其信用依靠密码的辨认或认证机构的认证。

（2）电子商务中金额较小、关系简单的交易没有具体的合同形式，表现为直接通过网络订购、付款。

（3）表示合同生效的传统签字盖章方式被数字签字所代替。

（4）传统合同的生效地点一般为合同成立的地点，而采用数据电文形式订立的合同，收件人的主营业地为合同成立的地点。

（5）作为一种崭新的电子合同，除了具有传统合同的一些特征之外，还具有自身的一些特征：

①合同的要约和承诺均通过计算机互联网进行。

②合同的传递也通过计算机互联网进行。

③合同的成立变更和解除不需采用传统的书面形式。

④合同的成立不需经过传统的签字。

2. 电子合同的法律效力

需要制定有关法律对电子合同的法律效力、数字签名、电子商务凭证等的合法性予以确认。需要对电子商务凭证、电子支付数据的伪造、变更、涂销作出相应的法律规定。

3. 电子合同的认证

系统采用双向认证确保交易安全。任何用户必须持有电子证书方可进行交易，系统通过电子证书机制保证用户的唯一性。

8.13.2 基本功能

1. 提供统一的合同范本

为了规范网上交易的可靠性、完整性和有效性，物流中心为交易双方提供统一的合同范本。合同双方只需签订此合同即可达成交易，合同双方也只有签订物流中心给定的合同范本，才能使电子合同在物流中心有效。物流中心提供的合同范本的种类主要有：仓储合同、货物运输合同、拍卖合同、产品销售代理合同、车辆租赁合同、借款合同、技术转让合同、委托代销合同等。

2. 监管电子合同的签订与实施

为了确保网上交易的合法性和合同双方的利益均不受侵害，物流中心对每个会员收取一定的结算准备金、交易保证金，用以确保交易的实施。物流中心将指导网上交易的双方，按照物流中心网上交易的程序签订合同，并通过交易双方的电子凭证来确立交易双方的权利与义务。物流中心对合同双方的实施情况进行监督，保护合同双方的权益。

3. 对电子合同的管理

交易双方签订的电子合同，经过三方确认有效后，即可保存在物流中心数据库。物流中心在收取一定的保证金与维护费后，有义务为合同的双方保管电子合同，为合同双方查询、修改和撤销电子合同提供操作方便。对于电子合同的管理与一般的数据管理系统相似，包括查询、修改、撤销、分类汇总等。

电子合同管理系统还可以统计合同，并可提供报表。合同管理系统会对每一位会员的电子合同的相关操作实施权限管理，确保电子合同不受损害，从而确保合同双方的利益不受损害。

4. 报警系统

物流中心要跟踪合同的实施过程。如果交易达成后，买卖双方保证金未达到规定数额的并且在合同成交日起5个工作日内未能补足的，视作违规。一方违规的，物流中心可以视违规情节轻重和造成损失的大小，将违规方该笔合同的部分或全部交易保证金直接划拨给非违规方。双方均未在规定时间内补足保证金的，物流中心将酌情扣划双方保证金。

在违规情况发生后，物流中心的报警系统将会给违规者发送警告信息，可以通过电子邮件，也可以书面告知，或者在违规者登录物流中心网上交易系统时给予警告。

5. 工作细节提示

在物流中心的网上交易中心里，可以得到很多的帮助。比如，某些操作方法不当，可以立即得到操作的帮助手册。在签订合同的过程中，系统会提供相关注意事项和相关法律法规参考。

6. 认证信息确认功能

在合同的签署过程中，需要有电子凭证。为了确保签订合同的双方能顺利签署电子合同，达成交易，物流中心提供电子凭证的认证系统。会员向凭证认证系统提供对方的会员信息和电子凭证信息，电子凭证认证系统就可以对提交的信息进行认证，把认证结果告知提交认证的一方。

7. 权限管理

物流交易中心实行会员制，只有通过物流中心网上交易系统认证过的会员才能够登录系统进行一系列的操作。正确登录系统后可以享有一般数据的浏览权限，会员只能查询自己的合同，而无权查看他人签署的合同。

8.13.3 签订电子合同系统

该系统可以实现电子合同的签署功能，并可保证合同签订过程的合法性，以确保电子合同的有效性。

会员在网上物流交易中心签署电子合同时，此系统会提供给会员签订合同的必要知识，提供相应的合同范本给会员，并为合同的实施进行监管。

1. 物流中心交易的模式

（1）直销。图8－44所示为直销模式。

（2）中介交易。图8－45所示为中介交易模式。

2. 实施网上交易的资格

交易网员单位需提供法定代表人授权交易代表，全权代表本单位进行网络交易的授权书、交易代表的个人建立、奖惩记录，经物流中心审查批准后，发给交易代表证书。

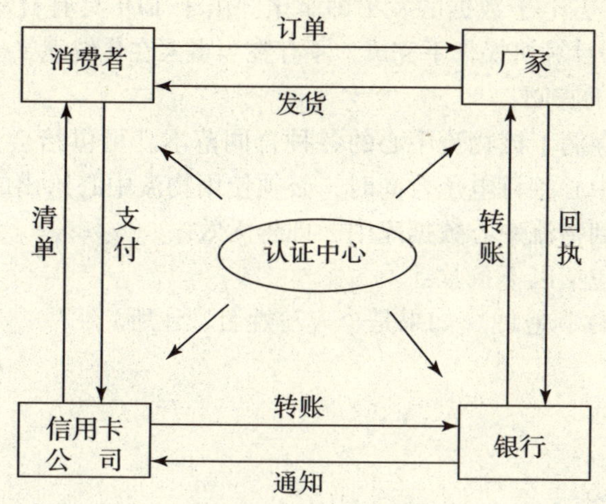

图 8－44　直销物流

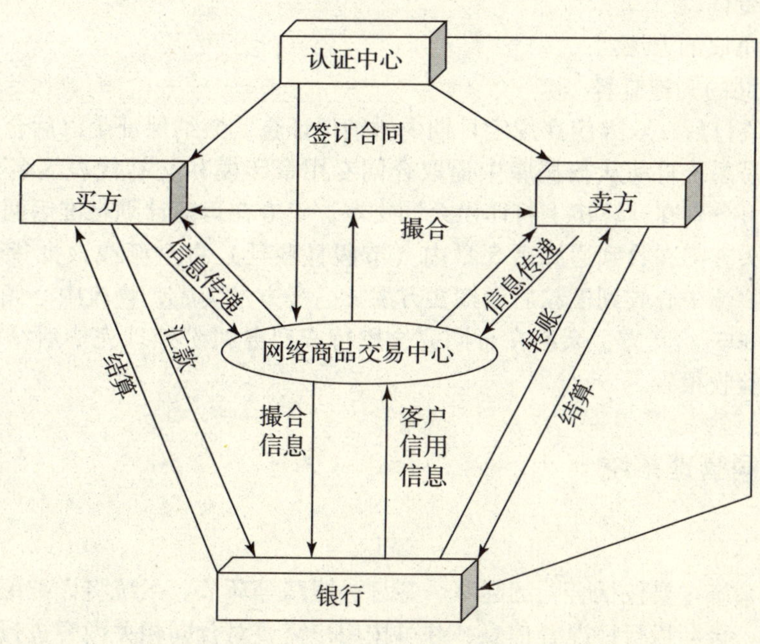

图 8－45　中介交易物流

交易网员从事交易前应向物流中心交验单位公章（企业合同专用章）印模、法定代表人签字字样和身份证、交易代表签字字样和身份证。经过物流中心验证后，上述文件存入网络数据库，还必须缴纳交易网员资格金。

交易网员的会员申请获得物流中心的批准后，就可以登录物流中心的网上交易中心进行商务活动了。只有正确的输入会员编号、操作员编号和操作员密码，方可进入网上物流交易中心。

3. 电子合同的签署

采用 EDI 签订合同是由买卖双方在交易洽谈过程中的多次电子传递构成的。一方电子数据的输入即要约，另一方电子数据的发出即承诺。由于 EDI 具有自动审单判断的功能，故合同的订立过程几乎在计算机操作下完成，不存在当事人在传统意义上的协商过程。

4. 电子合同范本的查阅

物流中心数据库存储了该物流中心的各种合同范本，可供给会员查阅和使用。而且，会员在网上物流交易中心签订电子合同时，必须使用物流中心给出的相关合同范本，否则签订的合同不会存储到物流中心数据库中，即告无效。

合同的条款一般包括以下条款：

（1）当事人的名称、地址（如果是个人写姓名、住所）。

（2）合同的标的。

（3）数量。

（4）质量要求。

（5）价款或者报酬。

（6）履行合同的期限、地点、方式。

（7）违约责任。

（8）解决争议的方法。

5. 电子合同的实施监督

电子合同签订后，双方应在规定日期内缴纳保证金，缴纳保证金以后合同才生效。合同生效后，交易系统自动从数据库中提取合同专用章印模和交易代表签名至合同相应位置，交易双方可分别在计算机上打印出合同文本。卖方在运输计划批准后两日内通知买方和物流中心。买方需在收到通知后 5 日内（节假日顺延）将全额或该批货款汇入物流中心结算账户。物流中心收到汇款后通知卖方发货。卖方发货后，物流中心凭有关凭证从买方货款中划拨 80% 给卖方，余额在合同完全履行或商务纠纷处理完毕后结清。货物验收后，双方签署验收报告。

8.13.4 合同管理系统

1. 概述

合同管理系统主要包括合同的起草、签订、跟踪等环节。系统将详细记录合同审核意见、合同文本、合同执行情况等信息，并可按用户需要对合同相关内容进行查询统计。合同管理系统可以按货运、仓储、配送、拍卖等合同形式进行分类归档，还可以根据合同状态进行归档。

为保证用户的信息安全及进一步升级，本系统的电子合同文件的管理、传输等采用 EDI 国际标准。

电子数据交换（EDI）是将贸易、生产、运输、保险、金融和海关等事务文件，通过电子邮箱按各有关部门或公司企业之间的标准格式进行数据交换，并按国际统一的语法规则对报文进行处理，这是一种利用计算机进行事务处理的新业务。

EDI 标准主要包括以下 6 种内容：语法规则、数据结构定义、编辑规则与转换、公共文件规范、通信协议和计算机语言。

EDI 的标准有四种：企业专用标准、行业标准、国家标准和国际标准。

图 8－46 所示为合同管理系统流程。

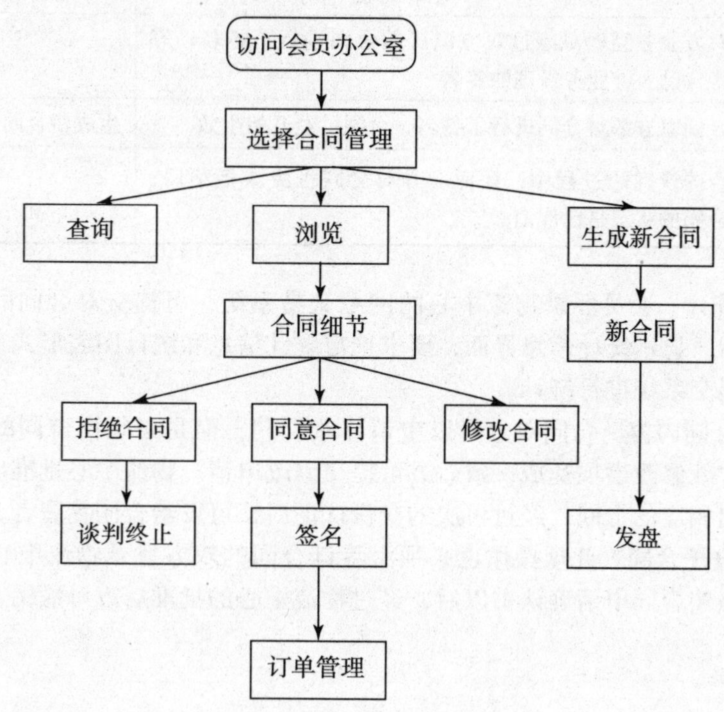

图 8－46　合同管理系统流程

2. 该系统的基本功能

（1）一般的合同查询。会员输入登录系统的必要信息：会员编号、操作员编号和操作员密码，经过认证即可登录网上物流交易中心。然后可以提交查询命令，系统会判断此操作员是否具有此项查询操作的权限。只有具有此项查询操作的权限时，系统才会执行查询操作并显示查询结果。但是查到的合同只能以只读方式展示，会员不得做任何编辑操作。

合同的查询支持多个条件的综合查询，可以按照合同编号、合同签署人、合同签署单位、合同状态、合同签署日期等条件综合查询。表 8－2 所示为合同状态。

表 8－2　　合同状态

	合同状态	描　述	后续状态或操作
1	已发盘	合同已经发盘给对方，合同正在等待对方处理	已处理
2	待还盘	对方发盘过来或者是对方还盘过来的合同，状态是待还盘，合同需要自己一方确认或修改	修改（还盘）、同意、拒绝
3	已确认	合同经过双方的确认，合同条款达成一致	签名、拒绝
4	已签名	自己一方业务经理已经对经过双方确认的合同进行了签名，等待对方对该合同签名	

续表

	合同状态	描 述	后续状态或操作
5	待签名	对方业务经理对经过双方确认的合同进行了签名，等待自己一方业务经理的签名	
6	已生效	合同双方都对合同进行了签名，合同已经开始生效	生成新合同
7	已取消	合同谈判的过程中，任何一方对合同否决或拒绝后，合同的状态是已取消	

（2）合同统计。会员登录物流中心的网上交易系统，可提交对合同的统计要求。系统收到请求以后，显示统计信息界面，要求选定统计信息和统计图表形式，在输入完统计信息后，即可提交系统进行统计。

（3）修改合同内容。合同双方可以申请修改合同，但是必须由合同的双方登录网上交易系统，双方就修改事项达成一致后方可提交修改申请。物流中心批准申请后，按照合同双方要求查出相应的合同，经过再次的身份认证后，可发给合同签署者。

（4）撤销电子合同。此项操作也必须由签订合同的双方登录物流中心的网上交易中心，双方提交撤销合同申请确认书以后，经过物流中心的批准后方可撤销合同，同时记录到日志文件中。

8.13.5 权限管理系统

特定级别的人员进行相应级别的操作，以此来保证数据的可靠性和完整性，从而确保系统的安全性。

1. 权限级别

（1）一般级别。非会员登录系统只可以浏览网上物流中心发布的信息。

（2）一般代表级别。可以以授权公司或者单位的名义，在网上物流中心发布信息、寻找合作伙伴、洽谈生意，并可以代表授权公司或单位与其他会员签订电子合同。

（3）中级代表级别。具有一般代表级别的权限，并且可以查询和统计授权公司或单位签署的合同信息，也可查询或者统计本公司或者单位的其他操作员签署的电子合同。

（4）高级代表级别。具有中级代表级别的权限，并且具有申请对本公司或单位签署的所有电子合同修改或撤销的权力。

（5）管理员级别。管理电子合同，对合同进行分类归档。

2. 权限认证

操作员登录系统后，就要对他进行会员认证。会员认证通过后还要进行权限认证，确定他的级别，并可记录在案。会员在网上物流中心进行操作时，必须检测他的权限，确定他是否具有此项操作的权限，如果具备则接受操作请求，如果不具备则给出警告信息。

3. 权限管理

系统提供给会员更改操作员权限的界面，可以在此查询操作员的权限，也可以方便地

更改操作员的权限级别。

系统发出报警信息原因如下：

（1）权限不够。

（2）非法数据。

（3）信息不完整。

（4）资金不足。

8.14 WWW 网站

8.14.1 网站的目的和目标

1. 目的

本网站为物流中心提供强大的物流交易平台，使网站成为推广和营销中心，同时兼具信息发布功能，成为物流中心对外的窗口。

2. 目标

网站发展目标在于为物流中心引入业务和客户，因此在网站的设计上将充分考虑网站的互动性、友好性。通过交流信息平台入口，使用户可进行网上招标、网上竞价、信息发布等活动，同时可在网站上及时了解行业、技术的最新动态，增加网站对客户的有效性和吸引力。友好、方便的界面及流程，快捷、智能的检索将使生产厂商、物流公司、运输企业等各行业用户均可以轻松入手。为物流中心与各行业用户客户建立更快、更方便、更精确的电子化联络方式，实现信息共享和管理决策支持。

8.14.2 系统架构的特点

1. 平台

支持聚簇和负载平衡，从而支持可扩展能力和可预见性，保证连续可用性。

2. 可伸缩的体系结构

提供了可伸缩的能力和一致性。如应用服务器群集、数据库服务器群集 、内置的动态负载平衡、支持 SMP 体系结构。

3. 开放的体系结构

支持开放的国际互联网标准，允许站点与其他供应商的产品和技术互接，使得开发者能与多种类型的技术平台互接，使得网站很容易地适应新的需求、新的商业模式和应用。

8.14.3 网站的形象设计

网站针对物流行业的特点，以“简洁、明快、理性、易阅读”为设计思路。在版式的设计上做到条理清晰，达到规整中有变化的效果，使网站具专业权威的视觉感。

8.14.4 网站的栏目版块

1. 网上交易

网上交易步骤如下：

(1) 身份认证。

(2) 网上业务受理系统受理业务。

(3) 实现网上交易。

2. 挂牌交易

卖方在网上发布信息，买方响应后交易双方办理交易手续，挂牌规则为时间优先。

3. 撮合交易

双方在网上通过信息查询，配对、报价、询价、网上洽谈后形成交易事宜，签订电子合同，进行财务结算。

4. 合同交易

双方对实现近期、远期的交易，经验证有效后进行网上洽谈，签订电子合同，注入保证资金实施合同交易，系统将汇录实施过程并进行监督。

5. 竞价交易

系统发布竞价交易信息后，响应该竞价交易者可同时在网上竞价，规则为以价格优先。

6. 网上招标

招标方在网上发布标书，注明条件，投标方将招标书加密投入电子信箱，开标时拆封，满足招标条件者中标。

8.14.5 网站的开发和维护

1. 概述

在技术上采用 JSP 技术、Turbo Linux 操作系统。WEB 服务器采用 Apache WEB Server，数据库采用 SYBASE。网站维护软件采用 VB 进行定向开发。为以后数据上传、网站的远程维护、数据信息的修改等建立一个安全稳定的系统。采用分布式设计，可支持大量用户，底层全部用动态库实现。

2. 管理模块

将新闻、信息栏目、产品发布和业界动态等信息集中起来发布、管理、查询。网站信息通过操作简单的界面加入数据库。然后通过已有的网页模板格式与审核流程发布到网站上，无须设计每个页面。大大减轻了工作量，提高了工作效率。

网站信息管理系统基于 WEB 工作界面，无论通过局域网还是互联网，都能在浏览器中直接对稿件进行录入、浏览、修改、删除、查阅等稿件管理工作。所有的操作可以通过浏览器完成，客户端不需要配置其他应用软件或培训。

3. 邮件管理

（1）可探测电子邮件地址是否有效，并发送反馈信息。

（2）WEB 界面下的可检索邮件，只有安装邮件软件如 OUTLOOK 等才有此功能。

（3）支持多个邮件附件，附件类型自动识别。

（4）支持多个文件夹并可以自己创建文件夹。

（5）支持地址簿，收件人地址可直接添加到地址簿，发件时可直接调用地址簿。

（6）个人资料可更改，签名设置和编辑。

（7）可接收外部 POP 账号邮件。

（8）HTML 邮件直接阅读，图形化显示已读、未读邮件及是否有附件、邮件优先级。

（9）邮件排序（按日期、邮件长度、主题、发送人、收件人等）。

（10）设置发件时间、邮件级别、签名、所发邮件是否自动备份。

（11）回收站一次性清空功能，邮件也可直接永久性删除。

（12）浏览器界面注册立即生效，有密码提醒功能。

（13）支持邮件转发、原文转发、自动转发、回复、自动回复（内容可编辑）。

（14）邮件过滤功能（拒收），过滤的方式有过滤标题和过滤发件人地址等。

4. 流量统计、分析

（1）网站访问统计分析功能模块。

（2）目录访问统计分析功能模块。

（3）客户访问统计分析功能模块。

（4）实时访问统计分析功能模块。

8.14.6 网络安全管理

1. 物流网站安全性

（1）网络级安全服务。通过设立防火墙实现网络级的安全性。

（2）系统级安全服务。通过用户名、口令、访问控制数据库、连接管理者、身份验证。

（3）应用级安全服务。根据业务系统的需求，设立应用级安全服务，保证网络安全。

2. 统一的系统管理

整个门户在业务运作中需要对多种资源进行管理，包括维护用户账户（用户注册）、维护用户对网站内容访问的预置文件、维护用户对应用访问的预置文件、维护系统受保护的资源（Asset）、涉及各服务网点的系统维护问题等。

3. 应用集成服务

后台集成选项方便地将企业数据、事件及应用集成到企业门户中。整个物流系统的建设包含仓库管理、汽运调度、预定舱等一系列新型应用，在项目实现中，一方面需要将此类业务集成到网站中，另一方面需要全面集成业务系统与门户的安全性。在整个系统的集成中，还包含一些辅助系统的接入，如 GPS 系统等。

9 通运物流管理信息化设计

9.1 概　述

物流是国民经济的大动脉。如前所述，物流成本可占到商品总价值的30%～50%。由此可见，物流自动化和服务程度优良与否将严重影响商品成本。在美国，由于服务费用较高，产品的制造成本不足总成本的10%。加工产品的时间仅为储存、搬运、运输、销售、包装等物流作业时间的1/20左右。由此可见，实现物流现代化，加速物资流通，缩短流通时间，提高物流服务水平，降低物流成本，对国民经济将起到重要的作用。

物流是"第三方利润源泉"，我国物流市场以30%的速度递增。由此可见，物流发展的重要性及物流存在巨大的潜在市场。现代物流是一项跨行业、部门、地区甚至跨越国界的专业化、社会化、现代化、网络化、规范化、信息化的系统工程。没有网络，就难以实现一站式物流服务，没有管理规范化和信息化，就无法提高管理水平及作业效率，更无法保证服务水平。网络化体现了现代物流业的竞争力，必须得到重视和加强。

针对通运物流公司现状制定目标，提高核心竞争能力。利用先进物流管理系统，加强公司管理的标准化、统一化，提高集团统一管理的协调能力以及服务水平。为此，管理咨询及信息技术设计目的在于提高管理和信息化水平、服务质量以及经济效率。

仓储管理系统和运输管理系统有机结合成一体化供应链管理系统，能覆盖物流全部作业流程。一体化供应链执行管理系统包括：订单管理、仓储管理、运输配送管理、结算管理等核心功能模块。

9.2 项目分析

9.2.1 项目概况

通运集团公司是以运输、仓储经营等为主的大型国有企业，在全国影响力颇大。随着物流业的发展，该运输集团转变企业经营思路，筹建现代化物流中心，为地区提供多元化一站式的现代物流服务。

该运输集团虽然具有向现代物流转型的许多优势，但仍有诸多问题。新筹建的物流组织结构、业务流程、信息化等必须进一步完善，加强信息化建设，否则将严重制约其发展。

信息化是实现物流管理的中枢神经。通过物流信息化及信息共享，能够增加供应链的透明度，打破相互之间的壁垒，提高反应速度。可以说，没有现代信息技术，就没有现代物流。物流管理系统是现代物流获得成功的重要保证。通运集团向现代物流发展必须建设现代化物流信息系统。

9.2.2 物流信息化趋势分析

众所周知，信息化程度严重影响现代物流企业的竞争能力。为此，世界众多现代物流企业率先进行物流信息管理系统建设和改造。

随着信息技术及电子商务的迅速发展，面对客户的众多需求，该企业物流信息管理系统把实用性与先进性结合起来，采用最先进的计算机、信息、传感器等技术来建造通运物流信息管理系统。

通运物流信息管理系统是一套大型管理系统。需对企业的组织结构、业务流程进行必要的重新规划。据国外经验，完成项目的方针是“充分研究、整体规划、严格控制、分步实施、满足现在需要、着眼未来”。为此必须选择信誉良好、技术先进的系统供应商。选择系统供应商时应重点考察以下四个方面：

（1）是否是专业物流系统供应商，有没有专业物流管理咨询或设计能力。

（2）有无成功案例及成型产品。

（3）能否与通运企业形成长远的战略合作伙伴。

（4）公司经营理念及发展前景。

目前，工业发达国家的物流信息系统比较成熟，功能全面，先进适用。但就实用性及经济性来看，国内的物流信息系统供应商的物流信息系统也能满足当前物流业的需要。

9.2.3 通运物流发展战略分析

随着物流业的发展和国家对物流业的大力支持，目前许多大型企业纷纷向物流业转型。入世之后的外国物流公司也纷纷踏入国门，面对物流市场的快速发展及严峻竞争形势，通运应该积极制定并调整物流发展战略，以立于不败之地。

根据通运目前的组织结构及运行状况，通运物流充分发挥网络及品牌优势，加强集团内各公司的管理力度，积极进行业务流程重组，建立标准规范的物流管理及作业流程，以提高通运企业营销和物流作业的管理能力。

1. 现代物流发展模式

现代物流公司的一般发展模式如图 9－1 所示。

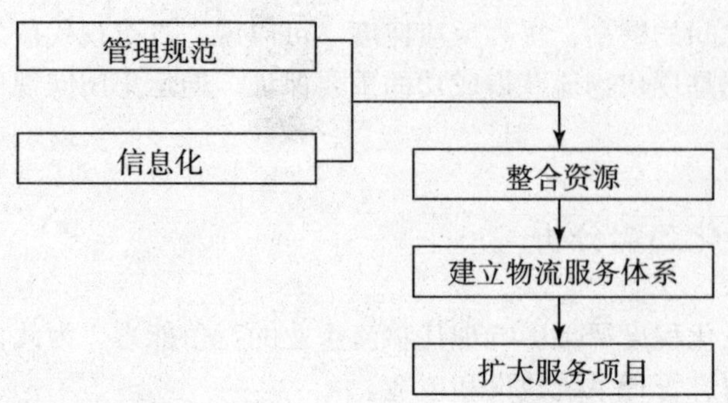

图 9－1　现代物流公司的一般发展模式

以上发展模式，重点放在提高管理及信息化水平方面，并不断扩大服务网络，最终提高企业的整体规模，扩大服务项目。然而通运物流公司已具有相当规模，其发展战略应该放在如何有效整合目前资源扩大网络，最大限度地发挥网络优势上。

2. 通运物流发展模式

根据通运物流公司的具体情况，设计的发展模式如图 9－2 所示。通过对通运物流公司进行业务流程重组和物流信息管理系统的应用，建立多元化一站式的物流服务体系，并形成第三个产业，即“物流认证”产业。也就是说，通过流程重组获得具有推广价值的物流运作管理标准。这是一个新的利润泉源，认证服务不但能够为企业创造利润，也能有效提升通运物流公司的品牌，没有通过通运认证的物流企业很难取得市场上的物流业务。这样，通运标准成为国内外认可的体系标准。

9.2.4　业务流程及组织结构分析

根据通运公司的发展战略及实施步骤，通运在实施物流信息管理系统的同时进行了业务流程重组，并按照流程进行必要的组织结构调整。业务流程重组能够减少作业环节，整合集团资源，提高效率，降低成本，提高客户服务水平。通运物流整体业务流程如图 9－3 所示。

以上业务流程建立在集团的客户基础上，各分公司均拥有自己的揽货能力。但是，通运的发展方向是以集团作为现代化的领军形象面对客户。上述流程以客户为导向，以通运管理中心为管理和利润的中心，以各分公司和物流服务供应商（如铁路、海运、空运承运人）为作业和成本的中心，通过财务结算中心对各作业进行利润分配。

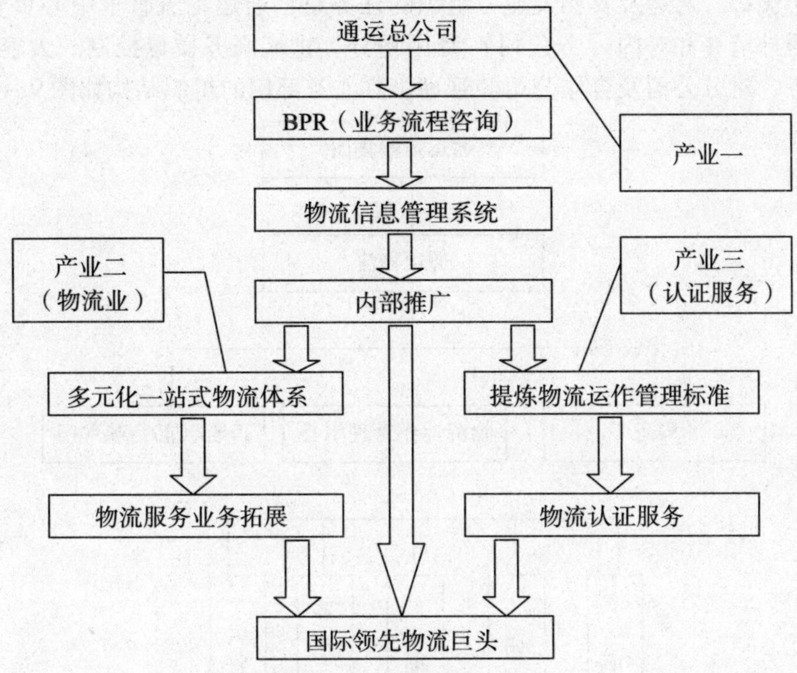

图 9－2　通运物流发展模式

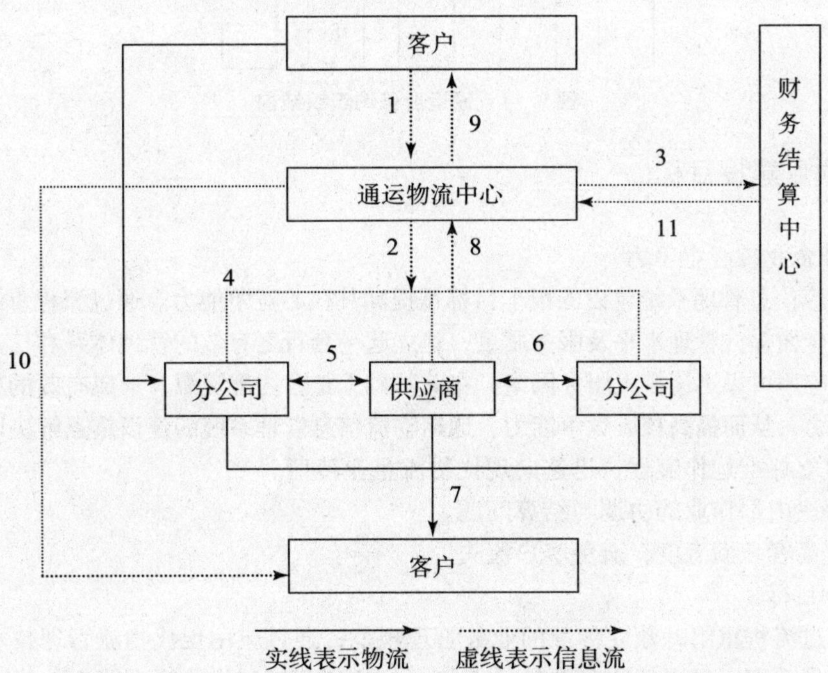

图 9－3　通运物流整体业务流程

基于以上流程，通运及其相关业务组织的任务是：通运物流管理中心负责市场开拓、作业调度、对外清算和对内（分公司）费用划分、物流服务质量控制、大客户的跟踪管理及增值服务、对分公司及合作公司的管理。其业务部门的组织结构如图9－4所示。

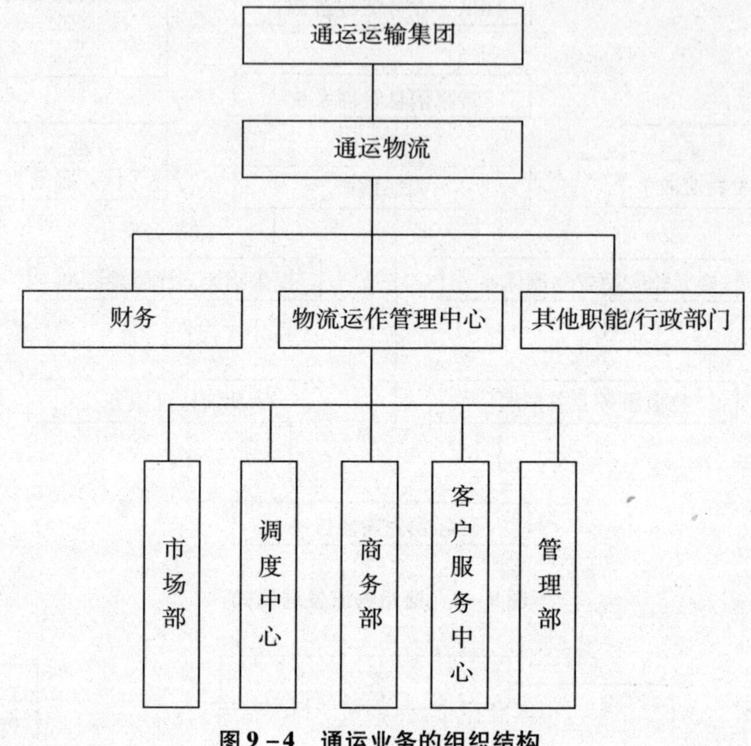

图9－4　通运业务的组织结构

9.2.5　项目建设目标

1. 提升企业核心竞争力

通运物流信息管理系统建设的根本目标是提高其核心竞争能力。通过流程重组及系统建设，通运将全面提升管理水平及服务质量，建立起一套行之有效的管理体系和信息系统。然后通过推广应用可以迅速扩大服务网络。在此基础上整合内部资源，形成有效的项目营销和运作管理能力，从而提高核心竞争能力。通运物流信息管理系统的建设重点解决以下问题：

（1）建立标准运作流程，迅速向现代物流企业转型。

（2）解决内部作业的协调与结算问题。

（3）提高客户满意度，避免客户流失。

2. 管理目标

系统通过流程重组，建立标准的业务管理规范；通过应用现代物流管理技术，全面提升通运的管理效率，实现集团资源的最大整合，达到营销和作业管理能力的最大提升。

（1）统一化管理。

（2）标准化管理。

（3）信息透明化。

(4) 提高管理效率，降低作业成本。

(5) 货物全程跟踪管理。

(6) 系统中的管理指标。

订单差错率：控制在1‰之内。

事故发生率：控制在0.5‰之内。

3. 服务指标

物流业属于第三产业，服务水平是企业的核心竞争优势之一。通过对流程及管理的规范化，通运提出一套标准的服务监督及服务评测指标，以便高层管理人员分析、考核之用。

服务目标体现在减少中间物资积压，加快物流速度、信息反馈及时、客户响应快速、处理投诉及时等。通过测量、建立、提升物流速度，做到对各作业的管理控制、提升服务水平。进行可视化管理，闭环式的系统内部流程，信息输出、反馈及时，反馈渠道畅通、反馈时间短、反馈内容准确，服务水平大为提高。具体服务指标是：

及时送达率：不低于99%。

客户满意率：不低于98%。

客户忠诚度：不低于90%。

客户及时响应率：不低于80%。

4. 技术目标

以真实、准确、及时的数据为基础，以先进、合理、有效的管理方法为核心，以现代计算机网络及通信技术为依托，建立物流信息系统平台。提高通运各公司、部门、网点的工作效率、工作质量和工作协调性，提高企业管理水平，并为领导决策提供科学的依据。建立各个层次数据库，存储各个分公司、办事处的基础数据，逐步积累形成丰富的信息资源库，提供领导查询和辅助决策支持。

为此，可以通过两条主线完成系统建设。第一，管理方面的业务流程重组，彻底进行业务流及需求分析。第二，技术选型、系统开发控制。在现有供应链管理系统的基础上改造成先进的技术系统。这样，最大程度降低开发成本和系统风险，两条主线相互配合，共同实现。

5. 系统建设问题

建设大型管理系统可能出现各种问题。据建设大型项目的成功经验，要求如下：

(1) 企业最高领导领导项目。

(2) 改进业务流程和组织结构调整。

(3) 保持系统的统一性。

(4) 严格控制实施过程。

6. 衡量机制

(1) 衡量原则。根据企业自身资源优势和外部环境提供的市场机会，合理调整内部结构，正确分配工作任务，有效协调作业环节，明确服务和成本指标，顺利实施企业发展战略，保持竞争优势，增强企业价值。

(2) 衡量程序。

①确定指标。结合企业总体战略和发展目标，制订处于行业领先水平的业务服务和成本指标，如及时送达率、客户满意率、利润率、资金周转率等。

②分解指标。根据企业作业环节和工作任务的分配情况，将上述指标层层分解，落实到职能和操作部门、环节、岗位和个人。

③指标评估。

④判定问题。

⑤分析问题。

⑥解决方案。根据发生的问题，结合市场和行业情况及自身资源条件、实际业务操作提出有效、合理的解决方案。

⑦方案评价。在方案实施的过程中，管理信息系统（MIS）自动对该方案的实施效果进行评估，以便对业务操作进行整体性控制。

⑧信息反馈。

9.3 系统总体设计

9.3.1 系统设计原则

1. 高速度、低延时

在网络管理信息系统中，用户对数据通信的响应时间最为敏感。因此，一个高效的网络管理信息系统应是高速度、低延时的系统。

2. 安全性

系统的安全性和可靠性对用户尤为重要。只有实现数据的高度安全性，才能保障整个系统运行的可靠性。

3. 灵活性

用户对系统资源的需求变化较大。为满足用户需要，系统配置应具有较好的灵活性。

4. 可扩充性

随着技术的发展和用户应用需求的不断提高，软件系统要进行不断扩充升级。

5. 可靠性

（1）数据录入的检查、纠错和审核。

（2）事物定义，保证数据的一致性。

（3）数据备份，系统提供应用级的备份能力，数据库提供数据级的备份能力。

6. 实用性、适应性、可维护性等原则

为了顺利实现以上目标，通运在开始具体实施之前，对现有业务流程进行重新定义，建立标准的管理规范，从而提高管理及信息技术的效果和企业的核心竞争能力。

9.3.2 系统总体描述

通运物流信息管理系统采用 B/S 结合 C/S 的体系结构。对于操作层，可采用 C/S 结构的操作平台。对于管理层和客户，可通过 B/S 结构的系统进行查询、下单、管理等。

采用两种体系结构结合的系统，将充分发挥 C/S 操作灵活的特点和 B/S 覆盖面广泛、数据反馈及时的优势。同时，作业层采用 C/S 结构系统，可进行离线操作，降低实时在线产生的上网费用。对于离线操作生成的业务数据，系统通过加密打包的方式上传、下载，实现数据同步。

系统完全支持条码作业，通过信息采集设备对货品条码、编码或产品序列号的采集，系统能够实现半自动化物流作业，提高作业效率和作业准确率。

系统具有独立的权限管理模块，用于对访问用户的登录权限和操作权限进行管理。对于没有权限的操作，系统界面中将不会体现。

系统结合了国内外先进物流企业的运作模式，同时充分考虑了系统业务模型的可扩充性，使得通运能够最大限度地适应不同类型客户的需求，在设计之初预留出多种运输方式的接口，如与铁路、航空、海运的接口，系统可根据相关软硬件支持提供网上传真功能。

9.3.3 系统总体规划

通运物流信息管理系统分为三个层次：执行层、管理层和决策层。三层中包含运输管理（TMS）、仓储管理（WMS）、财务结算/统计分析、电子商务/EDI、GIS/GPS、客户关系管理（CRM）、客服中心（Call Center）、综合报表、合约管理、优化/决策支持（DSS）等子系统。物流信息管理系统结构如图 9－5 所示。

管理、呼叫中心、人力资源、GIS/GPS 等系统，最后实施优化决策支持功能，提高作业的监控和管理，对客户提供时时服务信息。

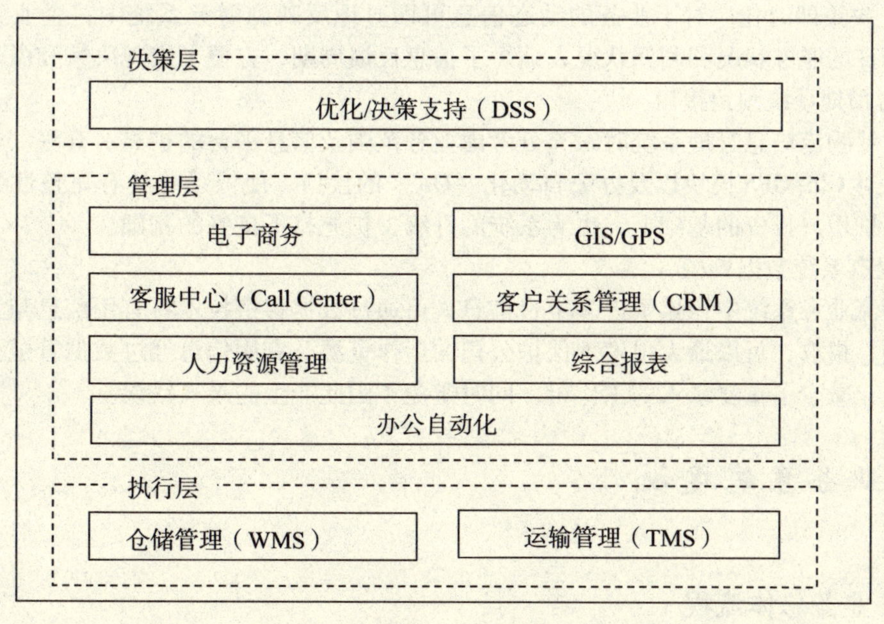

图 9－5　物流信息管理系统结构

9.3.4 系统功能概述

1. 运输管理

运输管理模块中主要是对运营车辆、集装箱、作业机构/人员、运营线路等运作资源以及对这些资源的调度、执行、反馈等具体操作环节进行管理。同时，通过对各业务部门的作业管理，实现协同运输作业，避免迂回运输以及空驶，最大程度提高运输车辆的使用效率。

2. 仓储及配送管理

仓储管理模块主要是对物流中心仓库以及仓库内的人力、设备资源进行管理，并以客户为中心，实现仓储作业的“可视化”管理。同时，为了统一调度、监控和对运单执行状况的跟踪查询，系统内将实行统一的单证票号。

9.3.5 接口程序与数据移植

1. 与财务软件的接口

(1) 结算自动化。每日发生的业务费用结算信息将自动进入财务系统，驱动财务系统生成相应的财务凭证。

(2) 费用自动化。对于由业务系统产生的费用信息，如：车辆维修费、保险费、理赔费用等，可直接通过接口传递至财务系统，驱动财务系统生成相应财务凭证。

(3) 决策即时化。对于业务的动态信息可即时地反映到财务系统中，企业领导可随时监控每日的业务状况和利润状况，缩短了信息反馈周期，方便了宏观决策和微观调整。

2. 为预期系统预留接口

在设计物流信息管理系统时，充分考虑业务范围及信息平台的扩充、升级。在系统中将预留出对 GIS/GPS 模块以及办公自动化（OA）的接口，使得系统具有完整性和可扩充性。在保护用户投资的基础上，也为系统的升级、扩充打下良好的基础。

3. 现有系统数据移植

在物流业务系统中积累了许多宝贵信息，可通过数据移植技术将有用信息与无用信息进行剥离、提取，可以最大限度地保护公司的运作资源。有用信息经过数据管道直接进入新系统中，减少了重复录入的工作量，同时避免了因此产生的录入错误。

9.4 业务系统建设

9.4.1 业务总体流程

根据总体设计，将业务系统分为运输管理子系统、仓储管理子系统，其中包括财务结算模块、综合报表模块、合约管理模块等。

根据总体设计及各业务子系统之间的关系，设计总体流程如图 9－6 所示。

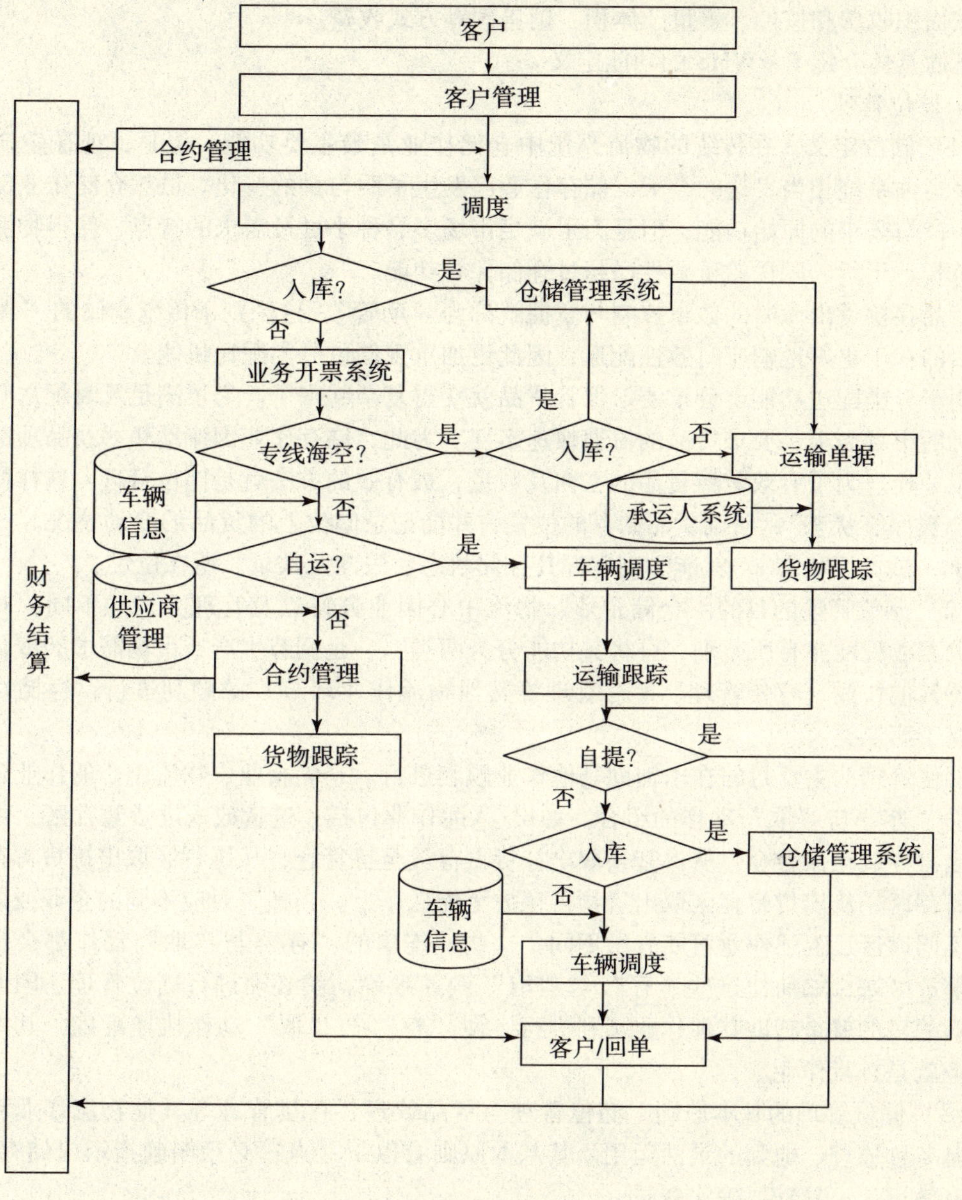

客户
客户管理
合约管理
调度
入库？
是
仓储管理系统
否
业务开票系统
专线海空？
是
入库？
否
是
运输单据
车辆信息
否
承运人系统
自运？
是
车辆调度
货物跟踪
财务结算
供应商管理
否
合约管理
运输跟踪
货物跟踪
自提？
是
否
入库
是
仓储管理系统
车辆信息
否
车辆调度
客户/回单

图 9－6 业务总体流程

9.4.2 仓储管理系统 WMS

1. 概述

仓储管理系统是核心执行系统之一，它具有先进、实用、稳定、安全等特点。仓储管理系统采用 L－WMS 系统，在此基础上进行客户化改造。

仓储管理信息系统的核心是支持各种仓储作业流程、多种计费方式和条码技术。L－

WMS 仓储管理系统在国内应用广泛，它支持各种灵活的仓储作业流程和各种计费方式，比如按面积收费和按件、重量、体积、销售额等方式收费。

下面具体介绍 L－WMS 的功能定义。

2. 储位管理

（1）储位定义。在传统的物流系统中仓储作业是最主要功能。但是，现在生产制造技术及运输系统相当发达的今天，储存作业已发生了质与量的变化。虽然仓储作业保持了调节生产与需求的原始功能，但是为了满足市场多品种小批量需求的特点，使得物流系统中的拣货、出货、配送的重要性已超过仓储保管功能。

货品在拣货出库时的数量控制与掌握就称为“动管”，这区别于传统仓储的“保管”。动管目的在于更好地响应时效性配送，因此更加重视储位分类配送机能。

由于分类配送功能十分重要，保管货品就变得复杂起来了。为了满足及时配送和少量多品种的市场需求，要求货品的流通快速多变。为此，储存作业因流动频率及品项的增加而难以掌控。为了有效掌控货品的去向及数量，最有效的方法就是储位管理。这样使货品处于“被保管状态”，明确货品储存的位置，并能记录储位上的货品的变动情况。一旦货品处于“被保管状态”，就能时刻掌握其存储状态、去向及数量、所在位置。

（2）储位管理的目的。仓储企业、物流中心因业务特点及管理方式的不同，对储存作业的需求程度亦有所差别，可将其功能分为两类：一是调节生产或市场需求的变化，二是维持其他作业（存货管理、库存管理等其他物流作业环节）的顺利进行。存储作业的目的属于第二类。

储位管理的主要目的在于辅助其他作业顺利进行。仓储企业、物流中心的作业就是一连串的“存”与“取”动作的组合。如出/入库作业包括：进货放入进货暂存区，由暂存区取出再存放至保管仓，从保管仓取出补货再存放至拣货仓，从拣货区取出拣货再存放至出货暂存区，从出货暂存区取出货物再存放至配送车上。当然，对应不同的企业或同一企业的不同库区，上述作业可能有所不同。这些一连串的“存”与“取”动作都会使用到保管储放区域，如何使这些“存”与“取”快速准确，就必须进行储位管理。因此，储位管理的目的就是辅助其他作业顺利进行，使“存”与“取”动作快速准确，其中最主要作业就是拣货作业。

（3）储位管理的基本原则。储位管理与货品管理、存货管理等其他物流作业环节一样，是各种原理、原则的灵活运用。其基本原则有以下三点：必须明确指示出储存位置；货品有效定位；异动要确实登录。

（4）储位管理的对象及构成要素。储位管理的对象是保管货品和与货品相关的其他资源。

①保管货品。在仓储企业和物流中心中的货品，由于作业、搬运和拣货等特性的需求，其保管型态多样，例如托盘、箱、包、盒、散品或其他包装方式。这些货品虽然外形差异，但必须加以管理。

②与货品相关的其他资源。与货品相关的其他资源包括下列三项：

a. 包装材料。包装材料就是指一些卷标、包装纸等包装需求材料。

b. 搬运器具。搬运器具就是指托盘、容器等搬运载具。

c. 流通剩余材料。流通剩余材料是经补货或拣货作业拆箱而剩下的空纸箱。

③储位管理的构成要素。储位要素是储位空间、货品、人员及储放、搬运设备等与资金相关的要素。

a. 储位空间。不同型态的仓储企业和物流中心，要求储位空间的功能不同，有的重视保管功能，有的重视分类配送功能。在重视保管功能的企业，主要是仓库保管空间的储位划分、分配；重视分类配送的物流企业，特别重视拣货及补货的储位配置。主要考虑的因素有：空间大小、柱子排列、梁下高度、通道、搬运机械回旋半径等。

b. 货品。主要考虑货品在储位空间的放置方法。

c. 人员和设备。人员包括仓管、搬运、拣货、补货等人员和运输司机等。设备主要是储放、搬运和输送等设备。

d. 作业要求。就是空间使用率要高、作业方便、进出货效率快、先进先出、货品易于管理、盘点容易、库存掌握无浪费、配送快、无缺货。

e. 资金。主要是投资预算、经济效益等分析。

（5）库区的逻辑结构。划分储位的逻辑结构，是把库房划分成若干个存储区域，称为“区”，每个区中可划分成若干“存储单元”，即储位。如图 9－7 所示。

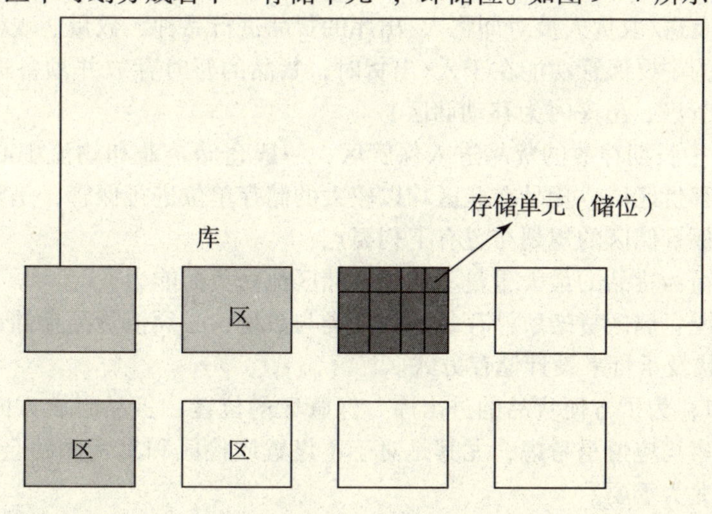

图 9－7　储位划分

（6）库的划分。主要是按库的存储环境划分库，如：露天库区、普通库房区。详细说明如下：

①露天库区。露天库区存放对存储环境要求不高的货品，如钢材、建筑材料等，或已有妥善包装的货品，如集装箱。此外，需大型搬运设备的体积、重量较大的货品。

②普通库房区。这是指无特殊环境需求的室内货区，如电器、日用品等货品的存储。

（7）区的划分。

①概述。在仓库管理中，存储区域的划分决定了货品的出/入库、码放和盘点等作业环节。例如：一宗货品入库，它入哪个库、什么区、具体的哪个储位（存储单元），以至于它的码放规则（如垛高、先进先出、避免污染、距出口远近等）、是否使用及使用哪种搬运机械等，不仅依赖于货品的相关属性，而且也取决于货品存放库房的区和储位的属性。

②按区的功能划分。区按照其功能划分为四种类型：质检区、分拣区、保管区、拣货区、集货区、移动储区，如图 9－8 所示。

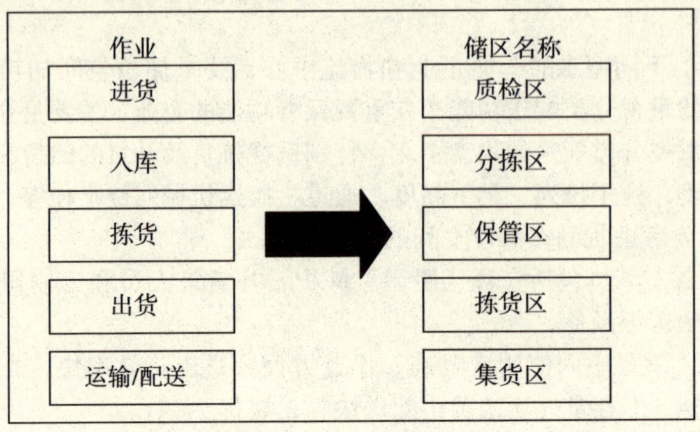

图 9－8　功能划分

a. 质检区和集货区。质检区和集货区是货品入/出库时经过的暂存区。在该区中，库管员、复核员及送/取货人员对即将入/出库的货品进行品种、数量、规格、品质等的检验。这两个区域的主要保管功能在于入/出货时，货品的暂时存放并预备进入下个保管区域（入库时为保管区，出库时为移动储区）。

b. 保管区。中长期存放的货品进入保管区，一般仓储企业和物流中心均以此区域为最大且最主要的存货区域。货品在此区均以较大的储存单位进行保管，是整个物流中心的管理重点。对于保管储区的规划布置有下列要点：

- 地面负荷：货品的最大重量不能超过储区地面负荷能力。
- 货品状况：储区货架所储存货品的种类与数量，必须依货品存储单元的大小、尺寸、形状及重量来设计储存方式。
- 出/入口：为了方便货品的进出库，保管区的位置、货品码放方向等与出入口相关的因素均应慎重考虑，尤其是对于不设置质检区和集货区的企业和物流中心，这一点尤为重要。
- 通道设计：应依据实际最大运输工具转弯半径或货品宽度来设计通道，通道与储存区应以颜色标示清楚。

c. 分拣区。分拣区存放完成质检、准备进入保管区或执行越库操作的货品。在此区中，货品只是做短暂的存放就应进入保管区或装车出货。

d. 拣货区。拣货区的货品大多在短时间即被拣取至集货区出货。为了缩短拣货时间及距离、降低拣错率、寻货快捷，对于储区与储置的标示必须明显。

③ 根据货区存储货品的特性可分为：

a. 食品类区。此区储放食品类货品，如：面包、食用油、小食品、饮料、蔬菜、水果等。对于有温度限制的食品，可考虑空调、冷藏、通风等设备。对于食品区应严格遵守临近保质期货品先出库原则，以保障存储货品的品质。

由于食品类货品易受污染或产生污染，因此，该类货品要严格禁止与其他货品混存。同时

此区必须与化工品区、建材区、危险品区、印刷品区、服装/布料区、药品区等区域相互隔离。

b. 电器类货品区。此区主要储放各种家用电器、工业电器（中小型）。如：冰箱、电视、空调、电机等。此类货品均有规格的外包装，可用堆垛、托盘等存储方式储放。

电器类货品存储环境的要求是避免灰尘、液体、腐蚀品等因素。因此，电器区应避免与面粉区、食品区、化工制品区等相邻。此外，考虑到电器类货品有时需要质检、维修等通电作业（有的库区可能设有专门的质检、维修库区），所以，危险品区等应与电器区严格隔离（一般不应设在同一库房内）。

c. 面粉类货品区。此区货品具有粉尘特性，易产生粉尘污染。对于可燃性粉尘，具有易爆属性，应与食品区、电器区、服装/布料区等相隔离。此外必须具备防潮、通风等条件。面粉类货品区内的货品的存储一般采用堆垛、托盘等方式。

d. 危险品类货品区。考虑其危险程度，此区应单独设库。

e. 服装/布料区。服装、布料等货品具有季节性强、易污染、需防潮等特性。因此，此区应与面粉区、食品区、建材区等区隔离的同时，还要加强通风、防潮等措施。这类货品的包装形式多样，储放形式可据包装不同采用货架、堆垛等存储方式。

f. 药品区。药品类货品与食品类货品相似，有严格的保质期和温/湿度限制，而且易与其他类货品相互污染而影响品质。因此药品区应与食品区、面粉区、化工品区等严格隔离。药品储存方式可据包装状况采用堆垛、货架、托盘、空调、冷藏等存储手段。

g. 建材类货品区。此区一般存储钢筋、水泥、木材等建筑材料。此类货品对存储环境要求不是很严格。当然，水泥需要防潮、木材需要保湿等。对于属性相抵触的货品，应存于不同环境的建材区内。建材区的货品一般都具有较强的污染性（主要为粉尘等），为此，建材区不应与食品区、药品区、电器区、纺织品区等相邻。

因建材类货品包装形式各异，单位重量、体积相差很大，所以，该类货品的存储方式应以堆垛为主，辅以托盘、货架等存储方式。

h. 化工品区。此区存储化工原料、化工产品等货品，如油漆、化肥等。这些货品一般存在属性抵触，因此在各类化工产品划分区域时要充分考虑属性冲突因素，以免货品之间相互反应而影响货品品质，甚至造成危险。

i. 印刷品区。此区主要存放书籍、刊物等纸品货物。要求存储环境为：防潮、通风、防止液体污染。因此，该区要与存放液体等货品的区域隔开。印刷品区的货品多以货架、堆剁形式存放。

j. 大型货品/集装箱区。此区主要储放体积较大的货品，如大型机械设备、集装箱等。由于该类货品对存储环境要求较低，但需大型搬运设备和较大存储空间。此类货品适合露天货场、码头等场所。

k. 杂货区。货区存放除上述类型货品外的其他货品，如日常用品等。由于杂货类货品品种繁多，包装差别较大，因此其储放形式较为多样化，一般以货架和堆垛为主。

④ 按货品存储方式划分品的存储方式有堆垛区、货架区、托盘区等。

a. 堆垛区。垛区指不需托盘、货架等存储设备、直接码放货品的区域。此区域存储时主要考虑地面的承重、横梁高度、货品的码高以及堆垛的稳定性等因素。

b. 货架区。货架区采用货架存储货品。本区中存储货品时主要考虑货架的间隔高度、承重等因素。如采用手工搬运方式，还应考虑货品的重量和其存储高度，以利于搬运、码放。

该区中应对货架及货架的每个储位进行编码，以方便管理。

c. 托盘区。盘区内采用托盘存储货品。托盘存储的货品一般重量较大、外型规格、不宜手工搬运，因此主要以叉车等装卸工具作业。

⑤按货品品质划分

a. 正品区。正品区存放正常的货品，通常为保管区。

b. 残次品。次品区存储质检不合格货品或客户返残货品，此类货品多为电器类产品。

c. 检修区。在仓库中一般不许电器作业，货品检修必须在专门的检修区进行。在检修区中，货品不做实际的存储，只是在其中进行检修作业后返回相应的存储区域。

⑥按存储环境划分。按存储环境可划分为普通区、空调区、冷冻区三种。

a. 普通区。普通区是一般仓储企业和物流中心货区的主体，主要存放那些对温度没有特殊要求的货品。

b. 空调区。此区存放对温度有一定要求的货品，如药材、鲜奶等。

c. 冷冻区。冷冻区中存放那些必须低温冷冻保存的货品，如生肉、速冻食品等。

（8）储位属性。如前所述，对于货品的各种作业，不仅和货品本身的属性有关，而且和它所储放的库区以及储位的属性有关。

储位是区中的一部分，其主要属性均是区的属性。主要有如下两个属性：

①长、宽、高属性。“长”、“宽”属性约束了该储位上所能码放货品的底面面积，而“高”属性对应不同类型的区有不同的意义：对于货架区，该属性为货架储位上所能存放货品的最大高度（或最大码高高度）。对于堆垛区，该属性实际体现为堆垛货品的最大码高高度。

②承重属性。承重属性约束了该储位上所存放货品的最大重量。

（9）储位管理的内容。

①库房信息操作。库房管理主要由库管中心操作进行，普通库管人员无权操作此部分功能，包括以下主要内容：新增库房、注销库房、库房信息修改、删除库房、库房信息查询。

②区信息操作。对区信息的操作主要由以下方面构成：新增区、注销区、区信息修改、删除区、合并区、区信息查询。

③储位信息操作。储位信息操作包括：新增储位、注销储位、储位信息修改、删除储位、合并储位、储位信息查询。

3. 货品管理

货品管理即是如何在储位中分配货品以及对货品的数量、品质和状态实施管理的过程。

（1）货品管理的基本原则。

①货账相符原则。货账相符是指货品实际存放量要与账目数据相等。货账相符原则是各种仓储企业、物流中心所必须遵守的一项基本原则。

②货品品质保障原则。即保质保量的原则。

③货品的有效跟踪原则。货品在保管时可能会发生并垛、移库、质检、拣货等作业，出库时又将随运输过程发生物理位置的改变。这样，要对货品的状态、位置实施有效的管理，就要切实地对货品进行有效的跟踪。

（2）货品单位。货品单位因其各异而不同，如：箱、盒、瓶、包、袋、吨、公斤、套、件、打等。

一种货品可能同时存在几种单位，如：一“套”空调包括3“件”（室内机、室外机、套管）、一“箱”可乐有12“瓶”、一“箱”药品有50“盒”等。

同时，根据货品在不同的物流环节，可将货品单位划分为以下几种不同的类型：

①保管单位。保管单位是指货品在库保管时应用的单位。

②出/入库单位。这是指货品出入库时的单位，出入库单位可能与保管单位相同，也可能不同。

（3）货品属性。货品依其固有特性、客户特性、保管需求、搬运需求等不同，可定义如下属性：

①货品编码：可为条码等，后面有对其的定义。

②货品名称：货品品名。

③规格：货品规格。

④型号：货品型号。

⑤货主：货主ID。

⑥生产厂商：货品生产厂商。

⑦货品类型：标识货品类别（电器类、面粉类、食品类、化工制品类……）。

⑧重量：货品单重。

⑨长、宽、高：货品外包装尺寸。

⑩长、宽、高单位：规格单位（米、厘米、尺……）。

⑪单位：货品SKU，一种货品可有多个单位。

⑫数量：货品数量。

⑬最小出入库单位：最小出入库SKU。

⑭批号：货品的生产批号。

⑮保质期：多用于对保管时间期限有要求的货品。

⑯码高：货品可堆叠的层数，可根据货品来定，也可根据客户合同确定。

⑰承重：货品所能承受的最大压力。

⑱存储方式：堆垛、货架存放、托盘存放……

⑲搬运方式：叉车、人工。

⑳存储区域类型：普通区、空调区、冷藏区。

㉑易碎：货品是否易碎。

㉒防潮：货品是否需存储于干燥环境中。

㉓倒置：货品是否可倒置存放。

㉔污染属性：货品具有的污染属性，如：气体污染、液体污染、粉尘污染等。

㉕避免污染属性：货品应避免的污染。

㉖货品状态：该货品所处的状态，如：保管、质检、运输中等。

（4）货品操作内容。货品操作主要是：货品登录、货品注销、货品删除、货品入库、货品出库、货品移库、货品质检、盘点。

4. 人员和设备管理

（1）人员和设备管理的目的及基本原则。人员和设备管理的目的在于配合物流企业岗位设置，使得企业人力、物力资源能够得到充分的利用，同时便于对人员绩效的考核以及企业运营成本的核算。

对人员和设备进行管理，要遵循以下基本原则：

①人员、岗位的合理配置。

②提高人员的工作效率。

③设备状态的有效监控。

④提高设备的使用效率。

（2）人员管理。

①人员类型的划分。物流企业的人员按其工作内容及岗位可做如下划分：

a. 行政人员。主要为企业内各行政岗位工作人员，包括：企业主管、财务人员、档案文书管理人员等。

b. 业务人员。主要是开票员、销售人员等。

c. 仓管员。仓管员主要负责客户货品的出/入库、指导装卸工对货品进行码放、搬运等工作，并对仓库内货品进行盘点、审核等。

d. 装卸工。负责仓库内和运输作业中货品的装卸。

e. 司机。可分为运输车辆司机和装卸工具操作司机，分别负责货品的运输和装卸。

f. 质检员。

g. 门卫。负责出入库车辆、人员的检查。

②人员管理的内容。人员管理包括人员所在部门、岗位及其权限设置。具体有以下几个方面的内容：人员信息录入、人员信息修改、人员删除、人员信息查询、部门信息录入、部门信息修改、部门删除、部门信息查询、权限定义、权限分配、权限删除、权限查询。

（3）设备管理。设备是指物流作业中涉及的各种作业工具。设备管理是对某设备的使用时间、次数、部门、人员、费用以及设备的购买时间、价值、折旧率、维修等方面进行管理，以备成本核算。

①设备类型的划分。

a. 运输设备：运输设备指各种用于运输、配送的车辆，通常是自有车辆。

b. 搬运设备：用于货品进出库、码放的设备，如：叉车、吊车等。

c. 存储设备：用于货品在库保管期间使用的设备，如：托盘、货架等。

d. 包装设备：对于提供货品再包装服务的企业将存在用于货品包装的相应设备。

e. 质检设备：对于提供货品质检服务的物流供应商将涉及各种不同的质检设备。

②设备管理的内容。

a. 设备信息录入。

b. 设备信息修改。

c. 设备删除。

5. 核心业务流程管理

（1）控制及优化。

①控制 。

a. 库存量控制/判断。对安全库存公式输入主要参数后，系统自动生成安全库存数量，在超过或低于该数量时系统自动报警。

上下线控制：这是一种最简便的库存控制方法，客户可以根据经验输入库存的最大、最小极限值，凡数量超过该极限，系统将自动报警。

b. 货品属性控制（保质期）。对于临近保质期的货品，系统自动报警。

②优化原则。

a. 储位分配原则（ABC 原则、同客户货品相临原则、同类货品相临原则）。储位分配是指进入库品的储位安排。系统自动根据历史记录，分析货品的进出库频率，按照进出库频率与作业方便原则选择储位，即 ABC 原则。

b. 作业任务分配原则（就近、循环排队）。这是指仓储系统内作业任务在人员及设备之间的分配。

作业任务的分配原则以就近就便原则为主，即系统记录人员设备的位置及作业状态，在生成一个新任务的时候，系统寻找最接近任务的资源来完成任务。

c. 批次集合作业优化原则。在各种作业量比较大的情况下，系统可以将在一定时间段内发生的同一种作业集合起来作为一个作业批次，按照操作人员及设备的属性进行作业分配。该原则主要适用于以下几种作业：运输配送作业、拣货作业、补货作业等。

（2）核心业务流程图例

本系统业务流程包括以下部分：采购流程、入库流程、出库流程、库内作业流程、运输/配送业务流程。图 9 -9 所示为采购流程。采购包括货品采购、仓储、运输的功能。采购流程是采购货品的过程。一旦确定采购任务后，即将发生运输配送和入库作业。

①采购流程

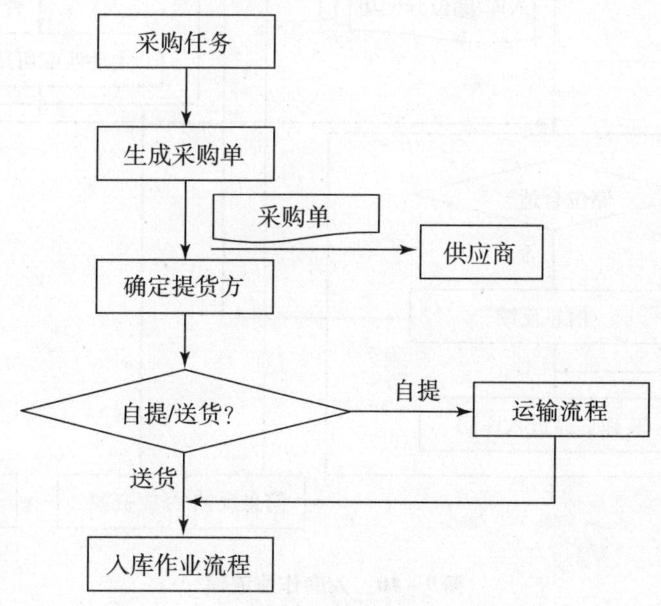

图 9 -9　采购流程

②入库作业流程，如图 9－10 所示。

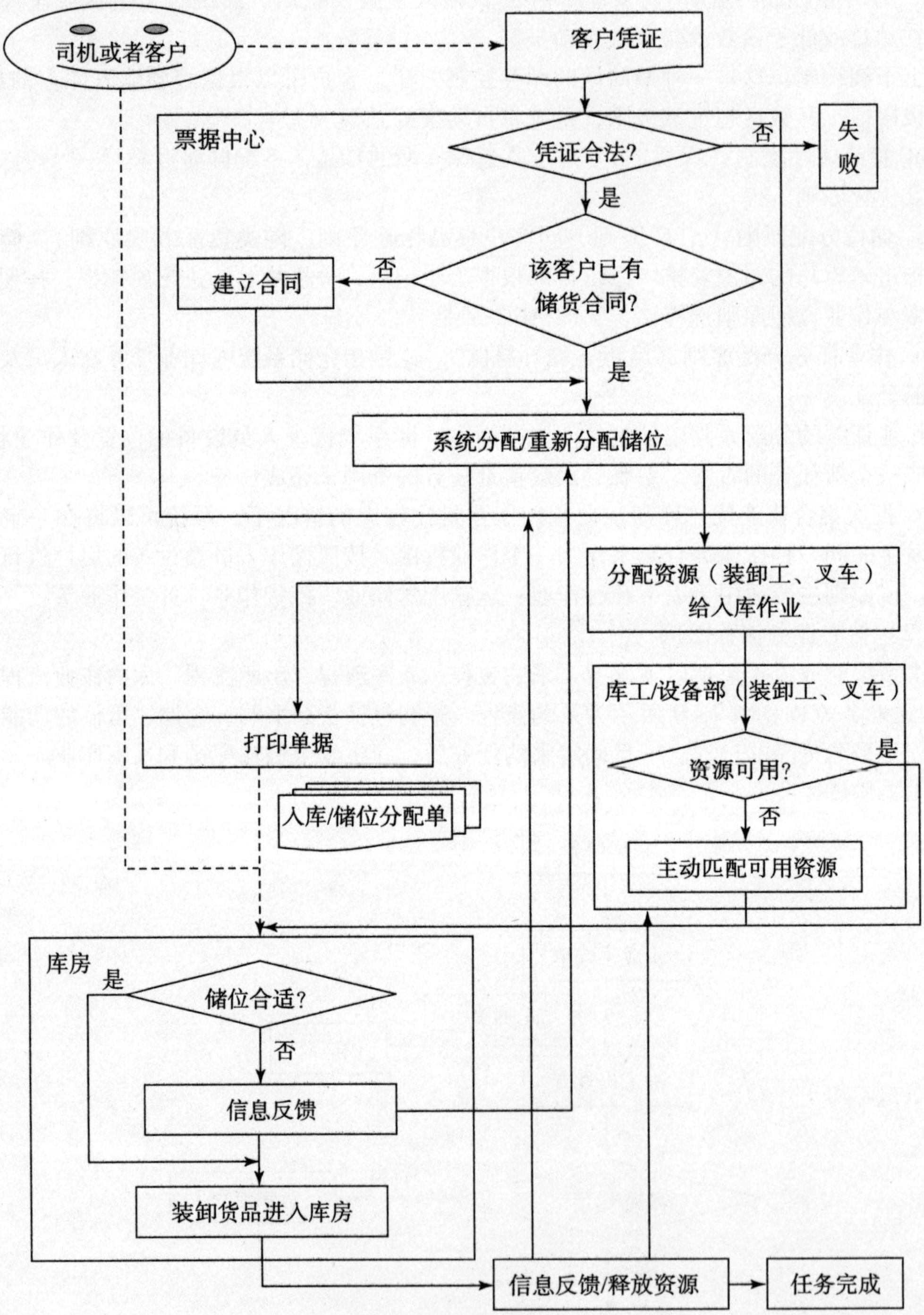

司机或者客户

客户凭证

票据中心

凭证合法?

否

失败

是

该客户已有储货合同?

否

建立合同

是

系统分配/重新分配储位

分配资源（装卸工、叉车）给入库作业

库工/设备部（装卸工、叉车）

资源可用?

是

否

主动匹配可用资源

打印单据

入库/储位分配单

库房

储位合适?

是

否

信息反馈

装卸货品进入库房

信息反馈/释放资源

任务完成

图 9－10　入库作业流程

a. 入库作业过程是：司机持客户凭证到票据中心验证客户凭证—是否与客户建立储

存合同—录入客户凭证信息—根据合同—货品和储位等信息分配货品储位—打印入库单和储位分配表—司机携带二单到库房—是否使用仓库资源装卸或者加工—建立装卸作业和分配装卸资源—库工部接收作业—根据实际情况重新分配资源—装卸资源到达库房—库管员收到储位分配单和入库单（装卸单）—装卸货品—分配具体储位—储位资源分配错误，联系票据中心，反馈失败信息—票据中心重新分配资源—入库成功—库管员检查储位分配表中由优化得出分配信息—根据实际情况检测最大最安全可存储该货品数量—反馈该信息给系统。

b. 储位分配原则是：同客户货品相邻、同种货品相邻、货品不相互污染、货品放满储位。

c. 司机反馈：司机负责把入库单交给票据中心，系统接收实际入库数量，打印回执及出门条给司机。入库单如表 9－1 所示。

表 9－1 **入库单**

入库编码：

库房		凭证号码		车牌号		司机	
客户		日期		运单号		库管员	

货　品　明　细

序号	货品	应入	实入	备注
1				
2				
3				

库管员签字：

对应不同的库，每辆车可有多张入库单。

③储位分配流程

图 9－11 所示为储位分配流程。储位分配单如表 9－2 所示。

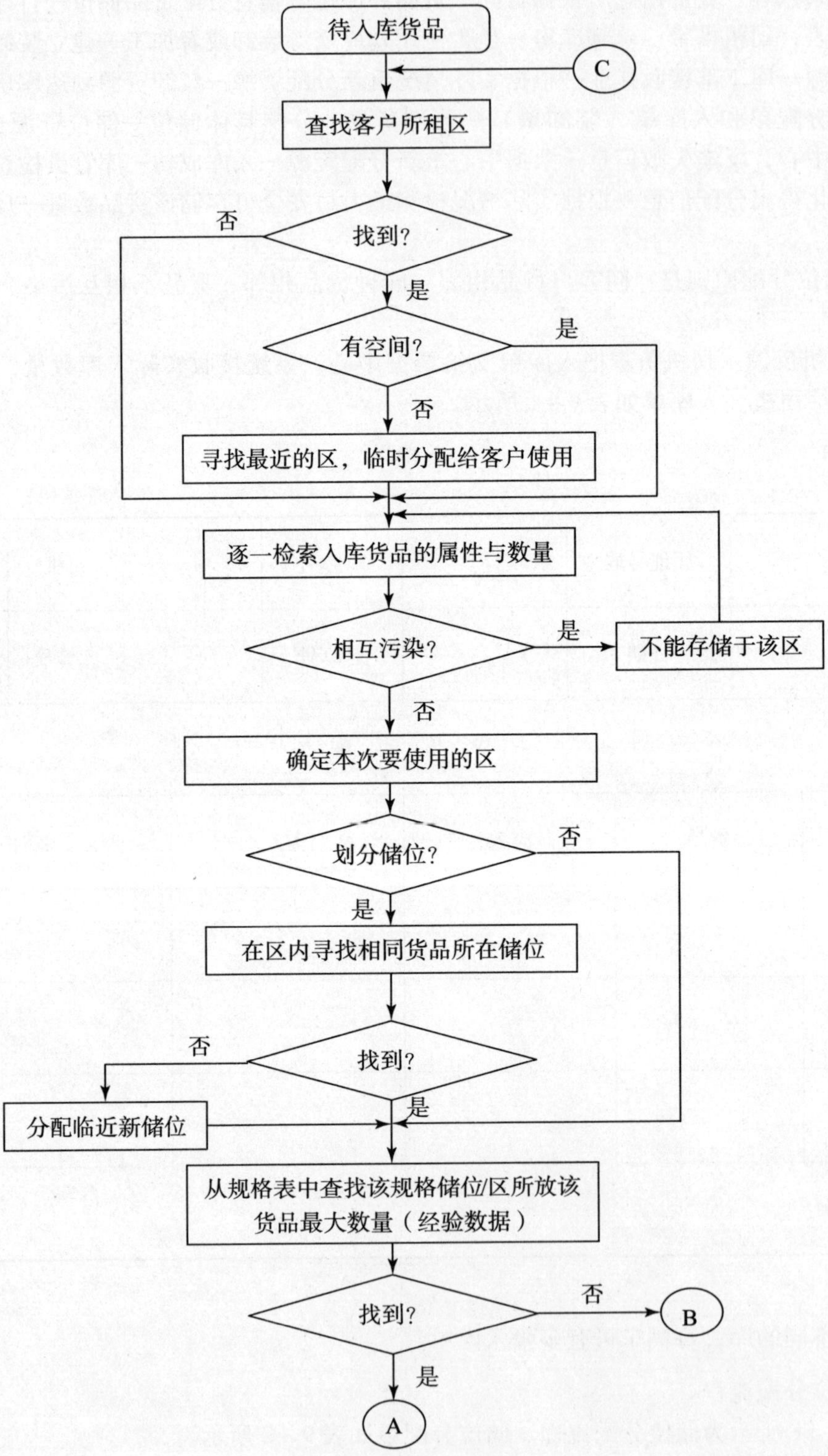

待入库货品

C

查找客户所租区

找到?

否

是

有空间?

是

否

寻找最近的区，临时分配给客户使用

逐一检索入库货品的属性与数量

相互污染?

是

不能存储于该区

否

确定本次要使用的区

划分储位?

否

是

在区内寻找相同货品所在储位

找到?

否

是

分配临近新储位

从规格表中查找该规格储位/区所放该货品最大数量（经验数据）

找到?

否

B

是

A

图 9－11　储位分配流程

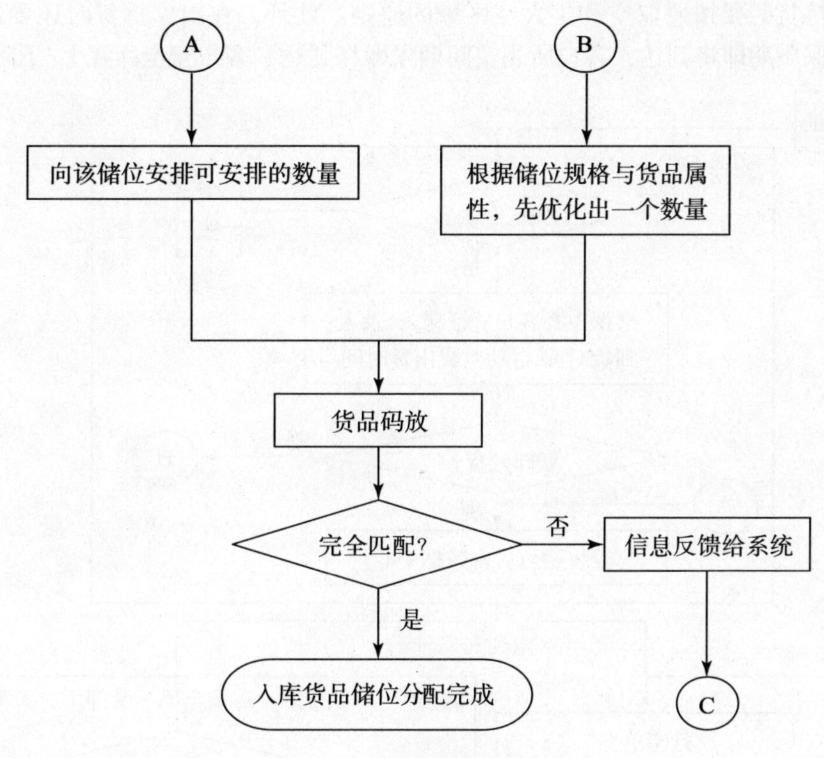

图 9－11 储位分配流程（续）

表 9－2 储位分配单

编码：0001

车牌号	京 A－A8888	司机		库房	001

货 品 明 细

位置	货品	应放	实放	正品/次品	备注

对应不同的库，每车可有多张储位分配单。

④出库流程。出库作业系统流程如图 9－12 所示。出库单格式如表 9－3 所示。送货凭证如表 9－4 所示。提货单如表 9－5 所示。

在出库拣货时要按照取空和扩大空区域的原则。此外，在出库拣货时还要遵循报警原则，即货品保质期即将到达、客户所租空间期限即将到达和客户安全库存上/下限即将到达。

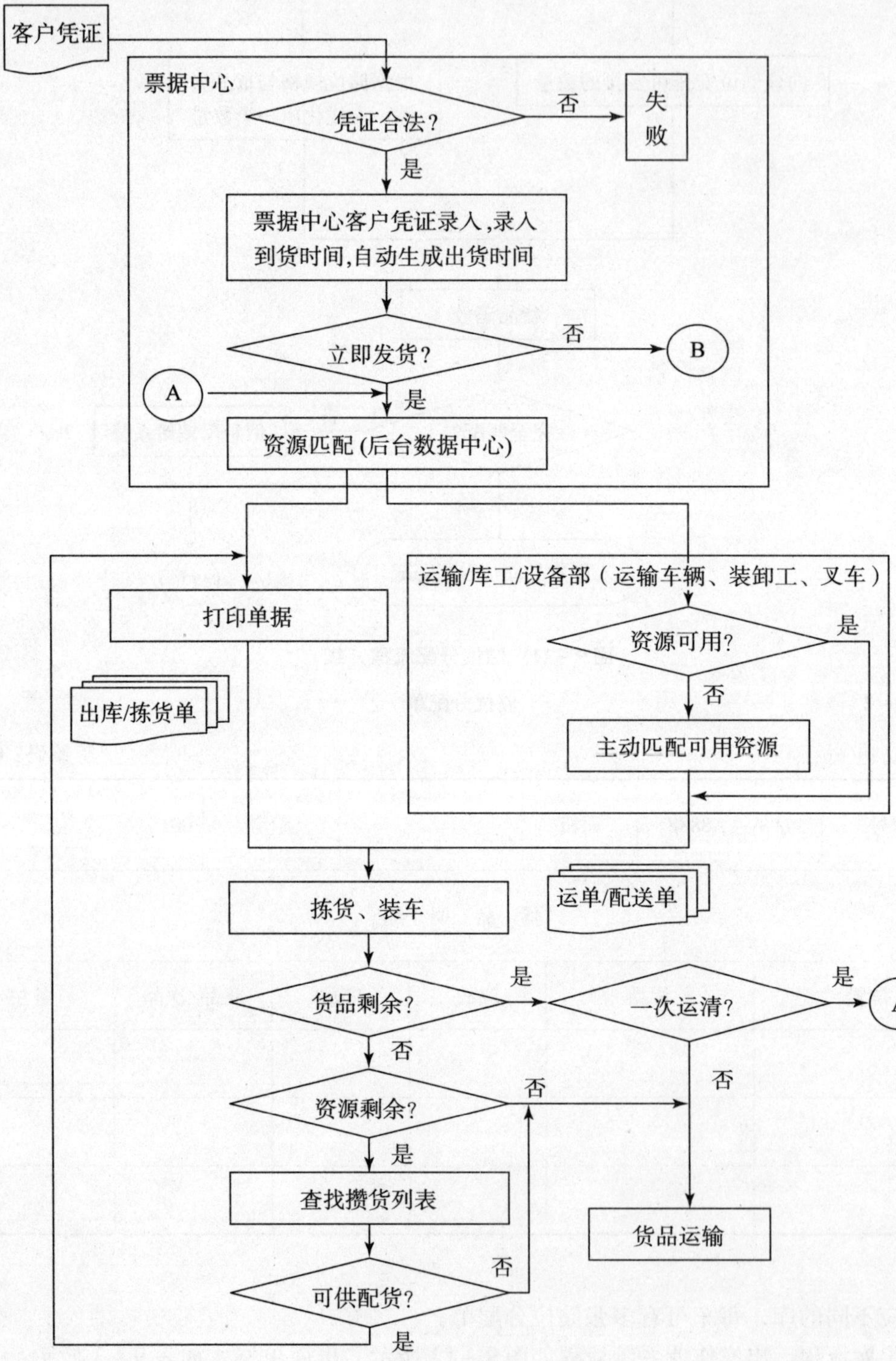

图 9 -12　出库作业系统流程

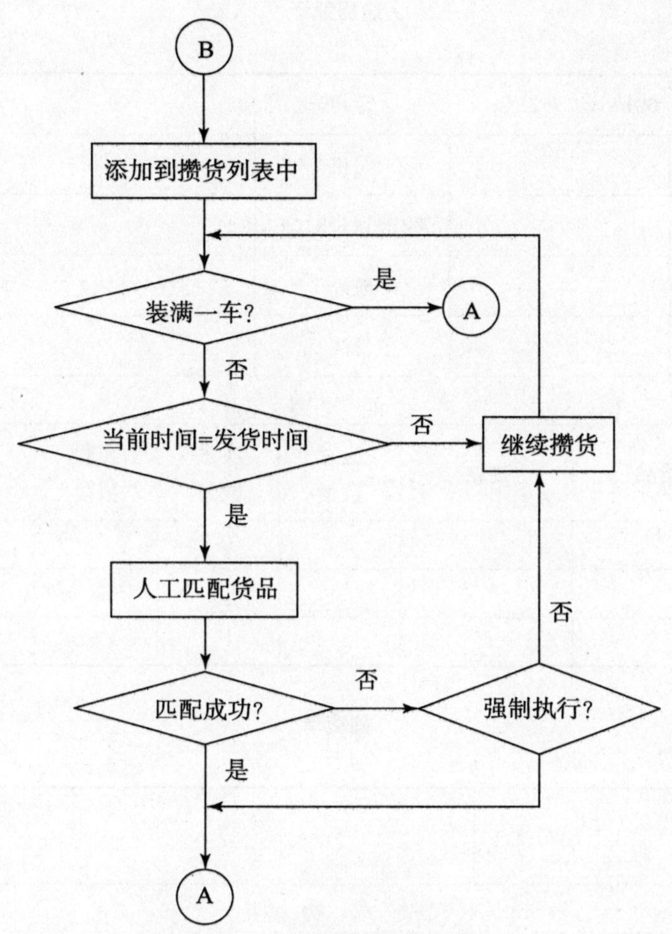

图 9－12　出库作业系统流程（续）

表 9－3　出库单

出库编码：0001

库房		凭证号码		车牌号		司机	
客户		日期		运单号		库管员	

货　品　明　细

序号	货品	应出	实出	备注
1				
2				
3				

库管员签字：

表 9－4　　送货凭证

送货凭证编码：001

客户凭证号	001	客户	
车牌号		司机	
下达时间		约定到货时间	
收货人		地址	
联系电话		备注	

货　品　明　细

序号	货品	规格	应发数量	实发数量	实收数量	备注
1						
2						
3						

表 9－5　　拣货单

编码：0001

车牌号		司机	

货　品　明　细

位置	货品	应捡	实捡	正品/次品	备注

⑤库内作业。

a. 移库。当库内货品需要改变存储位置时进行的作业，在移库之前要进行储位优化。其优化原则是，出入库频率高的货品要移动到离出口近的位置，相反则移动到远的位置；保证同一客户货品相近、保证同一货品相近、储位内满货品等原则。

b. 移库作业流程。移库流程如图 9－13 所示。

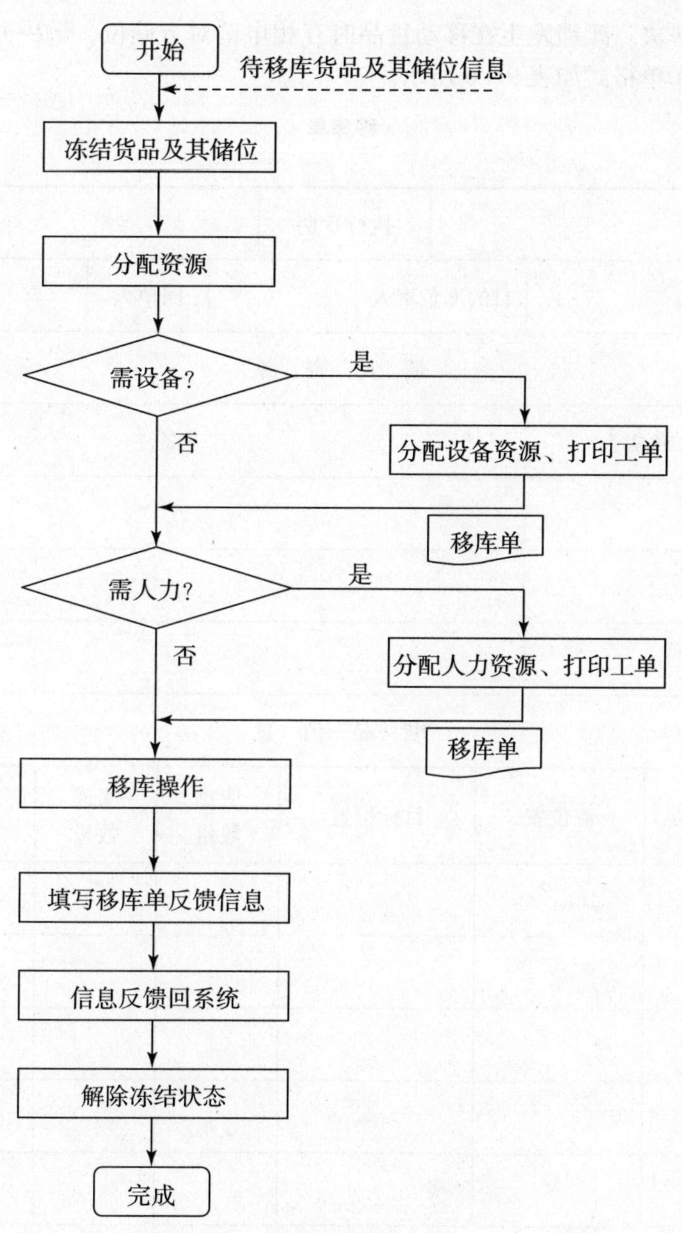

图 9－13　移库流程

c. 库内货品储存位置优化过程。

• 区间移动

用户租区：存储在临时区的货品在不违背污染原则的前提下移动到客户自己所租区。用户未租区：尽量把客户所存储的货品移动到相同区中，把其他区货品移动到客户储量最大区中。

• 区内移动。找出最大同一货品储位块，把相同货品移动到相邻储位，扩大同一储位块。

• 移库死锁解决。死锁发生在移动货品时互相申请对方储位，解决办法是申请临时储位存储货品。移库单格式如表 9 – 6 所示。

表 9 – 6　　　　移库单

编号：0001

下达日期		执行日期			
源库负责人		目的库负责人		回单人	

调　用　资　源

资源名称	负责人	备注

货　品　信　息

品名	单位	源位置	目标位置	应拣数量	实拣数量	实存数量	备注
	箱						
	箱						

源库负责人：　　　　目的库负责人：　　　　拣货负责人：

d. 盘点流程。盘点对象是：客户的货品、某库货品、某区货品、某类货品。盘点时间有周期盘点（日盘、周盘、月盘、季盘、半年盘、年盘）；库内突击盘点和客户要求盘点。

图 9 – 14 所示为盘点流程。盘点目的在于保证货账相符。要求库内货品实际数量、客户货品存放表数量和客户凭证对应入库单和出库单总数量等相符。

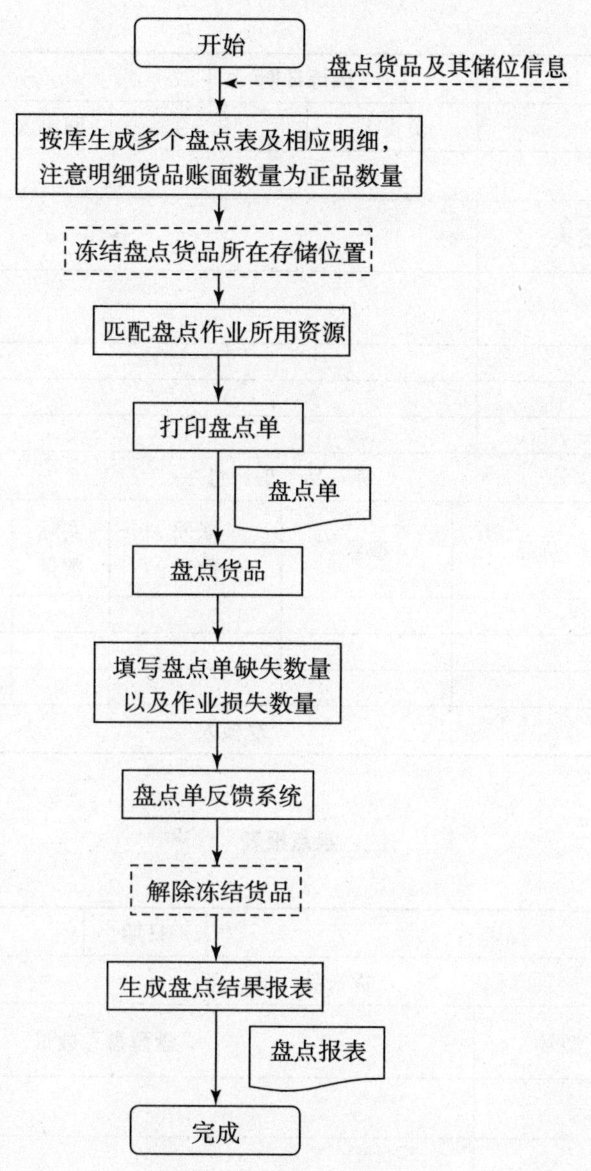

图 9－14　盘点流程

盘点流程是：确定盘点对象—冻结盘点对象，停止应盘点储位的操作—确定盘点需要使用的人力、设备资源—生成盘点单，开始盘点—反馈盘点结果—生成报损报溢单—如果需要，对报损报溢的货品重新盘点—修正盘点结果—根据结果联系客户，并且补入库单和出库单。根据需要盘点单据应打印账目数量。盘点单格式如表 9－7 所示。表 9－8 所示为盘点报表。

表 9－7　盘点单

编号：0001

<table>
<tr><td>下达日期</td><td colspan="2"></td><td colspan="2">执行日期</td><td colspan="2"></td></tr>
<tr><td>库</td><td></td><td>负责人</td><td></td><td>回单人</td><td colspan="2"></td></tr>
<tr><td colspan="7">调　用　资　源</td></tr>
<tr><td>资源名称</td><td>负责人</td><td colspan="5">备注</td></tr>
<tr><td>扫描仪</td><td></td><td colspan="5"></td></tr>
<tr><td></td><td></td><td colspan="5"></td></tr>
<tr><td></td><td></td><td colspan="5"></td></tr>
<tr><td></td><td></td><td colspan="5"></td></tr>
</table>

区	储位	货品	型号	账面数量	实际数量	缺失数量	损坏数量	备注
							0	

（表头：货　品　信　息）

库负责人：　　　　　　　　　　复核人：

表 9－8　盘点报表

编号：0001

客户		日期	

货　品　信　息

货品	型号	盘盈盘亏数量

e. 质检流程。图 9－15 所示为质检流程。质检目的在于按照客户需求或者存储货品属性或者存储质量保障制度对存储的货品进行质量检验。

质检方法是：根据抽捡率抽取一定量的货品进行货品检验，将合格率与客户要求合格率进行比较。如果达不到要求，则要反馈给客户。

具体抽捡品的确定方法是随机法。从所有该客户的货品中从抽取一定数量进行质检。检测项目根据客户指定抽捡率、质量合格率以及具体货品质量等进行检测。

质检流程是根据质检要求，确定抽检客户、货品、抽检率—用随机算法抽取检测货

品—打印检货单—把检货用资源分配到库工部—库工部调整资源—根据客户质检要求表，分配质检工种和质检设备等资源—库工部调整资源—库工部执行检货作业—质检员执行质检作业—质检人员反馈质检信息—系统计算货品的检测合格率，并且与客户要求合格率比较—达不到合格率要求时，通知客户做进一步操作。

质检单如表 9－9 所示。质检报告如表 9－10 所示。

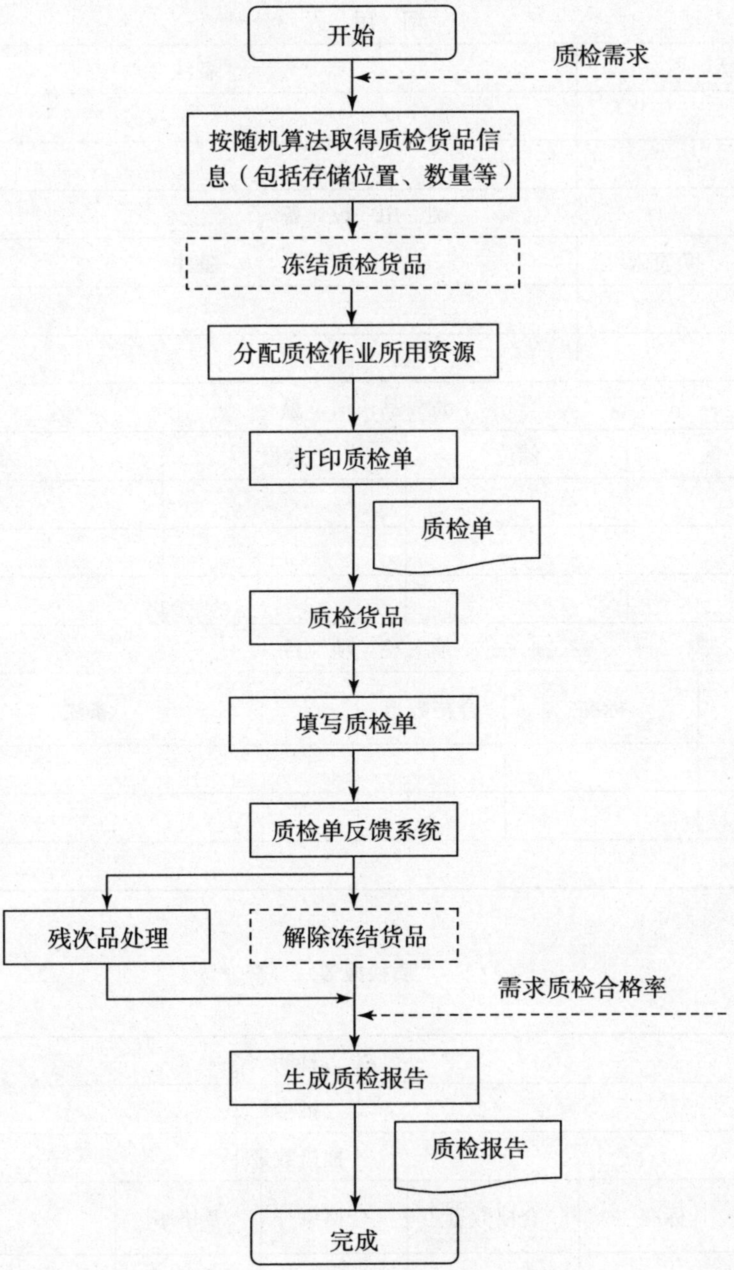

图 9－15　质检流程

表 9－9　　质检单

编号：0001

<table>
<tr><td>下达日期</td><td></td><td>执行日期</td><td colspan="3"></td></tr>
<tr><td>客户</td><td></td><td>货品</td><td></td><td>批号</td><td></td></tr>
<tr><td>总数量</td><td></td><td>抽检数量</td><td colspan="3"></td></tr>
<tr><td colspan="6">调　用　人</td></tr>
<tr><td colspan="2">质检人</td><td colspan="4">备注</td></tr>
<tr><td colspan="2"></td><td colspan="4"></td></tr>
<tr><td colspan="2"></td><td colspan="4"></td></tr>
</table>

<table>
<tr><td colspan="3">调　用　设　备</td></tr>
<tr><td>设备编码</td><td>负责人</td><td>备注</td></tr>
<tr><td></td><td></td><td></td></tr>
<tr><td></td><td></td><td></td></tr>
</table>

<table>
<tr><td colspan="5">货　品　信　息</td></tr>
<tr><td>库</td><td>区</td><td>储位</td><td>数量</td><td>备注</td></tr>
<tr><td></td><td></td><td></td><td></td><td></td></tr>
<tr><td></td><td></td><td></td><td></td><td></td></tr>
<tr><td></td><td></td><td></td><td></td><td></td></tr>
</table>

<table>
<tr><td colspan="4">质　检　项　目</td></tr>
<tr><td>质检项目</td><td>标准</td><td>合格数量</td><td>备注</td></tr>
<tr><td>气温</td><td></td><td></td><td></td></tr>
<tr><td>湿度</td><td></td><td></td><td></td></tr>
<tr><td colspan="4">负责人：</td></tr>
</table>

表 9－10　　质检报告

编号：0001

<table>
<tr><td>客户</td><td colspan="2"></td><td>日期</td><td colspan="3"></td></tr>
<tr><td>货品</td><td colspan="2"></td><td>批号</td><td colspan="3"></td></tr>
<tr><td>总数量</td><td colspan="2"></td><td>抽捡数量</td><td colspan="3"></td></tr>
<tr><td>质检项目</td><td>标准</td><td>合格数量</td><td>合格率</td><td>及格率</td><td>结果</td></tr>
<tr><td>气温</td><td></td><td></td><td></td><td></td><td></td></tr>
<tr><td>湿度</td><td></td><td></td><td></td><td></td><td></td></tr>
</table>

f. 加工作业。加工作业流程是：收集客户加工要求—确定原材料明细和成品明细，以及加工场所—生成原材料检货单—确定检货作业，分配设备人力资源到库工部—库工部调整资源，开始执行检货作业—票据中心确定加工作业，并且分配相应资源到加工部—加工部调整资源，到达加工场所—加工作业负责人接受原材料，开始加工货品—加工作业完毕，作业负责人填写加工单，返回到票据中心—票据中心分配未加工原材料储存位置，分配加工成品储存位置—分配资源到库工部—库工部调整资源，开始执行放货作业—放货作业反馈，加工任务完成。

上述加工作业是货品在库内单独进行的业务。如果客户入库时要求加工后再入库，此时加工不需要检货作业，仅需要加工和放货作业。如果客户出库时要求加工后再出库，此时加工不需要放货作业，仅需要检货和加工作业。图 9－16 所示为加工作业流程。

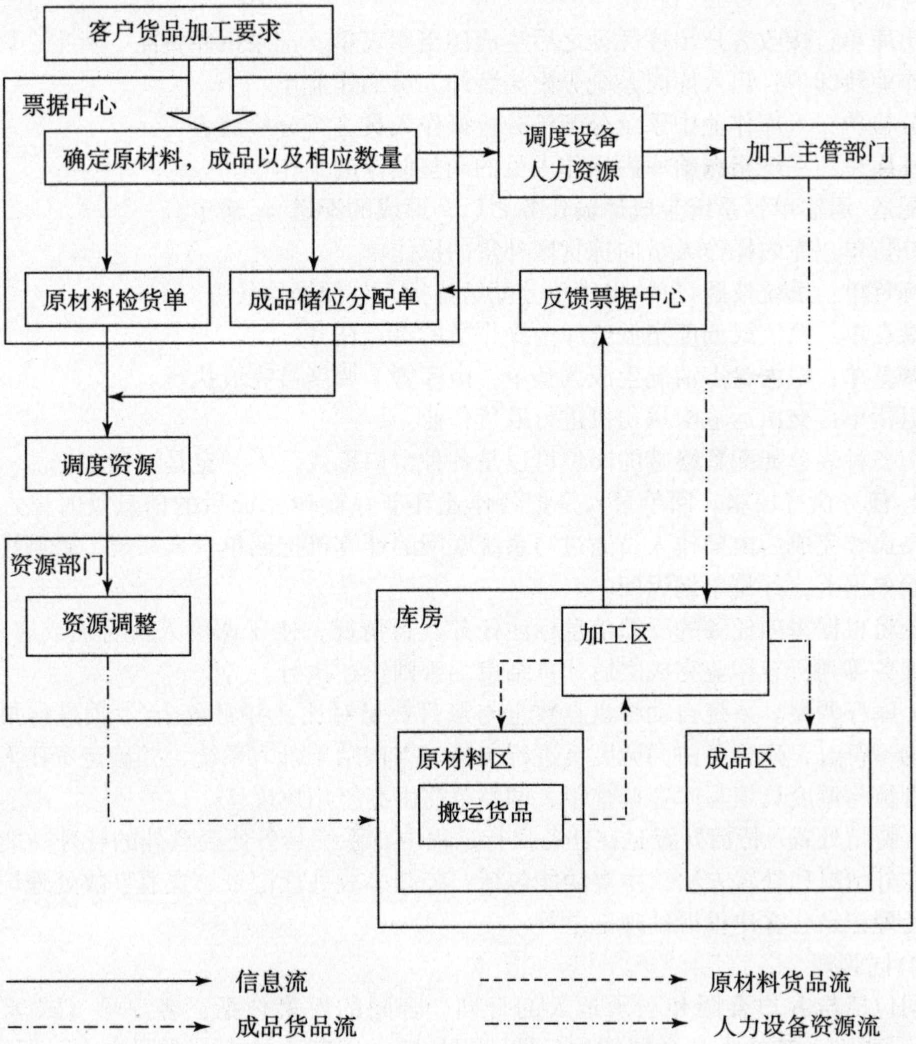

客户货品加工要求
票据中心
确定原材料，成品以及相应数量
调度设备人力资源
加工主管部门
原材料检货单
成品储位分配单
反馈票据中心
调度资源
资源部门
资源调整
库房
加工区
原材料区
搬运货品
成品区

信息流
原材料货品流
成品货品流
人力设备资源流

图 9－16 加工作业流程

6. 任务执行（订单）管理

(1) 作业和任务的定义。任务是完成某客户的一笔实际业务所进行的一系列作业的总和。作业是指某一具体岗位为完成某一实际任务所做的操作，如出库、装卸、运输、送货等。

任务生成：

a. 任务生成流程。本系统的生成次序是，获取客户需求—生成待执行任务—提交执行。客户需求是由不同的主体（人员或系统）通过不同的系统界面（接口）生成的。

b. 任务种类。任务种类是整个系统作业的任务类型。如采购任务、入库任务、订单任务、出库任务。

（2）单据。

①入库单：接收客户入库凭证之后生成的入库表单，记录入库货品、货主、属性、库内质检等记录。

②出库单：接收客户出库凭证之后生成的出库表单，记录出库货品、货主、属性等。

③作业装卸单：出入库时系统分配给装卸人员的作业单。

④分检单：入库作业中系统分配给分检操作人员进行分检的表单。

⑤移库单：系统指派给库内操作人员的调整储位的工作单。

⑥配送/运输单：系统生成运输任务之后，形成的配送/运输单。

⑦补货单：库内操作人员向拣货区补货的操作单。

⑧拣货单：系统按照订单/出库单分配给拣货人员的操作任务。

⑨盘点单：系统或调度指派给库内操作员的盘点任务。

⑩调整单：根据盘点情况生成调整单，由库管、调度员完成执行。

⑪退货单：交由运输配送司机进行取货作业。

以上各种表单如配置终端的岗位可以是各种窗口形式，不一定是纸质单据。

（3）任务执行控制。回单录入是把各作业环节在操作完成后的信息及时记入系统的过程。在操作完成后由操作人员通过与系统联网的计算机把回单录入系统，否则用手工记录在原始单据上，并将单据返回。

系统将根据每项任务的反馈信息标注任务执行情况，便于调度人员管理或客户查询。每一项任务等到所有作业完成之后才算结束，否则正在执行。

（4）库存调整。系统自动将盘点数量与账目数量对比，并对盈余/亏损进行报警。当出现账物不符时，库管员协同调度员进行查核。查核结果录入系统，并确定责任人员。然后，库管员与调度员填写库存调整单，调整单需由高级用户确认。

（5）特情处置。特情处置是在任务执行过程中，系统具备处置意外的特殊功能，主要是记录意外情况和处置方法。主要功能包括：装卸事故处理记录、交通事故处理记录、仓储事故处理记录、客户投诉处理记录等。

7. 合同管理

合同包括与客户合同和与承运人的合同。合同的要素包括：客户号（或承运人编号）、合同类型、签约人、合同签约日期、起始日期、截止日期、合同文本、所租库房、库存商品、仓租面积、租金、计费方式、缴费方式、缴费日期、特殊要求等。

重要合同需经过评审，一般合同有一个模板，销售部人员对模板进行一定的修改，直

接与客户签订。合同管理包括以下几个方面：合同的添加、合同的删除、合同的修改、合同的查询。

8. 账单管理

根据合同及业务流水账自动生成对外台账、本台账，用于与客户对账及管理人员的统计分析。包括：客户台账、承运人台账、员工台账。账单可以按照以下字段查询：时间点、时间段、已结、未结、事故。查询出的结果可以打印出来，以供对账并作为付费凭证。

账单各部分以合同及业务流水生成，对于需要调整的情况，部门领导有权限进行调整，未授权人员不能擅自修改。

客户台账管理中涉及的台账类型主要有：客户应收/应付费台账、承运人台账、员工台账以及各种理赔单等。

9. 报表管理

报表管理模块中有各种类型的报表。主要报表类型有：物资类报表、管理类报表和财务统计报表等。

（1）进出库统计表。根据进出库流水账自动生成：统计特定时间段的进出库、库存和仓库利用率的情况。包括：进出库单、库存清单和仓库利用率。

①进出库单。统计仓库进出库信息。

②库存清单。提供仓库中库存货品的详细信息。

③仓库利用率单。可提供现有仓库利用率清单，或以图表形式显示。

（2）成本核算报表。成本核算单根据合同、业务流水及相关人员录入生成，主要用来核算每项业务的成本。

9.4.3 运输管理系统

运输管理系统采用 L－TMS 系统。该系统在国内有 20 多个大型企业使用，功能强大、技术先进、实用性强。配送管理系统的核心是：车辆管理、运作作业调度、线路的管理、价格管理、其他管理。

1. 车辆管理

车辆管理与 WMS 中设备管理方式相同。其目的除对企业运力资源进行有效的配置和合理利用之外，还进行必要的资源优化。

车辆管理主要内容是：车辆信息录入、车辆信息删除、车辆信息修改、车辆查询、车辆维修信息录入、车辆维修信息删除、车辆维修信息修改、车辆维修记录查询、车辆维修项目、车辆维修项目添加、车辆维修项目删除、车辆维修项目修改、车辆维修项目浏览和车辆备件管理等。

2. 机构/人员管理

（1）机构管理。机构管理可与 WMS 共用相同的模块。机构作为管理部门，在系统中对各个操作的权限进行限制。对机构的管理有机构增加、机构删除、机构修改和机构浏览。其中机构增加、机构删除和机构修改只有系统管理员才能进行。根据各企业现状，初始化的机构有：系统管理、库工部、设备部、招商部、客服部、运作部、仓管部、运输部、财务部等。

（2）人员管理。TMS 中的人员管理与 WMS 中的人员管理功能模块基本相同，不同之处的管理对象主要是司机、临时工和运输相关类型的人员。

主要功能是：人员增加、人员删除、人员信息修改和人员查询。

3. 收货人管理

收货人主要提供客户记录，方便业务部门查找和确认收货人信息。主要内容是：

①收货人的添加。

②收货人的删除。

③收货人的修改。

④收货人的查询。

4. 合同管理（价格管理）

这和人员管理类似，TMS 和 WMS 的合同管理功能模块基本相同，不同的是 TMS 的合同管理用于管理与企业货主之间的运输合同，而 WMS 的合同管理用于管理两者之间的仓储合同。

合同管理包括如下功能模块：

①合约的添加。

②对外报价。

③报价维护。

④合约的删除。

⑤合约的修改。

⑥合约的查询。

5. 执行管理（作业及调度管理）

（1）作业和任务的定义。任务是指为完成某客户的一笔实际业务所进行的一系列作业的总和。作业是指某一具体岗位为完成某一实际任务所做的操作，如出库、装卸、运输、送货等。

（2）任务生成。本系统中，任务生成次序：

获取客户需求—生成待执行任务—提交执行。首先客户需求由不同的主体（人员或系统）通过不同的系统界面（接口）生成。任务的生成必须具有合约依据。如表 9 – 11 所示。

表 9 – 11　　任务和界面

任务下达主体	系统界面（接口）	说　明
客户服务中心	图形终端录入	专职客服人员通过接听电话，接收电子邮件获取客户的服务需求并录入系统，形成待调度的客户需求
公司主页中的电子商务系统	WEB 页面 + 互联网数据接口	由客户直接通过公司主页输入需求信息，并由系统自动从公司的 WEB 服务器上下载该需求信息
客户的 ERP 系统	互联网数据接口	通过向客户的 ERP 系统开放公司的电子商务系统接口，实现客户需求的自动生成
市场部或公司其他部门	无	通过电话通知客户服务中心或通过公司主页中的电子商务系统下达客户需求

（3）任务要素。一旦生成任务，即为待调度任务。任务的调度由调度员完成。调度员根据客户需求和公司各类资源使用状况，合理调度各环节的作业资源并安排作业流次序，协调各操作人员完成该任务。调度员使用的系统功能主要有：

①调度。调度员根据对客户需求及公司资源，录入相关信息。系统自动优化各种资源，自动安排各作业环节，生成纸质或电子格式的合同（对承运人）。每个作业环节的调度信息包括：序号、作业类型、执行部门、执行人员、注意事项等。

②查询。包括：自有车辆、在途车辆、铁路班列、库存货物清单、司机及其他操作人员、任务执行及历史记录等情况。

③提交执行。一旦选择提交执行，任务即下达至各部门及个人。

④存为模板。对于相对固定的作业流，可存为模板，供以后调用方便。

⑤调用模板。对于已有作业流模块，可调出使用，并加以修改和编辑。

（4）任务下达。任务下达方法有以下两种：

①打印单据。对于与公司内/外有关的单位或个人（如承运人的作业环节），其作业环节没有联网而使用纸质单据的作业人员，其单据统一在调度中心打印，并按工作流程在相关各环节中传递。单据的格式为一式多联或根据不同环节的具体需求多式多联。

②终端消息。对于只涉及公司内部部门或人员的作业环节，如果以应用联网计算机，则可通过弹出消息的方式驱动人员作业。事实上，终端消息是不用打印的特殊单据。

（5）单据种类及使用环节。表 9－12 所示为单据种类。表中记录了每种单据对应的适用环节和单据要素。

表 9－12　单据种类

单据种类	适用环节	单据要素
货物运输签收单	上门取货、长途运输、送货上门、装卸、带车	客户编号/名称、装货地址、卸货地址、装货日期/时间、卸货日期/时间、司机姓名/驾驶证号、车牌号、货物名称、货物数量、货损情况、装货负责人员、卸货负责人员、客户反馈、对方出库单号、双方签字等
入库单	货品入库	单据编号、货物编号/名称、入库日期/时间、货物长、宽、高、货物重量、货物数量、货损情况、送货人签字等
出库单	货品出库	单据编号、货物编号/名称、出库日期/时间、货物长、宽、高、货物重量、货物数量、货损情况、提货人签字等

（6）回单录入。回单录入是将各作业环节完成后的信息及时记录进系统的过程。如果该操作环节由与系统联网的计算机控制，则回单录入可在操作完成后立即由操作人员完成，否则就手工记录在原始单据上，并将该单据返回调度中心录入。

（7）特情处置。特情处置是在任务执行过程中，针对发生意外的特殊情况的系统处置功能。主要是记录意外情况和采取的处置方法。系统主要功能包括：装卸事故处理记录、交通事故处理记录、仓储事故处理记录和客户投诉处理记录等。

6. 台账管理

根据合同及业务流水自动生成台账。此台账用于与客户对账及管理人员的统计分析。包括：客户台账、临时工台账等。

查询账单方式：时间段、已结、未结、事故。查询出的结果可以打印出来以供对账。主要台账如下：

（1）客户（货主）应收费单。

（2）客户（货主）理赔单。

（3）临时工台账。

（4）临时工应付费单。

（5）临时工理赔单。

7. 报表管理

（1）跟踪单。用于对出行车辆、货品进行跟踪。

（2）工作统计表。统计各个部门工作状况。

（3）成本核算报表。主要用来核算各项业务成本。

9.5 总体技术

9.5.1 总体技术概述

通运物流管理系统是大型管理软件。它以物流实际需求为基础，基于互联网技术，B/S、C/S 体系结构相结合的最新软件。

具体操作环节采用 C/S 结构系统，在指令下达环节采用 B/S 结构系统。这种设计方式能充分发挥 C/S 操作方式的灵活性和 B/S 的优势。

具体技术路线如下：在 B/S 方面，采用的是基于 JAVA 的技术体系。跨平台性的移植和扩充方面性能较好。此外，可靠、安全。

在 C/S 方面，选择面向对象的开发工具。成熟的开发技术使用户能够灵活、方便地获得所需信息。

9.5.2 系统总体结构

系统的总体结构如图 9－17 所示。

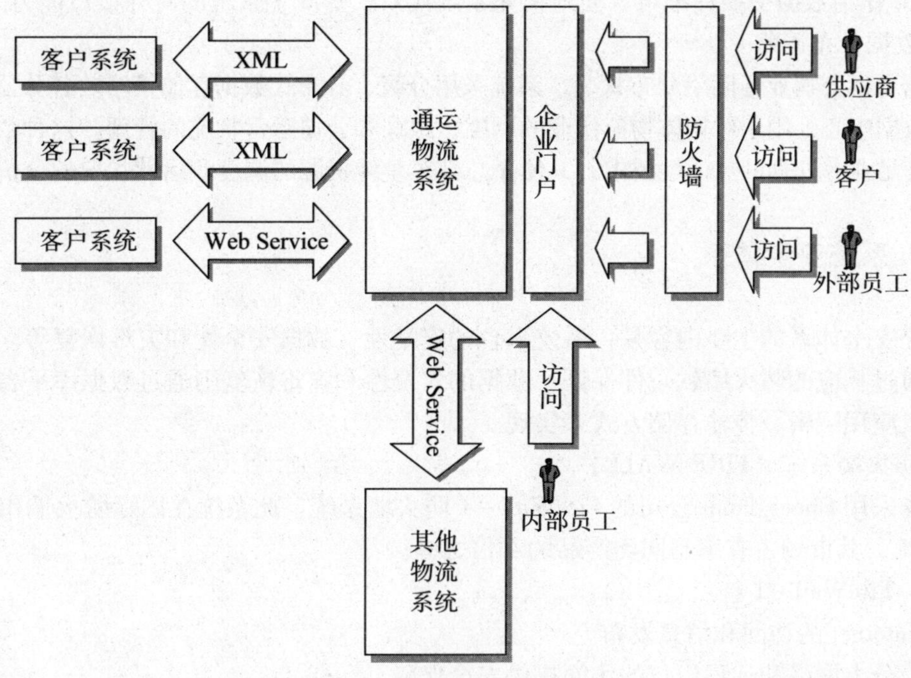

图 9－17 系统总体结构

9.5.3 数据定义、交换标准及其分布策略

1. 数据定义

（1）基础类。基础类数据不需要任何系统授权，属于无限共享数据。主要包括数据字典信息、货品基本属性信息、地理区域信息和系统属性信息等。

（2）企业资源类。企业资源类数据是各业务部门实际作业所需要的内部资源信息数据，获得授权后可以访问此类数据。

此类数据属于有限共享数据。主要包括：组织结构信息、运营车辆设备信息、运营场所（库房等）信息和运营线路信息等。

（3）市场资源类。集团及各业务主体拥有市场资源类数据。集团总部可以调阅此类数据，以便对业务发生的状况进行监控。此类数据属于企业内部共享数据。主要包括：客户相关信息、供应商（铁路、海运、航空和报关等）。

（4）作业信息类。作业信息类数据是各业务部门经过实际物流作业后产生的信息，此类信息可在各分公司之间以及总部和各分公司之间加密传输。数据中不同部分的信息对不同的调用主体来说是透明的，如作业单据信息对总部及各分公司来说透明。它主要包括作业单据信息和作业反馈信息等。

2. 数据交换标准

系统中采用 XML 作为不同层次数据之间的交换标准。XML 作为标记语言，在数据交换领域有着更大的通用性和灵活性。任何符合 XML 标准的数据都能够被系统解读、识别。

采用 XML 作为数据交换标准可方便地扩充系统接口，提高了系统的对外接口能力。

3. 数据分布策略

根据通运公司业务网络分布状况，系统采用分级、分布式数据存储策略。各分公司拥有独立的数据中心，用于对具体物流作业的调度、跟踪和公司运营状况的管理。这种数据分配策略既满足业务处理的灵活性要求，又便于总部对整体资源的调度和运营状况的分析。

9.5.4 系统安全体系

系统安全体系的主要内容是：系统平台的安全性、数据安全性和灾难恢复等。平台安全性可通过相应的防火墙软硬件保证。数据的安全性和灾难恢复则通过数据库平台的相应特点以及应用逻辑、传输存储方式来实现。

1. 防火墙系统（FIRE WALL）

系统采用 Check Point 公司的 FireWall－1 防火墙系统。此系统在国际防火墙市场占有率为 41%，其市场占有率是同类产品的 4 倍之多。

（1）FireWall－1 特点 。

① Internet 的访问和信息发布。

②为分支网络和远程用户的访问提供安全保障。

③提供虚拟专用网络功能，在不安全的公用网络上产生安全的通道。

④把内部网划分成独立安全的企业内联网。

（2）广泛支持应用程序。FireWall－1 支持预定的应用程序。其开放式结构设计为扩充新的应用程序提供了便利。

（3）集中管理下的分布式客户机/服务器结构。公司内部网络可以设置多个 FireWall－1 模块，由一个工作站负责监控。对于受安全保护的信息，客户只有在获得授权后才能访问它。企业网络安装了 FireWall－1 后，就可以用一个工作站对多个网管和服务器的安全政策进行配置和管理。

（4）虚拟专用网络（Virtual Private Networks）。FireWall－1 的加密模块可以在 Internet 上建立完全保密的信道。在公共线路上传输保密数据。FireWall－1 可以确保与远程工作站通信的安全性和灵活性，而费用要比租用专用线路少得多。

（5）网络地址转换。FireWall－1 的地址转换是对 Internet 隐藏内部地址，防止内部地址公开。

（6）开放式结构设计。FireWall－1 的开放式结构设计使得它与相关应用程序和外部用户数据库的连接相当容易，典型的应用程序连接如财务软件包、病毒扫描、登录分析等。

（7）操作简便。FireWall－1 的安装，配置和管理都很简单。它的图形界面使得用户对各类实体的控制更加方便。

（8）实时报警。网上一旦出现可疑情况，FireWall－1 就会报警。

（9）集成管理。FireWall－1 支持 SNMPV2 协议，它的开放式接口与安全保障、财务管理、网络监视等应用程序的连接非常容易。

2. 数据安全性

系统数据安全性体现在：

（1）数据存储安全性。

（2）数据传输安全性。

（3）数据传输采用加密管道技术，即数据传输过程不仅在密闭管道内进行，同时对管道以及其内传输的数据进行严格的加密，接收方只有通过密钥才能解读获取的数据。

（4）数据操作安全性。应用系统有着完善的权限管理，对于登录人员没有的权限，在系统操作界面中不体现相应功能，避免了数据越级操作、调阅。

3. 灾难恢复

（1）概述。任何系统都无法避免数据存储和操作系统的灾难发生。如硬盘数据丢失、操作系统崩溃、黑客攻击等。避免因灾难而造成系统瘫痪的最有效办法就是灾难恢复。

主机系统采用 RAID 以及双机热备技术，同时应用系统提供数据库级的定时备份功能，备份文件同时存储于不同的物理介质中。系统管理员能够通过用户界面安全、方便的对备份文件进行数据恢复。这样就能有效地、最大限度地降低由于数据存储介质损坏而造成的数据丢失。

①高速大容量磁带备份机。为实现网络数据备份，可选用 IBM 20/40G 4MM 高密度磁带机，它与服务器系统连接，通过配置定时备份任务，实现网络系统全自动的数据存储管理。

②双子星双机容错软件。采用两台相同配置的数据库服务器，并配备双子星双机容错软件，结合 IBM EXP300 磁盘阵柜，组成高可用性的系统。主要包括以下几大类工作方式：

a. 空闲热备份。定义一个节点为待机状态的备份机，等待接替故障节点的任务。

b. 轮换备份。几个节点各自工作，并定义一个节点为其余节点的备份机。

c. 互为备份。几个节点各有各的任务，它们之间互为备份机。

d. 共同工作。几个节点通过同时访问同一共享存储设备，进行同一工作，不但可靠性高，而且大大提高了生产率。

双子星双机容错软件有多种配置方式，视具体复杂程度和配置不同，其接管时间在 3 秒到 300 秒之间。在配置方式的灵活程度、能力、价格上都具有明显优势。它广泛应用在银行、商业和电信等重要任务的计算环境。

双子星双机容错软件性能价格比优秀。几台服务器各自独立完成不同的工作，也不造成备份机的空闲浪费。

双子星双机容错软件可以根据用户的需要进行配置和剪裁，其接管时间为几秒钟到几分钟，不需人工干预，性能优越。

（2）数据恢复备份系统。

①数据逻辑安全。即保证存储的业务数据不被网上用户非法获取或篡改，除数据传输过程中的安全外，数据库一级可对一些敏感的数据（例如数据库密码、用户口令等）进行数据存储加密。

②数据的物理安全。即保证数据库不因物理存储介质的失败造成数据丢失及服务失败。本设计方案采用的技术包括镜像、磁盘阵列、双机热备份等。

9.5.5 软件系统

1. 操作系统平台（OS）

在通运物流信息管理系统建设中，采用的操作系统平台如下：

（1）服务器操作系统。采用 Microsoft 公司的 Windows 2000 Server（中文版）操作系统等。

（2）客户端操作系统。采用 Windows 2000 Professional（中文版）/XP/9. x（中文版）操作系统。

2. 数据库管理系统平台（DBMS）

在通运物流信息管理系统的建设中，采用的数据库管理系统平台为 Oracle 公司的数据库产软件 Oracle 8i。

Oracle 是全球最大数据库软件厂商，其主流数据库软件 Oracle 8i 是全球数据库平台软件市场占有率最高的产品，具有如下特点。

（1）良好的可用性和安全性。

①自动备份数据库。维护数据库备份，在出现故障的时候进行接管。

②数据库资源管理器。管理 CPU 资源，以实现高生产率和高可扩展性。

③故障安全保护。通过本机微软群集服务，提供内置的冷故障转移。

④精密的访问控制。无论何种连接路径，都能确保对个人用户一致、安全的访问。

⑤LogMiner。维护完整的数据库日志，以恢复或检查数据库。

⑥在线重组及碎片整理。无须让系统脱机，即可进行日常维护。

（2）良好的性能及可扩展性。

①非扩展型锁定。确保更新时尽量减少被锁定的数据。

②多线程服务器。为大量用户优化资源和连接时间。

（3）内容管理。

①InterMedia。支持 Internet 应用程序所需的多种内容类型。

②Internet 文件系统。通过惯用的目录树界面进行文件和文档的管理。

（4）电子商务集成。

①高级查询。提供异步消息，以便多个业务应用程序进行合作。

②数据实用程序。将数据子集从一个 Oracle 数据库转移到另一个数据库。

③整个企业的数据集成。

④国家语言支持。让用户以自己的母语来存储、处理和检索数据。

⑤Net8。实现客户端和服务器端配置之间的无缝通信。

3. 技术体系结构选型

系统 B/S 体系结构部分采用业界最先进的 J2EE 作为技术开发标准。

J2EE 提供了一个企业级的计算模型和运行环境，用于开发和部署多层体系结构的应用。它通过提供企业计算环境所必需的各种服务，使得部署在 J2EE 平台上的多层应用可以实现高可用性、安全性、可扩展性和可靠性。

9.5.6 硬件系统

1. 主机系统

（1）数据库服务器。数据库服务器选用一台 IBM NefinityIBM X250 - 71Y 服务器作为主服务器，并采用一台 IBM NefinityIBM X250 - 71Y 作为数据库备份服务器（两台均配双机热备软件），结合 IBMEXP300 磁盘阵柜，组成了高可用性的主机系统。IBM NefinityIBM X250 - 71Y 经过精心设计，提供了强劲的服务器可用性和操作性能，并且最大限度地减少了系统的停机时间。

（2）WWW 服务器。该服务器选用 IBM NefinityIBM X25061Y 服务器。IBM Nefinity-IBM X25061Y 经过精心设计，提供了强劲的服务器可用性和操作性能，并且最大限度地减少了系统的停机时间。

2. 网络系统

设计网络系统时，根据信息系统的现状和发展，力求系统先进性、实用性、开放性、可扩充性、升级简便性、安全可靠性、易管理和效益投资比高。本网络系统的设计采用开放式网络平台，结合计算机和通信技术的最新发展，便于信息资源的共享，设备的更新和扩充，支持 IP 电话、视频会议等多媒体及互联网（Internet）技术的应用。

根据通运集团的网络需求，把网络设计成先进、高效、可扩展的、高容错、安全的、易于操作、易于管理的开放式网络系统。

（1）总体设计原则。

①从整体考虑，全面规划系统的设计、硬件的总体配置及网络设备选型等，分步实施，并选用合理的通信线路。

②网络结构设计。满足将来信息传输的要求。保证整个网络系统高效、正常地运行。

在设计系统的可靠性时，采用完善的技术手段。如主要设备间采用双机备份等技术。力求减少故障，能快速恢复网络故障，把损失降低到最低限度。

③开放性和可操作性完全符合开放性规范、国际标准、国内网络建设规范。能方便地接入各厂商的设备、网络产品、其他系统网络。

④网络具有良好的可扩充性和升级能力。随着信息系统建设规模、开发能力、管理能力不断提高，网络信息流量不断增加，网络必须具有良好的可扩充性和升级能力。

⑤硬件设备的选型。为便于维护，选用模块化设计设备，硬件连接具有标准化接口，供应厂商具有维护力量和技术能力。

（2）设计的技术标准。通信协议采用工业标准 TCP/IP 协议作为全网的标准互连协议。

（3）设备选型原则。网络设备的选择原则是：符合国际标准、国家标准、工业标准以及方便未来与不同厂家设备之间的互联、互通、互操作，良好的性价比。

主要广域网设备具有：双机备份、电源备份、模块备份、预留一定数目的端口、扩展性。系统硬件设备的全部或部分可以平滑升级，不影响整个系统的应用。

（4）网络设计总体拓扑图

图9－18所示为网络设计总体拓扑图。由图可知，网络由公司总部、分公司和公司各网点3个级别构成。决策系统和业务系统在公司总部。系统结构、各部功能和相关的逻辑关系一目了然。

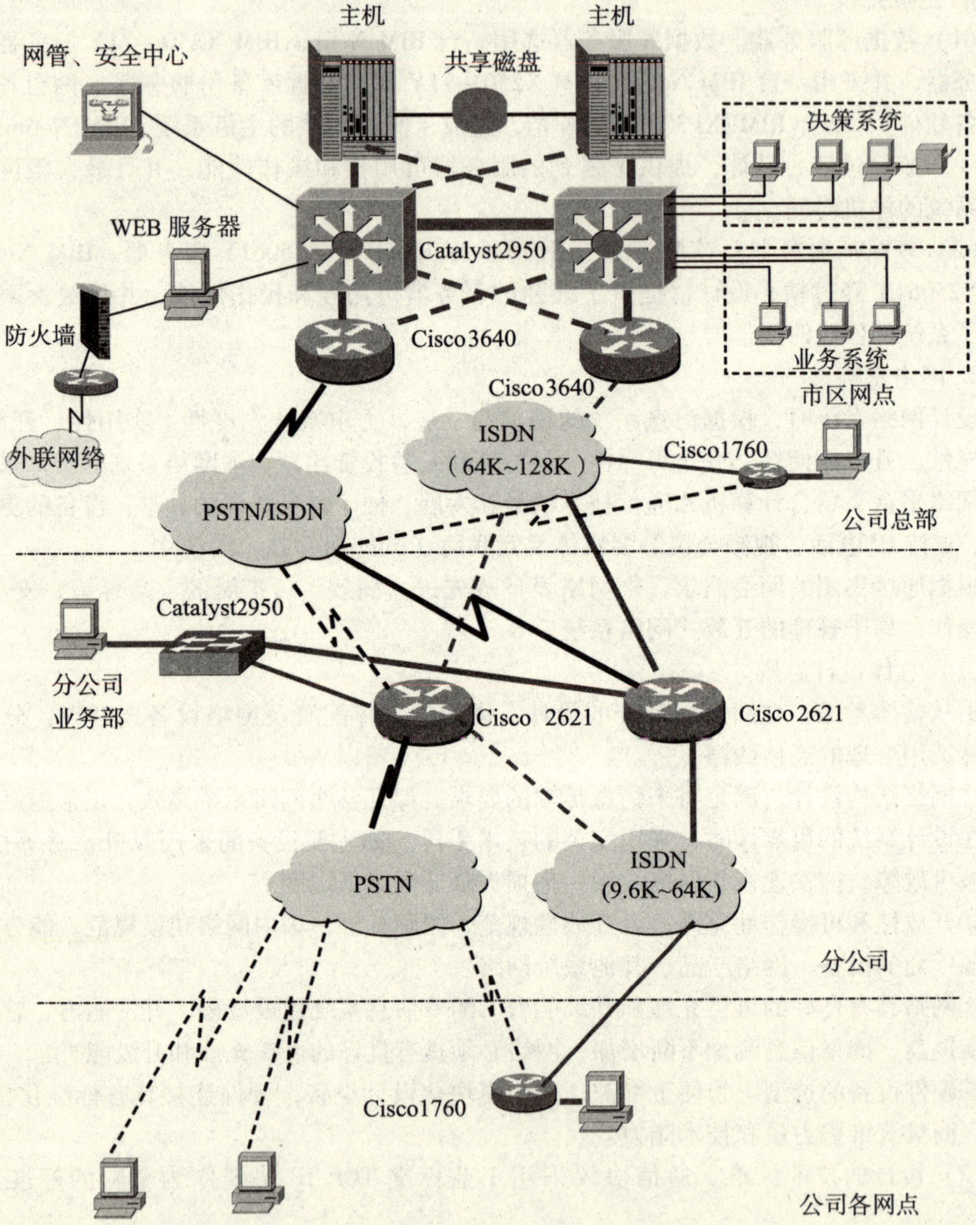

图9－18　网络设计总体拓扑图

10 空港物流管理系统

10.1 空港物流系统简介

空港物流管理系统，是保证各个企业独立使用、信息共享的统一信息平台。该系统涵盖的企业范围如下。

1. 第三方物流企业

第三方物流企业使用本信息系统的优点在于以下三个方面。

（1）实现数据传输。通过信息系统的高速网络与第三方物流企业的网络系统连接，实现数据传输。

（2）外部数据交换。通过信息系统提供的数据交换和结算功能，与银行、海关、检验、检疫部门实现数据交换。

（3）内部数据共享。通过信息系统可实现在节点内与仓储、运输、加工等企业进行数据交换与共享。实现现场数据一次采集录入、业务联系、企业共享、减少数据在节点内的多次录入。

2. 货主

货主要求货物安全存放和及时运输。因此，货主对系统要求在于货物监测。可以通过信息系统与物流企业的系统连接，实时监控和发布调运信息。

3. 航空公司

航空公司最关注运输资源的安全。要求信息及时与物流企业或货主交换，使其实时监控资源安全。

4. 仓储企业

节点信息管理系统的信息采集渠道之一是出/入库和库存管理信息现场实时录入。这些信息用于企业的内部操作、货主和物流企业等共享、货品管理。因此，仓储企业重点在于条码扫描、存储管理等数据采集及数据管理。

5. 分销商（流通企业）

作为流通企业等销售公司，最需要的是货品的存储信息。这些企业根据市场变化，调节库存，按货品属性把调配的货品出/入库信息及时通知仓储企业。

6. 增值服务企业（物流简单加工）

物流服务的增值活动是根据业主的加工指令按时完成加工任务。因此，及时接收和反馈信息是极其重要的。

7. 系统特点

（1）采用 EJB 体系结构。EJB 体系优点：实现了开发环境和应用环境的分离、平台无关性；扩展性好；可分布性强；抗崩溃的可靠性高；动态负载均衡。产品采用 J2EE 技术平台，以 EJB 体系构架作为核心，全面支持主流的 EJB Server。

（2）采用 B/S、C/S 混用结构。产品基于 J2EE 技术架构，可根据客户实际需要设计 B/S 应用构架。为满足企业的集中化的应用，具备以下特点：集中化管理和维护，降低了企业的维护成本。实现了用户层、WEB 服务器、应用服务器、数据库服务器的合理分布、应用服务器的群集。全系统的可扩展性和可靠性很好。对于无 WEB、无集中应用需求的客户，可实施 C/S 应用架构。其特点：局域网内效率高和安全性好，本地维护简易方便，硬件投资少。

（3）全面应用组件技术。随着计算机的普及和软件系统的复杂程度不断提高，更强调软件体系结构的抽象性和合理性，以期最大限度地获得系统的复用度。采用面向对象技术能够提供令人满意的软件构造封装和组织方法。以类别、对象为中心的分析和设计，既满足了用户要求系统的模块性，又提高了系统分析、设计和代码实现的复用程度。

在开发复杂的大型信息系统时，把握软件核心结构的关键在于建立简明准确的面向对象的系统模型。管理软件在开发过程中遵循了业界普遍支持的标准建模语言（UML），采用面向对象的分析和设计（OOAD）技术，成功地抽象出了符合广泛用户需求的业务领域模型和软件系统模型。结合分布式计算标准及支撑技术（CORBA、EJB）和组件化技术（JAVABEAN）建立了自己的业务组件模型，从而提高了 CRM/EIP 系列产品的开发速度，增强了整个系统的模块化及可复用程度，使整个系统的分析及设计水平达到了较高程度。

（4）应用集中管理与分布计算。电子商务是未来企业必不可少的电子手段，企业的快速增长越来越多地依赖电子商务和有效管理。数据容量和复杂度的膨胀使得数据管理更加复杂和困难。未来企业是信息化企业，企业的资产和生命力将取决于企业拥有的数据信息。如何管理庞大、复杂、分散的企业数据，使企业有效地利用企业数据、根据市场快速调整策略、立于不败之地，这就是企业管理软件需要解决的首要问题。

作为面向中大型企业的产品系列，面对的是规模庞大、业务复杂、地域分散的企业，数据分布比较分散。为了解决这一问题，本系统采用了全面的数据分布式管理方案，提供数据集中管理的分布计算环境。这能有效管理企业数据，并充分利用数据进行决策。在分析企业数据分布构架模式的基础上，提供了高度集中式、双层分布式、并行分布式、离线分布式和混合模式的企业数据分布构架。

（5）采用 XML 数据标准和数据交换平台。未来的企业数据将储存在一个虚拟数据库中。企业的数据资源格式、内容、管理方法是千差万别的。企业未来竞争的焦点是如何有效地将企业的数据进行存储、交换、表达和发布、重用企业的各种数据资源，构造可扩展的企业电子商务的虚拟数据仓库。

XML 具有简单性、开放性、可扩展性，能分开数据和显示区，提供人机交互语言。本产品采用 XML 作为数据交换的平台，将 XML 作为系统数据接口和表达的标准。采用 XML 进行对外的数据交互，提供系统模块化能力及和第三方应用的集成能力。利用 XML 作为数据交换的接口和平台，为 CRM/EIP 产品提供了无限的扩展性。

（6）采用中间件技术。为了适应技术潮流，金文公司在中间件上实现了最新的 EJB Container 等核心技术。体系结构是以动态服务为核心的中间件，并且在中间件上实现了良好的系

统资源管理技术、加密技术、XML 交换技术，为 CRM/EIP 的健康发展提供了良好的基础。

（7）多用性的物流管理模式。这是用于多种客户的物流管理模式（进库单式、批号式、普通模式），可用于单物流中心、单物流中心多仓库结构、多层组织多物流中心结构，可管理多种形式的仓库（平面无托盘、平面有托盘、货架仓库）。库位和货物的识别条码化，使用先进的无线通信技术（Radio Frequency）和激光识别条码技术，使仓库货物的进库、出库、装车、库存盘点、货物的库位调整、现场库位商品查询等数据实现实时双向传送，做到快速、准确、无纸化，大大提高效率，人为的出错率降到最低，从而降低仓储成本。支持对空运、海运、铁路运输和公路运输的管理。可账账务系统集成，实现财务业务一体化。支持多语种，用户可在简体、繁体、英语、日语、韩语等不同语言的界面之间自由切换。

10.2 空港物流业务模型

空港物流业务模型，如图 10－1 所示。

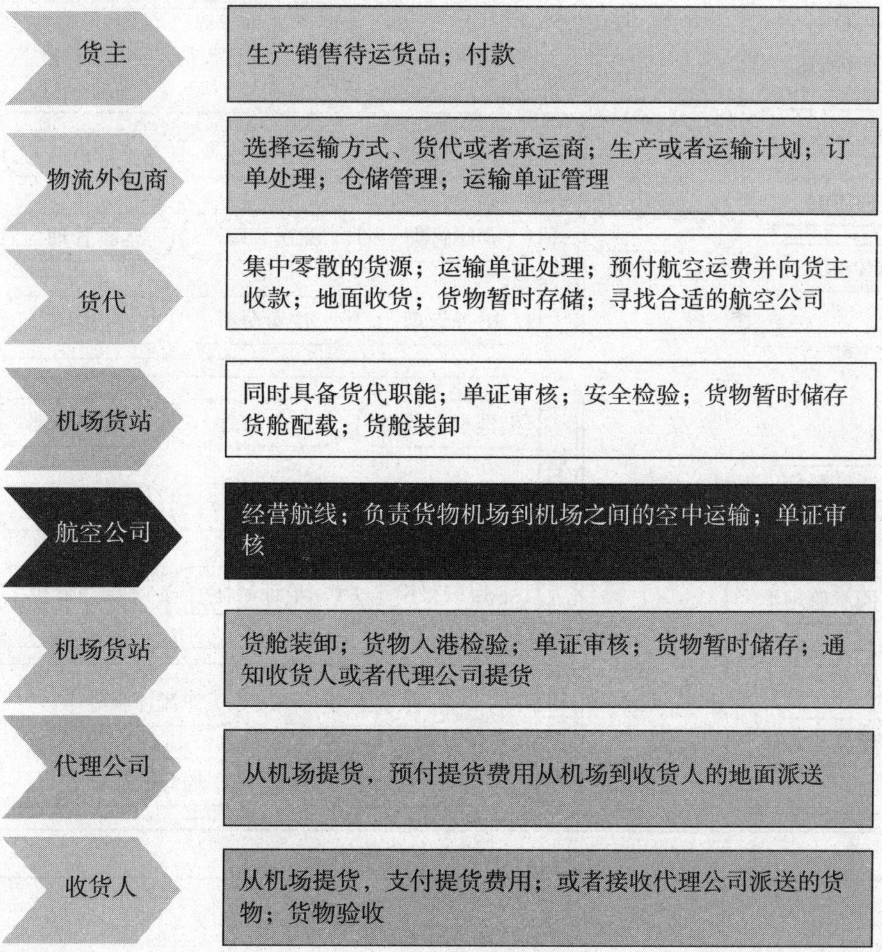

货主	生产销售待运货品；付款
物流外包商	选择运输方式、货代或者承运商；生产或者运输计划；订单处理；仓储管理；运输单证管理
货代	集中零散的货源；运输单证处理；预付航空运费并向货主收款；地面收货；货物暂时存储；寻找合适的航空公司
机场货站	同时具备货代职能；单证审核；安全检验；货物暂时储存货舱配载；货舱装卸
航空公司	经营航线；负责货物机场到机场之间的空中运输；单证审核
机场货站	货舱装卸；货物入港检验；单证审核；货物暂时储存；通知收货人或者代理公司提货
代理公司	从机场提货，预付提货费用从机场到收货人的地面派送
收货人	从机场提货，支付提货费用；或者接收代理公司派送的货物；货物验收

图 10－1 空港物流业务模型

10.3 空港物流系统

此系统由仓储管理系统、运输管理系统、配送管理系统、货代管理系统、报关管理系统、航空公司管理系统、财务管理系统模块、客户关系管理系统 8 个模块组成。图 10－2 所示为金文软件公司开发的空港物流系统结构。

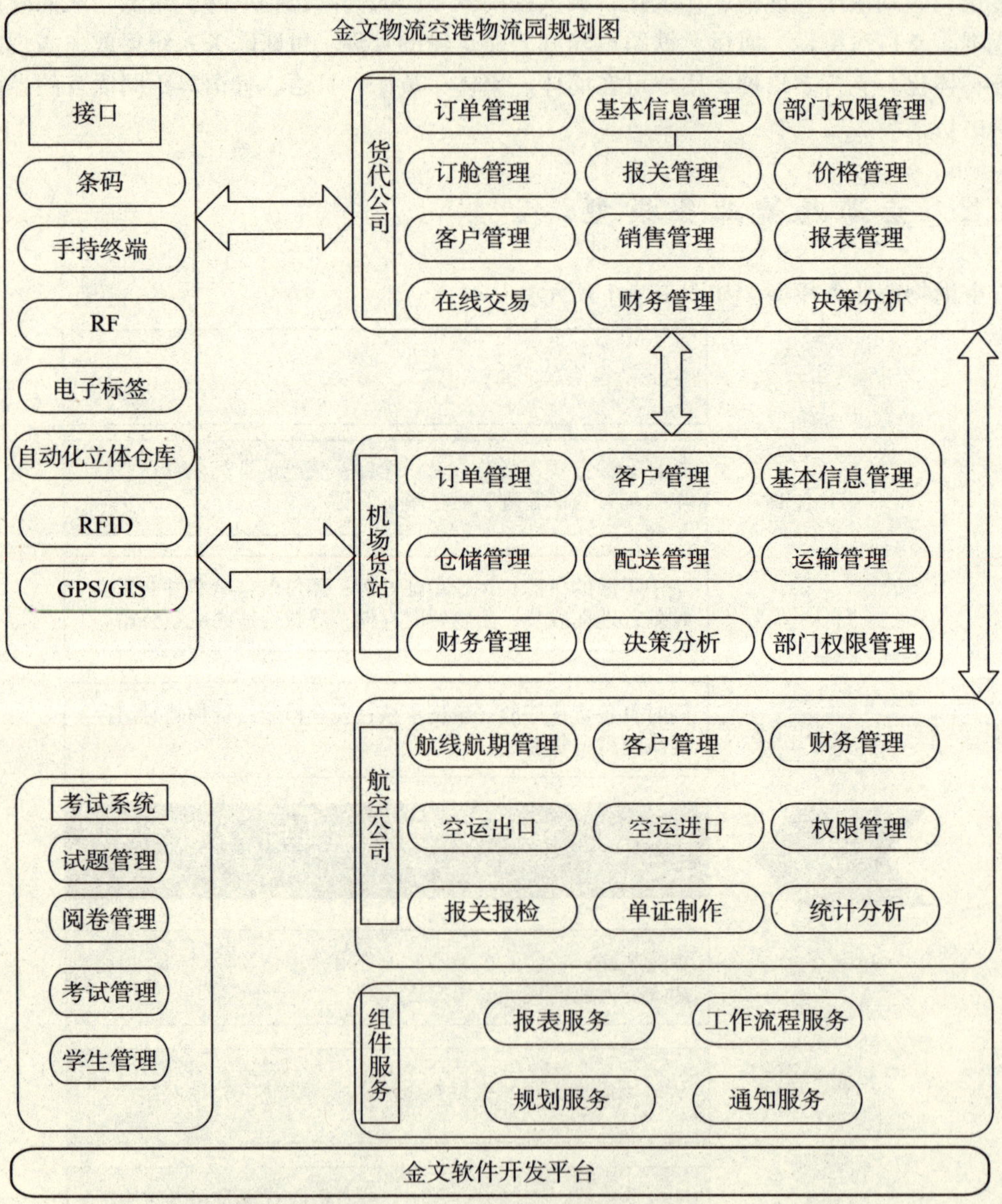

金文物流空港物流园规划图

接口
条码
手持终端
RF
电子标签
自动化立体仓库
RFID
GPS/GIS

货代公司
订单管理　基本信息管理　部门权限管理
订舱管理　报关管理　价格管理
客户管理　销售管理　报表管理
在线交易　财务管理　决策分析

机场货站
订单管理　客户管理　基本信息管理
仓储管理　配送管理　运输管理
财务管理　决策分析　部门权限管理

航空公司
航线航期管理　客户管理　财务管理
空运出口　空运进口　权限管理
报关报检　单证制作　统计分析

考试系统
试题管理
阅卷管理
考试管理
学生管理

组件服务
报表服务　工作流程服务
规划服务　通知服务

金文软件开发平台

图 10－2　金文空港物流系统结构

10.4 仓储管理系统

10.4.1 空港物流系统主要功能

（1）空港物流系统可以精细化管理本地仓库。

（2）实现制造企业、物流企业、连锁业在全国范围内、异地多点仓库的管理。

（3）对货物存储和出货等进行动态安排，对仓储作业流程的全过程进行电子化操作。

（4）可以与客服中心建立数据接口，使客户通过互联网实现远程货物管理，可以与企业的 ERP 系统实现无缝链接。

（5）仓储管理系统集成了条码技术、RFID 技术、自动化仓库技术、电子标签技术、RF 拣选系统、无线手持数据采集系统，系统具有很强的扩展功能。

（6）动态状况和工作量的管理，从而使仓库获得更大的利润，并降低运营成本。

10.4.2 空港物流系统特点

（1）功能齐全：系统实用于各种仓储作业流程。

（2）操作灵活、方便易用：操作方便，提高效率。

（3）兼容性强：系统预留各种数据接口，能够与其他系统无缝链接，兼容性好。

（4）良好的可扩展性：采用国际标准的数据表达技术、面向对象的设计方法、实现组件化，使系统具备良好的可扩展性。

（5）仓储流程标准化。为员工之间、部门之间的相互协作提供统一的作业平台。

（6）实时监控库存动态，有效控制库存的异常状况。

（7）全程跟踪货物进/出库、库存情况，提高库存精度。

（8）全面监控、分析仓库的运营状况，为管理决策提供科学依据。

（9）提升客户服务的响应能力，提高客户的满意度。

（10）物流管理思想先进。例如：支持多种拣货原则和货品 ABC 分类等。

10.4.3 仓储管理系统结构图

仓储管理系统结构如图 10－3 所示。

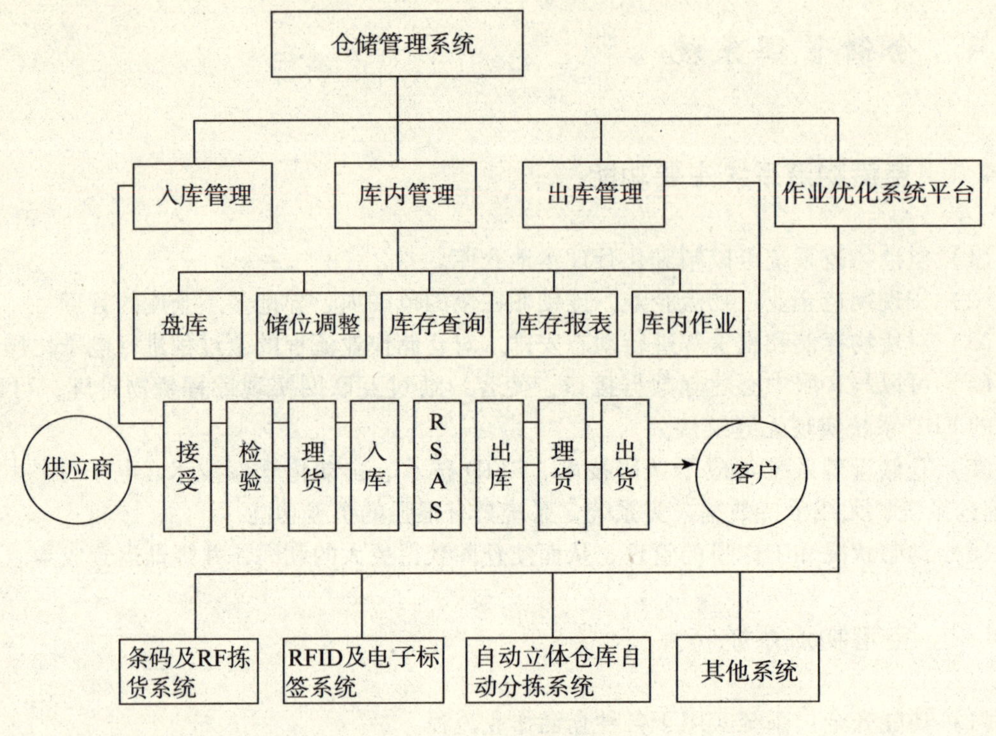

图 10－3　仓储管理系统结构

10.4.4　功能说明

1. 基本资料管理

基本资料包括机构管理、人员管理、设备管理。基础资料管理是整个系统的运行基础。

（1）机构管理。管理各作业部门和所有纳入系统的部门管理。

（2）人员管理。配合物流运作的岗位设置，使得企业人力、物力资源能够得到充分的利用，同时便于对人员绩效的考核以及物流运营成本的核算。人员管理是对从事仓储作业人力的基本信息、人员工种信息进行管理。输入的人员信息是进行仓储作业调度的基础。同时也是财务进行工资结算的基础。

（3）设备管理。这是对仓储作业设备的基本信息进行管理。录入的设备信息是进行仓储作业调度的基础，同时也是作为设备使用收费的基础。

（4）字典管理。例如货品种类、颜色、重量单位等信息管理。系统中已经包含了常用的字典信息数据。

2. 订单管理

订单处理软件能接受各种形式的委托单、订单。在订单审核后，根据订单分类，形成指令，派发到运输、仓储、配送等作业中去。按照订单管理，可以实现统计、报表、查询、归档等功能。根据客户级别和业务分类等级，订单处理顺序如图 10－4 所示。

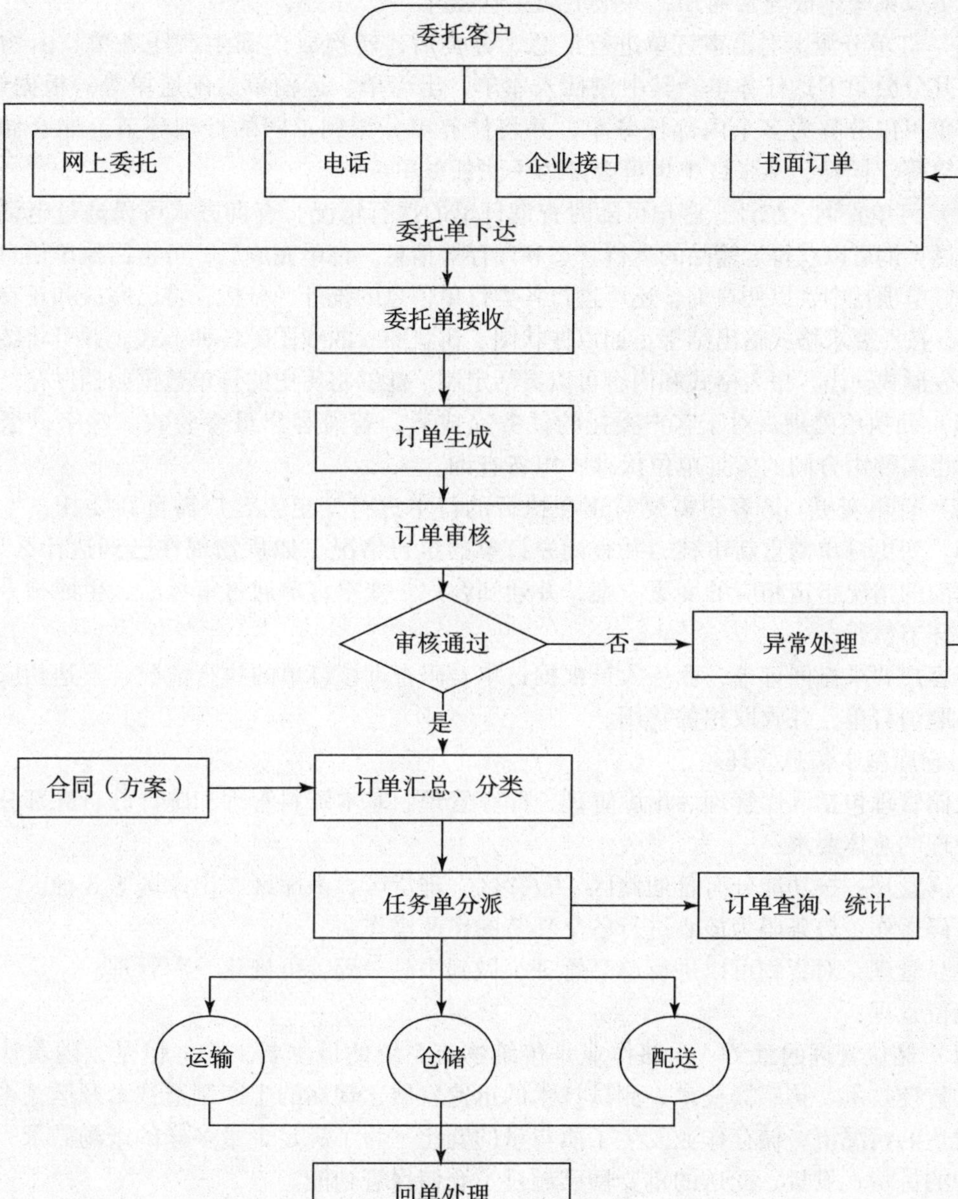

图 10－4　订单处理

（1）接受订单。

① 接收委托：通过各种方式接收用户的委托。

② 生成订单：把接收委托单方式输入物流信息系统后，生成订单。生成订单后，若需打印出书面订单，信息系统根据订单内容生成条码，条码应打印或粘贴在书面订单上。

（2）订单审核。审核订单的目的在于确认订单是否有效。若订单有效，则把订单号或委托单号及其在网上查询的用户名及其口令等信息通知客户。如该订单不能满足客户要求，则信息系统生成异常通知，并报上级主管领导。

(3) 订单分派。对已审订单进行汇总、分类后，转换成内部生产任务单。由物流总公司向其分公司下达任务单。其中包括入库单、出库单、运输单、配送单等。根据情况，一张订单可以分解为多个内部任务单，并将任务单分派到不同的处理环节，如仓储、配送、运输等。同样，多张订单也可合并为一张任务单。

(4) 订单查询、统计。客户可随时查询订单的执行情况。查询方式可以通过电话或上网。通过查询可以获得运输品的运行状态和库存等信息。订单完成后，可将回执单信息输入相应的订单项目中，以便查询，还可进行各类订单信息的统计、分析。将已完成和正在履行的订单，按照要求格式输出结果，如以柱状图、饼状图、曲线图等各种形式。并可将统计结果以报表形式输出，报表格式和内容可以灵活定制。能够将历史的订单数据归档保存。

(5) 回执单处理。对于客户委托的任务完成后，若需客户最终验收、签字，纸质的回执单也需要由合同的签订单位保存，以备查询。

(6) 订单变更。若客户需要对正在执行的订单进行变更，客户需重新委托，生成变更订单。变更订单需重新审核，并查询原订单的执行情况。如货物现在已到达什么地点，根据目前的情况指定相应的变更方案，并通知客户。变更订单通过审核后，生成指令，下达到各环节执行。

若客户要求撤回订单，业务人员根据订单号码查询该订单的执行情况，下达相应操作指令，取消订单，并收取相关费用。

3. 仓库基本信息管理

仓储管理包括入库管理、出库管理、库存管理、基本资料管理和统计分析五部分。对仓库管理的总体要求：

分区管理：按功能分有普通储区、暂存区、理货区、入库区、出库区等几种。

条码运作：以条码为核心进行各个环节的作业操作。

单品管理：对货物可以进行单品管理，做到一品一码，可视化仓库管理。

储位管理：

(1) 储位管理的意义。仓储作业是传统物流系统的最主要工作。但是，随着计算机技术、数控技术、传感器技术、测试技术的迅速发展，现在的生产制造技术及运输系统已相当发达的情况下，储存作业发生了质与量的变化。为了满足少量多样的市场需求，物流系统中的拣货、发货、配送的重要性已超过了仓储保管功能。

如前所述，“动管”与传统仓储的“保管”方式有着本质的区别。动管的目的在于控制和掌握拣货出库时的货品数量，更好地响应时效性的配送工作，因此更加重视储位分类配送功能。

由于重视分类配送功能，货品的保管工作日益复杂起来。为了满足配送时效性和市场少量多样的需求，要求货品流通快捷、准确。为此，由于流动频率及品项的增加使储存作业更加困难。为了有效地掌控货品的去向及数量，利用储位管理，使货品处于“被管状态”。这样能够明确指出货品储存位置，并能记录储位上的货品变动情况 。一旦货品处于“被管状态”，就能时刻监控货品的存储状态、去向及数量。这就是储位管理的意义。

此外，还必须提供多种灵活的储位管理方式，以适应业务范围广泛、管理方式、层次

各不相同的需求。

（2）储位管理的目的。仓储企业、物流中心因业务特点及管理方式的不同对储存作业的需求程度亦有差别。其功能概分为两类，一是调节生产或市场需求的变化，二是维持其他作业（存货管理、库存管理等其他物流作业环节）的顺利进行。存储作业的目的属于第二类。究其根本，储位管理最主要的目的就是辅助其他作业顺利进行。如前所述，储位管理就是一连串的“存”与“取”动作的组合。如标准的出/入库流程是：把入库货品放在进货暂存区—保管仓—拣货仓—出货暂存区—放至配送车上。所有这些一连串的“存”/“取”动作都要用到保管储放区域。储位管理可使这些“存”/“取”作业在保管储放区中快速、有效定位。因此，储位管理的目的就是辅助其他作业顺利进行，为其掌握库存状况提供科学判断依据，其中最主要辅助作业是拣货作业。

（3）储位管理的基本原则。储位管理与货品管理、存货管理等其他物流作业一样，是各种原理、原则的灵活运用。如上所述，储位管理的主要目的就是辅助其他作业环节顺利进行。其基本原则有以下三点：必需明确指出存储位置；货品有效的定位；异动登录。

（4）储位管理的对象管理。保管货品；与货品相关的其他资源。

（5）库区的逻辑结构。对储位划分的逻辑结构做出如下定义：

把库划分为若干存储区域，称为“区”，每个区中可划分若干“存储单元”，即储位。对于划分单元的区域，原则上每个存储单元（储位）只允许存放一个入/出库单元，即避免出现“一位多物”的情况。不划分存储单元的区域，可存放多个入/出库单元。需要说明的是：不划分存储单元的区域不能实现储位管理。为便于管理，除特殊情况外最好对区域划分存储单元。

对于不划分区的仓库，可视为该仓库只有一个区，该库房可采用区的管理方式。

4. 货品管理

这是在储位中分配货品，对货品的数量、品质和状态进行管理的过程。

（1）货品管理的基本原则设置。货账相符原则、货品品质保障原则、货品的有效跟踪原则。

（2）货品的分类及其单位管理。货品属性管理、货品操作管理。

5. 库存管理

（1）库房控制及优化原则。

① 库存量控制/判断。每种库存货品都设库存控制，极限控制方式如下：

a. 安全库存公式。录入主要参数，系统自动按照公式逻辑生成安全库存数量，在超过或低于该数量时系统自动报警。

b. 自定义逻辑。客户可以自己定义计算库存控制的数量，录入这些参数后系统自动生成控制极限。

c. 上下限控制。这是一种最简便的库存控制方法，客户可以根据经验输入库存的最大、最小极限，凡数量超过该极限，系统将自动报警。

② 货品属性控制（保质期）

货品在库期间，有可能因各种疏忽大意造成货品超出保质期。为保证货品如期出库，对临近保质期（设定一个时间段）货品系统自动报警。

③ 储位分配原则：ABC 原则、同客户货品相临原则、同类货品相临原则、货品不相互污染原则、货品放满储位原则。

④ 作业任务分配原则（就近、循环排队）。

⑤ 批次集合作业优化原则。

⑥ 任务优先原则。

（2）入库管理。仓储系统的入库操作有常规入库、调拨入库、回收入库、退货入库、整箱入库等。系统能够为上述入库类型提供向导，引导操作员按流程作业。在入库时，系统根据预设规则，引导操作员选择储区、货架、储位等，对不符订单的货品采取拒收或暂存处理。基本入库操作流程如图 10－5 所示。

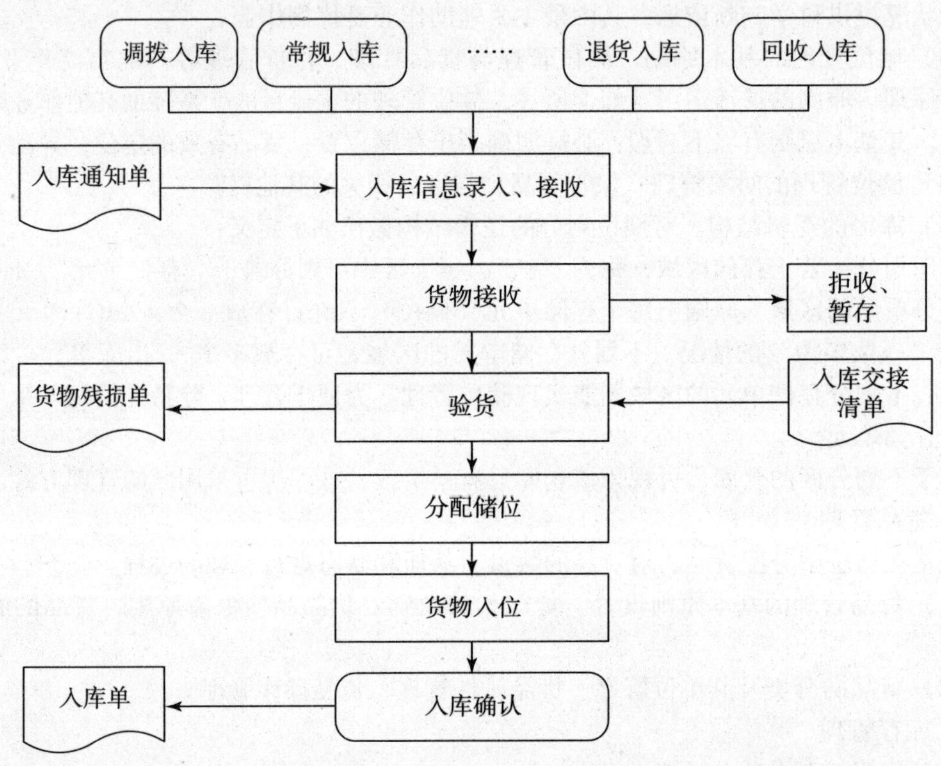

图 10－5　基本入库操作流程

① 接收入库信息：预先指令仓库进行仓库设备、人员、场地等方面的准备工作。

② 接收货物：这主要业务是卸货并将其搬运到入库区，同时录入入库单，记录使用仓

库耗材情况和接收到的可重复利用的设备（如托盘）。

在货物接收环节要使用条码识别技术和设备。在接收货物的同时，逐件读取货物的条码信息。对于有外包装的货物，原则上以外包装为单位来管理货物。对于要求管理到包装内部的货物，但又无法开包的，则以包装内部的货物为单位，将整包信息作为货物的辅助信息记录下来。在有入库通知单的情况下，系统应提供在入库通知单基础上的修改功能，生成入库单。

③ 验收：入库验收包括单据内容与货物的核对、检验。在系统中标注检验不符的货物，生成货物残损单，同时将处理情况提交给订单处理中心。

使用条码阅读设备核对单据和货物。对于没有粘贴货物条码的货物，系统应根据编码规则生成条码，并粘贴于货物上。

④ 分配货位：系统分配货位应满足以下原则：

a. 根据货位的尺寸、重量、特性、保管要求选择货位。

b. 保证先进先出、缓不围急。

c. 出入库频率高的使用方便作业的货位。

d. 小票集中、大不围小、重近轻远。

e. 作业分布均匀。

⑤ 入库确认：入库后修改相应的库存量，同时生成入库交接清单。

⑥ 设备入库：应记录、管理货物入库时使用的仓库设备。

⑦ 入库操作失败、异常及反馈：

a. 装卸作业失败：失败原因主要是人力资源和设备无法满足卸货及入库需要。解决方法：装卸负责人与库工部商量重新安排资源，继续作业。特别注意：重新安排资源后要修改作业人力资源和作业设备表，保证系统记录与实际相符。

b. 装卸作业异常：异常情况主要是人力或者设备损坏货品。解决方法：由司机、库管员、作业负责人、实际损坏人四方共同协商，达成货品损失情况，由司机询问货品所属客户损失物品处理办法。损失金额过后再议。作业负责人在装卸单和入库单上填写货品损失情况，如果损坏货品运回，则入库单实收要减少，如果损坏货品照样入库，由库管员负责把损坏货品单独处理（放入残品区）。

c. 装卸作业反馈。由作业负责人返回给库工部装卸单。

d. 放货失败。失败原因可能是货品存放空间不足。解决方法：由库管员联系票据中心或者自己解决，放置到其他区。

e. 储位分配失败。失败原因可能是货品体积、重量估计错误。解决方法：主动联系票据中心，重新分配储位（根据实际情况附建议分配方案）。

f. 库管员反馈信息。根据实际情况，反馈某区储位存放商品的最大数量，有利于以后分配方案。一般库管员在接收到储位分配表时，每种货品每个储位会表明该分配是由经验数据得到还是优化得到，库管员要负责把表明是优化得到的测试出最安全最大数量并且返回给系统。

g. 司机反馈信息。司机负责带回入库单给票据中心，系统接收实际入库数量，打印回执及出门条给司机。

（3）出库管理

① 出库作业。出库作业应与入库操作对应起来。出库作业包括常规出库、调拨出库、虚拟出库、模糊出库等。

② 催提：对于临近约定期或保质期的货品进行催提。

③ 出库信息接收：指令仓库进行仓库设备、人员、场地、备货等出库准备工作。

④ 对单：根据接收出库信息，按照原则（如先进先出原则）自动选定应出库的货物

所在的储位信息，并与实际单据进行核对。如没有电子提货信息，则需要按照实际的提货单录入到仓库系统中。

⑤ 拣选：按照优先原则选择某个批次的货物先出库，即选择每个储位上的货物出库。在仓库系统作业中的出库应至少支持以下原则：

a. 货物有效期（保质期）在前的先出库。

b. 先进先出。

选择储位后，提示每个储位的编号以及出库数量，供仓库操作人员确认。

⑥ 备货、加工按照订单信息（出库单）进行拣选备货，在备货的过程中可能包括增值加工的过程。仓储人员根据订单要求组装、包装货物、加贴标识，对货物进行加工。仓储系统应记录这些加工信息，包括所用到的原料、耗材，以备日后核算用。

⑦ 复核：在货物出库前，将出库单（订单）内容与实际备妥的货物一一核对，从数量、包装要求等方面检验，可使用条码识别技术和设备。

⑧ 出库确认：确认后，打印储位出库单据备案，修改库存量。

⑨ 设备出库：对货物出库时使用到的仓库设备也应记录、管理。

（4）拣货原则

① 取空原则。

② 扩大空区域原则。

③ 预警原则：

a. 货品保质期即将到达预警。

b. 客户所租空间期限即将到达预警。

c. 客户安全库存上限下限即将到达预警。

（5）库内作业。

① 移库

a. 依据货品存放表选择要移动的货品。

b. 将要移动的商品标记为冻结状态。

c. 根据客户货品操作要求，分配资源。

d. 打印移库单。

e. 开始移库。

f. 移库完毕将其结果及时反馈到票据中心，结束库区的冻结状态。同时对所移动的货品，在单据上及时修改单据数据。

g. 报溢、报损、报残的处理。

h. 库内货品储存位置优化过程。

② 区之间移动。

a. 用户租区：在临时区存储的货品要在不违背污染原则前提下移动到客户自己所租区。

b. 用户未租区：尽量把客户所存储的货品移动到相同区中，首先寻找客户已经存储量最大的区，然后将其他区货品移动到本区。

③ 区内移动。

a. 首先寻找最大同一货品储位块，把相同货品移动到相邻储位，扩大同一货品储位块，依次反复。

b. 移库死锁解决。死锁发生在移动货品时互相申请对方储位，解决办法是申请临时储位存储货品，然后按一般情况处理。

④ 盘点流程的说明。

a. 确定盘点对象。

b. 冻结盘点对象，所有涉及该储位操作停止。

c. 确定盘点需要使用的人力、设备资源。

d. 生成盘点单。

e. 开始盘点。

f. 反馈盘点结果。

g. 生成报损报溢单。

h. 如果需要，对报损报溢的货品重新盘点。

i. 修正盘点结果。

j 根据结果联系客户，并且补入库单和出库单。

⑤ 库存管理应有货物 ABC 分类管理功能，针对不同等级分别进行管理和控制。

a. 盘点：可以随时进行“循环盘点”，每半年或最少一年进行一次“总盘点”。

b. 移位：可以分解为货物移出和货物移入，可统计查询历史记录。

c. 报损：对破损的货物进行报损操作，核减库存。

d. 分拨：分拨由货物调入方发起，也可由货物调出方发起。可统计调拨数量和来源、时间。

e. 预警：包括库存量预警、库存周期预警、货物有效预警。

f. 存货查询：货位查询、货物代号查询、在库库存查询。

g. 其他增值服务。

(6) 财务管理。这主要是计算和管理整个业务流程中所产生的收益、成本、费用等。

① 费用标准管理。制定仓储作业、设备使用、仓库租用、仓库占用等收费标准。这些标准是进行结算的依据。系统支持多种货币结算标准和多种折扣结算。

② 仓储费用结算。系统根据收费标准自动计算出每个订单的仓储费用，在结算的过程中根据客户实际情况可以打折计算，最终的结算结果记入应收费用账套。

③ 设备使用费用结算。系统根据仓储作业按照标准自动计算设备使用的费用，结算结果记入应收账套。

④ 理赔费用结算。对仓储作业过程中的货损货差的赔偿费用进行结算，结算结果记入应付账套。

⑤ 应收管理。统计对每个客户的应收费用，以及公司运营总的应收费用。

⑥ 应付管理。统计对每个客户的应付费用，以及公司运营总的应付费用。

(7) 客户管理。客户管理是客户服务的重要组成部分。提高客户的管理水平，保存、汇总客户相关数据，为各职能部门提供科学数据，加强各职能部门与客户之间的联系。

客户管理主要包括客户类别管理、客户基本信息管理、客户收货人管理、客户往来管理、客户信用管理。

① 客户类别管理。便于对客户档案管理，按照规则将客户分类。

② 客户基本信息管理。维护企业所有客户的基本资料，包括编码、名称、类别、信用、联系人、电话、传真、法人代表、地址、邮编等信息。

③ 客户收货人管理。对客户的收货人的姓名、年龄、电话、E-mail 等信息进行管理。

④ 客户往来管理。对每次跟客户回访、客户投诉、客户咨询等信息进行管理。

⑤ 客户信用管理。对客户的评估项目、评估历史记录等信息进行管理。

（8）系统管理。系统管理主要是对物流企业的组织机构、系统操作人员、岗位和权限进行管理。

① 机构管理。包括机构的增加、删除、修改和浏览。只有系统管理员才可以进行机构的增加、删除和修改作业。系统具有支持多级机构设置和异地机构管理等功能。同时，对所有的系统人员系统自动生成绩效考核结果。

② 系统操作人员管理。主要是对操作人员的基本信息、账号、密码所属部门进行管理。

a. 人员信息增加。

b. 人员信息删除。

c. 人员信息修改。

d. 人员信息浏览。

③ 岗位管理：对物流企业的岗位信息以及每个部门的岗位信息进行管理。

a. 岗位信息增加。

b. 岗位信息删除。

c. 岗位信息修改。

d. 岗位信息浏览。

④ 权限管理：可以维护每个岗位的权限，在此岗位上的每个人员都具有相同的权限，也可以维护每个操作人员的权限。

（9）业务统计分析。

① 订单统计。根据订单业务统计，可知每一段时间的业务量、客户群分布、地区业务分布等。

② 入库历史记录统计。详细查询每个订单的入库作业操作、每个客户的货品在某段时间内的入库记录。

③ 出库历史记录统计。详细查询每个订单的出库作业操作、每个客户的货品在某段时间内的出库拣货记录。

④ 按库龄统计。能够按照客户、库房、区、货品种类等条件统计出货品在库的时间。

⑤ 库存查询。统计各个仓库的库存量，也可以统计某个客户在某个仓库的库存情况。

⑥ 盘点信息统计。能够查询每次盘点作业信息以及盘亏、盘盈信息以及盘亏、盘盈处理信息。

⑦ 移库信息统计。详细统计货品移库的信息。

⑧ 仓储成本分析。统计仓储作业成本、仓库占用成本。

10.5 运输系统

1. 概述

运输是物流运作的重要环节。为此，减少运输时间，降低运输成本是很重要的。现代运输管理是对运输网络的管理。在这个网络中传递着不同区域的运输任务、资源控制、状态跟踪、反馈等信息。人为控制运输网络信息效率低、准确性差、反映迟缓，无法满足客户需求。随着市场竞争的加剧，对于物流服务质量的要求越来越高，尤其是运输环节。

为了适应中国运输管理的发展，北京金文天地科技有限公司开发出金文运输管理系统，金文运输管理系统是运输作业流程的管理系统，该系统以运输任务、货品、商务为三条线索进行设计开发。运输任务是该系统管理的核心，系统通过对运输任务接收、调度、运输状态跟踪过程，确定任务的执行状态。货品是系统管理的对象，通过对进入系统货品的品质、状态的管理能够实时反馈货品的所处状态，即实现动态跟踪功能。随着运输任务进展，则发生应收应付费用。通过对应收和应付费用的管理及运输任务的收支核算，能够统计分析实际发生的费用和每笔业务的利润等。

2. 运输系统流程图

运输系统流程，如图 10－6 所示。

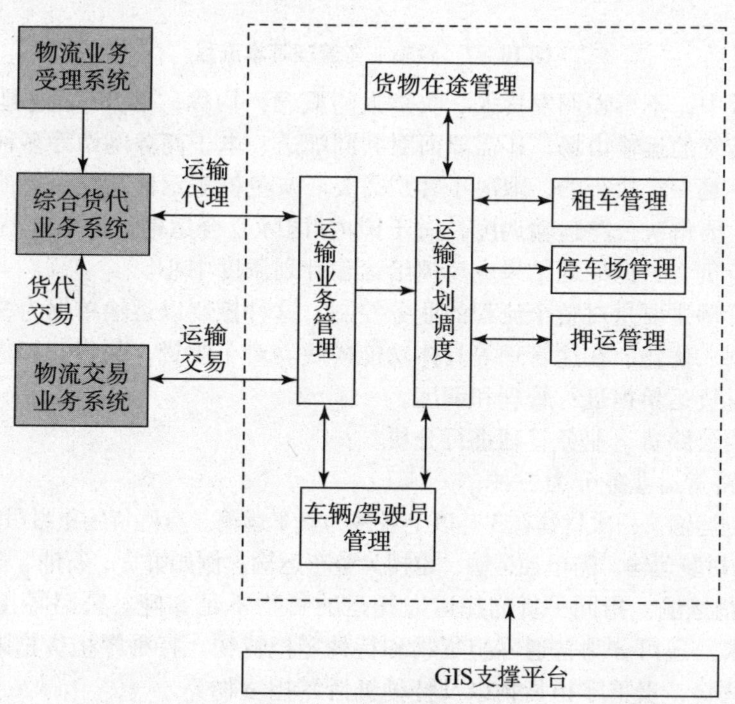

图 10－6 运输系统流程

3. 功能说明

（1）运输业务管理子系统。运输业务管理子系统主要是接收交易系统和货代系统的指令，生成相应的承运单据，经整理后通过计算机网络传递给运输计划调度系统。

由于公路运输可以实行“门对门”运输，因此运输业务管理系统需要支持登门受理和送货到收货人指定的地点。在充分应用计算机网络技术的前提下，这些业务操作方式与手工作业存在极大差别，图 10－7 所示为运输业务管理的基本流程。

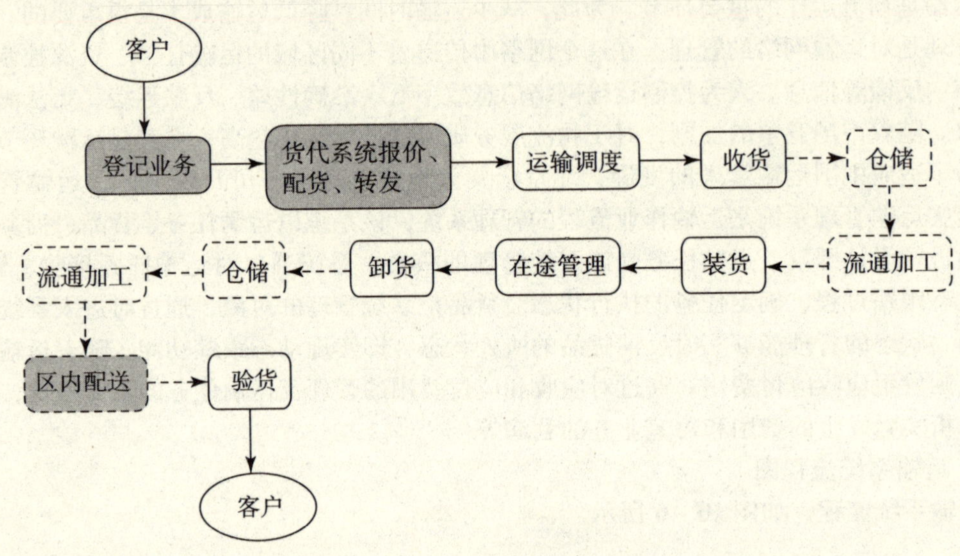

图 10－7　运输业务管理基本流程

在这个流程中，不再强调发货人、收货人的概念，均称“客户”。这是因为物流中心不仅需要面对传统的运输市场，还需要面对共同配送、电子商务网站等多种业务。图中虚线表示的流程不是一定执行的，取决于客户需要。灰色框表示该功能由其他子系统实现。

运输调度主要解决公路运输调度，对于国内/国际复合运输，一般在货代系统中由其他货代公司自行负责，但处理结果应反馈给运输计划调度中心。

运输业务管理主要是对整个流程的业务控制。这种控制以运输单据为核心，所以它并不涉及运输计划、优化、在途管理等具体功能模块。对于收货、装货、卸货等环节，由运输业务管理通过货运单据进行管理和调度。

下面对国内公路货运业务管理进行分析。

① 国内公路货运业务分为三种：

a. 整车货物运输。一次货物在 3 吨以上者视为整车运输。有些货物重量虽在 3 吨以下，但不能与其他货物拼装运输，需单独运输，也视为整车运输。例如鲜货、石油、煤炭等。

b. 零担货物运输。指同一货物托运人托运的货物不足 3 吨。公路零担货物运输按其性质和运输要求，还可分为普通零担货物和特种零担货物。特种零担货物则分长、大、笨重零担货物，危险、贵重零担货物以及特种鲜活零担货物等。

c. 公路集装箱运输。公路集装箱货物运输，自承运人接受货物并签发货物托运单或其他货运单证时起，至将货物交给收货人时止。

在空港物流中心的运输业务管理中，公路货运包括自有运输和对外委托运输（即租车运输）。因此在单据流程、货运流程、财务结算上必须考虑到相关差别。

② 运输委托单一式七联。

a. 存根联，由物流中心留底备查。

b. 装运通知联，由货代交给运输业务管理部门通知收货和装车。

c. 派车通知联，送运输计划调度部门作派车依据。

d. 仓库联（可选），如果需要仓库先行保存，则交仓库做入库指令。

e. 加工联（可选），如果需要进行流通加工，则交服务中心作加工指令。

f. 费用结算通知联，送财务部门通知结费。

g. 回执联，交货物托运人收存。

③ 在运输委托单中应包括以下内容：

a. 托运人、收货人的姓名、地址和详细通信方式，起运地、到达地应详细说明所属行政区。

b. 货物名称、包装、件数、体积、毛重、净重、规格等。

c. 运输和装卸要求。

d. 符合运输的证明文件列表。

e. 加工要求。

f. 仓储要求。

g. 收货方式，如上门收货、货主送达等。

h. 配送要求。

i. 送货方式，如收货人自提、送货上门等。

在运输业务管理中，以运输委托单为核心，运输管理部门需要负责组织和协调车辆、装卸、流通加工等业务。相应地也产生其他单据，这些单据主要包括：装车记录单、派车单、行车路单、卸车记录单、运输变更单、加工验收单、配送单等。图 10-8 所示为运输管理系统。

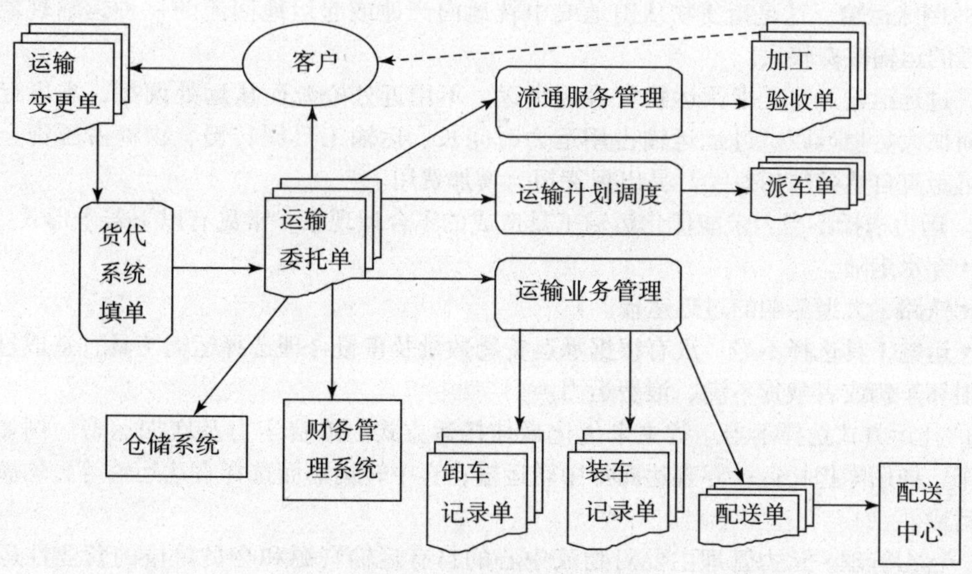

图 10-8 运输管理系统

④ 运输业务管理子系统功能

a. 运输委托单的自动生成、打印和网上传送。

b. 根据运输委托单和调度配车信息生成装车记录单，并在网上传送给收货人。

c. 对于共同配送业务，自动生成配送单并传递到配送中心。

d. 可适时加载专用 EDI 软件，所有单据通过 EDI 报文和其他运输方式与经营业者交换。

e. 自动生成卸车记录单，可在异地实现卸车记录单的网上录入。

f. 能够将运输里程、预计路桥费等数据传入财务管理系统，作为结算费用的依据。

（2）运输计划调度管理

① 概述。运输计划调度子系统主要包括运力管理、运输方式与线路优化、货物配载及装卸车计划管理三方面的内容。

运输计划调度子系统的关键任务是运输合理化，通过各种优化手段，配置和调度优化资源，从而避免出现不合理运输。

所谓不合理运输，即没有达到现有条件下的应该达到的运输水平，从而造成了运力浪费、增加运输时间、运费超支等问题。欲降低社会物流成本，必须实现合理运输。

② 不合理运输形式。

a. 返程或起程空驶。最严重的不合理运输是无载空车行驶。

b. 对流运输。亦称“相向运输”、“交错运输”。指同一种货物，在同一线路上或平行线路上作相对方向的运送。已经制定了合理流向图的产品，一般必须按合理流向的方向运输，如果与合理流向图指定的方向相反，也属对流运输。

c. 迂回运输。这是舍近取远的运输方式。本可短距离运输，却选择较长路线运输。

d. 重复运输。本来可以直接将货物运到目的地，但是在未达目的地之处，或目的地之外的其他场所将货卸下，再重复装运送达目的地，此为重复运输。

e. 倒流运输。这是指货物从销地或中转地向产地或起运地回流的一种运输现象，往返两程的运输浪费较大。

f. 过远运输。这是指调运物资舍近求远，不用近处资源而从远处调拨，本可近程运输反而加大货物运距。过远运输占用运力时间长、运输工具周转慢、物资占压资金时间长，远距离自然条件相差大。易出现货损，增加费用。

g. 运力选择不当。未能优化运输工具造成的不合理现象，常见有以下若干形式：

- 弃水走陆。
- 铁路、大型船舶的过近运输。
- 运输工具选择不当。没有根据承运货物数量及重量合理选择运输工具，造成过分超载、损坏车辆或者载货不满、浪费运力。

h. 托运方式选择不当。货主未优化最佳托运方式。浪费运力及增加运费。例如，弃选整车、择用零担托运；弃直达而择中转运输；弃中转运输而选择直达运输等，均属于不合理运输。

i. 运力管理。运力管理主要对物流中心的自有运输资源和会员单位的营业性运输资源进行统一调度，提高运输资源的利用率和运输工具实载率。实载率有两个含义：

• 单车实际载重与运距之乘积和标定载重与行驶里程之乘积的比率。

• 车辆的统计指标。车辆实际完成的货物周转量（以吨公里计）占车辆载重吨位与行驶公里之乘积的百分比。在计算车辆行驶的公里数时，不但包括载货行驶，也包括空驶。

提高实载率的意义在于：充分利用运输工具的额定能力，减少车辆空驶和不满载行驶的时间，减少浪费，从而求得运输的合理化。

j. 货物配载与装卸车计划。科学的货物配载是运输合理化最重要标志。充分利用运输工具载重量和容积，合理安排装载货物，优化运输方式。配载运输也是提高运输工具实载率的一种有效形式。

（3）GIS 管理系统。这是在途管理系统。主要包括车辆跟踪、货物跟踪、事故处理三个方面。这是提高服务水平、减少货损货差的主要手段之一。

GIS 系统是在途管理的技术平台，也用于停车场管理、配送系统、仓储系统。在物流中心的整个系统中，GIS 是非常关键的技术软件，广泛应用于运输管理、配送系统、仓储管理。选择性价比最好的 GIS 产品——美国 MapInfo 公司的 MapInfo GIS 产品系列，在此基础上针对空港物流的实际需求进行功能开发。

GIS 具有跟踪货物功能，能有效地控制货损货差以及货物丢失等事件，最大限度保护货主和承运人利益。具体功能是：

① 货物手工定位。驾驶员或中转站装卸人员通过各种方式向运输管理部门报告，在地图上作明显标识。不同货物用不同标识。例如鲜货用白色三角形、集装箱用黑色正方形等。

② 货物信息地图查询。在电子地图上点击货物标识，自动连接数据库，查询关联货物。

③ 显示货物的详细信息。如品名、规格、体积、净重、毛重、包装材料、发货人姓名、收货人地址等。

④ 货物条件查询。可在电子地图上输入相关条件，如货主姓名、货物品名、货物类别等，系统自动将对应的货物标识显示出来，并将地图平移到目标货物所在位置。

⑤ 货物分类显示。管理人员可以按照各种条件，如所属公司、货主名称、货物运达期限等，在地图上进行过滤，仅显示符合条件的货物，并查询货物的基本信息。

⑥ Internet 货物定位服务。任何会员单位都可以通过 Internet 在网站上经过身份认证，查询本会员单位的货物存放位置，或者托运的货物在哪台车上。例如货主会员就只能查询同一台车辆上自己货物的信息，其他货主的货物概不能查。

⑦ 货损货差跟踪。当中转站或驾驶员、押运人员在途中发现货物损失时，通知运输管理部门，由运输管理部门及时通知货主和承运人，并在地图上将该批货物和车辆进行重点标记，加强跟踪。

对于事故处理，系统提供各种文件的网上录入、传送功能，尽最大可能地挽回货主和承运人的损失。包括：

a. 货物残损检验证书。

b. 货物残损单。

c. 索赔清单。

d. 索赔申请书。

(4) GPS 系统。GPS 监控系统实时监控车辆运行位置、状态，实现驾驶员和监控人员之间的双向通信。监控人员可对车辆进行远程调度，系统可以限制车辆速度、路线、范围。一旦超限，则向监控人员和驾驶员报警。系统向用户提供实时监控车辆情况，保障车辆的行车安全。

GPS 系统利用公用数据移动通信网（GSM）作为监控中心与移动单元（如车辆）之间的信息传输媒介。利用互联网（Internet）作为监控中心与分控中心之间的通信平台。利用全球卫星定位系统（GPS）的定位技术、电子技术、计算机技术、网络技术，结合运用电子地图地理信息系统（GIS），监控移动单元（如车辆）的位置、状态。实现监控管理、报警求助、信息查询等功能。并可针对不同类型的移动单元加强和优化相应的监控功能，从而保证监控系统满足各种不同类型的移动单元的监控要求。

① 系统组成

a. 全球卫星定位系统（GPS）。

b. 公用数字移动通信网（GSM）。

c. 监控中心。

d. 互联网（监控中心与分控中心之间的通信）。

e. 分控中心。

f. 移动终端设备。

② 通信平台

a. 监控中心与移动单元之间的通信平台（GSM）。采用 GSM 公用数字移动通信网实现监控中心与移动单元之间的双向数据传输和车载电话的语音通话，其中数据传送采用 GSM 的短信息服务（Short Message Services，简称 SMS）。

GSM 公用数字移动网及短信息服务简介如下：

• 全球应用最广的数字蜂窝系统，提供普通语音业务和数据传输业务。

• GSM 保密性好、系统容量大、干扰少、漫游性能好、移动业务数据可靠性高。

• 我国 GSM 网已覆盖了全国绝大部分城镇，城市中已做到了无缝覆盖，基本实现跨省全国联网。

• 大部分 GSM 营运商建立了短消息服务中心，为用户提供短消息业务。

• 短信息服务使用 GSM 网络的信令信道，具有很高的优先权，可通率高，误码信道占用时间极短，使得通信费低廉。

• GSM 的短信息功能可以双向传送数据，传递短信息的同时还可以进行通话，达到了数/话兼容的功能。

b. 监控中心与分控中心之间的通信平台。监控中心与分控中心之间可根据用户的实际情况采用多种通信方式：互联网、DDN 专线、ISDN、PSTN 等，实现与中心服务器的通信。

③ 监控中心

系统监控中心，配备服务器，处理所有的短信息通信，管理数据库。分控中心根据不同授权访问系统服务器，获得移动单元信息，并通过服务器向移动单元发布命令。监控中心由通信模块、数据库模块、网络模块组成：

a. 通信模块。与短信中心采用点对点方案，接收车载设备发送的信息，得到有效的移动单元状态，存储记录，并转发信息给相应的分控中心。

b. 数据库模块。监控中心服务器设置系统数据库，记录保存系统基本参数，用户数据，系统运行状况等。用户通过管理软件设置、管理数据。

c. 使用 TCP/IP 协议，实现分控中心远程登录监控中心，访问监控中心数据。

④ 监控中心功能

a. 监控中心是系统的核心，通过各模块的紧密配合、协调处理，完成对移动单元信息的收集、存储、处理，支持远程分控中心访问监控中心，接收信息发送命令。

- 自动检测 GSM 通信机状态，发现故障及时报警，提示工作人员；
- 设置短信息服务中心号码；
- 实现监控中心与 GSM 网的联接；
- 接收和存储终端设备发送的信息，并转发给相应的分控中心；
- 将监控中心要发送的信息按通信协议处理，并发送给相应的移动单元。

b. 系统管理员可增加、删除、编辑操作员及设置权限。

- 增加、删除、编辑车辆信息（包括车牌、型号、行业、部门等）；
- 增加、删除、编辑驾驶员信息；
- 记录系统运行中的操作信息；
- 记录终端设备发回的信息（地理坐标、状态、速度、报警等）；
- 记录中心发出的信息（命令、文字等）；
- 管理分控中心和设置权限。

⑤ 分控中心。可建立远程分控中心，通过网络登录监控中心服务器，按不同权限向移动单元发布命令，接收信息。

a. 分控中心组成。分控中心由工作站、网络设备组成。工作站为高性能 PC，安装 Windows2000 和车辆监控调度系统软件（客户端）。分控中心通过网络登录监控中心服务器。

b. 分控中心功能。

- 分控中心运行监控系统软件（客户端）来监控、调度、管理车辆；
- 地理信息电子地图的显示、管理；
- 电子地图放大、缩小、平移；
- 发送信息；
- 接收显示信息；
- 接收终端设备的报警信息、并发出语音提示；
- 指定车辆的行驶路线；
- 指定车辆的行驶区域；
- 历史资料检索与历史记录回放；
- 资料统计。

⑥ 车载终端设备。车载终端由 GPS OEM 接收板/GPS 天线、GSM 通信机/天线、终端处理机、LCD 显示、输入/输出设备、通话/监听设备组成。

车载终端通过 GPS OEM 板对接收到的 GPS 卫星信号进行处理，得到车辆当前地理坐标、速度等信息，并交给终端处理机处理。通过 GSM 通信机和监控中心联系，发送当前车辆信息，接收中心的调度信息。它还具有语音通话功能，在必要时亦可通过监听设备对车辆内部进行监听。终端处理机为车载终端的控制中心，可以接收中心发送的信息，并在 LCD 上显示，操作员亦可以将预定义的信息发回中心（如：事故报警、车辆故障等），处理机控制协调设备中的 GPS OEM 接收板、GSM 通信机、终端处理机、LCD 显示、输入/输出设备、通话/监听设备，完成系统功能。

a. 向中心发回车辆状况信息

- GPS 定位，确定车辆三维地理坐标、速度等；
- 接收并显示中心发送的信息；
- 菜单操作；
- 声音提示（如收到新信息）；
- 发送预定义信息（如车辆故障，事故，遇劫等）；
- 全国漫游通话、监听；
- 车载终端自检、故障报警提示、故障弱化功能；
- 可记录、存储、查看历史信息。

b. 车载终端设备性能指标

- GSM 通信机指标：

传输方式：GSM 短信息（GSM07.05）；

工作频率：900MHZ；

收发功率：Class 4（2W）；

- GPS 接收机指标：

OEM 接收板：12 通道；

定位精度：<25 米（无干扰）；

功耗：0.225W。

10.6 配送管理系统

1. 配送管理业务概述

配送业务是在物流中心仓储业务的集货、储存的基础上，按客户的配送请求，完成配货、分发、配装、送货业务。为了吸引货主，必须降低配送费用，提高物流服务水平，降低配送成本，提高效率。这就要求对运输车辆合理配置，科学制定运输规划，确定运送路线，并将运送的货物事先配货，完善配装措施。

2. 配送管理的主要业务

（1）客户管理。登记客户的基本信息。

（2）车辆管理。登记自营车队和委托车队的车辆信息和班次信息。

（3）配货管理。包括配货作业和车载配装。

① 配货作业。按客户订单，确定配送货物的种类和数量，然后在配送中心拣选货物，即分拣作业。分拣工作可采用自动化的分拣设备或手工方法。配货作业方式有播种式和摘

果式两种。

② 车载装配。装配作业所需工具一般为汽车。因需配装的货物的比重、体积以及包装形式各异，在配装货物时，要考虑车辆的载重量和容积，使车辆的载重和容积都得到有效的利用。

（4）送货管理。计算出最小距离的送货费用，并确认送到货物。配送线路合理与否对配送速度、成本、效益影响很大。采用科学、合理的方法确定配送路线，是配送活动中非常重要的一项工作。

① 确定目标。

a. 以效益最高为选择目标。指计算时以利润最大为目标。

b. 以成本最低为选择目标。实际上也是选择了效益为目标。

c. 以路程最短为选择目标。

d. 以时间最短为目标的选择。

e. 以准确性最高为目标的选择。它是配送中心重要的服务指标。

② 确定配送路线的约束条件。一般配送中心的约束条件有以下几项：

a. 满足所有收货人对货物品种、规格、数量的要求。

b. 满足收货人对货物发到时间范围内的要求。

c. 在允许通行的时间段内进行配送。

d. 在各配送路线的货物量不得超过车辆容积和载重量的限制。

e. 在配送中心现有的运力允许的范围内。

3. 配送业务流程

配送业务流程，如图 10－9 所示。

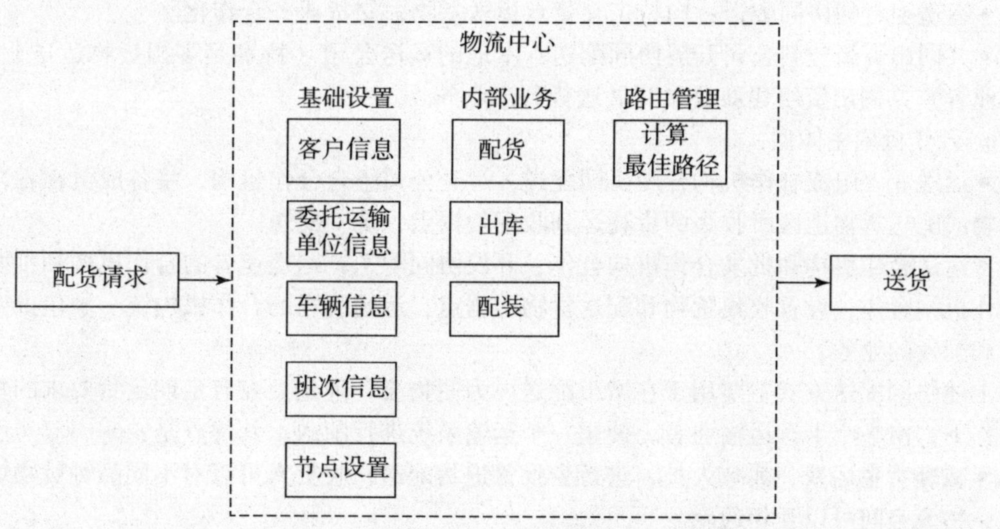

图 10－9　配送业务流

4. 功能说明

（1）客户管理子系统。及时、准确地把握客户信息是完成各项业务的基本前提。通过客户信息是分析、决策市场的依据。通过客户的连带关系（如相关的供应商信息、货代信息、顾客信息等），进一步拓展新的客户市场；同时也可监控客户信誉度，保证业者的正常赢利。客户管理子系统的主要功能包括：客户编码、客户名称、联系人、地址、电话、传真、开户银行、银行账号等。

由于配送方式多种多样，特别是随着配送业务的不断发展，原来的个别配送已无法满足需要，从而提出了协同配送的概念，所以应据不同配送形式来对客户进行分类管理。

两种主要配送形式：

① 货主主体型：由具有配送需要的厂家、批发商、零售商以及由他们组建的新公司或合作机构作为主体进行合作，解决配送效率低下问题。这种配送又可分为发货货主主体型和进货货主主体型。

a. 发货货主主体型。此法与客户的协同配送，用于采购零部件或采办原材料的车，均可用于产品的运输，即均可参与协同配送。

不同行业货主的协同配送：不跑空车，让物流子公司与其他行业合作，装载回程货或与其他公司合作进行往返运输。

集团系统内部的协同配送：企业集团、零售商集团等内部的协同配送。

同行业货主的协同配送：包括集团协同配送，共同出资组建新公司进行协同配送，建立合作社进行协同配送，通过行业 VAN 增值网进行协同配送等。

b. 进货货主主体型。零售商以中心批发商（一级批发商）为窗口，从中间批发商（二级批发商）处统一进货，再配送给物流中心或零售商店。

② 物流专业者主体型。由提供配送的物流业者，或以他们组建的新公司或合作机构为主体进行合作，提高配送效率。这一类协同配送又可分为公司主体型和合作机构主体型。

a. 公司主体型：

- 运送业者的协同配送：向特定交货点运送货物，交货业务合作化。
- 共同出资组建新公司开展协同配送：本地的运送公司（特别是零担货物运送业者、包租业者）共同出资组建新公司开展送货到户业务。

b. 合作机构主体型：

- 运送业者组成合作机构开展协同配送：运送公司组合合作机构，将各成员在各自收集货物或配送货物地区所收集的货物运到收配货据点，统一配送。
- 运送合作机构和批发合作机构合作，开展协同配送：运送业者的合作机构和批发商的合作机构合作，设置收集货物和配送货物的据点，运送公司的合作机构统一承包批发商集货和配货的业务。

上述协同配送方式主要用于在城市配送。为使物流合理化，在有定期运货要求的货主的合作下，由一个卡车运输业者，使用一个运输系统进行配送。其优点是：

- 减轻货主运费，裁减人员，进行少批量进货配送，收货人可以对不同品种货物统一验收，物流空间可以互相通融。
- 提高运送业者的输送效率，削减物流成本，裁减物流人员，减少不适当的竞争，减少不必要的服务。
- 缓解社会交通拥挤，防止环境污染。

（2）车辆管理子系统。

① 运输与配送的差异。配送是指小范围内小宗货物的运送。运输，则是使用铁路、大型船舶、大型卡车、飞机进行货物运送。

利用大型运输工具进行长途批量运输时，运输线路固定，可按计划运行。而且，运送的货物量大，能做到计划性的物流管理，并能事先算定运输费用。另外，长途批量运输，一般都是站点到站点、港口到港口这种固定物流网点间的运输。运输途中的线路也是固定的，管理比较容易。但长途运输的难度并不在于运输管理，而在于运输工具的选择和货物是否集中，或者是道路、港湾、铁路、车站、机场等需要社会资本投资的设施是否完备。

配送是在小范围内（如一个城市内）为分散在不同地方的多家客户少量、多频率地运送商品。与长途运输相比，管理方法完全不同。而且，用于配送的运输工具在世界范围内都是以汽车（卡车）为主，一般都是小型卡车，而不是大型卡车。

② 车主管理。一旦配送车辆驶出配送据点，配送任务完全由司机完成。此时，沿途诸多问题均由司机自己解决。所以对司机的管理必须坚持对配送任务有利的原则，一般采用管理与委托相结合的形式。

对于委托，一般有两种形式，一是提高司机自由度的方法，即事先决定目的地、配送数量和配送时间。在这个前提下，具体如何配送，完全委托给司机，由司机自己决定。二是限制司机的自主性、计划优先的方法。即事先考虑配送目的地、配送数量，并定好配送顺序和要行走的线路，以此来制约司机。

a. 委托运输单位登记：登记委托运输单位的基本信息。包括：单位编码、单位名称、联系人、地址、电话、传真、开户银行、银行账号等。

b. 车辆登记：登记自营车队和委托车队的车辆信息。包括：车辆牌照、车型、吨位、容积、车驾人员姓名、手机号、寻呼号等。

c. 班次管理：设置自营车队的班次信息。包括：车驾人员编码、车驾人员姓名、班次等。

（3）配货管理子系统。

① 申配请求单（订单）登记。客户订单包括：订单号、客户编码、配送日期、到货日期、到货地点、条码信息（含货物名称、单位、数量、规格、体积、重量）等。

② 申配请求单（订单）审核。对订单信息的准确性进行审核。

③ 出库单生成。按配货信息自动生成出库单，供仓储系统处理。包括：出库单号、租赁合同（含货主信息）、条码信息（含货物名称、单位、数量、规格、体积、重量等）。

④ 车辆配装单登记。按当前车辆的状态和配货能力自动生成车辆配装单。包括：车辆配装单号、车辆编码、车驾人员姓名、客户编码、配送日期、到货日期、到货地点、收货人、客户联系电话、客户联系人、收货人联系电话、收货联系人、条码信息（含货物名称、单位、数量、规格、体积、重量等）。

（4）送货管理子系统。送货管理最主要的任务是保证配送以最小的代价把货物按时、保质、保量地交到客户手中。

① 送货管理的难度。配送管理的难度，不在于使用什么样的运输工具，而在于如何安排配送这个控制环节。具体来说，配送管理的难度如下：

a. 城市配送工作时间管理十分困难。不同时间带的交通状况、路面修复、有无交通事故等条件均不相同，一般都是凭经验丰富的配送管理者来指挥配送作业。

b. 一次配送要为多家客户分别送去少量商品的配送业务很多，这样就带来一系列问题，如：按什么样的顺序送货、怎样分配时间、装卸方便与否等。

c. 每天的送货地点和货物数量均不相同。因此，不确定因素太多，很难拟订配送作业计划。

d. 和长途批量运输相比，城市配送的最大不同点是车辆停靠的时间大于行驶时间。配送过程是：装货、驱车配送、途中堵车、停车，每到一家客户，停车卸货，如果使用人工卸货，时间会更长。总之，种种原因，造成时间的不确定性。

② 配送方式。一般有三种主要配送方式：

a. 按需配送。根据需要，派车配送。接到配送订单后，按顺序装货，依次发车。如果配送订单多、整天订单不断、需要尽快送货时，此法较为方便。但是，此法浪费严重。车辆的实际载货率低，用户分布各地，车辆行驶效率恶化，不能按计划管理配送作业。现在采用计划配送法，将配送车辆分配在一定的线路或一定的范围内实现配送作业。

b. 定线路配送。定线路配送，就是每辆配送车都行驶于事先规定的线路上，为分布于该线路上的客户配送物品。这样，事先确定线路、配送车辆、配送时间和送货顺序，配送管理方便，如同铁路列车运行一样，按顺序配送，所以也叫运行图表配送。

c. 定范围配送。定范围配送是把配送地区分成几块，在其范围内自由配送。如有几辆配送车辆，把配送区域分成几个不同范围。每辆车负责在给定的配送范围内进行配送作业。接到订单后，把配送作业委托给提出该订单要求的客户所在范围内的配送车辆。但由于各个配送车辆所在辖区内的任务量可能不同，造成各配送任务之间的任务不均衡。解决方法是均衡配送范围之间的工作量。无论怎样划分范围，在不同的时间，都有可能发生各范围内用户数量不同、配送数量不同的问题。因此，需要对每天的配送范围进行调节，在某种程度上，应该考虑对范围进行微调的同时，调度配送车辆。

③ 节点设置。在市区内设置主要交通节点。

④ 最佳路径生成。对配送路线进行优化，生成最佳运输路线图，以最小的距离花费，按时把货物送给货主。

⑤ 到货确认。登记由客户确认的送货回单。

10.7 货代管理系统

1. 概述

货代系统功能分为：业务操作、货物跟踪、财务管理、在线交易、客户管理和组织管理等几个部分。

通过货代系统，货代企业接到货主企业委托后、进行订车配载、合同管理、收账管理、运输及跟踪过程的信息化管理。充分利用系统功能，对每笔业务数据进行输入、修改、查询和打印输出。在新委托进入系统后，货代企业将完整的企业信息输入系统，进行信息化管理的同时，并在相关企业或交易服务中心中寻找合适车辆。系统的账务功能可帮助货代企业管理每一票托运货物的应收应付账，做到账务清晰，管理有序。

此外，系统还具有人力资源管理、公司客户信息管理、公司业务资料管理等功能。这

可以节省大量的人力，减少工作失误，对客户的询问可以迅速及时地从电脑中提取资料回答客户，从而提高了对客户的服务能力。管理人员通过系统提供的分析报表，可以及时调整经营策略，有利于在和同行的竞争中时刻处于领先地位。

2. 系统目标

开发符合行业特色的货代系统，使货代公司在接委托单、寻车、送货、跟踪货物、财务管理和资料维护等方面进行信息化管理，使业务的操作、管理、查询、修改简单快捷，业务流程、账务一目了然。

在业务上充分利用信息化、网络化的特点，提高业务运转速度，提升企业形象和价值，增强企业的市场竞争力。

3. 货代管理系统流程描述

货代管理系统流程描述，如图 10－10 所示。

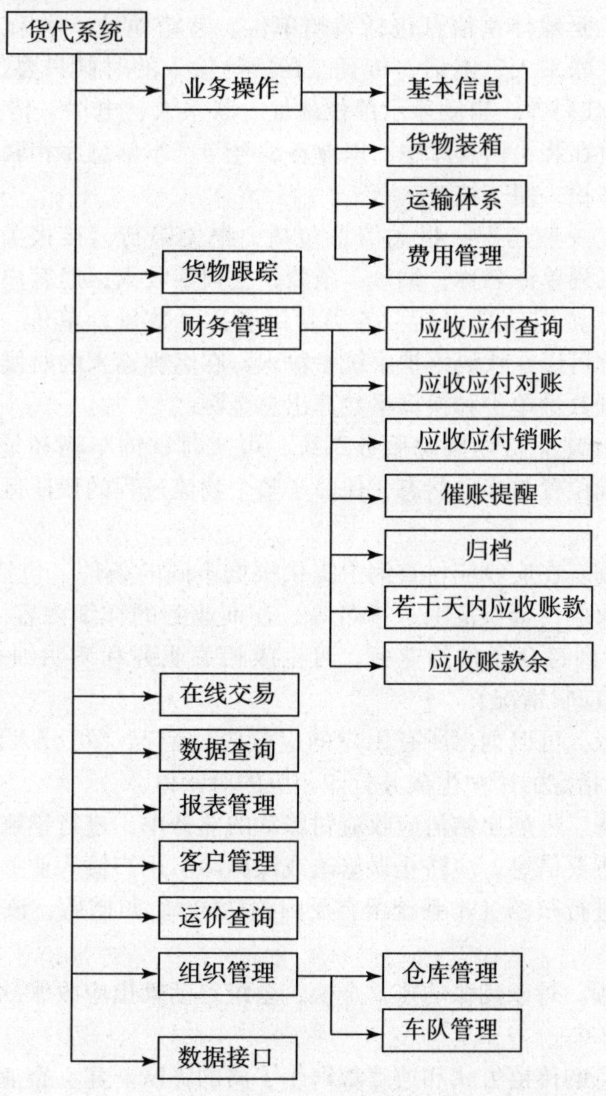

图 10－10　货代管理系统

4. 功能简介

（1）基本信息。为了统一管理，每一票业务系统将自动生成一个不重复的业务流水号。可用普通输入法输入业务基本信息，包括业务员名称、提单号、客户名称、付款方式、付款期限、接单日期、装载方式、数量、发货地、目的地、发货时间、运输条款、运费条款、货名、装箱车队、进仓编号、仓库名称、仓库联系人及电话、代理名称、发货人、收货人、通知人等各项相关数据。对于一些常用内容，可以用代码管理方式提前输入，在业务基本信息输入时可提供下拉列表进行选择。对于每一票业务的基本信息存放在基本信息库中。

（2）货物装箱

对于货物信息，包括货品名称规格、件数、包装名称、毛重、箱数、箱型、箱类、包装名称等，可以在代码维护中统一输入，在信息输入的时候提供下拉列表进行选择。

（3）运输体系。运输体系信息包括装箱单位、装箱地址、联系人、电话、传真、装箱时间、车队名称、联系人、电话、传真。在货物输入的时候只要选择装箱单位（或车队），系统自动搜索代码库，自动显示单位地址、联系人、电话、传真，从而提高输入的效率。装箱信息存放在装箱信息库中，以业务编号与基本信息库相联系，系统自动统计装箱的数量、毛重、体积，便于核对。

（4）单证管理。一般情况，报关信息包括：报关银行，接报关日期，送报关日期，报关完成日期，一系列单证名称、编号、条款，公司签收人，退客户日期，客户签收人。

（5）费用管理。费用信息包括：各类费用名称、数量、单价、换算系数、总金额、收付单位。费用名称可以在代码维护中统一输入，在名称输入的时候可提供下拉列表进行选择，系统自动根据数量单价和换算系数算出总金额。

（6）货物跟踪。建立货物跟踪服务系统，可实时掌握车辆和货物的在途运输情况，实时跟踪车辆的精确位置与当前状态，保障了整个物流过程的快速运转。

（7）财务管理。

①应收应付查询。在应收应付查询中提供根据不同的条件，包括业务编号、业务员、经营单位名称、应收应付金额范围、货名等，查询业务的详细内容（本系统提供模糊查询功能）。对于搜索到符合条件的业务，可生成相关业务利润明细表、业务费用明细表（列出业务中的应收应付情况）。

②应收应付对账。可以列出所有用户的应收应付情况（可分人民币、美金等多种货币的情况），根据所指定的用户生成并打印相应的对账单。

③应收应付销账。可列出结清应收应付账款的业务单，进行销账。

④归档。对于重要信息，应防止误修改或误删除。用户输入业务编号，系统便根据该项业务的销账情况进行归档（本系统留有反归档功能）。归档后，该业务中所有的信息不可修改。

⑤应收账款余额。对于到账的账款金额，系统自动算出应收账款余额。

5. 在线交易

网络发展使信息的传播方式和速度都产生了质的飞跃。建立企业网站，是企业宣传自我、拓展业务的有力工具，是拉近企业和用户距离及增加企业内/外部交流的有效途径。

作为交互媒体的网站，其信息是多线索的。所有信息不是单一的线性分布，而是多角度呈网状分布，可以通过多种不同的途径获取同一信息。针对不同的用户，既有详尽资料供用户查询、浏览，又有重要、有趣的信息主动呈现给用户，并时刻考虑让用户参与其中。

网站是公司市场营销的一个手段，应成为公司形象、业务推广、客户联络和直接交易的有力工具。对于货代企业，建立其企业网站，向客户介绍自己的服务，显然是非常有效的宣传手段。而提供在线交易功能，更是为即将到来的电子商务时代跨出了领先的一步。

6. 数据查询

(1) 概述。在数据库管理中，迅速、便捷的查询是体现数据库管理水平、统计各项业务工作情况的手段。查询式的统计法随用户需求而变，因此必须建立一套完善的报表子系统，通过该子系统用户可对各项内容进行查询、统计，可以使管理人员、决策者及时得到第一手资料，从中获得必要的信息，从而作出相应的反应。

(2) 子系统目标。

①系统提供精确查询、模糊查询、范围查询。

②系统对查询出符合要求的业务提供显示相关内容的链接。

(3) 功能描述。对于各项主要内容包括客户、经营单位、发货地、目的地、发货时间等系统提供多种查询方法，如精确查询、模糊查询、范围查询等，使用户可以以最快的速度、最简便的方法查到相关的内容，并可以浏览详细资料。

7. 报表管理

(1) 概述。报表是货运企业体现经济效益的重要工具，是各项业务工作结果的载体。报表格式和统计方法随着需求的变化而变动，因此有必要建立一套完善的报表子系统，通过该子系统用户可以对业务的各项内容进行统计并生成报表，上级单位可以直接调用下级单位的报表数据进行汇总分析，以便辅助决策。

(2) 子系统目标。

①报表的格式统一、简洁。

②报表数据的统计准确、无误，统计方法可以灵活选择。

③报表打印的方法多样化，可以通过传真、电子邮件等方式传送。

(3) 功能描述。本系统可据用户要求，对货运内容生成指定格式的报表，在打印前生成打印预览，便于管理层进行管理。对于一些统计多项业务的报表，可以根据用户提供的条件进行分类统计，生成用户所需要类型的报表。

报表分类如下：

①提单（海运、空运）。

②预配清单。

③配仓清单。

④装箱清单。

⑤报关单。

⑥到货通知。

⑦送货通知。

⑧进仓通知。

⑨退佣回执。

⑩业务利润表。

⑪业务费用表。

⑫发票。

8. 客户管理

（1）概述。货运业务管理系统用于业务分析人员、业务主管、管理决策者、对客户分类、服务、分析地区、市场，掌握客户的特性和服务关系，降低营运风险和成本，扩大市场，创造利润，分析统计潜在客户资源。为管理者的计划、判断、决策提供科学依据，使货运企业取得最佳的社会和经济效益。

（2）系统目标：

①详细输入客户资料，包含客户的所有信息，包括行业分类、地区分类、业务分类、市场分类。

②对客户资料的查询满足用户需要。可根据不同的条件、内容、范围进行查询，并把查询结果联系到基本业务的详细内容，便于用户作出计划、判断、决策。

③对客户资料的修改要做到方便、快捷、准确。

（3）功能描述。本系统可按用户要求添加、修改、删除客户。输入客户的详细资料是：名称、部门、地址、联系人、客户指定的送货单位的信息等，还可输入客户指定的送货单位，使其与客户数据库相关联。

客户查询方法有精确查询、模糊查询、范围查询三种。它能以最快的速度使用户找到指定的客户资料和与客户相关的业务资料。

9. 运价查询

（1）概述。根据运价规定和实际运价，设计完整统一的数据库。根据不同的环境和客户实际需求，设计货运运价信息系统。应用本系统可以查询路程、运价和货物是否到达目的地等信息。

（2）子系统目标

①运价输入过程简洁方便。

②运价查询快速、准确。

（3）功能描述。在运价输入界面上输入货主简码、路线、货物重量、商品类别等信息，在本地数据库中自动查找相应的运价，同时提示制单人员临界重量的货物运价和运费，以供制单人员进行选择。系统还根据用户的参数配置，实现手动或自动查询的自由切换。

10. 组织管理

（1）概述。组织管理包括仓储管理和车队管理。仓储管理的信息化是现代化仓库管理的趋势，随着信息技术不断发展，尤其是信息网络化的应用，仓储信息处理越来越复杂，信息数据量也更为庞大，来源分布广而复杂。如果仍采用手工收集数据，会大大增加信息采集人员和信息输入人员，降低信息正确率和信息系统的执行效率。为了实现信息的快速准确的输入，本系统提供一系列的解决方案。

（2）子系统目标：

①仓库管理系统化。如入库、出库、库存调整、盘点仓库等更有条理，管理更为方便。

②对公司车辆进行管理，如派车申请审批、出车情况、车辆各种费用情况等，使公司车队的日常事务运行更有条理，管理更为方便。

（3）功能描述：

①仓库管理：

a. 入库管理。实现货物入库作业辅助和信息的管理，包括：入库单的录入、查询、修改、删除、审核，同时支持存储堆位的辅助生成功能。

b. 出库管理。实现货物出库作业辅助和信息的管理。包括：出库单的录入、查询、修改、删除、审核。

c. 库存调整。实现库存货物数量的调整管理，包括：调整单的录入、查询、修改、删除、审核。

d. 转仓管理。实现库存货物转移存储位置的管理，包括：转仓单的录入、查询、修改、删除、审核。

e. 盘点管理。实现库存货物的盘点管理，包括：盘点计划的生成、盘点信息录入、差异表生成、自动调账等。

f. 库存查询。实现库存货物的库存状况与统计的动态实时查询和显示。

g. 配送管理。实现库存货物的配送管理，包括：配送单生成、查询、修改、维护、删除和审核。

h. 提货管理。实现库存货物的提货管理，包括：提货单生成、查询、修改、维护、删除和审核。

i. 仓库设置。实现仓库和堆位的设置管理，包括仓库数据初始化设置和维护、仓库堆位数据初始化设置和维护。包括：仓库的增加、修改、删除、查询。

②车队管理。车队管理主要提供车队的基本信息、联系人、电话、传真及车辆状态的增加、修改、删除和查询功能。为货运公司提供详细的车队情况，更有效地选择和使用车辆提供了有效的管理手段。如车队选择、出车情况、车队各种费用情况等，使车队的运行更有条理，管理更为方便。

10.8 航空公司管理系统

1. 概述

空运管理系统以航空货运为主，对分单、客户和费用等进行管理。即对进出口、包舱包板各类空运业务进行管理，一次性输入所有数据，自动生成、输出报表单证，再以强大的各项各类查询统计功能迅速地查询各种资料，精确掌握各项业务和费用情况。

2. 特点

金文空港物流管理系统是一个功能完整的，集操作、管理和客户服务为一体的航空货运系统。此系统涉及航空货运运营的各个方面，有效支持航空公司各地的市场部门、财务部门、运作部门。利用系统进行业务操作和管理，为航空公司打造一个先进的、高效用的企业货运应用平台。其特点是：

（1）此系统是基于 J2EE 平台的先进产品，为航空集团应用提供了信息技术保证。

（2）系统安全性好，专用的 InfoSecurity 安全控制系统为航空集团应用提供了信息安全保证。

（3）系统支持航空公司各个基地、营业部门同时进行货运进出港业务操作，并且支持航空公司统一的运价销售政策，统一航班舱位控制，可通过授权委托各个基地、营业部对舱位销售进行分权控制。

（4）系统提供多种途径的客户服务方法，并支持航空公司与航空物流的参与者协同、联盟运作，实现“门到门”货物运输，提高客户的满意度和忠诚度，从而提高航空公司的核心竞争力。

这是一个开放系统。系统内部构件的开放性，包括硬件、操作系统、应用软件，都采用标准的开放技术。

3. 功能说明

（1）预录空白单号和放号。

（2）定舱。以主提单号向航空公司申请定舱，并依据航空公司的反馈信息确认定舱状态。

（3）主单资料。提供方便快捷的业务资料输入界面，用一整套的代码体系（航空公司、业务员、客户、港口等）规范输入，尽量减少中文的直接输入，达到数据输入快速性、准确性，为后续的费用结算提供保障，并且代码资料可以重用和随时新增。实现数据的一次性输入，可以生成托运单以及其他相关单证，并可对业务进行统计和分析。

①进口分单资料：以主单为准，直接调用主单资料。

②出口分单资料：以主单为准，直接调用主单资料。

（4）货物跟踪。从海关查验放行、航班信息、空港收货及装运信息等下述几个渠道来源的数据合并进行货物的跟踪操作。

（5）应收、应付资料管理。从业务系统自动取数，据每一提单分别录入应收、应付资料。

（6）建立费用项目代码库。设立费用类别，便于费用体系的灵活维护和以后按类别统计费用的收付情况；根据建立的费用项目代码库，在每一票提单下，依据实际业务中发生的费用分别录入应收、应付资料：费用名称、应收（付）金额、币别、付（收）款人、汇率、预计发生时间、制单人、结算类型等信息；对每一票提单下每一笔应收、应付款，自动生成航空公司、航班、航次、开航期、提单号、费用名称、应收（付）金额、已核销金额、未收（付）金额、本次核销金额（初始为0）、未核销金额等核销资料信息。

（7）运价管理。分为两种情况：市场公开报价以及协议客户报价，并可以列印运价清单。

（8）空运费率计算。小于5公斤以 Minimal 计，5 ~45 公斤内，以45公斤计，其余公斤等级按空运费率等级自动计算。另外可以支持累加式费率计算方式。费率计算支持换算自动识别计算，通过将体积转换成公斤数，确定计费重量计算费率。

（9）空运拼货作业。确定总单号，选择需要拼的分单号，合并到此总单号之下，并可以自动生成总单。系统支持成本利润的分摊模式，也可以以总单方式计算。

（10）仓库操作。记录基本库存情况、实际进货情况，并在此基础上实现仓库实际进货数据回写到数据库，覆盖分单上重量体积和件数。

（11）佣金、利润分配方式。佣金、利润分配方式的多样性，按百分比、公斤、体积等方式计算。

（12）财务接口。与有关财务管理系统无缝链接，可实现灵活的会计科目核算属性与业务对象的匹配。系统支持对与会计系统间的凭证生成过程的自动检查对比，以保证凭证事务的有效性与完整性。

（13）用户权限管理。用户按单证、业务员、客户服务、财务等不同角色查看指定范围的资料。支持定义复杂的公司组织架构，并按此建立分级权限管理体系，完成对用户使用系统权限的管理和用户操作的历史记录的查询。

（14）远程管理和电子商务。远程多站点网络化管理可采用集中式或分布式，满足不同的管理需求，支持异地业务操作。

（15）个性化需求。通过简单的系统配置工具，从权限、单证、操作、财务控制、界面等各方面满足用户个性化的需求。

11 体育器材装备中心物流系统规划设计

11.1 概 述

国家体育器材装备中心承担着国家体育活动的保障工作。为了提高装备中心的物流管理水平，更好地为体育事业服务，必须对体育器材装备中心的各种体育物资进行精细化、透明化、规范化管理，如装备中心器材（耗材）及设备的采购，赠品、器材、设备等的仓库管理及库存控制，各赠品及器材设备的领用、赠品及物资资金的分类统计等。以业务流程为基础，结合现代物流管理理念，通过先进实用的计算机技术为体育器材装备中心开发体育物流系统，并与中心人力资源、财务等系统实现对接，组成国家体育总局体育器材装备中心的高效体育物流信息网络，为体育活动提供最及时、最便利、最有效的后勤保障。希望以专业的物流管理理念和丰富的开发经验为体育器材装备中心的物流管理作出贡献。

体育器材装备中心的体育物流是我国体育事业服务的后勤保障。体育物流不同于一般意义上的物流活动，体育物流重点是对体育用物资的科学化、信息化管理。我国是人口众多的体育强国，体育器材品种多、数量大，体育器材装备中心的体育物流管理系统必须是高起点，建立为全国体育事业服务的物流管理平台，更加及时、全面、高效的管理体育物资，才能满足广大人民体育活动的需要。

11.2 总体方案设计

11.2.1 系统设计目标

信息系统是为管理及运作服务的。通过信息系统建设，将实现以下目标：管理目标、服务目标、技术目标。此目标实现之后，将建立一套科学管理水平高的体育物流系统。这将大大提升国家体育总局体育器材装备中心物流的管理水平和服务质量，完善物流管理，并为建立更大范围的体育物流系统打下坚实的基础。

1. 管理目标

信息系统通过流程优化重组，建立标准的业务管理规范，通过应用现代物流管理技术及方法，全面提升国家体育器材装备中心物流相关部门的管理水平。

（1）标准化管理。实现标准化管理，包括流程标准化、操作标准化、服务标准化，

主要通过流程重组和条码技术的应用来实现。体育器材装备中心物流相关部门的作业及货物的特殊性，以及对配送及时性要求很高等特点，对货物的管理必须实现标准化，最有效的办法是采用条码管理。在整个系统内以条码为线索，进行跟踪管理。同时，系统对于不便使用条码的货品也提供方便、快捷的操作管理方式。

（2）信息透明化。管理的一项重要职能就是对信息的控制。通过实施该系统，体育器材装备中心物流相关部门内外信息将实现实时化、透明化，并与已有系统结合形成装备中心的高效信息网络。在基于流程的管理控制中，信息在各部门之间进行横向流动、上下流动、内外流动。同时，系统将通过权限控制手段，严格、有效地限制信息查阅、修改动作，做到按照不同的操作、不同的岗位、职责、部门、决策层分配不同的权限。

（3）提高管理效率，降低作业成本。作业效率是服务质量的基本标准之一。通过流程优化重组及信息系统的实施，会大大减少操作环节，提高管理效率，尤其以无线射频技术支撑的作业流程，大大减少了单据打印及反馈过程，提高了作业的时效性，也大大提高了作业效率，降低了作业成本。信息系统中基于活动的成本分析方法，将全面反映每项任务的各个环节成本，并对各个环节的工作效率给出日志，管理人员能够全面了解各类业务、各种作业的进行及完成情况，以及需要改进的环节等，能够大大提高管理效率，降低作业成本。

（4）货物全程跟踪管理。系统实施之后，体育器材装备中心物流相关部门的所有作业环节都将纳入系统管理之中，系统管理的主要对象是“货物”，通过系统内部统一的条码应用，“货物”在系统内呈现“可视化”状态。

2. 服务目标

在体育器材装备中心，物流相关部门属于服务部门。服务水平的好坏直接影响到其他各部门以及各项体育活动，提高服务水平是本系统的目标之一。通过对流程及管理的规范，将为体育器材装备中心物流相关部门提出一套服务监督及服务评测指标，以便高层管理人员及考核人员分析、考核。

服务目标具体体现在减少中间积压、加快物流速度、信息的及时反馈、服务的及时响应、投诉的及时处理等。通过测量、建立、提升物流速度，做到对各作业的管理控制、提升服务水平。系统内的流程是闭环式的，即有信息输出，必然有信息反馈，也就是说每一项作业都有反馈渠道、反馈时间、反馈内容要求，这是确保货物可视化管理的基础之一，也是提高服务水平的重要措施。

3. 技术目标

体育器材装备中心物流信息系统以真实、准确、及时的数据为基础，以先进、合理、有效的管理方法为核心，以现代计算机网络及通信技术为依托。它的目标是：提高国家体育器材装备中心物流相关部门的工作效率、工作质量和工作协调性，提高物流管理水平，并为领导决策提供科学的依据；建立各个层次数据库，存储各个职能部门、网点的基础数据，逐步积累形成丰富的信息资源库，提供领导查询和辅助决策支持。

系统采用 B/S 与 C/S 相结合的体系结构。其中 C/S 结构主要应用于中心的物流作业系统；B/S 部分采用 J2EE 平台，基于 JAVA/EJB/XML 等技术开发，应用于分支机构、供应商及用户的管理、库存的查询以及其他管理部门对资金账号、人员信息等的管理。

11.2.2 系统实施原则

1. 坚持可靠性原则

系统运行要求具备很高的可靠性，主要采取以下措施：

(1) 数据录入的检查、纠错和审核。

(2) 事物定义，保证数据的一致性。

(3) 数据备份，系统提供应用级的备份能力，数据库提供数据级的备份能力。

2. 坚持安全性原则

数据存储、调阅有授权限制，数据传输过程采用加密手段，使系统数据免受外界侵犯，保证数据安全。

(1) 坚持实用性原则。本系统将针对体育器材装备中心物流相关部门具体管理流程、业务流程进行设计，在深入了解体育器材装备中心物流相关部门管理实际流程之后，配合体育器材装备中心物流相关部门的具体设计方案，设计管理信息系统平台，力求操作简单、标准。数据采用代码、字典选择等多种录入方法。数据采集采用批量处理，提高系统的工作效率。

(2) 坚持可扩充性原则。充分考虑以后的升级和扩充功能的问题，设有增加业务接口，可随时增加业务，调整参数。数据留有适当的冗余以备将来扩充功能，冗余数据可通过参数设置成为显式数据，用户可自行调整录入画面。系统的扩充性能满足新的功能需求。

(3) 坚持适应性原则。查询、统计的需求，可能会根据业务发展而变化，用户可自行组织查询、统计条件，适应各种不同的需求，并设有多种应急情况设置及处理。

(4) 坚持可维护性原则。系统的日常工作有日志，对任何意外事件的发生系统可根据日志情况进行分析、判断。

11.2.3 总体框架及技术规范

体育器材装备中心的体育物流系统是根据体育器材装备中心的实际需求而开发的具有前瞻性、先进性的管理系统。它是基于互联网技术，B/S、C/S 体系结构相结合的最新软件技术。

1. 系统框架及功能

本方案针对体育器材装备中心物流相关部门的物流业务管理提供应用软件，包括物资采购、存储、分类统计等物流活动。这是体育器材装备中心物流相关部门最需要的管理系统。此外，还具有以仓储管理系统为核心的信息系统。

体育器材装备中心的业务模型，系统的主要功能包括入库、出库、盘点、配送、赠品管理、库存查询、订单查询（跟踪）、退货、企业资源管理、供应商管理、财务结算管理等。

2. 系统技术规范

仓储管理子系统采用成熟的 C/S 体系结构开发，充分利用了 C/S 结构操作灵活、数

据表现方式多样的特性。

WEB 支持子系统采用基于 J2EE 的 EJB 中间件架构，并结合 JAVA、XML 等技术进行开发。

J2EE 提供的企业级的计算模型和运行环境用于开发和部署多层体系结构。它通过提供企业计算环境所必需的各种服务，使得部署在 J2EE 平台上的多层应用可以实现高可用性、安全性、可扩展性和可靠性。其优越性在于：计算平台支持 Java 语言，使得基于 J2EE 标准开发应用可以跨平台地移植；Java 语言非常安全、严格，这使开发者可以编写可靠的代码；J2EE 提供了企业计算中需要的所有服务；J2EE 中多数标准定义了接口，例如 JNDI（Java Naming and Directory Interface）、JDBC、Java Mail 等，因此可以和许多厂商的产品配合，容易得到广泛的支持。

WEB SERVER 采用 Apache SERVER，其稳定性和可靠性已在广泛的应用中得到了充分的验证。

后台 DBMS 采用 MS SQL Server 2000。

11.2.4 应用软件详细方案

1. 概述

根据体育器材装备中心的具体需求，本方案针为体育器材装备中心物流业务提供的应用软件系统分为四部分：仓储管理系统、赠品管理系统、用户管理系统和统计查询系统。其中仓储管理系统为核心系统。图 11－1 所示为体育物流系统。

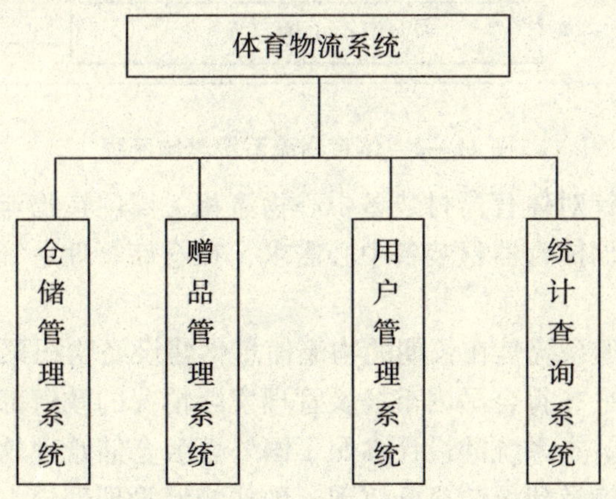

图 11－1 体育物流系统

四部分的功能模块简要介绍一下：

（1）仓储管理系统：包括仓库管理模块、基本资料、供应商管理、业务管理、报表、系统配置、预警管理模块。

（2）赠品管理系统：包括赠品基本信息、合约管理、赠品数量管理等。

（3）用户（项目）管理：包括用户（项目）基本信息、订单（申请）管理、需求计划管理等。

（4）统计查询管理：按用途、时间、对象、品种等方式统计各种数据，并按照以上字段进行查询。

体育器材装备中心的体育物流系统总体流程如图 11－2 所示。

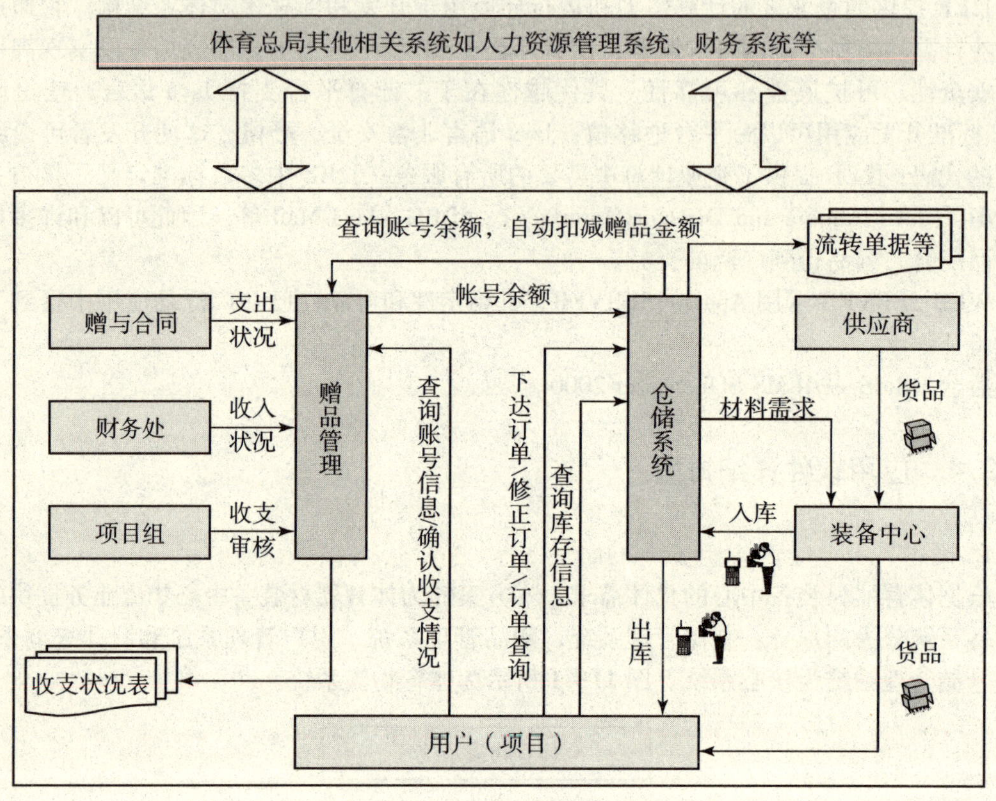

图 11－2　体育物流系统总体流程

仓储管理系统主要针对体育器材装备中心物流相关部门在物流管理过程中涉及的仓储相关作业进行管理。根据体育器材装备中心需求，在仓储管理系统的基础上开发可靠实用的管理系统。

Jwend_wms 物资管理系统是在长期的物流信息化建设经验积累的基础上，设计开发出的一套具有国际先进水平、符合国内市场及管理实际情况的政府部门或事业单位对物资进行管理的仓储管理系统。本系统的设计参照了国外著名仓储管理软件的设计思路，获得了国内知名专家的大力支持及建议，充分体现了现代物流管理理念。本系统能够单独作为仓储管理系统使用，也可以与 SCM、TMS、ERP、MRPII、HR、财务等管理软件结合使用，从而取得更大的综合管理效益；系统全面支持条码管理，可以与手持终端以及 RF 系统配合使用，其效果更佳。

此系统具有良好的可扩充性和功能前瞻性。其优点之一是将空间和时间的离散化物流操作，协调成流畅的流水线式的作业流。在整个系统辖域内，统筹配置各种人力及物力资源，以期获得最大的作业效率；同时，在所有操作环节中实现了数字化及网络化管理，为精确的绩效考核与单品管理提供了科学依据。Jwend_wms 系统安全性可靠，并具有友好的

人性化图形界面，查询及统计方便。配合条码、EDI 以及 RF 的使用，极大地提升了传统仓储作业的工作效率、服务质量。

根据体育器材装备中心物流作业需求设计的物流系统，能大大提高作业效率和服务水平，降低作业成本。

针对体育器材装备中心物流相关部门的作业特点，对系统的功能介绍如下。

2. 入库

接受来自采购部门或供应商的入库通知单，做好入库准备如储位、装卸设备等准备，并可通过无线射频设备（RF）下达作业指令。

系统支持货品不经实际存储而所有权直接从供应商转移到用户的越库操作。图 11－3 所示为入库通知单。

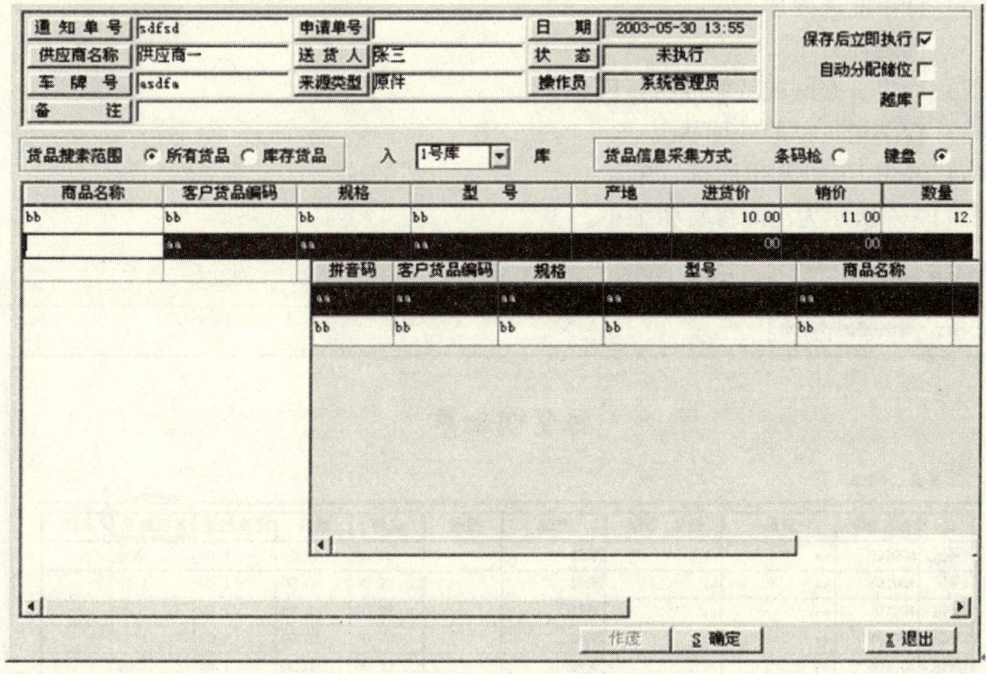

图 11－3 入库通知单

3. 收货。系统对待入库货品将完成以下操作：

（1）将作业相关文件交付仓库（也可经由 RF 终端机）。

（2）接收并检验货物。

（3）收到该批货品并标注相关文件（也可经由 RF 终端机）。

（4）标示该批货品为完成收货程序。

4. 货品上架、摆放

系统根据货物属性及资源配置情况将货品分配到指定的储位上，并经过相关搬运作业完成货物存放作业。通过避免污染、同类产品相邻、进出频率高的货物临近通道等原则，系统自动分配储位。

5. 出库

出库与入库是相反的两个作业流程。对于体育器材装备中心物流部门业务流程是：把用户订单录入系统、系统产生拣货单、拣取货品、配送出库。

出库作业后，系统将自动记录对应账号的资金，并体现到相应的统计报表和账单中。出库时，系统将检测当前出库账号的余额情况，如余额不能支撑当前出库，则系统报警，并禁止该账号出库。

出库的原则包括：先进先出、先到期先出库等原则。系统可以做到：

（1）通过多种途径接收订单。

（2）产生送货单。

（3）配置订单。

（4）除去配置订单。

（5）订单配送处理。

（6）批处理订单。

（7）产生、查阅或者修改拣货明细。

（8）查阅送货单的处理状况。

（9）经由 RF 处理出库拣货单。

图 11 -4 所示为出库拣货明细单。

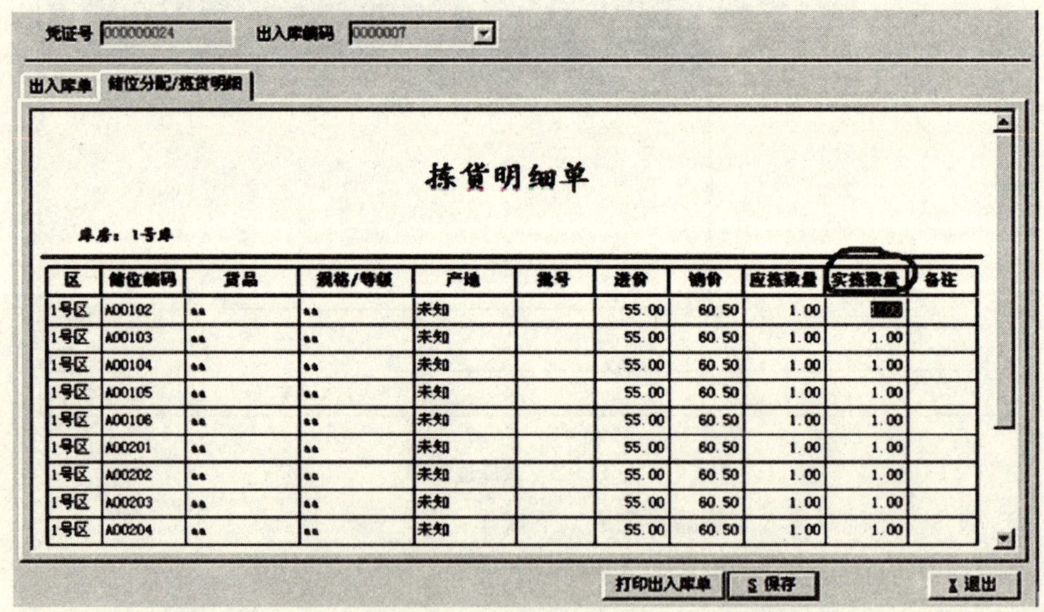

拣货明细单

库房：1号库

区	储位编码	货品	规格/等级	产地	批号	进价	销价	应拣数量	实拣数量	备注
1号区	A00102	aa	aa	未知		55.00	60.50	1.00	[illegible]	
1号区	A00103	aa	aa	未知		55.00	60.50	1.00	1.00	
1号区	A00104	aa	aa	未知		55.00	60.50	1.00	1.00	
1号区	A00105	aa	aa	未知		55.00	60.50	1.00	1.00	
1号区	A00106	aa	aa	未知		55.00	60.50	1.00	1.00	
1号区	A00201	aa	aa	未知		55.00	60.50	1.00	1.00	
1号区	A00202	aa	aa	未知		55.00	60.50	1.00	1.00	
1号区	A00203	aa	aa	未知		55.00	60.50	1.00	1.00	
1号区	A00204	aa	aa	未知		55.00	60.50	1.00	1.00	

图 11 -4　出库拣货明细单

6. 配送管理

（1）概述。系统接到用户（项目）配送请求，立即安排人员配送货物到各目的地。配送管理完成以下作业：

①生成配送单。

②选择配送人员。

③配送批次管理。

④打印配送单。

⑤配送跟踪及反馈。

（2）盘点。系统提供日盘、月盘、年盘等盘点方式。

盘点时首先生成盘点操作单，该单据可通过纸质单据形式或 RF 终端进行操作、执行。盘点完成后，按上述两种方式对盘点操作单进行反馈，反馈结果体现到盘点报表中，生成盈亏数据。

（3）订单跟踪、查询。作业人员可根据订单编号等条件，对当前正在执行和执行完的订单进行跟踪、查询。

（4）库存跟踪、查询。根据对库存状况的查询了解所需货品的存储状况，再根据库存状况下达订单，避免因库存缺货造成的订单延迟，并可及早通知物流部门缺货状况，以便及时采购。

（5）缺货通知。本模块把用户（项目）提供的缺货数据提交给物流部门建议采购。物流部门通过对缺货通知的确认，可自动或人工生成采购计划。

（6）用户（项目）管理。用户是物流业务来源，系统不但要提供全面的用户管理，而且通过调用客户的使用情况，可以确定物流配送业务的发生方式。

通过接口与人力资源系统交换信息，以保证信息数据的一致性。

通过多个入口进行管理。其中包括：

①财务收入资金的录入、确认。

②后勤和物资供应部门对支出资金的采集、生成等。

图 11－5 所示为基本信息表。

基本信息 | 权限分配

机构编码		机构名称	
部门等级	实验室/部门	所属部门	
开户行		开户行账号	
部门类型		账号是否使用	
机构状态	正常	国家或地区	
联系人		省份	
邮编		城市	
电话		传真	
地址			
备注			

S 确定　X 退出

图 11－5　基本信息表

7. 库区管理

库区划分的逻辑结构定义如下：库房中划分若干存储区域，称为“区”，每个区中可划分若干“存储单元”，即储位。当然，库房中可不划分区，区中也可不划分存储单元，这样考虑是为了适应最广泛的库存环境，如图 11 -6 所示。

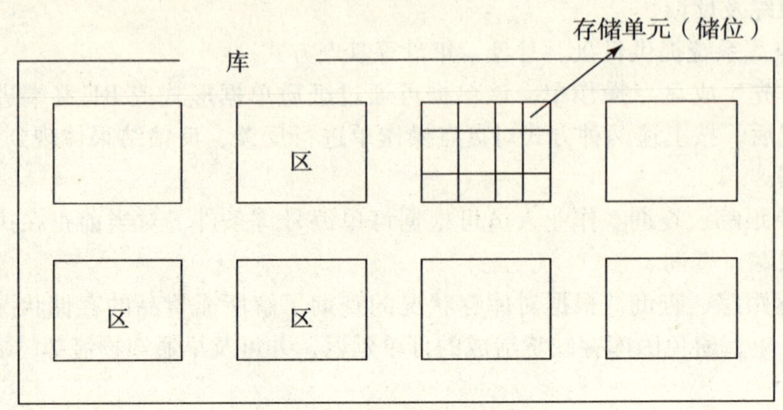

图 11 -6　库区划分的逻辑结构

对应划分单元的区，原则上每个存储单元（储位）只允许存放一个入/出库单元，即避免出现“一位多物”的情况，而不划分存储单元的区可存放多个入/出库单元。需要说明的是：不划分存储单元的区将不能进行储位管理，也就是说储位管理的优势及其特性将不能体现在这种区中。为便于管理，一般不采用这种划分方式。但从应用的灵活性和适应性角度出发，有时候这种区域的划分还是必要的。对于不划分区的仓库，则视该仓库为一个区，即整个库房为一个区。当然，区的管理方式完全适用于该库房。对库区的操作主要包括以下内容：

（1）库房信息操作。库房管理主要由库管中心操作进行，普通库管人员无权限操作此部分功能，包括以下主要内容：新增库房、注销库房、库房信息修改、删除库房、库房信息查询

（2）区信息操作

区信息的操作主要由以下方面构成：新增区、注销区、区信息修改、删除区、合并区、区信息查询。

（3）储位信息操作

储位信息操作包括：新增储位、注销储位、储位信息修改、删除储位、合并储位、储位信息查询。图 11 -7 所示为库房基本信息表。

8. 货品管理

从根本上说，货品管理就是如何在已经配置好的储位中分配货品以及对货品的数量、品质和状态实施管理的过程。货品管理主要包括对货品基本信息、污染及防止污染信息、组装信息和数量对照信息等。图 11 -8 所示为货品管理表。

9. 设备管理

设备作为一种特殊的货品出现在系统中，设备登记入库后，对设备的出库实际上是对该设备的领用，对设备的入库实际上是对设备的归还退库。同时，针对设备的管理还包括对设备附件的维护、保管人的变更、设备费用的维护、设备的调拨等功能。

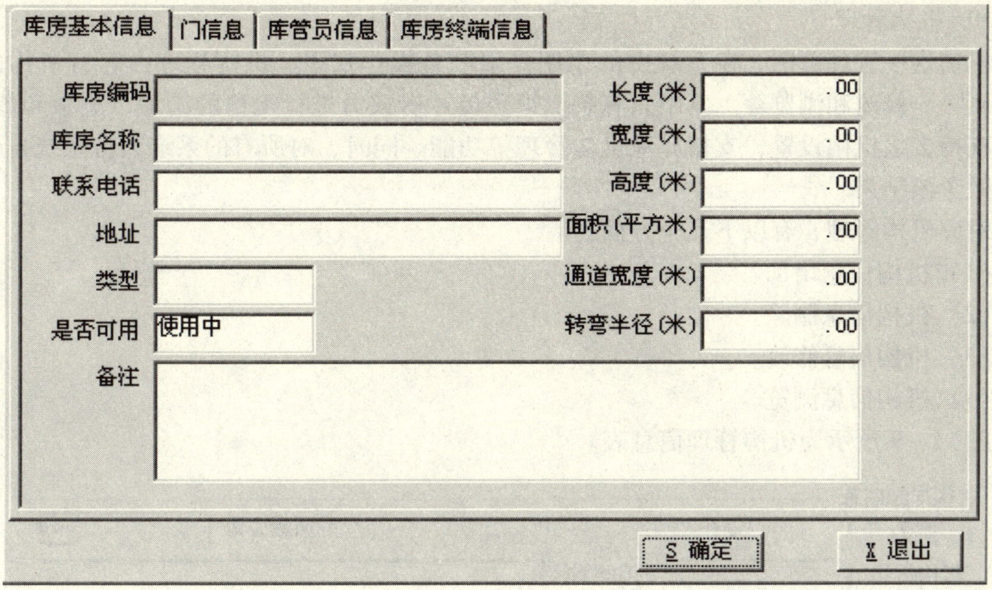

库房基本信息 | 门信息 | 库管员信息 | 库房终端信息

库房编码		长度(米)	.00
库房名称		宽度(米)	.00
联系电话		高度(米)	.00
地址		面积(平方米)	.00
类型		通道宽度(米)	.00
是否可用	使用中	转弯半径(米)	.00
备注			

S 确定　　X 退出

图 11－7　库房基本信息表

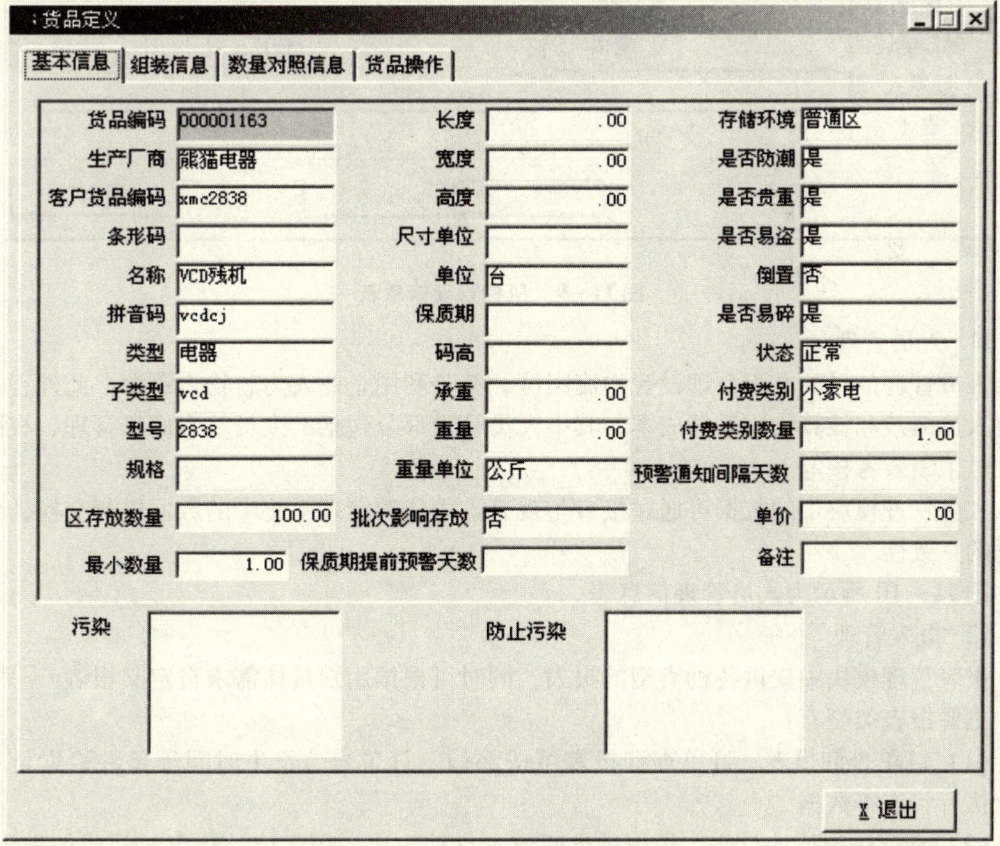

货品定义

基本信息 | 组装信息 | 数量对照信息 | 货品操作

货品编码	000001163	长度	.00	存储环境	普通区
生产厂商	熊猫电器	宽度	.00	是否防潮	是
客户货品编码	xmc2838	高度	.00	是否贵重	是
条形码		尺寸单位		是否易盗	是
名称	VCD残机	单位	台	倒置	否
拼音码	vcdcj	保质期		是否易碎	是
类型	电器	码高		状态	正常
子类型	vcd	承重	.00	付费类别	小家电
型号	2838	重量	.00	付费类别数量	1.00
规格		重量单位	公斤	预警通知间隔天数	
区存放数量	100.00	批次影响存放	否	单价	.00
最小数量	1.00	保质期提前预警天数		备注	

污染　　防止污染

X 退出

图 11－8　货品管理表

10. 机构管理

机构这一管理部门，在系统中的作用是限制各操作权限。机构管理内容有机构的增加、删除、修改和浏览等。其中只有系统管理员才有权力进行机构的增加、删除和修改。系统支持多级机构设置，支持异地机构管理等功能。同时，对所有的系统人员系统自动生成绩效考核结果。

对应机构管理，有以下几个方面：

（1）机构信息增加。

（2）机构信息删除。

（3）机构信息修改。

（4）机构信息浏览。

图 11－9 所示为机构管理信息表。

机构详细信息

类型				所属公司	
机构编码		机构名称			
开户行		开户行账号		账号使用	
国家	中国	省份		城市	
地址					
邮政编码		电话		传真	
联系人					
描述					

保存(S)　取消(C)　退出(X)

图 11－9　机构管理信息表

11. 人员管理

人员管理的目的在于合理设置物流岗位，充分利用企业人力、物力资源。此外，还能考核人员绩效和核算物流运营成本。其中人员管理部分包括：人员基本信息管理、权限设置、员工绩效考核等。

人员管理模块中的数据可通过接口与现有人力资源管理系统中的数据进行交换，保证数据的一致性。

图 11－10 所示为人员管理信息表。

12. 报表管理

报表管理模块中提供各种类型的报表，同时可根据用户具体需求自定义报表。

主要报表类型有：

（1）订单查询报表。订单查询报表可按部门、订单号、发生时间等条件检索订单信息、执行状态等数据。

（2）仓库进出库统计表。根据进出库流水自动生成，用于统计特定时间段的进出库、库存、仓库利用率状况。包括：进出库单、库存清单、仓库利用率。

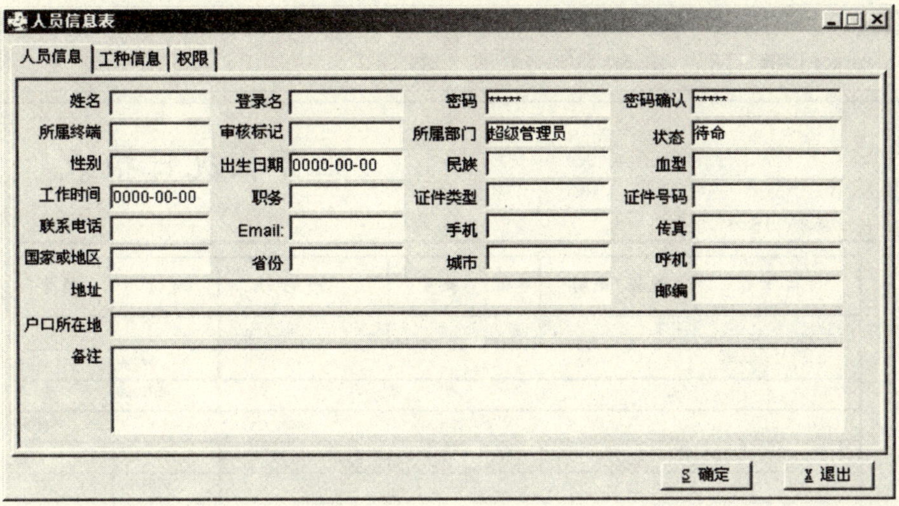

人员信息表

人员信息 | 工种信息 | 权限

姓名 登录名 密码 ***** 密码确认 *****
所属终端 审核标记 所属部门 超级管理员 状态 待命
性别 出生日期 0000-00-00 民族 血型
工作时间 0000-00-00 职务 证件类型 证件号码
联系电话 Email: 手机 传真
国家或地区 省份 城市 呼机
地址 邮编
户口所在地
备注

S 确定 X 退出

图 11－10 人员管理信息表

(3) 进出库单。统计仓库进出库信息。

(4) 配送统计单。对以往配送作业系统生成统计单。

(5) 库存清单。提供仓库中库存货品的详细信息。

(6) 仓库利用率单。可提供现有仓库利用率清单，或以图表形式显示。

(7) 部门月度出库统计表。

(8) 库别业务状况日报表。

按库统计每日出入库情况。

图 11－11 所示为出库明细表。图 11－12 所示为业务日报表。

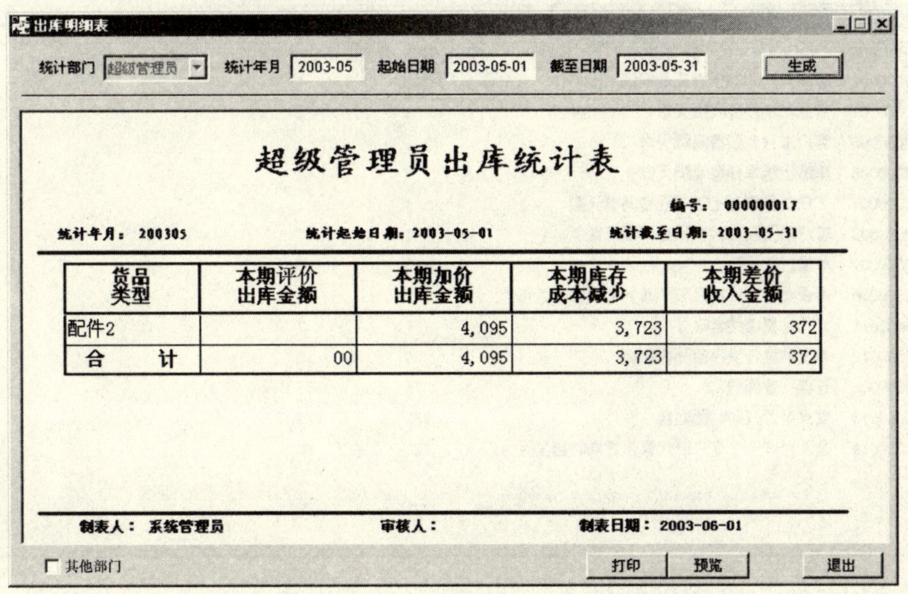

出库明细表

统计部门 超级管理员 统计年月 2003-05 起始日期 2003-05-01 截至日期 2003-05-31 生成

超级管理员出库统计表

编号：000000017

统计年月：200305 统计起始日期：2003-05-01 统计截至日期：2003-05-31

货品类型	本期评价出库金额	本期加价出库金额	本期库存成本减少	本期差价收入金额
配件2		4,095	3,723	372
合　计	00	4,095	3,723	372

制表人：系统管理员 审核人： 制表日期：2003-06-01

其他部门 打印 预览 退出

图 11－11 出库明细表

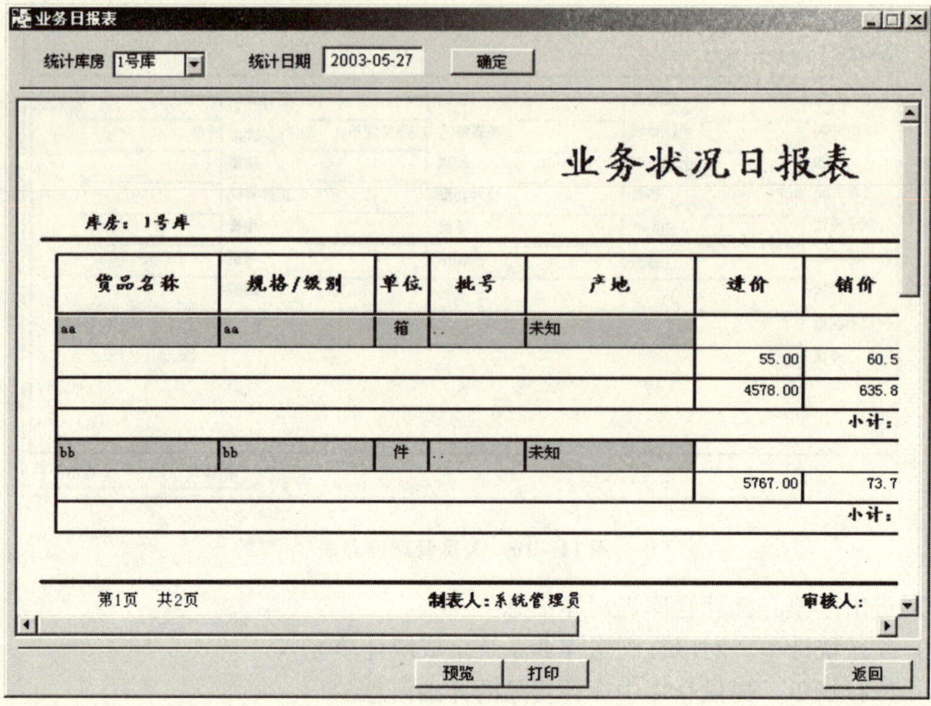

图 11－12　业务日报表

13. 系统维护

本模块中主要包括下列功能：

（1）系统运行参数的配置。配置系统中某些项目的默认选项如图 11－13 所示。

用户配置

配置编码	配置名称	配置值	系统缺省值	备注
000000002	客户合约到期预警天数间隔	2	1	
000000007	货品污染预警间隔天数	1	1	
000000006	客户未付款预警间隔天数	1	1	
000000005	库房出租率预警间隔天数	1	1	
000000004	客户货品库存上下限预警间隔天数	1	1	
000000003	客户租区到期预警预警间隔天数	1	1	
000000009	单据打印行数	6	6	
000000010	是否允许客户货品放到其他客户以代管形式.	NO	NO	
000000011	合约结算滞纳金率	7	7	
000000012	单位吨位转换存储面积数量	20	20	
000000008	标准密度面积	75	75	
000000013	盘点是否打印帐面数量	YES	YES	
000000014	是否允许多个客户以代管形式同时租某区	YES	NO	

确定

图 11－13　系统运行参数的配置

（2）短消息配置。利用配置系统执行作业时，可以自动或手工发送短消息给作业人员。图 11－14 所示为编辑短消息。

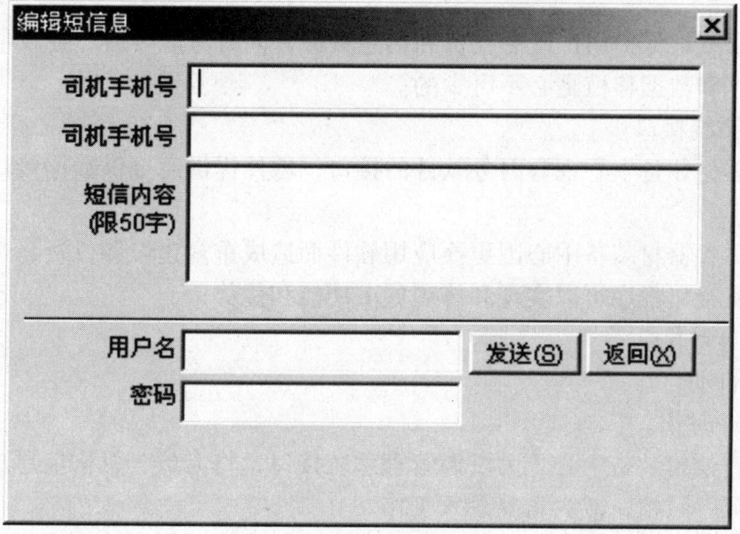

编辑短信息
司机手机号
司机手机号
短信内容
(限50字)
用户名
密码
发送(S)
返回(X)

图 11－14 编辑短消息

（3）数据备份和恢复。此功能用于系统数据的安全性备份。

（4）配送区域管理。这是管理配送区域的位置信息，主要应用于作业的优化、配送集货等。

（5）货品查询配置。此功能可以查看到货品信息。如图 11－15 所示。

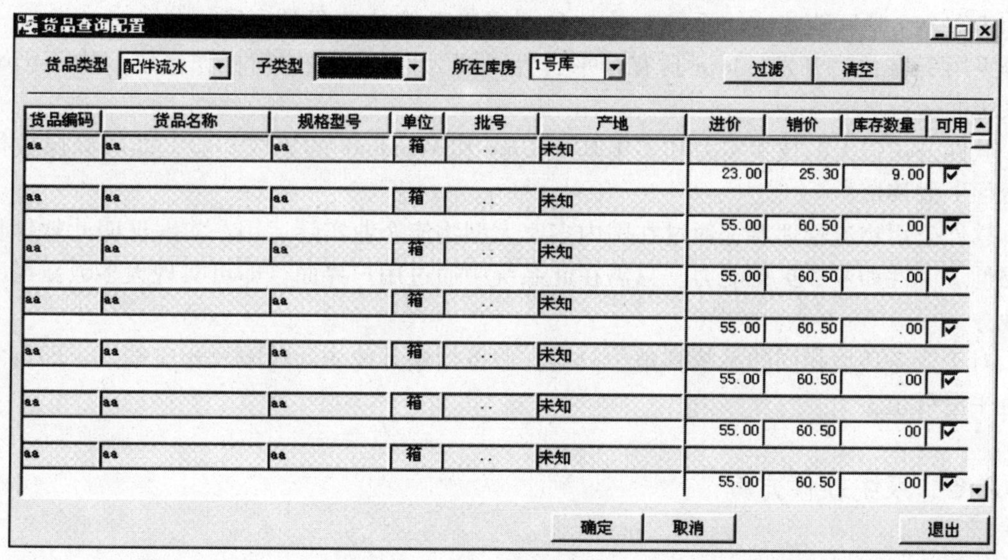

图 11－15 货品信息查询

14. 预警管理

预警管理包括：食品保质期预警、库存量预警、赠品预警、呆滞期预警等。

11.2.5 接口程序与数据移植

为了最大限度地保护用户既有投资和信息资源，同时考虑今后业务及信息平台的扩充准备，接口程序和数据移植是必不可少的。

1. 与现有系统接口

根据体育器材装备中心现有财务软件的接口，软件提供商提供数据接口，便于进行开发利用。

为了避免体育器材装备中心因更换应用软件而造成重复建设和投资，选择通用性最好的产品。通过其接口程序可以实现和体现如下功能和优势：

（1）结算自动化。

（2）费用自动化。

（3）决策即时化。

通过与体育器材装备中心人力资源管理系统接口，将人员、机构信息进行共享，保证系统数据的全局一致性，减少重复录入工作。

2. 为预期系统预留接口

在设计开发此物流软件时，将充分考虑体育器材装备中心今后系统应用范围的扩充以及信息平台的扩展、升级。

在系统中将预留出对其他系统或模块的接口，保证系统的完整性和可扩充性。在保护用户投资的基础上，也为系统的升级、扩充打下良好的基础。

3. 系统移植

为在多个地区能实施该系统，软件公司提供系统移植服务。所提供的软件产品 B/S 部分采用 Java 语言开发。Java 具有跨平台性，即无论后台采用何操作系统，均不影响应用系统的运行。

软件公司强大的技术实力和多年基于 Unix 和 Windows 的集成经验，能够确保数据库平台的平滑移植。

软件公司物流管理系统通过在国内多家大型物流企业实际运用，实践证明此软件具有极强的适应性和业务扩充能力。只需在此系统中通过用户界面，即可实现大多数新增的物流业务。

对于业务环境相同的系统移植，只需在服务器端开放访问权限及相应端口，即可实现系统平滑移植。

11.2.6 系统软件方案

1. 操作系统平台（OS）

在体育器材装备中心体育物流系统建设中，采用的操作系统平台如下：

（1）服务器操作系统：根据用户需要，可采用 Microsoft 公司的 Windows 2000 Server（中文版）操作系统或 Unix 操作系统。

（2）客户端操作系统：采用 Microsoft 公司的 Windows 2000 Professional（中文版）或 Windows 9. x（中文版）操作系统。

2. 数据库管理系统平台（DBMS）

在体育器材装备中心物流信息系统的建设中，采用的数据库管理系统平台为 Microsoft 公司的数据库产品 MS SQL Server 2000 或 Oracle9I。

11. 2. 7 系统硬件方案

经过调查分析，体育器材装备中心现有网络和主机状况能够满足该系统运作要求，下面将着重介绍系统中所要采用的其他硬件。

1. 条码打印机

这主要用于货品条码的打印。条码打印机是使用条码进行管理的必要设备，可采用美国产 Intermecc－4 系列产品，性能稳定价位合理。

2. 无线射频终端（RF）

无线射频终端用于出库拣货、货品上架摆放、盘点、移库等作业时与后台系统的通信，并接收系统作业指令。采用 RF 系统，可提高作业效率和准确率，减少因人为错误而造成的数据偏差。同时，RF 可通过对条码的识别来进行基于条码的作业管理。

无线手持终端采用稳定性比较高的日产 Casio IT－500RF。基站最好采用性能优越的朗讯公司的产品。

3. 手持终端（可选）

手持终端是目前最为流行的仓储作业及生产线作业信息自动采集设备。手持终端能够下载并储存作业任务及货品信息，可以离线作业然后将作业信息反馈给系统，减少中间单据打印环节，提高作业准确程度。

手持终端采用 Casio DT－930 产品，该产品的性能受到广大用户的认可，其价格比较适中。

4. 扫描枪

扫描枪能够支持条码信息的读取工作，减少录入工作量及差错发生，由于扫描枪的技术含量很低，采用一般的扫描枪就可以了。

12 金文农业电子商务及物流管理系统

12.1 概　述

随着我国农业的迅速发展，部分农产品已出现了结构性、区域性过剩现象。农产品销售困难和农民增产不增收的问题日益严重。要摆脱农民增产不增收的困境，必须解决的问题是：市场需要什么产品、产品卖给谁、如何定价、怎样卖得快。要以市场为载体，以质量为保证，以品牌为依托，以营销为后盾，提高农产品市场竞争力，加快农业信息系统的建设。

现代物流最大的特征之一就是信息化，没有现代化的信息系统，就不可能完成农产品的现代物流活动。充分利用现代信息技术，加强和完善农产品物流信息化建设，为发展我国农产品物流提供科学依据。利用金文农产品电子商务及物流管理系统，建立统一的农产品市场供求、交易及定价等信息的收集、整理和发布制度。应用计算机网络技术将生产、流通、消费各环节有机链接起来，通过 EDI（数据交换）和 POS（时点销售信息）实现数据的自动采集和交换，建立农产品物流信息管理系统，达到整个产业链上的资源共享、信息共用，减少农产品生产和销售过程中的不确定性和盲目性。

金文农产品电子商务及物流管理系统是集农产品信息发布、网上交易、交易跟踪、中转、发运、仓储运输、加工、分销零售、质量追溯、信息服务、质量检疫检验为一体的大型信息管理平台。

12.2 金文农业电子商务与物流

12.2.1 方案概述

金文农业电子商务与物流管理系统是对农产品交易活动的商流、物流、信息流和资金流进行全面规划，建立一个统一的业务运作平台。

电子商务模式的出现进一步促进了供应链管理的发展和完善，电子商务为供应链管理提供了更高级的信息技术支持，使之能在更广阔的活动舞台上进行更高效的整体化运作。供应链管理的思路和模式也给电子商务活动带来了战略优势和管理创新。电子商务和供应链管理相互密切联系，相互促进，推动了管理向高水平发展。

金文农产品电子商务与物流管理系统充分利用现有的网络通信设施，将农产品市场

信息采集系统、市场信息发布系统、交易数字化管理系统和电子商务平台等一些现有的技术整合起来，实现农产品流通数字信息化。这是现代化农产品交易市场的新型服务模式。

现代管理信息系统追求系统整体优化和集成，即企业各个部门之间的有机结合和信息顺畅、信息共享，减少部门间的重复劳动，提高企业的整体效率和决策的科学性。目前企业在信息化方面，普遍存在缺乏总体系统规划性。虽然财务部门电算化，仓库管理和生产计划编制计算机化，但是这些都是独立系统来完成本部门的工作。各部门之间成为信息孤岛。其后果是各部门之间不能资源共享，无效的重复劳动，决策缺乏科学数据。金文电子商务及物流管理系统根据国内企业管理现状，充分吸收先进的管理理念和技术，集成企业的物流、资金流、信息流和财务管理功能，优化企业内部管理，帮助企业从基础化管理入手，实现数据—信息—决策—控制等一体化的企业管理。

本系统具有实用性、先进性、高效性、可靠性、标准化、开放性、可扩展性、灵活性、完整性、安全性等特点。

1. 整体性

系统设计充分考虑了农产品流通过程中的各种企业需求，通过网络将农产品的原材料供应商、加工企业、物流企业、分销零售企业联合成一个有机整体。

2. 先进性

采用先进成熟的技术路线、体系结构和网络技术，提供高性能、高技术的信息管理系统。

3. 实用性

在开发系统之前对典型的农产品的交易市场、加工企业、超市零售企业等进行了调查研究，使系统更加可靠、实用。

4. 易用性

系统采用了 B/S 结构，操作简单、实用、可靠。

5. 稳定性

采用了稳定的操作系统、数据库和网络协议，保证了系统的稳定性。

6. 安全性

系统在安全等级、交叉验证、网络安全等方面采用有力措施，保证系统的整体安全性。既能防止泄密、破坏，又能防止有害信息的传播。

7. 可扩展性

利用组件形式进行开发，采用三层结构模式，Web 服务器与数据库服务器分离，使系统具有可扩展性和开放性。

12.2.2 方案的框架结构

图 12－1 所示为电子商务和物流系统结构图。由图可知农产品的信息流、物流和资金流的流程。

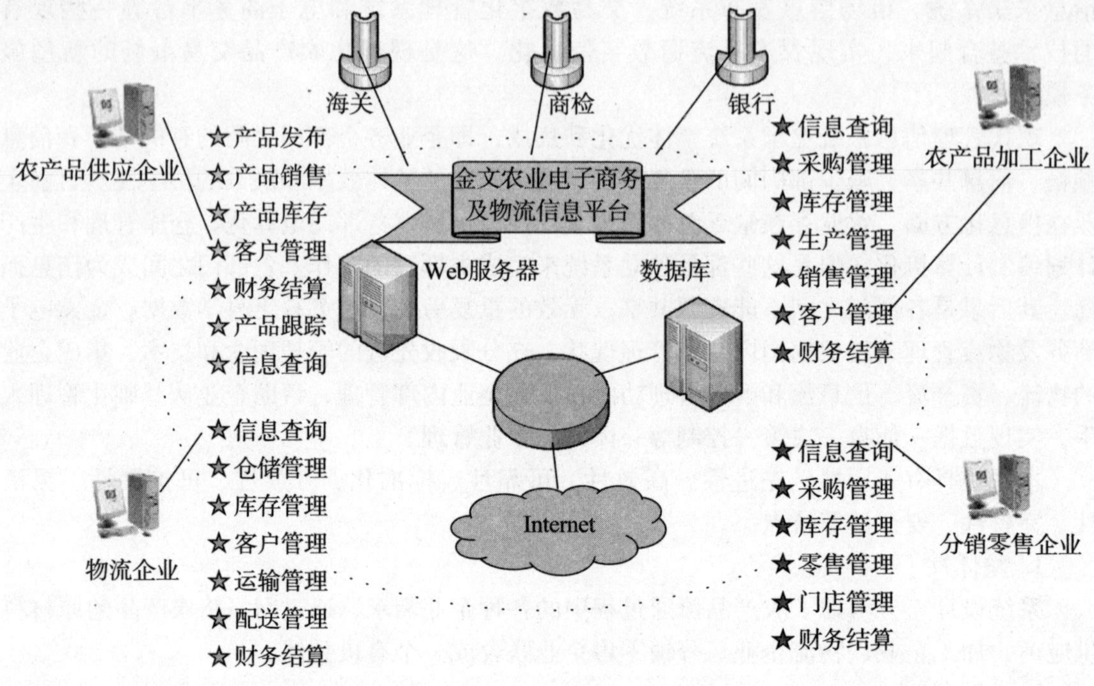

图 12－1　电子商务和物流系统结构

12.3　系统功能

12.3.1　采购与供应

1. 概述

金文农产品采购与供应系统为农产品供应商和采购商搭建一个电子商务平台。在这个平台上，农场主、农产品供应商能够发布产品信息，可以和采购单位进行交易。农产品采购商能够在这个平台上查询农产品的信息、农产品供应商的信息，能够和农产品供应商进行实时在线交易。

2. 在线交易结构图

图 12－2 所示为在线交易结构图。在线交易的逻辑过程如箭头所示，一目了然。

（1）种植场管理。其系统功能有：种植场基本信息管理、植场的气候和土壤等信息管理。

（2）农产品基本信息管理。农产品基本信息管理包括：农产品的属性管理、农产品的条码管理两部分。

农产品种植企业发布的基本信息，包括：农产品的名称、种类、采摘日期等。信息发布后，农产品加工和分销企业可以查询搜索到相关的信息。农产品基本信息是农产品交易的基础数据，也是农产品追溯系统的基础。通过农产品基本信息的管理，金文农业物流系

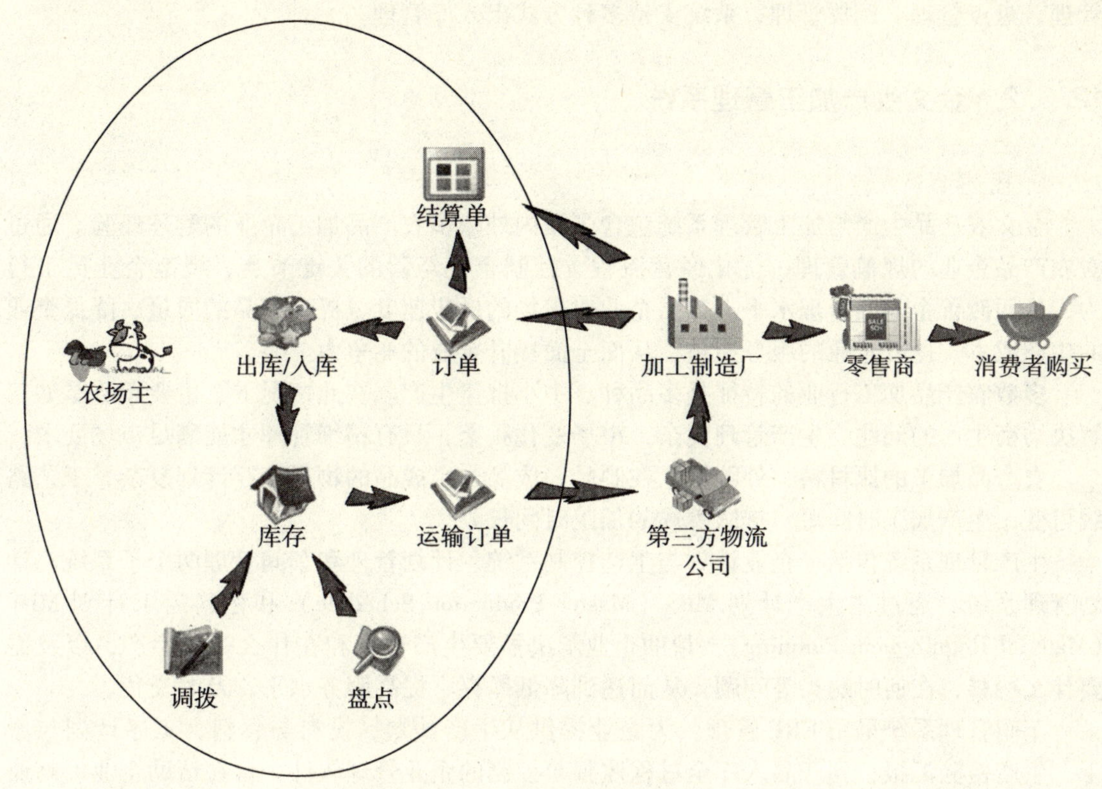

图 12－2 在线交易结构

统为每个种植园的产品建立一个身份证。在整个农业物流过程中，每个编码唯一的标识一个产品或者一个包装单位的产品。

农产品条码是采用 EAN. UCC128 条码，系统采用了加密机制。该编码可以实现数字化加密，实现一个包装条码标签对应唯一的一个产品编码。通过使用该编码方式进行信息承载，可关联产品、生产者、生产时间等各类信息，并可随产品的流通进行信息加载增量，便于追踪回溯信息。该种数据编码技术具有可控性，可以按量发放、注册生效、到期失效，同时该种编码技术具有很强的防仿制性。追溯码生成后，通过专用的条码标签打印机打印，可随时产码，随时使用。

（3）采购管理。采购管理通过采购订单、收货通知单、采购检验、采购收货、采购发票、采购退货等各种业务处理，为农产品的整个交易过程提供一个 B2B 的电子商务平台。加强各种业务间流程与管理信息集成管理，对采购全过程的有效跟踪和控制，实现完善的农产品交易信息管理。通过报表查询，及时了解各项采购业务的执行明细、汇总情况。通过 ABC 分析报表的查询，及时了解企业各项采购分配情况和各个农场主供货情况。

采购管理的两种交易方式是：

①农场主通过系统把产品销售单下达给加工制造企业。

②加工企业也可以通过系统向农场主定购农产品。

（4）农场主库存管理。农场主库存管理是对采摘下来的产品进行管理，包括出入库管理、盘点管理、调拨管理，系统支持多种方式出入库管理。

12.3.2 金文生产加工管理系统

1. 概述

金文农产品生产与加工管理系统包含了国内外众多农产品加工企业的管理经验。通过对农产品企业的规范管理、优化经营流程、控制企业经营的关键节点、规范企业员工行为，从而改善企业的管理水平。加强企业对市场的反应速度、提高产品的质量、降低企业的生产成本、提升企业的服务质量，从而全面提升企业的竞争力。

多数农产品加工行业的特征是多品种、中小批量生产。在此情况下，主要矛盾是如何解决均衡生产的问题。生产管理复杂，市场变化频繁，只有精细管理才能满足市场要求。

农产品加工的原材料、外购件、在制品、成品、半成品的物料库存计划复杂，工艺路线可变，生产加工时间短，排队等候的加工时间长。

生产管理系统包括：企业计划与生产控制系统、计划管理和车间管理两个子系统。计划管理系统，通过主生产计划 MPS（Master Production Schedule）和物料需求计划 MRP（Material Requirement Planning），帮助企业解决需要生产什么和在什么时候生产，以及需要什么物料，在何时购买等问题，从而达到降低库存、提高服务水平，及时交货。

车间管理系统采用 ERP 管理，为企业提供从生产计划、投料与领料、工序计划与派工、生产检验汇报，到产品入库全过程监督与控制的企业管理软件，旨在帮助企业提高业务管理效率与生产效率、减少车间在制品、降低损耗与成本、提高产品质量与客户满意度。

2. 加工管理结构图

图 12－3 所示为加工管理结构图。供应商把整箱货品运到生产厂商。扫描包装箱上的条码，则可在生产加工信息系统中登记相应信息、运达时间和每箱质量。

针对不同的食品、生产加工流程，制定相应的自动识别追溯数据元，包括条码和 RFID 电子标签。记录的信息有：源产品的原料验收、加工批次、生产时间、工作人员、关键控制点、半成品检验、产品检验、产品包装、加工生产过程中的设备、包装材料、辅料使用、温度、车间环境、卫生管理等。

农场主、零售商登录系统，进行订单处理、订单查询、库存查询、应收应付查询等操作。

生产企业的销售部门通过系统处理零售商的订单、执行配货发货，管理自己的库存和客户。生产企业财务部门处理与农场主或者零售商的结算工作。生产企业领导可以通过系统查询的销售及收款情况，及时了解客户的返款信息、产品销路。

生产企业可以对销售过程中的物流、订单信息流、库存数据进行全面管理和监控，实现企业内部及合作伙伴之间的协同商务处理，物流和信息流的统一和及时处理，将解决以往信息沟通不畅、库存积压损失等多方面的问题。

系统实现网上交易和查询，成本低。生产企业可以及时地了解各零售商的信息，迅速处理与零售商的账务往来。

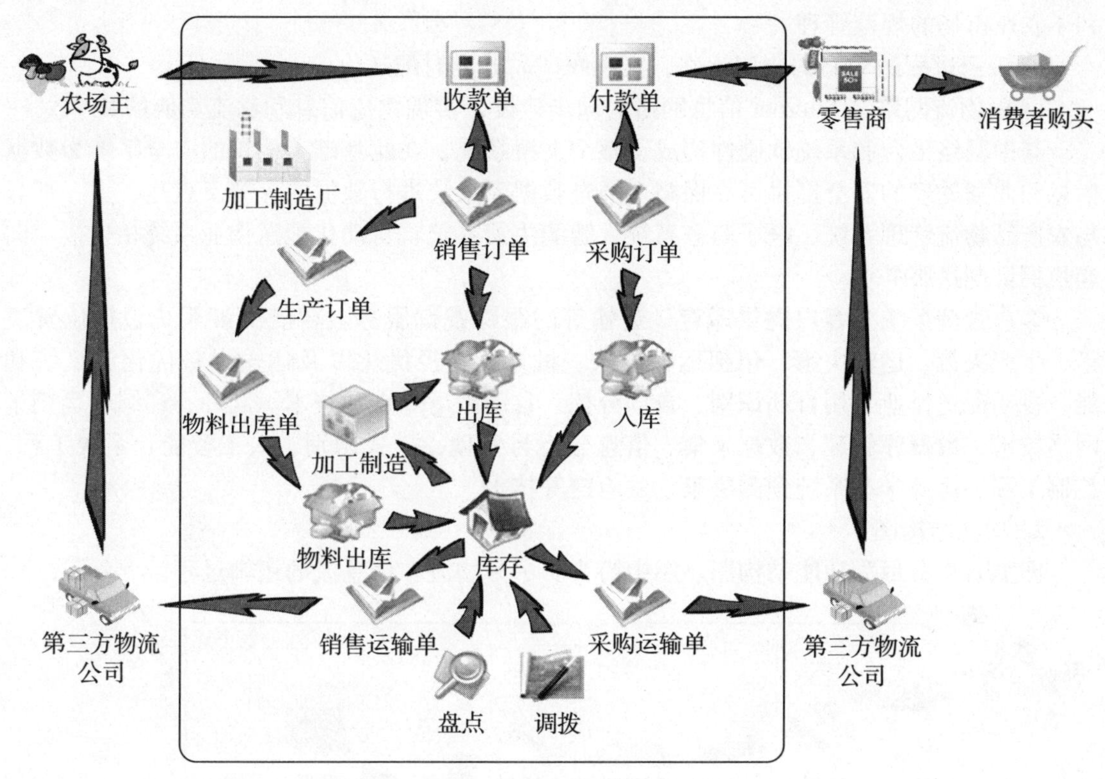

图 12-3 加工管理结构

12.3.3 第三方物流管理

1. 概述

目前我国农产品物流存在渠道混乱、配送过程浪费大、时间长、成本高、效率低等问题，因此，需要在全国范围内建立大流通、大市场格局的物流网络，规范物流渠道，实现农产品科学的物流管理体系。

农产品物流系统采用集约型物流管理模式。该模型强调各企业、各部门之间的协作和联盟，追求各企业、各部门整体利益最优化，服从整体调配、协调运作。系统在中央调配中心建立统一的中央计算机信息系统，在各区域配送中心设立子调配中心和信息管理系统。该管理系统在基于 WEB 的电子商务平台上具有战略性的采购管理、智能决策管理以及农产品物流资源管理等功能。

此模式是第三方物流服务的一种，具有第三方物流规模化特点，可以将各地的订单汇集起来，通过配载、拼箱，实现农产品的多频次、少批量配送服务，满足客户个性化需求。

此管理系统的优势在于：

（1）通过网络通信技术，对物流资源进行统一调配，合理使用。

（2）针对农业小生产、小流通的运行格局，提出了大流通、大市场的运行模式，有利于农业市场的规范管理。

（3）通过配送中心的协调运作，实现农产品的准时配送。

（4）物流网络与 Internet 信息网络的同步建设，实现物流信息和物流功能的共享。

其中网络平台和系统软硬件构成了整个支援系统，在此基础上构筑的安全系统为数据信息和业务处理的安全提供可靠保障。通过数据库系统进行数据的存储及表达，这一部分与农产品物流管理系统、电子商务系统、智能决策系统、自动化配送作业系统相连接，向客户提供配送服务。

客户管理系统为客户提供库存、运输等的跟踪查询服务。智能决策系统包括位置决策、生产决策、运输决策，包括运输方式、批量、路径优化以及运输设备优化等系统功能。自动配送作业采用自动识别、自动分拣、自动搬运等自动技术。此外，还综合运用了网络技术、数据库管理、数据采集、信息分析与处理、模式识别、人工智能、系统工程、控制工程、运筹学、系统预测决策、供应链等技术。

2. 功能结构图

图 12－4 所示为功能结构图。图中箭头所示为物流、信息流的逻辑过程。

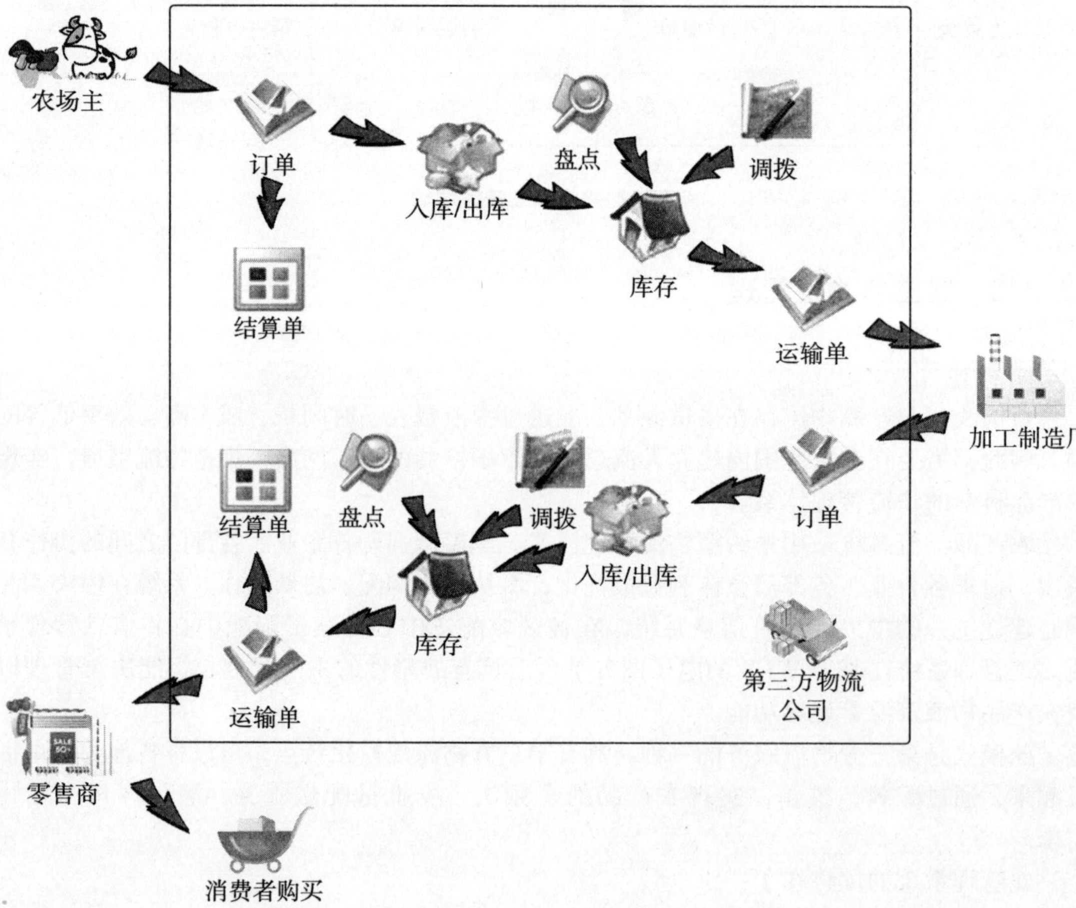

图 12－4　物流管理结构

12.3.4 分销与零售

分销与零售系统功能是：

（1）企业内部商务处理电子化。

（2）全面管理与监控人、财、物以及经销商。

（3）面向客户的网上销售与宣传平台。图 12－5 所示为销售结构。

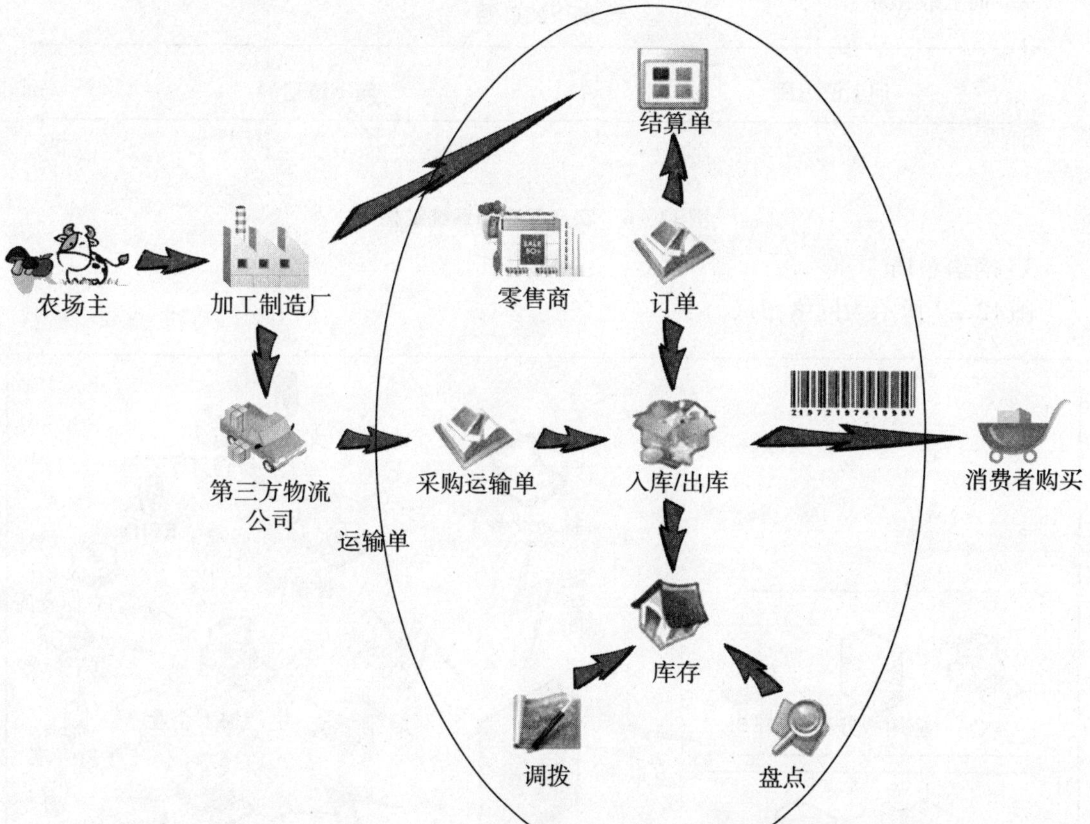

图 12－5 销售结构

12.3.5 农产品追溯系统

1. 概述

解决农产品质量安全问题的重要措施之一是建立可追溯系统，监控和管理农产品生产、流通过程，实现农产品质量安全的预警和溯源，控制农产品疾病的危害范围，鼓励农产品企业生产优质安全食品。可追溯系统能为消费者、生产者和政府相关机构提供产品的可靠信息。

金文农产品追溯管理系统贯穿在农产品电子商务及供应链的整个体系中，在这个系统中的每个环节都可以通过网络进行信息跟踪查询。

2. 农产品追溯系统结构

金文农产品追溯系统结构如图 12－6 所示。

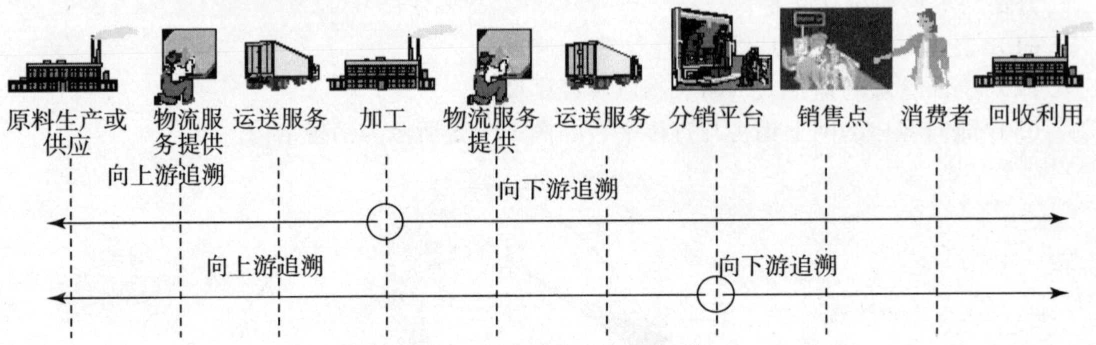

图 12－6　农产品追溯系统结构

3. 网络布局

图 12－7 所示为网络布局。

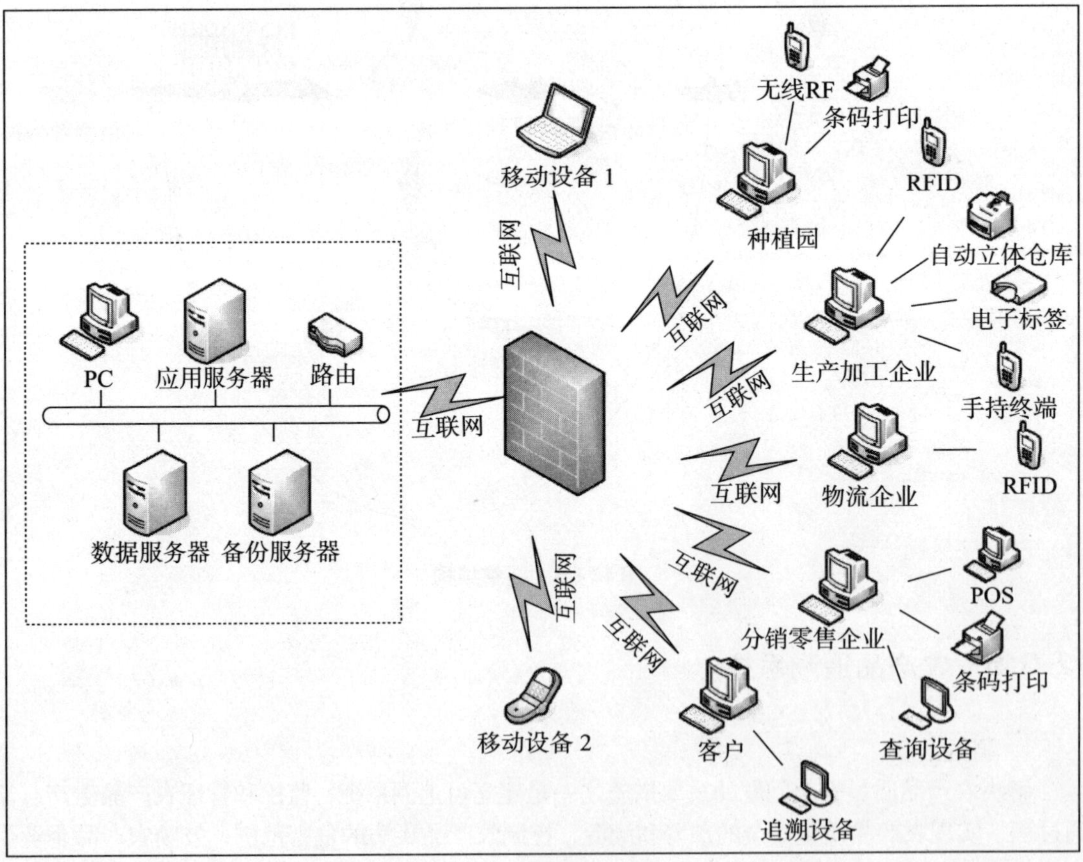

图 12－7　网络布局

网络运行环境如下：

（1）服务器：P4 2.0G 以上 CPU、1G 以上内存、40GB 以上硬盘。

（2）服务器操作系统：Windows 2000/NT 操作系统。

（3）客户端操作系统：Windows 2000/Me/XP 操作系统。

（4）应用服务器：Web Sphere5、Tomcat6。

（5）数据库管理系统：支持 Oracle9i、MS SQL Server 等主流数据库平台。

（6）网络环境：10/100M 以太网、802.11 无线网络、RS-232C 串行通信网络等。

13 系统仿真技术的应用

13.1 概　述

仿真技术是一门多学科的综合性技术，它以控制论、系统论、相似原理和信息技术为基础，以计算机和专用设备为工具，利用系统模型对实际的或设想的系统进行动态模拟。随着信息处理和网络技术的发展，仿真技术在许多领域获得了广泛应用。同样，系统仿真技术在物流系统研究中具有重要价值，可使物流系统具有可靠、合理、协调和最优化性能。

仿真技术在物流系统研究中，主要用于物流系统规划与设计、物料控制、物料搬运调度和物流成本估算等方面。其最大优点在于不需实际设备等即可验证引入设备的效果和方案比较。在工程建设或作业流程的计划阶段发现和解决问题。为此，它对降低整个物流投资成本起到巨大作用。

13.2 系统仿真技术

13.2.1 系统仿真的应用

系统仿真一般分为连续事件系统仿真和离散事件系统仿真。连续系统的状态变量是连续变化的，例如流体系统、热能系统等属于连续事件系统。离散事件系统的状态变量只是在离散时间点上发生变化。通常所指的物流等社会系统属于离散事件系统，所以本文所涉及的系统仿真都是指离散事件系统仿真。

计算机离散事件系统仿真始源于20世纪50年代后期，但真正开始普遍应用是20世纪80年代。在中国，随着改革开放，世界制造业中心开始向中国转移是20世纪90年代。随着自动化和信息化的发展，计算机离散事件系统仿真也随之发展起来。

用系统仿真技术解决许多物流问题。如：

（1）自动仓库、自动分拣系统、电子标签系统等大型系统导入前的评估、选型。

（2）新建物流中心场地规划方案的比较。

（3）生产淡季或生产旺季资源有效利用方案比较，或重要设备发生故障时的预案。

13.2.2 系统、模型及仿真

仿真主体就是分析对象的现实系统和它的模型。所谓系统就是由各种个体或元素（例如：货贺、叉车、货物、输送机、操作员等）组成的，为实现某种目的而功能化的组织体。模型就是描述系统分析系统的一种表现方式。模型是系统的实验装置，利用模型分析无须操作系统，或不必停止运行系统就能进行实验。建立模型的目的是再现系统的运行过程，以便获取系统性能参数等。所谓仿真就是操作、解析模型动态行为和性能的一种分析和解决问题的技术。

系统仿真是现代企业科学管理技术之一，是将对象系统模型化后作为实验装置，用来分析已存在的或计划中系统的一种技术 。系统仿真是工程师、经理和决策人对操作、流程、动态系统等方案进行试验、评估以及视觉化的工具。

13.2.3 为什么要用系统仿真技术解决物流问题

物流就是以最小的总费用，按用户的要求，将物质资料（包括原材料、半成品、产成品、商品等）从供给地向需要地转移的过程。主要包括运输、储存、包装、装卸、配送、流通加工、信息管理等活动。

物流系统是复杂的离散事件系统，其特点是：

（1）不确定性（随机性）。

（2）非线性。

（3）复杂性。

（4）适应性。

（5）多样性。

（6）离散性。

（7）动态性。

13.2.4 离散事件系统仿真步骤

（1）明确仿真目的。

（2）系统的分析与描述。要求给出系统的详细定义，明确系统的构成、环境、边界和约束条件。同时还要求根据问题确定系统的目标及其衡量标准，同时对解决问题的途径进行分析。

（3）建立系统的数学模型。离散事件的数学模型难以采用某种规范的形式，而一般只有采用流程图或网络图的形式才能准确地定义实体在系统中的活动，因此离散事件仿真中的数学模型是一张实体的流程图。它包括三个部分：临时实体的到达模型（如加工系统中的工件到达模式、概率分布）、排队规则（先进先出或后进先出等）、永久实体的服务模型（服务时间的概率分布等）。

（4）数据收集。数据收集包括收集与系统的输入输出有关的数据以及反映系统各部分之间关系的数据。

（5）建立系统的仿真模型。建立系统的仿真模型过程包括根据系统的数学模型及实际特点，确定模型和数据的存储形式。

（6）模型验证。模型的验证即系统模型（包括对系统的组成成分、系统结构以及参数值的假设、抽象和简化）是否能准确地由仿真模型和计算机程序表示出来。若输入参数以及模型的逻辑结构在程序中是正确表达的，则模型验证通过。

（7）模型确认。模型确认是确定模型是否精确地代表实际系统，是把模型及其特性与现实系统及其特性进行比较的全过程。对模型的确认工作往往是通过对模型的矫正来完成比较模型和实际系统的特性是一个迭代过程，同时应用两者之间的差异，对系统和模型获得更透彻的理解，从而达到改进模型的目的。重复进行这个过程，直到认为模型准确为止。

（8）仿真运行研究。仿真运行就是将系统的仿真模型放在计算机上执行计算。在运行过程中了解模型对各种不同的输入数据及各种不同的仿真机制的输出响应情况。通过观察获得所需的试验数据，从而预测系统的实际运行规律。

（9）仿真结果分析。对仿真结果进行分析的目的是确定仿真实验中所得到的信息是否合理和充分，是否满足系统的目标要求，同时将仿真结果分析整理成报告，确定比较系统不同方案的准则、实验结果和数据的评价标准及问题可能的解，为系统方案的最终决策提供辅助支持。

13.3 Flexsim 系统仿真软件

13.3.1 Flexsim 系统仿真软件简介

Flexsim 是一款通用离散仿真软件，也是一套系统仿真模型设计，制作与分析工具软件。它广泛应用于许多著名企业不同系统的建模和仿真。它是计算机三维图像处理技术、仿真技术、人工智能技术、数据处理技术的集成，专门面向制造、物流等领域。运用 Flexsim 系列仿真软件，可在计算机内建立研究对象的系统三维模型，然后对模型进行各种系统分析和工程验证，最终获得优化设计和改造方案。

Flexsim 是新一代离散事件系统仿真的有效工具。面向对象的建模方式使得建模过程更为快捷，只需拖动图形和必要的附加程序，则可快速建成系统模型。此软件提供了丰富的物理单元，如处理器、操作员、堆垛机、货架等，大大方便了用户的建模。所建立的物理仿真模型可以用三维动画的方式表现出来。

目前，Flexsim 软件在物流及生产制造领域里成功地进行了多种系统的建模与仿真分析，如配送中心的拣选、仓储出入库、产品库分拣、生产物流系统、高速公路交通、集装箱码头、机场、城市应急系统等方面的仿真。

Flexsim 仿真软件的功能主要是解决以下几个方面的问题：

（1）服务问题。运用系统仿真技术可得到既能满足客户要求又能降低服务成本的最佳方案。通过系统仿真建立客户服务模型，并为系统制定各种不同的服务水平和成本指标，运行仿真模型，输入不同指标，从中找到最佳方案。

（2）制造问题。这要求在最短时间、用最低成本制造出最佳产品。这三者之间是相互矛盾的。为了解决这一问题，可用系统仿真法，通过建立制造系统的模型，运行不同参数下的各种系统方案，进行比较，取其最佳方案。

（3）物流问题。通过系统仿真分析，能实现时间最短、路线最近、成本最低的物流运输方案。

（4）其他问题。诸多复杂、不确定的离散事件系统，用仿真技术迎刃而解。如高速公路、医院、城市突发事件、机场通关等的仿真应用。这些仿真案例说明，系统仿真不仅可以解决制造领域、物流领域内的传统系统的仿真分析，也可以解决其他系统的问题。归结起来，系统仿真的对象有三大类型：一是排队系统，二是库存系统，三是网络系统。凡是归属于这三类系统的，都可以通过建模和仿真进行分析。

Flexsim 研究的对象多是复杂的多目标系统。Flexsim 输出多目标的不同参数组合的运行结果供分析者参考，选取优化参数组合。由于 Flexsim 提供了逼真图形动画显示、完整的运作绩效报告，并通过模型运行给分析者提供与各种方案相关的大量反馈信息，因此分析者可以在较短的时间内对各种方案的优劣进行比较，对各种预选方案作出评估。

使用 Flexsim 可以达到以下效果：

（1）提高资源（设备资源、人力资源、资金资源）的利用率。

（2）减小等待时间和排队长度。

（3）有效分配资源。

（4）消除缺货问题。

（5）把故障的负面影响减至最低。

（6）把废弃物的负面影响减至最低。

（7）研究可替换的投资概念。

（8）决定零件经过的时间。

（9）研究降低成本的计划。

（10）建立最优批量和工序排序。

（11）解决物料发送问题。

（12）研究设备预置时间和改换工具的影响。

（13）优化货物和服务的优先次序与分派逻辑。

（14）在系统全部行为和相关作业中训练操作人员。

（15）展示新的工具设计和性能。

（16）管理日常运作决策。

（17）从历史运行中得到经验和教训。

13.3.2 Flexsim 系统仿真软件功能特征

1. 建模功能

（1）Flexsim 提供平面与三维建模窗口，其 3D 建模是直接开始的。所有之前的仿真软件产品均要求用户在 2D 环境中建模，待模型完成后，转换成 3D，转换操作烦琐而且 3D 效果很差。图 13－1 所示为在 AutoCAD 的平面布置图上直接建立 3D 模型。

图 13－1　在 AutoCAD 的平面布置图上直接建立 3D 模型

（2）Flexsim 用拖放图形方法建立模型。Flexsim 提供有固定类部件库、执行类部件库、流体类部件库以及用户部件库。建模时将相应的部件拖放到模型窗口的指定位置，而且操作简单。

（3）Flexsim 完全与 C＋＋ 相结合，能够链接到任何 ODBC 数据库（如 Oracle、SQL Server、Access）和大众数据结构文件（如 Text、Excel、Word）。

（4）Flexsim 应用深层开发部件，这些部件代表着一定的活动和排序过程。每一个部件都有一个坐标（x，y，z）、速度（x，y，z）、旋转（x，y，z）以及一个动态行为（时间）。部件可以创建、删除，而且可以彼此嵌套移动。它们都有自己的功能或继承来自其他部件的功能。这些部件的参数可以快速、轻易、高效地把任何制造业、物流业甚至根据一般商务流程的主要特征描述出来。

Flexsim 中的部件参数可以表示所有存在的实物对象，如机器、操作员、传送带、叉车、仓库、交通灯、储罐、箱子、货盘、集装箱等，都可以用 Flexsim 中的部件表示，同时数据信息也可以轻松地用 Flexsim 丰富的部件库表示出来。用户通过部件编辑器，能轻易地建立新的部件或修改现有的部件，允许用户添加个性化功能和接口。

（5）由于 Flexsim 具有树状结构且功能齐全的部件库、Flexsim 可以让用户使模型构造更具有层次结构。在组建客户部件的时候，每一组件都使用了继承的方法，节省了开发时

间。另外，Flexsim 中的部件都是开放的，因此这些部件可以在不同的用户、库和模型之间进行交换。图 13－2 所示为树状结构的实体库。

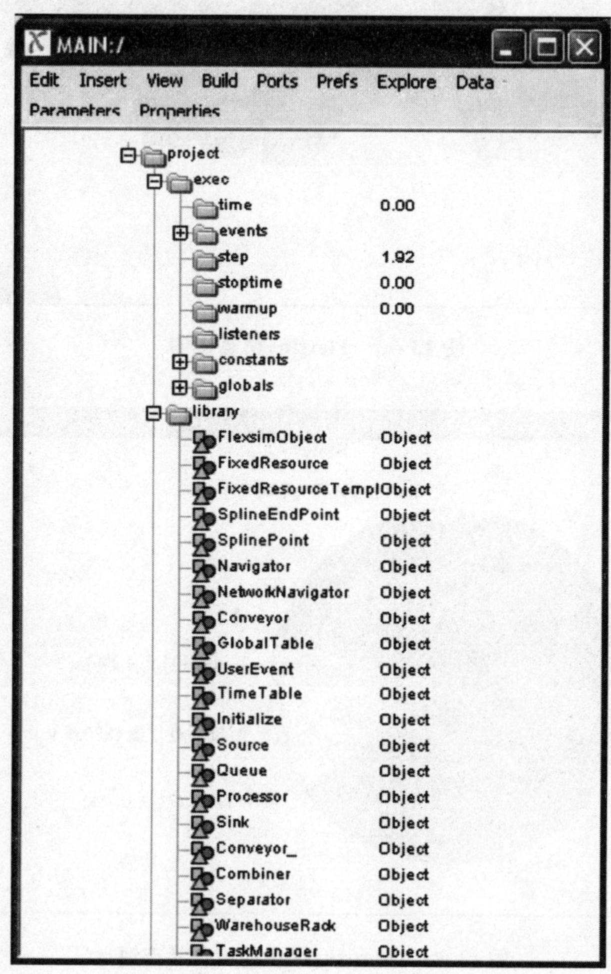

图 13－2　树状结构的实体库

2. 仿真分析功能

（1）Flexsim 可以用试验的形式来仿真假定的情节，而且它可以自动运行并把结果存在报告、图表中。可以利用预定义和自定义的行为指示器，如生产量、研制周期、费用等来分析每一个情节。而且也可以将结果导入到别的应用程序如 Excel 等，利用 ODBC（开放式数据库连接）和 DDEC（动态数据交换连接）可以直接输入仿真数据。图 13－3 所示为 Flexsim 仿真实例。

（2）Flexsim 在模型运行过程中记录了所有设备的所有状态（工作、等待、阻塞、故障等）的时间数值，以及设备加工产品的个数，用户可以自由组合和输出由这些数据组成的报表。当然提供包括设备利用率、单条模型生产线的加工总能力、单个设备的加工能力、设备状态的时长及时间比例、模型瓶颈分析等统计分析功能。图 13－4 所示为 Flexsim 提供的设备状态饼。

图 13－3 Flexsim 仿真实例

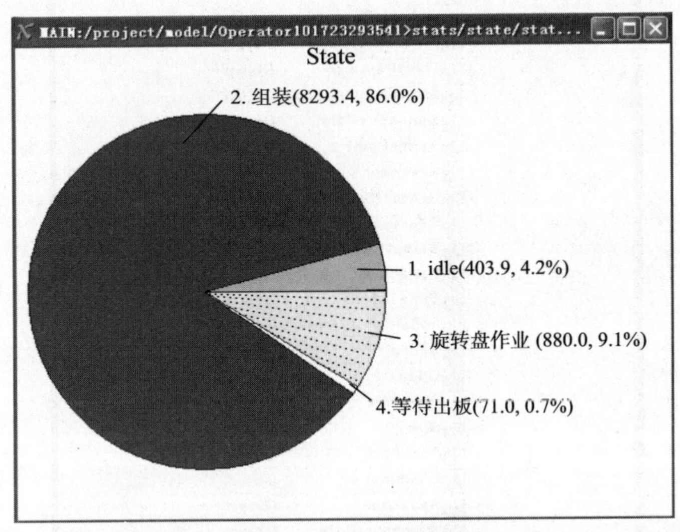

图 13－4 Flexsim 提供的设备状态饼

(3) Flexsim 提供平面和立体饼图、柱状图、折线图、海图以及甘特图等多种图形图表，支持数据与图表混合的统计报表。

(4) 优化模块 Optquest 完全集成于 Flexsim 中，Optquest 用于仿真优化，即找寻一组最佳的参数值（或决策变量值），以使得目标函数最优，在仿真模型中执行优化功能。由于在 Flexsim 中除了模型本身外、模型中的每个部件都提供了编写 VC＋＋程序的接口，所以支持嵌入自定义的优化算法。

(5) 统计分析功能。自带随机变量发生器，能容易地建立近似于现实系统的数学模型。提供了 25 种以上的统计分布函数，集成了 Expert Fit，具有拟合统计分布函数的功能。

3. 可视化功能

(1) Flexsim 把所有最新的虚拟现实图形整合在个人计算机上。如果是扩展名为 3DS、VRML、DXF 和 STL 的 3D 立体图形文件的话，可以直接导入 Flexsim 模型中。

（2）Flexsim 所有模型均建立和运行于耀眼的彩色3D中，采用了与先进的视频游戏相同的虚拟现实技术。

①通过简单的点击和拖动，可从任何角度观看模型。

②通过“飞行漫游模块”，用户可随镜头漫游整个模型运行状况，可以任意使用全景、局部放大、侧面、反面等漫游技巧。

③多个窗口可以设置不同的视角，仿真运行时，以便同时观察系统的各部分，实现模型的规模化展现。

（3）Flexsim 的运动学功能能使模型场景中的可运动设备动起来，从而使模拟过程更接近真实。在 Flexsim 中可以将设备不仅在外观上，更重要的是将设备处理物件的动作表现出来。

13.4 Flexsim 建模方法

本节将帮助第一次使用 Flexsim 仿真软件的用户，学习建立一个仿真模型。基本的入门学习将带给初学者完成一个流程的设定步骤，建立一个模型，输入数据，观看动画和分析输出。通过本节学习后，初学者将了解物流规划模型可以在鼠标的点放之间完成。本节的模型可在免费下载的 Flexsim 4.52 Demo 版本完成，建议没有正式版本的学习者到 Flexsim 官网上去下载免费的试用版本，进行本节的建模操作。Flexsim 4.52 Demo 下载地址：http：//www.flexsim.com/downloads/freetrial/。

13.4.1 几个常用的 Flexsim 术语

在建模前，先了解几个常用的 Flexsim 术语将对理解 Flexsim 很有帮助。

1. 实体和实体库

实体在仿真中模拟不同类型的资源。暂存区实体就是一个例子，它在仿真中扮演存储或缓冲区的角色。暂存区可以代表一队人、CPU 中一队空闲处理程序、一个工厂中的地面堆存区，或客户服务中心的等待传叫的队列。另一个实体的例子是处理器实体，它模拟一段延迟或处理时间。它可以代表工厂中的一台机器、一个为客户服务的银行出纳员或者一个分拣包裹的邮政员工等。图 13－5 所示为实体库面板。

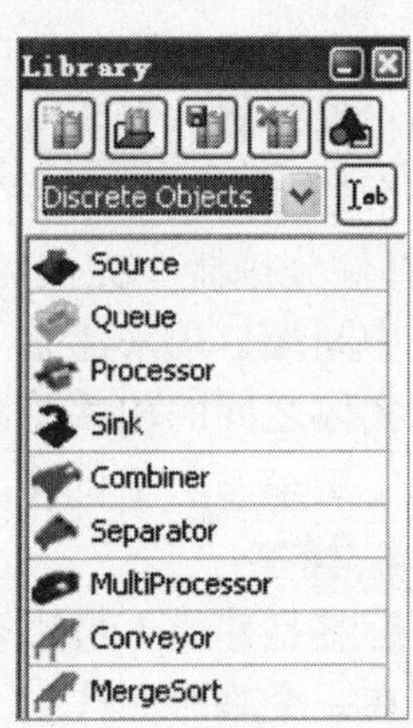

图 13－5 实体库面板

实体可以在实体库面板中找到。Flexsim 中的实体分类如下：

（1）固定实体：如生成器、吸收器、处理器、输送机、合成器、分离器、暂存区、网络节点、流节点、货架、基本固定实体（Basic Fixed Resource，BFR）；

（2）任务执行类实体：如操作员、运输机、堆垛机、机器人、基本任务执行器（Basic Task Executer，BTE）；

（3）其他实体：如分配器、网络节点、记录器。

2. 临时实体与临时实体箱

临时实体是指在模型系统中移动通过的实体，它可代表零件、托盘、组装部件、纸张、集装箱、人、电话呼叫、订单或任何移动，通过你正在仿真的过程的对象，临时实体可以被加工，也可以被物料运输资源携带通过系统。临时实体产生于一个生成器实体，一旦临时实体从模型系统中通过，它们就被送至吸收器实体而退出系统。

临时实体箱是用来选择、新建、删除临时实体类型和修改临时实体属性的工具。图 13－6 所示为临时实体箱。

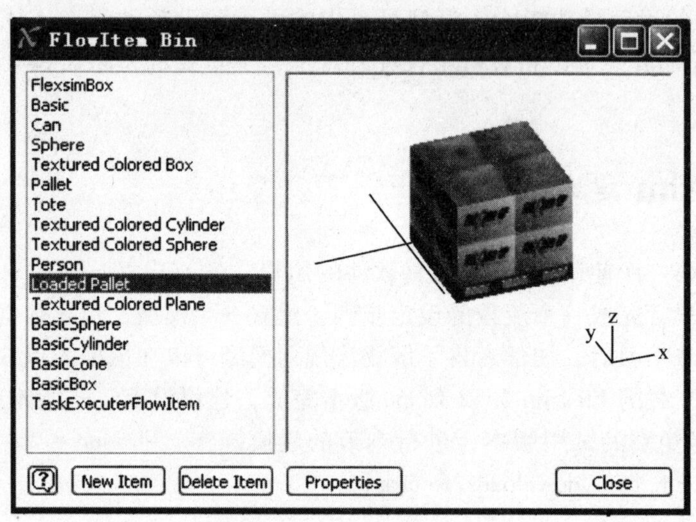

图 13－6　临时实体箱

临时实体类型是置于实体上的一个标签，可以代表一个条码、产品类型或工件号，可通过参考临时实体类型进行实体行程安排。

3. 端口

每个实体都可以有多个端口，端口数量没有限制。实体通过端口与其他实体进行通信。端口有三种类型：输入端口、输出端口和中间端口。

输入端口和输出端口用于设定临时实体在模型中的流动路线。例如，一个邮件分拣器，根据包裹的目的地不同，把包裹放置在几个输送机中的一个上。模拟这个过程时，需将一个处理器实体的多个输出端口连接到几个输送机实体的输入端口，这表示一旦处理器（或邮件分拣器）完成对临时实体（或包裹）的处理，就把它发送到输送机。

中间端口用来建立一个实体与另一个实体的相关性。中间端口通常是建立固定实体与执行实体之间的相关关系。这些固定实体，如机器、暂存区、输送机；可执行实体，如操作员、叉车、起重机等。

4. 标签

标签是建模人员用来存放临时数据的一种机制。标签可以建立在一个实体上，也可以建立在一个临时实体上，标签也可以看成是实体或临时实体的属性。一个标签有两部分：名称和标签值。名称可以任意命名，标签值可以是数字或字符串。标签可以在模型运行中动态地被更新、创建或删除。标签值对建模人员测试逻辑、调试模型很有帮助。

5. 模型视图

Flexsim 采用三维建模环境，默认的建模视图是正投影视图窗，还可以在一个更真实的透视视图中观察模型。通常在正投影视图中建立模型的布局更容易，而透视视图更多地用做展示，可以尽你所需打开多个窗口。请注意，随着打开窗口数目的增多，对电脑资源的要求就会增加。

6. 实体属性和参数

每个实体的属性和参数根据所选实体的不同将稍有区别。由于每个实体在模型中都有特定的功能，因此必须使参数个性化，以允许建模人员能够尽可能灵活地应用这些实体。所有实体的有些分页是相似的，而另一些分页对该实体则是非常特殊的，双击一个实体可访问该实体的属性和参数。

7. 随机变量的概率分布

随机变量的概率分布是一个统计学概念。事件的概率表示了一次实验某一个结果发生的可能性大小。若要全面了解实验，则必须知道实验的全部可能结果及各种可能结果发生的概率，即必须知道实验的概率分布。

Flexsim 提供了多种常用的离散型随机变量的概率分布，如均匀分布、正态分布、指数分布、泊松分布、伯努利分布、二项式分布、爱尔朗分布、伽马分布等。这些分布常用来描述随机变量，如时间、数量、产品类型等。

在各种表示时间的下拉菜单，如预置时间、加工时间、MTBF/MTTR（平均故障间隔时间/平均修复时间）、到达时间间隔等下拉菜单中，可以看到多种随机分布的选项。在其他一些下拉菜单的代码模块中，也可以看到一些随机分布函数表达式，如在一些触发器下拉菜单的选项中，会包含一些随机分布函数。

除了采用标准的概率分布外，常常需要用到经验分布。例如，可以通过定义全局表来实现按经验分布的百分比分配时间或者数量的概率，其方法是在全局表中，第一列定义为百分比，第二列定义为时间（或数量），在使用时，根据该全局表来确定符合这种经验分布的时间（或数量）的随机取值。

13.4.2 虚拟物流设施模型的描述

有一生产线的产品生产之后，用机器人按一定排列将产品码放在托盘上，然后 80% 的产品由输送带运送到自动仓库入库，20% 的产品由输送带直接运送到出口的暂存区，然后由叉车运出装车。自动仓库的产品出库后也经由同一输送带运送到出口的暂存区，然后由叉车运出装车。为了学习方便，将整个模型拆分为两部分，第一部分为机器人码放托盘的模型，第二部分为自动仓库模型。

13.4.3 码盘模型的建立

确定 Flexsim 仿真软件已经安装正确之后，可双击桌面的 Flexsim4 图标进入该软件，一旦打开软件使用，将会看到 Flexsim 主菜单、功能键、实体库和模型视景窗口。如图

13－7所示为 Flexsim 仿真软件界面。

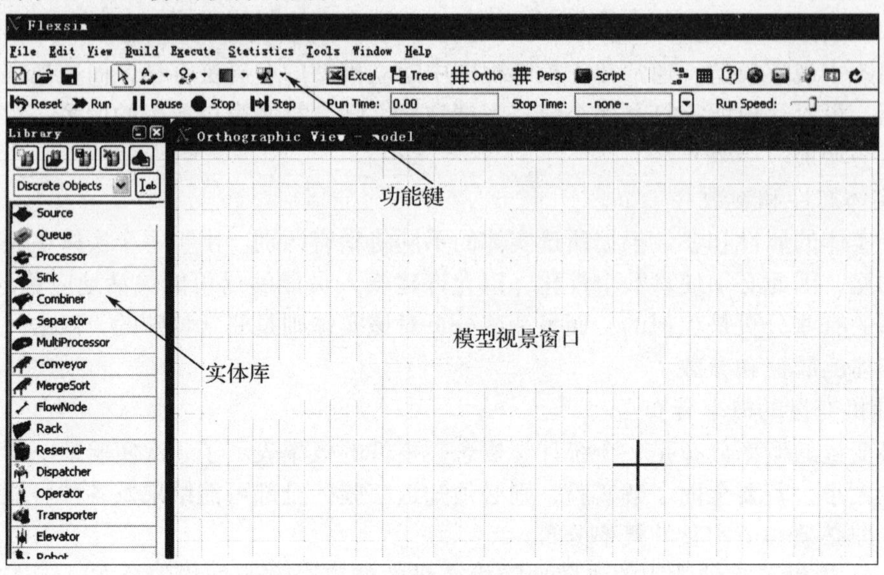

图 13－7 Flexsim 仿真软件界面

STEP 1：用鼠标从实体库拖放一个生成器实体到模型视景窗口

如图 13－8 所示用鼠标左键按住实体库的“Source”实体，拖放到模型视景窗口。

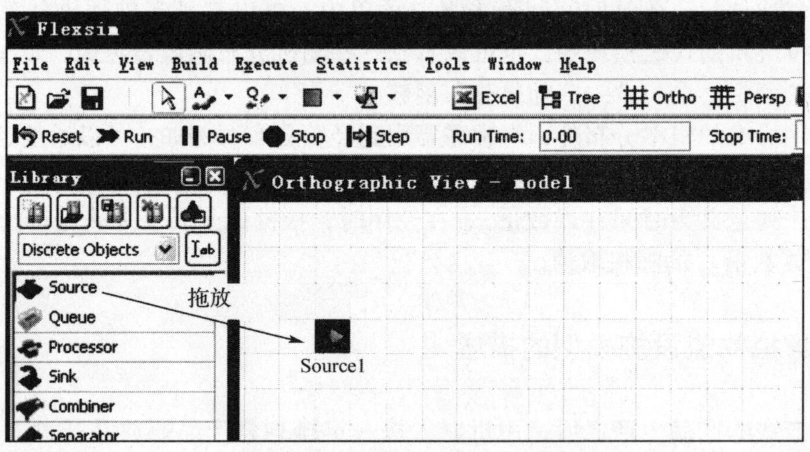

图 13－8 生成一个 Source 实体

STEP 2：从实体库拖放码盘所需设备到模型视景窗口

用鼠标从实体库分别拖放两个输送带“Conveyor”、一个空托盘的发生器“Source”、一个放置空托盘的“Queue”、一个码盘机“Combiner”、一个机器人“Robot”、一个实体出口“Sink”到模型视景窗口，如图 13－9 所示进行实体布局。

STEP 3：设置流程（或设置实体连接）

这一个步骤是连接实体的输出输入端口，设置物体的流向。首先如图 13－10 所示选择“A”链接，然后将鼠标箭头移至“Source”位置，并按住左键从“Source”拖曳至

“Conveyor”后，放开鼠标左键。在拖曳的过程中会看到一条黄色的线，连接完成后会看见一条黑色的线，线两端分别有一红点。

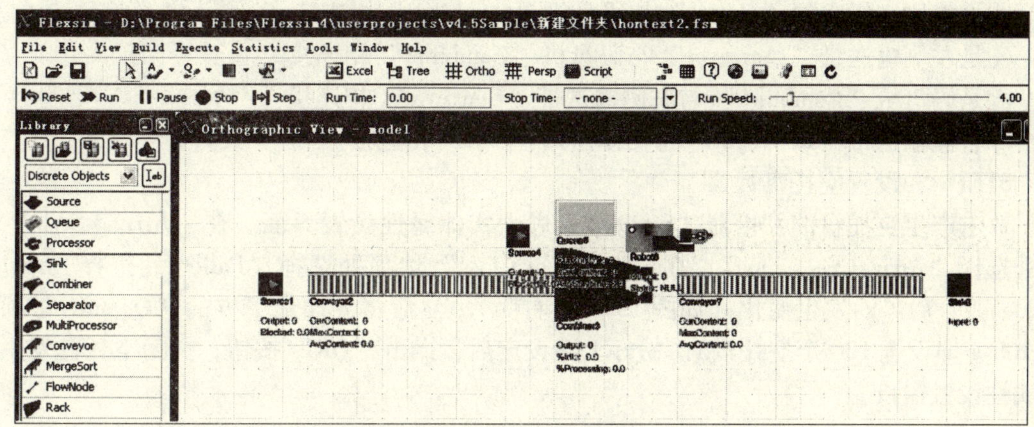

图 13－9　实体布局

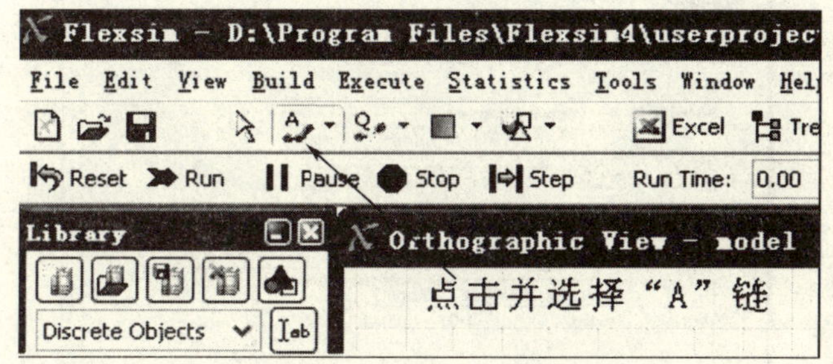

图 13－10　“A”链接功能键

然后按图 13－11 所示顺序和方向，分别进行实体间的连接。

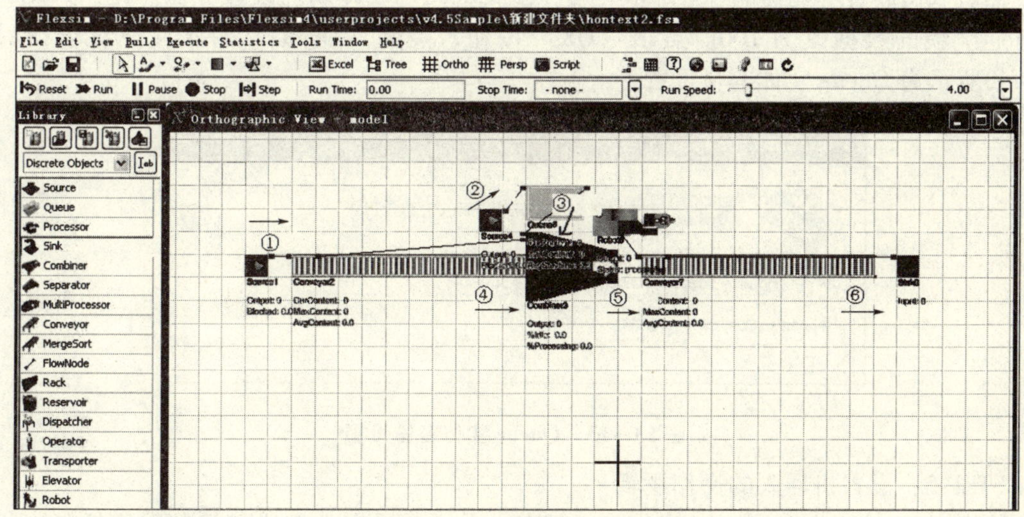

图 13－11　实体间连接方向及顺序

①是产品发生器“Source”与左侧输送带“Conveyor”相连接。

②是空托盘的发生器“Source”与放置空托盘的“Queue”相连接。

③是放置空托盘的“Queue”与码盘机“Combiner”相连接。

④是左侧输送带“Conveyor”与码盘机“Combiner”相连接。

⑤是码盘机“Combiner”与右侧输送带“Conveyor”相连接。

⑥右侧输送带“Conveyor”与实体出口“Sink”相连接。

STEP 4：设置空托盘数量

双击产生空托盘的发生器“Source”，进入实体属性设置界面。在“Arrival Style”选项处选择“Arrival Sequence”；在“FlowItem Class”选项处选择“Pallet”；选择“Arrival Sequence”后界面发生变化（如图 13－12 右侧），然后将界面最下方的“Quantity”项改为 100（即设置 100 个空托盘）。做好上述设定后，点击“OK”按钮，关闭空托盘发生器的属性设置窗口。

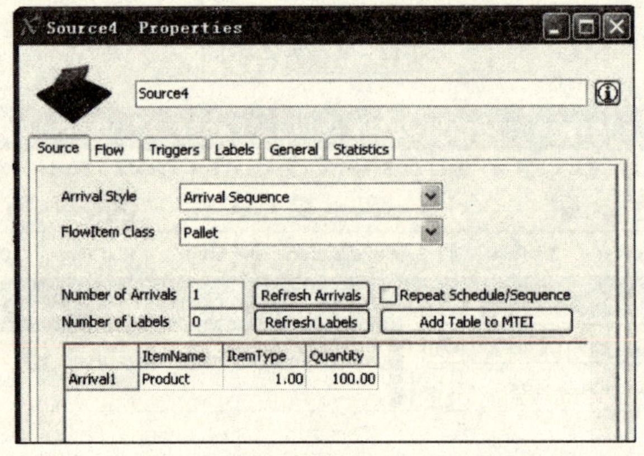

图 13－12　Source 实体属性设置

然后双击放置空托盘的“Queue”，进入“Queue”实体属性设置界面。将“Maximum Content”项的数据改为 100。点击“OK”按钮，关闭“Queue”的属性设置窗口。图 13－13所示为 Queue 实体容量设置。

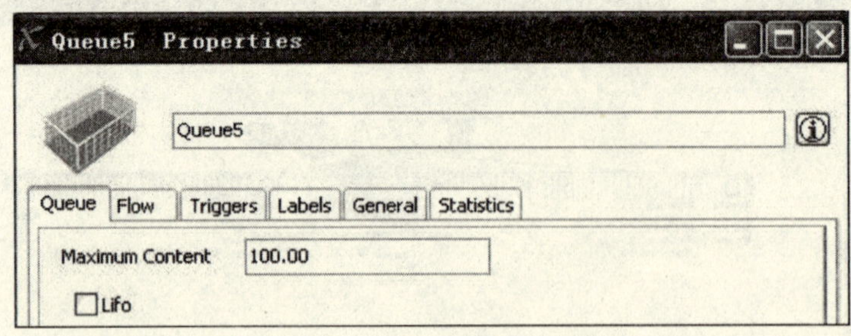

图 13－13　Queue 实体容量设置

STEP 5：设置机器人的操作逻辑

在 Flexsim 中，如机器人、操作员、叉车、电梯、吊车、堆垛机等归属于任务执行类

部件，执行类部件一般不参与进和出的流程设置，而是通过连接中间端口来达到设置任务的目的。在此项目中，机器人有三个任务，一是从空托盘“Queue”处将 1 个空托盘搬放至码盘机“Combiner”上；二是从左侧输送带“Conveyor”处将产品搬运并排列码放在托盘上；三是当托盘上码放到目标数量后从码盘机“Combiner”搬运实载托盘放到右侧输送带“Conveyor”上。

首先用中间连线将机器人与机器人执行搬运任务相关的实体相连接。图 13－14 所示为“S”链接功能键。

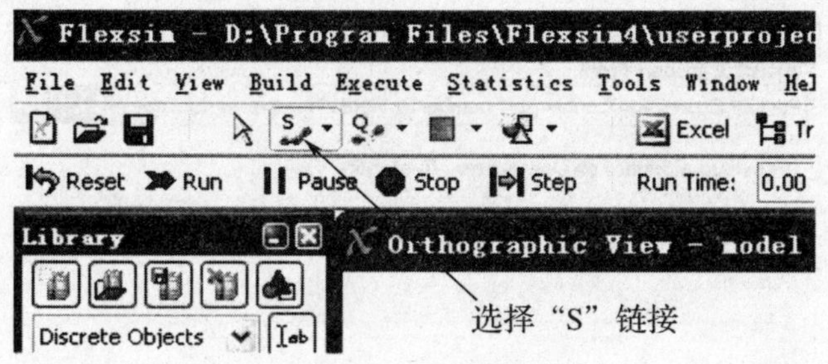

图 13－14　“S”链接功能键

选择“S”链接，然后将鼠标箭头移至“Combiner”位置并按住左键从“Robot ”拖曳至空托盘“Queue”后，放开鼠标左键。同样的方法可中线连接“Robot ”与“Combiner”，连接“Robot ”与左侧“Conveyor”。完成连接后的模型如图 13－15 所示。

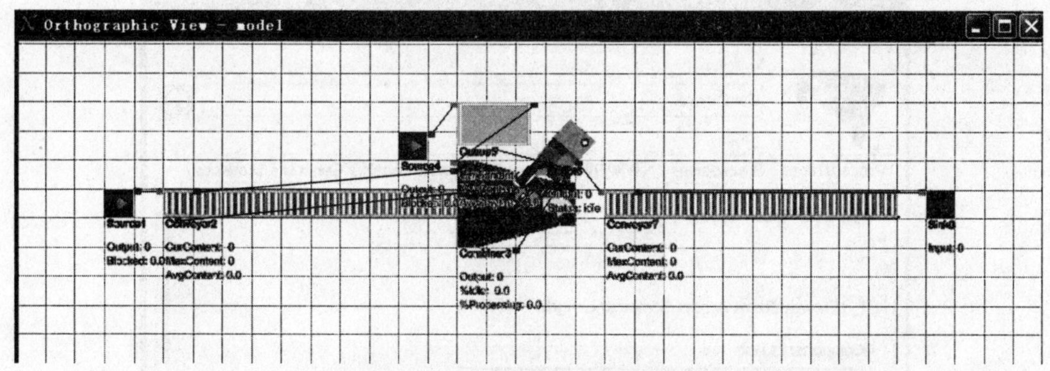

图 13－15　连接完成后的模型

下面设定使用机器人执行搬运任务的操作。双击空托盘“Queue”，点击“Queue”属性界面里的“Flow”页面，将可选项“Use Transport”处于选择状态。点击“OK”按钮，关闭空托盘“Queue”的属性设置窗口。图 13－16 为 Queue 实体属性界面的“Flow”页面。

同样的方法，设置“Combiner”和左侧“Conveyor”的“Flow”属性，使各自的可选项“Use Transport”处于选择状态。

STEP 6：设置托盘装载容量

双击码盘机“Combiner”实体，进入“Combiner”页面，将“Target Quantity”项改

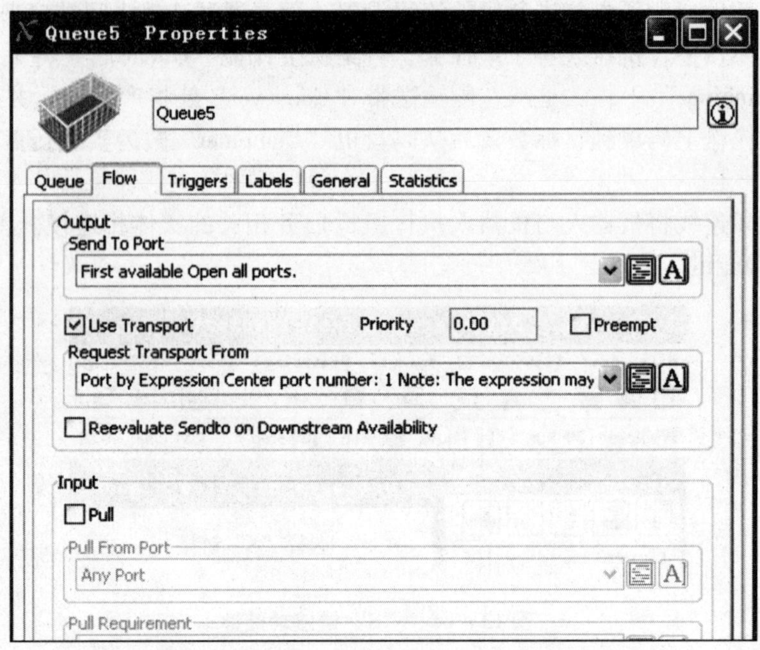

图 13－16　Queue 实体属性界面的“Flow”页面

为目标容量，此处设为 6。图 13－17 所示为 Combiner 实体属性界面。

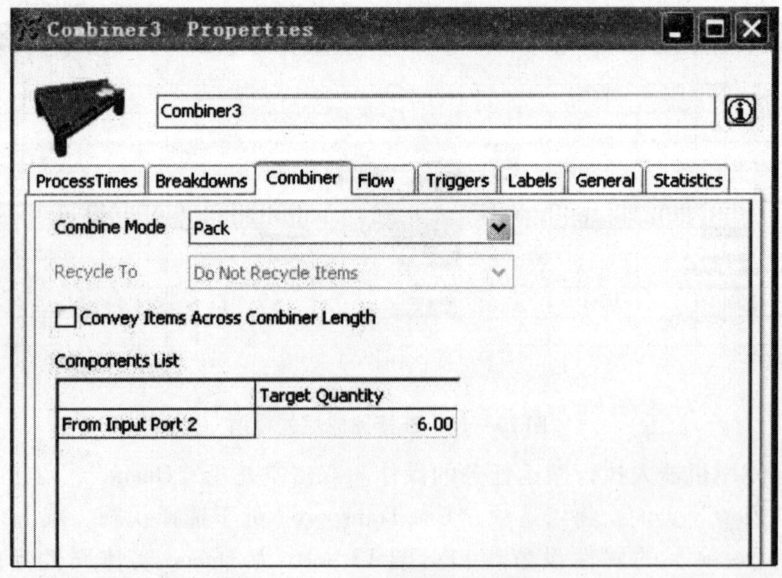

图 13－17　Combiner 实体属性界面

STEP 7：运行模型

在仿真运行前，可点击“Persp”按钮，打开三维演示界面观看效果较佳三维动画。依次点击“Reset”和“Run”按钮，模型应该开始运行，使用者应该可以看到空托盘充满“Queue”实体，机器人从“Queue”处抓取一枚空托盘搬运至码盘机“Combiner”上，同

时随机产生产品（临时实体）并被送入左侧输送带“Conveyor”，当产品输送至输送带“Conveyor”的尾端时，机器人从“Conveyor”的尾端抓取一个产品搬运至码盘机“Combiner”的托盘上，机器人重复抓取、搬运、码盘作业，直至托盘上被码六个产品，然后机器人从码盘机“Combiner”上抓取实载托盘，送至右侧输送带“Conveyor”上，实载托盘被输送至实体出口“Sink”离开系统。图13－18所示为仿真运行时的相关功能键。

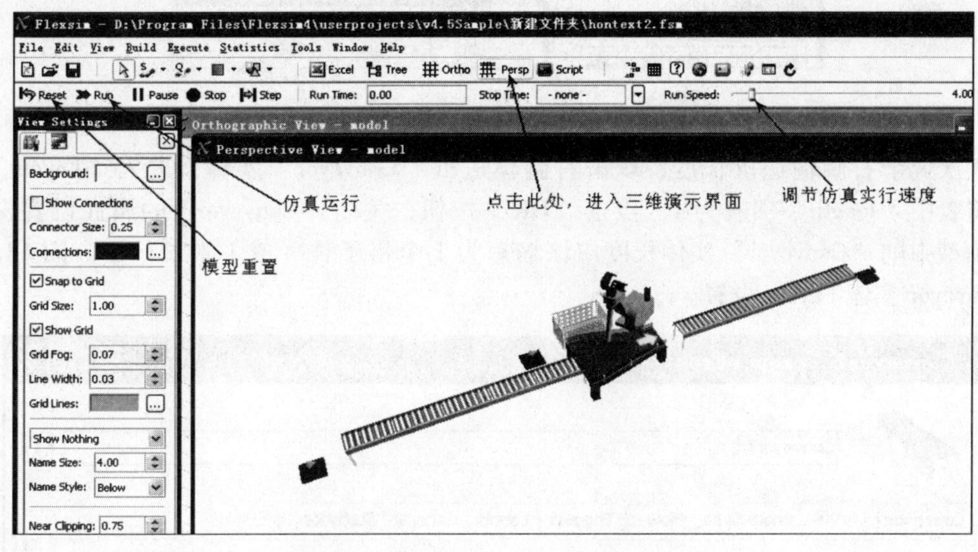

图 13－18　仿真运行时的相关功能键

STEP 8：保存模型

至此，保存在 13. 4. 2 节描述的物流设施模型的前半部分。

13. 4. 4　自动仓库模型

本节完成 13. 4. 2 节描述的物流设施模型的后半部分，即码盘作业完成后，实载托盘经由输送机被运送至自动仓库或被运送至出口装车处。打开上节保存的模型，在这个模型的基础上需要增加一条分拣输送带“MergeSort”，两条和自动仓库相连的输送带“Conveyor”，两台立库货架“Rack”、一台堆垛机“ASRSvehicle”、一个出口暂存区“Queue”、一台叉车“Transporter”。

STEP 1：修改前半部分模型

上节保存的模型，实载托盘经由输送机后退出了系统，在扩展的模型里，必须让实载托盘经由输送机运送到自动仓库保存或运送至出口装车处。在这里要做的事是将右侧输送机与实体出口“Sink”的连线断开，将来好让右侧输送机与分拣输送机相连接。

首先如图所示在功能键处选择“Q”链接，然后将鼠标箭头移至右侧输送机“Conveyor”位置并按住左键从“Conveyor”拖曳至“Sink”后，放开鼠标左键。这样连线就会消失，断开了两个实体间的连接关系。为了布局方便可移动“Sink”实体位置，鼠标点击“Sink”实体后按住左键移动鼠标就可移动实体位置。图 13－19 所示为“Q”链接功能键。

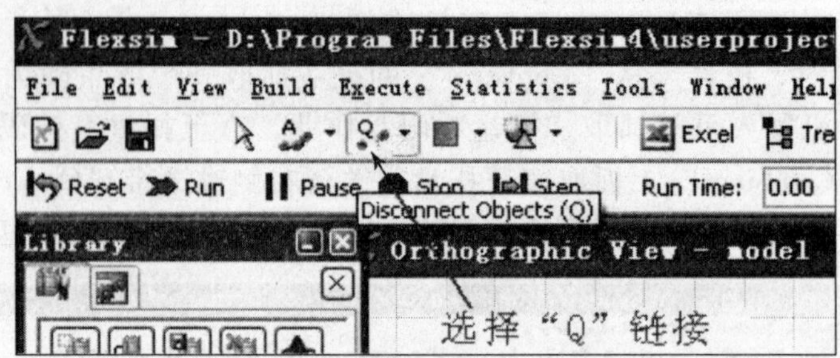

图 13－19 "Q"链接功能键

其次调节右侧输送机长度，双击右侧输送机"Conveyor"实体，进入"Layout"页面，将表中"length"项改为1。点击"OK"按钮，关闭"Conveyor"的属性设置窗口。此时模型中的"Conveyor"实体长度应该缩短为1个格子长（或1米长）了。图13－20为Conveyor实体Layout设置。

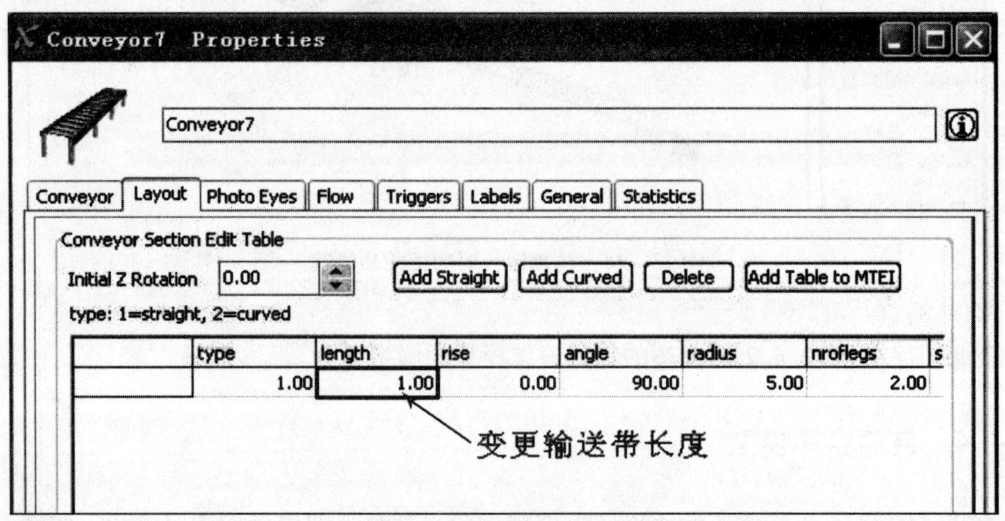

图 13－20 Conveyor 实体 Layout 设置

STEP 2：分拣输送带的布局设置

分拣输送带的布局如图13－21所示。用鼠标从实体库拖曳一条分拣输送带"Merge-

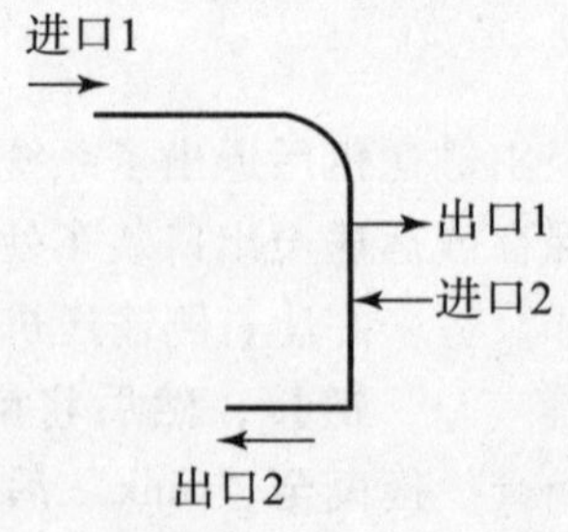

图 13－21 分拣输送带的布局示意

Sort”实体紧放于模型右侧输送带的右边。图 13－22 为分拣输送带实体摆放位置。

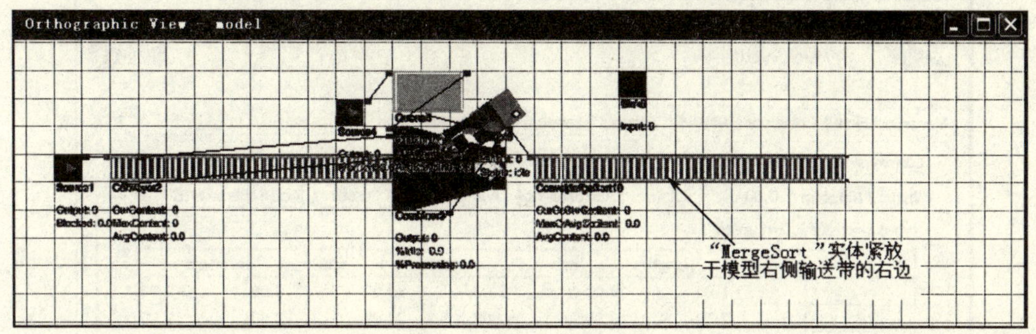

图 13－22 分拣输送带实体摆放位置

双击分拣输送带“MergeSort”实体，进入“Layout”页面，将表中“length”项改为 5。然后点击“Add Curved”按钮增加一个弯道，如下图设置弯道角度为－90 度，设置弯道半径为 3。在表中 Type 为 1 者表示直道，Type 为 2 者表示弯道。图 13－23 为分拣输送带实体 Layout 设置界面。

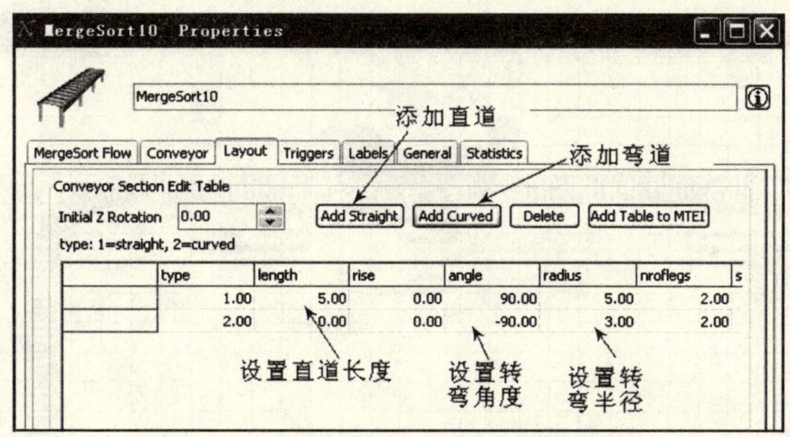

图 13－23 分拣输送带实体 Layout 设置界面

继续设置“MergeSort”实体的布局，点击“Add Straight”按钮增加一个直道，设置长度“length”项改为 12；点击“Add Curved”按钮再增加一个弯道，设置弯道角度为－90 度，设置弯道半径为 0；再次点击“Add Straight”按钮增加一个直道，设置长度“length”项改为 5。这时布局设置表如图 13－24 所示。点击“OK”按钮，关闭属性设置窗口。

这时模型如图 13－25 所示。

STEP 3：自动仓库的布局设置

图 13－26 所示为自动仓库的实体布局。

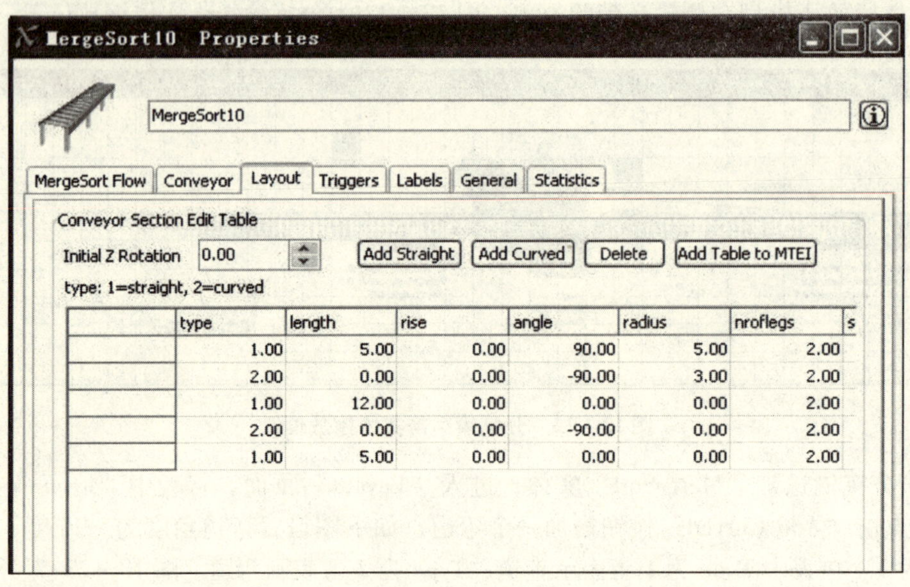

图 13－24　分拣输送带实体 Layout 设置完成

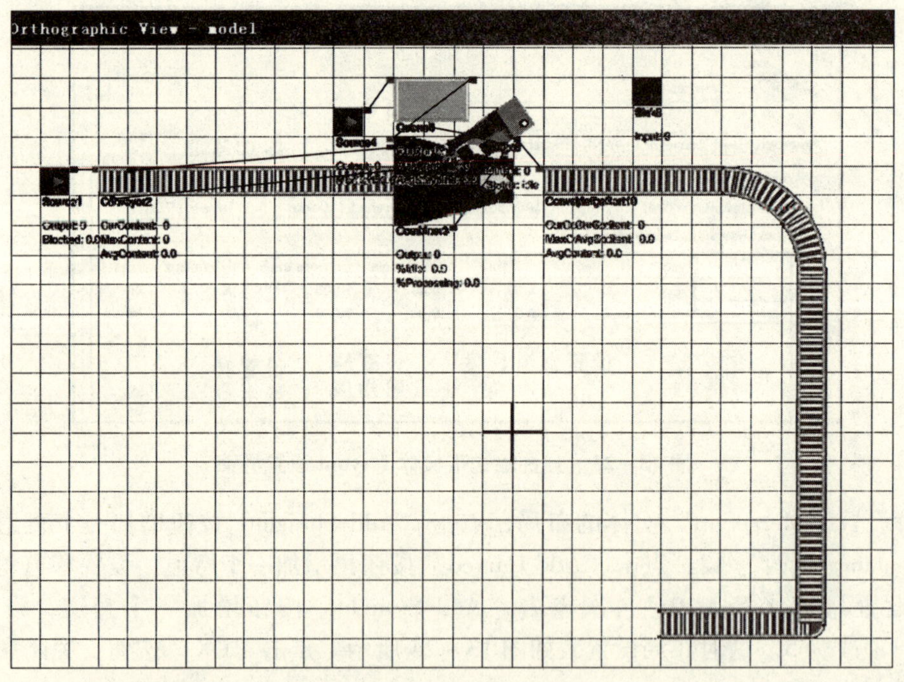

图 13－25　分拣输送带实体 Layout 设置完成后的模型

用鼠标从实体库拖曳两条输送带“Conveyor”，两台立库货架“Rack”、一台堆垛机“ASRSvehicle”、一个出口暂存区“Queue”、一台叉车“Transporter”，按上图布局于模型中。两条输送带“Conveyor”中的一条是运进自动货架（图 13－26 右上方的输送带），一条是运出自动货架（图 13－26 右下方的输送带），所以下方的输送带需要改变输送方向。

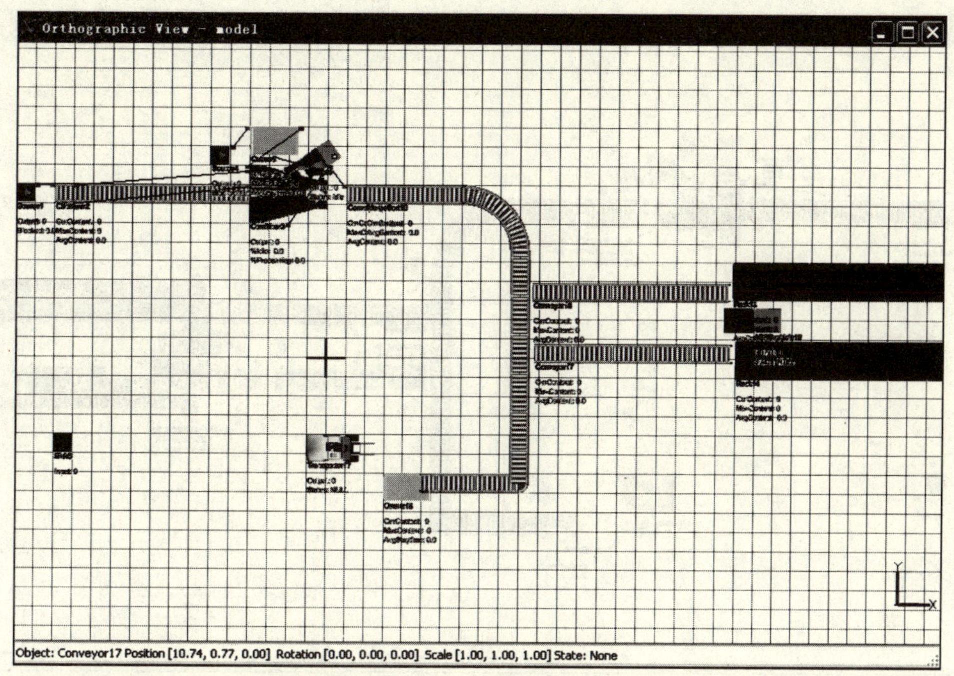

图 13－26　自动仓库的实体布局

双击下方的输送带，进入“Layout”页面，将“Initial Z Rotation”项改为 180 度，点击“OK”按钮，关闭属性设置窗口，然后调动刚才的输送带的位置回到原位。图 13－27 所示为设置输送带方向。

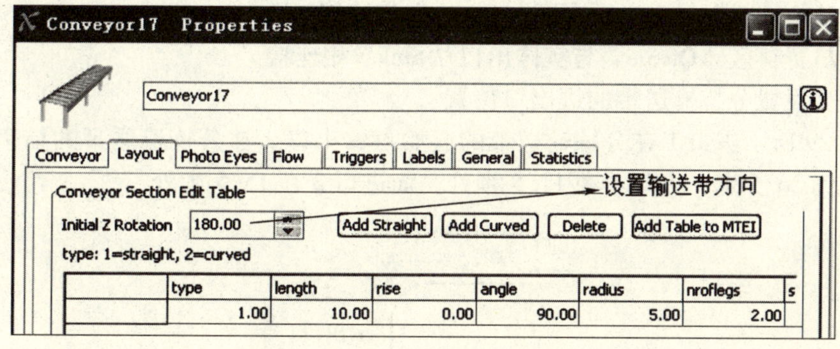

图 13－27　设置输送带方向

STEP 4：设置自动仓库的流程

与上节同样首先选择“A”链接，然后按图 13－28 所示顺序和方向分别进行实体间的连接。

①是上节模型中的右侧输送带“Conveyor”与分拣输送带“MergeSort”相连接。

②是“MergeSort”与运进自动货架的输送带“Conveyor”相连接。

③是运进自动货架的输送带“Conveyor”与货架“Rack”相连接。

④是运进自动货架的输送带“Conveyor”与另一货架“Rack”相连接。

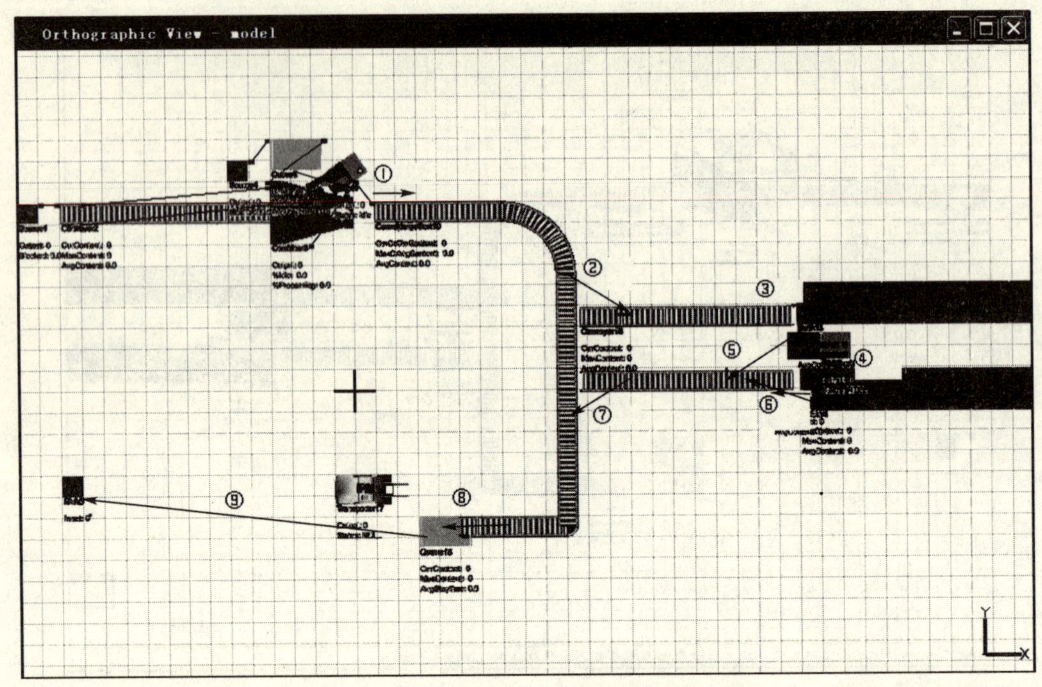

图 13－28　实体间连接方向及顺序

⑤是货架“Rack”之一与运出自动货架的输送带“Conveyor”相连接。

⑥是另一货架“Rack”与运出自动货架的输送带“Conveyor”相连接。

⑦是运出自动货架的输送带“Conveyor”与“MergeSort”相连接。

⑧是“MergeSort”与出口暂存区“Queue”相连接。

⑨是出口暂存区“Queue”与实体出口“Sink”相连接。

STEP 5：设置分拣输送带的进出口位置

图 13－29 所示进口 1 在分拣输送带的起始点，出口 2 在分拣输送带的结束点，分拣输送带总长为 26.5 米，出口 1 在 11.5 米处，而进口 2 在 15.5 米处。

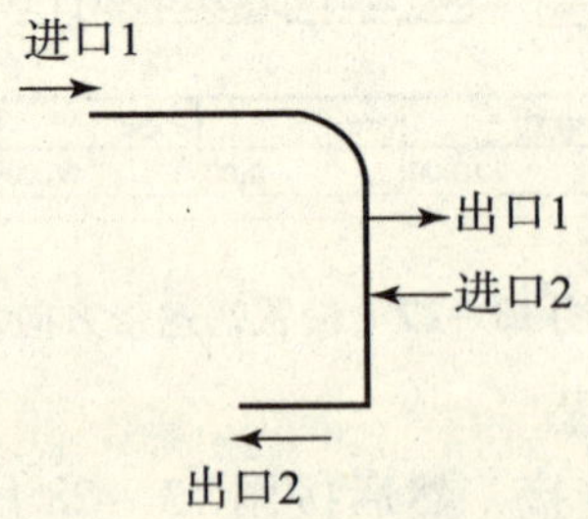

图 13－29　分拣输送带的进出口位置和方向

双击分拣输送带“MergeSort”实体，打开属性设置窗口，在左下表的“Input Port2”即进口 2 的位置项记入 15.5；在右下表的“Output Port1”即出口 1 的位置项记入 11.5；“Output Port2”即出口 2 的位置项记入 26.5。点击“OK”按钮，关闭属性设置窗口。图

13－30 为分拣输送带实体进出口位置设置界面。

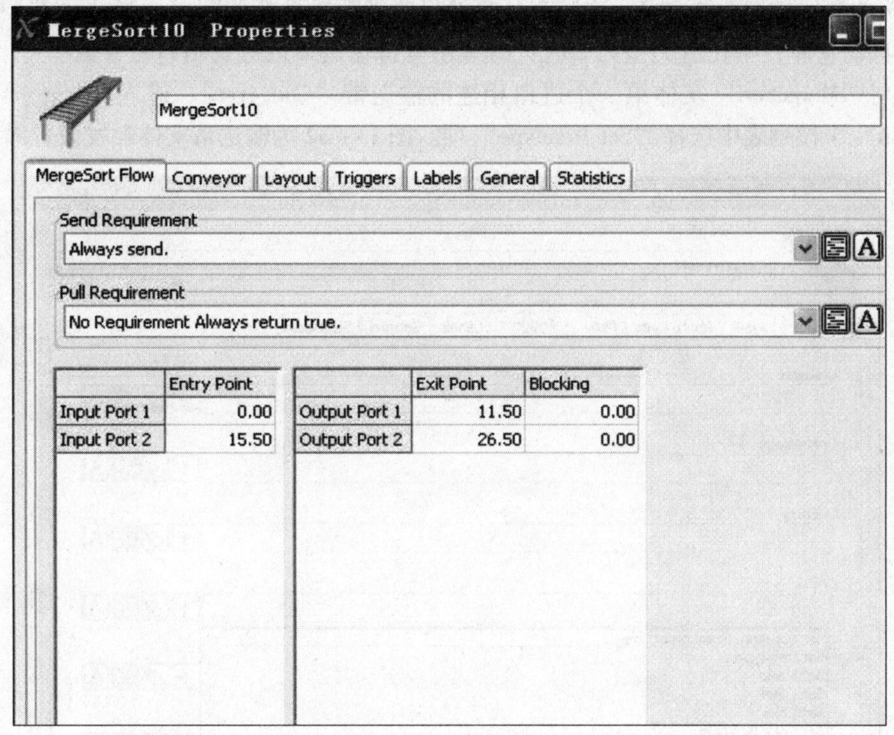

图 13－30 分拣输送带实体进出口位置设置界面

这时在模型里能看到刚设定的进出口标记，在“MergeSort”实体上有两根红线和两根绿线，红线表示出口的位置，绿线表示进口的位置。图 13－31 为分拣输送带实体进出口标记。

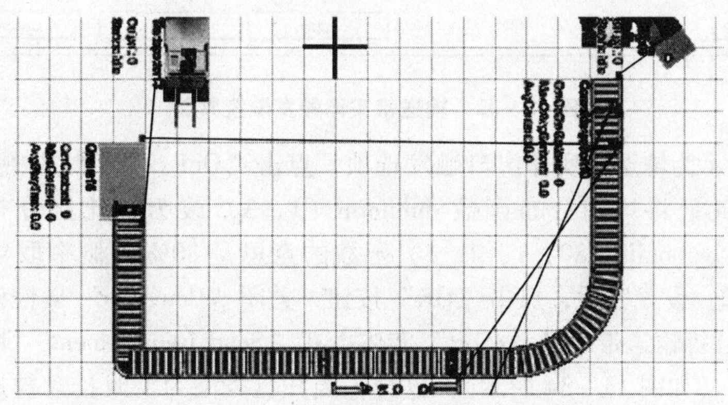

图 13－31 分拣输送带实体进出口标记

STEP 6：设置分拣输送带的分流逻辑关系

本例要求是 80% 的产品由输送带运送到自动仓库入库，20% 的产品由输送带直接运送到出口暂存区，也就是在第一个分流处（即出口 1 位置）必须设置概率分流。设计思想：

当码盘作业结束后，将实载托盘分成两类，分类方法按比例随机抽取，80%的概率抽取为类型1，20%的概率抽取为类型2。这样在分流处只要判断托盘类型即可，当托盘类型为1时，分流进入自动仓库；当托盘类型为2时，继续由分拣输送带运送到出口暂存区。

双击与“MergeSort”实体第一个进口相连的输送带“Conveyor”，进入“Triggers”页面，在“OnExit”下拉列表中选择“Set Itemtype”项。图13－32为输送带实体触发设置界面。

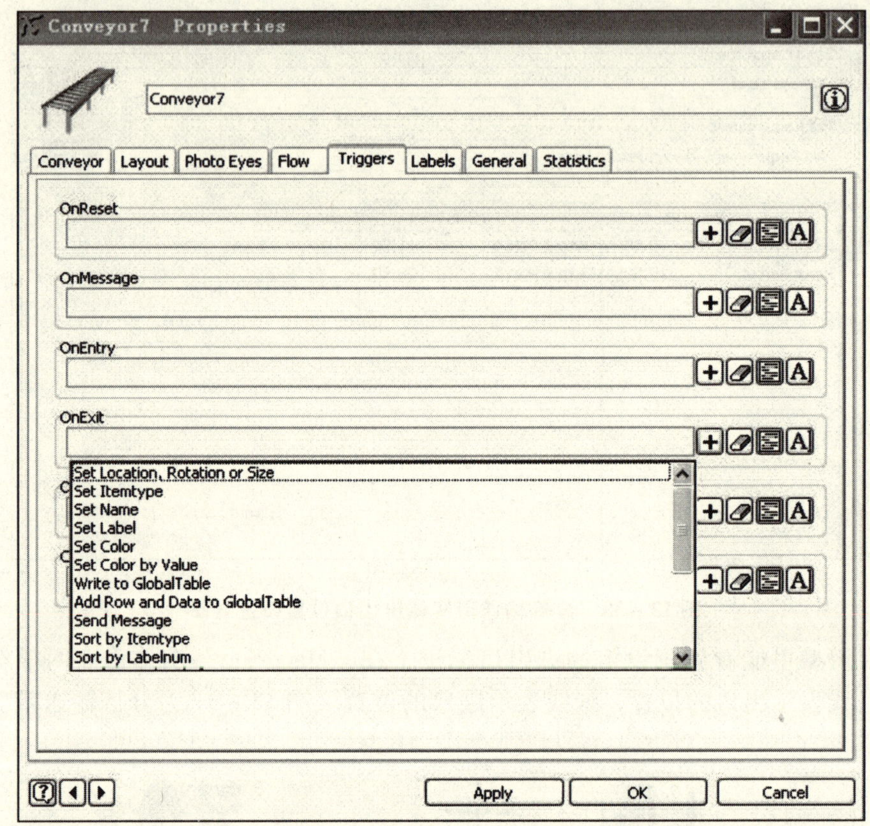

图13－32 输送带实体触发设置界面

图13－33所示为输送带实体出口触发选项，点击“OnExit”项左中侧的按钮，可进行参数修改。此处将均匀分布函数duniform（1，3）改为按比例分布函数bernoulli（80，1，2，1）。bernoulli（80，1，2，1）函数的意思是80%的概率取数值1，余下的20%概率取数值2。设置完后，点击“OK”按钮，关闭“Conveyor”属性设置窗口。

然后，双击分拣输送带“MergeSort”实体，在“Send Requirement”下拉列表中选择“By Itemtype”项（如图13－34所示）。这样，当托盘类型为1时托盘被送往与“MergeSort”实体相连的第一个出口；当托盘类型为2时托盘被送往与“MergeSort”实体相连的第二个出口。

但是，当托盘从自动仓库出来后，它是要经“MergeSort”实体的第二个出口出去，所以必须将托盘类型由1变更为2。双击运出自动货架的输送带“Conveyor”，进入“Triggers”页面，在“OnExit”下拉列表中选择“Set Itemtype”项。点击A按钮左侧的按钮，将

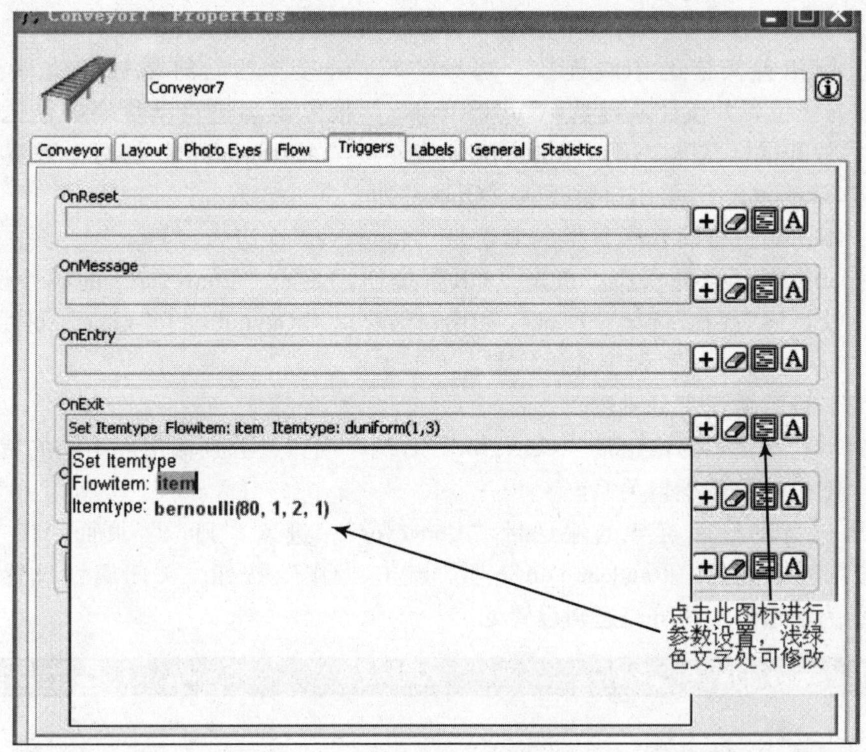

图 13－33　输送带实体出口触发选项

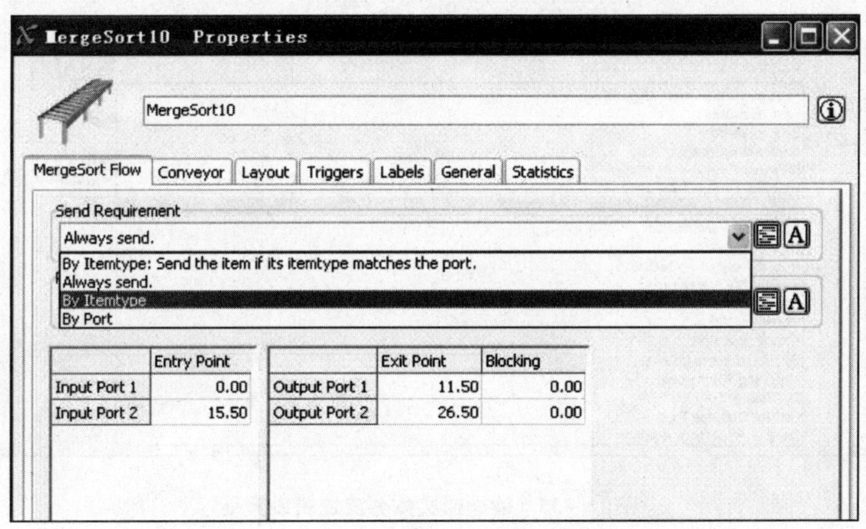

图 13－34　分拣输送带实体分流逻辑设置处

duniform（1，3）改为2。设置完后，点击“OK”按钮，关闭“Conveyor”属性设置窗口。

STEP 7：设置叉车、堆垛机的任务

堆垛机的任务：从进入自动仓库货架的输送带“Conveyor”处抓取托盘搬运至货架；如果有出货任务，则堆垛机从货架上抓取托盘搬运至运出自动仓库货架的输送带“Conveyor”上。叉车的任务是从出口暂存区“Queue”搬运托盘至实体出口“Sink”处。

首先进行相关实体的中线连接。选择“S”链接，然后将鼠标箭头移至堆垛机“ASRSvehicle”位置并按住左键从“ASRSvehicle”拖曳至运进自动货架的输送带“Conveyor”后，放开鼠标左键。用同样的方法中线连接“ASRSvehicle”与两个货贺“Rack”，连接叉车“Transporter”与出口暂存区“Queue”。

然后，双击运进自动仓库货架的输送带“Conveyor”，进入“Flow”页面，将可选项“Use Transport”处于选择状态。点击“OK”按钮，关闭“Conveyor”的属性设置窗口。用同样的方法，设置两个货架“Rack”和出口暂存区“Queue”的“Flow”属性，使各自的可选项“Use Transport”处于选择状态。

STEP 8：设置输送带分流逻辑

运进自动仓库货架的输送带“Conveyor”有两个出口，分别输出到不同的货架。在这里设置完全随机的分流逻辑关系。

双击运进自动仓库货架的输送带“Conveyor”，进入“Flow”页面，在“Send To Port”下拉列表中选择“Random Port”项。点击“OK”按钮，关闭属性设置窗口。图13－35所示为输送带实体分流逻辑设置处。

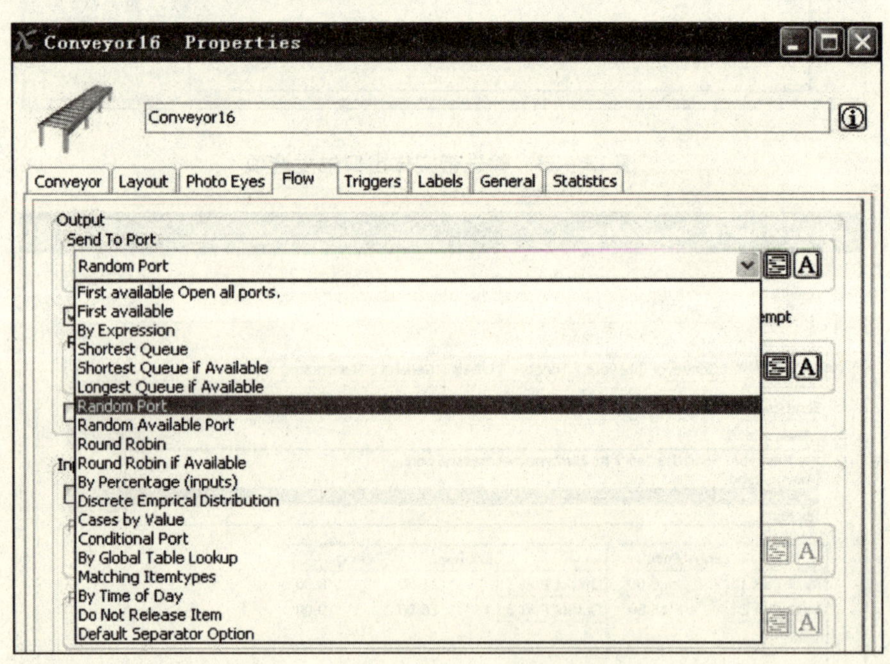

图 13－35 输送带实体分流逻辑设置处

STEP 9：设置货贺尺寸

双击货架“Rack”，进入“SizeTable”页面，可设置货架列数“Number of Bays”、货架层数“Number of Levels”、列宽“Width of Bays”、层高“Height of Levels”，设置完成后点击“Apply Basic Settings”按钮确立设置，这时可发现货架的3D尺寸按设置内容发生了变化。对另一货架也进行同样的设置。图13－36为货架实体尺寸设置。

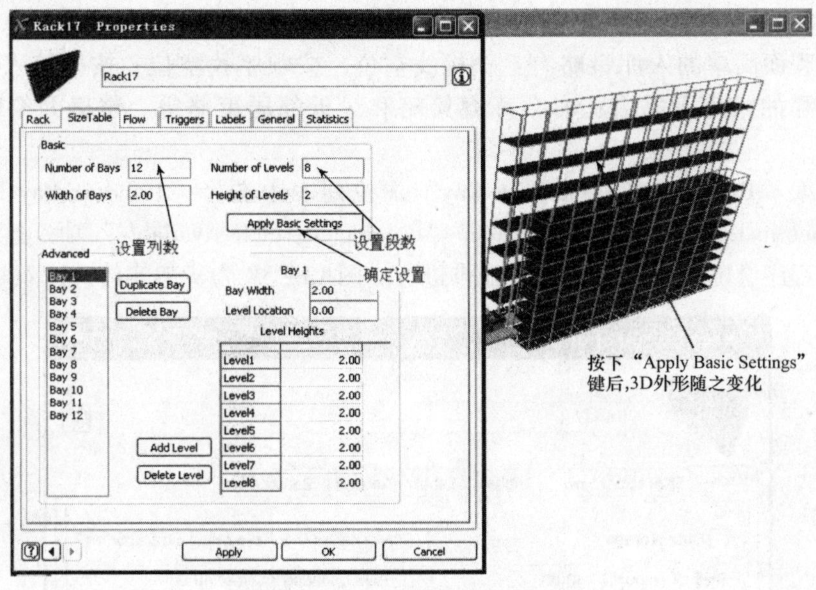

图 13-36 货架实体尺寸设置

按图 13-36 进行货架设置后，会发现堆垛机的高度不够。双击堆垛机“ASRSvehicle”，进入“General”页面，设置高度“SZ”为 16，这时可发现堆垛机和货贺对齐了高度。图 13-37 为堆垛机高度设置。

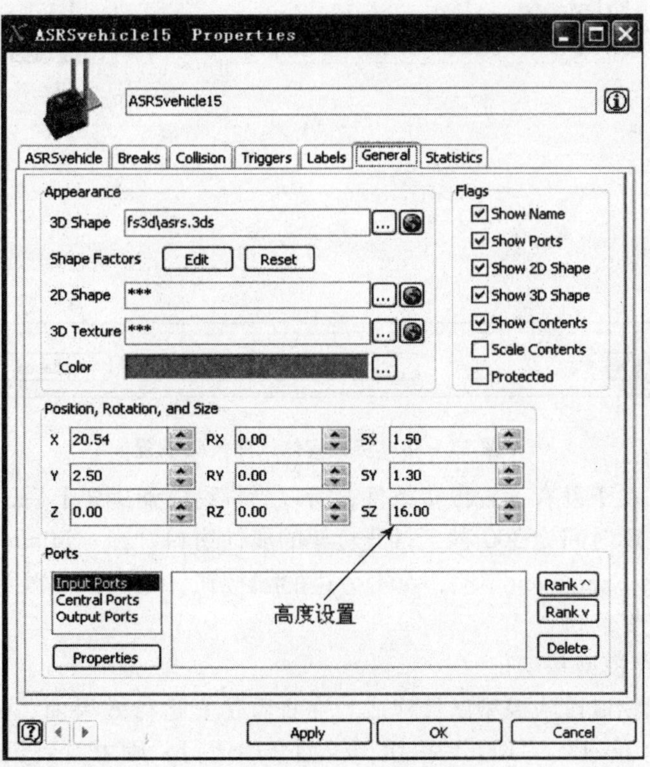

图 13-37 堆垛机高度设置

STEP 10：设置货架入库策略

无须编程而简单的入库策略有：随机找空位；按顺序找空位；按标签入库。比较高级、但需编程的入库策略有：ABC 库存策略和最近邻居策略等。这里介绍随机找空位策略。

双击货架“Rack”，在“Place in Bay”下拉列表中选择“Random Bay If Available”项，在“Place in Level”下拉列表中选择“Random Level If Available”项，这样当货物进入货架时，程序会随机找一空的货位安排进货。图 13－38 为货架实体入库策略设置。

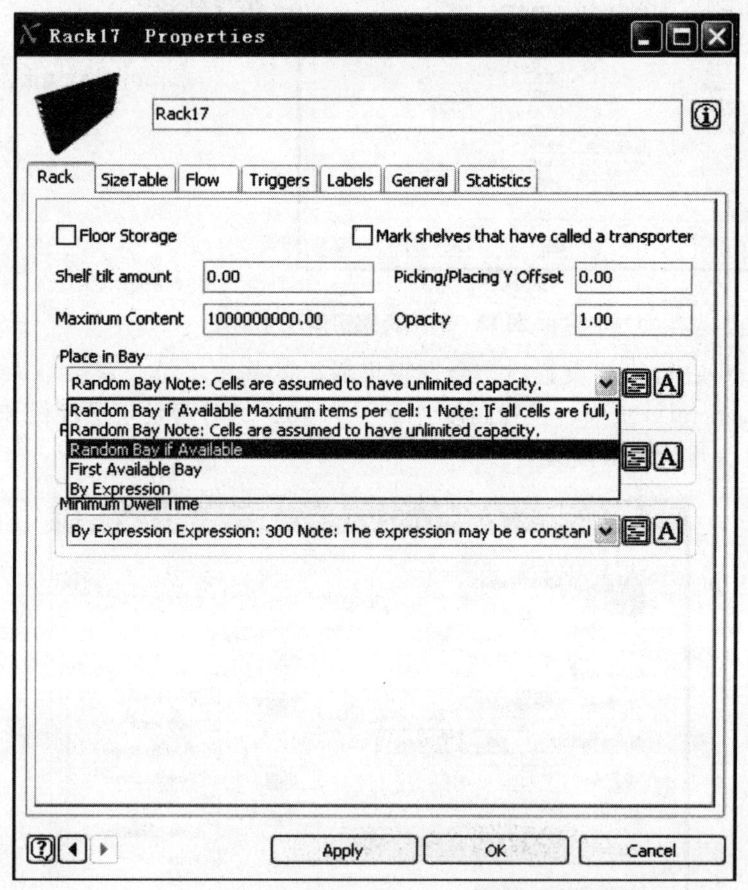

图 13－38 货架实体入库策略设置

在此模型中，由于没有设置出货条件，所以当货物放到货架上后，会立即出货。在这里，假设货物的在库时间为 300 秒，打开货架的属性窗口，在“Minimum Dwell Time”下拉列表中选择“By Expression”项，点击旁边的按钮，将数值 1 改为 300。点击“OK”按钮，关闭属性设置窗口。

STEP 11：保存模型并运行

至此整个虚拟物流设施模型已经建成。在查看仿真运行效果前，建议保存一下模型。然后按顺序点击“Reset”、“Run”按钮，模型开始运行，则可看到机器人的作业及自动仓库的运行，整个作业流程与设计思想完全相符。

为了达到一个好的观看效果，介绍几个鼠标的常用操作。

①鼠标左键：在 X－Y 平面上移动模型，如果使用者点选一个对象，鼠标左键将会在 X－Y平面上移动这个对象。

②鼠标右键：在 X，Y，Z 上旋转模型，如果使用者点选一个对象，鼠标右键将会旋转这个物件。

③鼠标滚轮：用鼠标滚轮向前或向后，会拉近或推远模型。如果点选一个对象，这个对象将会改变 Z 的绝对高度。

④F7 键：按下 F7 键将会使模型旋转或飞行，要退出这个旋转或飞行也是按 F7 键。按下 F7 键后改变鼠标位置，则可改变模型旋转或飞行的方向和速度。图 13－39 是运行 3D 模型。

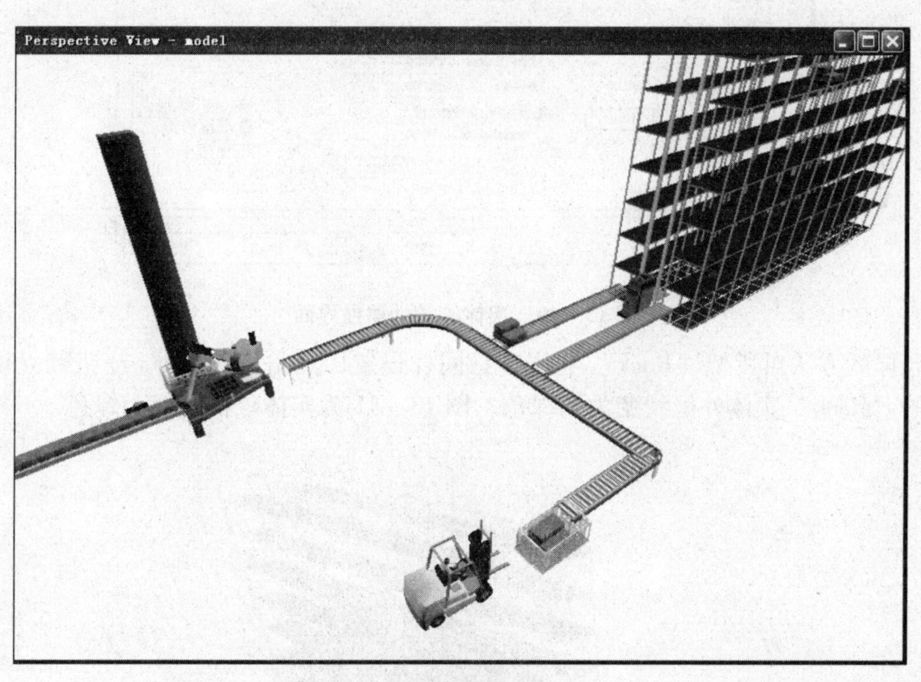

图 13－39　运行 3D 模型

STEP 12：实时查看仿真结果

Flexsim 是一款真正的实时 3D 仿真软件，所谓实时 3D 仿真，是指仿真运行时用户所看到的 3D 动画和仿真实时数据是完全同步的。Flexsim 允许用户在仿真运行时实时查看各个实体所处理的统计数据。这些统计数据包括进出实体的产品“Item”总数，在实体中的滞留时间，执行类实体的运行状态等。物流设施规划人员在规划实施前能解决设备间的平衡、设备的利用率、库存时间、滞留等问题。在此模型中，可知道机器人和堆垛机的运行状态（或设备利用率）、码盘前的产品滞留数据、自动仓库的库存时间。

双击码盘机前的输送机，进入“Statistics”页面，如图选择“Record data for Content and Staytime charts”项，变更时间轴“Upper Bound”值，设置完后点击“Apply”按钮确立设置。图 13－40 是实体的统计属性界面。

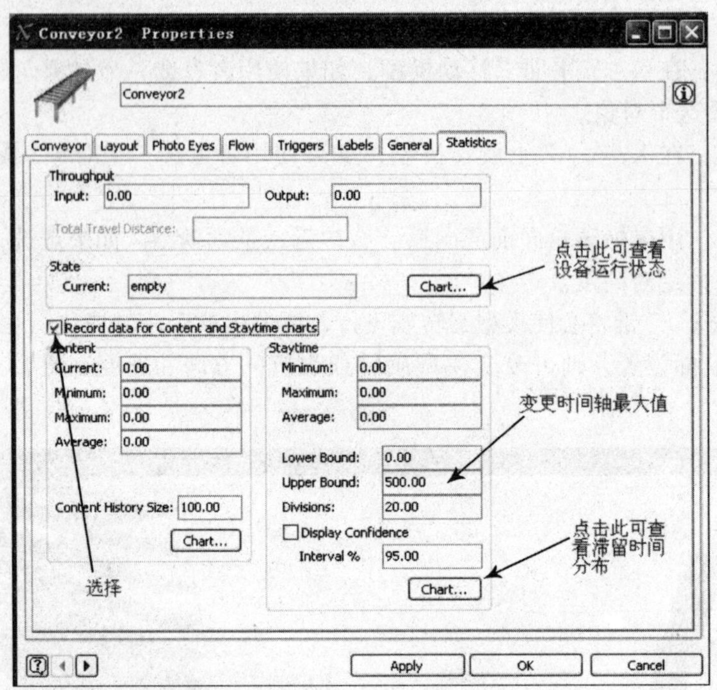

图 13－40　实体的统计属性界面

用同样的方法对货架“Rack”实体进行同样设置，点击“Apply”按钮确立设置后，模型中的“Rack”实体外框线变为了绿色。图 13－41 为实体外框线变为绿色。

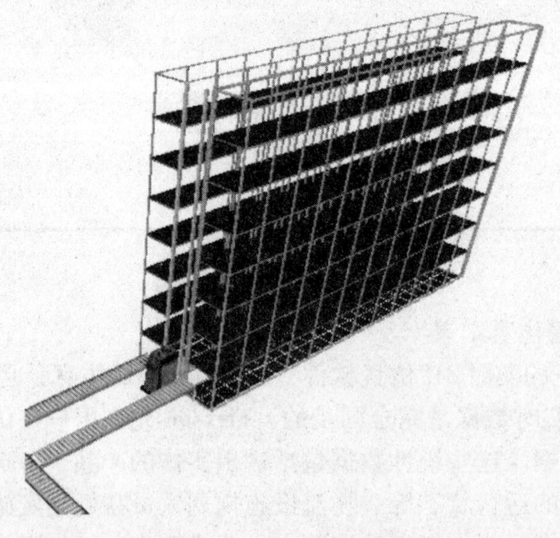

图 13－41　实体外框线变为绿色

查看滞留时间或库存时间的方法：顺序点击“Reset”、“Run”按钮，模型开始运行。在模型运行过程中，打开码盘机前的输送机属性窗口，进入“Statistics”页面，点击“Staytime”项下侧的“Chart…”按钮，会打开一个柱状图（如图 13－42 所示），柱状图是随仿真运行动态变化，用户可实时查看码盘机前面产品的滞留时间分布。纵轴表示产品

个数，颜色表示滞留时间间隔。同样的方法也可查看产品在自动仓库中的滞留时间分布（或库存时间分布）。

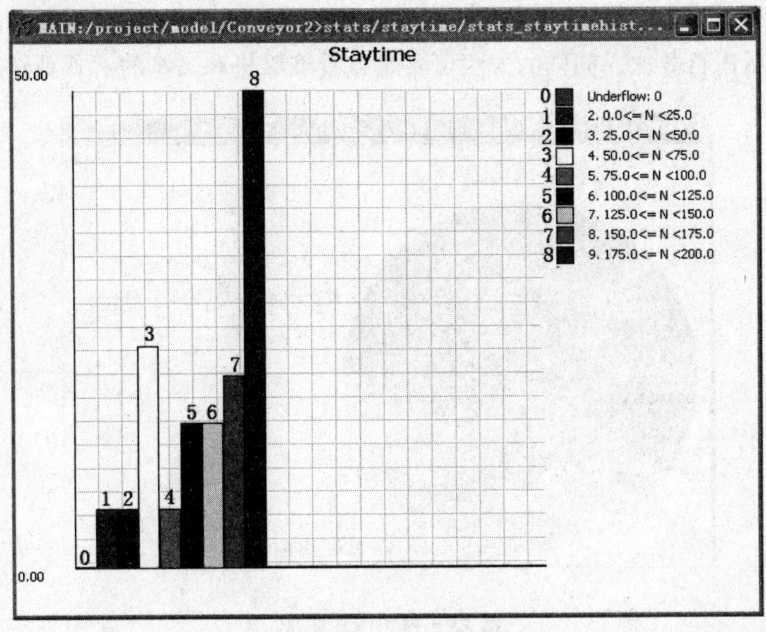

图 13－42　滞留时间分布

查看滞留个数分布的方法：打开码盘机前的输送机属性窗口，进入“Statistics”页面，点击“Content”项下侧的“Chart…”按钮，会打开一个折线图（如图 13－43 所示），折线图是随仿真运行动态变化，用户可实时查看码盘机前面产品的滞留个数随时间的分布情况，纵轴表示滞留的产品个数，横轴表示时间。

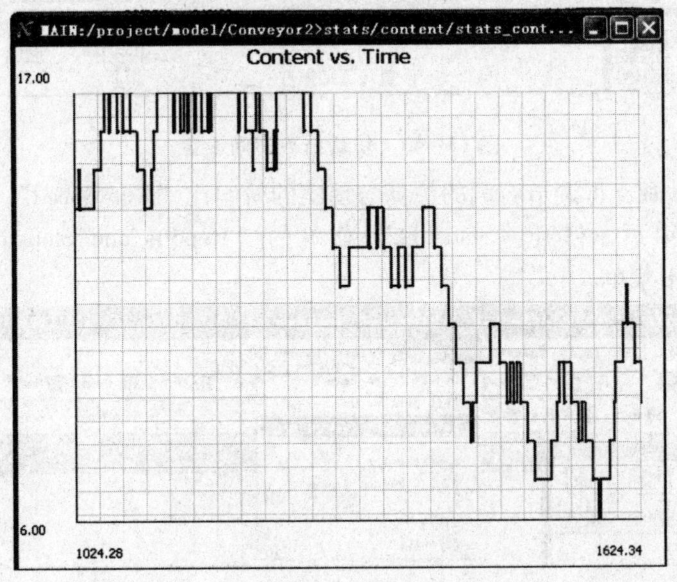

图 13－43　滞留个数随时间的分布

查看设备利用率的方法：双击机器人“Robot”实体，进入“Statistics”页面，点击“State”项右侧的“Chart…”按钮，会打开一个饼图（图 13－44 作业饼图），饼图是随仿真运行动态变化，用户可实时查看机器人的作业状况，饼图右上角显示了不同作业状况的作业时间及所占百分比。同样的方法可实时查看堆垛机和叉车的“作业饼图”。

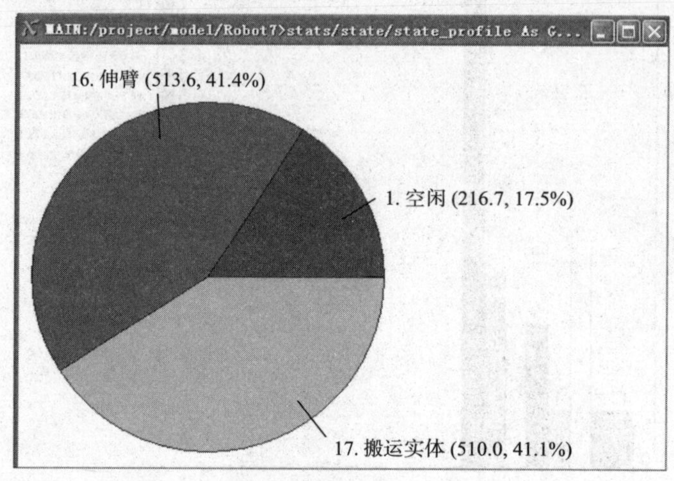

图 13－44　作业饼图

STEP 13：运行结束后查看仿真结果

如图 13－45 所示首先设置仿真结束时间。

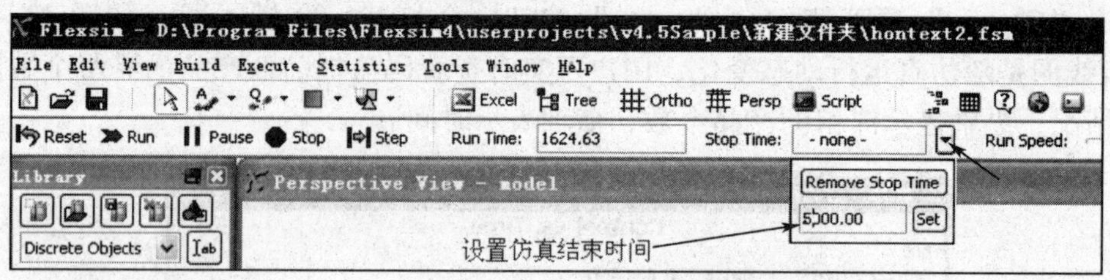

图 13－45　仿真结束时间设置

如果不观看动画，可调节右侧的仿真与现实的时间比“Run Speed”，加快仿真运行速度。仿真运行结束后，打开“Statistics”菜单的“Reports and Statistics”子菜单。图 13－46 为报表输出菜单。

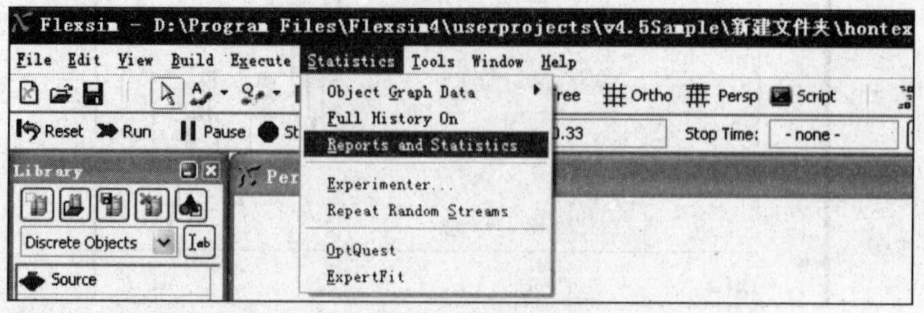

图 13－46　报表输出菜单

打开“Reports and Statistics”窗口后进入“Summary Report”页面，然后点击“Generate Report”按钮，可输出各个设备的处理个数、滞留个数、滞留时间等统计报表。如图13－47所示。

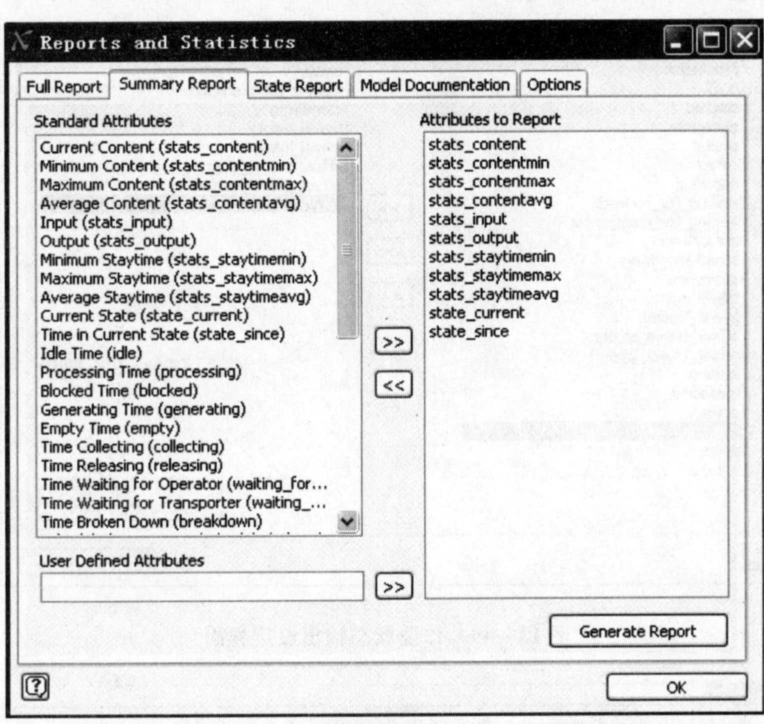

图13－47　合计报表输出设定界面

如果进入“State Report”页面，可输出各个设备的利用率或作业类别百分比。首先选择右侧默认项里无关的项，点击<<按钮进行无关项的删除。然后点击“Generate Report”按钮，输出Excel统计报表。图13－48为合计报表。图13－49为作业状态输出设定界面。图13－50为作业状态输出报表。

	A	B	C	D	E	F	G	H	I	J	K	L	M
1	Flexsim Summary Report												
2	Time:	7140.331											
3													
4	Object	Class	stats_cor	stats_cor	stats_cor	stats_cor	stats_inp	stats_ou	stats_sta	stats_stayt	stats_sta	state_cu	state_sinc
5	Source1	Source	0	0	0	1	0	617	0	30.69817	1.130732	4	6916.005
6	Conveyor2	Conveyor	17	0	17	12.02572	617	600	13.70679	197.179977	134.8025	4	6857.068
7	Combiner3	Combiner	0	0	2	0.813673	700	700	0	78.383347	7.98686	1	6871.065
8	Source4	Source	0	0	99	100	0	100	0	0	0	5	1624.627
9	Queue5	Queue	0	0	100	50.2263	100	100	8.061443	6812.2002	3421.516	6	6812.2
10	Robot6	Robot	0	0	1	0.415711	800	800	3.047827	3.756145	3.572055	1	6874.113
11	Conveyor7	Conveyor	0	0	1	0.014545	100	100	1	1	1	6	6875.113
12	Sink8	Sink	1	1	1	0	100	0	0	0	0	7	1624.627
13	MergeSort	MergeSort	0	0	2	0.32708	180	180	11	26.5	12.94444	6	7123.631
14	Rack14	Rack	0	0	4	2.132447	49	49	301	313.249695	308.5252	10	7076.131
15	ASRSvehic	ASRSvehic	0	0	1	0.225153	160	160	1.413323	13.8925	9.994852	1	7102.631
16	Queue16	Queue	0	0	2	0.137591	100	100	8.425018	23.071398	9.813077	6	7132.056
17	Transport	Transport	0	0	1	0.115891	100	100	8.275019	8.275019	8.275019	1	7140.331
18	Conveyor1	Conveyor	0	0	1	0.163923	80	80	12.26771	23.8575	13.85609	6	6762.239
19	Conveyor1	Conveyor	0	0	1	0.112476	80	80	10	10	10	6	7112.631
20	Rack17	Rack	0	0	4	1.375042	31	31	301	313	308.0391	10	6935.454
21													

图13－48　合计报表

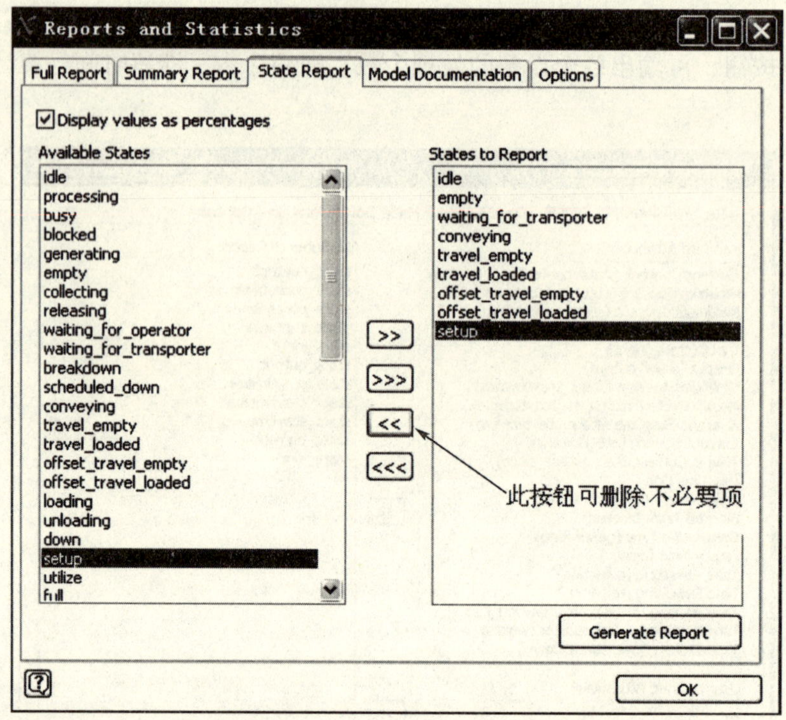

图 13－49　作业状态输出设定界面

F20

	A	B	C	D	E	F	G	H	I	J	K
1	Flexsim State Report										
2	Time:	7140.331									
3											
4	Object	Class	idle	empty	waiting_for_trans	conveying	travel_emp	travel_load	offset_trave	offset_travel_loaded	
5	Robot6	Robot	15.13%	0.00%	0.00%	0.00%	0.00%	0.00%	43.29%	41.57%	
6	MergeSort	MergeSort	0.00%	69.28%	0.00%	30.72%	0.00%	0.00%	0.00%	0.00%	
7	ASRSvehic	ASRSvehic	64.16%	0.00%	0.00%	0.00%	0.00%	0.00%	13.33%	22.52%	
8	Queue16	Queue	0.00%	86.80%	13.20%	0.00%	0.00%	0.00%	0.00%	0.00%	
9	Transport	Transport	76.61%	0.00%	0.00%	0.00%	10.78%	11.27%	1.02%	0.32%	
10	Conveyor1	Conveyor	0.00%	83.61%	4.56%	11.83%	0.00%	0.00%	0.00%	0.00%	
11	Conveyor1	Conveyor	0.00%	88.75%	0.00%	11.25%	0.00%	0.00%	0.00%	0.00%	
12											

图 13－50　作业状态输出报表

STEP 14：修饰模型

1. 更换 3D 图形

当模型逻辑关系设计合理，数据分析结果达到仿真目的后，需要向客户或领导演示仿真模型，为了达到一个好的演示效果，往往不仅是仿真分析，模型外观是否逼真也是非常重要的因素。Flexsim 能利用包括最新的虚拟现实图形在内的所有 PC 上可用的图形文件。如果是扩展名为 3DS、VRML、DXF 和 STL 的 3D 立体图形文件的话，可以直接导入 Flexsim 模型中。

双击码盘机“Combiner”，打开属性窗口，进入“General”页面，点击“3D Shape”项右侧的□按钮，选择 3D 立体图形文件。在这里选择“Texturebox. wrl”，打开图形文件后，关闭“Combiner”的属性窗口，这时可发现码盘机“Combiner”的外形变成了一个作

业台。同样的方式可以更换所有实体的3D立体图形，使模型逼真。图13－51为3D图形设置界面。图13－52为选择3D图形。图13－53为变更3D外形。

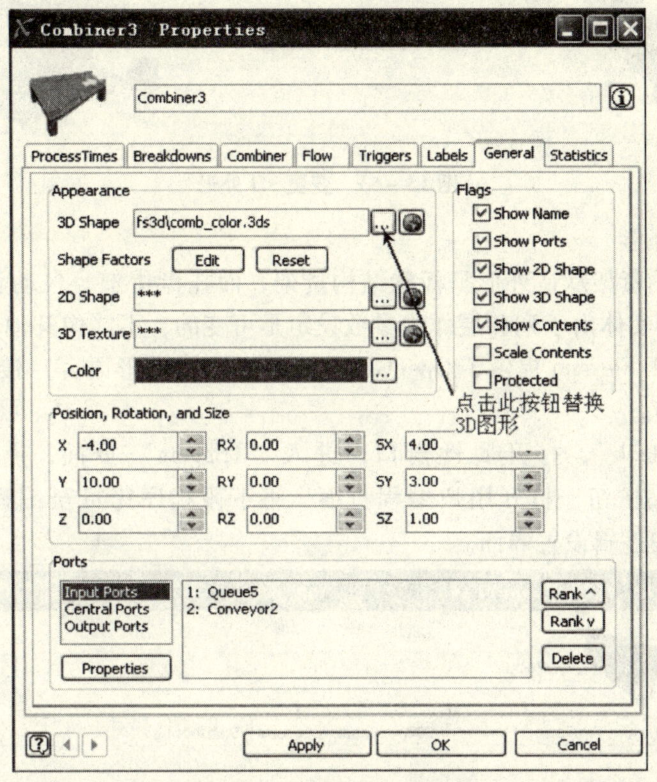

图13－51　3D图形设置界面

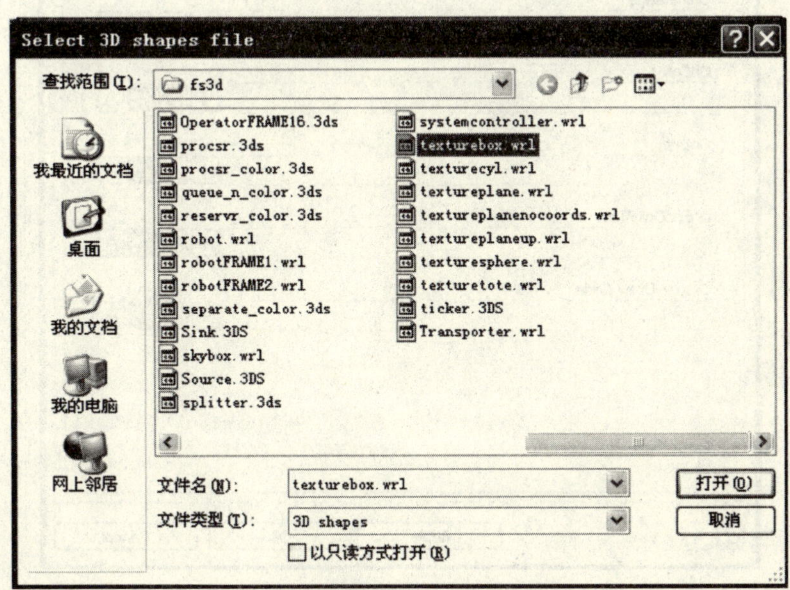

图13－52　选择3D图形

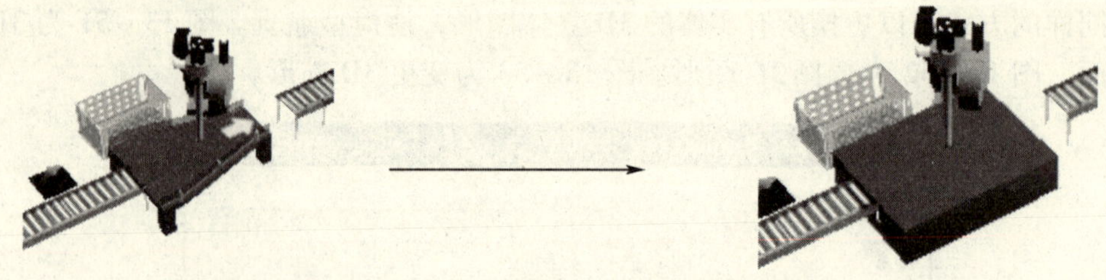

图 13－53　变更 3D 外形

2. 定制货架外形

Flexsim 提供的货架默认外形是板状结构货架，而托盘货架、自动仓库货架往往是钢架结构。另外货架实体由于列和层作为参数设定是可变的，不能像其他实体那样直接导入 3D 立体图形。由于 Flexsim 提供了 OpenGL（一种绘制 3D 图形语言）接口，可利用此接口绘制所需钢架外形。

双击货架“Rack”，打开属性窗口，进入“Triggers”页面，点击“Custom Draw Code”项右侧的A按钮，打开用户编程页面，将下段程序拷贝至编程页面的后面。图 13－54 为实体触发逻辑设置界面。

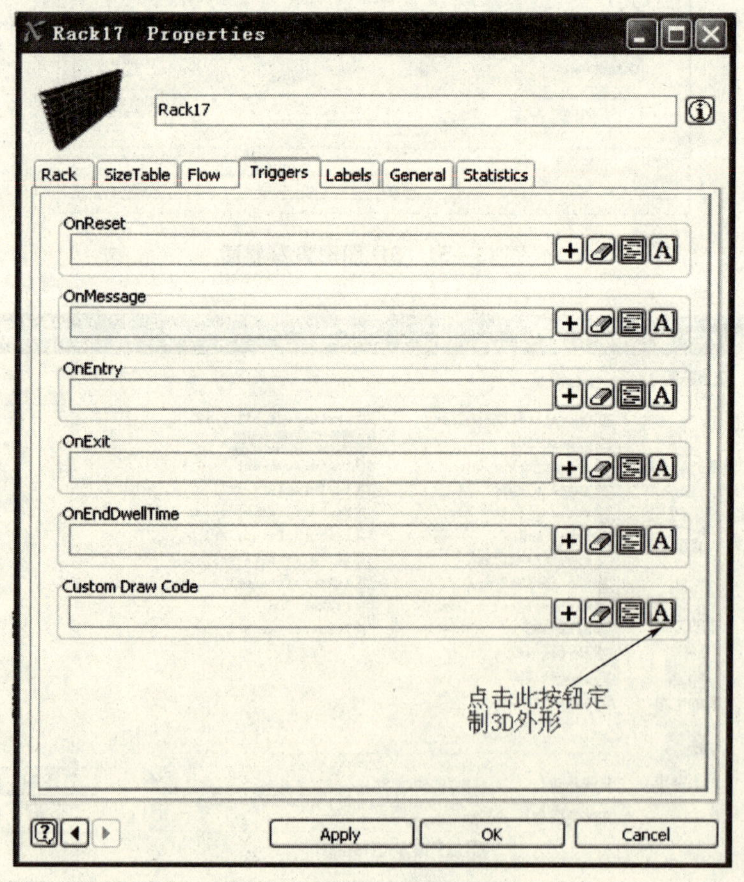

图 13－54　实体触发逻辑设置界面

点击“OK”按钮，关闭用户编程页面，再点击“OK”按钮，关闭属性设置窗口，货架外形发生了变化，但搁板并未消失。再次双击货架“Rack”，打开属性窗口，将透明参数“Opacity”设置为0，点击“OK”按钮，关闭属性设置窗口。图13－55所示为货架实体属性界面。这时货架外形就变成了如图13－56所示的钢架外形。如果要改变钢架颜色、大小甚至外形，需要理解上述程序中的Drawcolumn语句内的各项参数，高级开发者可参考用户手册理解上述程序。

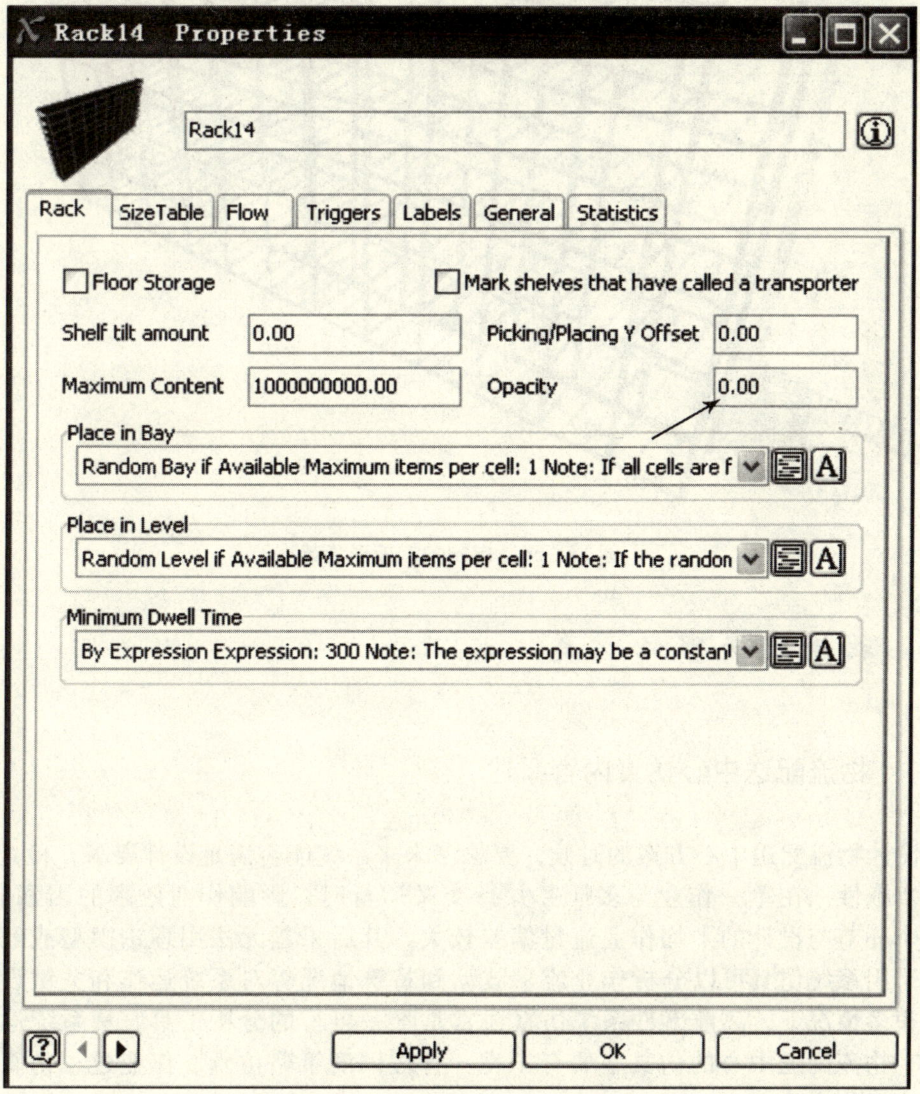

图13－55　货架实体属性界面

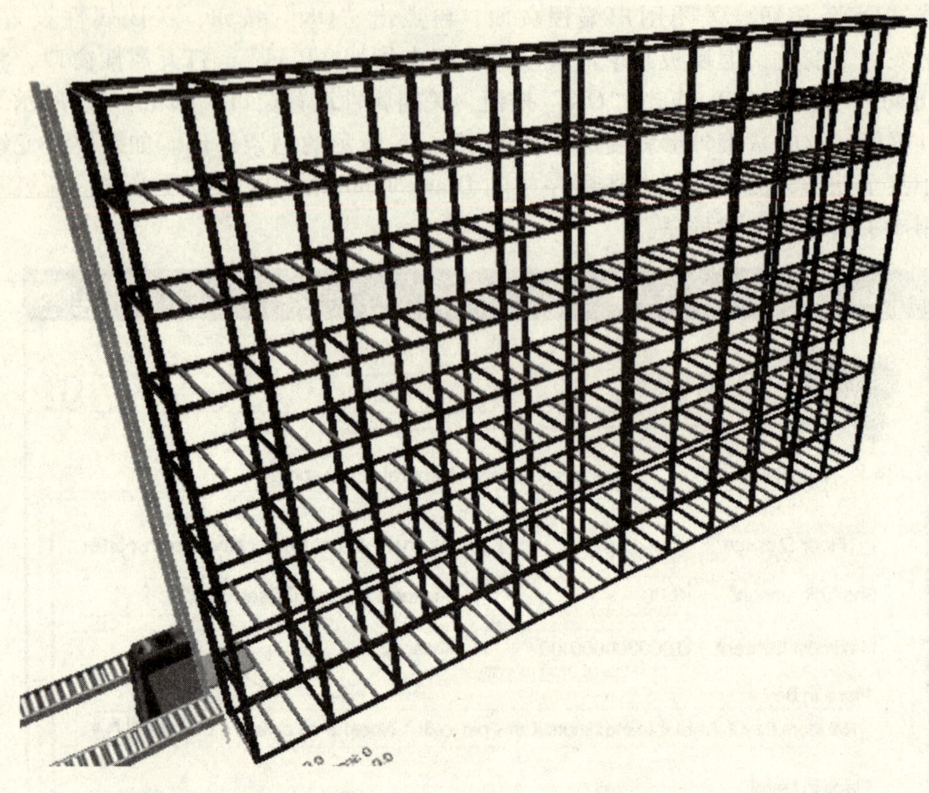

图 13－56 定制的钢架形货架

13.5 物流配送中心仿真

13.5.1 物流配送中心仿真内容概述

在设计物流配送中心方案的时候，要思考未来系统能否满足设计要求，检查系统指标的可实施性。在单一作业与多任务并行交叉运行时，影响作业效率的因素非常多，一旦某个环节与设计的平均作业流量偏差较大，其后果是无法用理论模型或经验来估算的。采用系统仿真可以分析作业流量波动和特殊情况等对系统运作和关键设备的影响。在很多情况下，离散事件系统仿真通常是唯一可行的分析工具。从系统运行的角度分析，物流配送中心的仿真主要有三类：管理调度策略仿真、作业过程仿真、系统配置与布局仿真。

在确定管理调度策略的时候，主要考虑怎样的调度方法能使系统发挥最大能力。例如分析用户订单组合方式、分拣策略对系统作业能力的影响。作业过程主要考虑设备和人员分派、作业路径的选择。系统配置与布局的重点是分析主要物流子系统的设备能力，解决可能存在的瓶颈，提出优化的设备布置方案，比如分析自动化立库仓库的出入库操作能力、确定 AGV 系统的输送能力。采用系统仿真方法，能够直接在仿真模型上对比不同策

略对系统能力的影响，给出定量的运行数据。

1. 管理调度策略仿真

物流配送中心的优化目标有许多，如配送中心各系统运行的协调性最好、系统运行效率最高、设备利用率最合理、最终客户订单处理平均时间最短、运行成本最低等。这些目标往往是互相矛盾的。建立物流配送中心的系统仿真模型，可以分析订单排序、拣选策略、储存策略等对物流配送中心运行效率的影响。下面举几个调度策略的例子。

（1）配送中心排序策略仿真。在确定配送中心订单排列顺序时，传统做法是根据客户的紧急程度、客户对配送中心的效益贡献等因素，为客户设定优先级，以优先级决定处理顺序。如果优先级相同，则按照订单的到达顺序进行处理。然而，优先级的设定并没有考虑物流配送中心的运行效率。由于不同客户的订单内容存在区别，因此在订单处理流程、处理时间上会有很大差别。如前所述，物流配送中心的优化目标可以有许多，而这些目标之间往往存在一定的矛盾。例如，系统运行效率最高与最终客户订单处理平均时间最短之间就有一定的矛盾。建立物流配送中心的仿真模型，可以根据不同的订单排序仿真物流配送中心的运行状态，再根据设定的目标选定输出参数，就可以比较各种订单顺序的拣选效果，确定采用什么样的订单排序能够使得系统总体运行最合理。

（2）拣选方式的选择仿真。拣选方式一般分为采摘式和播种式两种。采摘式是按照顺序对每个订单单独处理，适用于物品品种多，每个订单所需物品的数量和品种差别较大的情况。如果物品的数量少，订单之间所需物品种类相近，则可以采用播种式拣选，即同时对多个订单的同一种物品进行拣选，然后再进行下一个物品的拣选。前者是以订单为对象进行拣选，后者则是以物品为对象进行拣选。

无论采用哪种方式，都可以通过仿真将不同方式的运行过程呈现出来，直观地看到不同方式对拣选作业效率的影响。

（3）货位分配仿真。货位的管理是仓储管理的重要组成部分。为了有效地利用货位空间，同时又获得最佳的出入库效率，往往需要制定货位分配的原则。最常用的原则是：先入先出；就近存放；上轻下重；分区存放等。实际过程中，货位存放状态始终是动态变化的。各种存放原则是否合理，无法计算。货位状态仿真是最直观、最有效的办法。建立货位出入库模型，设定各种货位分配原则进行仿真运行，可以根据货位利用率等输出结果分析，选取最佳的分配原则。

当然，除了上述管理策略外，物流配送中心管理调度策略还包含许多内容，如库存策略、订货点与订货批量确定、安全库存量的设定等。

2. 作业过程仿真

物流配送中心的作业流程较长，各种订单的作业流程也不同。配送中心的设备多数时间在交叉作业。当系统十分复杂时，对各种设备的调度需要有一定的预测。在以往的设计中，这些策略多数是根据经验来确定的。各种策略的制定是相互孤立的，策略的制定究竟对整体系统的影响将会怎样？这些决策是否恰当？无法判断。借助仿真就可以针对性地解决这一类问题。下面举几个作业过程仿真的例子。

（1）运输设备调度策略的选择与比较仿真。物流配送中心的设备是为不同工序服务的。例如，AGV 需要完成立体仓库原材料的出库和入库、产成品的出库和入库等。当各个工作指令同时被下达时，要为AGV规定一个相应的原则，也就是AGV的派遣规则。派遣规则要考虑作业的紧急程度、AGV所在的位置、作业完成的流程与时间以及下一个作业的申请等因素。最终的目的是AGV的运行路径尽可能短、多个AGV的路径不得交叉和堵塞等。这样一个多任务、多目标的系统，人工调度很难胜任，借助仿真来辅助决策则非常方便。

（2）拣选路径选择的仿真。在大型物流配送中心，拣选区可多达几万平方米。拣选作业多是手工完成的。在整个物流配送中心，一个客户订单的处理效率和质量主要取决于拣选的效率和质量。因此对拣选路径的优化选择对于大型的物流配送中心是十分必要的。选择的好坏直接影响拣选效率，进而影响服务质量。

3. 系统配置与布局仿真

物流配送中心一般配备有货架（立体仓库货架、平面仓库货架、流力式货架、驶入式货架等）、起重堆垛设备（巷道式堆垛机、巷道高架叉车等）、运输设备（自动导引小车、辊道输送机、垂直升降机、积放式输送机等）、分拣设备（高速分拣机、分拣机器人）和包装机等。各种设备相互配合，共同完成系统的配送管理。由于配送中心规模大、设备多、投资巨大，因此需要慎重考虑设备的布局与配置。在保证系统达到设计能力的前提下，尽可能减少投资，充分发挥设备的效力。系统配置与布局仿真可以有以下几个方面。

（1）设备选型仿真。配送中心的设备一般可以有不同的选择。例如，运输设备中自动导入小车、辊道输送机、环形穿梭车、悬挂式穿梭车等设备，都可以作为立体仓库出入库的输送设备，各自有不同的特点。选择不同的输送设备，将直接影响出入库效率，同时系统设备的投资也有很大差别。因此系统方案设计在选型中要花较大的精力。目前国外比较大的设备集成商一般都具备了系统仿真能力。在系统方案设计后，会对不同设备的选择方案进行仿真比较。根据仿真输出的结果，比较系统的效率、系统设计方案的投资等要素，提供给用户进行比较和选择。

（2）关键设备的能力冗余仿真。通常情况下，在一个生产系统中，设备的利用率越高，系统中工件等待的时间就越长。然而，设备利用率过低是不经济的，在物流配送中心也是如此。假设设备的利用率按照100%设计，系统中将会出现多处排队等待的现象。究竟各种设备按照怎样的利用率设计最合理呢？在系统中，如何调整设备的利用率，使整个系统协调、有节奏地工作呢？目前，物流配送中心设备的选择和配置通常是依据经验，为每种设备制定一个能力有冗余的利用率。例如，堆垛机的利用率一般定为小于80%，自动导入小车的利用率一般为75%～85%。但是往往初始的设定并不能达到系统满意，实际运行会顾此失彼。运行物流配送中心的仿真模型，不断比较各种设备的利用率，调整设备的数量与参数，最终可以解决设备利用率合理性的问题。

（3）设备运行协调性仿真。除了设备种类、数量的选择外，为了保证系统各种设备协调运行，还需要考虑每种设备的运动参数调整和设置。在实际系统中，调整系统设备的参数是一件非常费时、费力的事情，往往需要在设备安装好后到现场进行细致的调试。调试花费的时间使得整个工程的周期延长。如果在系统方案设计后就建立系统设备的仿真模型，运行并分析其设备的运行状态，调整不合理的参数，则可大大缩短物流配送中心的建设周期。

13.5.2 物流配送中心仿真所需的基本数据

在建立物流配送中心系统仿真模型时，先确定仿真模型输入的基本数据。这些基本数据可分为确定型参数和随机型参数两类。确定型参数是指与系统配置有关的、相对固定的一些参数，例如 AGV 的最高运行速度和加速度、传送带的速度等。随机性参数是指与系统运行相关、具有一定变动范围的参数。例如工人装卸货物所需操作时间、货物入库的数量与时间间隔等。获得确定型参数比较容易，而收集随机型参数比较困难。在建立模型过程中，需要收集以下参数和设计方案。

1. 设备选型与特征参数

物流配送中心包括巷道式起重运输设备、辊道输送机、机器人、打包机等多种设备。设备选型与特征参数包括各种设备的结构参数和运动参数。

2. 设备布局与关联

在确定了设备的机构和运动参数后，需要确定设备和设备之间的相对位置，以及它们之间的逻辑关系。例如，堆垛机与 AGV 之间相互传递货物的位置和速度的衔接、打包机与辊道输送机之间的相互关联等。

3. 货物入库

货物到达物流配送中心的货物信息，包括到达时间间隔，到达品种、批量、顺序等。

4. 客户订单

客户订单表明了对物流配送中心货物出库的请求。订单注明了所需出库的品种、数量、时间等。

5. 货位分配原则

仓库货位的分配是根据物流配送中心出入库的要求预先设定的。一旦确定了仓库货位分配的原则，就相应决定了各种设备响应操作指令的时序，以及堆垛机和输送机等设备的运行距离。

6. 概率性的事情

在物流配送中心运行过程中，大多数事件的发生是可以预知的，但也有很多事情的发生不是预定的，而是遵循一定概率的。例如，通过红外检测不能直接入库的货物、到达物流配送中心但质检不合格的货物、人工分拣出现差错等。这些不确定的事件通常服从一定的概率分布，可以用随机变量来表示。采用数据建模方法，根据输入数据可以确定随机变量服从哪一种概率分布并确定概率分布的参数。一般在仿真前建立不确定事件发生的概率模型，令仿真程序按照此概率模型自动生成这些事件。

7. 随机变量分布

建立仿真模型需要用随机变量来描述模型的不确定性事件、变量等，因此需要确定系统的随机变量的分布类型以及参数。例如，货物到达的时间间隔、打包机打包的时间、操作工人完成各种工作的时间等系统参数等，可以用适当的理论分布来描述。

8. 操作人员的行为

物流配送中心是人机结合的系统，既有自动化设备操作，也有人工操作。操作人员的行为是指操作工人的数量、工作任务、工作程序、操作时间、与机械设备的关系等。

例如，对于一个自动化立体仓库系统的调研，首先要了解自动化立体仓库的平面布局、设备组成、存放的物品形状、尺寸等静态的参数；其次是订单拣选、货物分配等系统工艺参数；再次是系统动态参数，如自动化立体仓库中堆垛机、运输机的加速度、速度，出入库物品的到达时间间隔，运输车的装卸时间等；最后还要收集系统逻辑参数，如自动仓库系统中堆垛机三个方向运行之间的互锁关系、运输机与堆垛机之间的衔接关系，立体仓库与分拣系统运作之间的时序关系、优先级的约定、排队规则的设定、各种解结的原则等。

13.5.3 物流配送中心仿真实例

1. 自动仓库系统配置与布局仿真

(1) 仿真的作用。某自动仓库设备厂家向客户展示导入方案的可行性及运作流程演示。

(2) 决策变量及评比参数。决策变量是自动仓库出入库的输送系统配置方案。评比参数是升降机前的滞留托盘数、非整托盘出货时拣货作业前的滞留托盘数以及拣货作业员的稼动率、堆垛机稼动率。

(3) 仿真模型。图 13－57 所示为自动仓库模型之一（出入库状态)。图 13－58 所示为自动仓库模型之二（托盘式自动仓库)。图 13－59 所示为自动仓库模型之三（小件箱式自动仓库)。

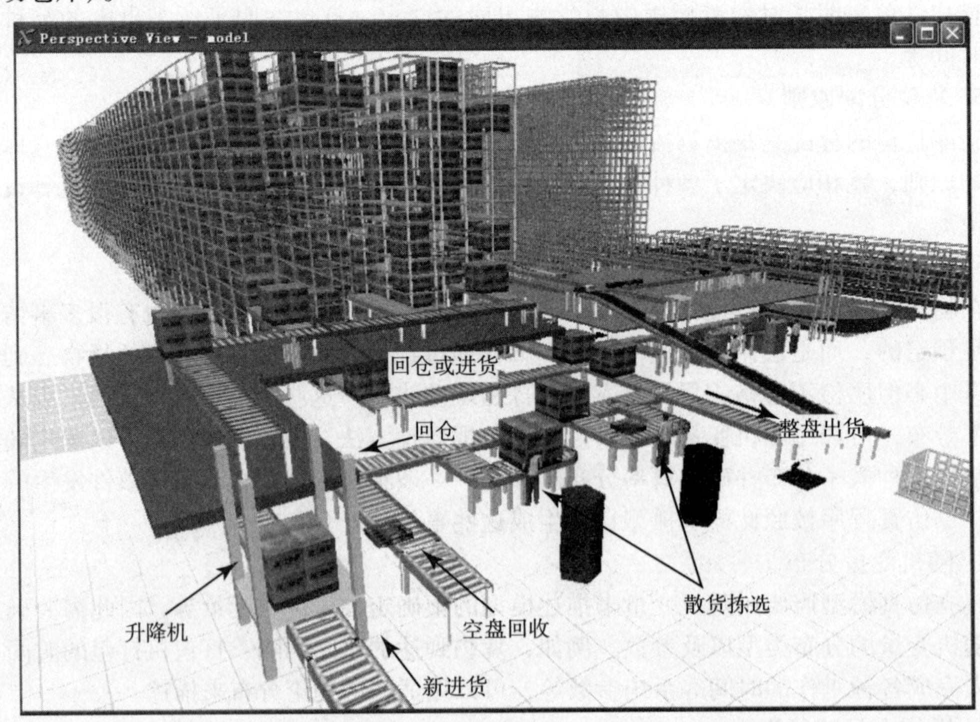

图 13－57　自动仓库模型之一（出入库状态)

图 13-58 自动仓库模型之二（托盘式自动仓库）

图 13-59 自动仓库模型之三（小件箱式自动仓库）

2. 平置仓库运作方案及设置能力评估仿真

（1）仿真的作用。某第三方物流公司配送中心整个运作过程可视化及探求增产后设备配置方案。

（2）决策变量及评比参数。决策变量是出入库叉车数量。评比参数是作业完成时间及叉车利用率。

（3）仿真模型。图 13－60 为平置仓库局部模型（进货情形）。图 13－61 为平置仓库局部模型（一层拣货情形）。

图 13－60　平置仓库局部模型（进货情形）

图 13－61　平置仓库局部模型（一层拣货情形）

图 13－62 平置仓库局部模型（待出货暂存区）。

图 13－62　平置仓库局部模型（待出货暂存区）

3. 电子标签系统流程仿真

（1）仿真的作用。某物流咨询公司向某制造商展示部件配送电子标签系统的运作方案。

（2）仿真模型。图 13－63 为电子标签系统模型（入库）。图 13－64 为电子标签系统模型（拣选配套）。图 13－65 为电子标签系统模型（工序组合）。

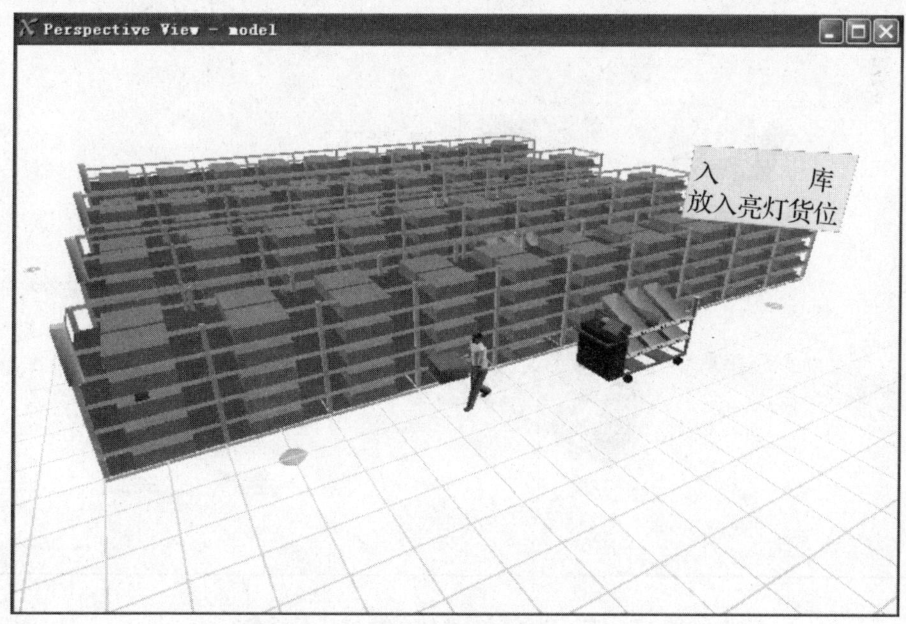

图 13－63　电子标签系统模型（入库）

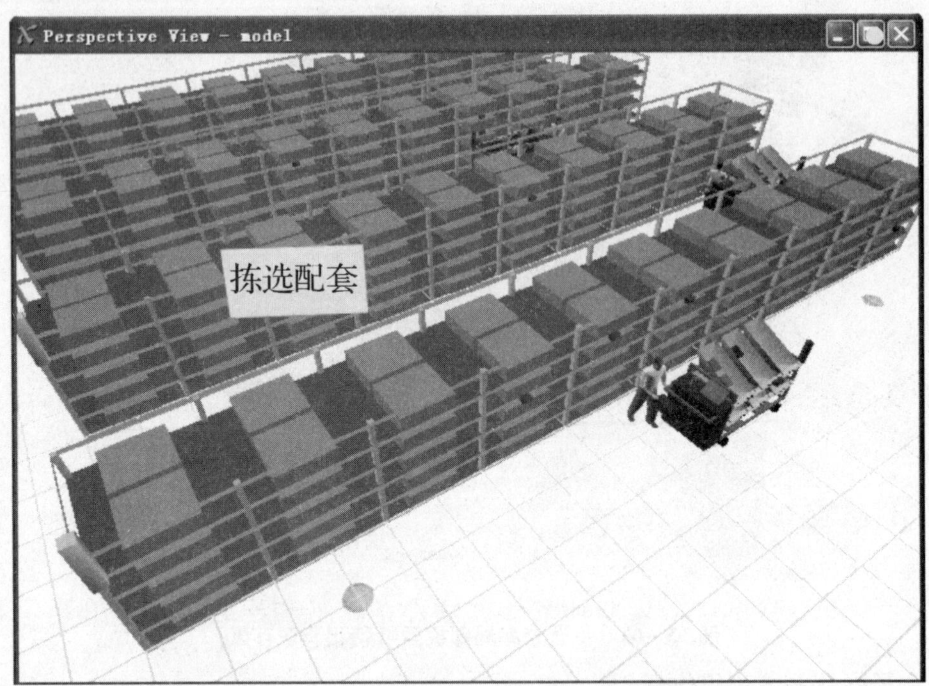

图 13-64　电子标签系统模型（拣选配套）

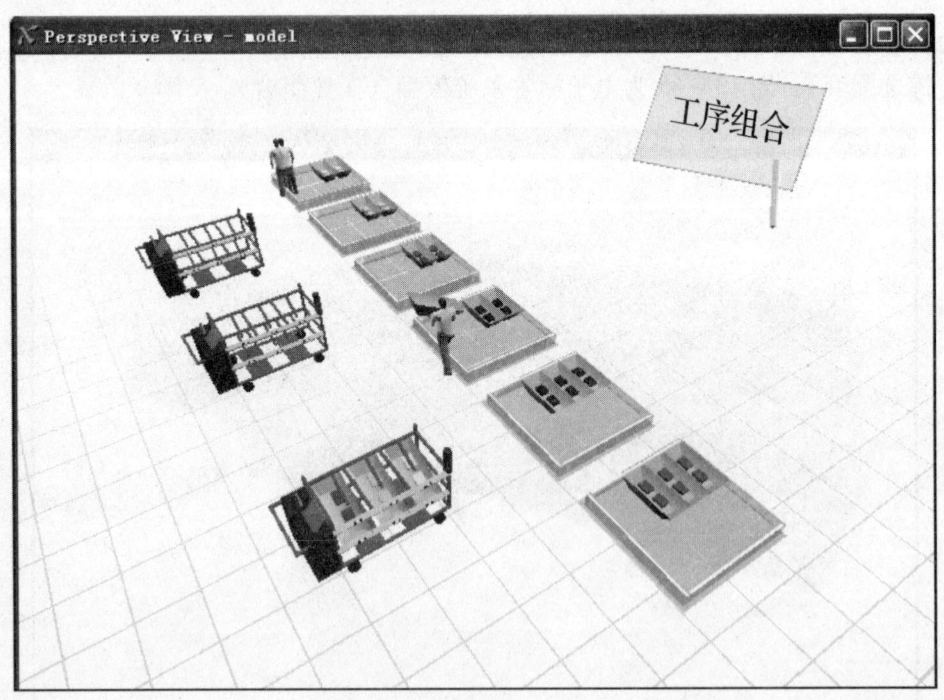

图 13-65　电子标签系统模型（工序组合）

参考文献

［1］刘昌祺．物流配送中心设计［M］．北京：机械工业出版社，2002.

［2］刘昌祺．自动化立体仓库设计［M］．北京：机械工业出版社，2004.

［3］刘昌祺．物流配送中心的设施及其设备的设计计算［M］．北京：机械工业出版社，2005.

［4］刘昌祺．物流配送中心管理技术［M］．北京：机械工业出版社，2006.

［5］徐正林，刘昌祺．自动化立体仓库实用设计手册［M］．北京：中国物资出版社，2009.

［6］刘昌祺．物流配送中心拣货系统选择及设计［M］．北京：机械工业出版社，2004.

［7］廣重茂延．倉庫自動化システムハンドブック［M］．东京：流通研究社，2000.

［8］菊田一郎．物流配送ャンタ－システムハンドブック［M］．东京：流通研究社，2001.

［9］菊田一郎．物流ャンタ－システム事例集Ⅱ［M］．东京：流通研究社，2000.

［10］孙海蛟，董福庆．物流中心储位管理［M］．中国台北：经济部商业司，1998.

［11］陈慧娟．物流中心作业系统［M］．中国台北：经济部商业司，1998.

［12］菊田一郎．物流システム機器ハンドブック［M］．东京：流通研究社，1999.

［13］間野勉．無人搬運車システム事例集［M］．东京：流通研究社，2002.

［14］三野重和．物流設備機器計劃・設計ハンドブック［M］．东京：流通研究社，2002.

［15］間野勉．物流機器システム综合カタログ集［M］．东京：流通研究社，2003.

［16］大和田国男．自動搬運［M］．ジャパンマシニスト社，1990.

［17］流通研究社．自動仕分けシステムハンドブック［M］．东京：流通研究社，2002.

［18］流通研究社．回轉ラシクシステムハンドブック［M］．东京：流通研究社，2001.

［19］石川与法．配送ャンタ－設計の実务［M］．物流技術情报ャンタ－，1994.

［20］福原元一．立体自動倉庫システム設計通则［M］．日本规格协会，1995.

［21］斯麦霍夫．自动化仓库［M］．北京：机械工业出版社，1984.

［22］陈妙祯．物流中心的订单处理［M］．中国台北：经济部商业司，1997.

［23］孙海蛟，黄国钟．物流仓储设备手册［M］．中国台北：经济部商业司，1997.

［24］日本規格協会．物流［M］．東京：日本規格協会，2007.

[25] 流通研究社. 物流セソターシステム实例集Ⅱ [M]. 东京：流通研究社，2001.

[26] 真島良雄. 物流実務の基礎知識 [M]. 东京：流通研究社，2005.

[27] 许胜余. 物流配送中心管理 [M]. 成都：四川人民出版社，2002.

[28] 石田俊広. 生产情報システム [M]. 东京：同友出版社，2003.

[29] 波形克彦，等. 共同物流によるコスト削減の具体策 [M]. 东京：經林書房社，2000.

[30] 長谷川勇，等. 图解物流改善 [M]. 东京：經林書房社，2000.

[31] 赖明玲，等. 物流中心资讯系统概论 [M]. 中国台北：机械工业杂志社，1998.

[32] 陈慧娟. 物流中心生产力评估指标 100 诀 [M]. 中国台北：机械工业杂志社，1998.

[33] 陈妙祯. 物流中心的订单处理 [M]. 中国台北：机械工业杂志社，1997.

[34] 唐纳德，等. 物流管理 [M]. 林国龙，等译. 北京：机械工业出版社，2000.

[35] 唐澤豐. 現代ロジスティクス概論 [M]. 东京：NTT 出版社，2000.

[36] 孙海蛟，等. 物流中心诸位管理 [M]. 中国台北：机械工业杂志社，1998.

[37] 菊田一郎. WMSハソドプック [M]. 东京：流通研究社，2004.

[38] 贾争现. 物流配送中心规划与设计 [M]. 北京：机械工业出版社，2004.

[39] 流通研究社. 最新日本物流中心案例集 [M]. 东京：流通研究社，2004.

[40] MATERIAL FLOW [J]. 东京：流通研究社，2009，4.

[41] MATERIAL FLOW [J]. 东京：流通研究社，2006，9.

[42] MATERIAL FLOW [J]. 东京：流通研究社，2006，9.

[43] MATERIAL FLOW [J]. 东京：流通研究社，2009，5.

[44] MATERIAL FLOW [J]. 东京：流通研究社，2009，6.

[45] Warehouse Distribution and Operations Handbook [M]. New York，2005.

[46] Springer，Warehouse Management [M]，2005.

[47] The Time，Space and Cost Guide to Better Warehouse Design [M]. 2nd ed. 2005.